연구보고서 2017-33

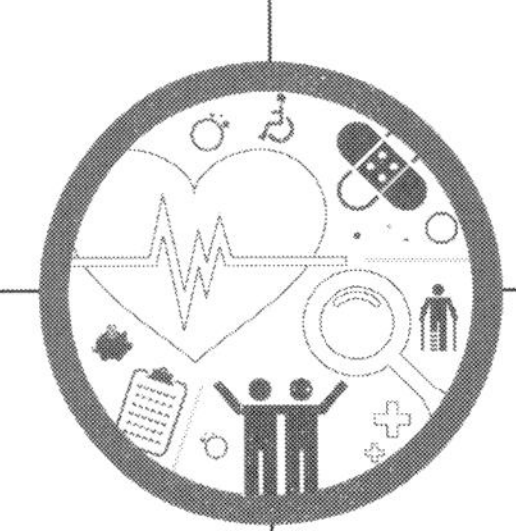

2017년 한국복지패널 기초분석 보고서

김태완·오미애·박형존·이주미·신재동·정희선·이병재·박나영
이봉주·김태성·강상경·박정민·정원오·백승호·함선유·김화선·신유미

【책임연구자】
김태완 한국보건사회연구원 연구위원

【주요 저서】
2017년 기초생활보장 실태조사 및 평가연구
보건복지부·한국보건사회연구원, 2017(공저)
저소득층 빈곤환경 실태와 자활지원 연계 방안
한국보건사회연구원, 2016(공저)

【공동연구진】
오미애 한국보건사회연구원 연구위원
박형존 한국보건사회연구원 전문연구원
이주미 한국보건사회연구원 전문연구원
신재동 한국보건사회연구원 전문원
정희선 한국보건사회연구원 연구원
이병재 한국보건사회연구원 연구원
박나영 한국보건사회연구원 전문원

【책임연구자】
이봉주 서울대학교 사회복지학과 교수

【주요 저서】
사회복지개론
나남, 2015(공저)
사회복지 프로그램 개발과 평가
신정, 2014(공저)

【공동연구진】
김태성 서울대학교 사회복지학과 교수
강상경 서울대학교 사회복지학과 교수
박정민 서울대학교 사회복지학과 교수
정원오 성공회대학교 사회복지학과 교수
백승호 가톨릭대학교 사회복지학과 교수
함선유 서울대학교 사회복지연구소 연구원
김화선 서울대학교 사회복지연구소 연구원
신유미 서울대학교 사회복지연구소 연구원

연구보고서 2017-33

2017년 한국복지패널 기초분석 보고서

발 행 일 2017년 12월 31일
저 자 김 태 완
발 행 인 김 상 호
발 행 처 한국보건사회연구원
주 소 [30147]세종특별자치시 시청대로 370
세종국책연구단지 사회정책동(1~5층)
전 화 대표전화: 044)287-8000
홈페이지 http://www.kihasa.re.kr
등 록 1994년 7월 1일(제8-142호)
인 쇄 처 (사)아름다운사람들복지회
가 격 12,000원

ISBN 978-89-6827-494-7 93330

이용자를 위하여

본 보고서는 2017년 한국복지패널 12차 조사 자료 세부 문항별 기술통계를 분석한 것입니다. '한국복지패널'은 국가승인 통계(제33109호)로, 조사는 3~6월까지 수행되었으며 학술대회는 9월에 진행하였습니다. 한국복지패널 조사 자료는 조사 결과의 품질 제고를 위해 각별한 노력을 기울였으며, 시의성 높은 패널 데이터를 제공하고 학술적, 정책적으로 활용할 수 있도록 항상 노력하고 있습니다.

본 보고서에 수록된 통계 수치는 횡단면 표준 가중치(가구 데이터 변수명: h12_ws, 가구원 데이터 변수명: p12_ws_c)를 이용하여 계산한 것이며, 소수점 셋째 자리에서 반올림하였으므로 항목별 합계와 총계가 일치하지 않을 수도 있습니다. 또한 종단 분석 장을 제외한 모든 기술통계표에서는 저소득 가구와 일반 가구를 구분하고 있습니다. 이들 가구의 구분 기준은 당해 연도 가구의 경상소득(공공부조 소득 제외)을 가구원 수의 제곱근으로 나눈 소득의 중위 60%입니다. 중위 60% 미만인 경우에는 저소득 가구로, 그 이상인 가구를 일반 가구로 구분하였습니다. 그리고 1~11차 조사 자료의 비교가 필요한 경우에는 각 연도별 기초분석 보고서를 참고하시기 바랍니다.

'한국복지패널' 조사의 원자료 및 관련 보고서 등은 한국복지패널 홈페이지(http://www.koweps.re.kr)에서 조사 차수별로 내려받아 이용하실 수 있습니다. 홈페이지에서 제공되는 원자료는 최종적으로 수정된 자료이므로, 이로부터 산출되는 기술통계는 각 연도의 기초분석 보고서 통계 수치와 차이가 발생할 수 있습니다. 연도별 조사 항목 중 문항의 정의나 세부 항목의 변경으로 연도별로 차이가 발생한 사항에 대해서는 해당 문항의 통계 분석 시 변경 내용을 각주로 제시하였습니다.

본 보고서에 수록된 통계 수치 및 원자료에 대한 문의 사항이 있을 경우 한국보건사회연구원 복지패널연구팀(044-287-8185, 273, 159, 294) 또는 복지패널 전용 수신자 부담 전화(080-380-3800)로 문의하시기 바랍니다.

발간사

2006년 출범한 '한국복지패널'은 올해 2017년에 제12차 조사가 완료되었다. 사회정책의 발전과 함께 국민의 사회경제적 특성, 복지 수급, 그리고 국민의 태도 등의 변화를 이해하는 것은 과거보다 더욱 긴요해졌다. 변화에 대한 이해는 과거에 대한 이해이기도 하지만 미래의 예측 기반이 되기 때문이다. 이러한 이유에서 사회경제적 변수와 복지급여 및 서비스 수급 등 방대한 정보를 포괄하는 한국복지패널 자료의 성장은 자못 의의가 크다.

국민의 복지 실태 및 복지 욕구를 정태적으로뿐만 아니라 동태적으로 보여 줄 수 있는 자료는 복지정책의 효과성과 효율성을 평가하고 이를 통해 다양한 정책들을 개선하는 데 기여함으로써 우리나라의 복지 발전을 위해 필요한 지적 인프라를 제공할 수 있다. '한국복지패널'은 한국의 대표적 패널로서 그 유용성을 인정받아 사회 복지학·경제학·사회학·가정학·보건학 등 다양한 학문 분야에서 훌륭한 학제 간 연구의 기회를 제공하여 오고 있다.

한국보건사회연구원과 서울대학교 사회복지연구소에 의해 공동으로 수행된 '한국복지패널' 제12차 조사를 기반으로 '2017년 한국복지패널 기초분석 보고서'를 발간하게 되었다. 본 보고서는 '한국복지패널'을 활용하는 연구자들이 동 자료를 이해하는 데 도움을 주고자 하는 데 목적이 있다.

본 연구원에서는 김태완 연구위원의 책임하에 오미애 연구위원, 박형존, 이주미 전문연구원, 신재동, 정희선, 이병재, 박나영 연구원이 조사 수행 및 분석에 참여하였다. 서울대학교 사회복지연구소에서는 이봉주 교수의 책임하에 김태성, 강상경, 박정민, 정원오, 백승호 교수, 함선유, 김화선, 신유미 연구원이 참여하였다. 조사 설계부터 조사 수행, 데이터 정리 및 분석 과정에서 보여 준 모든 연구진의 노고에 감사와 격려를 보낸다. 또한 어려운 상황에서도 성실하게 패널 조사를 수행하여 주신 조사원과 조사지도원, 무엇보다도 매년 조사에 참여해 주고 계신 복지패널 가구에 깊은 감사를 드린다. 본 보고서를 검토하고 유익한 의견을 주신 본원 김문길 부연구위원, 국민연금연구원 최옥금 연구위원께도 감사의 뜻을 전한다.

연구진과 조사원, 패널 가구 등 '한국복지패널' 가족뿐만 아니라 '한국복지패널'을 활용하는 학계 모든 전문가의 노력과 관심으로 '한국복지패널'이 국내외 사회과학 분야의 대표적인 패널 조사 자료로 위상을 제고할 수 있기를 기대한다.

2017년 12월

한국보건사회연구원 원장

김 상 호

목 차

표 목차

부표 목차

그림 목차

Abstract

The 2017 Korea Welfare Panel Study (KOWEPS) : Descritive Report

Project Head · Kim, Taewan

Social welfare policy should cope flexibly with the changes in people's economic status, consumption expenditures, value judgments, and the status of economy-wide income distribution, poverty and inequality. However, existing cross-sectional survey data are not suffice to analyze the socio-economic dynamics because their inability to identify the age effect and the cohort effect. In order to overcome such limitations, Korea Institute for Health and Social Affairs (KIHASA) and Seoul National University (SNU) begun 'Korea Welfare Panel Study (KOWEPS)' in 2006.

In 2017, 12th wave of KOWEPS has carried out. There are three types of questionnaires for the survey: the first is for the households, the second is for household members who are aged 15 and over, and the third is for special topics(supplements). The content of KOWEPS is composed of socio-economic information, welfare status, and attitude on welfare or something for individual and household. The special topic for this wave is 'The Disabled'. In this 12th wave, we have completed about 6,581 household samples which include both the original, the added new households.

The descriptive report provides a wide variety of contents about the general features, economic conditions, employment status, social security, welfare needs and special topic for the 12th year survey. And this descriptive report provides some results from longitudinal analysis. The results could be a reference for the researchers who try to use KOWEPS.

Co-Researchers: Oh, Miae · Park, Hyoungjohn · Lee, Jumi · Shin, Jaedong · Jung, Heesun · Lee, Byeong-jae · Park, Nayoung · Lee, Bong-Joo · Kim, Tae-sung · Kahng, Sang-Kyoung · Park, Jung-Min · Joung, Won-oh · Back Seung-ho · Ham, Sunyu · Kim, Hwasun · Shin, Yumi

요 약 《

1. 한국복지패널 구축 배경 및 목적

□ 한국복지패널 구축 배경

○ 우리 사회의 경제·사회적 발달과 함께 국민들의 삶의 영역에서 복지 욕구에 대한 중요성이 증대하면서 그에 따라 정부의 정책 영역 중에서도 사회정책, 특히 복지정책의 비중이 갈수록 증가하고 있음.

- 이와 같은 상황 변화에 따라 풍부한 지식과 실증적 분석에 근거한 정책 수립 및 평가의 필요성이 더욱 강조되고 있음.
- 그리고 이를 위해서는 다양한 정보를 제공하면서도 높은 신뢰도를 유지하는 조사 자료가 절대적으로 필요함.

○ 그동안 국민의 소득이나 소비 실태를 보여 주고 복지 욕구 및 인식을 파악하기 위해 다양한 조사가 수행되었으며, 그 결과로 여러 종류의 횡단면 자료가 생산되어 정책 연구에 활용되어 옴.

- 그러나 횡단면 조사만으로는 시간의 흐름에 따른 세대별 특성 및 연령의 변화에 따른 다양한 복지 욕구의 변화 등을 추적하여 이를 정책 수립 및 평가에 반영하기에는 한계가 있음.

○ 이러한 배경에서 우리나라에서도 소득과 지출 및 노동시장 등의 복지정책 영역에서 다양한 패널 조사 자료가 생산 및 구축되기 시작함.

- 한국보건사회연구원에서는 보건복지부의 연구 용역으로 2003년부터 저소득 가구 근로능력자를 중심으로 자활패널을 구축하기 시작하였으며, 서울대학교 사회복지연구소에서도 보건복지부의 연구 용역으로 2005년부터 저소득 가구 취약 계층을 중심으로 복지패널을 구축함. 한편 이와는 별도로 한국보건사회연구원에서는 차상위계층을 비롯한 저소득층의 문제 및 빈곤의 역동성 분석에 초점을 두어 차상위·빈곤 패널을 2005년부터 구축하기 시작함.

- 그러나 이러한 3개의 패널 조사는 유사한 조사 표본을 대상으로 분석 목적만 달리 설정하고 있어 '비효율적 예산 집행' 사업이라는 인식이 있었고, 예산의 제약으로 인해 대표성 있는 패널 데이터를 생산할 수 없는 '비효과적 사업'이라는 인식이 지배적이었음.

○ 이러한 문제 인식하에 3개의 패널 조사를 각각 수행하던 한국보건사회연구원과 서울대학교 사회복지연구소는 컨소시엄을 구성하여 기존의 한국보건사회연구원의 차상위·빈곤 패널과 자활패널, 그리고 서울대학교의 복지패널을 통합한 '한국복지패널(KOWEPS)'을 2006년도부터 구축함.

□ 한국복지패널 구축 목적

○ 외환위기 이후 빈곤층, 근로빈곤층(working poor), 차상위층(near poor)의 가구 형태, 소득수준, 취업 상태가 급격히 변화하고 있는 상황에서 이러한 계층의 규모 및 생활 실태 변화를 동태적으로 파악함으로써 정책 형성에 기여함과 동시에 정책 지원에 따른 효과성을 제고하고자 함.

- 또한 연령, 소득 계층, 경제활동상태 등에 따른 다양한 인구집단별 생활 실태와 복지 욕구 등을 역동적으로 파악하고 정책 집행의 효과성을 평가함으로써 새로운 정책의 형성과 제도적 개선 등 정책 환류에 기여하고자 함.

○ 이에 구체적인 조사 및 구축 목표를 설정하고 지속적인 개선 및 보완 과정을 거쳐 정확하고 신뢰할 수 있는 통계를 생산하고자 함.

- 표본 규모의 측면에서뿐만 아니라 표본의 특성 측면에서 전국을 대표하는 패널 조사로 전국 지역별 가구 분포와 거의 유사하게 설계함.

□ 표본추출 시 60% 미만 저소득층을 과대 표집하였기 때문에 국내 패널 조사 중 가장 많은 저소득층 가구를 포함하고 있어 저소득층 대상 정책이나 빈곤 연구 등에 적합하다고 할 수 있음.

2. 한국복지패널 조사 개요

□ 표본추출

○ 한국복지패널은 제주도를 포함한 전국을 대상으로 하는 종단면 조사임.

○ 최초 원표본 가구 규모는 7,072가구이며, 조사 대상은 표본 가구와 표본 가구에 속한 15세 이상 가구원, 그리고 부가조사 대상으로 구분됨.

- 최초 원표본 가구(7,072가구)를 선정하기 위한 기초 자료로는 '2006년 국민생활실태조사'를 활용하였으며, '국민생활실태조사'의 경우 '2005년 인구센서스 자료 90% 조사구'에서 추출한 것임.
- 표본의 배분은 복지 욕구를 보다 효과적으로 파악하기 위해 저소득층을 과대 표집하였음. 즉 중위소득 60% 이하의 저소득층을 3,500가구, 중위소득 60% 이상에 해당하는 일반 가구 3,500가구를 추출하였음.

○ 신규 표본 1,800가구

- 2011년 복지욕구실태조사 결과를 기초로 일반 및 저소득 가구를 구분하여 전체 조사구에서 완료 목표인 1,800가구의 3배수인 5,400가구를 추출하였음.
- 일반 가구와 저소득 가구의 비율을 1차 조사와 동일한 비율로 잡아 저소득 가구를 과대 표집하였고 지역별 표본 배분 또한 1차 조사 당시의 지역별 가구 비율과 유사하게 배분하여 패널의 동질성을 최대한 유지하였음.

○ 장애인 부가조사 표본

- 3차 연도 장애인 부가조사는 2차 연도 패널 표본 가구 중 지역별, 장애 유형별로 층화계층 추출 방식에 의해 총 1,000명을 표본 추출하였음. 3차 연도 장애 유형별 층화계층 표본추출 방식은 일단 지체 장애와 비등록 장애를 제외한 나머지 장애 유형을 모두 표본으로 배분하고, 나머지를 지체 장애와 비등록 장애에 비례 배분하는 방식으로 표본 선정이 이루어졌음. 장애 유형별 분포 상에서 지체 장애의 비중이 높기 때문에 이러한 표본추출 방식을 사용하였음.
- 6차 연도 장애인 부가조사는 3차 연도 장애인 부가조사에서 조사 완료된 사

람 중 패널에서 탈락된 자를 제외한 총 728명을 대상으로 조사하였음.

- 9차 연도 장애인 부가조사는 3차 연도 혹은 6차 연도 장애인 부가조사에서 조사 완료된 사람 중 8차 연도 복지패널 조사 대상이었던 자(총 658명)와 전년도(8차 연도) 복지패널 조사의 15세 미만 장애인 가구원 전원(총 14명)을 포함하여 총 672명을 대상으로 조사하였음.
- 12차 연도 장애인 부가조사는 3차 연도, 6차 연도, 9차 연도 장애인 부가조사에서 한 번이라도 조사 완료된 사람(총 502명)과 11차 연도 복지패널 조사 대상 중 이전에 장애인 부가조사의 조사 대상이 아니었던 장애인 가구원 전원(총 866명)을 포함하여 총 1,368명을 대상으로 조사하였음.

□ 조사표 구성

○ 조사표 구성은 크게 가구 조사표, 가구원 조사표, 부가조사표로 구성됨.

○ 가구 조사표는 가구원 공통 항목에 대한 설문 내용이 중심이고, 가구원 조사표는 15세 이상 가구원(중고생 제외)을 대상으로 한 설문 내용이 구성됨.

○ 부가조사의 경우에는 아동, 복지 인식, 장애인에 대한 조사가 2006년부터 3년 주기로 반복되고 있으며, 이러한 순환 주기에 따라 2017년 12차 조사에서는 장애인에 대한 네 번째 부가조사를 수행함.

□ 조사 방법

○ 2017년 12차 한국복지패널 조사 기준 시점은 2016년이며, 조사 항목 중에서 유량(flow)의 경우 2016년 1~12월(1년)을, 저량(stock)의 경우는 2016년 12월 31일을 기준으로 함.

○ 조사 방법은 조사원이 조사 대상 패널 가구를 직접 방문하여 응답 대상 가구원을 만나 조사 대상이 응답한 내용을 현장에서 CAPI 프로그램에 입력하는 타계식 면접 조사를 원칙으로 하고 있음.

○ 컴퓨터를 이용한 CAPI 시스템에 의한 조사 방식은 2010년 5차 조사부터 도입되었음.

3. 2017년 12차 한국복지패널 조사 수행 결과

□ 2017년 12차 한국복지패널 조사 수행 결과

○ 조사 기간

- 2017년 2월 18일부터 5월 21일까지 총 93일 동안 모든 조사를 완료함.

○ 조사 대상 가구

- 2016년 11차 한국복지패널 조사 완료 가구 기준으로 12차 한국복지패널 조사 예정 가구 규모는 6,723가구이며, 이 중 원표본 가구는 4,560가구, 2~11차 조사 기간 중 분가로 인해 발생한 분가 가구는 629가구, 신규 패널(7차) 조사 대상 가구는 1,534가구임.
- 9차 복지패널 조사 당시 소실되었던 원표본 가구에 대한 복원을 12차 조사에서 시도하여 12가구를 복원하였음.
- 12차 조사 진행 과정에 발생한 신규 분가 가구는 144가구(기존 패널: 115, 신규 패널: 29)임.
- 그 결과 12차 한국복지패널 전체 조사 대상 가구는 6,879가구에 해당함.

○ 조사 완료 가구

- 11차 조사를 완료한 조사 대상 원표본 4,560가구 중 4,398가구를 12차 패널 조사에서 완료하여 원표본 가구 기준 조사 완료율은 96.45%로 높은 수준임.
  • 또한 최초의 원표본 7,072가구 기준 원표본 가구 유지율은 62.19%이며, 전년도(64.48%)와 비교한 12차 한국복지패널 조사의 원표본 가구 유지율 감소 폭은 2.29%포인트임.
- 12차 조사에서는 원표본 4,398가구에 더해 기존 분가 가구와 올해 발생한 추가 분가 가구를 포함한 683가구, 신규 패널 가구인 1,534가구 중에서 조사가 완료된 1,500가구까지 총 6,581가구에 대한 조사를 완료하였음.
- 조사 대상이었던 6,879가구 중에서 6,581가구가 조사 완료(95.67%) 가구임.

○ 장애인 부가조사 조사 대상 및 조사 완료 가구원

- 12차 연도 장애인 부가조사는 한 번이라도 장애인 부가조사에 참여한 가구

원(502명)과 11차 연도 복지패널 조사 대상 중 이전에 장애인 부가조사의 조사 대상이 아니었던 장애인 가구원 전원(866명)으로, 총 1,368명(일반 가구 내 장애인 548명, 저소득 가구 내 장애인 820명)을 대상으로 함.

- 12차 연도 장애인 부가조사를 완료한 가구원은 총 1,350명(일반 가구 내 장애인 542명, 저소득 가구 내 장애인 808명)임. 조사 완료율은 98.68%임.

○ 조사 미완 가구

- 12차 조사 미완료 가구는 총 298가구로, 이 가운데 원표본 가구가 173가구, 분가 가구가 125가구로 구성됨.
  - 여기에서 원표본은 기존 패널의 원표본을 의미하며, 분가 가구는 원표본의 신규(2~12차 생성) 가구와 신규 패널을 포함.
- 조사 미완료 가구를 사유별로 살펴보면 전체 미완료 가구(298가구) 중에서 조사 거부가 183가구(원표본 96, 분가 87)로 가장 많은 비중(61.41%)을 차지하였으며, 다음으로는 기타가 58가구(원표본 44, 분가 14)로 19.46%를 차지하는 것으로 나타남. 또한 12차 한국복지패널 조사 미완료 가구 중 자연적인 소실로 볼 수 있는 사망 가구는 13.09%(39가구)인 것으로 분석되고, 합가 가구도 9가구(원표본 0, 분가 9)로 3.02%임. 그 밖에 이사 후 주소 부재로 추적 불가 7가구(원표본 4, 분가 3), 장기 출타 2가구(원표본 1, 분가 1)인 것으로 나타남.

〔그림 1〕 2017년 12차 한국복지패널 조사 미완료 사유별 가구 현황

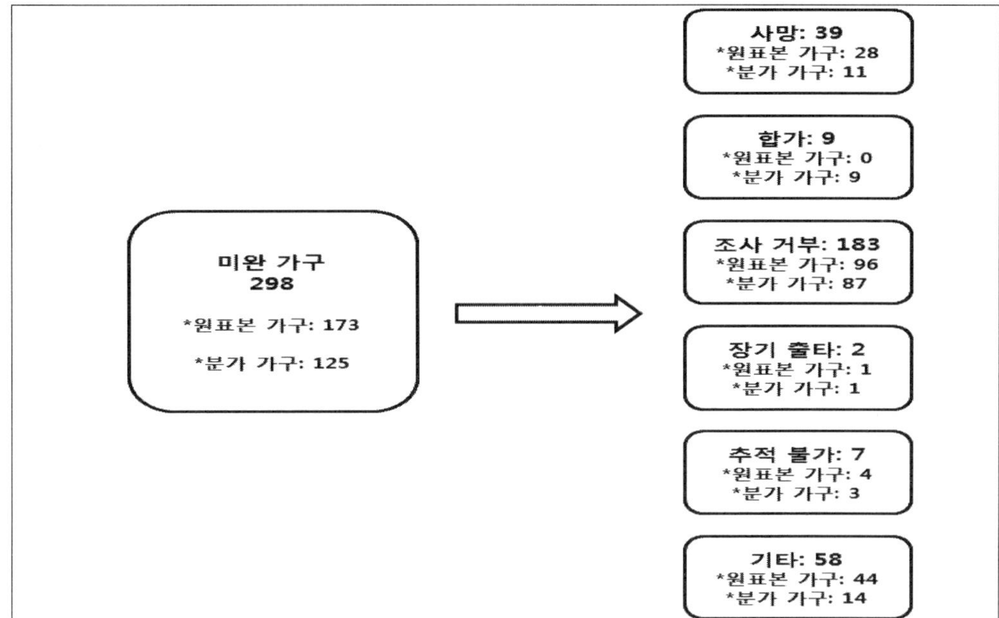

주: 합가의 경우 A 가구에 B 가구가 합가하여 B 가구가 소실됨(단 A 가구에 B 가구의 가구원이 포함되어 조사됨).

□ 2017년 12차 한국복지패널 조사 수행 개선 사항

○ 장애인 부가조사 표본의 추가 확보

- 장애인 부가조사는 3차 조사의 표본 중 조사 대상 이전 연도에 탈락되지 않고 남아 있는 장애인 가구원을 대상으로 조사가 이루어짐. 3차 조사 당시 표본 수는 총 1,000명이었으나, 12차 조사 전에 실시한 표본 수 집계 결과 11차 조사 대상자 중 한 번이라도 장애인 부가조사에 참여한 장애인 가구원은 502명이었음.
- 장애인 부가조사 대상자 수가 절반 정도로 줄어든 문제를 해소하기 위해 12차 장애인 부가조사에서는 3차 연도, 6차 연도, 9차 연도 장애인 부가조사에서 한 번이라도 조사 완료된 사람(총 502명)뿐만 아니라 11차 연도 복지패널 조사 대상 중 이전에 장애인 부가조사의 조사 대상이 아니었던 장애인 가구원 전원(총 866명)을 포함하게 됨.

〈표 1〉 2017년 12차 조사 수행 결과 및 1~12차 한국복지패널 원표본 가구 유지율 변화 추이

(단위: 가구, %, %p)

구 분			1차	2차	3차	4차	5차	6차	7차	8차	9차	10차	11차	12차 총 조사 대상	12차 조사 완료
기존 패널	원표본 가구	원표본 가구 수	7,072	6,511	6,128	5,935	5,675	5,335	5,271	5,104	4,896	4,760	4,560 (13)[1]	12차 분가 가구 포함 총 조사 대상 6,879가구 ⬆ 11차 조사 완료 기준 조사 대상 6,723가구 (기존 5,189가구) (신규 1,534가구) + 복원 12가구 + 12차 분가 가구 조사 대상 144가구	4,398 (11)[2]
		원표본 유지율	100.00%	92.07%	86.65%	83.92%	80.25%	75.44%	74.53%	72.17%	69.23%	67.31%	64.48%		62.19%
		전년 대비 원표본 감소 가구	-	561	383	193	260	340	64	167	208	136	200		162
		전년 대비 원표본 감소 폭	-	7.93%p	5.42%p	2.73%p	3.67%p	4.81%p	0.91%p	2.36%p	2.94%p	1.92%p	2.83%p		2.29%p
		전년 대비 원표본 감소율	-	7.93%	5.88%	3.15%	4.38%	5.99%	1.21%	3.17%	4.08%	2.78%	4.20%		3.55%
	분가 가구	기존 분가 가구 (2차~전년도)	-	-	60	167	249	328	383	433	481	517	556		596
		추가 분가 가구 (당해 연도)	-	69	126	105	110	72	78	82	61	66	73		87
		전체 분가 가구	-	69	186	272	359	400	461	515	542	583	629		683
	전 체		7,072	6,580	6,314	6,207	6,034	5,735	5,732	5,619	5,438	5,343	5,189		5,081
신규 패널	원표본 가구 수		-	-	-	-	-	-	1,800	1,690	1,594	1,534	1,478		1,426 (1)[2]
	분가 가구	기존 분가 가구	-	-	-	-	-	-	-	-	3	16	34		55
		추가 분가 가구	-	-	-	-	-	-	-	3	13	21	22		19
		전체 분가 가구	-	-	-	-	-	-	-	3	16	37	56		74
	전 체		-	-	-	-	-	-	1,800	1,693	1,610	1,571	1,534		1,500
조사 완료 총 표본 가구			7,072	6,580	6,314	6,207	6,034	5,735	5,732	7,312	7,048	6,914	6,723		6,581

주: 1) 8차 탈락한 가구를 복원.
2) 9차 탈락한 가구를 복원.

* 주요 용어: 한국복지패널(KOWEPS), 복지욕구, 장애인

제 1 장 서 론

제1절 한국복지패널 구축 배경 및 목적

제2절 한국복지패널 조사 개요

제3절 2017년 12차 한국복지패널 개선 사항 및 조사 수행 결과

1 서론

제1절 한국복지패널 구축 배경 및 목적

1. 한국복지패널 구축 배경

우리 사회의 경제·사회적 발달과 함께 국민들의 삶의 영역에서 복지 욕구에 대한 중요성이 증대하고 그에 따라 정부의 정책 영역 중에서도 사회정책, 특히 복지정책의 비중이 갈수록 증가하고 있다. 2000년대 들어 각종 복지제도의 도입과 확대, 이에 따른 복지 재정의 증가와 복지 인력의 확충 등 복지정책에 투입되는 인적·물적 자원의 증대 경향은 이러한 현실을 보여 준다. 이와 같은 상황 변화에 따라 풍부한 지식과 실증적 분석에 근거한 정책 수립 및 평가의 필요성이 더욱 강조되고 있다. 그리고 이를 위해 다양한 정보를 제공하면서도 높은 신뢰도를 유지하는 조사 자료가 절대적으로 필요해졌다.

그동안 국민의 소득이나 소비 실태를 보여 주고 복지 욕구 및 인식을 파악하기 위해 다양한 조사가 수행되었으며, 그 결과 여러 종류의 횡단면 자료가 생산되어 정책 연구에 활용되어 왔다. 그러나 이러한 횡단면 자료만으로는 빠르게 변화하는 현실에서 국민이 어떠한 사회적 위험에 노출되어 있고, 어떠한 복지 욕구를 가지고 있으며, 그것에 어떻게 대응하고 있는지 지속적으로 추적하여 확인하는 것이 매우 어렵다. 즉 횡단면 조사는 시간 흐름에 따른 세대별 특성 및 연령의 변화에 따른 다양한 복지 욕구의 변화 등을 적절히 추적하여 보여 주고 이를 정책 수립 및 평가에 반영하기 어렵다. 외국의 경우 이러한 횡단면 자료의 한계를 극복하기 위한 종단적 자료의 필요성을 인식하여 미국의 PSID, 일본의 KHPS/JHPS, 영국의 BHPS, 독일의 GSOEP, 유럽의 ECHP, 캐나다의 SLID, 호주의 HILDA 등과 같은 해당 국가를 대표하는 패널 조사 자료가 생산되고 있으며, 이러한 패널 데이터의 분석 결과는 정책 수립 및 평가에 많은 부분을 기여하고 있다.

이러한 배경을 바탕으로 우리나라에서도 소득과 지출 및 노동시장 등의 복지정책 영역에서 다양한 패널 조사 자료가 생산 및 구축되기 시작하였다. 대우경제연구소의 대우패널, 한국노동연구원의 노동패널을 시작으로 한국보건사회연구원에서는 보건복지부의 연구 용역 형식으로 2003년부터 저소득 가구 근로능력자를 중심으로 자활패널을 구축하기 시작하였으며, 서울대학교 사회복지연구소에서도 보건복지부의 연구 용역 형식으로 2005년부터 저소득 가구 취약 계층을 중심으로 복지패널(1차 조사 표본 3,855가구)을 구축하였다. 한편 이와는 별도로 우리 사회의 양극화 심화에 따른 차상위계층을 비롯한 저소득층의 문제와 빈곤의 역동성 분석에 초점을 둔 한국보건사회연구원의 차상위·빈곤 패널(1차 조사 표본 1,142가구)이 2005년부터 구축되기 시작하였다.

그러나 저소득층 복지정책 영역에서 수행되고 있던 3개 패널 조사는 다음과 같은 문제에 직면하게 되었다. 분석의 목적이나 초점이 다소 다를 뿐 유사한 조사 표본을 대상으로 구축되고 있다는 점, 각각의 패널 조사가 예산의 제약으로 충분한 유효 표본 수를 확보하지 못해 대표성 있는 패널 데이터를 생산하기 어려웠다는 점이 그것이다.

이러한 문제 인식하에 3개의 패널 조사를 각각 수행하던 한국보건사회연구원과 서울대학교 사회복지연구소는 기존 한국보건사회연구원의 차상위·빈곤 패널과 자활패널, 서울대학교의 복지패널을 통합·확대한 ‘한국복지패널(Korea Welfare Panel Study, KOWEPS)’을 2006년도부터 구축하기로 합의하였다. 이에 따라 보건복지부는 자활패널과 복지패널 구축을 위한 예산을 재정 당국에 개별적으로 요청하지 않고 해당 예산을 한국보건사회연구원의 부대사업 예산으로 반영하기로 하였으며, 서울대학교 사회복지연구소는 기존의 복지패널을 추진하지 않는 대신에 한국복지패널(KOWEPS) 컨소시엄을 구성하여 이에 참여함으로써 이후 지속적으로 한국복지패널 연구를 공동 수행하기로 합의하였다.

2. 한국복지패널 구축 목적 및 기대 효과

한국복지패널(KOWEPS)의 목적은 다음과 같다. 첫째, 외환위기 이후 빈곤층, 근로빈곤층(working poor), 차상위층(near poor)의 가구 형태, 소득수준, 취업 상태가 급격히 변화하고 있는 상황에서 이러한 계층의 생활 실태 변화를 동태적으로 파악함으로써 정책 형성에 기여함과 동시에 정책 지원에 따른 효과성을 제고하고자 한다. 둘째, 연령, 소득 계층, 경제활동 상태 등에 따른 다양한 인구집단별로 생활 실태와 복지 욕구 등을 역동적으로 파악하고 정책 집행의 효과성을 평가함으로써 새로운 정책의 형성과 제도적 개선 등 정책 환류에 기여하고자 한다.

이러한 조사 목적을 달성하기 위해 한국복지패널 연구진은 다음과 같이 구체적인 조사 및 구축 목표를 설정하고 이후에도 지속적인 개선 및 보완 과정을 거쳤으며, 이는 여타 패널 자료에 비해 한국복지패널이 가지는 우수한 장점으로 이어진다.

첫 번째로 조사의 생명인 정확하고 신뢰할 수 있는 통계를 생산한다는 것이다. '통계는 그 나라의 얼굴'이라고 하는데, 이는 선진국일수록 통계가 잘 정비되어 있고 후진국일수록 통계가 빈약하고 내용 또한 부실하다는 의미이다. 그러나 신뢰할 수 있는 통계를 생산하는 것은 여러 가지 사항들이 충족되어야 가능한데, 무엇보다도 적정 표본 수가 확보되어야 한다. 이러한 점을 감안하여 한국복지패널(KOWEPS)은 국내 가구 단위 패널 중에서는 가장 큰 표본 수를 확보하였다. 1차 조사 당시 대규모의 원표본(7,072가구 및 동 가구에 포함된 15세 이상 가구원)을 추출하여 구축하였고,[2] 1차 조사 후 현재까지 조사가 진행되는 동안에도 원표본 가구 유지율을 지속적으로 제고하기 위해 조사 수행 과정 및 패널 관리 측면에서 다양한 노력을 기울이고 있다.[3] 그 결과 한국복지패널의 원표본 가구 유지율은 2차 조사 92.1%를 시작으로, 3차 조사 86.7%, 4차 조사 83.9%, 5차 조사 80.3%, 6차 조사 75.4%, 7차 조사 73.6%, 8차 조사 72.2%, 9차 조사 69.23%, 10차 조사 67.31%, 11차 조사 64.48%, 그리고 12차 조사 62.19%를 유지하였다. 원표본 가구 유지를 위하여 7차 조사에서는 원표본 가구 복원 조사[4]를 통해 원표본 가구 유지율을 74.5%로 제고하였다.

원표본의 유지를 위한 노력에도 불구하고 원표본을 100% 지켜내는 일은 가능하다고 할 수 없다. 결국 패널의 역사가 길어질수록 원표본의 손실이 누적되고 표본의 크기가 줄어드는 것은 불가피하다. 이러한 이유로 2012년 7차 조사에서 신규 표본의 추가를 위한 사전 조사를 수행하였으며, 신규 표본 1,800가구를 추가하여 조사 대상 가구를 확

2) 한국복지패널은 국내에서 수행 중인 가구 단위 패널 조사 중 한국의료패널 조사 다음으로 규모가 큰 패널 조사이다. 한국의료패널은 한국보건사회연구원에서 수행하고 있는 보건·의료 분야 패널 조사로 2008년부터 조사를 실시하고 있다.

3) 한국복지패널은 정부 승인 지정 통계 조사(승인번호 제33109호)로, 표본 관리를 위하여 패널 가구원 수에 따른 조사 답례품, 연하장, 명절 선물 2회(설, 추석), 이사 선물 등을 제공하며 적극적으로 표본 가구를 관리하고 있다.

4) 2~6차 조사 중 조사가 미완료되어 소실된 원표본 가구 66가구를 재추적하여 7차 조사부터 복원하였으며, 올해에도 9차 조사 중 조사가 미완료되어 소실된 원표본 가구 13가구를 재추적하여 12차 조사에 복원하였다.

충하였다. 그 결과 올해 12차 조사 완료 가구는 6,581가구(기존 패널 5,081가구, 신규 패널 1,500가구)에 이를 정도로 그 규모를 유지하고 있다. 조사에서 표본 수가 많다는 것은 통계학적으로는 표본오차가 작아지고, 현실적으로는 세부 단위까지의 다양한 분석이 가능한 조사임을 의미한다는 점에서 가장 중요한 장점이다. 물론 일정 기간 신규 표본으로 추가된 가구에 대해서는 종단적 분석을 실시하는 데 한계가 있겠지만 한국복지패널의 역사가 길어지면서 해당 표본의 활용상 장애는 줄어들 것으로 기대한다.

표본 규모의 측면에서뿐만 아니라 표본의 특성 측면에서 볼 때도 한국복지패널은 전국을 대표하는 패널 조사라는 특징을 가진다. 최초 원표본 가구 추출 시 전국 3만 가구에 대한 1차 조사 결과(소득)를 바탕으로 층화 2중 추출(stratified double sampling)을 함으로써 한국복지패널은 전국 지역별 가구 분포와 거의 유사하게 설계되었다. 통계청의 전국 가계동향조사의 경우에는 농어가가 제외되어 있고, 한국노동연구원의 노동패널은 표본이 도시 지역으로 한정되어 있다. 하지만 한국복지패널의 경우 지역적으로는 '제주도'까지, 가구 유형으로는 '농어가'까지 조사 대상 가구에 포함하고 있기 때문에 패널 조사로서는 드물게 전국적인 대표성을 지니고 있다는 것이 또 다른 장점이라고 할 수 있다.

또한 한국복지패널은 저소득층 연구에 적합하게 설계되었다. 표본 추출 시 중위소득 60% 미만 저소득층에 전체 표본의 약 50%를 할당하였기 때문에 국내 패널 조사 중에서 가장 많은 저소득층 가구를 포함하고 있어 저소득층 대상 정책이나 빈곤 연구에 적합하다고 할 수 있다.

그러나 적정 표본 가구를 확보하고 원표본 가구 유지율이 높다고 해서 훌륭한 패널 데이터로서의 충분조건이 달성되는 것은 아니다. 조사 결과의 질적인 측면이 담보되어야만 그 충분조건이 달성된다. 한국복지패널에서는 조사의 질을 제고하기 위하여 '패널 연구진, 패널조사팀, 조사원, 표본 가구' 간의 원활한 소통 및 효율적인 협업 체계를 강화하였고, 조사 수행 과정에서 모든 참여 주체의 책임감과 체감 만족도를 제고함으로써 한국복지패널 조사 원표본 가구 유지율 관리, 조사 효율성 및 조사 결과의 품질 제고에 노력하였다. 사전 조사표 검토 및 의견 공유, 철저한 조사원 설명회를 실시하였고, 연구진의 명확한 역할 분담을 통해 조사 과정에서 발생하는 의문점은 조사표를 개발한 연구진과 연계하여 즉각적으로 해소 및 처리하였다. 조사 수행 과정에서 조사 팀의 운영은 5인 1팀(조사 지도원 1인, 조사원 4인)으로 총 10개 팀[5](전국 조사 7개 팀,

호남권/대전권/충청권 일부 지역 조사 3개 팀)을 운영하였으며, 조사 지도원의 사전 계획 및 지도에 따라 조사원이 조사한 결과를 조사 지도원이 현장에서 에디팅을 실시하여 의문점이나 미흡한 점이 발견될 경우 보완 조사 및 재조사를 하였다.

특히 2010년 5차 조사부터는 면접 조사 수행 및 자료의 처리 과정에서 CAPI(Computer Assisted Personal Interviewing) 방식을 새롭게 도입하였고, 금년 12차 조사까지도 지속적인 조사 내용 반영 및 시스템 개선을 함으로써 효율적이고 정확한 조사를 위해 노력하고 있다. CAPI 방식은 조사원들이 조사 내용을 조사표에 기입하던 기존의 PAPI(Paper and Pencil Interview) 방식을 획기적으로 개선하였다. 조사원이 면접을 통해 조사한 내용을 조사 현장에서 컴퓨터에 입력하여 조사 지도원에게 전송하면, 조사 지도원이 조사 자료에 대한 에디팅을 엄격하게 실시한 뒤 조사 결과를 최종적으로 데이터베이스에 전송한다. 또한 이러한 조사 방식의 변화가 조사의 신뢰성과 일관성을 훼손하지 않으면서도 효율성과 정확성을 제고할 수 있도록 조사원을 대상으로 매해 컴퓨터와 CAPI 시스템 활용 설명회를 열고 있다. CAPI 방식은 패널 조사 결과의 에디팅 및 취합, 그리고 자료 내검에 이르기까지 소요되는 시간과 노력을 크게 절약하는 계기가 되었다.

그리고 최근에는 자료의 정확성을 제고하는 측면에서 조사 수행 시점이 앞당겨졌다. 과거 2011년 6차 조사까지는 조사 수행이 종합 소득세 신고 시점(5월) 무렵에 시작되었기 때문에 전년도의 생활 실태 등 다양한 내용을 조사하기가 다소 어려울 수 있다는 문제를 가지고 있었다. 이러한 문제를 줄이기 위하여 2012년 7차 한국복지패널에서는 2월부터 조사를 시작하여 상반기에 추적 조사까지 완료하였고, 2014년 9차 한국복지패널부터는 3월에 조사를 시작하였다. 조사 기간을 변경하면서 자료의 제공 시점도 조정하였는데, 기초분석 보고서를 통하여 발견되는 문제를 확인하고 수정하여 다음 해 초에 지난해 조사된 자료를 제공하여 자료의 시의성을 높였다. 예를 들어 2017년 12차 조사에서 생산된 2016년 기준 자료는 2018년 초에 공개될 예정이다.

한편 한국복지패널(KOWEPS)에서는 조사 결과의 정확성·신뢰성뿐만 아니라 조사 내용의 전문성 및 공신력을 제고하기 위해 기존의 여타 기관에서 생산 및 구축한 패널

5) 7개 팀: 전국 조사 팀(지도원 1인+조사원 4인) - 전국 (충청, 호남 제외).
2개 팀: 지역 조사 팀(지도원 1인+조사원 4인) - 충청권, 호남권.
1개 팀: 지역 조사 팀(지도원 1인+조사원 4인) - 충청권 일부.

과 달리 한국보건사회연구원과 서울대학교 사회복지연구소가 컨소시엄 형태를 구성하여 연구 및 조사를 공동으로 수행하는 체계를 구축하였다. 이는 한국보건사회연구원의 연구 및 조사 수행 능력과 서울대학교 사회복지연구소의 분야별 전문성 및 연구 능력을 결합하여 시너지 효과를 극대화하기 위한 것이다.

〔그림 1-1-1〕 한국복지패널(KOWEPS) 관리 및 운영 체계

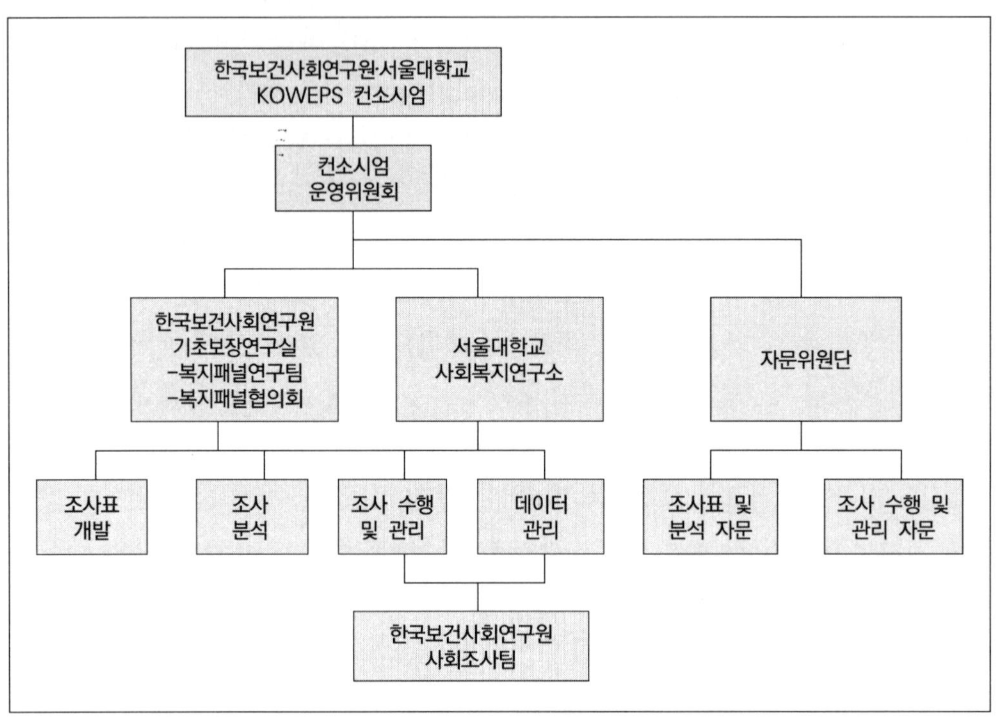

두 번째는 정확하고 신뢰할 수 있는 패널 자료를 바탕으로 광범위한 사회과학 영역의 학자들이 다양한 연구 및 분석을 수행할 수 있도록 다차원적인 조사 내용을 포함한 조사표를 개발한다는 것이다. 최근의 복지정책 영역은 기존의 협의의 복지 개념을 넘어 광의의 개념으로 확대되는 다차원적인 성격을 지니고 있다. 이러한 상황을 감안하여 연구진은 개별 가구의 생활 실태, 다양한 복지 지표, 복지정책 등에 대한 이론 및 현실을 검토하여 조사표를 개발·보완하고 있으며, 패널 연구 경험이 있는 연구자들을 대상으로 필요한 문항에 대해 조사하여 그 수요를 반영하였다. 이러한 다차원적인 조사 결과는 매년 개최되고 있는 한국복지패널 학술대회에서 다양한 주제의 학술 논문으로

작성되어 발표되고 있으며 한국보건사회연구원을 비롯한 국책연구기관이 수행하는 연구 과제에 활용되는 등 한국복지패널을 기초로 한 연구 성과가 지속적으로 축적되고 있다.

마지막으로 향후 국제적으로 비교 가능한 패널 자료를 구축한다는 목적을 가진다. 최근의 흐름을 보면 국가 간 복지정책의 수렴 현상이 강화되고 있으며, 국가 간 빈곤 및 불평등 실태와 복지정책에 대한 비교 연구가 확산되고 있다. 이와 같은 비교 연구는 그 나라의 복지 수준과 국민의 복지 욕구 및 인식을 파악하는 데 매우 유용한 자료를 제공한다는 측면에서 국제적으로 비교 가능한 패널 자료 구축은 필수적이라고 할 수 있다. 이에 한국복지패널 연구진은 외국의 복지 관련 패널 조사 문항을 체계적으로 검토하였으며, 이러한 문항들을 조사표에 반영함으로써 국제적인 비교가 가능하도록 조사 문항을 구성하였고, 본 조사표와 데이터의 영문화 작업을 지속적으로 진행하고 있다.

이상에서 제시한 목적에 따라 한국복지패널(KOWEPS)은 올해 12차 조사까지 지속적으로 데이터를 축적하고 있으며, 이러한 한국복지패널 데이터 구축 및 활용에 따른 기대 효과는 다음과 같다.

먼저 한국복지패널은 효율적인 사회복지정책 수립에 기여할 수 있다. 사회복지와 관련된 패널 데이터가 구축됨으로써 빈곤층을 포함한 국민의 사회복지 욕구와 실태, 사회보장, 경제활동 상태 등에 대한 체계적인 분석이 가능하다. 특히 국민의 경제, 사회적 행태 변화, 빈곤층 및 저소득층의 규모와 실태 변화에 대한 통계 분석을 통해 현재의 사회복지정책에 대한 효과성을 검증하고, 이를 개선할 수 있는 방안을 제시할 수 있다.

다음으로 사회복지 관련 통계 인프라를 구축하는 데 기여할 수 있다. 국내 연구기관에서 생산되고 있는 상당수의 사회복지 관련 통계 조사는 관련 연구의 목적에 따라 다양한 형태를 지니고 있어서 체계적인 관리가 이루어지지 못하는 경우가 있다. 이에 한국보건사회연구원에서는 한국복지패널을 통해 패널 데이터를 체계적으로 구축하여 사회복지 관련 통계 인프라 정비와 더불어 사회복지 관련 기초 자료 생산 시스템을 마련하고자 하였다. 한국복지패널 조사 원자료 및 기초분석 보고서, 설문지 등 패널 조사 관련 기초 자료에 대한 이용자의 접근성 제고를 위해 한국복지패널 홈페이지(http://www.koweps.re.kr)를 운영하여 편의를 제공하고 있다.

마지막으로 사회복지 영역을 넘어 사회과학 전 영역에 걸쳐 학문적 논의를 위한 기초적 통계 자료를 제공함으로써 학문 분야별 연구 활성화 및 교류 활성화에 기여할 수 있다. 사회복지 분야의 경우 연구의 특성상 상당 부분 데이터에 의존하는 계량적 연구가 필수적임에도 불구하고 그동안 이러한 욕구를 충족해 줄 만한 신뢰성 있는 자료가 부족하였던 것이 사실이다. 그러나 한국복지패널 조사를 통해 수집된 자료를 이용하여 기초분석 및 심층 연구를 수행하고 이를 학술대회를 통해 공유함으로써 사회과학 분야의 연구 성과 발전에 기여할 수 있을 것으로 기대된다.

제2절 한국복지패널 조사 개요

1. 표본추출

한국복지패널(KOWEPS)은 제주도를 포함한 전국을 대상으로 하는 종단면 조사이다. 횡단면 조사인 통계청의 ‘가계동향조사’와 종단면 조사인 ‘한국노동패널’의 경우에는 농어가 또는 읍·면 지역이 표본에 포함되지 않았지만, 한국복지패널은 농어가와 읍·면을 표본에 포함하고 있다. 구체적인 표본추출은 2장에서 설명하므로 여기서는 최초 원표본 가구 추출 및 신규 표본추출, 그리고 부가 조사인 ‘장애인 부가조사’의 표본추출과 관련된 개요를 서술한다.

최초 한국복지패널의 원표본 가구 규모는 7,072가구[6]이며, 조사 대상은 표본 가구, 표본 가구에 속하는 15세 이상 가구원, 그리고 부가조사 대상으로 구분된다. 최초 한국복지패널 원표본 가구(7,072가구)를 선정하기 위한 기초 자료로는 ‘2006년 국민생활실태조사’를 활용하였으며, ‘국민생활실태조사’의 경우 ‘2005년 인구센서스 자료 90% 조사구’에서 추출하였다. 표본의 배분은 복지 욕구를 보다 효과적으로 파악하기 위하여 저소득층을 과대 표집하였다. 즉 중위소득 60%(OECD 상대빈곤선) 이하의 저소득층을 3,500가구 추출하고, 중위소득 60%(OECD 상대빈곤선) 이상에 해당되는 일반 가구를 3,500가구 추출하였다.[7]

6) 목표 원표본 가구 수는 7,000가구였으나, 1차 조사 결과 7,072가구에 대한 조사가 완료되었다.
7) 저소득 가구와 일반 가구의 비율이 50:50이 되도록 노력하였으나, 조사 결과 저소득 가구의 비율이 약 45%, 일반 가구 비율이 약 55%인 것으로 나타났다.

신규 패널 표본으로는 사전 조사 결과를 기초로 일반 및 저소득 가구를 구분하여 전체 조사구에서 완료 목표인 1,800가구의 3배수인 5,400가구를 추출하였다. 일반 가구와 저소득 가구의 비율은 1차 연도와 동일하게 저소득 가구를 과대 표집하였다. 또한 지역별 표본 배분 또한 1차 연도 조사 당시의 지역별 가구 비율과 유사하게 표본 가구를 배분하여 패널의 동질성을 최대한 유지하였다. 본 보고서에서 제시되는 각종 통계 분석 결과표는 신규 표본을 포함한 분석의 결과이다. 단 종단 분석의 경우에는 분석의 목적에 따라 신규 표본 가구의 포함 여부가 다르다.

부가조사인 '장애인 부가조사'의 첫 표본추출은 3차 연도 장애인 부가조사 때 이루어졌다. 2차 연도 패널 표본 가구 중 지역별, 장애 유형별로 층화계층 추출 방식에 의해 총 1,000명을 표본 추출하였다. 장애 유형별 층화계층 표본추출 방식은 일단 지체 장애와 비등록 장애를 제외한 나머지 장애 유형을 모두 표본으로 배분하고, 나머지를 지체 장애와 비등록 장애에 비례 배분하는 방식으로 표본 선정이 이루어졌다. 장애 유형별 분포상에서 지체 장애의 비중이 높기 때문에 이러한 표본추출 방식을 사용하였다.

9차 연도 장애인 부가조사 때, 미취학 및 학생 설문 응답자가 없어 8차 연도 복지패널 조사의 15세 미만 장애인 가구원 전원(총 14명)을 표본에 추가하였다. 그리고 11차 조사 대상자 중 한 번이라도 장애인 부가조사에 참여한 장애인 가구원은 502명으로 장애인 부가조사 대상자가 첫 조사 때의 절반으로 줄어들게 되어 표본의 추가확보가 필요하게 되었다. 12차 장애인 부가조사에서는 3차 연도, 6차 연도, 9차 연도 장애인 부가조사에서 한 번이라도 조사 완료된 사람(총 502명)뿐만 아니라 11차 연도 복지패널 조사 대상 중 이전에 장애인 부가조사의 조사 대상이 아니었던 장애인 가구원 전원(총 866명)을 포함하였다.

2. 조사표 구성

한국복지패널(KOWEPS)의 조사표 구성은 가구 조사표, 가구원(개인) 조사표, 부가 조사표로 구성된다. 가구 조사표의 경우 가구 여건 및 가구원 공통 항목에 대한 설문 내용이 중심이고, 가구원 조사표의 경우 15세 이상 가구원을 대상으로 한 설문 내용으로 구성되어 있다.

〈표 1-2-1〉 한국복지패널 조사표 구성 및 조사 대상

가구용 조사표	가구원용 조사표	부가 조사표(장애인)
• 조사 대상: 가구주 또는 가구주 배우자 • 조사 방법: 가구 방문을 통한 직접 면접 조사 • 기준 시점: 전년도 12. 31.	• 조사 대상: 만 15세 이상 가구원 전체(중고생 제외) • 조사 방법: 가구 방문을 통한 직접 면접 조사 • 기준 시점: 전년도 12. 31.	• 조사 대상: 이전 연도에 한 번이라도 장애인 부가조사에 응답한 가구원 및 11차 조사 당시 장애인인 가구원 • 조사 방법: 가구 방문을 통한 직접 면접 조사 • 기준 시점: 조사일 현재

3. 조사원 및 조사 방법

2017년 12차 한국복지패널 조사 기준 시점은 2016년이며, 조사 항목 중에서 유량(flow)의 경우에는 2016년 1~12월(1년)을 기준으로, 저량(stock)의 경우는 2016년 12월 31일을 기준으로 조사하였다.

이번 12차 한국복지패널 조사는 한국보건사회연구원의 조사원 50명이 수행하였다. 50명의 조사원은 조사 지도원 1인, 조사원 4인으로 팀을 구성하였다. 조사의 효율성을 위해 경남, 충청 및 호남 지역은 지도원 4인, 조사원 16인으로 4개 팀을 구성하였고, 전국 조사 6개 팀, 지역 조사 4개 팀으로 구성하여 운영하였다. 조사 지도원은 조사 대상 패널 가구가 거주하고 있는 읍·면·동사무소를 사전에 방문하여 조사 협조를 구하고 조사원은 조사 대상 패널 가구를 직접 방문하여 응답 대상 가구원을 만나 조사를 진행하였다. 조사는 조사 대상이 응답한 내용을 현장에서 입력하는 타계식 면접 조사를 원칙으로 하였다. 그러나 경제활동 등으로 인한 심야 귀가나 장기 출타 등의 불가피한 사유로 조사 기간 동안 조사원이 대상자를 직접 만나기 어려운 경우 또는 해외 거주, 여행이나 출장, 병원 입소, 군 입대 등의 사유로 일정 기간 가구원이 가구에 없는 경우에는 유치·전화 조사나 대리 응답 조사를 매우 제한적으로 병행하였다.

앞서 설명한 바와 같이 한국복지패널 1~4차 조사와 달리 2010년 5차 조사 이후 생긴 가장 큰 변화는 기존의 종이 조사표를 이용한 조사 방식에서 벗어나 컴퓨터를 이용한 CAPI 시스템 조사 방식을 활용하고 있다는 점이다. 조사 방식 전환이 가져올 부정적 효과를 최소화하기 위해 조사원을 대상으로 CAPI 시스템 등 컴퓨터 활용 교육이 조

사표 내용에 대한 교육 이전에 이루어졌다. 이와 같은 조사 방식의 변화에 따라 발전된 사항은 조사된 내용에 대해 1차적으로 현장에서 조사 지도원이 에디팅을 실시하여 미흡한 부분에 대해 즉각적으로 보완 조사를 실시할 수 있고, 재검토를 통해 완성된 조사 자료를 데이터베이스에 전송할 수 있다는 점이다. 이러한 과정을 통해 조사 내용을 별도로 입력하고 오류를 확인하는 데에 소요되는 시간을 단축하여 효율적인 조사를 진행할 수 있었으며, CAPI 시스템에 탑재된 기본적 로직을 통해 조사 및 입력 과정에서 발생할 수 있는 오류를 사전에 예방할 수 있었다.

제3절 2017년 12차 한국복지패널 개선 사항 및 조사 수행 결과

1. 2017년 12차 한국복지패널 개선 사항

최초 원표본 7,072가구로 시작한 한국복지패널은 1~2차 패널 조사 수행 중 561가구(전년 대비 7.93%)의 원표본 가구가 소실된 이래 유지율이 지속적으로 감소하여 2010년 5차 패널 조사 완료 기준으로 유지율 80.25%, 2011년 6차 패널 조사 완료 기준으로는 유지율 75.44%에 이르렀다. 이러한 상황에서 표본의 추가 확보가 필요하다고 판단되어 2012년 한국복지패널 연구 수행 과정에서는 한국복지패널 신규 표본 가구 추가를 위한 사전 검토 및 예비 조사를 실시하였다. 그리고 2012년 하반기에 수행된 예비 조사에서 1,800가구를 대상으로 조사를 완료하였다. 이렇게 신규 표본을 추가함으로써 표본 가구의 손실로 발생하는 표본 감소의 문제를 완화하고 향후 표본의 크기를 유지하여 분석의 안정성 및 세밀한 분석에서 오는 이점을 제고하려 하였다. 12차 조사에서는 총 6,879가구를 대상으로 하여 6,581가구에 대한 조사를 완료하였다.

그럼에도 불구하고 한국복지패널 조사가 12년간 지속되어 온 만큼 앞으로도 표본 소실의 문제는 계속 제기될 수밖에 없다. 이에 표본 가구 유지 및 관리를 위해 기존에 지속적으로 추진해 오던 조사 답례품, 명절 선물, 이사 선물 등의 감사 답례품 전달 및 조사 활용 결과에 대한 홍보 등에 적극적인 노력을 기울였다.[8)]

---

8) 실제 수행된 방법은 다음과 같다. 1) 매년 명절에 패널 가구에 협조 당부 및 감사의 뜻으로 선물을 지급하고 있으며, 복지패널 조사 10주년 해에 기념의 의미로 설 답례품 및 추석 답례품 단가를 일시 상향 조

장기적으로 표본 소실에 대비하기 위해 표본 및 통계 관련 전문가로 구성된 포럼을 운영하였고, 여기에서 두 가지 측면의 대응이 논의되었다. 하나는 패널 소실을 방지하기 위한 패널 관리 방안의 논의, 다른 하나는 패널 관리에도 불구하고 발생하는 자연적인 소실을 감안하여 모집단의 대표성을 확보하는 방안의 논의이다. 패널 관리 방안으로는 현재까지 소실된 패널의 인구·사회적 특성 등을 분석하여 탈락 가능성이 높은 가구를 집중 관리함으로써 불균형 마모를 방지하는 방안, 차수가 진행되면서 패널 가구들의 피로도가 누적됨을 방지하고 조사 참여를 독려할 수 있는 조치(예를 들어 답례품 가격 상향 조정 등)에 예산을 투입하는 방안, 실효성 없는 조사 문항을 삭제함으로써 조사 부담을 줄이는 방안 등이 제안되었다. 모집단의 대표성 확보를 위해서는 2015년 센서스 결과와 복지패널 표본추출 당시의 2005년 센서스 결과를 바탕으로 양 시점의 가구 특성을 비교 분석한 뒤 추가 표본 보완의 필요성을 검토하는 방안, 가구 가중치 값이 크게 부여되어 있는 가구의 소실을 막는 집중 관리 방안, 대표성 확보를 위한 횡단면 및 종단면 가중치 연구의 지속 등이 논의되었다.

또한 제기된 방안들의 실행 가능성 타진과 실제 수행을 위해 다음 해 사업부터 기초분석 외 세부 연구 과제를 신설하여 한국복지패널의 현황 진단 및 개선 관련 논의를 본격화하여 향후 대처 방안을 마련하려 하고 있다.

2. 2017년 12차 한국복지패널 조사 수행 결과

앞서 언급한 바와 같이 상반기 중 12차 패널 조사의 완료를 목표로 2016년 말부터 조사에 필요한 사전 준비에 착수하여 2017년 2월 18일부터 조사를 시작하였으며, 5월 21일까지 총 93일 동안 모든 조사를 완료하였다. 이번 12차 한국복지패널 조사 대상 표본 가구는 17개 시·도, 209개 시·군·구에 거주하고 있어 거의 전국적으로 분포하

정하여 답례품을 송달하였다. 2) 패널 가구의 주소지 변동을 가구에서 알려 주면 소정의 이사 선물을 송달하고 있으며, 분가 생성된 가구에도 표본 유지 및 관리 차원의 선물을 2015년부터 발송하고 있다. 그 밖에도 발간된 기초분석 연구 보고서를 특별판으로 제작하여 패널 가구에 지급하고(2015년), 메르스 유행 당시 조사 일정이 지연되어 매년 방문하는 시기에 방문을 못 하게 되면서 우선적으로 방역 세트를 구매하여 지급하였다(2015년). 최근에는 복지패널 자료가 활용된 연구를 인용한 기사를 바탕으로 제작한 리플릿을 패널 가구에 배포함으로써 가구의 응답으로 만들어진 자료가 어떠한 사회적 파급력을 갖는지 알리고자 하였다(2016년). 또한 조사 수용성을 높이는 방법으로 조사 답례품 단가 인상과 조사원 수당 인상을 검토하였고, 외부 자문 회의를 통해 조사원 수당 인상의 효과가 더 크다는 의견을 받아들여 수당을 인상하였다(2016년).

고 있음을 확인할 수 있다.

이와 같이 2017년에 완료된 12차 한국복지패널 조사 수행 결과를 요약하면 아래와 같다. 먼저 2016년 11차 조사 완료 가구 기준으로 12차 한국복지패널 조사 예정 가구 규모는 6,723가구이다. 이 중 원표본 가구는 4,560가구, 2~11차 조사 기간 중 분가로 인해 발생한 신규 가구는 629가구, 7차부터 신규 표본으로 들어간 가구는 1,534가구(신규 원표본: 1,478가구, 8~11차 조사 기간 중 분가로 인해 발생한 신규 가구: 56가구)이고, 12차 조사 진행 과정에서 발생한 신규 분가 가구는 144가구이다. 9차 복지패널 조사 당시 소실되었던 원표본 가구에 대한 복원을 12차 조사에서 시도하여 12가구를 복원하였다. 이를 포함한 12차 한국복지패널 전체 조사 대상 가구는 6,879가구이다.

다음으로 12차 한국복지패널 조사 완료 가구를 살펴보면, 11차 조사를 완료한 조사 대상 원표본 4,560가구 중 소실된 원표본 162가구를 제외한 4,398가구에 대해 12차 패널 조사가 완료됐는데, 원표본 가구 기준 조사 완료율이 96.45%로 나와 높은 수준을 보였다. 또한 최초 원표본 7,072가구 기준 원표본 가구 유지율은 62.19%이며 전년도(64.48%)와 비교한 12차 한국복지패널 조사의 원표본 가구 유지율 감소 폭은 2.29%포인트이다.

마지막으로 12차 조사 미완료 가구는 총 298가구로, 이 가운데 원표본 가구가 173가구, 분가 가구가 125가구이다. 이들 조사 미완료 가구를 사유별로 살펴보면, 전체 미완료 가구(298가구) 중에서 조사 거부가 183가구(원표본 96, 분가 87)로 가장 많은 비중(61.41%)을 차지하였으며, 다음으로 기타가 58가구(원표본 44, 분가 14)로 19.46%를 차지하는 것으로 나타났다. 12차 한국복지패널 조사 미완료 가구 중 자연적인 소실로 볼 수 있는 사망 가구는 13.09%(39가구)인 것으로 분석되었고, 합가 가구도 9가구(원표본 0, 분가 9)인 3.02%로 나타났다. 그 밖에 이사 후 주소 부재로 추적 불가 7가구(원표본 4, 분가 3), 장기 출타 2가구(원표본 1, 분가 1)인 것으로 나타났다([그림 1-3-1] 참조).

[그림 1-3-1] 2017년 12차 한국복지패널 조사 미완료 사유별 가구 현황

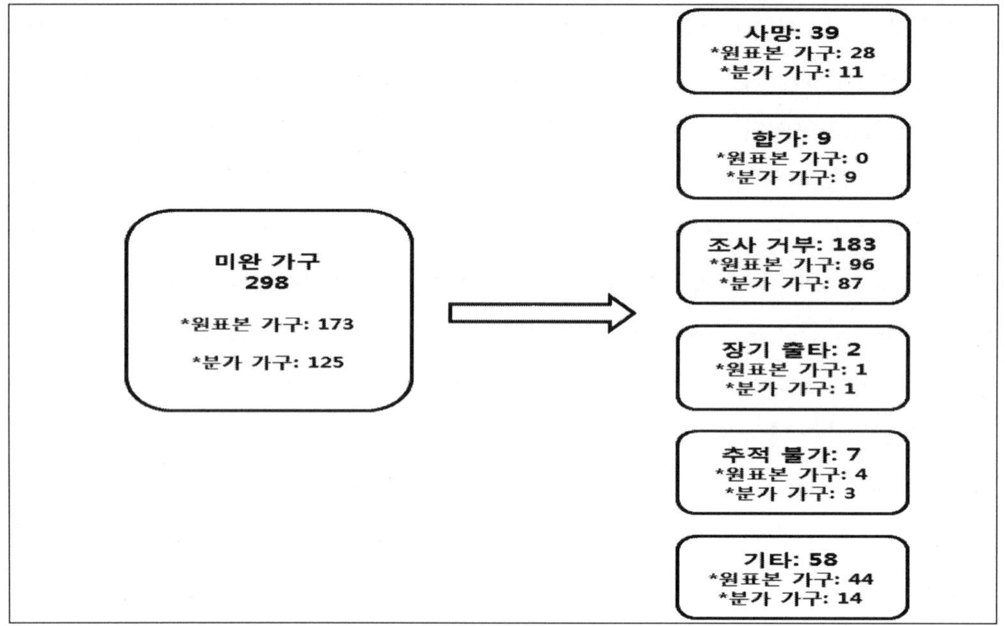

주: 합가의 경우 A 가구에 B 가구가 합가하여 B 가구가 소실됨(단 A 가구에 B 가구의 가구원이 포함되어 조사됨).

이상에서 살펴본 2017년 12차 조사 수행 결과 및 1~12차 한국복지패널 원표본 가구 유지율의 변화 추이를 정리하여 제시하면 다음과 같다.

〈표 1-3-1〉 2017년 12차 조사 수행 결과 및 1~12차 한국복지패널 원표본 가구 유지율 변화 추이

(단위: 가구, %, %p)

구 분			1차	2차	3차	4차	5차	6차	7차	8차	9차	10차	11차	12차 총 조사 대상	12차 조사 완료
기존 패널	원표본 가구	원표본 가구 수	7,072	6,511	6,128	5,935	5,675	5,335	5,271	5,104	4,896	4,760	4,560 (13)[1]	12차 분가 가구 포함 총 조사 대상 6,879가구 ⬆ 11차 조사 완료 기준 조사 대상 6,723가구 (기존 5,189가구) (신규 1,534가구) + 복원 12가구 + 12차 분가 가구 조사 대상 144가구	4,398 (11)[2]
		원표본 유지율	100.00%	92.07%	86.65%	83.92%	80.25%	75.44%	74.53%	72.17%	69.23%	67.31%	64.48%		62.19%
		전년 대비 원표본 감소 가구	-	561	383	193	260	340	64	167	208	136	200		162
		전년 대비 원표본 감소 폭	-	7.93%p	5.42%p	2.73%p	3.67%p	4.81%p	0.91%p	2.36%p	2.94%p	1.92%p	2.83%p		2.29%p
		전년 대비 원표본 감소율	-	7.93%	5.88%	3.15%	4.38%	5.99%	1.21%	3.17%	4.08%	2.78%	4.20%		3.55%
	분가 가구	기존 분가 가구 (2차~전년도)	-	-	60	167	249	328	383	433	481	517	556		596
		추가 분가 가구 (당해 연도)	-	69	126	105	110	72	78	82	61	66	73		87
		전체 분가 가구	-	69	186	272	359	400	461	515	542	583	629		683
	전 체		7,072	6,580	6,314	6,207	6,034	5,735	5,732	5,619	5,438	5,343	5,189		5,081
신규 패널	원표본 가구 수		-	-	-	-	-	-	1,800	1,690	1,594	1,534	1,478		1,426 (1)[2]
	분가 가구	기존 분가 가구	-	-	-	-	-	-	-	-	3	16	34		55
		추가 분가 가구	-	-	-	-	-	-	-	3	13	21	22		19
		전체 분가 가구	-	-	-	-	-	-	-	3	16	37	56		74
	전 체		-	-	-	-	-	-	1,800	1,693	1,610	1,571	1,534		1,500
조사 완료 총 표본 가구			7,072	6,580	6,314	6,207	6,034	5,735	5,732	7,312	7,048	6,914	6,723		6,581

주: 1) 8차 탈락한 가구를 복원.
2) 9차 탈락한 가구를 복원.

제 2 장 표본 특성 및 가중치 조정

2 표본 특성 및 가중치 조정

제1절 조사 개요 및 표본 규모

1. 조사 개요

한국복지패널(이하 KOWEPS) 조사는 외환위기 이후 빈곤층(또는 working poor) 및 차상위계층의 가구 형태, 소득수준, 취업 상태 등의 급격한 변화를 파악하고자 이들의 규모와 상태 변화를 동적으로 분석하여 정책 지원을 위한 기초 자료를 생산하는 데 일차적인 목적이 있다. 또한 소득 계층별, 경제활동 상태별, 연령별 각 인구집단의 생활 실태와 복지 욕구 등을 역동적으로 파악하고, 정책의 효과를 평가함으로써 정책 형성과 피드백에 기여하기 위한 전국 규모의 조사이다.

〈표 2-1-1〉 KOWEPS 표본의 개요

	인구 주택 총조사(90%)	2006 국민생활실태조사	KOWEPS
조 사 구	23만여 개 조사구	517개 조사구	446개 조사구
가 구 수	1,400만여 가구	3만 가구	7,000가구
추출 방법	-	2단계 층화집락	층화집락계통
대 표 성	-	전 국	전 국

한국보건사회연구원은 저소득층의 복지 수요 및 욕구를 적절히 조사하기 위해 2006년도에 조사 대상 가구로 일반 가구와 저소득층 가구를 각각 50%씩 추출하여 패널 표본 가구를 구축하였다.

2006년도의 패널 구축 과정을 먼저 살펴보면 소득 집단에 따라 패널을 구축하기 위해 표본 대상 가구의 소득 자료가 필요하였다. 이를 위해 '2005년 인구주택 총조사 90% 자료'로부터 확률 비례 추출한 '2006년 국민생활실태조사'의 최종 조사 완료 가구인 2만 4,711가구의 소득 자료를 얻을 수 있었고, 이를 기준으로 일반 가구와 저소득층 가구를 구분하여 두 층에서 각각 3,500가구씩 총 7,000가구를 표본으로 선정하였고, 이 중 최종 패널 가구로 구축된 표본 가구는 7,072가구였다. 표본추출 과정에서 저소득층 가구는 향후 패널 소실과 통계적 유의미성을 고려하여 과대 표집하였다.

2011년 6차 조사 이후에는 원표본 손실에 따른 표본 가구 보완 필요성이 제기되어 2012년 7차 패널 조사에서 신규 표본 가구에 대한 조사를 시행하였다. 이때 신규 표본 가구 추가 시 필요한 구체적인 표본추출 및 조사 수행 방안을 분석하고, 안정적인 조사 수행을 위한 예산의 지속 가능성에 대한 검토를 거쳐 사전 준비 작업을 마쳤고 신규 표본 가구 1,800가구를 대상으로 조사를 완료하였다.

2. 표본 규모

가. 패널 원표본 가구 구축 과정

한국보건사회연구원에서는 '2006년 국민생활실태조사'에 필요한 표본 가구 약 3만 가구를 조사하기 위해 2005년도 인구주택 총조사 90% 조사구인 23만여 개 조사구 중 517개 조사구를 지역별 조사구 규모에 따라 층화 확률 비례 추출하였다.

전체 517개 표본 조사구 중에서 수해와 같은 천재지변으로 조사가 불가능한 지역을 제외하고 487개 조사구에 대한 조사를 완료하였다.

조사 대상 지역은 섬을 제외한 전국의 각 시·도이며, 제주도를 포함한다. '2006년 국민생활실태조사'에서 최종적으로 조사가 완료된 2만 4,711가구의 소득을 기준으로 7,000가구를 2단계 표본추출 하여 최종적으로 7,072가구를 패널로 구축하였다.

1단계 표집 자료인 '2006년 국민생활실태조사' 자료를 바탕으로 패널 가구의 대표성을 확보하기 위해 중위소득 60% 이하인 저소득층 가구 3,500가구와 중위소득 60% 이상인 일반 가구 3,500가구를 각각 표본으로 추출하여 조사를 수행하였다. 이때 저소득 가구와 일반 가구를 구분하는 기준으로는 다음과 같은 3가지 대안을 고려하였고, 최종적으로 '공공부조 전 경상소득'의 중위소득 60%를 기준으로 저소득 가구와 일반 가구를 구분하였다.

〈표 2-1-2〉 일반 가구와 저소득 가구의 분류 기준

(단위: 가구, %)

중위소득	경상소득		가처분소득		공공부조 전 경상소득	
	가구 수	백분율	가구 수	백분율	가구 수	백분율
〈 40%	2,481	10.00	2,489	10.09	3,477	13.96
〈 50%	4,016	16.12	3,880	15.62	4,757	19.04
〈 60%	5,227	22.56	5,473	22.25	6,128	24.76

소득 규모별로 구분된 2개의 층에서 지역별, 조사구별로 확률 비례 계통 추출에 의해 일반 가구와 저소득 가구를 표본으로 추출하였다. 상대적으로 작은 규모를 가진 저소득층 가구에 대해서는 추출률을 상향 조정하여 일반 가구와 동일한 수준인 3,500가구를 표본 가구로 선정하였다.

KOWEPS의 1차 조사에서 구축된 패널 가구를 소득 기준별로 살펴보면 다음의 〈표 2-1-3〉과 같다.

패널로 구축된 표본 가구를 소득 기준별로 살펴보면 당초 각 층별로 3,500가구씩 배분하였으나 조사 거절, 패널 참여 거부 등의 사유로 저소득층에서는 표본 설계 당시의 3,500가구를 약간 밑도는 규모인 3,283가구가 패널로 구축되었다.

일반 가구의 경우 평균적으로 100% 이상의 완료율을 보인 반면, 저소득층 가구의 경우 약 94%의 완료율을 보여 저소득층 가구의 조사 거부가 많았던 것으로 나타났다. 완료 가구 수를 기준으로 지역별 목표 오차는 약 2.7~11.1%로 지역별 변동이 큰 것으로 나타났다. 패널 가구의 탈락률을 최소화하는 것은 종단면 조사인 패널 조사에서 중요하게 고려해야 되는 사항으로, 패널 자료의 대표성을 유지하는 데 가장 중요한 부분이기도 하다. 패널 조사의 가장 큰 문제점은 시간의 흐름에 따라 패널 대상 가구의 탈락률이 지속적으로 증가한다는 점이다. 이러한 점을 고려할 때 1차 조사 당시 패널 가구를 구축하는 과정에서 거부율과 비협조성을 최소화하는 방향으로 표본 가구를 선정하도록 하였다. 이때 조사구별 표본 가구는 계통 추출을 하여 선정하도록 하였으며, 만일 조사 대상 표본 가구가 조사를 거절할 경우 순서상 다음 가구를 조사 대상 가구로 선정하도록 하였다.

〈표 2-1-3〉 KOWEPS 1차 조사의 지역별 조사구와 가구 분포 현황

(단위: 가구)

지 역	조사구 수		일반 가구		저소득 가구		합 계	
	표본 조사구 수	완료 조사구	표본 배분 가구 수	완료 가구 수	표본 배분 가구 수	완료 가구 수	표본 배분 가구 수	완료 가구 수
서 울	93	93	811	886	506	449	1,317	1,335
부 산	33	33	254	277	272	251	526	528
대 구	25	25	187	204	227	218	414	422
인 천	28	28	228	247	193	190	421	437
광 주	15	15	114	123	130	121	244	244
대 전	14	14	118	132	89	76	207	208
울 산	14	14	120	124	82	79	202	203
경 기	76	76	644	706	471	426	1,115	1,130
강 원	14	14	102	118	131	118	233	236
충 북	14	14	108	113	113	107	221	221
충 남	20	20	153	161	168	160	321	321
전 북	20	20	138	140	209	207	347	347
전 남	19	19	104	109	273	268	377	377
경 북	26	26	152	164	339	329	491	494
경 남	30	30	229	240	254	248	483	488
제 주	5	5	38	45	43	36	81	81
합 계	446	446	3,500	3,789	3,500	3,283	7,000	7,072

나. 패널 신규 표본 가구 구축 과정

한국복지패널의 6차 연도 조사 이후에 원표본 가구 유지율이 감소하는 상황에서 신규 표본 가구의 추가 필요성이 제기되었다. 저소득층 가구 및 가구원의 분포가 치우치는 현상이 발생하였고, 지역별 표본 규모는 잦은 이주와 탈락 등의 사유로 변동이 발생하였다. 따라서 7차 조사에서는 1차 조사 패널 표본 규모를 유지하고자 약 1800가구를 추가하여 신규 패널을 구축하도록 하였다.

한국복지패널의 경우 1차 조사 당시 인구주택 총조사에서 표본을 직접 추출하지 않고, '2006년 국민생활실태조사' 표본으로부터 이중 추출(double sampling) 방식으로 7,072가구를 일반 가구와 저소득층 가구로 구분하여 표본을 추출하였다. 신규 표본의 추가를 위한 표본추출 방법도 1차 조사와 동일한 방식으로 고려하였다.

1차 조사 당시 저소득 가구와 일반 가구를 각각 3,500가구씩 패널로 구축하여 6차 조사까지 조사를 수행하였고, 1차 조사의 1단계 표본은 '2006년 국민생활실태조사'로

약 2만 4,000여 가구의 대규모 표본으로부터 2단계로 추출한 표본이기 때문에 패널의 특성을 유지하기 위해 가능한 저소득 및 일반 가구 표본을 현재 6차 조사에서 탈락한 비율에 따라 선정하는 방안을 고려하였다. 이 경우 활용 가능한 표본은 '2011년 복지욕구실태조사(1만 5,000여 가구 자료)'를 통한 소득 자료를 이용하여 저소득 및 일반 가구를 1단계 표본으로 파악하였기에 동일한 속성의 패널 자료 구축이 용이하며, 현재 패널 가구의 가중치 조정에 맞추어 조정 가능하다는 장점이 있다. 일반 가구와 저소득 가구의 비율도 1차 조사와 동일하게 저소득 가구를 과대 표집하였다. 지역별 표본 배분 또한 1차 조사 당시의 지역별 가구 비율과 유사하게 표본 가구를 배분하여 표본의 대표성을 확보하고자 하였다. 〈표 2-1-4〉는 7차 조사 당시 신규 패널의 지역별 표본 배분 결과를 나타낸다. '2011년 복지욕구실태조사'에서 일반 가구와 저소득 가구로 구분하여 지역별 가구 분포에 따라 1,800가구를 비례 배분하였다. 서울과 경기 지역은 표본 가구가 가장 많이 배분된 지역이며, 일반 가구가 저소득 가구에 비해 상대적으로 많이 배분되었다. 대구, 강원, 충북, 충남, 전북, 전남, 경북, 경남 지역은 저소득 가구가 일반 가구에 비해 상대적으로 많이 배분되었다.

〈표 2-1-4〉 KOWEPS 7차 조사 신규 패널 지역별 표본 배분 결과

(단위: 가구)

지역	2011년 복지욕구실태조사 표본			표본 배분		
	일반	저소득	계	일반	저소득	계
전 국	10,745	4,298	15,043	900	900	1,800
서 울	1,494	343	1,837	125	72	197
부 산	821	330	1,151	69	69	138
대 구	616	313	929	52	66	118
인 천	706	243	949	59	51	110
광 주	504	200	704	42	42	84
대 전	535	172	707	45	36	81
울 산	457	142	599	38	30	68
경 기	1,510	342	1,852	126	72	198
강 원	443	286	729	37	60	97
충 북	490	235	725	41	49	90
충 남	482	344	826	40	72	112
전 북	524	278	802	44	58	102
전 남	501	300	801	42	63	105
경 북	600	351	951	50	73	123
경 남	751	303	1,054	63	63	126
제 주	311	116	427	27	24	51

제2절 12차 조사 표본 특성 및 가중치 조정

1. 12차 조사 표본 특성

KOWEPS 12차 조사(2017년)에서는 먼저 11차 조사(2016년) 때 조사되었던 가구와 가구원에 대한 조사를 수행하였다. 또한 11차 조사 당시 응답하지 않았던 가구 및 가구원에 대해 추가로 조사를 실시하였다. 따라서 원표본 가구 및 가구원 패널의 유지율을 파악하면 〈표 2-2-1〉과 같다. 12차 조사에서 1차 조사 표본인 원표본의 유지율은 가구의 경우 62.19%, 가구원은 61.79%로 나타났다. 가구의 경우 전년 대비 약 2.29%포인트 떨어졌으며, 가구원은 2.14%포인트 떨어져 원표본 패널의 12차 조사 탈락률이 높지 않았음을 알 수 있다([그림 2-2-1] 참조).

〈표 2-2-1〉 원표본 가구 및 가구원 패널의 유지율

(단위: 가구, 명, %)

조사	가 구		가구원	
	표본 수	유지율	표본 수	유지율
1차 조사	7,072	100.00	14,463	100.00
2차 조사	6,511	92.07	13,264	91.71
3차 조사	6,128	86.65	12,399	85.73
4차 조사	5,935	83.92	11,903	82.30
5차 조사	5,675	80.25	11,379	78.68
6차 조사	5,336	75.45	10,670	73.77
7차 조사	5,271	74.53	10,567	73.06
8차 조사	5,104	72.17	10,275	71.04
9차 조사	4,896	69.23	9,868	68.23
10차 조사	4,760	67.31	9,658	66.78
11차 조사	4,560	64.48	9,246	63.93
12차 조사	4,398	62.19	8,936	61.79

[그림 2-2-1] 1~12차 조사 원표본 가구 및 가구원 유지율 변화 추이

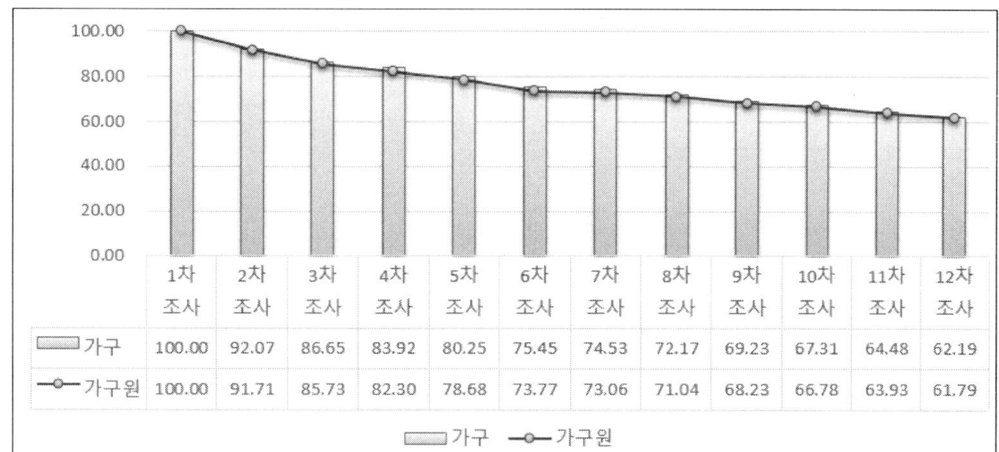

KOWEPS 12차 조사에서는 원표본 가구 외에 2012년에 새롭게 조사되었던 신규 표본 1800가구에 대한 조사도 수행하였는데, 신규 표본의 가구 및 가구원 패널 유지율도 살펴볼 필요가 있다. 신규 표본 가구 및 가구원 패널의 유지율을 살펴보면 〈표 2-2-2〉와 같다. 신규 표본 가구 유지율은 79.22%이고, 가구원 유지율은 76.03%로 6차 조사의 원표본 유지율보다 높음을 알 수 있다.

〈표 2-2-2〉 신규 표본 가구 및 가구원 패널의 유지율

(단위: 가구, 명, %)

조사	가 구		가구원	
	표본 수	유지율	표본 수	유지율
1차 조사(2012)	1,800	100.00	3,375	100.00
2차 조사(2013)	1,690	93.89	3,146	93.21
3차 조사(2014)	1,594	88.56	2,932	86.87
4차 조사(2015)	1,534	85.22	2,791	82.70
5차 조사(2016)	1,478	82.11	2,681	79.44
6차 조사(2017)	1,426	79.22	2,566	76.03

[그림 2-2-2] 1~6차 조사 신규 표본 가구 및 가구원 유지율 변화 추이

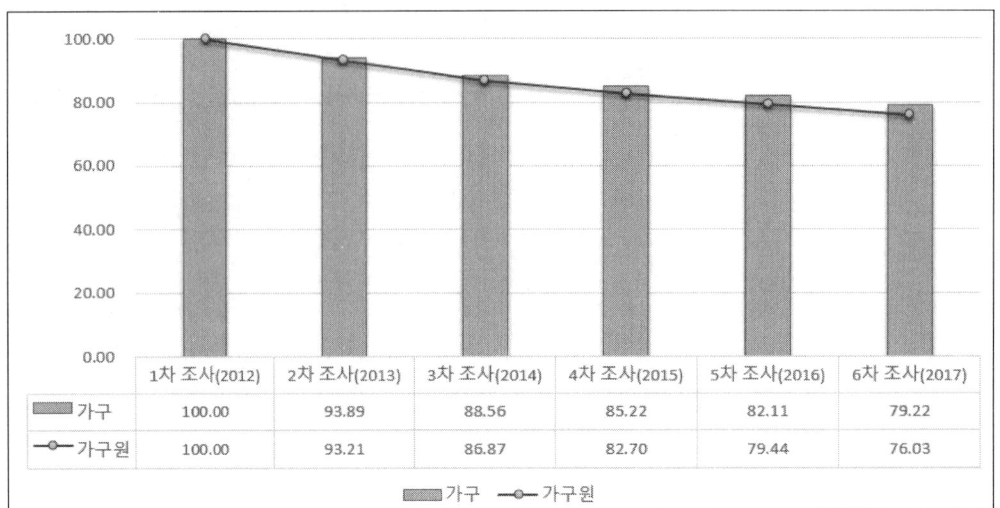

1차 조사 대비 12차 조사에서의 조사 완료 패널의 가구 및 가구원 수를 원표본, 신규 표본, 신규(12차 조사에 새롭게 진입한 가구 또는 가구원)로 나누어 살펴보면 다음과 같다.

〈표 2-2-3〉 1차 조사 대비 12차 조사에서의 조사 완료 패널 가구 및 가구원 수

(단위: 가구, 명, %)

구 분	가 구		가구원	
	표본 수	비 율	표본 수	비 율
원 표 본	4,398	62.19	8,936	61.79
신규 표본	1,426	20.16	2,566	17.74
신 규	106	1.50	132	0.91
계	5,930	83.85	11,634	80.44

〈표 2-2-4〉의 1차 조사 대비 12차 조사의 원표본 패널 가구 탈락률(attrition rate)을 살펴보면 전체적으로 가구의 경우 37.81%의 탈락률을 보이며, 가구원의 경우 38.21%의 탈락률을 보임을 알 수 있다.

〈표 2-2-4〉 12차 조사의 원표본 가구 및 가구원 지역별 탈락률 비교

(단위: 가구, 명, %)

지역	가 구			가구원		
	1차 조사	12차 조사	탈락률	1차 조사	12차 조사	탈락률
전 국	7,072	4,398	37.81	14,463	8,936	38.21
서 울	1,335	659	50.64	2,847	1,423	50.02
부 산	528	309	41.48	1,090	608	44.22
대 구	422	263	37.68	873	545	37.57
인 천	437	268	38.67	914	551	39.72
광 주	244	176	27.87	519	386	25.63
대 전	208	124	40.38	435	275	36.78
울 산	203	111	45.32	424	250	41.04
경 기	1,130	668	40.88	2,324	1,452	37.52
강 원	236	159	32.63	465	313	32.69
충 북	221	166	24.89	457	336	26.48
충 남	321	262	18.38	662	526	20.54
전 북	347	229	34.01	655	420	35.88
전 남	377	279	25.99	709	512	27.79
경 북	494	335	32.19	942	587	37.69
경 남	488	332	31.97	975	637	34.67
제 주	81	58	28.40	172	115	33.14

지역별 가구 탈락률을 살펴보면 서울이 50.64%로 가장 높고, 울산이 45.32%로 두 번째로 탈락률이 높다. 충남이 18.38%로 가장 낮게 나타났다. 지역별 가구원 탈락률은 서울이 50.02%로 가장 높고, 부산이 44.22%로 두 번째로 높게 나타났다. 가구원 탈락률이 가장 낮은 지역은 충남으로 20.54%이다.

〈표 2-2-5〉 12차 조사의 신규 표본 가구 및 가구원 지역별 탈락률 비교

(단위: 가구, 명, %)

지역	가 구			가구원		
	1차 조사 (2012)	6차 조사 (2017)	탈락률	1차 조사 (2012)	6차 조사 (2017)	탈락률
전 국	1,800	1,426	20.78	3,375	2,566	23.97
서 울	194	132	31.96	397	252	36.52
부 산	133	106	20.30	239	191	20.08
대 구	126	100	20.63	223	174	21.97
인 천	109	88	19.27	199	154	22.61
광 주	87	75	13.79	159	143	10.06
대 전	89	66	25.84	166	125	24.70
울 산	77	57	25.97	164	114	30.49
경 기	180	141	21.67	370	279	24.59
강 원	95	81	14.74	174	136	21.84
충 북	90	64	28.89	176	119	32.39
충 남	106	100	5.66	196	180	8.16
전 북	104	85	18.27	190	149	21.58
전 남	102	79	22.55	178	132	25.84
경 북	130	107	17.69	229	176	23.14
경 남	127	102	19.69	218	161	26.15
제 주	51	43	15.69	97	81	16.49

〈표 2-2-5〉에서 1차 조사 대비 6차 조사의 신규 표본 패널 가구 및 가구원 탈락률(attrition rate)을 살펴보면 가구가 20.78%, 가구원이 23.97%의 탈락률을 보였다. 지역별 가구 탈락률을 살펴보면 서울이 31.96%로 가장 높고, 충북이 28.89%로 두 번째로 탈락률이 높다. 충남이 5.66%로 가장 낮게 나타났다. 지역별 가구원 탈락률은 서울이 36.52%로 가장 높고, 충북이 32.39%로 두 번째로 높게 나타났다.

2. 가중치 조정 과정

KOWEPS의 12차 조사에서는 기본적으로 11차 조사에 부여된 개인 가중치를 기준으로 가구 가중치와 개인 가중치를 산정하였다. 기존의 KOWEPS 가중치 부여 체계는 [그림 2-2-3]과 같다. 가구 가중치는 조사 차수가 증가함에 따라 가구원의 변동으로

인해 가구의 개념이 1차 조사 정의와 상이해질 수 있으므로 2차 조사 이후의 가중치는 개인 가중치를 중심으로 산정하도록 한다. 가구는 개인과 달리 차수가 증가함에 따라 생성과 소멸이 반복적으로 이루어지기 때문에 종단면과 횡단면의 구분이 모호해져 이를 구분하는 것은 별 의미가 없다. 따라서 가구 가중치는 개인 가중치를 기준으로 종단면과 횡단면 가중치를 구분하지 않고 단일 가중치를 부여한다.

〔그림 2-2-3〕 KOWEPS의 가중치 부여 체계

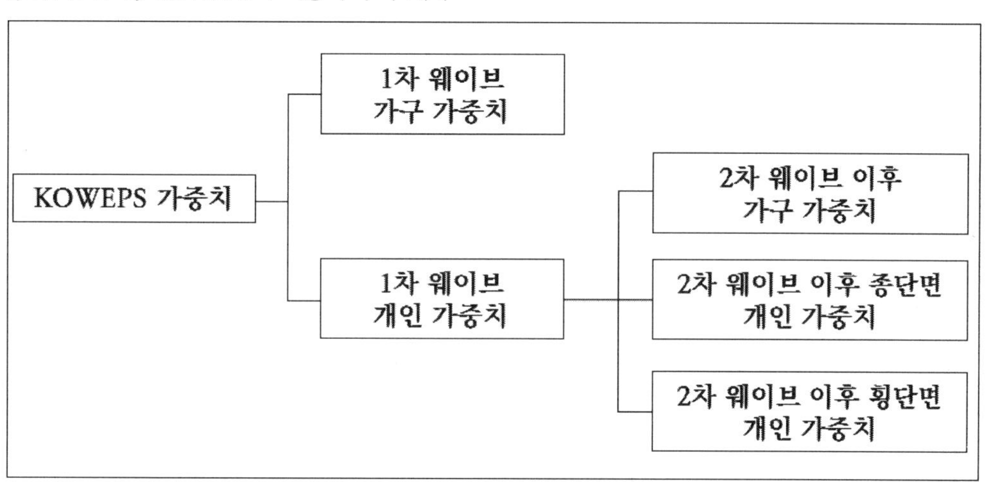

한국복지패널 7차 조사의 경우 기존의 1~6차 조사에서 구축된 패널 표본과 7차 조사에서 새롭게 추가된 신규 표본 패널을 병합하여 새롭게 가중치를 조정할 필요가 있었다. 먼저 7차 조사에서의 가중치 조정 과정을 간략히 살펴보면 다음과 같다.

1차 조사 이후 7차 조사까지 구축된 기존의 패널 표본은 6차 조사의 응답률을 로지스틱 회귀모형에 적용해 응답 확률을 추정하고, 6차 조사의 종단면 가중치에 기초하여 7차 조사에 조사된 개인 종단면 가중치를 조정하였다. 7차 조사에 새롭게 추가된 신규 패널은 ‘2011년 복지욕구실태조사’의 최종 가중치를 기본 가중치로 고려하여 1,800가구의 추출 확률의 역수를 곱하여 신규 패널의 설계 가중치를 조정하였다.

이와 같이 각각 독립적으로 조정된 가중치에서 신규 패널의 7차 조사 종단면 가중치는 2012년 새롭게 진입한 신규 가구이므로 모두 ‘0’으로 부여하였고, 7차 조사 횡단면 가중치의 경우 기존의 패널과 신규 패널을 병합하여 새롭게 가중치를 부여하였다.

8차 조사 개인 가중치는 7차 조사의 개인 종단면 가중치를 기준으로 종단면과 횡단면 가중치를 부여하였다. 단 7차 조사에 새롭게 추가된 신규 패널 1,800가구의 가구원은 개인 종단면 가중치가 0이므로 7차 조사 개인 횡단면 가중치를 기준으로 원표본 패널 가중치와 병합하여 8차 조사의 종단면 가중치와 횡단면 가중치를 산정하였다.

9차 조사 개인 가중치는 8차 조사의 개인 종단면 가중치를 기준으로 종단면과 횡단면 가중치를 부여하고, 10차 조사 개인 가중치는 9차 조사의 개인 종단면 가중치를 기준으로 종단면과 횡단면 가중치를 부여하였다. 12차 조사 개인 가중치 산출 역시 11차 조사의 개인 종단면 가중치를 기준으로 종단면과 횡단면 가중치를 부여하였다. 12차 조사 개인 가중치에 대한 설명은 다음과 같다.

가. 개인 종단면 가중치 산출 과정

12차 조사 개인 종단면 가중치는 12차 조사 종단면 기본 가중치에 무응답 보정과 개인별 변동 상황을 고려하여 조정한 뒤 사후 조정으로 계산된다.

12차 조사 종단면 기본 가중치는 11차 조사의 개인 종단면 가중치를 기본 가중치로 한다. 12차 조사의 무응답으로 인한 실제 표본 크기 감소를 반영하기 위한 무응답 보정은 다음과 같다.

12차 조사에 조사가 완료된 개인의 가중치 조정은 패널 탈락으로 인한 무응답 보정을 위해 12차 조사 종단면 응답 여부 변수와 11차 조사 변수들의 관계를 로지스틱 회귀모형을 이용하여 응답 확률을 추정하였다. 로지스틱 모형의 설명 변수로는 응답자의 성별, 연령, 지역, 경제활동상태 변수를 사용하였고, 12차 조사 종단면 응답 여부 변수는 12차와 11차 조사 모두 응답하면 1, 그렇지 않은 경우는 0을 갖는다.

다음으로 12차 조사의 개인 종단면 기본 가중치에 로지스틱 모형으로 추정된 응답 확률의 역수를 곱하여 12차 조사의 개인 종단면 가중치를 조정한다. 12차 조사의 기본 가중치를 $w_{기본\,12차}$, 로지스틱 회귀 분석을 통해 예측된 예측 응답 확률을 $\hat{p}_{12차}$라고 하면 무응답 보정을 통해 얻어지는 가중치는

$$w_{12차} = w_{기본\,12차} \times \hat{p}_{12차}^{-1}$$

로 표현된다.

그리고 개인별 변동 상황에 따라 12차 종단면 가중치를 조정한 뒤, 지역 및 응답자

의 인구학적 특성에 따라 2016년 인구 추계 값을 이용하여 사후 조정을 실시하였다.

개인별 변동 상황의 예는 다음과 같다.

1차 조사 패널 가구원으로 군 입대 및 해외여행 등의 사유로 조사 당시 응답하지 않았던 가구원은 가구의 평균 가중치를 적용받고, 결혼 등의 사유로 원패널 가구에 진입한 가구원은 0의 가중치를 부여받는다. 또한 12차 조사에 원패널 가구로부터 분가한 가구원의 경우 원래의 가구원 가중치를 부여받지만, 분가한 후 결혼 등의 사유로 신규로 진입한 신규 가구의 가구원은 0의 가중치를 부여받는다. 11차 조사에서 탈락했던 가구원이 12차 조사에 재진입한 경우에는 지역별 평균 가중치를 부여하였다.

지나치게 큰 가중치 값들은 추정량의 분산을 크게 만들어 추정의 정확도에 영향을 미칠 수 있는데 이러한 가중치의 과도한 변동을 줄이고자 12차 조사에서는 사후 조정 후 극단 가중치 조정을 하였다.

레이킹을 통한 사후 조정 후 지나치게 큰 가중치들(상위 1%)을 찾아서 절단(trimming)한 뒤 절단 값을 제외한 나머지 값을 극단 관측치가 속한 지역*성별*연령 내의 관측치에 동일하게 배분하였다. 따라서 12차 조사 개인 종단면 가중치의 최댓값을 2만 400으로 제한하였다.

〈표 2-2-6〉에서 12차 조사 지역별 개인 종단면 가중치 분포를 살펴보면 전남 지역의 가중치 표준오차가 가장 작고, 제주 지역의 표준오차가 가장 크게 나타난다. 중위값으로 비교하여 보면 경기 지역의 가중치 중위값이 가장 높으며 충남 지역의 가중치 중위값이 가장 낮음을 알 수 있다.

〈표 2-2-6〉 12차 조사의 지역별 개인 종단면 가중치 분포

(단위: 명)

지 역	표본 수	평균값	표준오차	중위수	제1사분위수	제3사분위수	상대 표준오차
전 국	12,790	3,282.0	30.4	2,031.3	789.6	4,692.8	1.0
서 울	1856	4,474.6	79.6	3,654.5	1,788.0	6,316.4	0.8
부 산	879	3,284.2	113.6	2,050.8	968.7	4,365.9	1.0
대 구	791	2,537.9	96.4	1,453.4	724.6	3,651.4	1.1
인 천	777	3,053.4	113.6	1,996.9	721.3	4,396.3	1.0
광 주	586	2,035.5	81.7	1,380.5	622.1	2,841.5	1.0
대 전	437	2,826.0	140.9	1,870.8	728.9	3,998.8	1.0
울 산	402	2,335.8	131.5	1,314.0	580.8	3,242.6	1.1
경 기	1,997	5,089.5	92.4	3,975.5	1,844.2	7,198.9	0.8
강 원	497	2,508.3	130.6	1,318.2	610.2	3,787.6	1.2
충 북	492	2,645.1	127.0	1,699.5	640.4	3,777.2	1.1
충 남	794	2,403.9	105.7	1,053.3	519.6	3,209.3	1.2
전 북	650	2,312.2	105.6	1,180.1	524.9	3,307.6	1.2
전 남	715	2,090.4	81.5	1,314.9	705.5	2,793.1	1.0
경 북	819	2,724.9	128.8	1,141.2	553.5	3,241.1	1.4
경 남	871	3,096.3	131.2	1,198.2	417.1	4,730.5	1.3
제 주	227	2,170.3	181.4	1,216.9	423.5	2,970.5	1.3

〔그림 2-2-4〕 12차 조사의 지역별 개인 종단면 가중치 상자 그림

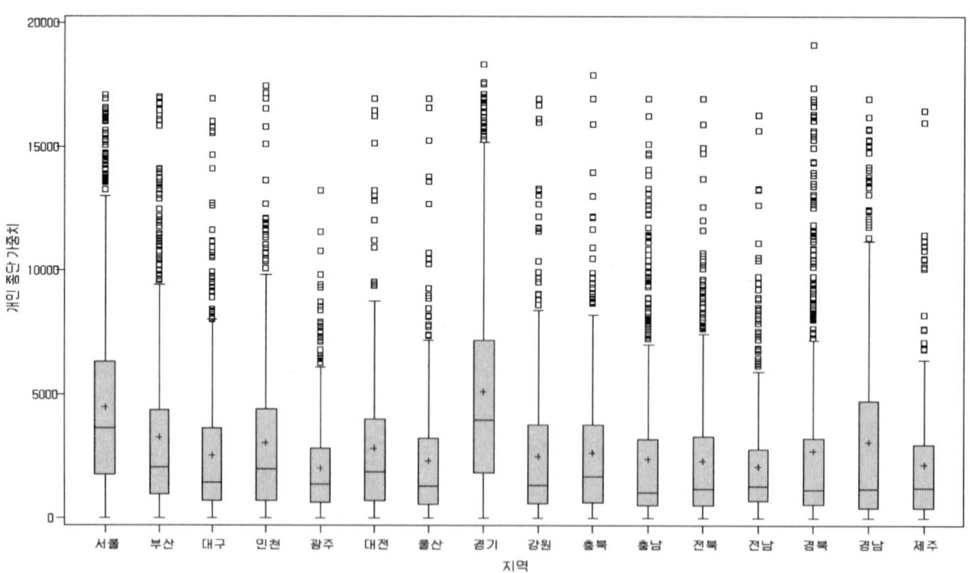

나. 개인 횡단면 가중치 산출 과정

12차 조사 개인 횡단면 가중치는 12차 조사 종단면 기본 가중치에 무응답 보정과 개인별 변동 상황을 고려하여 조정한 뒤, 12차 조사 종단면 가중치 값이 0인 가중치에 대해 가구별 평균 가중치를 적용하고 사후 조정으로 계산된다.

패널 탈락으로 인한 무응답 보정을 위해 12차 조사 종단면 응답 여부 변수와 11차 조사 변수들의 관계를 로지스틱 회귀모형을 이용하여 응답 확률을 추정하였다.

다음으로 12차 조사의 개인 종단면 기본 가중치에 로지스틱 모형으로 추정된 응답 확률의 역수를 곱하여 12차 조사의 개인 종단면 가중치를 조정한다.

그리고 개인별 변동 상황에 따라 12차 조사 종단면 가중치를 조정한 뒤 12차 조사 종단면 가중치 값이 0인 가중치에 대해 가구별 평균 가중치를 적용하고, 지역 및 응답자의 인구학적 특성에 따라 2016년 인구 추계 값을 이용하여 사후 조정을 실시하였다.

12차 조사 횡단면 가중치에서는 레이킹을 통한 사후 조정 후 12차 조사 종단면 가중치와 마찬가지로 지나치게 큰 가중치들(상위 1%)을 찾아서 절단한 뒤 절단 값을 제외한 나머지의 값을 극단 관측치가 속한 지역*성별*연령 내의 관측치에 동일하게 배분하였다. 12차 조사 횡단면 가중치의 최댓값을 1만 7,500으로 제한하였다.

〈표 2-2-7〉에서 12차 조사 지역별 개인 횡단면 가중치 분포를 살펴보면 광주 지역의 가중치 표준오차가 가장 작고, 제주 지역의 표준오차가 가장 크게 나타난다. 중위값으로 비교하여 보면 경기 지역의 가중치 중위값이 가장 높고, 그다음으로 서울 지역이 높다. 충남 지역의 가중치 중위값이 가장 낮다.

〈표 2-2-7〉 12차 조사의 지역별 개인 횡단면 가중치 분포

(단위: 명)

지 역	표본 수	평균값	표준오차	중위수	제1사분위수	제3사분위수	상대 표준오차
전 국	12,790	3,282.2	28.8	2,106.1	881.4	4,628.6	1.0
서 울	1,856	4,474.6	74.8	3,650.3	1,892.3	6,182.7	0.7
부 산	879	3,286.3	106.9	2,145.6	1,023.9	4,357.8	1.0
대 구	791	2,537.7	91.2	1,489.0	763.2	3,597.5	1.0
인 천	777	3,053.3	106.3	2,089.2	777.6	4,462.5	1.0
광 주	586	2,036.3	76.3	1,414.0	710.8	2,811.9	0.9
대 전	437	2,826.0	133.4	1,905.8	791.4	3,987.9	1.0
울 산	402	2,334.1	125.5	1,370.2	638.1	3,118.6	1.1
경 기	1,997	5,090.4	85.1	3,991.2	2,008.3	7,133.6	0.7
강 원	497	2,508.2	124.1	1,393.1	638.0	3,685.0	1.1
충 북	492	2,644.9	120.6	1,760.1	659.0	3,770.6	1.0
충 남	794	2,403.9	101.7	1,098.2	567.7	3,193.0	1.2
전 북	650	2,312.0	101.7	1,221.8	580.5	3,255.7	1.1
전 남	715	2,090.4	78.4	1,340.4	730.2	2,755.4	1.0
경 북	819	2,724.9	124.9	1,170.4	565.1	3,276.5	1.3
경 남	871	3,096.3	123.8	1,384.2	457.5	4,619.3	1.2
제 주	227	2,170.3	171.6	1,241.3	503.3	3,012.2	1.2

〔그림 2-2-5〕 12차 조사의 지역별 개인 횡단면 가중치 상자 그림

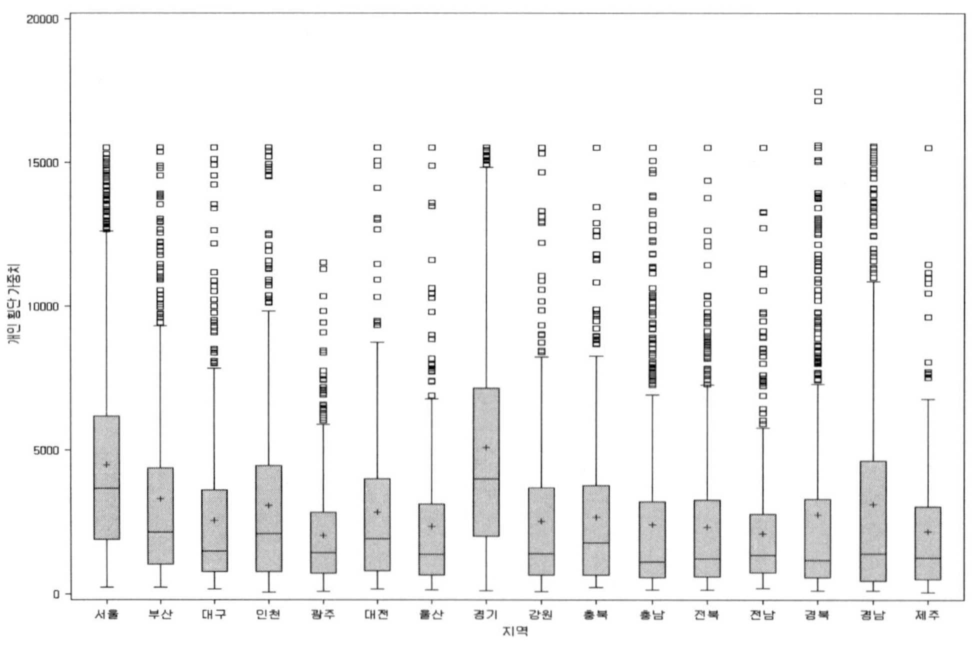

다. 가구 가중치 산출 과정

12차 조사에서는 먼저 가구의 패널 진입 차수에 따라 12차 조사 개인 종단면 가중치의 가구 내 평균값을 계산하여 산출하였다. 12차 조사에서 새롭게 진입한 신규 가구의 경우 신규 가구 내에 원표본(또는 신규 표본) 가구원들의 가중치 평균을 적용하였고, 원표본(또는 신규 표본) 가구원들만으로 구성된 가구는 이들의 평균으로 가구 가중치를 산출하였다. 다음으로 이와 같이 계산된 가구 가중치를 2016년 추계 가구 수에 따라 지역별로 사후 조정하고 극단 값 조정을 통해 최종 가중치를 산출하였다.

극단 값 조정은 레이킹을 통한 사후 조정 후 지나치게 큰 가중치들(상위 1%)을 찾아서 절단한 뒤 절단 값을 제외한 나머지 값을 극단 관측치가 속한 지역*가구원 수 내의 관측치에 동일하게 배분하였다. 따라서 12차 조사 가구 가중치의 최댓값을 1만 3,200으로 제한하였다.

지역별 가구 가중치의 분포를 살펴보면 다음과 같다(〈표 2-2-8〉 참조).

12차 조사 지역별 가구 가중치 평균값은 경기 지역이 가장 높고, 전남 지역이 가장 낮다. 이에 대한 지역별 표준오차는 전남 지역의 가중치 표준오차가 가장 작고, 제주 지역의 표준오차가 가장 크게 나타난다. 중위값으로 비교하여 보면 경기 지역의 가중치 중위값이 가장 높으며, 충남 지역의 가중치 중위값이 가장 낮게 나타났다. 제1사분위수를 비교해 보면 경기 지역의 가중치 제1사분위 값이 가장 높으며, 제주 지역의 가중치 제1사분위 값이 가장 낮다. 제3사분위수에서는 전남 지역의 가중치 제3사분위값이 가장 낮게 나왔음을 알 수 있다. 지역별 상대 표준오차는 경기와 서울 지역이 가장 낮다.

〈표 2-2-8〉 12차 조사의 지역별 가구 가중치 분포

(단위: 가구)

지 역	표본 수	평균값	표준오차	중위수	제1사분위수	제3사분위수	상대 표준오차
전 국	6,581	2,930.3	33.4	1,978.4	932.3	4,057.7	0.9
서 울	917	4,127.9	91.5	3,431.6	2,012.2	5,608.8	0.7
부 산	471	2,847.8	115.7	1,906.0	1,012.7	3,961.1	0.9
대 구	407	2,291.6	104.1	1,448.3	874.3	3,314.9	0.9
인 천	395	2,669.0	127.2	1,751.5	887.3	3,683.9	0.9
광 주	295	1,929.0	97.0	1,583.6	815.5	2,427.1	0.9
대 전	222	2,646.0	164.9	1,949.2	912.2	3,289.4	0.9
울 산	194	2,191.5	158.1	1,354.2	768.1	2,752.9	1.0
경 기	951	4,681.2	100.9	3,909.7	2,258.8	6,222.9	0.7
강 원	273	2,247.4	141.9	1,268.3	763.0	2,980.5	1.0
충 북	256	2,391.6	136.7	1,623.5	639.8	3,588.1	0.9
충 남	409	2,185.7	120.7	1,082.3	621.6	2,910.0	1.1
전 북	350	2,066.2	111.9	1,318.8	624.0	2,697.3	1.0
전 남	391	1,857.9	82.9	1,283.6	792.7	2,316.0	0.9
경 북	455	2,360.6	128.0	1,206.3	718.9	2,685.2	1.2
경 남	484	2,619.1	129.5	1,217.2	645.1	3,720.0	1.1
제 주	111	2,042.4	206.1	1,315.0	586.6	2,660.3	1.1

〔그림 2-2-6〕 12차 조사의 지역별 가구 가중치 상자 그림

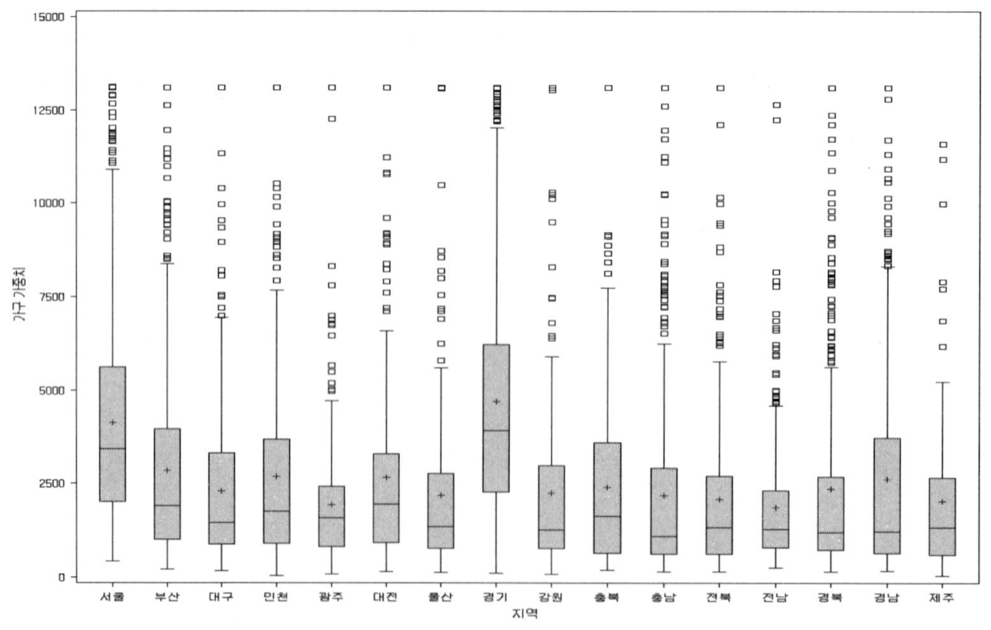

라. 장애인 부가조사 가중치 산출 과정

12차 웨이브 부가조사는 '장애인' 관련 부분으로 3차, 6차, 9차에 이어 네 번째로 조사를 실시하였다. 12차 연도의 최종 완료 표본 수는 1,368명이다.

장애인 부가조사 등록 장애인의 가중치는 12차 개인 종단면 가중치를 기본 가중치로 고려한 후 등록 장애인 DB를 모집단으로 고려하여 장애 유형에 따른 사후 조정을 실시하여 최종적인 가중치 조정을 실시하였다.

장애인 부가조사 비등록 장애인의 가중치는 장애 유형이 나타나지 않기 때문에 등록 장애인과는 별도로 12차 개인 가중치를 그대로 적용하였다.

〈표 2-2-9〉 장애 유형별 등록 장애인 수[9)]

(단위: 명)

장애 유형	합계	장애 유형	합계
지체	1,267,174	신장	78,750
시각	252,794	심장	5,507
청각	271,843	호흡기	11,831
언어	19,409	간	11,042
지적	195,283	안면	2,680
뇌병변	250,456	장루·요루	14,404
자폐성	22,853	간질	6,956
정신	100,069	총 합	2,511,051

〈표 2-2-10〉 12차 장애인 부가조사 종단면 및 횡단면 가중치에 대한 기술통계

(단위: 명)

변수	표본 수	합계	평균값	표준오차	중위수	제1사분위수	제3사분위수
장애인 부가조사 종단면 가중치	1,368	2,511,861.9	1,836.1	56.6	1,028.8	498.0	2,398.7
장애인 부가조사 횡단면 가중치	1,368	2,511,861.9	1,836.1	54.9	1,057.5	517.6	2,417.0

9) 2016년 말 기준.

제 3 장 조사 내용 및 조사 방법

3 조사 내용 및 조사 방법

제1절 조사 내용

1. 조사 설문의 구성

한국복지패널의 조사표는 크게 가구용, 가구원용, 부가조사 3종으로 구성되어 있다. 다만 2차 이후에는 [그림 3-1-1]에서 보는 바와 같이 가구 및 가구원은 각각 원·신규로 구분되기 때문에 원가구용(유형 1), 신규 가구용(유형 2), 원가구원용(유형 3), 신규 가구원용(유형 4), 부가조사 5종의 조사표로 구성된다.

〔그림 3-1-1〕 조사 설문의 구성

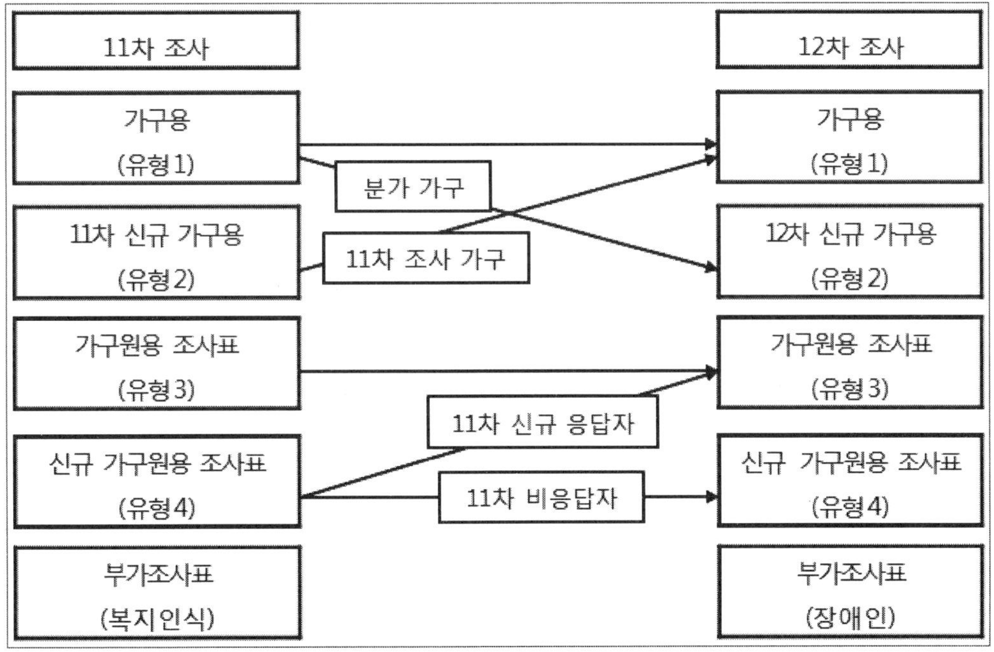

좀 더 구체적으로 살펴보면 가구용 설문에는 원가구용 설문과 더불어 2016년 9월 30일 이전에 분가 및 결혼 등의 이유로 원가구(가구주 중심)로부터 분리된 가구를 조사하기 위한 12차 신규 가구용 설문이 포함되어 있다. 가구원용 설문의 경우에도 마찬가지로 11차 연도에 가구원용 설문에 응답하지 않은 가구원을 조사하기 위한 12차 신규 가구원용 설문이 포함되어 있다. 원·신규 가구 및 가구원의 개념을 좀 더 구체적으로 살펴보면 〈표 3-1-1〉과 같다.

〈표 3-1-1〉 원·신규 가구 및 가구원의 개념

구분		내 용
가구	원가구 (유형 1)	- 11차 연도에 조사 완료된 패널 가구(10차 연도의 원가구 및 신규 가구)
	12차 신규 가구 (유형 2)	- 2016년 9월 30일 이전에 분가, 결혼, 직장, 학업, 위탁, 이혼, 별거 등의 이유로 원가구(유형 1: 1~11차 연도 조사 완료 가구)로부터 분리된 가구 ※ 2016년 10월 1일 이후에 분리된 가구원은 원가구에 속하는 가구원(9개월 이상 생계를 함께한 가구원)이므로 11차 신규 가구(유형 2)로 조사하지 않고 원가구(유형 1)로 조사
가구원	원가구원 (유형 3)	- 11차 연도 조사에서 가구원 설문 응답 가구원 - 만 15세 이상(2000년 출생자 및 그 전 출생자)이면서 중고등학생이 아닌 자 ※ 2016년 9월 30일 이전에 분가하여 11차 신규 가구용(유형 2) 설문으로 조사하더라도 2016년(11차 연도)에 가구원 설문에 응답한 가구원이면 원가구원용(유형 3)으로 조사
	12차 신규 가구원 (유형 4)	- 11차 연도 가구원 조사에 응답하지 않은 가구원 1) 2016년도에 만 15세가 된 가구원이면서 중·고등학생이 아닌 자 2) 2016년 2월에 고등학교를 졸업(중퇴 포함)한 가구원 3) 12차 연도에 출생, 결혼, 합가 등으로 원가구 혹은 신규 가구에 새로 진입한 만 15세 이상 가구원 ※ 2016년 4월 1일 이후에 진입한 가구원은 2016년 1년간 9개월 이상 생계를 같이한 가구원이 아니므로 가구원에 포함되지 않기 때문에 11차 신규 가구원용 설문 대상이 아님

부가조사 설문은 각 연도마다 별도의 주제(special issue)를 개발하여 일회성으로(또는 경우에 따라 몇 년에 한 번씩 반복적으로) 조사된다. 현재 부가조사는 아동, 복지인식, 장애인 세 가지 주제에 대해 3년 주기로 조사하고 있으며, 이러한 순환 주기에 따라 2017년 12차 조사에서는 장애인 부가조사를 실시하였다. 1차·4차·7차·10차 연도에는 아동 부가조사, 2차·5차·8차·11차 연도에는 복지인식 부가조사, 3차·6차·9차·12차 연도에는 장애인 부가조사가 이루어졌다.

다음으로 12차 연도 패널 조사의 조사 대상 및 조사 방법에 대해 살펴보면(〈표 3-1-2〉 참조), 먼저 가구용 설문은 표본 대상 가구 전체에 해당하는 내용으로 가구주 또는 가구주의 배우자를 대상으로 응답을 받는 것을 원칙으로 한다. 조사 방법은 면접조사로 조사 기준 연도는 2016년, 조사 기준 시점은 2016년 12월 31일로 하고 있다. 가구원용 설문은 경제활동인구인 만 15세 이상 가구원 전체를 대상으로 하며, 만 15세 이상 여부의 판단은 2015년 12월 31일을 기준으로 한다. 단 중·고등학교 재학생은 제외하되 신규 진입자와 2016년 2월에 고등학교를 졸업한 가구원은 조사 대상에 포함된다. 가구원용 설문의 조사 기준 연도와 시점은 가구용 설문과 동일하다. 12차 연도 부가조사로 실시한 장애인 부가조사는 3차 연도, 6차 연도, 9차 연도 장애인 부가조사에서 한 번이라도 조사 완료된 사람뿐만 아니라 11차 연도 복지패널 조사 대상 중 이전에 장애인 부가조사의 조사 대상이 아니었던 장애인 가구원 전원을 포함하며, 조사 기준 시점은 가구용과 가구원용 설문과 달리 조사일 현재를 기준으로 한다.

〈표 3-1-2〉 12차 연도 조사표 유형별 조사 대상 및 조사 기준 시점

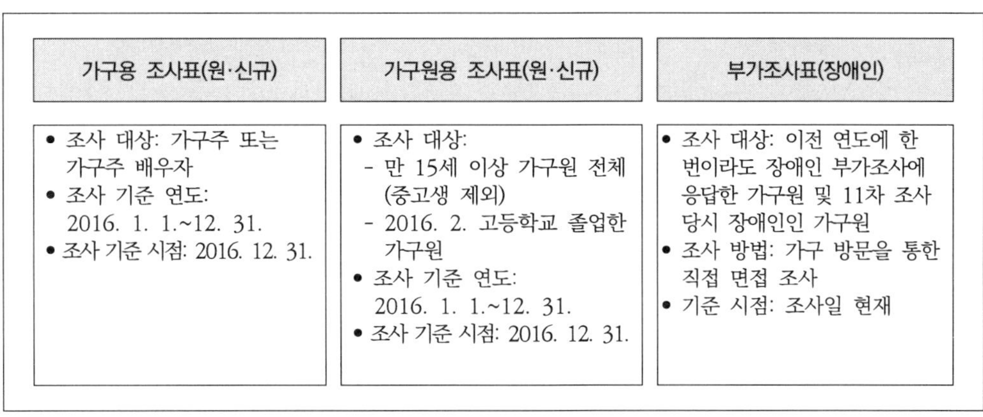

2. 조사 문항

가구용(유형 1·유형 2), 가구원용(유형 3·유형 4), 부가조사용(장애인) 각 설문의 조사 영역은 〈표 3-1-3〉과 같다. 가구용 설문은 가장 많은 영역을 담고 있는데, 구체적으로 보면 가구 일반 사항, 가계 수지 및 생활 실태, 경제활동 상태, 건강 및 의료 실태, 사회보장 제도 및 복지서비스 등과 관련된 총 18개 영역으로 구성되어 있다. 가구원용 설문은 가구의 대표 응답자가 응답하기에는 부적절한 내용들로, 해당되는 가구원 개인만이 응답할 수 있는 총 7개 영역으로 구성되어 있다(단 '교육'과 '개인사'의 경우 유형

4 신규 가구원용에만 해당됨). 부가조사 설문(장애인)은 장애 원인, 상황과 일상생활에 대한 공통 설문과 연령집단별 개별 설문으로 구성되어 있다.

〈표 3-1-3〉 12차 연도 조사 영역

조사표 구분	조사 영역	
가구용 (원·신규)	I. 가구 일반 사항 II. 건강 및 의료 A III. 경제활동 상태 IV. 사회보험, 퇴직(연)금, 개인연금 가입 V. 의료 B VI. 주거 VII. 생활비 VIII. 소득 IX. 부채, 이자	X. 재산 XI. 생활여건 XII. 국민기초생활보장 XII-1. 근로장려세제 XIII. 가구의 복지서비스 이용 XIV. 노인 가구의 복지서비스 이용 XV. 아동 가구의 복지서비스 이용 XVI. 장애인 가구의 복지서비스 이용 XVII. 가족
가구원용 (원·신규)	A. 사회보험, 퇴직금, 개인연금 수급 B. 근로 C. 생활 실태·만족 및 의식 D. 사회적 환경에 대한 의식	E. 생활 습관, 가족 관계 및 정신건강 F. 교육(신규 가구원용에만 포함됨) G. 개인사(신규 가구원용에만 포함됨)
장애인 부가조사	(공통 I) 장애 원인 및 상황 (공통II) 일상생활 (개별 I) 미취학 아동(만 0세~초등학교 입학 전)	(개별II) 학생(초등~고등학생) (개별III) 성인(18~64세) (개별IV) 어르신(만 65세 이상)

이상 큰 틀에서 살펴본 3개 조사표의 조사 영역들을 주제별로 분류해 보면 〈표 3-1-4〉와 같다. 가구원의 인구·사회학적 배경 및 개인사 관련 문항은 문항 성격에 따라 가구용과 가구원용 설문에 나뉘어 있다. 근로 관련 문항은 주로 개개인의 일자리 특성 및 경험을 다루기 때문에 주요 문항들은 가구원용 설문에 배치되어 있으며, 객관적인 판단이 가능한 근로능력 정도 및 경제활동 상태 관련 문항들은 가구용 설문에 삽입되어 있다. 가구의 경제 상황은 가구 단위의 소득과 지출 및 재산과 관련된 문항으로서 가구용 설문에 삽입되어 있다. 그리고 경제적 여건 외 가구 여건 관련 문항은 주로 가구용 조사 설문의 해당 영역에 배치되어 있으며, 다만 가족 관계 및 가족 생활 등에 대한 인식 문항은 가구원용 설문에 포함되어 있다. 사회보장 제도별 가입 및 수급 현황은 응답 대상자에 따라 가구용과 가구원용 설문으로 구분되어 사회보험, 공공부조, 사회복지서비스의 각 영역에 배치되어 있다. 기타 개인의 의식 및 인식과 관련된 문항이나 생활 습관 및 정신건강 등에 관련된 문항들은 가구원용 설문에 포함되어 있다.

〈표 3-1-4〉 조사 주제별 구성

주제	세부 주제	항목 포함 영역
1. 가구원 배경 및 개인사	1) 가구원 일반 사항	가구용 I. 가구 일반 사항 가구원용 F. 교육
	2) 부모 세대	가구원용 G. 개인사
	3) 개인사	가구원용 G. 개인사
2. 근로활동	1) 직업이력	가구원용 G. 개인사
	2) 경제활동 상태	가구용 III. 경제활동 상태 가구원용 B. 근로
	3) 고용지원프로그램	가구원용 B. 근로
3. 경제상황	1) 소득	가구용 VIII. 소득
	2) 지출 및 저축	가구용 VII. 생활비, X. 재산
	3) 재산 및 부채	가구용 IX. 부채 및 이자, X. 재산
	4) 기초생활	가구용 XI. 생활여건
4. 가구여건 (복지욕구)	1) 보육, 교육	가구용 XV. 아동 가구의 복지서비스 이용
	2) 건강 및 의료	가구용 II. 건강 및 의료A, V. 의료B
	3) 주거	가구용 VI. 주거
	4) 가족 관계	가구용 XⅦ. 가족 가구원용 E. 생활 습관, 가족 관계 및 정신건강
	5) 기타 가구여건	부가조사 아동 부가조사(1·4·7·10차) 장애인 부가조사(3·6·9·12차)
5. 사회보장 가입 및 수급 현황	1) 사회보험	가구용 IV. 사회보험, 퇴직(연)금, 개인연금 가입 가구원용 A. 사회보험, 퇴직금, 개인연금 수급
	2) 공공부조	가구용 I. 가구 일반 사항(기초보장수급 형태) XII. 국민기초생활보장(1~6월) XII-1. 국민기초생활보장(7~12월) XII-2. 근로(자녀)장려세제
	3) 사회복지서비스	가구용 XIII. 가구의 복지서비스 이용 XIV. 노인 가구의 복지서비스 이용 XV. 아동 가구의 복지서비스 이용 XⅥ. 장애인 가구의 복지서비스 이용 부가조사 장애인 부가조사(3·6·9·12차)
6. 기타	1) 기타 생활여건 및 사회적 관계망	가구원용 C. 생활 실태·만족 및 의식 D. 사회적 환경에 대한 의식
	2) 생활 습관 및 정신건강	가구원용 E. 생활 습관, 가족 관계 및 정신건강
	3) 복지·사회·정치 문제 인식	부가조사 복지 인식 부가조사(2·5·8·11차) 가구원용 D. 사회적 환경에 대한 의식(성역할)

앞서는 크게 조사표의 구성과 조사 영역에 대해 살펴보았고, 아래에서는 가구용, 가구원용, 부가조사별로 좀 더 구체적인 조사 내용을 살펴보고자 한다. 먼저 가구용(유형 1·유형 2) 설문에서는 가구원별로 인구·사회학적 특성뿐만 아니라 건강·의료 이용 현황, 경제활동 상태 등을 조사하는 동시에 의료, 주거, 지출·소득·재산·생활 여건 등 욕구 영역별 가구 여건을 파악하고 더불어 사회보험, 공공부조, 사회복지서비스 등 가구의 사회보장 가입 및 이용 현황을 파악한다. 가구용 설문의 전체적인 조사 영역 흐름은 [그림 3-1-2]와 같으며 영역별 세부 조사 내용은 <표 3-1-5>와 같다.

[그림 3-1-2] 가구용(유형 1·유형 2) 설문의 조사 영역 흐름도

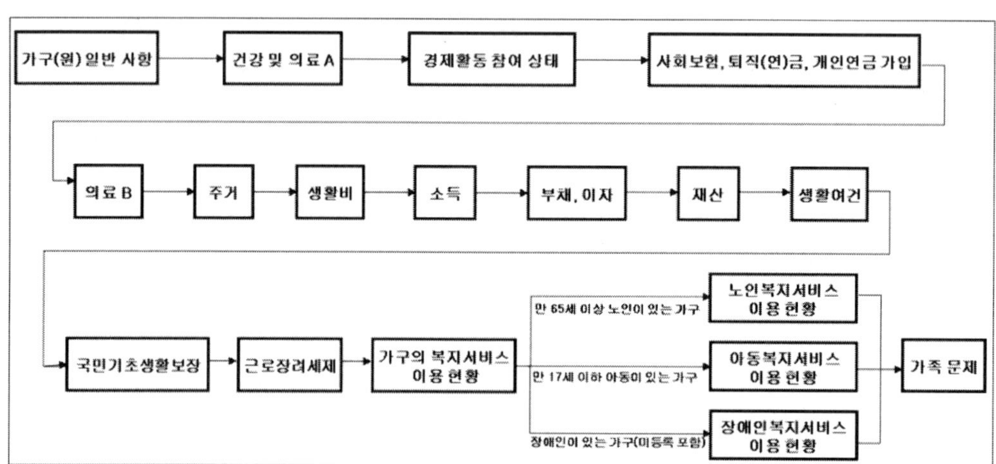

<표 3-1-5> 가구용(유형 1·유형 2) 설문 주요 항목

영역	세부 영역 및 세부 항목	비고
I. 가구 일반사항	1) 가구원 수(9개월 이상 생계를 같이한 가구원 수)	2016년 1년간
	2) 가구원 일반 사항 - 가구주와의 관계, 성별, 연령, 교육 수준, 장애 종류 및 등급, 혼인 상태, 종교, 동거 여부	전체 가구원 대상
	3) 가구 일반 사항 - 가구 형태: 단독 가구, 모·부자 가구, 소년·소녀가장 가구, 기타 - 기초보장수급 형태: 일반수급, 조건부수급, 특례가구 등 - 의료급여수급 형태: 의료급여 1종, 의료급여 2종, 국가유공자 ※ 기초보장 및 의료급여 수급 형태 세분화: 가구원 전부 수급, 가구원 중 일부 수급	2016. 12. 31. 기준
II. 건강 및 의료 A	1) 건강상태	2016. 12. 31. 기준 전체 가구원 대상

<table>
<tr><th>영역</th><th>세부 영역 및 세부 항목</th><th>비고</th></tr>
<tr><td></td><td>2) 의료기관 이용 및 주요 병명
- 외래진료 횟수, 입원 횟수 및 입원 일수, 병원에 입원한 주요 이유, 주로 이용하는 의료기관 형태, 건강검진 횟수, 만성질환, 주요 병명, 12. 31. 기준 민간의료보험 가입건수</td><td>2016년 1년간 전체 가구원 대상 2016. 12. 31. 기준</td></tr>
<tr><td rowspan="4">III. 경제활동 상태</td><td>1) 근로능력 정도
- 근로능력 정도, 근로무능력 사유</td><td rowspan="4">2016. 12. 31. 기준
만 15세 이상 가구원</td></tr>
<tr><td>2) 경제활동 참여 상태
- 2016년 주된 경제활동 참여 상태
- 2016. 12. 31. 기준 경제활동 참여 상태</td></tr>
<tr><td>3) 취업자 일자리 특성
- 고용 관계, 근로시간 형태, 근로 계약 기간 설정 여부, 근로지속 가능성 및 불가능 사유, 업종, 직종, 사업장 규모</td></tr>
<tr><td>4) 미취업자</td></tr>
<tr><td rowspan="5">IV. 사회보험, 퇴직(연)금, 개인연금 가입</td><td>1) 공적연금 가입
- 가입 형태, 가입하고 있는 연금제도, 가입종별, 국민연금 납부 여부, 미납 유형, 납부예외 사유 및 기간, 미납 이유 및 기간, 미가입 이유</td><td rowspan="5">전체 가구원 대상 (다만 만 15세 미만 가구원 등 해당 제도의 적용 제외 대상은 '비해당'으로 기입)</td></tr>
<tr><td>2) 산재보험, 고용보험 가입 여부
- 산재보험 가입 여부, 고용보험 가입 여부</td></tr>
<tr><td>3) 퇴직(연)금 가입
- 퇴직금 적용 여부, 퇴직연금 가입 여부</td></tr>
<tr><td>4) 개인연금 가입 여부</td></tr>
<tr><td>5) 건강보험 및 의료급여 등의 가입 여부</td></tr>
<tr><td rowspan="3">V. 의료 B</td><td>1) 건강보험
- 공적 건강보험 가입 여부, 직장·지역 가입 여부, 건강보험료 미납 경험 여부, 미납 사유, 미납 기간, 건강보험 이용 시 문제점</td><td rowspan="3">2016. 12. 31. 기준
2016년 1년간</td></tr>
<tr><td>2) 의료급여
- 의료급여 수급 여부 및 종류, 의료급여 이용 시 문제점</td></tr>
<tr><td>3) 민간의료보험 12월 보험료</td></tr>
<tr><td rowspan="5">VI. 주거</td><td>1) 이사 경험 여부</td><td>2016년 1년간</td></tr>
<tr><td>2) 주택 유형 및 주거 위치, 주거 점유 형태</td><td>2016.12.31. 기준</td></tr>
<tr><td>3) 주택 구입
- 주택 가격(보증금), 주택비용 마련 방법, 지난 1년간 주택 관련 총 부채원금 상환액, 12. 31. 기준 주거 관련 부채액, 연체 횟수</td><td>2016. 12. 31. 기준
2016년 1년간</td></tr>
<tr><td>4) 주택 구조·성능·환경, 주거시설
- 주택 재질, 방음, 난방, 오염, 자연재해로부터의 안전 여부 등
- 방 개수, 주거면적, 상하수도·부엌·화장실 등 주거시설 종류 및 사용 형태</td><td>2016. 12. 31. 기준</td></tr>
<tr><td>5) 주거복지사업의 이용 경험
- 영구임대주택, 공공임대주택, 전세자금융자 지원, 저소득층 월세 지원, 주택구입자금 지원, 기타 주거복지 관련 사업의 이용 경험</td><td>2016년 1년간</td></tr>
</table>

영역	세부 영역 및 세부 항목	비고
VII. 생활비	1) 비목별 생활비 - 식료품비, 주거비, 광열수도비, 가구·가사용품비, 의류·신발비, 보건의료비, 교육비, 교양오락비, 교통·통신비, 기타소비지출	2016년 1년간 월평균액
	2) 사적이전지출 - 비동거 가구원에게 보낸 현금과 현물(현금 환산액) - 가구원이 아닌 부모·자녀 등에게 제공한 현금과 현물(현금 환산)	
	3) 세금 및 사회보장분담금	
	4) 총생활비: 월평균 생활비	
	5) 주관적 최저생활비, 주관적 적정생활비 - 한 달 동안 근근이 살아가는 데 필요한 최소한의 생활비 - 한 달 동안 생활하는 데 필요한 적정생활비	
VIII. 소득	1) 종사상 지위별 가구원 근로소득 - 만 15세 이상 가구원의 2016년 1년간 경제활동, 상용근로자 총급여액, 임시·일용근로자 총급여액, 고용주·자영자 순소득 및 전입소득, 농림축산업 경영주 경지 규모·자가소비액·판매수입·이전소비액·잡수입·총비용·순소득, 어업 경영주 수산물 자가소비액·판매수입·이전소비액·잡수입·총비용·순소득, 기타근로소득	2016년 1년간 총액
	2) 원천별 가구 소득(근로소득 제외) - 재산소득, 사회보험, 민간보험, 기타정부보조금, 기타소득, 환급금, 사적이전소득(가구원이 아닌 부모·자녀에게 받은 현금과 현물, 9개월 미만 동거 가구원의 현금과 현물 소득, 기타 민간부문으로부터 받은 현금과 현물), 국민기초생활보장 수급 개월 수 및 급여액	
IX. 부채, 이자	1) 부채 - 부채 형태(금융기관 대출, 일반 사채, 카드 빚, 전세 보증금, 외상 및 미리 탄 곗돈 등)별 금액	2016. 12. 31. 기준
	2) 이자 - 부채에 대해 지출한 이자 연간 총액(주거 관련 부채의 이자, 주거이자 제외한 기타 이자)	2016년 1년간 총액
	3) 부채 용도 - 항목별 부채 금액이 차지하는 비율(생활비, 주택 관련 자금, 교육비, 의료비, 빚 갚음, 기타)	2016. 12. 31. 기준
X. 재산	1) 부동산 - 소유부동산(주택, 주택 외 건물, 토지 등)별 금액 - 점유부동산(전세 보증금 준 것, 기타 권리금 등)별 금액	2016. 12. 31. 기준
	2) 동산 - 보유 농기계 종류 및 가격, 사육 농축산물 종류 및 가격	
	3) 금융재산 - 금융재산별(예금, 적금, 주식·채권·펀드, 타기 전 부은 곗돈, 기타) 금액	
	4) 기타 재산 - 비영업용 자동차 보유 대수 및 가격 - 기타 재산(회원권, 영업용 자동차 등 운송·생계 수단, 귀금속 등)별 총액	
XI. 생활여건	1) 박탈지표 - 집세 미납·공과금 미납·세금 미납·공교육비 미납·난방 못 함·의료서비스 이용 못 함·신용불량 경험 여부·건강보험 미납으로 인한 급여 자격 정지 여부	2016년 1년간

영역	세부 영역 및 세부 항목	비고
	2) 식생활 보장 - 경제적 어려움으로 인한 식료품 미구입 및 균형 잡힌 식사 불가 빈도, 경제적 어려움으로 절식 및 결식 경험 여부 등	
XII. 국민기초 생활보장	1) 급여 신청 및 탈락 - 신청 경험 여부, 신청 사유, 선정 여부, 선정 탈락 사유, 선정 탈락 후 생계 해결 방법	2016년 1년간
	2) 2016년 1년간 수급 이력 - 수급 이력, 수급 이유, 미수급 사유, 급여 수준 평가, 수급 탈피 예상 기간, 수급 탈피 후 필요지원 비목	
	3) 수급 탈피 - 탈피 사유, 탈피 후 필요지원 비목	
XII-2. 근로(자녀) 장려세제	1) 제도 인식, 신청 여부 - 제도 인식 여부, 급여 신청 여부, 조사 시점 기준 급여요건 충족 여부 인식 및 급여 신청 여부	2016년 5월경, 2016년 기준
	2) 급여 수급 경험 - 급여 수급 여부, 급여 사용처, 수급 급여 실생활 도움 정도, 근로의욕에 대한 영향	2016년 추석 즈음 기준
XIII. 가구의 복지서비스 이용	1) 가구의 복지서비스 이용 현황 - 가구복지서비스 이용 경험 여부 - 바우처 서비스 이용 경험 여부 - 장기요양보험 급여 수급 여부, 월 단위 본인부담액, 급여 종류별 이용 경험 여부	2016년 1년간
XIV. 노인 가구의 복지서비스 이용	1) 노인복지서비스 이용 현황 - 노인 대상 복지서비스 이용 경험 여부	2016년 1년간, 만 65세 이상 노인이 있는 가구
XV. 아동 가구의 복지서비스 이용	1) 아동복지서비스 이용 현황 - 아동 대상 복지서비스 이용 경험 여부	2016년 1년간 만 17세 이하 아동이 있는 가구
	2) 아동 건강 - 신규 진입한 아동 여부, 출생 시 체중, 선천성 기형이나 질환	
	3) 사교육과 보육기관 이용 실태 - 이용 여부, 이용 기관, 월평균 사교육비, 월평균 보육비	
XVI. 장애인 가구 복지서비스 이용	1) 장애인복지서비스 이용 현황 - 장애인 대상 복지서비스 이용 경험 여부	2016년 1년간 등록·비등록 장애인이 있는 가구
XVII. 가족	1) 가족의 갈등 - 갈등을 초래하는 문제, 가족 갈등 대처 방법	2016년 1년간

가구용 설문 영역 중 일련의 논리를 가지고 구성된 경제활동 상태 영역, 사회보험·퇴직(연)금·개인연금 가입 영역, 국민기초생활보장 영역의 구체적인 논리도는 각각 [그림 3-1-3], [그림 3-1-4], [그림 3-1-5]와 같다.

[그림 3-1-3] 가구용 조사표 Ⅲ. 경제활동 상태 영역 논리도

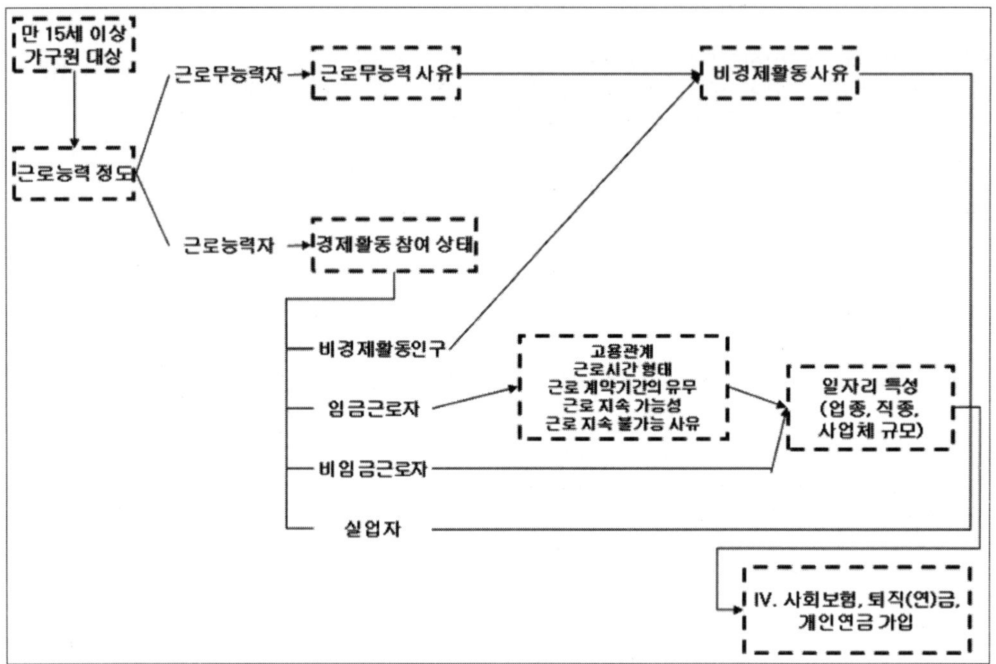

〔그림 3-1-4〕 가구용 조사표 Ⅳ. 사회보험, 퇴직(연)금, 개인연금 가입 영역 논리도

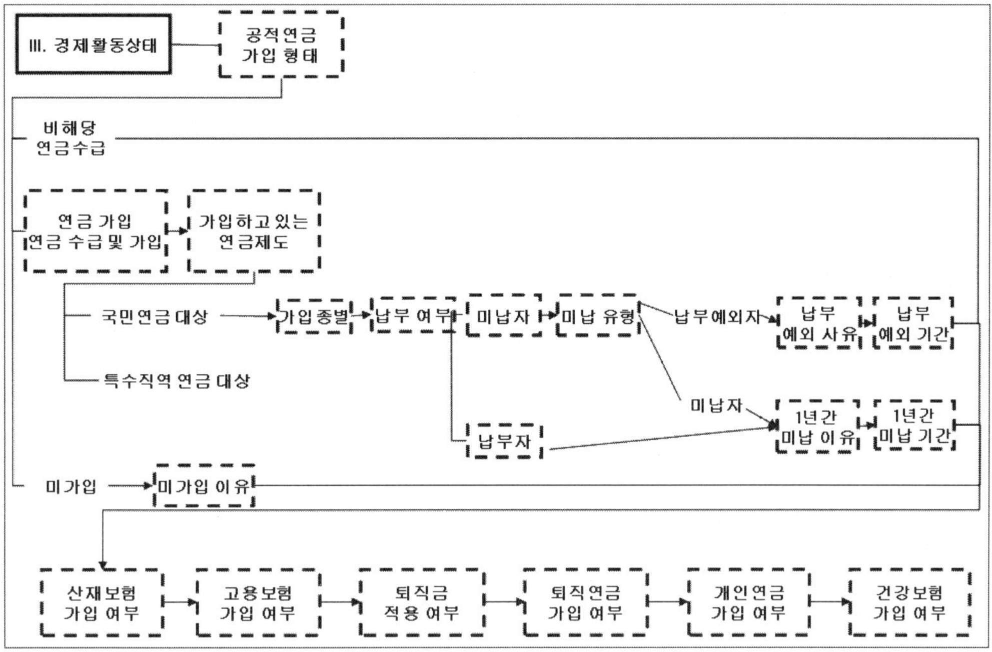

〔그림 3-1-5〕 가구용 조사표 XII. 국민기초생활보장 영역 논리도

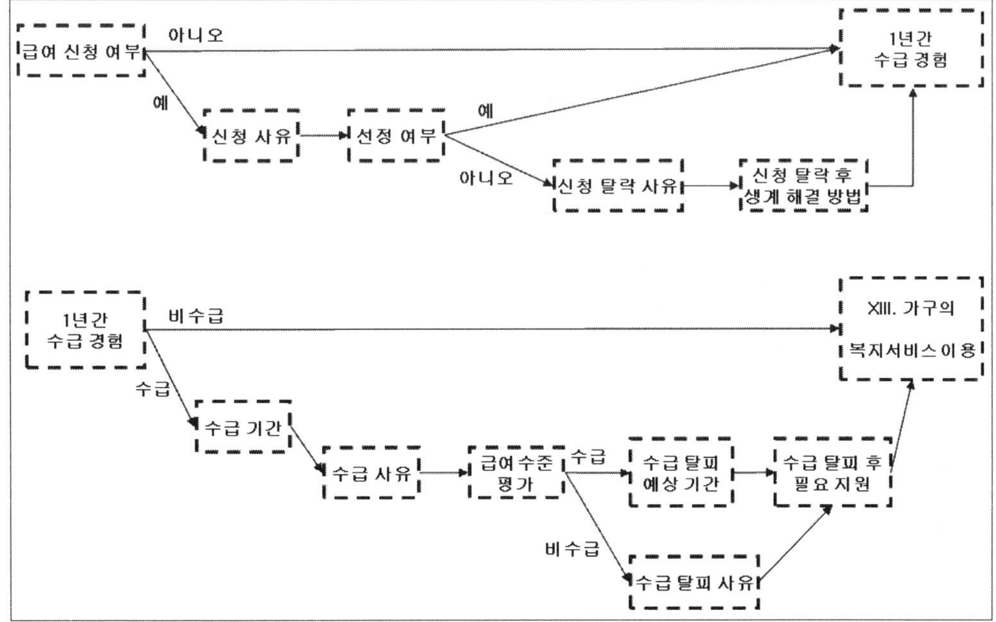

다음은 가구원용(유형 3·유형 4) 조사표에 해당하는 설문 내용을 살펴보고자 한다. 가구원용 설문은 중·고등학생이 아닌 만 15세 이상 모든 가구원을 대상으로 하며, 사회보험·퇴직금·개인연금 수급, 근로, 생활 실태·만족 및 의식, 사회적 환경에 대한 의식, 생활 습관과 가족 관계 및 정신건강, 교육, 개인사 영역으로 구성된다. 가구원용(원·신규) 설문의 각 영역별 세부 문항 구성은 다음 〈표 3-1-6〉과 같다.

〈표 3-1-6〉 가구원용(유형 3·유형 4) 설문 주요 항목

영역	세부 영역 및 세부 항목	비고
A. 사회보험, 퇴직금, 개인연금 수급	1) 공적연금 - 공적연금 수급 여부/종류, 국민연금 급여 종류/일시금/연금 수급 기간 및 금액, 특수직역연금 급여 종류/일시금/연금 수급 기간 및 금액, 보훈연금·기타연금 일시금/연금 수급 기간 및 금액	2016년 1년간
	2) 고용보험 - 고용보험 수급 여부, 급여 종류, 수급 개월 수 및 총현금 급여액	
	3) 산재보험 - 산재보험 수급 여부, 급여 종류, 일시금 총액, 연금 수급 개월 수 및 총현금 급여액	
	4) 개인연금 - 개인연금 수급 여부, 일시금 총액, 연금 수급 개월 수 및 총급여액	
	5) 퇴직금 및 퇴직보험 - 퇴직금 수급 여부, 일시금 총액, 보험금 수급 개월 수 및 총급여액	
B. 근로	1) 근로 유형	2016. 12. 31. 기준
	2) 취업자 - 실직 경험 여부, 실직 사유, 현 직장 근속 연수, 근로 개월 수, 일한 달 평균 근로일수, (규칙적으로 일한 경우) 주당 평균 근로시간 및 월평균 임금, (불규칙적으로 일한 경우) 일한 날 평균 근로시간 및 시간당 임금, 노조 가입 여부, 정부 고용지원프로그램 참여 경험 여부	2016. 12. 31. 기준, 2016년 1년간
	3) 미취업자 - 지난 4주간 구직활동 여부, 총구직 기간, 구직상의 어려움, 희망임금, 지난 1년간 구직활동 여부, 지난주 알맞은 일자리 유무, 지난 4주간 구직활동 하지 않은 이유, 정부 고용지원프로그램 참여 경험 여부	
	4) 직업기술 - 새로이 습득한 직업기술 종류 및 해당 직종	
C. 생활 실태·만족 및 의식	1) 생활 실태 - 인터넷 사용 여부, 유해 환경 근로 경험 여부	2016년 1년간
	2) 생활만족 - 건강상태·가족의 수입·주거 환경·가족 관계·직업·사회적 친분 관계·여가생활 만족도 등	

영역	세부 영역 및 세부 항목	비고
D. 사회적 환경에 대한 인식	1) 사회적 자본 및 지역 사회 활동 - 신뢰, 지역 사회 이웃에 대한 도움 의사, 비선호 시설 수용 정도(3년 주기) - 기부 혹은 자원봉사 활동 여부, 연간 기부액, 자원봉사활동 연간 횟수	2016년 1년간
	2) 부모님과의 접촉 정도 - 비동거 부모님의 유무/왕래 횟수/전화통화 횟수	
	3) 성역할에 대한 인식 - 여성전일제와 가족 일상생활 양립, 미취학 아동 어머니의 노동과 가족 관계, 전업주부 역할과 소득 활동 역할 간 중요성, 남녀 성 역할에 대한 고정관념, 남녀 소득 기여, 가정생활에서의 스트레스, 가족에 대한 책임, 가족 돌봄으로 인한 직장 생활의 어려움	2017년 조사일 현재
E. 생활 습관, 가족 관계, 정신건강	1) 생활 습관 및 출산 경험 여부 - 흡연, 음주, 음주로 인한 문제, 출산 경험 여부	2017년 조사일 현재 2016년 1년간
	2) 정신건강 - 우울감, 자아 존중감	2017년 조사일 현재
	3) 가족 관계 - 부부폭력 경험, 부부폭력 가해 경험, 가족 생활·부부 관계·자녀와의 관계, 자녀들 사이의 관계에 대한 만족도	2016년 1년간, 2017년 조사일 현재
	4) 자살 관련 - 자살 생각, 자살 계획, 자살 시도	2017년 조사일 현재
	5) 행복지수	2017년 조사일 현재
F. 교육(신규 가구원용)	1) 최종학력	
	2) 출신 고등학교 유형 및 소재지 - 일반계(일반) 등 17가지 유형, 소재지(시·군·구 단위까지 기재)	
	3) 출신 대학 전공계열 및 소재지 - 인문계열 등 12가지 유형, 소재지(시·군·구 단위까지 기재)	
G. 개인사(신규 가구원용)	1) 아동기 - 성장 지역, 경제생활상태, 조실부모·부모 이혼·학업 중단·친척집 성장 경험 여부 및 연령	
	2) 부모님 - 교육 수준, 직업, 부모로부터 상속·증여 경험 및 경제적 도움 정도	
	3) 직업이력 - 만 15세 이후 첫 직장·이후 가장 최근까지 6개 주요 직장의 근무 기간 및 고용 형태	
	4) 직업기술 - 보유 직업기술(1~3순위), 보유 직업기술 직종	
	5) 다문화 가정 여부 - 결혼 혹은 근로 등의 사유로 다른 나라에서 한국으로 왔는지 여부	

가구원용 설문에서도 사회보험/퇴직금/개인연금 수급 영역과 근로 영역의 경우 각각의 논리에 따라 [그림 3-1-6]과 [그림 3-1-7]과 같이 구성된다.

[그림 3-1-6] 가구원용 조사표 A. 사회보험, 퇴직금, 개인연금 수급 영역 논리도

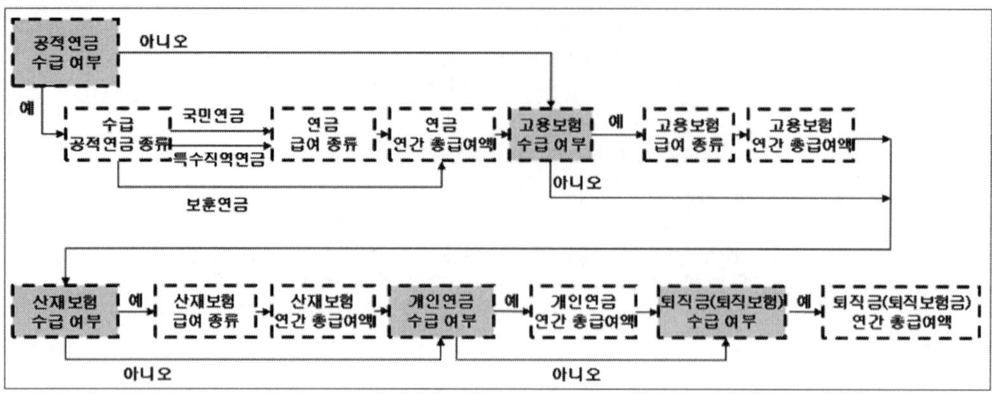

[그림 3-1-7] 가구원용 조사표 B. 근로 영역 논리도

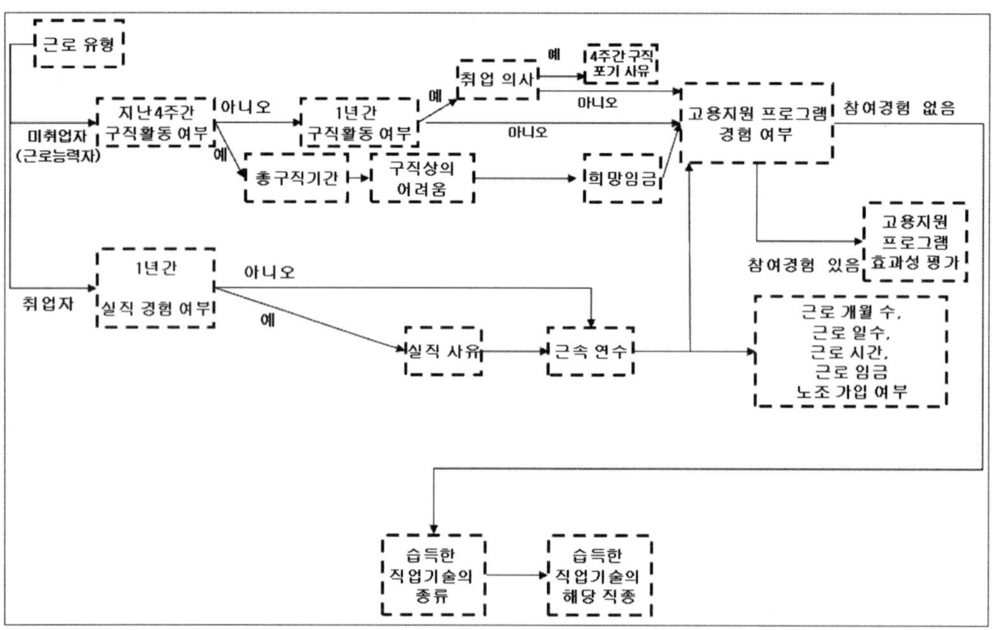

마지막으로, 장애인 부가조사는 장애의 원인, 발생 시점, 현재의 장애 상태 등 장애 관련 사항에 대한 설문 문항들로 구성되었다. 설문 대상은 장애인 가구원 중 표본으로 선정된 장애인을 대상으로 조사하도록 하였다. 장애인 부가조사표의 조사 영역 및 세부 항목은 〈표 3-1-7〉에 정리되어 있다.

〈표 3-1-7〉 부가조사표(장애인) 주요 항목

영역	세부 영역 및 세부 항목	비고
(공통I) 장애 원인 및 상황	- 장애 원인, 장애 시작 시점, 현재의 장애 상태 - 장애의 현재 상태 및 의료서비스 이용 현황 - 장애와 관련된 치료 현황 - 장애로 인한 사회적 차별에 대한 인식 - 외출 정도 및 외출하지 않는 이유	조사 시점 기준 1달 또는 1주일 이내
(공통II) 일상생활	- 일상생활에 도움이 필요한 정도 - 일상생활 하는 데 도움 여부 및 도움 준 사람 - 활동보조서비스에 대한 이용 의향 및 비용 부담 여부 - 일상생활 수행능력(기본적·수단적) - 일상생활에서의 도움 정도, 물질적 지원 및 보살핌 횟수	조사 시점 기준 1달 또는 1주일 이내
(개별I) 미취학 아동 설문 (만 0세~초등학교 입학 이전)	- 미취학 아동의 심리 - 장애아동 관련 서비스 필요 여부, 이용 여부 - 발달재활서비스에 대한 이용 의향 및 비용 부담 여부 - 보육시설 이용과 관련된 질문	조사 시점 기준 1달 또는 1주일 이내
(개별II) 학생 설문 (초등학생~고등학생)	- 학생의 심리 상태 - 장애 관련 서비스 필요 여부, 이용 여부 - 심리 상태 - 특수교육보조원 서비스에 대한 이용 의향 및 비용 부담 여부 - 발달재활서비스에 대한 이용 의향 및 비용 부담 여부 - 학교생활에 관련된 질문	조사 시점 기준 1달 또는 1주일 이내
(개별III) 성인 설문 (만 18~65세 미만)	- 장애 관련 서비스 필요 여부, 이용 여부 - 심리 상태 - 소득활동 여부 - 근로지원인 서비스에 대한 이용 의향 및 비용 부담 여부	조사 시점 기준 1달 또는 1주일 이내
(개별IV) 어르신 설문 (만 65세 이상)	- 사회복지 서비스 필요 여부, 이용 여부 - 심리 상태 - 소득활동 여부 - 월평균 용돈(생활비 제외) - 장기요양보험과 노인돌보미(바우처) 서비스에 대한 이용 의향 및 비용 부담 여부	조사 시점 기준 1달 또는 1주일 이내

제2절 조사 방법

1. 현지조사 방법

가. 조사 준비

1) CAPI 시스템 개선

2010년의 5차 조사부터는 CAPI(Computer Assisted Personal Interviewing) 시스템을 적용하여 그동안의 전통적인 PAPI(Paper and Pencil Interviewing) 방식을 탈피한 최신의 조사 시스템을 도입하였다.

한국복지패널을 위한 CAPI 시스템은 4차 조사에서 추적 조사 시 개발된 Blaise 기반의 CAPI 시스템을 대체할 수 있는 보다 안정적이고 진일보한 조사 시스템을 도입하기 위해 한국리서치와 개발 계약을 체결한 C언어를 이용한 시스템이다.

2010년 1월부터 3월까지 약 3개월에 걸쳐 CAPI Manager, CAPI Interviewer, CAPI Reviewer, DB 및 전송 프로토콜 등을 개발하였으며, 그 후 약 15일간 개발된 시스템에 대한 테스트를 수행하였다.

2017년 2월에는 지난 차수의 조사 경험을 바탕으로 제반 문제점을 개선하기 위한 테스트를 두 차례에 걸쳐 실시하였다. 매해 본격적인 조사가 시작되기 전에 대부분의 시스템 오류를 제거하는 것을 목표로 테스트를 수행하고 있다.

2) 사전 안내문의 발송

한국복지패널 12차 조사에서는 현지 실사에 앞서 2016년 11차 조사에서 구축한 6,723가구에 사전 안내문을 발송하였다. 사전 안내문은 두 번 발송하였는데, 연초에 연하장을 보내 11차 조사 협조에 대한 감사 인사와 12차 조사에 대한 안내를 하였고, 설날을 맞이하여 설 선물과 함께 조사 안내문을 다시 발송하였다.

패널 조사에서 안내문을 발송하는 것은 두 가지 의미를 지니고 있다. 첫 번째는 조사 대상 가구들의 원활한 조사 협조를 구하고자 하는 목적을 지니고 있다. 두 번째는 표본 가구들이 전년도와 마찬가지로 동 주소지에 그대로 살고 있는지, 아니면 이사를 하였는지를 파악하기 위한 것이다. 한국복지패널 조사에서는 이사 가구 파악을 위하여 이사 여부를 연구원으로 통지하는 경우 이사 선물을 제공하고 있지만, 일부 이사 가구들은 여러 가지 이유로 연구원에 알리지 않는 경우도 있기 때문에 사전 안내문을 발송하면 조사 대상 가구의 이사 여부를 확인하는 것이 가능하다.

3) 조사원 모집 및 교육·훈련

2017년도 12차 조사에 투입된 조사원은 패널 조사 및 대규모 실태 조사를 수행한 경험이 있고 평가 성적이 우수한 사람으로 선발되었다. 최종적으로 본 조사에 투입된 조사원은 조사 지도원 10명과 조사원 40명, 총 50명이다.

2017년의 12차 조사에서도 11차 조사와 마찬가지로 자료 처리의 신속성 및 정확도를 높이기 위해 휴대용 컴퓨터를 이용한 CAPI 조사를 하였다. 따라서 조사원들의 CAPI 시스템에 대한 적응력 향상과 이해도를 높이기 위해 조사원 교육은 컴퓨터 활용 교육 2일과 조사표 교육 2일, 총 4일의 교육을 하였다. 처음 교육 2일간은 종이 조사표를 중심으로 조사표에 대한 집중 교육이 이루어졌고, 교육 3일 차에는 CAPI 시스템 개발 업체인 한국리서치의 협조로 CAPI 시스템을 이용한 자료 수집 및 전송 방법 등에 대해 집중적인 교육이 실시되었다. 교육 마지막 날은 조사 지역 확인, 조사표 및 조사 답례품 수령으로 진행되었다. 조사원 교육은 한국보건사회연구원 사회조사서울사무소에서 한국보건사회연구원 연구진, 서울대학교 사회복지연구소 연구진들이 각각 자신의 조사표 개발 파트에 따라 진행하였다. 주요 교육 내용은 ① 조사의 취지와 주요 조사 내용에 대한 설명, ② 조사표 종류별 작성에 따른 지침서 설명, ③ 조사에 따른 기타 주의 사항, 즉 조사표 작성에 필요한 연령 조견표, 사회복지제도 참고 자료, 시세 및 소득 참고 자료, 조사 안내문 및 팸플릿 배포, 가구 방문 시 인사말 등에 관한 내용이 중심이 되었다.

나. 현지 조사의 운영 및 지도 감독

1) 조사 기간 및 현지 조사의 운영

현지 조사는 2017년 2월 18일부터 2017년 5월 21일까지 실시되었으며, 특히 조사의 초기 단계에는 CAPI 시스템에 대한 적응 기간을 고려하여 조사 지역당 가구 수를 일부 조정하여 할당하였고, 점차 시스템에 적응되면서 조사 진행이 본궤도에 올랐다.

조사 절차는 우선 조사 지도원들이 읍·면·동사무소를 방문하여 해당 지역의 패널 가구들에 대한 조사 협조를 부탁하고, 읍·면·동사무소에서 파악해야 할 공공부조 수급액 등의 자료를 확인하였다. 조사 팀은 5인 1조로 운영되며 조사 지도원 1인이 4인의 조사원을 통솔하는 체계로 운영되었고, 4개의 지역 조사 팀(충청, 호남, 경남)을 운영하였다. 한국복지패널에서 조사 지도원의 역할은 매우 중요하다. 조사 지도원은 조사원의 조사 결과를 현장에서 에디팅하고 미흡한 경우 재조사를 지시하며, 조사표 작성과 관련된 문제점을 파악하고, 조사상의 문제점이나 조사표 작성 과정에서 나타난 문제점을 연구원에게 바로 연락함으로써 통일적 추가 지침을 마련할 수 있도록 하였다.

2) 조사 방법

조사 방법은 조사원이 직접 조사 대상 패널 가구를 방문하여 응답 대상 가구원을 만나 응답자가 응답한 내용을 CAPI 시스템으로 구현된 노트북의 조사표에 기록하는 타계식 직접 면접 조사를 원칙으로 하였다. 그러나 심야 귀가나 장기 출타 등의 불가피한 이유로 조사 기간 동안 조사원이 조사 대상자를 직접 만나기 어려운 경우, 또는 해외 거주, 여행 및 출장, 병원 입소, 군 입대 등의 사유로 일정 기간 가구원이 가구에 없는 경우에는 유치·전화 조사나 대리 응답 조사를 제한적으로 병행하였다. 단 이 경우에도 에디팅 단계에서 전화 면접 및 추가 검증을 통해 응답 정보를 보충함으로써 설문의 정확성 및 신뢰도를 제고하고자 하였다.

2. 조사 자료 처리

조사가 완료된 자료는 CAPI 시스템에 의해 자동 저장되며, 저장된 자료에 대한 현지 오류 검증 과정을 1차적으로 수행한 후 지도원 및 조사원이 모두 참여하는 오류 수정(에디팅) 과정을 거쳐 조사표 수정의 정확성을 기하였다. 하지만 조사 과정에서 오류 수정이 이루어졌음에도 작성상의 오류(미기입 또는 오기입)가 발생한 경우에는 조사 완료 후 지도원이 최종 점검 작업을 통해 오류를 수정하였다.

1차 조사부터 4차 조사까지는 종이 조사표(PAPI)를 이용한 조사였으므로 조사 완료 후 별도의 코딩 및 입력 절차가 필요하였으나, 5차 조사 이후부터는 CAPI 시스템을 도입하여 별도의 입력 절차를 필요로 하지 않았으며, 입력된 데이터에 대한 소프트 에디팅(soft editing) 과정을 통해 오류를 검증하도록 하였다. 최종 에디팅이 완료된 자료는 SAS, SPSS, STATA 데이터 포맷으로 한국복지패널 조사 DB에 저장되며, 보고서 작성을 위한 업무 분장에 따라 SAS, SPSS, STATA 등의 통계 분석 프로그램을 이용하여 기초분석 보고서에 필요한 통계 분석을 수행하였다.

조사 대상의 일반적 특성 및 경제활동 상태

4 조사 대상의 일반적 특성 및 경제활동 상태

제1절 일반적 특성

본 보고서에서는 전체 대상 가구뿐만 아니라 소득집단별 2개의 계층(균등화된 소득[10])의 중위값을 기준으로 하여 소득이 60% 이상인 일반 가구와 그 미만인 저소득 가구)으로 구분하여 분석한 결과를 제시하고 있다.

〈표 4-1-1〉를 보면 전체적으로 기타 가구(69.83%)가 가장 큰 비중을 차지하였고, 그다음으로 단독 가구(27.91%)가 높은 비중을 보이는 것으로 나타났다. 모자 가구는 1.39%, 부자 가구는 0.63%였고, 소년·소녀가장 가구는 0.25%로 나타났다.

〈표 4-1-1〉 가구 형태

(단위: %)

구분	전체	저소득	일반
단독 가구	27.91	52.56	18.73
모자 가구	1.39	2.46	0.99
부자 가구	0.63	0.87	0.54
소년·소녀가장 가구	0.25	0.74	0.07
기타 가구	69.83	43.37	79.67
계	100.00	100.00	100.00

소득집단별로 구분해 보면 일반 가구에서는 기타 가구가 79.67%로 나타나, 저소득 가구의 43.37%보다 상대적으로 높은 것으로 나타났다. 이에 비해 단독 가구와 모·부자 가구의 비중은 저소득 가구(각각 52.56%, 3.33%)가 일반 가구(각각 18.73%, 1.53%)에 비해 더 높게 나타났다. 소년·소녀가장 가구의 경우 저소득 가구의 0.74%를 차지하는 것으로 나타났으며, 일반 가구에서는 0.07%에 불과하였다.

10) 균등화된 소득이란 '균등화된 공공부조 전 경상소득'을 말하며, 다음과 같이 계산된다.

균등화된 소득 = (경상소득 − 공공부조소득) / $\sqrt{\text{가구원 수}}$

다음의 〈표 4-1-2〉는 가구 규모별 분포를 나타낸 것이다. 전체적으로 가장 많은 비중을 차지하는 가구 규모는 1인 가구로 전체 가구의 27.91%를 차지하였으며, 그다음은 2인(26.51%), 3인(21.42%), 4인(18.11%)의 순이었다. 그리고 5인 이상의 가구는 6.05%를 차지하는 것으로 나타났다.

〈표 4-1-2〉 가구 규모

(단위: %)

구분	전체	저소득	일반
1인	27.91	52.56	18.73
2인	26.51	31.91	24.50
3인	21.42	10.29	25.56
4인	18.11	3.47	23.56
5인	4.70	1.52	5.88
6인	1.06	0.22	1.37
7인 이상	0.29	0.02	0.39
계	100.00	100.00	100.00

다음의 〈표 4-1-3〉는 평균 가구원 수를 가구 유형별로 살펴본 것이다. 가구당 평균 가구원 수는 전체 가구가 2.5명이며, 일반 가구 2.8명, 저소득 가구 1.7명으로, 일반 가구가 저소득 가구에 비해 평균 1명 정도 가구원 수가 많은 것으로 나타났다.

〈표 4-1-3〉 가구 유형별 평균 가구원 수

(단위: 명)

구분	평균 가구원 수	표준오차
전 체	2.5	0.02
저소득	1.7	0.02
일 반	2.8	0.02

1. 가구원의 인구·사회학적 특성

다음의 〈표 4-1-4〉는 복지패널 조사 대상 가구원의 인구·사회학적 특성을 소득집단별로 구분하여 정리한 것이다. 먼저 가구주와의 관계를 살펴보면 전체 가구원 가운데 가구주가 36.04%, 가구주의 배우자가 24.35%, 가구주 및 배우자의 (조)부모 등 직계존속이 1.71%, 가구주의 자녀, 자녀의 배우자, 손주 등 직계비속이 35.90%를 차지하고 있는 것으로 나타났다. 저소득 가구의 경우 직계존속이 차지하는 비율은 2.03%로 일반 가구의 1.66%보다 약간 높았으며, 직계비속이 차지하는 비율은 22.83%로 일반 가구의 38.32%보다 낮았다.

전체 가구원 가운데 남성(50.14%)과 여성(49.86%)의 비율은 차이가 거의 없는 것으로 나타났다. 소득집단별로는 저소득 가구 가구원의 남녀 성비는 44.20:55.80으로 여성 가구원의 비중이 높은 것으로 나타났으나, 일반 가구 가구원의 남녀 성비는 51.24:48.76으로 남성 가구원의 비중이 높은 것으로 나타났다.

연령에서는 20세 미만인 경우가 19.49%로 가장 큰 비중을 차지하였고, 다음으로는 40대(16.94%), 50대(16.23%), 30대(14.95%), 20대(13.35%)의 순으로 나타났다. 소득집단별로는 저소득 가구에서 근로활동이 미약한 60대 이상 고령층의 비중이 50.02%로, 일반 가구의 13.31%에 비해 약 3.8배나 높았다.

〈표 4-1-4〉 가구원의 인구사회학적 특성

(단위: %)

구분		전체	저소득	일반
가구주와의 관계	가구주	36.04	50.70	33.33
	가구주의 배우자	24.35	20.78	25.01
	가구주 및 배우자의 직계존속	1.71	2.03	1.66
	가구주 및 배우자의 직계비속	35.90	22.83	38.32
	기타 친·인척(형제자매 포함)	1.99	3.67	1.68
	비혈연 동거인	0.00	-	0.00
성별	남성	50.14	44.20	51.24
	여성	49.86	55.80	48.76
연령	20세 미만	19.49	11.27	21.01
	20~30세 미만	13.35	7.72	14.39
	30~40세 미만	14.95	6.28	16.56
	40~50세 미만	16.94	9.45	18.33
	50~60세 미만	16.23	15.27	16.40
	60~70세 미만	10.16	17.91	8.73
	70~80세 미만	5.97	20.96	3.19
	80세 이상	2.91	11.15	1.39

구분		전체	저소득	일반
학력	초등학교 졸 이하	21.76	41.59	18.09
	중학교 졸 이하	10.13	16.01	9.05
	고등학교 졸 이하	28.92	26.02	29.45
	전문대 졸 이하	12.06	6.28	13.12
	대학교 졸 이하	23.96	9.13	26.70
	대학원 졸 이상	3.18	0.96	3.59
장애	비장애인	92.41	78.18	95.05
	장애인	7.59	21.82	4.95
	중증 장애인(1, 2급)	2.30	6.78	1.47
	경증 장애인(3급 이하)	5.04	14.77	3.24
	비등록 장애인	0.25	0.27	0.24
만성질환	비해당	60.32	33.33	65.31
	있음	39.69	66.68	34.69
	3개월 미만 투병, 투약	4.97	2.80	5.37
	3~6개월 미만 투병, 투약	2.64	1.82	2.79
	6개월 이상 투병, 투약	32.08	62.06	26.53
혼인 상태	비해당	17.02	8.82	18.53
	유배우	50.20	40.64	51.97
	사별	5.67	18.93	3.22
	이혼	3.89	9.75	2.81
	별거	0.52	0.76	0.47
	미혼	22.65	20.93	22.97
	기타(사망 등)	0.05	0.17	0.03
종교	있음	44.87	47.42	44.40
	없음	55.13	52.58	55.60
동거 여부	동거(같이 살고 있다)	95.22	97.35	94.83
	비동거	4.77	2.63	5.16
	다른 지방에 근무(국내)	1.19	0.11	1.39
	해외 근무 중	0.13	-	0.15
	학업(해외 유학 포함)	2.45	0.94	2.73
	입원, 요양	0.15	0.45	0.09
	가정불화로 인한 별거	0.01	0.05	0.00
	분가	0.31	0.12	0.34
	사망	0.08	0.27	0.05
	다른 곳에 맡겨진 미취학 자녀	0.02	-	0.03
	기타(군 복무 등)	0.43	0.69	0.38
계		100.00	100.00	100.00

주: 학력에서 항목의 이하는 재학, 휴학, 중퇴, 수료, 졸업을 다 포함한 값임.

전체 가구원의 학력 분포는 고졸 이하(28.92%)가 가장 높은 비중을 차지하였으며, 다음으로 대졸(23.96%), 초졸(21.76%), 전문대 졸(12.06%)의 순으로 나타났다. 소득집단별로는 일반 가구의 경우 고졸(29.45%), 대졸(26.7%), 전문대 졸(13.12%)로 상대적으로 고학력자의 비중이 높게 나타났다. 이에 비해 저소득 가구의 경우 초졸 이하가 41.59%로 매우 높은 비중을 차지하였으며, 다음으로 고졸(26.02%), 중졸(16.01%), 대졸(9.13%)의 순이었다. 이와 같이 저소득 가구가 일반 가구에 비해 상대적으로 연령은 높고 학력 수준은 낮음을 알 수 있다.

전체 가구원에서 장애를 가진 가구원은 7.59%였으며 이 중 1, 2급 중증 장애를 가진 경우는 2.3%, 3급 이하 경증 장애를 가진 경우가 5.04%인 것으로 나타났으며, 비등록 장애인의 비율도 0.25% 정도로 나타났다. 소득집단별로는 저소득 가구의 장애 가구원 비율이 21.82%로 나타나서 일반 가구의 4.95%에 비해 약 4.4배 높았다. 또한 저소득 가구의 중증 장애인 가구원 비율은 6.78%로 일반 가구의 1.47%에 비해 약 4.6배 높게 나타났다. 저소득 가구의 경우 경증 장애인 가구원의 비율도 14.77%로 일반 가구의 3.24%에 비해 약 4.6배 높게 나타났다.

전체 가구원 중 39.69%의 가구원에서 지속적인 투병 및 투약이 필요한 만성질환을 앓고 있는 것으로 나타났다. 소득집단별로는 저소득 가구에서는 만성질환을 앓는 가구원이 66.68%로 일반 가구(34.69%)에 비해 약 1.9배 많은 것으로 나타났다. 이들 만성질환 가구원의 대부분을 차지하는 32.08%가 6개월 이상 투병 혹은 투약을 하고 있는 것으로 나타났으며, 특히 저소득 가구의 경우 6개월 이상 투병·투약을 하고 있는 경우가 62.06%를 차지하였다.

가구원의 혼인 상태를 살펴보면 전체 가구원 중 50.2%가 배우자가 있는 것으로 나타났으며, 60대 이상 연령층이 많은 저소득 가구에서는 사별이 18.93%, 이혼이 9.75%로 나타나 일반 가구(3.22%, 2.81%)에 비해 상대적으로 높게 나타났다. 한편 30~50대 연령층이 많은 일반 가구에서는 51.97%가 배우자가 있는 것으로 나타났다.

전체 가구원 가운데 종교가 있는 사람은 44.87%, 종교가 없는 사람은 55.13%로 나타났다. 일반 가구의 경우 종교가 없는 가구원의 비율(55.6%)이 종교가 있는 가구원의 비율(44.4%)에 비해 많게 나타났으며, 저소득 가구에서도 종교가 없는 가구원의 비율(52.58%)이 종교가 있는 가구원(47.42%)에 비해 많은 것으로 나타났다.

마지막으로 전체 가구원 가운데 다른 가구원들과 동거하고 있지 않는 경우는 4.77%

정도로 나타났다. 가구원의 2.45%는 학업으로 인해 가족과 떨어져 지내는 것으로 나타났으며, 다른 지방 근무, 분가, 해외 근무, 입원 혹은 요양 등으로 가구원과 같이 살지 않는 가구원도 있었다. 저소득 가구와 일반 가구 모두 학업과 타지방 근무로 인한 비동거 비중이 높게 나타났다.

2. 가구주의 인구·사회학적 특성

다음으로 가구주의 인구·사회학적 특성을 소득집단별로 구분하여 살펴본 결과는 〈표 4-1-5〉에 정리되어 있다.

먼저 전체적으로 남성 가구주(78.38%)가 높은 비중을 차지하는 것으로 나타났다. 소득집단별로는 저소득 가구의 경우 남성 가구주가 52.64%, 여성 가구주가 47.36%, 일반 가구의 경우 남성 가구주가 85.62%, 여성 가구주가 14.38%로 저소득 가구의 여성 가구주 비중이 일반 가구에 비해 상대적으로 훨씬 높게 나타남을 알 수 있다.

가구주의 연령별 분포를 살펴보면 전체적으로 50대 가구주가 26.3%, 40대 가구주가 23.42%로 나타났으며, 60세 이상 노인 가구주도 32.38%로 높은 비중을 차지하고 있는 것으로 나타났다. 소득집단별로는 일반 가구의 경우 50대 가구주가 28.36%, 40대 가구주가 27.75%, 30대 가구주가 17.8%로 나타나 근로활동이 활발한 30~50대 가구주의 비율이 높은 비중을 차지하는 반면, 저소득 가구의 경우에는 60세 이상 노인 가구주가 68.03%를 차지하고 있다.

가구주의 학력 분포를 살펴보면 전체적으로 고졸 이하가 32.51%로 가장 높게 나타났고, 그다음으로 대졸 25.27%, 초졸 15.9%의 순으로 나타났다. 소득집단별로 볼 때 저소득 가구의 경우 초졸의 비율이 46.56%로 가장 높게 나타났으며, 고졸이 24.38%로 그 뒤를 이었다. 이에 비해 일반 가구는 고졸의 비율이 34.8%로 가장 높았으며, 대졸 30.42%, 전문대 졸 이하 12.95%의 순으로 나타났다.

전체 가구 가운데 가구주가 장애를 가진 가구는 10.74%였으며 이 중 1, 2급의 중증 장애를 가진 경우는 2.04%, 3급 이하 경증 장애를 가진 경우가 8.06%인 것으로 나타났으며, 비등록 장애인의 비율도 0.64% 정도로 나타났다. 소득집단별로는 저소득 가구의 장애 가구주 비율이 22.73%로 나타나서 일반 가구의 7.38%에 비해 약 3.1배 높게 나타났다.

〈표 4-1-5〉 가구주의 인구사회학적 특성

(단위: %)

구분		전체	저소득	일반
성별	남성	78.38	52.64	85.62
	여성	21.62	47.36	14.38
연령	20세 미만	0.06	0.06	0.05
	20~30세 미만	3.11	1.04	3.69
	30~40세 미만	14.73	3.82	17.80
	40~50세 미만	23.42	8.03	27.75
	50~60세 미만	26.30	19.01	28.36
	60~70세 미만	16.90	22.98	15.19
	70~80세 미만	10.72	27.93	5.88
	80세 이상	4.76	17.12	1.28
학력	초등학교 졸 이하	15.90	46.56	7.28
	중학교 졸 이하	10.25	17.06	8.34
	고등학교 졸 이하	32.51	24.38	34.80
	전문대 졸 이하	11.00	4.08	12.95
	대학교 졸 이하	25.27	6.92	30.42
	대학원 졸 이상	5.07	1.00	6.21
장애	비장애인	89.26	77.26	92.63
	장애인	10.74	22.73	7.38
	중증 장애인(1, 2급)	2.04	4.81	1.27
	경증 장애인(3급 이상)	8.06	17.43	5.42
	비등록 장애인	0.64	0.49	0.69
만성질환	비해당	45.44	19.69	52.69
	있음	54.56	80.31	47.32
	3개월 미만 투병, 투약	5.11	2.32	5.90
	3~6개월 미만 투병, 투약	2.48	1.58	2.73
	6개월 이상 투병, 투약	46.97	76.41	38.69

구분		전체	저소득	일반
혼인 상태	비해당	-	-	-
	유배우	68.54	38.60	76.96
	사별	12.21	34.05	6.07
	이혼	9.13	16.65	7.02
	별거	1.20	1.26	1.19
	미혼	8.89	9.39	8.75
	기타	0.02	0.04	0.02
종교	있음	44.95	49.93	43.55
	없음	55.05	50.07	56.45
동거 여부	동거(같이 살고 있다)	97.11	99.50	96.43
	비동거	2.89	0.50	3.56
	다른 지방에 근무(국내)	2.46	0.16	3.10
	해외 근무 중	0.34	-	0.43
	입원, 요양	0.06	0.28	0.00
	분가	0.01	-	0.01
	사망	0.02	0.04	0.02
	기타(군 복무 등)	0.00	0.02	-
계		100	100	100

주: 학력에서 항목의 이하는 재학, 휴학, 중퇴, 수료, 졸업을 다 포함한 값임.

전체 가구 중 54.56%의 가구에서 가구주가 지속적인 투병 및 투약이 필요한 만성질환을 앓고 있는 것으로 나타났다. 소득집단별로는 저소득 가구에서 만성질환을 앓는 가구주가 80.31%로 일반 가구(42.32%)에 비해 약 1.7배 많은 것으로 나타났다. 이들 만성질환 가구주의 대부분을 차지하는 46.97%가 6개월 이상 투병 혹은 투약을 하고 있는 것으로 나타났으며, 특히 저소득 가구의 경우 6개월 이상 투병·투약을 하고 있는 경우가 76.41%를 차지하였다.

전체 가구주의 혼인 상태를 살펴보면 68.54%가 배우자가 있었으며, 60대 이상 가구주가 많은 저소득 가구에서는 사별이 34.05%, 이혼이 16.65%로 나타나 일반 가구에 비해 상대적으로 높게 나타났다. 한편 30~50대 가구주가 많은 일반 가구에서는 76.96%에서 배우자가 있는 것으로 나타났다.

전체 가구주 가운데 종교가 있는 가구주는 44.95%, 종교가 없는 가구주는 55.05%로 나타났다. 일반 가구와 저소득 가구 모두 종교가 없는 가구주(56.45%, 50.07%)가 높게 나타났다.

마지막으로 전체 가구주 가운데 다른 가구원들과 동거하고 있지 않는 경우는 2.89% 정도로 나타났다. 가구주의 2.46%는 타지방 근무로 인해 가족과 떨어져 지내는 것으로 나타났으며, 해외 근무, 입원 혹은 요양, 학업 등으로 가구원과 같이 살지 않는 가구주도 있었다. 특히 일반 가구의 경우 가구주가 다른 지방에 근무하는 경우가 3.1%로 가장 높은 비중을 차지하였다.

제2절 경제활동 상태

1. 가구원의 경제활동 상태

만 15세 이상인 가구원 전체의 경제활동 상태를 살펴보면 근로 가능 가구원은 91.15%, 단순근로 가능자는 3.36%, 단순근로 미약자는 3.95%, 근로 능력이 없는 가구원은 1.54%였다. 소득집단별로 살펴보면 일반 가구는 95.60%, 저소득 가구는 69.32%가 근로가 가능한 것으로 나타났다. 근로무능력 사유를 살펴보면 중증 장애가 가장 많았으며, 질병 및 부상, 노령으로 인한 심신 무능력 순이었다. 소득집단별로는 일반 가구는 68.99%가 중증 장애로 인하여 근로를 하지 못하는 것으로 나타났으며, 질병 또는 부상은 18.17%였다. 반면 저소득 가구는 중증 장애가 54.69%, 질병 또는 부상이 42.03%로 분석되었다(〈표 4-2-1〉 참조).

가구원의 주된 경제활동 상태는 근로능력 정도에서 근로가능, 단순근로가능, 단순근로 미약자를 포함하여 살펴보았다. 그 결과 전체적으로는 비경제활동인구가 39.32%로 가장 많았으며, 상용직 임금근로자(27.42%), 임시직 임금근로자(14.24%), 자영업자(7.67%) 순으로 나타났다. 소득집단별로 살펴보면 저소득 가구는 3명 중 2명이 비경제활동인구인 것으로 나타났으나, 일반 가구는 3명 중 1명 정도만 비경제활동인구인 것으로 나타났다(〈표 4-2-2〉 참조).

〈표 4-2-1〉 가구원의 근로능력 정도 및 근로무능력 사유

(단위: %)

구분		전체	저소득	일반
근로능력 정도	근로 가능	91.15	69.32	95.60
	단순근로 가능	3.36	11.72	1.66
	단순근로 미약자	3.95	14.84	1.73
	근로 능력 없음	1.54	4.12	1.01
계		100.00	100.00	100.00
근로무능력 사유	중증 장애	62.49	54.69	68.99
	질병 또는 부상	29.01	42.03	18.17
	노령으로 인한 심신 무능력	8.40	3.07	12.84
	기타	0.10	0.22	0.00
계		100.00	100.00	100.00

〈표 4-2-2〉 가구원의 주된 경제활동 참여 상태

(단위: %)

구분	전체	저소득	일반
상용직 임금근로자	27.42	2.70	32.47
임시직 임금근로자	14.24	7.26	15.66
일용직 임금근로자	4.19	4.52	4.12
자활근로 및 공공근로	0.70	2.58	0.32
고용주	2.25	0.70	2.57
자영업자	7.67	6.99	7.81
무급가족 종사자	2.44	3.55	2.21
실업자	1.77	2.21	1.68
비경제활동인구	39.32	69.48	33.17
계	100.00	100.00	100.00

한편 경제활동을 하지 않는 가구원을 대상으로 비경제활동 사유에 대해 조사한 결과, 근로 의사가 없는 경우가 32.17%로 가장 높았으며, 학업 24.74%, 가사 19.94% 순이었다. 소득집단별로는 저소득 가구는 근로 의사가 없는 경우(58.39%)가 대부분이

었으나, 일반 가구는 학업(31.64%), 가사(23.72%) 등의 사유가 가장 많았다.

〈표 4-2-3〉 가구원의 비경제활동 사유

(단위: %)

구분	전체	저소득	일반
근로무능력	3.91	5.93	3.04
군 복무	1.00	0.73	1.12
학업	24.74	8.59	31.64
진학 준비	1.20	0.87	1.34
취업 준비	5.52	2.67	6.74
가사	19.94	11.08	23.72
양육	5.38	1.58	7.00
간병	0.71	0.90	0.63
구직활동 포기	4.84	8.58	3.24
근로 의사 없음	32.17	58.39	20.96
기타	0.60	0.69	0.56
계	100.00	100.00	100.00

취업한 가구원의 업종은 제조업 종사자가 18.68%로 가장 많았으며, 그다음으로는 도매 및 소매업이 12.01%, 교육 서비스업이 7.95%, 보건 및 사회복지사업이 7.08%로 나타났다. 소득집단별로 살펴보면 저소득 가구는 농업, 임업 및 어업이 27.58%로 가장 높았으며, 일반 가구는 제조업이 19.73%로 가장 높았다.

직종을 살펴보면 가구원 전체적으로는 전문가 및 관련 종사자가 18.97%, 사무 종사자가 17.08%, 단순노무 종사자가 16.73%로 분석되었다. 소득집단별로는 저소득 가구는 단순노무 종사자가 33.23%, 농업, 임업 및 어업 숙련 근로자가 26.45%로 가장 많은 분포를 보이고 있는 것으로 분석된 반면, 일반 가구는 전문가 및 관련 종사자가 19.73%, 사무 종사자가 18.13%, 단순노무 종사자가 15.27%의 비중을 보이고 있는 것으로 나타났다.

〈표 4-2-4〉 취업 가구원의 업종 및 직종

(단위: %)

구분		전체	저소득	일반
업종	농업, 임업 및 어업	6.12	27.58	4.22
	광업	0.11	0.16	0.11
	제조업	18.68	6.77	19.73
	전기, 가스 및 수도 사업	0.90	0.00	0.98
	하수·폐기물 처리, 원료재생 및 환경복원업	0.66	0.38	0.68
	건설업	7.12	5.68	7.25
	도매 및 소매업	12.01	12.86	11.93
	운수업	5.48	2.60	5.74
	숙박 및 음식점업	6.16	7.25	6.06
	출판, 영상, 방송 통신 및 정보 서비스업	3.04	1.39	3.19
	금융 및 보험업	3.22	0.38	3.47
	부동산 및 임대업	0.87	0.10	0.94
	전문, 과학 및 기술 서비스업	2.85	0.08	3.10
	사업시설관리 및 사업지원 서비스업	4.46	6.08	4.32
	공공행정, 국방 및 사회보장 행정	5.87	8.04	5.67
	교육 서비스업	7.95	6.20	8.11
	보건 및 사회복지사업	7.08	5.85	7.19
	예술, 스포츠 및 여가 관련 서비스업	1.57	0.99	1.62
	협회 및 단체, 수리 및 기타 개인서비스업	4.75	6.29	4.61
	가구 내 고용활동 및 달리 분류되지 않는 자가소비 생산 활동	1.08	1.35	1.05
	국제 및 외국 기관	0.03	0.00	0.03
계		100.00	100.00	100.00
직종	관리자	3.66	0.59	3.93
	전문가 및 관련 종사자	18.97	10.42	19.73
	사무 종사자	17.08	5.27	18.13
	서비스 종사자	9.48	7.26	9.68
	판매 종사자	9.81	8.57	9.92
	농업, 임업 및 어업 숙련 근로자	5.99	26.45	4.18
	기능원 및 관련 기능 종사자	8.63	3.94	9.05
	장치 기계 조작 및 조립 종사자	9.27	4.27	9.72
	단순노무 종사자	16.73	33.23	15.27
	군인	0.37	0.00	0.40
계		100.00	100.00	100.00

취업한 가구원의 사업장 규모를 살펴보면 5명 미만인 사업장에서 근무하는 경우가 32.36%로 가장 많았으며, 10~29명 사업장이 16.15%, 5~9명 사업장이 12.51%으로 전체 가구원의 약 60% 이상이 30명 미만인 사업장에서 근무하고 있는 것으로 나타났다. 그러나 1,000명 이상인 사업장에서 근무하는 가구원은 12.39%에 불과하였다. 소득집단별로는 저소득 가구는 5인 미만 사업장에서 근무하는 경우가 59.58%로 월등히 높았으나, 일반 가구는 5인 미만인 경우가 29.94%, 10~29명 사업장이 16.24%, 1,000명 이상 사업장이 13.42%로 소득집단별 차이를 보이고 있다.

〈표 4-2-5〉 취업 가구원의 사업장 규모

(단위: %)

구분	전체	저소득	일반
1~4명	32.36	59.58	29.94
5~9명	12.51	9.59	12.77
10~29명	16.15	15.14	16.24
30~49명	6.37	3.44	6.63
50~69명	4.33	1.13	4.61
70~99명	2.84	2.66	2.85
100~299명	7.96	5.15	8.20
300~499명	2.67	1.84	2.74
500~999명	2.37	0.73	2.51
1,000명 이상	12.39	0.73	13.42
잘 모름	0.06	0.02	0.07
계	100.00	100.00	100.00

전체 가구원의 1년간 평균 근로 개월 수는 11.41개월, 일한 달의 평균 근로일수는 21.03일, 주당 평균 근로시간은 44.40시간으로 나타났다. 소득집단별로는 저소득 가구의 가구원은 주당 평균 근로시간이 약 37시간, 일반 가구의 가구원은 약 45시간 근무하고 있는 것으로 분석되었다. 이와 같은 결과를 토대로 일반 가구의 가구원이 저소득 가구의 가구원보다 더 많은 시간을 근무하고 있는 것으로 분석되었다.

〈표 4-2-6〉 가구원의 1년간 근로 개월 수, 일한 달 평균 근로일수 및 주당 근로시간

(단위: 월, 일, 시간)

구분	전체	저소득	일반
1년간 평균 근로 개월 수	11.41	10.82	11.46
일한 달의 평균 근로일수	21.03	19.19	21.19
주당 평균 근로시간	44.40	37.08	44.83

주: 주당 평균 근로시간은 규칙적으로 일한 경우의 주당 평균 근로시간을 의미함.

한편 안전 설비가 잘 갖추어져 있지 않거나 작업장이 오염된 환경에서 노동을 하고 있는지에 대해 조사한 결과, 9.67%가 유해한 환경에서 근무를 하고 있는 것으로 분석되었다. 소득집단별로는 저소득 가구와 일반 가구 모두 비슷한 비율을 보이고 있다.

〈표 4-2-7〉 노동 환경 유해 여부

(단위: %)

구분		전체		저소득		일반	
비해당		28.46		55.66		23.09	
해당		71.54	100.00	44.34	100.00	76.91	100.00
	그렇다	6.91	9.67	4.25	9.58	7.44	9.68
	아니다	64.63	90.33	40.09	90.42	69.47	90.32
계		100.00		100.00		100.00	

2. 가구주의 경제활동 상태

이번에는 가구주만을 대상으로 경제활동 상태를 살펴보고자 한다. 가구주의 경우 전체적으로 약 90%가 근로가 가능한 것으로 나타났다. 소득집단별로 살펴보면 저소득 가구는 65.35%만이 근로가 가능한 것으로 분석되었고, 나머지는 단순근로가 가능하거나 단순근로조차 하기 어려운 것으로 분석되었다. 근로능력이 없는 가구주를 대상으로 근로무능력 사유를 소득집단별로 살펴보면 저소득 가구는 질병 또는 부상이 65.02%로 가장 높았으나, 일반 가구는 중증 장애가 87.14%로 가장 높게 나타났다.

〈표 4-2-8〉 가구주의 근로능력 정도 및 근로무능력 사유

(단위: %)

구분		전체	저소득	일반
근로능력 정도	근로 가능	89.33	65.35	96.08
	단순근로 가능	4.66	14.88	1.79
	단순근로 미약자	5.18	18.30	1.50
	근로 능력 없음	0.82	1.47	0.63
계		100.00	100.00	100.00
근로무능력 사유	중증 장애	63.81	28.19	87.14
	질병 또는 부상	32.83	65.02	11.76
	노령으로 인한 심신 무능력	3.35	6.79	1.11
	기타	0.00	0.00	0.00
계		100.00	100.00	100.00

가구주의 주된 경제활동 참여 상태를 살펴보면 상용직 임금근로자는 37.73%, 자영업자는 14.12%, 임시직 임금근로자는 13.16%로 나타났으며, 비경제활동인구도 23.45%로 분석되었다. 소득집단별로는 저소득 가구의 경우는 비경제활동인구가 65.38%로 가장 많았으며, 자영업자(11.34%), 임시직 임금근로자(8.13%)의 순이었다. 일반 가구의 경우는 47.48%가 상용직 임금근로자로 가장 많았으며, 자영업자(14.91%), 임시직 임금근로자(14.57%)로 나타났다.

〈표 4-2-9〉 가구주의 주된 경제활동 참여 상태

(단위: %)

구분	전체	저소득	일반
상용직 임금근로자	37.73	3.07	47.48
임시직 임금근로자	13.16	8.13	14.57
일용직 임금근로자	5.22	5.38	5.18
자활근로 및 공공근로	1.17	3.56	0.49
고용주	3.89	0.97	4.71
자영업자	14.12	11.34	14.91
무급가족 종사자	0.14	0.17	0.13
실업자	1.12	2.01	0.88
비경제활동인구	23.45	65.38	11.65
계	100.00	100.00	100.00

한편 경제활동을 하지 않는 가구주를 대상으로 비경제활동 사유를 조사한 결과, 대부분이 근로 의사가 없거나 구직활동을 포기한 것으로 나타났다. 이는 저소득 가구와 일반 가구 모두 비슷한 양상을 보이고 있다.

〈표 4-2-10〉 가구주의 비경제활동 사유

(단위: %)

구분	전체	저소득	일반
근로무능력	3.48	2.25	5.42
군 복무	0.00	0.00	0.00
학업	0.10	0.00	0.27
진학 준비	0.00	0.00	0.00
취업 준비	2.07	1.56	2.87
가사	4.12	3.65	4.87
양육	0.79	0.71	0.92
간병	0.99	0.72	1.41
구직활동 포기	11.51	11.26	11.91
근로 의사 없음	75.93	78.94	71.18
기타	0.99	0.90	1.14
계	100.00	100.00	100.00

취업한 가구주의 업종을 분석한 결과 제조업이 20.67%로 가장 많았으며, 그다음으로는 건설업(10.80%), 도매 및 소매업(10.63%), 운수업(8.01%) 순이었다. 소득집단별로 살펴보면 저소득 가구는 농업, 임업 및 어업이 24.65%로 가장 많았으며, 도매 및 소매업이 11.46%, 공공행정, 국방 및 사회보장 행정이 10.09%였다. 일반 가구는 제조업이 22.13%로 가장 많았으며, 건설업이 11.07%, 도매 및 소매업이 10.54%로 분석되었다.

이들의 직종을 살펴보면 전체적으로는 전문가 및 관련 종사자가 15.39%로 가장 많았으며, 사무 종사자(14.73%), 장치 기계 조작 및 조립 종사자(14.37%), 단순노무 종사자(13.90%), 기능원 및 관련 기능 종사자(12.84%) 순이었다. 소득집단별로는 저소득 가구는 단순노무 종사자, 농업, 임업 및 어업 숙련 근로자의 비중이 높은 반면, 일반 가구는 전문가 및 관련 종사자, 사무 종사자, 장치 기계 조작 및 조립 종사자, 기능원 및 관련 기능 종사자의 비중이 높았다.

〈표 4-2-11〉 취업 가구주의 업종 및 직종

(단위: %)

구분		전체	저소득	일반
업종	농업, 임업 및 어업	6.38	24.65	4.46
	광업	0.08	0.00	0.09
	제조업	20.67	6.73	22.13
	전기, 가스 및 수도사업	1.24	0.00	1.37
	하수·폐기물 처리, 원료재생 및 환경복원업	0.90	0.42	0.95
	건설업	10.80	8.17	11.07
	도매 및 소매업	10.63	11.46	10.54
	운수업	8.01	4.11	8.42
	숙박 및 음식점업	4.77	6.16	4.62
	출판, 영상, 방송 통신 및 정보 서비스업	3.57	1.26	3.82
	금융 및 보험업	2.75	0.11	3.03
	부동산 및 임대업	1.09	0.08	1.20
	전문, 과학 및 기술 서비스업	2.61	0.00	2.89
	사업시설관리 및 사업지원 서비스업	4.83	6.49	4.65
	공공행정, 국방 및 사회보장 행정	7.60	10.09	7.33
	교육 서비스업	4.33	6.26	4.12
	보건 및 사회복지사업	3.38	4.78	3.24
	예술, 스포츠 및 여가 관련 서비스업	1.10	0.93	1.12
	협회 및 단체, 수리 및 기타 개인서비스업	4.56	6.88	4.32
	가구 내 고용활동 및 달리 분류되지 않는 자가소비 생산 활동	0.65	1.42	0.57
	국제 및 외국 기관	0.05	0.00	0.05
계		100.00	100.00	100.00
직종	관리자	5.62	0.63	6.14
	전문가 및 관련 종사자	15.39	10.65	15.89
	사무 종사자	14.73	3.10	15.95
	서비스 종사자	6.96	6.36	7.02
	판매 종사자	9.22	7.19	9.43
	농업, 임업 및 어업 숙련 근로자	6.28	23.77	4.44
	기능원 및 관련 기능 종사자	12.84	5.54	13.60
	장치 기계 조작 및 조립 종사자	14.37	6.30	15.22
	단순노무 종사자	13.90	36.47	11.54
	군인	0.69	0.00	0.76
계		100.00	100.00	100.00

취업한 가구주의 사업장 규모를 살펴보면 전체적으로는 5인 미만 사업장에서 근무하는 경우가 33.84%로 가장 많았으며, 1,000명 이상 사업장이 14.99%, 10~29명 사업장이 14.67%, 5~9명 사업장이 10.04%였다. 소득집단별로는 저소득 가구는 2명 중 1명(58.44%)은 5인 미만 사업장에서 근무하고 있는 것으로 나타난 반면 일반 가구는 5인 미만 사업장이 31.26%, 1,000명 이상인 사업장이 16.47%로 소득집단별 차이를 보이고 있다.

〈표 4-2-12〉 취업 가구주의 사업장 규모

(단위: %)

구분	전체	저소득	일반
1~4명	33.84	58.44	31.26
5~9명	10.04	7.78	10.28
10~29명	14.67	15.24	14.61
30~49명	5.65	4.73	5.74
50~69명	4.08	1.59	4.35
70~99명	2.65	2.37	2.68
100~299명	7.87	5.69	8.10
300~499명	2.93	2.05	3.02
500~999명	3.24	1.17	3.45
1,000명 이상	14.99	0.89	16.47
잘 모름	0.03	0.04	0.03
계	100.00	100.00	100.00

근로를 하고 있는 가구주의 1년간 평균 근로 개월 수는 11.67개월, 일한 달의 평균 근로일수는 21.30일, 주당 평균 근로시간은 46.66시간으로 분석되었다. 소득집단별로는 저소득 가구의 가구주는 주당 평균 근로시간이 약 37시간인 반면, 일반 가구의 가구주는 약 48시간 이상 근무하고 있는 것으로 분석되어 저소득 가구의 가구주보다 일반 가구의 가구주가 더 많은 시간을 근무하고 있는 것으로 파악되었다.

〈표 4-2-13〉 가구주의 1년간 근로 개월 수, 일한 달 평균 근로일수 및 주당 근로시간

(단위: 월, 일, 시간)

구분	전체	저소득	일반
1년간 평균 근로 개월 수	11.67	10.98	11.75
일한 달의 평균 근로일수	21.30	19.18	21.53
주당 평균 근로시간	46.66	36.61	47.39

주: 주당 평균 근로시간은 규칙적으로 일한 경우의 주당 평균 근로시간을 의미함.

마지막으로 근로를 하고 있는 가구주 중에서 유해한 환경에 근무하고 있는 가구주 비율을 살펴보면 저소득 가구의 가구주와 일반 가구의 가구주가 각각 12.91%, 13.03%로 비슷한 수준으로 분석되었다.

〈표 4-2-14〉 노동 환경 유해 여부

(단위: %)

구분		전체		저소득		일반	
비해당		19.02		55.23		8.92	
해당		80.98	100.00	44.77	100.00	91.07	100.00
	그렇다	10.54	13.01	5.78	12.91	11.86	13.03
	아니다	70.44	86.99	38.99	87.09	79.21	86.97
계		100.00		100.00		100.00	

제 5 장 가구 경제

5 가구 경제

제1절 소득

1. 경상소득

〈표 5-1-1〉을 보면 전체 가구의 연간 평균 경상소득은 5,010만 원이며, 중위 경상소득은 4,061만 원으로 나타났다. 이를 소득집단별로 살펴보면 저소득 가구의 평균 경상소득은 1,355만 원, 일반 가구의 평균 경상소득은 6,371만 원으로 상당한 차이를 보인다.

〈표 5-1-1〉 가구의 연간 경상소득 평균

(단위: 만 원)

구분	중위값	평균	표준오차
전체	4,061	5,010	57.02
저소득	1,235	1,355	14.20
일반	5,402	6,371	75.98

2. 근로소득

〈표 5-1-2〉에서는 가구의 연간 평균 소득에 대한 기초통계를 나타내고 있다. 근로소득은 상시 근로소득과 임시·일용 근로소득을 구분하여 파악하였고 그 외 사업소득, 농림축산어업소득, 부업소득으로 구분하여 제시하였다.

〈표 5-1-2〉를 보면 상시 근로소득 평균은 2,303만 원, 임시·일용 근로소득 평균은 840만 원, 사업소득 평균은 739만 원, 농림축산어업소득 평균은 120만 원, 부업소득 평균은 9만 원이다. 소득집단별로 살펴보면 저소득 가구와 일반 가구의 평균 상시 근로소득은 각각 59만 원, 3,138만 원, 임시·일용 근로소득은 각각 275만 원, 1,050만

원, 사업소득은 각각 41만 원, 999만 원, 농림축산어업소득은 각각 22만 원, 157만 원, 부업소득은 각각 3만 원, 11만 원으로 모든 근로소득 항목들에서 일반 가구가 저소득 가구보다 평균 소득이 높게 나타나고 있음을 알 수 있다.

〈표 5-1-2〉 가구의 연간 평균 소득

(단위: 만 원)

구분		중위값	평균	표준오차
상시 근로소득	전체	0	2,303	42.76
	저소득	0	59	5.89
	일반	2,280	3,138	59.96
임시·일용 근로소득	전체	0	840	18.33
	저소득	0	275	9.80
	일반	0	1,050	26.79
사업소득	전체	0	739	37.82
	저소득	0	41	9.06
	일반	0	999	57.04
농림축산어업소득	전체	0	120	18.22
	저소득	0	22	4.01
	일반	0	157	27.75
부업소득	전체	0	9	2.65
	저소득	0	3	0.45
	일반	0	11	4.05

주: 해당 소득이 없는 가구까지도 포함해서 전체 가구를 대상으로 분석한 결과임.

3. 재산소득 및 공적·사적 이전 소득

〈표 5-1-3〉은 가구의 근로소득 이외 소득에 대한 기술통계를 나타내고 있다. 재산소득, 사회보험소득, 민간보험소득, 기타소득과 같은 항목은 일반 가구가 저소득 가구보다 평균적으로 높은 소득을 올리는 것으로 나타났으며, 가구원 외 부모나 자녀로부터의 보조금 혹은 민간보조금과 국민기초생활보장(맞춤형)급여 같은 정부보조금 형태의 소득은 저소득 가구가 일반 가구보다 평균적으로 높게 나타났다. 가구의 근로소득 이외 소득 중 규모를 살펴보면 기타소득이 평균 487만 원으로 가장 높고, 가구원 외 부모나 자녀로부터의 보조금 혹은 민간보조금이 평균 317만 원, 사회보험이 평균 261만

원, 재산소득이 평균 194만 원의 순으로 나타났다. 국민기초생활보장(맞춤형)급여와 기타 정부보조금의 평균은 각각 48만 원, 171만 원이며, 민간보험은 평균 8만 원으로 가장 적은 규모인 것으로 나타났다.

〈표 5-1-3〉 가구의 근로소득 이외 소득 유형별 평균

(단위: 만 원)

구분		중위값	평균	표준오차
재산소득	전체	0	194	9.33
	저소득	0	55	3.67
	일반	0	246	14.05
사회보험	전체	0	261	9.29
	저소득	0	111	4.56
	일반	0	317	13.89
민간보험	전체	0	8	0.96
	저소득	0	3	0.85
	일반	0	10	1.39
가구원 외 부모나 자녀로부터의 보조금 혹은 민간보조금(현금 및 현물)	전체	154	317	6.33
	저소득	244	359	6.94
	일반	134	301	8.98
국민기초생활보장(맞춤형)급여	전체	0	48	2.27
	저소득	0	156	5.95
	일반	0	8	1.12
기타 정부보조금	전체	31	171	3.23
	저소득	244	271	4.40
	일반	0	135	4.24
기타소득	전체	4	487	32.88
	저소득	4	289	40.45
	일반	4	560	45.74

주: 2006년 1차 기초 보고서에서는 해당 소득이 있는 가구만 분석하였으나, 2007년 2차 조사 이후부터의 기초 보고서에는 전체 가구를 대상으로 분석한 결과를 제시함.

제2절 지출

1. 총 가계지출

지출 부문은 식료품비(가정식비, 외식비, 주류·담배비), 주택 구입비를 제외한 주거비(월세, 주거관리비), 광열수도비, 가구·가사용품비(가구집기·가사용품비, 보육료비), 의류·신발비, 보건의료비, 교육비(공교육비, 사교육비), 교양오락비, 교통·통신비(교통비, 통신비), 기타소비지출, 송금보조(사적이전), 세금, 사회보장부담금을 포함하는 구체적인 생활비 항목들과 농림축산업 혹은 어업 종사 가구인 경우 자가소비액, 가구 부채에 대한 이자 지출까지도 지출 항목에 포함하여 분석하였다. 이러한 모든 항목들을 포괄하여 총 가계지출이라고 칭하기로 한다. 지출액은 농림축산어가의 자가소비액과 이자 지출을 제외하고 모두 월평균 지출로 조사하였으며, 연간 지출로 조사된 자가소비액과 이자 지출은 12(개월)로 나누어 월 단위로 통일하여 분석하였다.

월평균 총 가계지출에 대한 기초통계는 〈표 5-2-1〉에 제시되어 있다. 전체 가구의 총 가계지출 중위값은 307만 원, 평균은 364만 원으로 나타났다. 저소득 가구와 일반 가구로 구분해서 살펴보면 저소득 가구의 경우 중위값이 108만 원이고, 평균이 138만 원으로 나타난 반면, 일반 가구는 중위값 397만 원, 평균 448만 원으로 평균으로만 비교하였을 때 일반 가구의 총 가계지출이 저소득 가구보다 약 3.2배 높은 것으로 나타나 저소득 가구와 일반 가구의 총 가계지출 격차가 큰 것으로 나타났다.

〈표 5-2-1〉 월간 총 가계지출

(단위: 만 원)

구분	중위값	평균	표준오차
전체	307	364	3.31
저소득	108	138	1.90
일반	397	448	4.22

2. 항목별 총 가계지출

총 가계지출에서 차지하는 항목별 지출 비중은 〈표 5-2-2〉와 같다. 전체 가구의 총 가계지출 평균 364만 원에서 가장 큰 비중을 차지하는 항목은 식료품비로 전체의 20.93%를 차지하고 있으며 지출 규모는 76만 원 정도이다. 다음으로 큰 비중을 차지하는 항목은 기타소비지출로 전체 지출의 19.02%를 차지하고 69만 원의 지출 규모를 가지는 것으로 나타났다. 또한 교통·통신비는 13.32%, 사회보장부담금은 5.8%, 교육비 5.54%, 송금보조는 5.4%, 세금은 5.17%, 보건의료비는 4.82%, 교양오락비는 4.09%, 주거비는 3.87%, 가구·가사용품비는 3.33%, 의류·신발비는 3.21%, 광열수도비는 3.19%, 이자 지출은 2.12%, 자가소비액(농축산)은 0.17%의 지출 비중을 보이며, 어업 종사 가구의 자가소비액은 비중이 거의 없는 것으로 나타났다.

〈표 5-2-2〉 지출 항목별 구성 비중

(단위: 만 원, %)

지출 항목	전체		저소득		일반	
	금액	비율	금액	비율	금액	비율
식료품비	76	20.93	42	30.31	89	19.86
주거비	14	3.87	9	6.19	16	3.60
광열수도비	12	3.19	9	6.69	13	2.79
가구·가사용품비	12	3.33	5	3.59	15	3.31
의류·신발비	12	3.21	3	2.31	15	3.31
보건의료비	18	4.82	12	8.99	19	4.35
교육비	20	5.54	4	2.88	26	5.85
교양오락비	15	4.09	3	2.52	19	4.27
교통·통신비	48	13.32	15	10.90	61	13.60
기타소비지출	69	19.02	24	17.35	86	19.21
송금보조	20	5.40	4	3.21	25	5.65
세금	19	5.17	2	1.36	25	5.61
사회보장부담금	21	5.80	2	1.77	28	6.26
자가소비액(농축산)	1	0.17	1	0.41	1	0.14
자가소비액(어업)	0	0.00	0	0.00	0	0.00
이자 지출	8	2.12	2	1.53	10	2.19
총 가계지출	364	100.00	138	100.00	448	100.00

저소득 가구와 일반 가구 모두에서 식료품비, 기타소비지출,[11] 교통·통신비가 순서대로 높은 비중을 차지하고 있었으며, 저소득 가구의 경우 식료품비는 30.31%에 달하였고, 그다음으로 큰 비중을 차지하는 기타소비지출은 17.35%로 나타났다. 반면 일반 가구의 경우 식료품비의 비중은 19.86%, 기타소비지출의 비중은 19.21%로 비슷한 수준이었다. 또한 저소득 가구와 일반 가구의 지출 구성비에 대한 차이를 살펴보면 저소득 가구의 경우 주거비, 광열수도비, 보건의료비가 일반 가구에 비해 약 2배 높은 비중을 차지하고 있다. 이에 반해 일반 가구는 교육비, 송금보조, 세금, 사회보장부담금의 지출 비중이 저소득 가구에 비해 높게 나타났으며, 자가소비액은 소득집단별 지출 비중의 차이가 미미한 것으로 나타났다.

제3절 재산 및 부채

1. 재산

가구의 총재산은 모든 가구원 명의의 전체 재산(가구원 명의의 사업장도 포함)을 합한 값이며, 여기에는 소유부동산, 점유부동산, 금융재산, 농기계, 농축산물, 자동차 가격, 기타(동산 및 부동산) 재산 이외에 주택 가격을 포함하였다. 순재산은 총재산에서 총부채를 뺀 값이며, 구성 항목은 조사 기준 시점인 2016년 12월 31일 당시 명의 기준으로 파악하였다.

가. 총재산 및 순재산

총재산에는 현재 가구가 소유하는 소유부동산, 점유부동산, 금융재산, 농기계, 농축산물, 자동차 가격, 기타(동산 및 부동산) 재산 이외에 가구원 명의의 주택 가격이 포함된다. 주택 가격은 주택의 소유 형태에 따라 구분되며, 자가인 경우 주택 가격을, 전세의 경우 전세금을, 보증부 월세의 경우 보증금을 포함시켰다. 전체 가구의 총재산 평균

11) 기타소비지출에는 이·미용용품 및 서비스, 장신구(핸드백, 시계, 귀금속 등), 경조비, 교제 비용, 친목 비용, 종교 관련(십일조 등) 비용, 보장성 보험 표(저축성 보험 제외), 관혼상 비용, 용돈 등이 포함된다.

값은 3억 2,825만 원이며, 중위값은 1억 8,950만 원이다. 소득집단별로는 저소득 가구의 평균값은 약 1억 원이며, 일반 가구의 평균은 4억 원 정도로, 약 4배 차이를 보이고 있는 것으로 분석되었다.

〈표 5-3-1〉 총재산가액 평균

(단위: 만 원)

구분	중위값	평균	표준오차
전체	18,950	32,825	566.78
저소득	4,016	13,498	494.49
일반	25,510	40,019	798.07

다음으로 순재산은 현재 가구가 소유하는 총재산에서 총부채를 뺀 값이다. 총부채에는 금융기관 대출, 일반 사채, 카드 빚, 전세 보증금(받은 돈), 외상, 미리 탄 곗돈 등이 포함된다. 순재산은 전체 가구 평균이 2억 8,255만 원이고, 중위값은 1억 5,475만 원이다. 소득집단별로는 저소득 가구의 평균은 1억 2,207만 원이며, 일반 가구의 평균은 3억 4,229만 원으로 나타났다.

〈표 5-3-2〉 순재산가액 평균

(단위: 만 원)

구분	중위값	평균	표준오차
전체	15,475	28,255	511.63
저소득	3,250	12,207	471.70
일반	21,007	34,229	720.49

나. 소유부동산

소유부동산에는 거주하고 있는 집을 제외한 주택, 주택 외 건물, 토지 등이 포함된다. 전체 가구의 소유부동산 평균 가격은 9,757만 원이며, 저소득 가구는 평균 4,157만 원, 일반 가구는 1억 1,840만 원으로 분석되었다.

〈표 5-3-3〉 소유부동산 평균

(단위: 만 원)

구분	중위값	평균	표준오차
전체	0	9,757	383.40
저소득	0	4,157	332.66
일반	0	11,840	556.96

다. 금융재산

금융재산에는 예금, 적금, 주식·채권·펀드, 불입한 곗돈 등이 포함되며 다른 자산과 마찬가지로 가구원의 금융 재산을 모두 파악하였다. 먼저 전체 가구의 금융 재산 평균은 5,702만 원이고, 중위값은 2,000만 원이다. 소득집단별로는 저소득 가구는 약 1,700만 원 금융재산이 있는 것으로 나타난 반면, 일반 가구는 약 7,000만 원 이상의 금융재산이 있는 것으로 파악되었다.

〈표 5-3-4〉 금융재산 평균

(단위: 만 원)

구분	중위값	평균	표준오차
전체	2,000	5,702	130.24
저소득	300	1,705	86.61
일반	3,247	7,190	188.51

2. 부채

이번에는 가구의 부채에 대해서 살펴보고자 한다. 먼저 가구의 부채에는 금융기관에서 대출받은 대출금, 일반 사채, 카드 빚, 전세(임대) 보증금(받은 돈), 외상 등이 포함된다. 전체 가구의 총부채의 평균은 4,570만 원이며, 중위값은 31만 원이었다. 소득집단별로는 저소득 가구는 평균적으로 1,000만 원 내외의 부채를 가지고 있었으며, 일반 가구는 평균적으로 5,000만 원 이상의 부채를 가지고 있는 것으로 나타났다.

〈표 5-3-5〉 총부채 평균

(단위: 만 원)

구분	중위값	평균	표준오차
전체	31	4,570	138.49
저소득	0	1,292	90.00
일반	1,000	5,790	203.10

총이자액은 주거 관련 부채에 대한 이자와 주거 관련 이자를 제외한 기타 이자로 나뉜다. 총이자액과 주거 관련 부채의 이자를 제외한 기타 이자액을 살펴보면 다음과 같다.[12] 전체 가구의 총이자액의 평균은 93만 원이고, 이 중 주거 이자를 제외한 기타 이자액은 전체 가구의 평균은 42만 원이다. 소득집단별로 살펴보면 저소득 가구의 경우 총 이자액이 평균적으로 25만 원이며, 일반 가구는 평균적으로 118만 원의 이자를 납부하고 있는 것으로 분석되었다. 기타 이자액은 저소득 가구는 평균 14만 원, 일반 가구는 평균 53만 원으로 나타났다.

〈표 5-3-6〉 총이자액과 기타 이자액

(단위: 만 원)

구분		중위값	평균	표준오차
총이자액	전체	0	93	3.07
	저소득	0	25	2.23
	일반	0	118	4.48
기타 이자액 (주거 관련 부채의 이자 제외)	전체	0	42	2.39
	저소득	0	14	1.60
	일반	0	53	3.55

12차 연도 조사부터는 부채의 용도를 파악하기 위하여 문항을 새롭게 추가하였으며, 부채가 있는 가구를 대상으로 각각의 항목별 부채 금액이 총부채에서 차지하는 비율을 조사하였다. 그 결과 전체적으로 주택과 관련한 부채가 48.65%로 가장 많았으며, 기타가 31.77%, 생활비(생계비) 마련이 14.42%로 나타났다. 소득집단별로는 저소

12) 주거 관련 부채의 이자는 제6장 주거 부분에서 다루게 되므로 여기서는 생략한다.

득 가구의 경우는 주택 관련 자금의 비중이 40.87%, 생활비가 28.73%였으며, 일반 가구는 주택 관련 자금의 비중이 50.16%, 생활비가 11.64%로 소득집단별 차이를 보이고 있다.

〈표 5-3-7〉 부채 용도

(단위: %)

구분	전체	저소득	일반
생활비(생계비)	14.42	28.73	11.64
주택 관련 자금 (전세 보증금 포함)	48.65	40.87	50.16
교육(학자금 마련 포함)	3.35	3.66	3.28
의료비	0.93	2.28	0.67
빚 갚음	0.88	1.40	0.78
기타	31.77	23.05	33.46

제 6 장 주거 및 건강

6 주거 및 건강

제1절 주거

1. 주거 실태 및 주거 환경

〈표 6-1-1〉은 한국복지패널 가구의 주택 유형을 파악한 결과로 전체 가구 중에는 일반 아파트가 40.03%로 가장 많았으며, 이어서 다가구용 단독주택과 일반 단독주택, 다세대주택 순으로 나타났다. 소득집단별로 살펴보면 먼저 저소득 가구에서는 일반 단독주택, 다가구용 단독주택, 일반 아파트 순으로 나타났다. 일반 아파트에 거주하는 저소득 가득의 비율은 19.97%로 일반 가구(47.49%)에 비해 상대적으로 낮은 반면, 저소득 가구의 절반 이상이 일반 및 다가구용 단독주택(각각 27.74%, 23.89%)에 거주하고 있는 것으로 나타나 일반 가구(11.20%, 16.24%)와 비교하여 높은 비중을 차지하였으며, 영구임대아파트의 비율 역시 7.14%로 일반 가구(0.72%)보다 높았다.

〈표 6-1-1〉 주택 유형

(단위: %)

구분	전체	저소득	일반
일반 단독주택	15.69	27.74	11.20
다가구용 단독주택	18.31	23.89	16.24
다세대주택	12.18	11.04	12.60
연립주택(빌라)	2.92	1.83	3.33
일반 아파트	40.03	19.97	47.49
영구임대아파트	2.46	7.14	0.72
점포주택 등 복합용도주택	3.05	2.67	3.19
비거주용 건물 내 주택(상가, 공장 등)	0.52	0.84	0.40
오피스텔	1.21	0.18	1.60
비닐하우스, 움막, 판잣집	0.02	0.03	0.01
임시 가건물(컨테이너, 재개발 지역 가이주 단지 포함)	0.17	0.30	0.12
기타	0.01	0.00	0.01
국민임대아파트	3.43	4.38	3.08
계	100.00	100.00	100.00

다음으로 주거 점유 형태를 살펴보면 전체 가구의 경우 자가 형태 비율(56.07%)이 가장 높게 나타났으며, 다음으로 보증부 월세(20.24%), 전세(13.61%) 순으로 나타났다. 소득집단별 주거 점유 형태를 비교하면 저소득 가구와 일반 가구 모두 자가 비율이 각각 43.72%, 60.66%로 가장 높았으나, 저소득 가구의 경우 매월 주거비 부담이 발생하는 보증부 월세(반전세) 비율이 27.57%로 전세(10.38%)에 비해 높았다. 즉 저소득 가구 4가구 중 1가구 이상은 월세를 부담하고 있는 것을 알 수 있다. 일반 가구에는 전세와 보증부 월세 비율이 약 15~17%대로 비슷한 수준이었다.

〈표 6-1-2〉 주거 점유 형태

(단위: %)

구분	전체	저소득	일반
자가	56.07	43.72	60.66
전세	13.61	10.38	14.81
보증부 월세	20.24	27.57	17.50
월세	1.53	3.02	0.97
기타	8.56	15.31	6.05
계	100.00	100.00	100.00

다음으로 주택 면적을 살펴보면 전체 가구의 35.31%는 66~99㎡ 미만 면적에 거주하는 것으로 그 비율이 가장 높았으며 33~66㎡ 미만(28.83%), 99~132㎡ 미만(24.39%) 면적 순으로 나타났다. 저소득 가구의 경우는 절반을 약간 넘는 약 55.83%가 66㎡ 미만의 주택에서 거주하고 있는 반면, 일반 가구는 그 비율이 27.19%로 나타났다. 또한 일반가구의 70% 이상은 66㎡ 이상인 주택에 거주하는 것으로 나타났다.

〈표 6-1-3〉 주택 면적

(단위: %)

구분	전체	저소득	일반
33㎡ 미만	6.13	11.89	3.99
33~66㎡ 미만	28.83	43.94	23.20
66~99㎡ 미만	35.31	33.00	36.18
99~132㎡ 미만	24.39	10.27	29.65
132~165㎡ 미만	3.80	0.50	5.03
165㎡ 이상	1.53	0.39	1.95
계	100.00	100.00	100.00

거주하고 있는 주택의 구조 및 성능과 관련하여 주택의 견고성과 주요 구조부 재질의 양호성 여부에 대해 조사한 결과, 전체 가구의 약 91.19%가 양호하다고 응답하였다. 소득집단별로 살펴보면 저소득 가구의 경우 14.50%가 양호하지 못한 것으로 나타나 일반 가구(6.69%)에 비해 불안전한 구조의 주택에서 거주하는 비율이 대략 2.2배 정도 높은 것으로 분석되었다.

〈표 6-1-4〉 주택의 견고성 및 주요 구조부 재질의 양호성 여부

(단위: %)

구분	전체	저소득	일반
예	91.19	85.50	93.31
아니오	8.81	14.50	6.69
계	100.00	100.00	100.00

다음으로 주택의 방음·환기·채광 및 난방설비 유무에 대한 조사 결과를 살펴보면, 전체 가구의 90.95%가 주택 내에 적절한 방음·환기·채광 및 난방설비를 갖추고 있는 것으로 나타났다. 소득집단별로 살펴보면 저소득 가구의 경우 일반 가구(7.44%)에 비해 약 1.8배 높은 비율(13.36%)의 가구에서 이와 같은 여건이 제대로 구비되지 않은 것으로 나타났다.

〈표 6-1-5〉 주택의 방음·환기·채광 및 난방설비 유무

(단위: %)

구분	전체	저소득	일반
예	90.95	86.64	92.56
아니요	9.05	13.36	7.44
계	100.00	100.00	100.00

현재 거주하고 있는 주택의 소음·진동·악취 및 대기 오염으로 인한 불만 여부에 대해서는 전체적으로 보면 불만이 있다고 응답한 가구는 5.48%였으나 이를 소득집단별로 살펴보면 일반 가구의 4.93% 비율이 불만이 있다고 응답한 반면, 저소득 가구의 경우 6.94%로 일반 가구보다 2.01%포인트 정도 높게 나타났다.

〈표 6-1-6〉 주택의 소음·진동·악취 및 대기 오염으로 인한 불만 여부

(단위: %)

구분	전체	저소득	일반
예	5.48	6.94	4.93
아니오	94.52	93.06	95.07
계	100.00	100.00	100.00

마지막으로 주택의 외부 환경에 대한 문항으로, 자연재해와 관련된 주택의 안전성 여부에 대해 응답한 결과이다. 전체 가구의 98.03%가 주택이 자연재해로부터 안전하다고 응답하였으며, 소득집단별로 살펴보면 안전하지 않다고 응답한 비율이 일반 가구에서는 1.73%에 불과한 반면 저소득 가구는 2.62%로 일반 가구보다 약 1.3배 높게 나타났다.

〈표 6-1-7〉 주택의 자연재해로 인한 안전성 여부

(단위: %)

구분	전체	저소득	일반
예	98.03	97.38	98.27
아니오	1.97	2.62	1.73
계	100.00	100.00	100.00

2. 주택 가격

앞서 제시한 주거 실태 및 주거 환경에 이어서 주거 점유 형태에 따라 자가, 전세, 보증부 월세(반전세), 월세로 구분하여 주택 가격 및 보증금, 월세 부담에 대해 평균 금액과 구간별 분포[13])로 구분하여 살펴보았다.

먼저 자가를 소유하고 있는 가구의 현재 거주하고 있는 주택 가격을 살펴보면 전체 가구에서 자가에 거주하고 있는 경우 자가 주택의 평균 가격은 2억 4,018만 원, 중위값은 1억 9,000만 원 수준으로 나타났다. 소득수준별로 자가 주택의 평균 가격의 차이를 보이는데 일반 가구의 경우 평균 2억 6,508만 원인 반면, 저소득 가구의 경우 거주하고 있는 자가의 주택 가격 평균은 1억 4,736만 원으로 절반 정도 수준인 것으로 분석되었다. 자가 주택의 중위 가격의 경우에도 저소득 가구의 경우 1억 원에 미치지 못

13) 주거 점유 형태에 따른 주택 가격 및 보증금, 월세 부담에 대한 구간별 분포는 '부록 3. 주거 및 건강' 참조.

하는 반면, 일반 가구의 경우 중위 가격은 2억 1,000만 원으로 2배 이상의 차이를 보이고 있다.

〈표 6-1-8〉 거주하고 있는 자가 주택의 평균 가격

(단위: 만 원)

구분	중위값	평균	표준오차
전체	19,000	24,018	340.24
저소득	10,000	14,736	466.59
일반	21,000	26,508	427.63

거주하고 있는 주택의 보증금은 주거 점유 형태에 따라 전세의 경우 전세 보증금, 보증부 월세의 보증금이 있을 수 있다. 이를 구분하여 먼저 전세로 거주하고 있는 가구의 전세 보증금 평균을 살펴보면 전체 가구 중 전세로 살고 있는 주택의 평균 전세 보증금은 1억 1,829만 원인 것으로 나타났으며, 이를 소득집단별로 구분하면 일반 가구가 1억 3,528만 원인 반면 저소득 가구의 경우 평균 5,318만 원 수준으로 일반 가구의 평균 금액의 40% 정도 수준으로 절반에도 미치지 못하는 것으로 나타났다. 중위 가격 또한 마찬가지로 일반 가구의 전세 보증금 중위 가격은 1억 원 정도인 데 반해 저소득 가구의 전세 보증금 중위 가격은 4,000만 원 정도로 40% 수준으로 나타났다.

〈표 6-1-9〉 거주하고 있는 주택의 전세 보증금 평균

(단위: 만 원)

구분	중위값	평균	표준오차
전체	8,000	11,829	422.79
저소득	4,000	5,318	320.34
일반	10,000	13,528	528.38

다음으로 보증부 월세의 보증금 평균을 살펴보면 전체 가구 중 보증부 월세에 살고 있는 경우 보증금은 평균 2,139만 원으로 나타났으며, 일반 가구의 평균이 2,779만 원으로 나타나 저소득 가구의 1,047만 원에 비해 약 2.7배 이상 높은 수준이었다. 또한 저소득 가구의 보증부 월세의 보증금 중위값은 500만 원으로 일반 가구 중위값(1,000만 원)의 절반 수준이었다.

〈표 6-1-10〉 주택 보증부 월세의 보증금 평균

(단위: 만 원)

구분	중위값	평균	표준오차
전체	994	2,139	120.17
저소득	500	1,047	59.90
일반	1,000	2,779	201.65

마지막으로 보증부 월세나 월세로 거주하고 있는 가구의 월세액 평균액으로 월세 부담 수준에 대해 살펴보았다. 전체 가구 중 월세를 부담하는 경우 월세액의 평균은 23만 원이었으며, 일반 가구가 평균 29만 원인 데 반해 저소득 가구의 경우 평균 14만 원 정도 부담하는 것으로 나타났다.

〈표 6-1-11〉 거주하고 있는 주택의 월세액 평균

(단위: 만 원)

구분	중위값	평균	표준오차
전체	20	23	0.54
저소득	11	14	0.40
일반	27	29	0.85

제2절 건강

1. 건강상태

다음은 복지패널 조사 대상자들의 2016년 12월 31일 기준 건강상태에 대해 조사한 결과표이다. 〈표 6-2-1〉은 전체 가구원을 분석한 결과이며, 〈표 6-2-2〉는 가구원들 중 가구주의 건강상태만을 조사한 결과이다.

먼저 전체 가구원의 건강상태에 대해 살펴보면 전체 가구원 중 74.36%는 '건강하다(아주 건강+건강한 편)'고 응답하였으며, '건강하지 않다(건강이 아주 안 좋다+건강하지 않은 편)'고 대답한 가구원은 10.20%로 나타나 주관적인 건강상태가 건강하다고 생각하는 가구원이 상대적으로 많음을 알 수 있다. 소득집단별로 살펴보면 저소득 가구의 가구원 32.85%가 '건강하지 않다'고 응답하였으며 이를 일반 가구(6.01%)와 비교했을 때, 5배 이상 높은 비율로 소득수준별 주관적 건강상태의 차이를 보인다. 또한 '건강하다'고 응답한 비율도 저소득 가구는 40.61%, 일반 가구는 80.61%로 나타나 일반 가구의 가구원이 저소득 가구의 가구원에 비해 상대적으로 자신의 건강상태를 더 좋다고 느끼는 것으로 나타났다.

〈표 6-2-1〉 전체 가구원의 건강상태

(단위: %)

구분	전체	저소득	일반
아주 건강하다	14.82	5.71	16.51
건강한 편이다	59.54	34.90	64.10
보통이다	15.44	26.54	13.38
건강하지 않은 편이다	9.01	28.89	5.33
건강이 아주 안 좋다	1.19	3.96	0.68
계	100.00	100.00	100.00

다음으로 가구주의 주관적 건강상태에 대해 살펴보면 전체 가구 기준 '건강하다(아주 건강+건강한 편)'고 응답한 가구주는 63.83%였으며, '건강하지 않다(건강이 아주 안 좋다+건강하지 않은 편)'고 응답한 가구주는 14.54%로 나타났다. 소득집단별로 살펴보면 저소득 가구의 경우 '건강하지 않다'고 답변한 가구주가 39.41%로 일반 가구(7.55%)에 비해 5배 이상 높게 나타났으며 '건강하다'고 응답한 비율은 저소득 가구(30.82%)보다 일반 가구(73.12%)에서 많이 나타나 주관적으로 인식하고 있는 가구주의 건강상태 수준이 일반 가구가 더 높음을 알 수 있다.

〈표 6-2-2〉 가구주의 건강상태

(단위: %)

구분	전체	저소득	일반
아주 건강하다	11.29	3.09	13.60
건강한 편이다	52.54	27.73	59.52
보통이다	21.62	29.77	19.32
건강하지 않은 편이다	13.31	36.10	6.90
건강이 아주 안 좋다	1.23	3.31	0.65
계	100.00	100.00	100.00

먼저 패널 전체 가구원 중에서 47.63%가 질병을 앓고 있는 것으로 나타났으며, 앓고 있는 주요 병에 대한 종류를 살펴보면 기타 질병을 제외하고 고혈압(8.18%), 관절염·요통·좌골통·디스크(6.48%), 당뇨병(3.71%) 순으로 나타났다. 소득집단별로 병을 앓고 있는 비율에 대해 비교해 보면 일반 가구의 가구원 중 병을 앓고 있는 비율은 43.23%인 반면에 저소득 가구는 71.45%로 나타나 상대적으로 저소득 가구의 가구원이 병을 앓고 있는 비율이 약 1.7배 높았다. 저소득 가구 가구원의 주요 병명은 고혈압(14.86%), 관절염·요통·좌골통·디스크(13.83%), 당뇨병(7.88%) 순으로 나타났으며, 일반 가구의 경우 기타 질병을 제외하고 고혈압(6.95%), 관절염·요통·좌골통·디스크(5.12%), 당뇨병(2.94%) 순으로 높게 나타나 저소득 가구와 일반 가구 모두 고혈압, 관절염·요통·좌골통·디스크 환자가 많은 것으로 나타났다. 저소득 가구와 일반 가구 사이에 비율 차이를 보였던 질병은 우울증이었으며 비율의 수치는 크지 않았지만, 저소득 가구의 주요 질환 중 우울증이 차지하는 비율은 일반 가구의 비율보다 약 10배 높은 수준이었다.

〈표 6-2-3〉 주요 병명

(단위: %)

구분	전체	저소득	일반
없음	52.37	28.55	56.77
암(위, 간, 폐, 기관지 등)	1.39	2.73	1.14
관절염, 요통, 좌골통, 디스크	6.48	13.83	5.12
위염, 위궤양, 십이지장궤양 등	1.11	1.23	1.09
만성간염, 간경변	0.48	1.01	0.39
당뇨병	3.71	7.88	2.94
갑상선 질환	0.93	0.61	1.00
고혈압	8.18	14.86	6.95
중풍, 뇌혈관 질환	1.36	4.01	0.87
심근경색증, 협심증	1.16	2.68	0.88
폐결핵, 결핵	0.07	0.15	0.05
만성기관지염(심한 가래, 기침)	0.16	0.11	0.17
천식	0.26	0.50	0.21
백내장, 녹내장	0.40	0.62	0.36
만성중이염	0.13	0.14	0.12
만성심부전증(만성신장 질환)	0.35	0.88	0.25
골절, 탈골 및 사고로 인한 후유증	0.61	1.13	0.52
골다공증	0.41	1.10	0.29
빈혈	0.08	0.11	0.08

구분	전체	저소득	일반
고지혈증	0.92	1.28	0.85
치질(치핵)	0.07	0.18	0.05
만성부비동염(축농증)	0.14	0.14	0.14
기관지확장증	0.02	0.01	0.02
알레르기성 비염	1.67	0.81	1.83
턱관절 질환	0.03	0.00	0.04
아토피성 피부염	0.58	0.32	0.63
요실금	0.01	0.00	0.01
우울증	0.65	2.76	0.26
치아우식증(충치)	3.52	1.37	3.91
만성치주 질환(풍치, 잇몸병)	0.76	0.43	0.82
기타 질병	11.44	9.21	11.85
희귀난치성 질환	0.53	1.37	0.38
저혈압	0.01	0.00	0.02
계	100.00	100.00	100.00

전체 가구원의 39.69%의 가구원이 만성질환을 앓고 있었으며, 소득집단별로는 저소득 가구의 경우 66.68%의 가구원이 만성질환을 앓고 있어 일반 가구(34.69%)에 비해 그 비율이 높은 것으로 나타났다. 이환 기간을 살펴보면, 일반 가구 가구원의 26.53%가 6개월 이상 만성질환을 앓고 있는 것과 상대적으로 저소득 가구의 62.06%가 6개월 이상 투병·투약을 한 것으로 나타나 저소득 가구 만성질환자의 대부분이 6개월 이상 만성질환을 앓고 있는 것으로 나타났다.

〈표 6-2-4〉 전체 가구원의 만성질환

(단위: %)

구분	전체	저소득	일반
없음	60.32	33.33	65.31
있음	39.69	66.68	34.69
3개월 미만 투병·투약	4.97	2.80	5.37
3~6개월 미만 투병·투약	2.64	1.82	2.79
6개월 이상 투병·투약	32.08	62.06	26.53
계	100.00	100.00	100.00

다음으로 〈표 6-2-5〉에서 가구주의 만성질환 비율 및 만성질환 기간에 대해 살펴보면 전체 가구주 중 54.56%의 가구주가 만성질환을 앓고 있는 것으로 나타났다. 소

득집단별로는 저소득 가구의 경우 만성질환을 앓고 있는 가구주가 80.31%로 일반 가구(47.32%)에 비해 약 1.7배 이상 많은 것으로 나타나 저소득 가구의 가구주의 건강상태가 상대적으로 좋지 않음을 짐작할 수 있다. 이환 기간을 살펴보면, 저소득 가구의 가구주 76.41%가 6개월 이상 투병·투약을 한 것으로 나타나 6개월 이상 만성질환을 앓고 있는 경우가 저소득 가구주 만성질환자의 대부분(95%)을 차지하였다. 일반 가구의 경우도 만성질환을 앓고 있는 가구주의 80% 정도가 6개월 이상의 이환 기간을 보였다.

〈표 6-2-5〉 가구주의 만성질환

(단위: %)

구분	전체	저소득	일반
없음	45.44	19.69	52.69
있음	54.56	80.31	47.32
3개월 미만 투병·투약	5.11	2.32	5.90
3~6개월 미만 투병·투약	2.48	1.58	2.73
6개월 이상 투병·투약	46.97	76.41	38.69
계	100.00	100.00	100.00

2. 의료 이용 현황

다음에서는 패널 가구원들의 건강검진 횟수, 외래진료 횟수, 입원 횟수 등 의료기관 이용 현황을 제시한다.

먼저 건강검진 횟수를 살펴보면 2016년 1년간 전체 가구원 1인당 평균 검진 횟수는 0.54회였으며, 소득집단별로는 저소득 가구의 경우 가구원 1인당 평균 검진 횟수는 0.42회로 일반 가구 0.56회보다 다소 낮은 것으로 나타났다. 특히 저소득 가구의 1년 건강검진 횟수 중위값이 0회인 것을 보면 저소득 가구의 절반 이상은 건강검진을 받고 있지 않는 것을 확인할 수 있었으며, 일반 가구의 절반은 적어도 1년에 한 번 정도 건강검진을 받고 있는 것으로 본 결과를 통해 짐작할 수 있다.

〈표 6-2-6〉 건강검진 횟수

(단위: 회)

구분	중위	평균	표준오차
전체	1.00	0.54	0.00
저소득	0.00	0.42	0.01
일반	1.00	0.56	0.01

다음으로 외래진료 횟수를 살펴보면 2016년 1년간 가구원 1인당 평균 11.59회의 외래진료를 받았으며 소득집단별로는 저소득 가구의 가구원이 평균 22.75회로 일반 가구(평균 9.53회)보다 더 자주 진료받았음을 알 수 있다. 이는 앞선 분석에서 나타난 만성질환자 비율 및 이환 기간과 무관하지 않을 것으로 사료된다.

〈표 6-2-7〉 외래진료 횟수

(단위: 회)

구분	중위	평균	표준오차
전체	6.00	11.59	0.16
저소득	12.00	22.75	0.51
일반	5.00	9.53	0.15

외래진료 횟수에 이어 입원 횟수를 살펴보면 2016년 1년 동안의 전체 가구원 1인당 평균 입원 횟수는 0.14회였다. 소득집단별로 살펴보면 저소득 가구의 가구원 1인당 평균 입원 횟수는 0.23회, 일반 가구는 0.13회로 나타나 저소득 가구가 일반 가구보다 입원 횟수가 상대적으로 많은 것으로 나타났지만 그 횟수는 크게 높지 않았다.

〈표 6-2-8〉 입원 횟수

(단위: 회)

구분	중위	평균	표준오차
전체	0.00	0.14	0.00
저소득	0.00	0.23	0.01
일반	0.00	0.13	0.01

2016년 1년간 입원한 경우의 평균 입원 일수는 전체 가구원 1인당 평균 2.06일이었으며 소득집단별로 저소득 가구의 경우 가구원 1인당 평균 5.07일, 일반 가구의 경우 1.50일로 나타나 입원하는 경우 저소득 가구의 가구원이 일반 가구 가구원에 비해 상대적으로 장기간 입원한 것으로 확인되었다.

〈표 6-2-9〉 입원 일수

(단위: 일)

구분	중위	평균	표준오차
전체	0.00	2.06	0.12
저소득	0.00	5.07	0.38
일반	0.00	1.50	0.11

가구원 중 민간의료보험 가입건수가 1건 이상이면 민간의료보험 가입한 것으로 간주한 후 민간의료보험 가입 비율을 살펴보면, 패널 전체 가구의 2016년 1년간 민간의료보험[14] 평균 가입률은 74.04%로 나타났다. 소득집단별로 구분하여 살펴보면 저소득 가구의 경우 가입률이 34.64%로 전체 가구 가입률에 비해 매우 낮은 것으로 나타났으며, 일반 가구 가입률(88.71%)의 절반도 되지 않았다.

〈표 6-2-10〉 민간의료보험 가입률(가구 기준)

(단위: %)

구분	전체	저소득	일반
가입	74.04	34.64	88.71
미가입	25.96	65.36	11.29
계	100.00	100.00	100.00

주: 가구원 중 민간의료보험 가입건수가 1건 이상이면 민간의료보험 가입으로 처리함.

다음으로 민간의료보험에 가입한 경우 평균 가입건수를 살펴보면, 2016년 1년간 가구당 평균 가입건수는 3.25건으로 나타났다. 소득집단별로 보면 저소득 가구는 가구당 평균 가입건수가 0.87건으로 일반 가구의 평균 4.13건에 비해 매우 낮았다. 저소득 가구의 경우 민간의료보험 가입건수가 1인당 1건도 되지 않으며 그 때문에 장기적으로

14) 민간의료보험 가입률, 가입건수, 월평균 보험료는 표본 가구 전체를 100으로 하여 분석하였다.

질병이나 사고와 같은 위험에 노출되었을 때 해결을 위한 장치적 요소가 적음을 알 수 있다. 특히 앞에서 확인한 것과 같이 저소득 가구의 건강상태가 좋지 않다는 결과를 감안한다면 그 위험성은 더 크다고 할 수 있다.

〈표 6-2-11〉 민간의료보험 가입 건수(가구 기준)

(단위: 건)

구분	중위	평균	표준오차
전체	2.00	3.25	0.04
저소득	0.00	0.87	0.03
일반	4.00	4.13	0.05

주: 민간의료보험 가입 건수는 민간의료보험 중 연금 성격이 아닌 순수 질병 보장 성격의 민간의료보험 전용 상품[암보험, CI(Critical Illness) 보험, 어린이 의료보험, 실손형 의료보험, 실버 및 간병 보험, 일반 질병 보험 등]에 가입한 경우 해당 건수를 조사함. 한편 주계약자가 남편, 종계약자로 아내, 자녀들까지 보장받는 가족 의료보험의 경우 가구원 각각의 가입 건수를 기입하도록 함. 또한 납입 기한이 끝났으나 보장받는 보험의 경우 가입건수에 포함함.

제 7 장 가 족

7 가족

제1절 가족 관계 및 성역할에 대한 인식

부모와의 접촉 정도는 가족 관계를 살펴볼 수 있는 하나의 지표가 될 수 있다. 따라서 부모와의 왕래 또는 전화 연락 정도를 소득수준별로 비교해 봄으로써 가족 관계의 한 단면을 짐작할 수 있을 것으로 보인다. 이를 위해 먼저 부모와 떨어져 생활하고 있는 가구 비율을 살펴보면 전체 가구의 45.71%의 가구가 따로 살고 있는 부모가 있다고 응답하였으며, 저소득 가구의 경우 23.73%로 일반 가구(50.05%)보다 적은 것으로 조사되었다.

〈표 7-1-1〉 따로 사는 부모의 존재 여부

(단위: %)

구분	전체	저소득	일반
있다	45.71	23.73	50.05
없다	54.29	76.27	49.95
계	100.00	100.00	100.00

〈표 7-1-2〉를 통해 지난 1년간 따로 사는 부모와의 왕래 정도를 살펴보면 전체 가구 기준 1년에 평균 37회 왕래를 하고 있는 것으로 나타났으며, 저소득 가구(평균 33회)보다는 일반 가구(평균 37회)에서 왕래 횟수가 더 많았다. 특히 저소득 가구의 부모와의 왕래 횟수의 중위값은 5회인 반면, 일반 가구의 경우 12회로 나타나 일반 가구의 부모와의 왕래 정도가 더욱 빈번한 것으로 나타났다.

〈표 7-1-2〉 따로 사는 부모와의 왕래 정도

(단위: 회)

구분	중위	평균	표준오차
전체	12	37	1.06
저소득	5	33	3.45
일반	12	37	1.11

왕래와 더불어 따로 사는 부모와의 접촉 정도를 가늠할 수 있는 것으로 지난 1년 동안의 전화 연락 정도를 살펴보면, 전체 가구에서는 평균적으로 84회 연락을 한 것으로 나타났다. 소득집단별로는 왕래 정도와 마찬가지로 저소득 가구의 연락 횟수가 평균 66회로 일반 가구의 횟수(평균 86회)보다 적게 나타났다. 떨어져 사는 부모와의 왕래 및 전화 연락 빈도는 대체적으로 저소득 가구에서보다 일반 가구에서 상대적으로 빈번하게 일어나고 있음을 알 수 있는 결과이다.

〈표 7-1-3〉 따로 사는 부모와의 전화 연락 정도

(단위: 회)

구분	중위	평균	표준오차
전체	52	84	1.48
저소득	24	66	4.28
일반	52	86	1.58

1. 성역할에 대한 인식

전체 가구를 기준으로 성역할에 대한 인식을 살펴보면 '㉮ 여성의 전일근로제가 가족 생활을 힘들게 함' 문항은 '그렇다(그렇다+매우 그렇다)'는 의견이 58.45%로 '그렇지 않다(그렇지 않다+전혀 그렇지 않다)'는 의견보다 많았으며, '㉯ 미취학 아동의 어머니가 일을 할 경우 미취학 아동에게 나쁨', '㉰ 전업주부로 일하는 것은 밖에서 돈을 버는 것만큼 중요함' 문항 역시 '그렇다'고 응답한 가구원이 60~80% 정도로 나타나 가정에서의 여성의 중요성에 대해 대부분의 가구원이 공감하고 있음을 알 수 있었다. 또한 '㉱ 남성의 임무는 밖에서 돈을 버는 것, 여성의 임무는 가정과 가족을 돌보는 것임'에서 '그렇지 않다'는 응답이 65.94%로 나타났고, '㉲ 남성과 여성 모두 가구 소득에 기여해야 함'에서는 '그렇다'는 응답이 66.80%로 나타나 여성의 사회 진출에 긍정적인 것을 알 수 있다. 마지막으로 '㉳ 가정생활은 나에게 스트레스를 줌', '㉴ 가족에 대한 책임을 다하기가 어려움', '㉵ 가족에 대한 책임 때문에 직장에서 일을 집중하기가 어려움' 문항 모두 '그렇지 않다'는 응답이 90% 이상으로 가족에 대한 책임감, 가정생활에 대한 부정적인 반응은 낮은 것으로 드러났다.

〈표 7-1-4〉 성역할에 대한 인식(전체)

(단위: %)

구분	전혀 그렇지 않다	그렇지 않다	그저 그렇다	그렇다	매우 그렇다	계
㉮ 여성의 전일근로제가 가족 생활을 힘들게 함	2.76	24.27	14.52	53.31	5.14	100.00
㉯ 미취학 아동의 어머니가 일을 할 경우 미취학 아동에게 나쁨	1.48	18.27	12.26	59.47	8.53	100.00
㉰ 전업주부로 일하는 것은 밖에서 돈을 버는 것만큼 중요함	0.56	8.05	13.58	68.91	8.91	100.00
㉱ 남성의 임무는 밖에서 돈을 버는 것, 여성의 임무는 가정과 가족을 돌보는 것임	10.44	55.50	14.08	19.09	0.89	100.00
㉲ 남성과 여성 모두 가구 소득에 기여해야 함	0.61	12.30	20.30	61.99	4.81	100.00
㉳ 가정생활은 나에게 스트레스를 줌	17.25	55.57	15.22	11.28	0.69	100.00
㉴ 가족에 대한 책임을 다하기가 어려움	17.10	48.60	13.43	19.47	1.40	100.00
㉵ 가족에 대한 책임 때문에 직장에서 일을 집중하기가 어려움	33.85	56.27	5.84	3.72	0.32	100.00

제2절 가족 문제

1. 가족 문제 및 가족 갈등 대처 방법

2016년 1년 동안 가족 내에서 발생한 근심이나 갈등을 초래하는 문제들을 2순위까지 조사하였다. '특별한 어려움이 없다'고 응답한 가구 43.31%를 제외하고 1순위로 제시된 내용들을 살펴보면 다음과 같다. '가구원의 건강'이 47.67%로 가장 큰 가족 갈등의 원인으로 꼽혔으며, '경제적 어려움'이 23.66%로 뒤를 이었다. '가구원의 건강' 문제는 저소득 가구 가족 갈등의 가장 큰 원인(58.02%)으로 일반 가구(42.01%)와는 다소 큰 차이를 보이고 있다. '경제적 어려움'이 가족 갈등의 원인이라는 응답 역시 저소득 가구에서는 30.14%인 데 비해 일반 가구에서는 20.12%로 나타났다. 반면 '자녀 교육 혹은 행동'이 1순위 가족 갈등의 원인이라고 응답한 가구는 저소득 가구(1.81%)보다 일반 가구(12.29%)가 더 많았다.

이어 1순위의 어려움과 2순위에서 '특별한 어려움이 없다'고 응답한 55.48%를 제외하고 나머지 가구의 2순위 응답 비중을 살펴보면 다음과 같다. '경제적 어려움'이 29.61%로

2순위 가족 갈등의 가장 큰 원인으로 지목되었으며, ‘가구원의 건강’이 27.63%로 뒤를 이었다. 소득집단별로 살펴보면 저소득 가구에서는 ‘경제적 어려움’이 38.87%, ‘가구원의 건강’이 31.41%로 전체와 동일하게 경제적 어려움, 가구원의 건강 순으로 나타났다. 하지만 일반 가구에서는 ‘경제적 어려움’이 23.85%, ‘가구원의 건강’이 25.28%로 전체와는 다르게 가구원의 건강이 경제적 어려움보다 우선적으로 지목되었다.

〈표 7-2-1〉 가족 갈등 원인(1순위, 2순위)

(단위: %)

구분	1순위			2순위		
	전체	저소득	일반	전체	저소득	일반
경제적 어려움 (부채 또는 카드 빚 문제)	23.66	30.14	20.12	29.61	38.87	23.85
가구원의 취업 및 실업	8.96	5.55	10.81	9.68	8.54	10.39
자녀 교육 혹은 행동	8.58	1.81	12.29	11.66	5.55	15.47
가구원의 건강	47.67	58.02	42.01	27.63	31.41	25.28
가구원의 알코올	0.44	0.54	0.38	0.84	0.14	1.28
가족 내 폭력	0.08	0.2	0.01	0.06	0.05	0.06
가구원 간 관계	2.81	0.9	3.86	7.06	6.13	7.63
가구원의 가출	0.18	0.18	0.18	0.15	0.12	0.17
주거 관련 문제	2.41	0.64	3.38	6.37	4.51	7.53
기타	1.91	1.01	2.4	1.33	1.14	1.45
자녀의 결혼 문제	3.31	1.02	4.56	5.6	3.54	6.88
모름/무응답	0.00	0.00	0.00	0.00	0.00	0.00
계	100.00	100.00	100.00	100.00	100.00	100.00

주: 1순위 응답 비율은 전체 가구 중 ‘특별한 어려움이 없다’고 응답한 가구를 제외한 나머지 가구를 대상으로 분석하였음. 가족 내 갈등 요인이 한 가지밖에 없다면 1순위에만 응답하고 2순위에 ‘특별한 어려움이 없다’고 응답함. 따라서 2순위 응답 비율은 1순위에서 ‘특별한 어려움이 없다’고 응답한 가구뿐 아니라 2순위에서 ‘특별한 어려움이 없다’고 응답한 가구를 제외한 나머지 가구를 대상으로 분석하였음.

2016년 1년 동안 가족 구성원들이 서로 어떻게 갈등을 해결했는지에 대해서도 조사하였다. 가정 내 의견 충돌의 빈도, 갈등 발생 시 비난 및 폭력 사용 등 가족 갈등 대처 방법과 관련된 하위 5개 문항에 각각 1~5점을 부여한 후 평균을 계산하였다. 점수가 높을수록 가족 갈등 대처 방법이 긍정적임을 의미한다. 분석 결과, 전체 가구의 가족 갈등 대처 방법의 평균은 4.4점으로 나타났다. 소득집단별로 살펴보면 저소득 가구의 평균은 4.3점, 일반 가구의 평균은 4.5점으로 일반 가구가 다소 높게 나타났다.

〈표 7-2-2〉 가족 갈등 대처 방법

(단위: 점)

구분	중위	평균	표준오차
전체	4.6	4.4	0.01
저소득	4.4	4.3	0.01
일반	4.6	4.5	0.01

주: 가구를 구성하고 있는 가구원을 중심으로 파악하며, 가구원 외의 경우에는 1촌 이내의 직계혈족까지만 포함하여 질문함. 독신 가구이면서 1촌 이내의 직계혈족이 없는 경우에는 제외함. 1~5점으로 응답한 5개 항목에 대한 평균값이며 값이 클수록 가족 갈등 대처 방법이 긍정적임을 의미함. ㉯ 문항을 제외한 나머지 문항은 역코딩한 후 계산하였음.

2. 가족의 생활 습관, 가족 관계 및 정신건강

가. 흡연에 관한 생활 습관

7차 조사부터는 기존 가구원과 신규 가구원에게 각기 다르게 질문하고 있다. 모든 가구원을 대상으로 지난 한 해 동안의 흡연 경험, 금연 계획, 간접흡연 등에 관해 질문하였고, 신규 가구원에게만 생애 동안의 흡연 경험(총량, 시기, 기간)을 질문하였다.

〈표 7-2-3〉은 모든 가구원을 대상으로 현재에도 담배를 피우는지 여부를 분석한 결과이다. 전체 가구원 중 19.11%가 현재 담배를 피운다고 응답하였다. 저소득 가구원 중에선 15.34%가, 일반 가구원 중에선 19.86%가 현재 담배를 피우는 것으로 나타났다.

〈표 7-2-3〉 현재 흡연 여부

(단위: %)

구분	전체	저소득	일반
피움	19.11	15.34	19.86
피우지 않음	80.89	84.66	80.14
계	100.00	100.00	100.00

〈표 7-2-4〉는 현재 담배를 피운다고 응답한 가구원을 대상으로 최근 1년 동안 담배를 끊고자 하루 이상 금연한 적이 있는지를 물어 그에 대한 응답을 분석한 결과이다. 응답자의 28.77%가 하루 이상 금연을 시도한 적이 있다고 응답하였고, 저소득 가구원은 31.01%, 일반 가구원은 28.42%가 하루 이상 금연을 시도한 적이 있다고 응답하였다.

〈표 7-2-4〉 하루 이상 금연 시도 여부

(단위: %)

구분	전체	저소득	일반
있음	28.77	31.01	28.42
없음	71.23	68.99	71.58
계	100.00	100.00	100.00

주: 현재 담배를 피운다고 응답한 사람만 응답하였음.

〈표 7-2-5〉는 모든 가구원을 대상으로 밀폐된 공간에서 다른 사람이 피우는 담배 연기를 맡는 시간이 하루 몇 시간인지를 물어 그에 대한 대답을 분석한 결과이다. 전체 가구원 중 83.24%는 '0시간(없음)'이라고 응답하였고, 11.05%는 '1시간 미만', 1.09%는 '1시간 이상'이라고 응답하였다. 다른 사람이 피우는 담배 연기를 맡지 않는다고 응답한 비율은 저소득 가구원 86.65%, 일반 가구원 82.57%로 나타났다.

〈표 7-2-5〉 하루 동안 실내에서 담배 연기를 맡는 시간

(단위: %)

구분	전체	저소득	일반
0시간(없음)	83.24	86.65	82.57
1시간 미만	11.05	7.46	11.76
1시간 이상	1.09	0.33	1.24
모름/무응답	4.61	5.56	4.43
계	100.00	100.00	100.00

나. 음주에 관한 생활 습관

〈표 7-2-6〉은 모든 가구원을 대상으로 평소에 얼마나 자주 술을 마시는지를 물어 그 대답을 분석한 결과이다. 전체 가구원 중 12.08%는 '월 1회 이하', 22.67%는 '월 2~4회', 15.06%는 '주 2~3회', 6.36%는 '주 4회 이상', 43.83%는 '전혀 마시지 않는다'고 응답하였다. 저소득 가구원 중에서는 '전혀 마시지 않는다'고 응답한 비율이 68.95%로 나타났고, 일반 가구원 중에서는 38.87%로 나타났다.

〈표 7-2-6〉 음주 횟수

(단위: %)

구분	전체	저소득	일반
월 1회 이하	12.08	7.06	13.07
월 2~4회	22.67	11.03	24.97
주 2~3회	15.06	8.18	16.42
주 4회 이상	6.36	4.78	6.67
전혀 마시지 않는다	43.83	68.95	38.87
계	100.00	100.00	100.00

〈표 7-2-7〉은 술을 마신다고 응답한 가구원을 대상으로 한번에 6잔 이상 마시는 과음의 횟수를 분석한 결과이다. 전체 응답자의 34.58%는 과음한 적이 '전혀 없다'고 응답하였고, 17.05%는 '몇 달에 한 번 정도', 21.10%는 '한 달에 한두 번 정도', 21.49%는 '일주일에 한두 번 정도', 5.78%는 '거의 매일'이라고 응답하였다. 저소득 가구원 중에서는 '전혀 과음하지 않는다'고 응답한 비율이 39.36%로 나타났고, 일반 가구원 중에서는 34.10%로 나타났다. 또한 '거의 매일 과음한다'고 응답한 비율은 저소득 가구원에서는 8.62%, 일반 가구원에서는 5.49%로 나타났다.

〈표 7-2-7〉 과음 횟수

(단위: %)

구분	전체	저소득	일반
전혀 없다	34.58	39.36	34.10
몇 달에 한 번 정도	17.05	15.65	17.19
한 달에 한두 번 정도	21.10	19.45	21.27
일주일에 한두 번 정도	21.49	16.91	21.95
거의 매일	5.78	8.62	5.49
계	100.00	100.00	100.00

주: 술을 마신다고 응답한 사람만 응답하였음.

〈표 7-2-8〉은 술을 마신다고 응답한 가구원을 대상으로 음주를 중간에 그만둘 수 없었던 경험이 있는지에 대해 조사한 결과이다. 응답자의 75.93%가 '전혀 없다'고 응답하였고, 12.15%는 '몇 달에 한 번 정도', 5.12%는 '한 달에 한두 번 정도', 1.94%는 '일주일에 한두 번 정도', 0.58%는 '거의 매일'이라고 응답하였다. 저소득 가구원 중에서 '전혀 없다'고 응답한 비율은 76.19%였고, 일반 가구원 중에서는 75.91%였다.

〈표 7-2-8〉 음주를 중간에 그만둘 수 없었던 경험

(단위: %)

구분	전체	저소득	일반
전혀 없다	75.93	76.19	75.91
몇 달에 한 번 정도	12.15	10.09	12.35
한 달에 한두 번 정도	5.12	4.18	5.21
일주일에 한두 번 정도	1.94	2.34	1.90
거의 매일	0.58	1.62	0.47
모름/무응답	4.28	5.57	4.15
계	100.00	100.00	100.00

주: 술을 마신다고 응답한 사람만 응답하였음.

〈표 7-2-9〉는 술을 마신다고 응답한 가구원을 대상으로 친척, 친구나 의사와 같은 주변 사람들이 음주를 걱정하거나 술을 줄이도록 권한 적이 몇 번이나 있었는지에 대한 응답을 분석한 결과이다. 전체 응답자의 84.98%가 '전혀 없다'고 응답하였고, 2.77%는 '과거에는 있었지만 지난 한 해 동안은 없었다'고 응답하였으며, 7.96%는 '지난 한 해 동안 있었다'고 응답하였다.

〈표 7-2-9〉 주변 사람들이 음주를 걱정하거나 술을 줄이도록 권한 경험

(단위: %)

구분	전체	저소득	일반
전혀 없다	84.98	83.54	85.12
과거에는 있었지만 지난 한 해 동안 없었다	2.77	2.52	2.80
지난 한 해 동안 있었다	7.96	8.37	7.92
모름/무응답	4.28	5.57	4.15
계	100.00	100.00	100.00

주: 술을 마신다고 응답한 사람만 응답하였음.

〈표 7-2-10〉은 술을 마신다고 응답한 가구원을 대상으로 술을 줄여야 한다고 느낀 경험 여부에 대해 조사한 결과이다. 전체 응답자의 20.74%가 '술을 줄여야 한다고 느낀 적이 있다'고 응답하였다.

〈표 7-2-10〉 술을 줄여야 한다고 느낀 적이 있는지 여부

(단위: %)

구분	전체	저소득	일반
있다	20.74	18.75	20.94
없다	74.97	75.68	74.90
모름/무응답	4.28	5.57	4.15
계	100.00	100.00	100.00

주: 술을 마신다고 응답한 사람만 응답하였음.

다. 정신건강 등 기타

〈표 7-2-11〉은 모든 가구원을 대상으로 2016년 1년 동안의 출산 경험 여부를 물어 그 대답을 분석한 결과이다. 전체 가구원의 0.96%가 '출산 경험이 있다'고 응답하였다. 저소득 가구원 중에서는 0.08%, 일반 가구원 중에서는 1.13%가 '출산 경험이 있다'고 응답하였다.

〈표 7-2-11〉 출산 경험

(단위: %)

구분	전체	저소득	일반
있다	0.96	0.08	1.13
없다	49.58	58.36	47.85
비해당(남성)	49.46	41.56	51.02
계	100.00	100.00	100.00

〈표 7-2-12〉는 모든 가구원을 대상으로 조사일 직전 일주일간의 우울 정도를 11개 문항(CESD-11)으로 조사하여 분석한 결과이다. 전체 가구원의 우울 정도는 평균 5.0점으로 나타났고, 저소득 가구원은 9.5점, 일반 가구원은 4.1점으로 나타났다.

〈표 7-2-12〉 우울에 대한 인식

(단위: 점)

구분	중위	평균	표준오차
전체	1.8	5.0	0.07
저소득	5.5	9.5	0.17
일반	1.8	4.1	0.07

주: 기존의 '1. 극히 드물다', '2. 가끔 있었다', '3. 종종 있었다', '4. 대부분 그랬다'로 되어 있던 각 하위 문항의 응답을 0, 1, 2, 3으로 재점수화하고, 하위 문항 ㉯, ㉶는 역점수 처리하여 우울 총점을 계산함. 이 우울 총점에 20/11을 곱함(만점은 60점임). 이렇게 계산한 변수의 중위값, 평균과 표준오차를 제시하였음. 점수가 높을수록 우울의 수준이 높으며, 계산된 값이 16보다 높으면 우울증을 의심할 수 있음.

〈표 7-2-13〉은 모든 가구원에게 조사일을 기준으로 자기 자신에 대한 생각을 10개 문항(Rosenberg Self-Esteem Scales)으로 질문하여 자아 존중감을 분석한 결과이다. 전체 가구원의 자아 존중감은 평균 3.1점, 저소득 가구원은 2.8점, 일반 가구원은 3.2점으로 나타났다.

〈표 7-2-13〉 자아 존중감에 대한 인식

(단위: 점)

구분	중위	평균	표준 오차
전체	3.2	3.1	0.00
저소득	2.9	2.8	0.01
일반	3.2	3.2	0.00

주: 각 하위 문항의 응답을 점수화(1: 대체로 그렇지 않다, 2: 보통이다, 3: 대체로 그렇다, 4: 항상 그렇다)하고 평균을 계산한 변수의 중위값, 평균과 표준 오차를 제시하였음. 점수가 높을수록 자아 존중감의 수준이 높음. 하위 문항 ㉰, ㉴, ㉷, ㉸, ㉺는 역점수 처리하였음.

〈표 7-2-14〉는 남성 가구원을 대상으로 2016년 1년 동안 배우자로부터 직접적인 신체적 폭력을 당한 적이 있는지를 조사하여 분석한 결과이다. 전체 남성 응답자의 59.63%가 '전혀 없다'고 응답하였고, 0.50%가 '1~2번'이라고 응답하였다. '전혀 없다'고 응답한 비율은 저소득 남성 가구원이 49.74%, 일반 남성 가구원이 61.22%로 나타났다.

〈표 7-2-14〉 남성이 배우자로부터 신체적 폭력을 당한 경험

(단위: %)

구분	전체	저소득	일반
전혀 없다	59.63	49.74	61.22
1~2번	0.50	0.25	0.54
3~5번	0.00	0.02	0.00
6번 이상	0.04	0.03	0.04
비해당(배우자 없음)	36.90	46.76	35.31
모름/무응답	2.93	3.19	2.89
계	100.00	100.00	100.00

〈표 7-2-15〉는 여성 가구원을 대상으로 2016년 1년 동안 배우자로부터 직접적인 신체적 폭력을 당한 적이 있는지를 조사하여 분석한 결과이다. 전체 여성 응답자의 60.87%가 '전혀 없다'고 응답하였고, 0.55%가 '1~2번', 0.06%가 '3~5번', 0.05%가 '6번 이상'이라고 응답하였다. 저소득 여성 가구원 중에서 '전혀 없다'고 응답한 비율은 41.12%였고, 일반 여성 가구원 중에서 '전혀 없다'고 응답한 비율은 65.52%인 것으로 나타났다.

〈표 7-2-15〉 여성이 배우자로부터 신체적 폭력을 당한 경험

(단위: %)

구분	전체	저소득	일반
전혀 없다	60.87	41.12	65.52
1~2번	0.55	0.39	0.58
3~5번	0.06	0.07	0.06
6번 이상	0.05	0.03	0.05
비해당(배우자 없음)	37.54	56.99	32.95
모름/무응답	0.94	1.39	0.83
계	100.00	100.00	100.00

라. 자살

7차 조사부터 신규 가구원과 기존 가구원의 질문 방식이 달라졌다. 신규 가구원에게만 생애 동안의 자살 생각, 자살 계획, 자살 시도에 대해 질문하였고, 기존 가구원에게는 지난 한 해 동안의 자살 생각, 자살 계획, 자살 시도에 대해 질문하였다.

〈표 7-2-16〉은 신규 가구원을 대상으로 지금까지 한 번이라도 자살을 생각한 적이 있는지를 조사하여 분석한 결과이다. 전체 신규 가구원 중에서 3.09%가 '있다'고 응답하였다. 저소득 가구원의 경우 '있다'고 응답한 사례가 없었고, 일반 가구원의 경우 3.48%가 '있다'고 응답하였다.

〈표 7-2-16〉 지금까지 자살을 한 번이라도 생각한 적이 있는지 여부

(단위: %)

구분	전체	저소득	일반
있다	3.09	0.00	3.48
없다	85.84	83.68	86.12
모름/무응답	11.07	16.32	10.41
계	100.00	100.00	100.00

주: 신규 가구원만 응답하였음. 응답 사례 수가 적으니 해석에 주의를 요함.

〈표 7-2-17〉은 신규 가구원을 대상으로 지금까지 자살하려고 구체적으로 계획을 세운 적이 있는지를 물어 분석한 결과이다. 전체 신규 가구원 중 0.71%가 '있다'고 응답하였다. 저소득 가구원 중 '있다'고 응답한 사례가 없었고, 일반 가구원의 0.80%가 '있다'고 응답한 것으로 나타났다.

〈표 7-2-17〉 지금까지 자살하려고 구체적으로 계획을 세운 적이 있는지 여부

(단위: %)

구분	전체	저소득	일반
있다	0.71	0.00	0.80
없다	88.22	83.68	88.79
모름/무응답	11.07	16.32	10.41
계	100.00	100.00	100.00

주: 신규 가구원만 응답하였음. 응답 사례 수가 적으니 해석에 주의를 요함.

〈표 7-2-18〉은 신규 가구원을 대상으로 지금까지 자살을 시도한 적이 있는지 여부를 조사하여 분석한 결과이다. 전체 응답자 중 '시도한 적이 있다'고 응답한 사례는 없었다.

〈표 7-2-18〉 지금까지 자살하려고 시도한 적이 있는지 여부

(단위: %)

구분	전체	저소득	일반
있다	0.00	0.00	0.00
없다	88.93	83.68	89.59
모름/무응답	11.07	16.32	10.41
계	100.00	100.00	100.00

주: 신규 가구원만 응답하였음. 응답 사례 수가 적으니 해석에 주의를 요함.

〈표 7-2-19〉는 기존 가구원을 대상으로 지난 한 해 동안 한 번이라도 자살을 생각한 적이 있는지 여부를 조사하여 분석한 결과이다. 전체 기존 가구원 중에서 1.55%가 '있다'고 응답하였고, 저소득 가구원은 4.97%가, 일반 가구원은 0.87%가 '있다'고 응답하였다.

〈표 7-2-19〉 지난 한 해 동안 자살 생각(기존 가구원)

(단위: %)

구분	전체	저소득	일반
있다	1.55	4.97	0.87
없다	93.99	89.65	94.86
모름/무응답	4.46	5.38	4.27
계	100.00	100.00	100.00

주: 기존 가구원만 응답함.

〈표 7-2-20〉은 기존 가구원을 대상으로 지난 한 해 동안 한 번이라도 자살을 계획한 적이 있는지를 조사하여 분석한 결과이다. 전체 기존 가구원 중에서 0.22%가 '있다'고 응답하였고, 저소득 가구원의 경우 0.82%가, 일반 가구원의 경우 0.10%가 '있다'고 응답하였다.

〈표 7-2-20〉 지난 한 해 동안 자살 계획(기존 가구원)

(단위: %)

구분	전체	저소득	일반
있다	0.22	0.82	0.10
없다	95.32	93.80	95.63
모름/무응답	4.46	5.38	4.27
계	100.00	100.00	100.00

주: 기존 가구원만 응답함.

〈표 7-2-21〉은 기존 가구원을 대상으로 지난 한 해 동안 한 번이라도 자살을 시도한 적이 있는지를 조사하여 분석한 결과이다. 전체 기존 가구원 중에서 0.09%가 '있다'고 응답하였고, 저소득 가구원의 경우 0.31%가, 일반 가구원의 경우 0.04%가 '있다'고 응답하였다.

〈표 7-2-21〉 지난 한 해 동안 자살 시도(기존 가구원)

(단위: %)

구분	전체	저소득	일반
있다	0.09	0.31	0.04
없다	95.46	94.32	95.68
모름/무응답	4.46	5.38	4.27
계	100.00	100.00	100.00

주: 기존 가구원만 응답함.

〈표 7-2-22〉는 모든 가구원을 대상으로 조사일 현재 행복 지수를 캔트릴 사다리(Cantril Ladder) 문항으로 조사하여 분석한 결과이다. 전체 가구원의 행복 정도는 평균 6.4점으로 나타났고, 저소득 가구원은 5.3점, 일반 가구원은 6.6점으로 나타났다.

〈표 7-2-22〉 행복 지수(캔트릴 사다리-주관적 행복감)

(단위: 점)

구분	중위	평균	표준오차
전체	7	6.4	0.02
저소득	5	5.3	0.03
일반	7	6.6	0.02

주: 밑(0)에서 꼭대기(10)까지 숫자가 매겨진 사다리를 생각하게 함. 맨 꼭대기(10)는 삶에서 가능한 최선의 상태를, 맨 아래(0)는 삶에서 가능한 최악의 상태를 나타내는데, 지금 현재 사다리의 몇 번째 칸에 있다고 느끼는지를 확인함. 점수가 높을수록 행복함을 나타냄.

생활 실태 및 자원 활동

8 생활 실태 및 자원 활동

제1절 가구 구성원의 생활만족도

여기에서 살펴볼 내용은 가구 구성원의 생활만족도, 즉 건강, 가족의 수입, 주거 환경, 가족 및 사회적 관계, 직업, 여가생활 등 전반적인 생활에 대한 1년 동안의 만족도를 분석한 결과이다.

먼저 가구원들의 건강에 대한 만족도를 살펴보면 '만족한다(대체로 만족+매우 만족)'고 응답한 가구원이 60.34%로 본인의 건강상태에 만족하고 있다는 것을 알 수 있다. 소득집단별로 살펴보면 저소득 가구의 경우는 건강에 대해 '불만족한다'고 응답한 가구원이 39.34%로 만족하는 가구원(31.13%)보다 많아 '만족한다'는 응답이 많은 일반 가구(66.04%)와 비교하여 상대적으로 본인의 건강상태에 만족하지 못하고 있음을 알 수 있다. 이는 저소득 가구에서 만성질환자가 높은 비율로 존재하기도 하였으며, 또 주관적 건강상태가 좋지 않은 가구원이 많이 분포하는 것과 무관하지 않을 것이다.

〈표 8-1-1〉 건강에 대한 만족도

(단위: %)

구분	전체	저소득	일반
매우 불만족	2.24	6.58	1.40
대체로 불만족	13.46	32.76	9.69
그저 그렇다	23.95	29.53	22.87
대체로 만족	52.96	28.04	57.82
매우 만족	7.38	3.09	8.22
계	100.00	100.00	100.00

가족의 수입에 대한 만족도를 살펴보면 '불만족한다(매우 불만족+대체로 불만족)'고 응답한 가구원이 전체 가구원의 26.79%로 나타났고, '그저 그렇다'가 35.71%, '만족한다(대체로 만족+매우 만족)'가 37.50%로 나타나 만족한다고 응답한 비율이 다소 높게 나타났다. 소득집단별로 보면 저소득 가구의 경우 '불만족한다'고 응답한 가구원이

50.74%로 일반 가구(22.11%)와 비교하였을 때 높게 나타다 상대적으로 저소득 가구의 가구원이 가족의 수입에 대해 불만족함을 느끼고 있는 것으로 나타났다(〈표 8-1-2〉 참조).

〈표 8-1-2〉 가족의 수입에 대한 만족도

(단위: %)

구분	전체	저소득	일반
매우 불만족	2.61	7.61	1.63
대체로 불만족	24.18	43.13	20.48
그저 그렇다	35.71	34.92	35.86
대체로 만족	35.36	13.90	39.54
매우 만족	2.14	0.44	2.48
계	100.00	100.00	100.00

주거 환경에 대한 만족도를 살펴보면 '만족한다(대체로 만족+매우 만족)'고 응답한 가구원의 비율이 전체의 68.76%로 나타나 대체적으로 주거 환경에 만족하고 있다는 것을 알 수 있다. 소득집단별로 살펴보면 '만족한다'는 응답이 저소득 가구의 56.21%에 비해 일반 가구가 71.22%로 약 15% 더 많은 것으로 나타났다. 저소득 가구의 경우 '불만족한다'는 응답은 13.15%로 일반 가구 가구원의 비율(8.42%)보다 많은 것으로 나타나 예상할 수 있듯이 일반 가구에 비해 상대적으로 저소득 가구가 주거 환경에 만족하지 못하고 있는 것으로 나타났다.

〈표 8-1-3〉 주거 환경에 대한 만족도

(단위: %)

구분	전체	저소득	일반
매우 불만족	0.78	1.09	0.72
대체로 불만족	8.41	12.06	7.70
그저 그렇다	22.05	30.64	20.37
대체로 만족	63.35	54.37	65.11
매우 만족	5.41	1.84	6.11
계	100.00	100.00	100.00

가족관계에 대한 만족도를 살펴보면 가구원의 대부분(83.96%)이 '만족한다'고 응답하였으며, '불만족한다'는 응답이 3.13%로 대부분의 가구원들이 가족 관계에 만족하고 있는 것으로 나타났다. 소득집단별로 살펴보면 일반 가구의 경우 '만족한다'는 응답이 86.75%로 상대적으로 저소득 가구(69.69%)에서 가족 관계에 대한 만족도 비율이 낮게 나타났다. 저소득 가구에서는 가족 관계에 만족하지 못한다고 응답한 비율 또한 7.33%로 나타나 일반 가구(2.30%)보다 높음을 알 수 있다.

〈표 8-1-4〉 가족 관계에 대한 만족도

(단위: %)

구분	전체	저소득	일반
매우 불만족	0.44	1.24	0.28
대체로 불만족	2.69	6.09	2.02
그저 그렇다	12.92	22.98	10.95
대체로 만족	70.08	63.67	71.33
매우 만족	13.88	6.02	15.42
계	100.00	100.00	100.00

직업에 대한 만족도 여부에 대해 조사한 결과 전체 가구원 기준 본인 직업에 만족하는 경우가 58.81%로 절반 이상이 만족하고 있는 것으로 나타났다. 소득집단별로는 저소득 가구의 경우 '그저 그렇다'고 응답한 경우가 43.86%로 가장 높은 비중을 차지하였으며 만족한다고 응답한 경우는 36.69%였다. 일반 가구의 경우는 '만족한다'는 응답이 63.13%로 저소득 가구보다 높게 나타났다. 반면에 '불만족한다'고 응답한 가구는 일반 가구에 비해 저소득 가구가 상대적으로 많은 것을 알 수 있다.

〈표 8-1-5〉 직업에 대한 만족도

(단위: %)

구분	전체	저소득	일반
매우 불만족	0.98	1.29	0.92
대체로 불만족	10.11	18.16	8.54
그저 그렇다	30.10	43.86	27.41
대체로 만족	53.85	34.87	57.56
매우 만족	4.96	1.82	5.57
계	100.00	100.00	100.00

주: 무응답 1케이스는 분석에서 제외함.

사회적 친분 관계에 대한 만족도를 살펴보면 전체 가구 구성원의 76.44%가 '만족한다'고 응답하였으며 '불만족한다'는 응답은 3.62%로 나타나 대체적으로 사회적 관계에 대해 만족하고 있는 것으로 짐작할 수 있다. 소득집단별로는 저소득 가구의 경우 '만족한다'고 응답한 가구원이 55.88%로 일반 가구(80.45%)보다는 낮은 수치이나, 저소득 가구의 절반 이상이 만족하는 것으로 나타났으며 '불만족한다'는 응답은 10.01%로 일반 가구(2.36%)보다 상대적으로 높았다.

〈표 8-1-6〉 사회적 친분 관계에 대한 만족도

(단위: %)

구분	전체	저소득	일반
매우 불만족	0.41	0.95	0.30
대체로 불만족	3.21	9.06	2.06
그저 그렇다	19.95	34.11	17.18
대체로 만족	70.38	54.06	73.56
매우 만족	6.06	1.82	6.89
계	100.00	100.00	100.00

여가생활에 대한 만족도에 대해 조사한 결과, '만족한다'는 응답이 전체의 50.37%, '불만족한다'는 응답이 전체의 14.32%로 나타났다. 소득집단별로는 저소득 가구의 경우 '그저 그렇다'는 응답이 45.12%로 가장 많았으며 '만족한다'는 응답이 33.87%, '불만족한다'는 응답(21.01%)보다 조금 높은 수준이었다. 반면 일반 가구에서는 '만족한다'는 응답이 53.58%로 일반 가구의 절반 이상은 여가생활에 만족하고 있는 것으로 나타났다.

〈표 8-1-7〉 여가생활에 대한 만족도

(단위: %)

구분	전체	저소득	일반
매우 불만족	1.18	1.72	1.07
대체로 불만족	13.14	19.29	11.94
그저 그렇다	35.32	45.12	33.41
대체로 만족	46.72	33.01	49.39
매우 만족	3.65	0.86	4.19
계	100.00	100.00	100.00

앞선 분석 결과에서 가구 구성원의 건강, 가족의 수입, 주거 환경, 가족 및 사회적 관계, 직업, 여가생활 등에 대한 만족도를 살펴보았으며, 마지막으로 가구원들의 전반적인 생활에 대한 만족도의 조사 결과이다. 현재 생활 전반적인 상황에 만족하는 응답자는 66.96%로 10명 중 6~7명은 현재 생활에 만족하고 있는 반면, '불만족한다'고 응답한 비율은 4.57%로 나타났다. 소득집단별로 살펴보면 저소득 가구는 '그저 그렇다'고 응답한 경우가 46.80%로 가장 많았으며 만족하는 경우 41.64%로 '불만족한다'는 응답(11.56%)보다 많았다. 일반 가구의 경우는 '만족한다'고 응답한 경우가 71.89%로 나타났으며, '불만족한다'는 응답은 3.21%로 나타났다. 결과적으로 저소득 가구가 일반 가구보다 만족하지 못하는 가구원의 비율이 높았으며 '만족한다'고 응답한 비율도 낮은 것으로 나타났다.

〈표 8-1-8〉 전반적인 생활에 대한 만족도

(단위: %)

구분	전체	저소득	일반
매우 불만족	0.34	0.80	0.25
대체로 불만족	4.23	10.76	2.96
그저 그렇다	28.48	46.80	24.90
대체로 만족	64.30	41.10	68.82
매우 만족	2.66	0.54	3.07
계	100.00	100.00	100.00

제2절 가구의 생활여건

다음으로 살펴볼 내용은 조사 대상 가구가 경제적인 여건으로 인해 필수적이고 기초적인 생계 부문에서 어느 정도 박탈되어 있는지 등 생활여건에 대한 조사 결과이다. 먼저 '2달 이상 집세가 밀리거나, 낼 수 없어 집을 옮긴 경험' 여부를 살펴보면 전체 가구 기준 비해당에 속하는 가구를 제외한 해당 가구 중 1.71%가 그러한 경험이 있는 것으로 나타났다. 소득집단별로 살펴보면 예상할 수 있듯이 일반 가구(0.80%)보다 저소득 가구(3.78%)에서 더 많은 비율이 금전적인 사정으로 인해 이사를 한 경험이 있는 것으로 나타났다.

〈표 8-2-1〉 2달 이상 집세가 밀리거나, 낼 수 없어 집을 옮긴 경험

(단위: %)

구분		전체		저소득		일반	
해당		36.86	100.00	41.85	100.00	35.01	100.00
	있다	0.63	1.71	1.58	3.78	0.28	0.80
	없다	36.23	98.29	40.27	96.22	34.73	99.20
비해당		63.14		58.15		64.99	
계		100.00		100.00		100.00	

주: 2016년 1년 내내 주거 점유 형태가 '자가' 혹은 '무상'인 경우는 비해당에 속함.

경제적인 어려움을 알 수 있는 또 하나의 지표로 '공과금을 기한 내 납부하지 못한 경험' 여부에 대해 살펴보면, 전체 가구 중 1.66%가 그러한 경험이 있는 것으로 나타났으며 소득집단별로는 저소득 가구 중 3.88%가 경험이 있어 일반 가구(0.84%)보다 약 4배 이상 많은 것을 알 수 있다.

〈표 8-2-2〉 공과금을 기한 내 납부하지 못한 경험

(단위: %)

구분	전체	저소득	일반
있다	1.66	3.88	0.84
없다	98.34	96.12	99.16
계	100.00	100.00	100.00

앞선 질문과 비슷한 맥락으로 '세금을 내지 못해 전기·전화·수도가 끊긴 경험' 여부에 대해 살펴보면, 전체 가구 중에서 0.07%가 경험이 있는 것으로 나타났다. 소득집단별로 구분하여 살펴보면 일반 가구는 거의 없는 것으로 나타났으며, 저소득 가구에서 0.24%의 비율을 보였다.

〈표 8-2-3〉 세금을 내지 못해 전기·전화·수도가 끊긴 경험

(단위: %)

구분	전체	저소득	일반
있다	0.07	0.24	0.01
없다	99.93	99.76	99.99
계	100.00	100.00	100.00

다음으로 자녀 교육과 관련된 박탈 경험으로 '자녀의 공교육비를 1달 이상 못 준 경험' 여부를 살펴보면 해당 자녀가 없어 비해당에 속하는 가구를 제외한 가구 중 1.42%가 그러한 경험이 있다고 응답하였으며, 초·중·고등학생 자녀가 있는 저소득 가구의 1.83%는 경험이 있다고 응답하여 일반 가구(1.37%)보다 조금 높게 나타났으나 비슷한 수준이었다.

〈표 8-2-4〉 자녀의 공교육비를 1달 이상 못 준 경험

(단위: %)

구분		전체		저소득		일반	
해당		27.41	100.00	10.94	100.00	33.54	100.00
	있다	0.39	1.42	0.20	1.83	0.46	1.37
	없다	27.02	98.58	10.74	98.17	33.08	98.63
비해당1)		72.59		89.06		66.47	
계		100.00		100.00		100.00	

주: 자녀가 없거나 혹은 자녀가 '미취학', '대학원생(석·박사)'인 경우임.

다음은 주거 관련 박탈 경험을 살펴보기 위해 '돈이 없어 겨울에 난방을 못 한 경험' 여부에 대해 질문한 응답 결과이다. 전체 가구 중 0.78%가 그러한 경험이 있는 것으로 나타났으며, 소득집단별로 구분하여 살펴보면 저소득 가구가 2.80%로 일반 가구(0.03%)보다 높은 것으로 나타났다.

〈표 8-2-5〉 돈이 없어 겨울에 난방을 못 한 경험

(단위: %)

구분	전체	저소득	일반
있다	0.78	2.80	0.03
없다	99.22	97.20	99.97
계	100.00	100.00	100.00

의료 관련 박탈 경험을 살펴보기 위해 '돈이 없어 본인이나 가족이 병원에 못 간 경험' 여부에 대해 조사한 결과, 전체 가구의 0.50% 정도가 그러한 경험이 있었으며 저소득 가구의 경우 1.69%로 나타나 일반 가구(0.05%)보다 높았다.

〈표 8-2-6〉 돈이 없어 본인이나 가족이 병원에 못 간 경험

(단위: %)

구분	전체	저소득	일반
있다	0.50	1.69	0.05
없다	99.50	98.31	99.95
계	100.00	100.00	100.00

‘가구원 중 신용불량자인 사람이 있었던 경험’ 여부를 살펴보면, 전체 가구 중 2.62%가 가구원 중 신용불량자인 사람이 있다고 응답하였으며 저소득 가구 중에서는 4.13%가 가구원 중 신용불량자인 사람이 있었던 경험이 있는 것으로 나타나 예상할 수 있듯이 일반 가구(2.06%)보다 높게 나타났다.

〈표 8-2-7〉 가구원 중 신용불량자인 사람이 있었던 경험

(단위: %)

구분	전체	저소득	일반
있다	2.62	4.13	2.06
없다	97.38	95.87	97.94
계	100.00	100.00	100.00

‘건강보험료 미납으로 인하여 보험 급여 자격을 정지당한 경험’에 대한 여부를 살펴보면, 대체적으로 본 경험의 비율은 거의 없는 것으로 나타났으며 전체 가구 중 비해당에 해당되는 가구를 제외한 가구의 0.59%가 그러한 경험이 있는 것으로 조사되었다. 소득집단별로는 저소득 가구 중에서는 1.35%가, 일반 가구 중에서는 0.36% 정도가 경험이 있는 것으로 응답하였다.

〈표 8-2-8〉 건강보험료 미납으로 인하여 보험 급여 자격을 정지당한 경험

(단위: %)

구분		전체		저소득		일반	
해당		93.85	100.00	78.66	100.00	99.50	100.00
	있다	0.55	0.59	1.06	1.35	0.36	0.36
	없다	93.30	99.41	77.6	98.65	99.14	99.64
비해당1)		6.15		21.34		0.50	
계		100.00		100.00		100.00	

주: 1) 2016년 1년 내내 의료 급여 혹은 국가유공자 무료 진료만을 받은 가구.

제3절 가구 구성원의 기부 및 자원봉사활동

다음에서는 가구 구성원들의 생활 실태 중 기부 및 자원봉사활동에 대한 정도를 소득집단별 차이가 있는지에 대해 비교해 보고자 한다. 가구원들의 기부 및 자원봉사활동 여부를 살펴보면 전체 가구 구성원의 11.92%가 기부 및 자원봉사활동 경험이 있는 것으로 나타났으며, 소득집단별로는 일반 가구의 비율이 13.61%로 저소득 가구(3.35%)보다 4배 이상 높게 나타났다.

〈표 8-3-1〉 기부 및 자원봉사활동 여부

(단위: %)

구분	전체	저소득	일반
그렇다	11.92	3.35	13.61
아니다	88.08	96.65	86.39
계	100.00	100.00	100.00

기부 및 자원봉사활동을 하는 가구원들의 연간 기부 액수를 살펴보면 전체 가구원 기준 평균 42만 원을 기부하는 것으로 나타났으며 소득집단별로는 일반 가구가 평균 43만 원을 기부하는 것으로 나타났다. 저소득 가구(평균 17만 원)와 비교하여 많은 것을 알 수 있다.

〈표 8-3-2〉 연간 기부 액수

(단위: 만 원)

구분	중위	평균	표준 오차
전체	18	42	3.35
저소득	6	17	2.48
일반	20	43	3.58

앞에서 기부를 통한 금적적인 액수를 살펴보았다면 다음에서는 연간 자원봉사활동 횟수를 조사한 결과이다. 전체 가구의 경우 평균 7회의 봉사활동을 하고 있었으며, 소득집단별로 살펴보면 저소득 가구가 평균 23회로 일반 가구(7회)보다 많이 활동하는 것으로 나타났다. 저소득 가구의 경우 기부 및 자원봉사활동 여부 정도와 연간 기부 액수의 크기는 일반 가구보다 상대적으로 적었으나 자원봉사활동 횟수의 경우 많은 것을

확인할 수 있는 흥미로운 결과이다.

〈표 8-3-3〉 연간 자원봉사활동 횟수

(단위: 회)

구분	중위	평균	표준 오차
전체	0	7	0.72
저소득	0	23	5.42
일반	0	7	0.67

제 9 장 사회보장

제1절 사회보험, 개인연금, 퇴직금

제2절 공공부조

제3절 사회복지서비스

9 사회보장

제1절 사회보험, 개인연금, 퇴직금

1. 공적연금 가입 및 수급 실태

4대 사회보험 중 2016년 12월 31일 기준 공적연금(국민연금, 공무원연금, 사학연금, 군인연금, 별정직 우체국연금)의 가입 여부를 파악한 결과는 〈표 9-1-1〉과 같다. 전체 가구 중 비해당[15]이 47.30%, 가입이 43.87%, 수급이 8.19%, 수급하면서 가입이 0.20%, 미가입[16]이 0.43%로 나타났다. 소득 계층별로 살펴보면 저소득 가구의 비해당 비율(65.02%)이 일반 가구(44.03%)에 비해 높게 나타난 반면 저소득 가구의 가입률(19.01%)은 일반 가구(48.47%)보다 훨씬 낮게 나타났다. 수급률은 저소득 가구 15.61%, 일반 가구 6.82%로 저소득 가구의 수급률이 더 높은 것으로 나타났다.

15) 국민연금 적용 제외 대상자 중 국민연금 수급자 혹은 특수직역연금 가입자 및 수급자가 아닌 만 18세 미만 혹은 만 60세 이상인 자, 공적연금 가입자 및 수급자의 무소득 배우자, 18세 이상 27세 미만으로서 학생·군 복무 등으로 소득이 없는 자 등을 '비해당'으로 분류하였다.

16) 공적연금 제도 가입 대상자인데, 어떤 공적연금 제도에도 가입되어 있지 않은 경우가 해당된다. 다만 지난 10차 조사부터는 가입자였던 자가 만 60세에 도달하였는데도 수급과 가입 어느 것에도 해당되지 않는 경우는 미가입으로 응답하고, '문항 8) 미가입 이유'에 '⑥ 만 60세 경과'로 기입하게 하였다. 2013년부터 국민연금 수급 연령이 출생 연도에 따라 최소 1년에서 최대 5년까지 단계적으로 상향 조정됨에 따라 국민연금 가입 연령(18세 이상 60세 미만)은 지났지만 급여 수급 연령에 도달하지 않은 기간이 발생하게 된다. 즉 2016년 12월 31일 기준 1956년생인 경우 만 60세임에도 불구하고 수급도 가입도 아닌 상태가 될 수 있다.

〈표 9-1-1〉 공적연금 가입 및 수급 실태

(단위: %)

구분	전체	저소득	일반
비해당	47.30	65.02	44.03
수급	8.19	15.61	6.82
가입	43.87	19.01	48.47
수급하면서 가입	0.20	0.06	0.23
미가입	0.43	0.31	0.45
계	100.00	100.00	100.00

앞의 〈표 9-1-1〉에서 공적연금 가입자(가입자 혹은 수급하면서 가입자)를 대상으로 가입하고 있는 연금 제도를 조사한 결과는 〈표 9-1-2〉와 같이 나타났다. 전체적으로 국민연금(92.61%)이 매우 높게 나타나고, 그 외에는 공무원연금(5.94%), 사학연금(1.03%), 군인연금(0.39%) 등의 순으로 나타났다. 소득 계층별로 구분해서 살펴보면, 국민연금 가입률은 일반 가구의 경우 92.08%로 전체 가구의 경우보다 약간 낮지만 거의 유사하게 나타난 반면 저소득 가구의 경우에는 99.92%가 국민연금에 가입하고 있는 것으로 나타났다.

〈표 9-1-2〉 공적연금 제도별 가입 실태

(단위: %)

구분	전체	저소득	일반
국민연금	92.61	99.92	92.08
공무원연금	5.94	0.08	6.36
사학연금	1.03	0.00	1.10
군인연금	0.39	0.00	0.41
별정직 우체국직원연금	0.04	0.00	0.04
계	100.00	100.00	100.00

2016년 1년간 공적연금 수급 실태를 살펴보면(〈표 9-1-3〉 참조) 전체 수급자는 10.39%로 나타났다.[17] 소득 계층별로는 저소득 가구의 수급 비율(17.90%)이 전체 가

17) 〈표 9-1-3〉의 공적연금 수급률 10.39%는 〈표 9-1-1〉의 8.39%(수급 8.19%, 수급하면서 가입 0.20%)와 차이가 난다. 이는 〈표 9-1-1〉의 수치는 가구용 설문을, 〈표 9-1-3〉 수치는 가구원용 설문을 근거로 하고 있기 때문이다. 두 조사표의 차이는 가구용 설문은 모든 가구원에게 응답하도록 하는 반면, 가구원용 설문은 중·고등학생이 아닌 만 15세 이상의 가구원만 응답하도록 하고 있다는 점이다. 또한 가구용 조사표의 해당 문항은 보훈연금을 제외하고 있지만, 가구원용 조사표에서는 보훈연금을 포함하여 수급 현황을 조사했다. 그 외에도 가구용 조사표의 경우 대표 가구원(주로 가구주)이 주로 응답을 한 반면, 가구원용 조사표는

구나 일반 가구(8.91%)에 비해 2배 가까이 높은 비율로 나타났다. 공적연금 수급 경험이 있는 응답자를 대상으로 공적연금 종류별로 수급자 현황을 살펴보면 〈표 9-1-4〉와 같다. 전체적으로는 국민연금이 78.18%로 가장 높은 비율을 보였으며, 다음으로는 공무원연금 12.58%, 보훈연금 4.32% 등의 순으로 나타났다. 이는 일반 가구에서도 유사하게 국민연금 71.65%, 공무원연금 16.95%, 보훈연금 4.91% 등의 순으로 나타났다. 한편 저소득 가구의 경우에는 국민연금이 94.63%로 거의 대부분을 차지하고 있으며, 다음 순으로는 보훈연금이 2.83%로 나타났다. 즉 국민연금 수급률은 저소득 가구가 일반 가구에 비해 높은 반면, 특수직 연금 수급률은 일반 가구가 훨씬 높았다.

〈표 9-1-3〉 공적연금 수급 실태

(단위: %)

구분	전체	저소득	일반
수급	10.39	17.90	8.91
비수급	89.61	82.10	91.09
계	100.00	100.00	100.00

〈표 9-1-4〉 공적연금 종류별 수급자 현황

(단위: %)

구분	전체	저소득	일반
국민연금	78.18	94.63	71.65
공무원연금	12.58	1.58	16.95
사립학교 교원 연금	1.81	0.00	2.53
군인연금	1.16	0.13	1.57
별정직 우체국연금	0.02	0.00	0.03
보훈연금	4.32	2.83	4.91
기타	0.02	0.00	0.02
국민연금, 공무원연금	0.33	0.04	0.45
국민연금, 군인연금	0.23	0.00	0.32
국민연금, 보훈연금	1.32	0.79	1.53
공무원연금, 보훈연금	0.03	0.00	0.04
계	100.00	100.00	100.00

당사자가 직접 응답을 했기 때문에 수치상 약간 차이가 있을 수 있고, 가구원용 조사표의 경우 일련의 사유로 인해 미완이 되는 경우도 있기 때문에 두 수치 간에 차이가 나타난다.

2. 건강보험 가입 실태

다음으로 건강보험 가입 실태에 대한 결과는 〈표 9-1-5〉와 같다. 먼저 전체 가구의 경우 건강보험 가입자가 93.18%, 미가입자가 6.82%로 나타났다. 소득 계층별로 보면 저소득 가구의 건강보험 가입률(76.72%)이 일반 가구(99.30%)보다 낮게 나타났다. 건강보험의 가입 종류별로 보면 전체 가구의 71.31%는 직장 가입자, 28.69%는 지역 가입자로 나타났다. 소득 계층별로는 저소득 가구의 경우 직장 가입자와 지역 가입자가 각각 64.32%, 35.68%, 일반 가구의 경우 각각 73.16%, 26.84%로 나타나 저소득 가구에서 지역 가입자의 비율이 더 높은 것을 알 수 있다. 한편 건강보험 미가입 가구의 대부분은 의료급여 1종(82.22%)과 의료급여 2종(17.09%)을 수급하고 있는 것으로 나타났다. 소득 계층별로 보면 저소득 가구의 경우에는 의료급여 1종(82.64%)이 2종(17.32%)에 비해 훨씬 많은 비중을 차지하고 있었고, 일반 가구의 경우에도 정도의 차이는 있으나 의료급여 1종(60.91%)이 2종(37.58%)보다 더 많은 비중을 차지하고 있었다.

〈표 9-1-5〉 건강보험 가입 실태(가구 단위)

(단위: %)

구분		전체	저소득	일반
가입		93.18	76.72	99.30
	직장	71.31	63.73	73.49
	지역	28.69	36.27	26.51
	소계	100.00	100.00	100.00
미가입		6.82	23.28	0.70
	의료급여 1종	82.22	83.98	60.42
	의료급여 2종	17.09	15.72	34.00
	국가유공자 무료 진료	0.69	0.30	5.58
	미가입	0.00	0.00	0.00
	소계	100.00	100.00	100.00
계		100.00	100.00	100.00

앞의 〈표 9-1-5〉가 건강보험 및 의료급여 등의 가입 실태를 가구 단위로 살펴본 결과라면, 다음 〈표 9-1-6〉은 가구원별로 좀 더 구체적으로 살펴본 결과이다.[18] 그 결과

18) 가구 단위 건강보험 및 의료급여 가입 실태 조사 문항에서는 예컨대 한 가구 내 1인 이상 건강보험에

를 보면 앞서 가구 단위 분석 결과와 유사하게 나타난 것을 알 수 있다. 다만 개인 단위 가입 실태에서는 직장 가입자의 피부양자[19] 및 지역 가입자의 세대원까지 보다 세부적으로 파악할 수 있다는 장점이 있다. 〈표 9-1-6〉을 보면 직장 가입자의 피부양자가 전체 가구의 경우 40.48%로 가장 많은 비중을 차지하고 있으며, 소득 계층별로도 저소득 가구의 경우 37.51%가, 일반 가구의 경우 41.03%가 직장 가입자의 피부양자로 등록되어 있음을 알 수 있다. 그 외에는 저소득 가구의 경우 의료급여 1종 17.95%, 지역 가입자 16.39%, 지역 가입자의 세대원이 15.50% 등으로 높게 나타났으며, 이에 반해 일반 가구의 경우에는 직장 가입자가 35.48%로 저소득 가구에 비해 높은 비중을 차지하였으며, 직장 가입자의 피부양자를 제외하면 지역 가입자의 세대원이 12.34%, 지역 가입자가 10.18% 순으로 높게 나타났다.

〈표 9-1-6〉 건강보험 가입 실태(개인 단위)

(단위: %)

구분	전체	저소득	일반
직장 가입자	30.83	5.72	35.48
직장 가입자의 피부양자	40.48	37.51	41.03
지역 가입자	11.15	16.39	10.18
지역 가입자의 세대원	12.84	15.50	12.34
의료급여 1종	3.29	17.95	0.58
의료급여 2종	1.36	6.82	0.35
국가유공자 무료 진료	0.04	0.11	0.03
미가입	0.01	0.00	0.01
계	100.00	100.00	100.00

3. 고용보험 가입 및 수급 실태

다음은 2016년 12월 31일을 기준으로 한 고용보험 가입 실태로 그 내용은 〈표 9-1-7〉과 같다. 전체 고용보험 가입률은 26.44%, 미가입률은 9.28%로 나타났다.[20]

가입되고 일부만 의료급여 대상자인 경우 건강보험에 가입된 것으로 분류하였으며, 한 가구 내에 직장 가입자와 지역 가입자가 동시에 존재할 경우에는 가구주 가입을 기준으로 응답하도록 하였다.

19) 건강보험 대상자 중 피부양자는 직장 가입자에 의하여 주로 생계를 유지하는 자로서 보수 또는 소득이 없는 자를 의미하며, 직장 가입자의 배우자, 직계존속(배우자의 직계존속 포함), 직계비속(배우자의 직계비속 포함) 및 그 배우자, 형제자매를 포함한다.

소득 계층별로 살펴보면, 저소득층의 가입률(5.87%)이 일반의 가입률(30.24%)을 훨씬 밑도는 것으로 나타나 저소득층일수록 고용보험의 적용을 받지 못하는 일자리에 종사하는 비율이 높다는 것을 짐작할 수 있다.

〈표 9-1-7〉 고용보험 가입 실태

(단위: %)

구분	전체	저소득	일반
비해당	64.28	87.41	60.01
가입	26.44	5.87	30.24
미가입	9.28	6.72	9.75
계	100.00	100.00	100.00

2016년 1년간 고용보험 급여 수급 경험에 대해 설문한 결과는 〈표 9-1-8〉과 같다. 고용보험 수급 경험이 있는 사람의 비율은 2.07%로 나타났으며, 소득 계층별로는 저소득층이 1.26%, 일반이 2.23%로 수급 경험 또한 저소득층에서 낮게 나타났다.

〈표 9-1-8〉 고용보험 급여 수급 경험

(단위: %)

구분	전체	저소득	일반
있다	2.07	1.26	2.23
없다	97.93	98.74	97.77
계	100.00	100.00	100.00

4. 산재보험 가입 및 수급 실태

산재보험의 가입 실태(2016년 12월 31일 기준)는 〈표 9-1-9〉와 같다.[21] 가입(27.78%)이 미가입(10.30%)을 2배 이상 상회하고 있고, 소득 계층별로 볼 때 일반 가구원도 전체의 경우와 비슷하게 가입 비율(31.67%)이 높은 것으로 드러난 반면 저소

20) 15세 이상 응답자 중 고용보험의 적용 제외 사업에 종사하거나 적용에서 제외되는 고용주·자영자(단 홀로 사업을 하는 자영자 및 50인 미만의 근로자를 사용하는 고용주의 경우에는 실업 급여 가입 가능), 비경제활동인구, 특수직역연금 가입자 등은 고용보험의 비해당으로 분류하였다.

21) 15세 이상 응답자 중 산재보험의 적용을 받는 사업장에 소속되지 않은 자영자 및 농어민, 비경제활동인구, 특수직역연금 가입자 등은 산재보험의 비해당으로 분류하였다.

득 가구원은 가입률이 6.76%로 매우 낮게 나타났다. 이러한 결과는 고용보험의 경우와 마찬가지로 저소득층일수록 산재보험 적용을 받지 못하는 일자리에 종사하는 비율이 높다는 것을 확인할 수 있다.

〈표 9-1-9〉 산재보험 가입 실태

(단위: %)

구분	전체	저소득	일반
비해당	61.92	85.77	57.51
가입	27.78	6.76	31.67
미가입	10.30	7.47	10.82
계	100.00	100.00	100.00

다음 〈표 9-1-10〉은 2016년 1년간 산재보험 급여를 수급한 경험을 설문한 결과이다. 수급 경험이 없다가 99.72%로 거의 대부분을 차지하고 있으며, 이처럼 수급 경험이 있는 가구가 매우 적다는 특징은 저소득과 일반에서도 유사하게 나타나고 있다.

〈표 9-1-10〉 산재보험 급여 수급 경험

(단위: %)

구분	전체	저소득	일반
있다	0.28	0.21	0.29
없다	99.72	99.79	99.71
계	100.00	100.00	100.00

5. 퇴직(연)금 적용 및 수급 실태

다음 〈표 9-1-11〉은 퇴직금제(종업원 퇴직보험제)의 적용 실태를 분석한 결과이다. 전체 가구의 경우 17.94%의 가구원이 적용을 받을 것이라고 응답했으며, 18.45%는 적용받지 못할 것이라고 답했다. 소득 계층별로 살펴보면 저소득 가구에서는 불과 4.48%만이 적용을 받을 것이라고 응답한 반면, 일반 가구에서는 20.44%가 적용을 받을 것이라고 응답하여 퇴직금 적용에서도 소득 계층별로 격차가 존재하는 것을 알 수 있다.

〈표 9-1-11〉 퇴직금제(종업원 퇴직보험제) 적용 실태

(단위: %)

구분	전체	저소득	일반
비해당	63.60	85.93	59.47
적용	17.94	4.48	20.44
미적용	18.45	9.59	20.09
모름	0.00	0.00	0.00
계	100.00	100.00	100.00

한편 퇴직연금 제도의 가입 실태를 살펴보면 〈표 9-1-12〉와 같다. 전체적으로 8.72%만이 가입하고 있는 것으로 나타났고, 소득 계층별로 살펴보면 저소득 가구 가구원의 가입 비율(0.44%)이 일반 가구원의 가입 비율(10.25%)에 비해 훨씬 낮은 것을 볼 수 있다.

〈표 9-1-12〉 퇴직연금 가입 실태

(단위: %)

구분	전체	저소득	일반
비해당	63.51	85.68	59.41
가입	8.72	0.44	10.25
미가입	27.77	13.88	30.34
모름	0.00	0.00	0.00
계	100.00	100.00	100.00

2016년 1년간 퇴직금(퇴직보험금) 수급 여부에 대해서는 거의 대부분인 95.88%가 수급 경험이 없는 것으로 응답하였다. 소득 계층별로 퇴직금을 받은 비율을 살펴보면, 저소득 가구원의 1.49%에 비해 일반 가구원은 4.64%로 좀 더 높게 나타났다.

〈표 9-1-13〉 퇴직금(퇴직보험금) 수급 여부

(단위: %)

구분	전체	저소득	일반
있다	4.12	1.49	4.64
없다	95.88	98.51	95.36
계	100.00	100.00	100.00

6. 개인연금 가입 및 수급 실태

〈표 9-1-14〉는 개인연금 가입 실태(2016년 12월 31일 기준)에 대해 설문한 결과를 보여 주고 있다. 시중 보험사를 중심으로 판매되고 있는 종신보험은 개인연금으로 전환이 가능하다는 점을 고려하여 종신보험 가입 여부도 본 문항에서 같이 파악하였다. 전체적으로는 어느 것에도 가입하지 않은 경우가 77.58%로 가장 높게 나타났다. 소득 계층별로 살펴보면, 저소득층의 경우 미가입 비율이 95.90%로 거의 대다수를 차지하고 있는 데 반해 일반 가구의 가구원은 74.20%로 개인연금 가입도 소득 계층별로 큰 차이가 있음을 알 수 있다.

〈표 9-1-14〉 개인연금(종신보험 포함) 가입 실태

(단위: %)

구분	전체	저소득	일반
개인연금만 가입	7.24	1.10	8.38
종신보험만 가입	11.07	2.71	12.62
개인연금, 종신보험 둘 다 가입	4.10	0.29	4.81
미가입	77.58	95.90	74.20
계	100.00	100.00	100.00

개인연금 급여 수급 경험(2016년 1년간)을 제시한 〈표 9-1-15〉를 보면 전체적으로 거의 모든(99.03%) 응답자가 수급 경험이 없는 것으로 나타났으며, 이는 소득 계층별로도 유사하다.

〈표 9-1-15〉 개인연금 급여 수급 경험

(단위: %)

구분	전체	저소득	일반
있다	0.97	0.42	1.08
없다	99.03	99.58	98.92
계	100.00	100.00	100.00

제2절 공공부조

1. 국민기초생활보장제도

국민기초생활보장제도는 수급자 가구의 욕구에 맞춰 필요한 급여를 제공하고 중위소득(상대적 빈곤선)에 따른 대상자 선정 및 보장이 이루어지는 '맞춤형 급여' 체계로 운영되고 있다. 이에 따라 국민기초생활보장제도 분석 결과는 생계, 주거, 교육, 의료급여 각각에 대하여 제시한다.

먼저 생계급여는 한국복지패널 전체 가구 중 8.00%가 수급가구였는데, 수급가구 중 92.65%는 일반수급가구, 7.01%는 조건부수급가구, 특례가구는 0.34%인 것으로 조사되었다. 국민기초생활보장제도를 통해 수급을 받고 있는 가구 중에서 약 80%는 가구원이 전부 수급하고 있으며, 나머지 20%는 가구원 중 일부만 수급하는 것으로 조사되었다.

〈표 9-2-1〉 국민기초생활보장 생계급여 수급가구 및 수급 형태

(단위: %)

구분			비율	
수급가구 및 수급 형태 1	비수급가구		92.00	
	수급가구		8.00	100.00
		일반수급가구	7.42	92.65
		조건부수급가구	0.56	7.01
		특례가구	0.03	0.34
	계		100.00	
수급 형태 2	비수급가구		92.00	
	수급가구		8.00	100.00
		가구원 전부 수급	6.17	77.03
		가구원 중 일부 수급	1.84	22.97
	계		100.00	

의료급여는 한국복지패널 전체 가구 중 8.88%가 수급가구였는데, 수급가구 중 80.67%는 의료급여 1종, 18.05%는 의료급여 2종, 국가유공자 무료 진료에 해당하는 가구는 1.28%로 조사되었다. 의료급여를 수급받고 있는 가구 중에서 약 75%는 가구원이 전부 수급하고 있으며, 나머지 약 25%는 가구원 중 일부만 수급하는 것으로 조사되었다.

〈표 9-2-2〉 국민기초생활보장 의료급여 수급가구 및 수급 형태

(단위: %)

구분			비율	
수급가구 및 수급 형태 1	비수급가구		91.12	
	수급가구		8.88	100.00
		의료급여 1종	7.16	80.67
		의료급여 2종	1.60	18.05
		국가유공자 무료 진료	0.11	1.28
	계		100.00	
수급 형태 2	비수급가구		91.12	
	수급가구		8.88	100.00
		가구원 전부 의료급여	6.75	75.99
		가구원 일부 의료급여	2.13	24.01
	계		100.00	

주거급여는 한국복지패널 전체 가구 중 8.50%가 수급하고 있으며, 수급가구 중 임차급여(특례 포함)에 해당하는 가구는 91.77%, 수선유지급여(특례 포함)에 해당하는 가구는 8.23%로 조사되었다. 교육급여는 전체 가구 중 1.27%가 수급하고 있는데, 1명 수급인 가구는 66.04%, 2명 수급은 26.93%, 3명 수급은 6.23%, 4명 수급은 0.80%이며 5명 이상 수급하는 가구는 없는 것으로 조사되었다.

〈표 9-2-3〉 국민기초생활보장 주거급여 수급가구 및 수급 형태

(단위: %)

구분			비율	
수급가구 및 수급 형태 1	비수급가구		91.50	
	수급가구		8.50	100.00
		임차급여(특례 포함)	7.80	91.77
		수선유지급여(특례 포함)	0.70	8.23
	계		100.00	

〈표 9-2-4〉 국민기초생활보장 교육급여 수급가구 및 수급 형태

(단위: %)

구분			비율	
수급가구 및 수급자 수	비수급가구		98.73	
	수급가구		1.27	100.00
		1명 수급	-	66.04
		2명 수급	-	26.93
		3명 수급	-	6.23
		4명 수급	-	0.80
	계		100.00	

2016년 1년 동안 국민기초생활보장제도를 수급하기 위해 급여를 신청한 경험이 있는 가구를 분석한 결과, 패널 가구 전체 중 0.87%는 신청한 경험이 있는 것으로 나타났다. 신청 사유로는 기본적인 생계 문제를 해결하기 위해서가 86.43%로 가장 많은 비중을 차지하였고, 자녀 교육비를 지원받기 위해 급여를 신청한 경우가 8.75%로 나타나고 있어 대다수의 신청자들이 기본적인 생계와 교육비 문제를 해결하기 위해 수급 서비스를 알아보고 있는 것으로 조사되었다.

〈표 9-2-5〉 국민기초생활보장 수급 신청 여부 및 사유

(단위: %)

구분		비율
수급 신청 여부	있다	0.87
	없다	99.13
	계	100.00
신청 사유	기본적인 생계 문제를 해결하기 위해	86.43
	의료급여를 받기 위해	3.14
	주거비를 지원받기 위해	1.68
	자녀 교육비를 지원받기 위해	8.75
	계	100.00

2016년 1년 동안 국민기초생활보장제도를 수급하기 위해 신청한 경험이 있는 가구 중 약 7.41%는 생계, 의료, 주거, 교육급여를 모두 받게 되었고 61.47%는 4개 급여 중 일부만 받게 되었으며, 31.12%는 수급자로 선정되지 못한 것으로 나타났다. 급여별로 수급자로 선정되지 못한 가구에 대한 조사를 진행한 결과, 먼저 생계급여는 부양의무자의 소득 및 재산이 기준보다 많아 탈락되었다고 응답한 경우가 37.50%로 가장 높은 비율을 차지하고 있었으며 소득이 기준보다 많다고 응답한 가구가 34.69%로 그 뒤를 잇고 있었다. 의료급여와 주거급여의 탈락 사유 비중 또한 생계급여와 같은 순서로 나타났는데, 의료급여는 '부양의무자의 소득 및 재산이 기준보다 많아서'가 37.60%, '소득이 기준보다 많아서'가 29.74%였으며, 주거급여는 '부양의무자의 소득 및 재산이 기준보다 많아서'가 44.14%, '소득이 기준보다 많아서'가 25.84% 순으로 응답하였다. 교육급여는 주어진 항목에 해당하지 않는 기타 사유가 56.02%, '소득이 기준보다 높아서'가 41.23%, '모르겠다'가 2.74% 순으로 나타났다(〈표 9-2-6〉 참조).

〈표 9-2-6〉 국민기초생활보장 수급 신청 후 선정 여부 및 신청 탈락 사유

(단위: %)

구분		비율
수급자 선정 여부	생계, 의료, 주거, 교육 급여를 모두 받게 되었다	7.41
	생계, 의료, 주거, 교육 급여 중 일부만 받게 되었다	61.47
	아무것도 받지 못하게 되었다	31.12
	계	100.00
(생계) 신청 탈락 사유	소득이 기준보다 많아서	34.69
	자동차가 있어서	10.75
	살고 있는 집의 가격이 높아서	9.96
	살고 있는 집 이외에 재산이 기준보다 많아서	1.45
	부양의무자의 소득 및 재산이 기준보다 많아서	37.50
	모르겠다	5.65
	계	100.00

구분		비율
(의료) 신청 탈락 사유	소득이 기준보다 많아서	29.74
	자동차가 있어서	8.99
	살고 있는 집의 가격이 높아서	13.28
	살고 있는 집 이외에 재산이 기준보다 많아서	2.86
	부양의무자의 소득 및 재산이 기준보다 많아서	37.60
	모르겠다	7.53
	계	100.00
(주거) 신청 탈락 사유	소득이 기준보다 많아서	25.84
	자동차가 있어서	10.54
	살고 있는 집의 가격이 높아서	15.86
	살고 있는 집 이외에 재산이 기준보다 많아서	1.07
	부양의무자의 소득 및 재산이 기준보다 많아서	44.13
	기타	1.94
	모르겠다	0.62
	계	100.00
(교육) 신청 탈락 사유	소득이 기준보다 많아서	41.23
	자동차가 있어서	0.00
	살고 있는 집의 가격이 높아서	0.00
	살고 있는 집 이외에 재산이 기준보다 많아서	0.00
	부양의무자의 소득 및 재산이 기준보다 많아서	0.00
	기타	56.02
	모르겠다	2.74
	계	100.00

2016년 1년 동안 국민기초생활보장을 신청했다가 탈락한 후 각 급여별로 생계를 어떻게 해결했는지에 대한 문항을 살펴보면, 생계급여와 의료급여, 주거급여의 응답 비중이 모두 같은 순으로 나타났다. 생계급여는 '부양의무자나 친지 및 이웃의 도움'이 51.44%, '이전보다 더 절약하며 생활'이 18.22%이고 의료급여는 '부양의무자나 친지 및 이웃의 도움'이 48.27%, '이전보다 더 절약하며 생활'이 23.25%이며 주거급여는 '부양의무자나 친지 및 이웃의 도움'이 55.73%, '이전보다 더 절약하며 생활'이 18.64%로 조사되었다. 교육급여는 기타 해결 방법(56.02%)이 절반 이상을 차지하였다(〈표 9-2-7〉 참조).

〈표 9-2-7〉 국민기초생활보장 신청 탈락 후 생계 문제 해결 방법

(단위: %)

급여	구분	비율
생계	부양의무자(같이 살지 않는 부모나 자녀), 친지 및 이웃의 도움	51.44
	빚을 내어서 생활	6.54
	민간단체의 도움	0.00
	이전보다 더 절약하며 생활	18.22
	저축 등 있는 재산을 줄여서	2.20
	공공근로사업(차상위 자활사업 포함)에 참여하여 얻은 소득으로	4.41
	본인이 스스로 벌어서(공공기관 프로그램 참여 제외)	14.78
	기존에 받던 가구원 중 일부 수급가구의 국민기초생활보장 급여로	0.00
	기타	2.42
	계	100.00
의료	부양의무자(같이 살지 않는 부모나 자녀), 친지 및 이웃의 도움	48.27
	빚을 내어서 생활	7.64
	민간단체의 도움	0.00
	이전보다 더 절약하며 생활	23.25
	저축 등 있는 재산을 줄여서	1.91
	공공근로사업(차상위 자활사업 포함)에 참여하여 얻은 소득으로	0.00
	본인이 스스로 벌어서(공공기관 프로그램 참여 제외)	18.93
	기존에 받던 가구원 중 일부 수급가구의 국민기초생활보장 급여로	0.00
	기타	0.00
	계	100.00
주거	부양의무자(같이 살지 않는 부모나 자녀), 친지 및 이웃의 도움	55.73
	빚을 내어서 생활	6.68
	민간단체의 도움	3.56
	이전보다 더 절약하며 생활	18.64
	저축 등 있는 재산을 줄여서	2.24
	공공근로사업(차상위 자활사업 포함)에 참여하여 얻은 소득으로	0.00
	본인이 스스로 벌어서(공공기관 프로그램 참여 제외)	13.15
	기존에 받던 가구원 중 일부 수급가구의 국민기초생활보장 급여로	0.00
	기타	0.00
	계	100.00

급여	구분	비율
교육	부양의무자(같이 살지 않는 부모나 자녀), 친지 및 이웃의 도움	2.74
	빚을 내어서 생활	0.00
	민간단체의 도움	0.00
	이전보다 더 절약하며 생활	27.03
	저축 등 있는 재산을 줄여서	0.00
	공공근로사업(차상위 자활사업 포함)에 참여하여 얻은 소득으로	0.00
	본인이 스스로 벌어서(공공기관 프로그램 참여 제외)	14.21
	기존에 받던 가구원 중 일부 수급가구의 국민기초생활보장 급여로	0.00
	기타	56.02
	계	100.00

2. 근로(자녀)장려세제

근로장려세제는 열심히 일을 하지만 소득이 적어 생활이 어려운 근로자 또는 사업자 가구에 대하여 부양 자녀 수와 총급여액 등에 따라 산정된 근로장려금을 지급함으로써 근로 유인을 제고하고 실질 소득을 지원하기 위한 근로연계형 소득지원 제도이다. 본 제도는 2008년에 도입되어 2009년 최초로 신청을 받고 급여를 제공하였다.

자녀장려세제는 행복한 임신과 출산을 장려하고 저소득 가구의 자녀 양육 부담을 경감하기 위해 2015년부터 총소득 4,000만 원 미만이면서 부양 자녀(18세 미만)가 있는 경우 자녀장려금을 지급하는 제도이다. 자녀장려세제는 2015년부터 새롭게 도입된 제도로서 11차 조사부터 항목이 추가되었다. 자녀장려금은 총급여액 등을 기준으로 가구원 구성에 따라 계산하도록 되어 있으며, 총급여액 등을 구간별로 작성한 자녀장려금 산정표를 적용하여 결정한다. 다만 국민기초생활보장법에 의한 생계급여를 수급받은 경우에는 자녀장려금을 지급하지 않는다. 여기서는 각 제도에 대한 인지 여부, 신청 및 수급 실태에 대한 조사 결과를 살펴보기로 한다.

근로장려세제 및 자녀장려세제에 대한 인지 여부와 제도 내용에 대한 이해 수준을 조사한 결과는 다음과 같다. 먼저 응답한 가구의 61.75% 정도가 근로장려세제에 대해 들어 본 적도 없고 모른다고 응답하였으며, 21.05%는 들어 본 적은 있지만 내용은 모른다고 응답하였다. 반면 4.49%만이 들어 본 적이 있고 내용도 비교적 자세히 알고 있는 것으로 나타났다. 자녀장려세제의 경우 응답한 가구의 34.37%가 들어 본 적도 없고 모른다고 응답하였고, 39.37%는 들어 본 적은 있지만 내용은 모른다고 응답하였으며, 25.26%는 들어본 적이 있고 내용도 어느 정도 알고 있거나 비교적 자세히 알고 있다고 응답하여 최근에 도입된 자녀장려세제의 인지 정도가 근로장려세제보다 비교적 높은 것으로 나타났다.

〈표 9-2-8〉 근로(자녀)장려세제에 대한 인지 여부

(단위: %)

구분		비율
근로장려세제	들어본 적도 없고, 모른다	61.75
	들어본 적은 있지만, 내용은 모른다	21.05
	들어본 적이 있고, 내용도 어느 정도 알고 있다	12.71
	들어본 적이 있고, 내용도 비교적 자세히 알고 있다	4.49
	계	100.00
자녀장려세제	들어본 적도 없고, 모른다	34.37
	들어본 적은 있지만, 내용은 모른다	39.37
	들어본 적이 있고, 내용도 어느 정도 알고 있다	18.93
	들어본 적이 있고, 내용도 비교적 자세히 알고 있다	7.33
	계	100.00

주: 11차 조사에서 자녀장려세제에 대한 인지 여부는 모든 대상자에게 조사하되, 근로장려세제의 경우 원가구에 지속적으로 인지 여부를 조사했기 때문에 신규 가구를 대상으로만 조사하였다.

근로장려금 및 자녀장려금의 신청 경험과 수급 여부를 살펴보면, 근로장려금과 자녀장려금을 모두 신청한 가구는 2.85%, 근로장려금만 신청한 가구는 3.48%, 자녀장려금만 신청한 가구는 1.62%로 나타났으며, 이들 가구 중 19.36%는 근로장려금과 자녀장려금을 둘 다 받았고 35.69%는 근로장려금만, 20.65%는 자녀장려금만 수급한 것으로 분석되었다(〈표 9-2-9〉 참조).

〈표 9-2-9〉 근로(자녀)장려금 신청 경험 및 근로(자녀)장려금 수급 여부

(단위: %)

구분		비율
근로(자녀)장려금 신청 경험	둘 다 신청했다	2.85
	근로장려금만 신청했다	3.48
	자녀장려금만 신청했다	1.62
	둘 다 신청한 적 없다	92.05
	계	100.00
신청 가구 중 근로(자녀)장려금 수급 여부	둘 다 받았다	19.36
	근로장려금만 받았다	35.69
	자녀장려금만 받았다	20.65
	둘 다 받지 못했다	24.30
	계	100.00

근로(자녀)장려금을 수급한 가구를 대상으로 사용 용도를 조사한 결과, 88.93%가 일상 생활비로 근로(자녀)장려금을 사용하였으며, 그다음으로는 자녀 교육비(7.77%)나 저축하는 용도(1.27%)로 사용한 것으로 나타났다(〈표 9-2-10〉 참조).

〈표 9-2-10〉 근로(자녀)장려금 사용 용도

(단위: %)

구분	비율
자녀 교육비	7.77
일상생활비	88.93
의료비	0.47
문화·오락비	0.77
저축	1.27
기타	0.79
계	100.00

제3절 사회복지서비스

1. 가구의 복지서비스 이용 경험

2016년 1년간 가구의 사회복지서비스 이용 경험에 대해 주요 사회복지서비스를 중심으로 분석하였다. 주택 관련 서비스, 상담 서비스 등 기타 서비스에 대해서는 부표를 참조하기 바란다. 전체 가구 중 34.41%가 생계비 혹은 생계 보조 수당을 지원받은 경험이 있다고 응답하였다. 저소득 가구 중에는 75.44%, 일반 가구 중에는 19.13%가 생계비 혹은 생계 보조 수당을 지원받은 것으로 나타났다. 전체 가구 중 37.83%, 저소득 가구 중 76.98%, 일반 가구 중 23.25%가 의료급여, 긴급복지지원, 건강보험료 감면 등의 의료비 지원을 경험한 것으로 나타났다. 식료품, 의료, 가구 등 물품 지원을 받은 경험에 대해서는 전체 가구 중 10.94%, 저소득 가구 중 31.81%, 일반 가구 중 3.17%가 물품 지원을 받은 경험이 있다고 응답하였다. 가정 봉사 서비스를 이용한 경험에 대해서는 전체 가구의 4.49%가, 저소득 가구의 9.78%, 일반 가구의 2.52%가 경험하였다고 응답하였다. 식사 배달 서비스를 이용한 경험에 대해서는 전체 가구의 1.26%, 저소득 가구의 4.09%, 일반 가구의 0.21%가 이용하였다고 응답하였다. 마지막으로 직업 훈련, 취업 상담, 취업 알선 등 취업 지원 서비스를 이용한 경험에 대해서는 전체 가구 중 6.27%, 저소득 가구 중 9.58%, 일반 가구 중 5.04%가 취업 지원 서비스를 이용한 경험이 있다고 응답하였다.

〈표 9-3-1〉 가구의 복지서비스 지원 경험 여부

(단위: %)

구분	전체	저소득	일반
생계비	34.41	75.44	19.13
의료비	37.83	76.98	23.25
물품 지원(식료품, 의료, 가구 등)	10.94	31.81	3.17
가정 봉사 서비스	4.49	9.78	2.52
식사 배달 서비스	1.26	4.09	0.21
취업 지원 서비스	6.27	9.58	5.04

2016년 1년간 바우처 서비스를 이용한 경험에 대해 질문한 결과, 전체 가구의 17.41%가 바우처 서비스를 이용한 것으로 나타났다. 2016년 1년간 바우처 서비스를 이용한 경험이 있는 가구만을 대상으로 1년간 이용한 바우처 서비스 유형을 분석하였다. 바우처 서비스를 이용한 가구의 42.45%가 아이행복카드 바우처를 경험하였으며, 이 중에서도 일반 가구의 71.10%와 저소득 가구의 4.80%가 아이행복카드를 사용한 것으로 나타났다.

바우처 서비스를 이용한 전체 가구의 39.71%(저소득 가구의 78.64%, 일반 가구의 10.09%)가 에너지 바우처 서비스 경험이 있었으며, 34.72%(저소득 가구의 65.49%, 일반 가구의 11.31%)는 문화바우처(문화누리카드) 경험이 있었다.

〈표 9-3-2〉 바우처 서비스 이용 경험 여부

(단위: %)

구분	전체	저소득	일반
노인돌봄종합서비스	1.90	4.10	0.22
장애인활동지원사업	6.00	4.26	7.33
산모/신생아 건강관리지원사업	1.12	0.00	1.98
가사간병 방문관리지원사업	1.89	3.48	0.69
문화바우처(문화누리카드)	34.72	65.49	11.31
임신출산 진료비지원제도	10.92	0.72	18.67
발달재활서비스	1.76	0.00	3.10
아이행복카드(보육료 및 교육료 지원)	42.45	4.80	71.10
언어발달지원사업	0.76	0.44	1.01
발달장애인부모 심리상담서비스	0.57	0.00	1.01
에너지 바우처	39.71	78.64	10.09
기타 바우처 서비스	1.58	1.93	1.32

주: 1년간 바우처 서비스를 이용해 본 적이 있는 가구만을 대상으로 분석하였음.

바우처 서비스를 이용한 가구의 10.92%가 임신출산 진료비지원제도를 이용한 경험이 있었으며, 저소득 가구는 0.72%, 일반 가구는 18.67%가 서비스 이용 경험이 있다고 응답했다. 6.00%의 가구가 장애인활동지원사업을 이용한 경험이 있었으며, 저소득 가구의 4.26%, 일반 가구의 7.33%가 서비스 이용 경험이 있다고 응답했다. 바우처 서비스를 이용한 가구의 1.89%가 가사간병 방문관리지원 서비스를 이용한 경험이 있었으며, 저소득 가구의 3.48%, 일반 가구의 0.69%가 서비스 이용 경험이 있다고 응답했다.

2016년 1년간 장기요양보험급여 서비스를 이용한 경험을 질문한 결과, 전체 가구의 2.50%가 서비스를 이용한 것으로 나타났다. 저소득 가구 중에서는 4.74%, 일반 가구 중에서는 1.67%가 장기요양보험급여 서비스를 경험한 것으로 나타났다. 장기요양보험급여 서비스 이용 금액과 급여 유형별 경험률은 부표를 참조하기 바란다.

〈표 9-3-3〉 장기요양보험급여 서비스 이용 경험 여부

(단위: %)

구분	전체	저소득	일반
있다	2.50	4.74	1.67
없다	97.50	95.26	98.33
계	100.00	100.00	100.00

12차 연도 복지패널 전체 가구 중 34.12%의 가구에 65세 이상의 노인 가구원이 있는 것으로 나타났다. 노인 가구의 복지서비스는 노인 가구원이 있는 가구만을 대상으로 2016년 1년간의 주요 노인 복지서비스 경험에 대해 분석하였다. 식사 배달 서비스 등 기타 복지서비스에 대해서는 부표를 참조하기 바란다. 전체 노인 가구의 72.49%가 기초연금을 경험하였으며, 저소득 가구 중에서는 89.16%, 일반 가구 중에서는 53.34%가 기초연금을 경험한 것으로 나타났다. 전체 노인 가구의 87.69%가 의료비 지원을 경험하였고, 저소득 가구 중에서는 93.55%, 일반 가구 중에서는 80.97%가 의료비 지원을 경험한 것으로 나타났다. 이동편의서비스는 노인 및 장애인을 위해 특별히 고안된 이동 수단(장애인 콜택시 등)을 이용하거나 간병인 등이 이동에 동행하는 경우를 말한다. 단 노인이 혼자 일반 버스나 택시를 이용하거나 교통 수당, 대중교통 이용 시 요금 할인을 받은 것은 제외한다. 전체 노인 가구의 2.11%가 이동편의서비스를 경험하였으며, 저소득 가구 중에서는 2.92%, 일반 가구 중에서는 1.18%가 서비스를 경험한 것으로 나타났다. 전체 노인 가구의 6.09%가 노인일자리사업 서비스를 경험하였고, 저소득 가구 중에서는 7.05%, 일반 가구 중에서는 4.98%가 노인일자리사업 서비스를 경험한 것으로 나타났다. 전체 노인 가구의 6.34%가 한글 교실, 생활 요가, 노래 교실

등 사회교육 서비스를 경험한 것으로 나타났다. 저소득 가구 중에서는 7.49%가, 일반 가구 중에서는 5.02%가 사회교육 서비스를 경험한 것으로 나타났다.

〈표 9-3-4〉 노인 가구의 복지서비스 지원 경험 여부

(단위: %)

구분	전체	저소득	일반
기초연금	72.49	89.16	53.34
의료비 지원	87.69	93.55	80.97
이동편의서비스	2.11	2.92	1.18
노인일자리사업	6.09	7.05	4.98
사회교육 서비스	6.34	7.49	5.02

12차 연도 복지패널 전체 가구 중 18.19%의 가구에 장애인(등록 장애인, 비등록 장애인 모두 포함) 가구원이 있는 것으로 나타났다. 장애인 가구의 복지서비스 이용 경험은 장애인 가구원이 있는 가구만을 대상으로 2016년 1년간의 주요 장애인 복지서비스 경험에 대해 분석하였다. 장애아동수당, 주택 관련 서비스 등 기타 서비스에 대해서는 부표를 참조하기 바란다. 전체 장애인 가구의 17.32%가 장애인연금(중증 장애인 대상)을 지원받은 경험이 있었으며, 저소득 가구 중에서는 22.81%, 일반 가구 중에서는 12.24%가 장애인연금을 받은 경험이 있는 것으로 나타났다. 전체 장애인 가구의 18.80%가 장애수당(경증 장애인 대상)을 지원받은 경험이 있었고, 저소득 가구 중에서는 35.32%, 일반 가구 중에서는 3.53%가 장애수당을 받은 경험이 있는 것으로 나타났다. 전체 장애인 가구의 14.28%가 의료재활서비스(장애인 의료비 지원, 장애인 등록 진단비 지급, 재활 보조 기구 및 생활 편의용품 지원 포함)를 경험하였으며, 저소득 가구 중에서는 14.17%, 일반 가구 중에서는 14.39%가 의료재활서비스를 경험했다고 응답했다. 전체 장애인 가구의 7.00%가 이동편의서비스를 경험하였고, 저소득 가구 중에서는 8.73%, 일반 가구 중에서는 5.41%가 이동편의서비스를 경험한 것으로 나타났다. 전체 장애인 가구의 4.28%가 사회 적응 및 취업 관련 서비스(장애인 자립 지원 서비스 포함)를 경험했다고 응답하였으며, 저소득 가구 중에서는 5.05%, 일반 가구 중에서는 3.56%가 서비스를 경험했다(〈표 9-3-5〉 참조).

〈표 9-3-5〉 장애인 가구의 복지서비스 이용 경험 여부

(단위: %)

구분	전체	저소득	일반
장애인연금(중증 장애인 대상)	17.32	22.81	12.24
장애수당(경증 장애인 대상)	18.80	35.32	3.53
의료재활서비스	14.28	14.17	14.39
이동편의서비스	7.00	8.73	5.41
사회 적응 및 취업 관련 서비스	4.28	5.05	3.56

12차 연도 복지패널 전체 가구 중 25.92%의 가구에 만 17세 이하의 아동 가구원이 있는 것으로 나타났다. 아동 가구의 복지서비스 이용 경험은 아동 가구원이 있는 가구만을 대상으로 2016년 1년간의 주요 아동 복지서비스 경험에 대해 분석하였다. 학비 지원, 예체능 교실 등 기타 복지서비스에 대해서는 부표를 참조하기 바란다. 전체 아동 가구의 7.46%가 공공 어린이집(주간 보호 및 특별 활동)을 이용한 경험이 있었다. 저소득 가구 중에서는 2.40%, 일반 가구 중에서는 7.95%가 공공 어린이집을 이용한 경험이 있는 것으로 나타났다. 전체 아동 가구의 36.26%가 양육, 보육료, 유치원비 보조(양육수당 포함)를 받은 경험이 있었으며, 저소득 가구 중에서는 20.49%, 일반 가구 중에서는 37.81%가 양육, 보육료, 유치원비 보조를 받은 경험이 있는 것으로 나타났다. 전체 아동 가구의 75.01%가 무료 급식(급식 지원 포함) 서비스를 이용한 경험이 있다고 응답했으며, 저소득 가구 중에서는 88.49%, 일반 가구 중에서는 73.69%가 무료 급식 서비스를 경험한 것으로 나타났다. 전체 아동 가구의 1.10%가 아동 상담, 집단 프로그램을 이용한 경험이 있었으며, 저소득 가구 중에서는 3.21%, 일반 가구 중에서는 0.89%가 아동 상담, 집단 프로그램 이용 경험이 있다고 응답하였다. 전체 아동 가구의 2.87%가 방과 후 돌봄 서비스를 경험하였으며 저소득 가구 중에서는 9.37%, 일반 가구 중에서는 2.23%가 본 서비스를 경험했다.

〈표 9-3-6〉 아동 가구의 복지서비스 이용 경험 여부

(단위: %)

구분	전체	저소득	일반
공공 어린이집(주간 보호 및 특별 활동)	7.46	2.40	7.95
양육, 보육료, 유치원비 보조(양육수당 포함)	36.26	20.49	37.81
무료 급식(급식 지원 포함)	75.01	88.49	73.69
아동상담, 집단 프로그램	1.10	3.21	0.89
방과후 돌봄서비스	2.87	9.37	2.23

2. 아동의 건강

2015년 4월부터 2016년 3월 사이에 새로 추가된 아동이 있는지 조사하였다. 새로 추가된 아동은 신생아를 비롯하여 입양 아동이나 친척 아동 등 같이 살게 된 모든 경우를 의미한다. 가구원의 기준이 '9개월 이상 생계를 같이 하는 자'로 규정되기 때문에 2015년 4월부터 2016년 3월 사이에 추가된 아동이 가구원으로 인정받아 추가 아동 여부와 출생 당시 체중과 선천성 기형 또는 질환 여부에 응답하였다. 전체 아동 가구 중 6.51%의 가구에서 아동이 추가되었는데, 저소득 가구 중에서는 0.29%, 일반 가구 중에서는 7.13% 아동이 추가되었다.

우선 추가된 아동의 출생 시 체중이 2.5kg 이상이었는지를 질문하였다. 전체 추가된 아동 중에서 4.18%가 출생 시 체중이 2.5kg 미만인 것으로 나타났다. 출생 시 체중이 2.5kg 미만인 경우는 저소득 가구에서는 없고, 일반 가구에서는 4.45%로 나타났다. 하지만 저소득 가구는 사례 수가 매우 적어 해석에 주의해야 한다.

〈표 9-3-7〉 추가된 아동의 출생 시 체중 정도

(단위: %)

구분	전체	저소득	일반
2.5kg 이상	95.82	100.00	95.55
2.5kg 미만	4.18	0.00	4.45
계	100.00	100.00	100.00

주: 저소득 가구는 사례 수가 적어 해석에 주의를 요함.

추가된 아동이 선천성 기형 또는 선천성 질환이 있는지를 질문하였다. 전체 추가된 아동 중에서 선천성 기형이나 질환이 있는 경우는 7.88%로 나타났다. 저소득 가구는 사례 수가 적어 해석에 주의해야 한다.

〈표 9-3-8〉 추가된 아동의 선천성 기형 또는 선천성 질환

(단위: %)

구분	전체	저소득	일반
있다	7.88	18.49	7.19
없다	92.12	81.51	92.81
계	100.00	100.00	100.00

주: 저소득 가구는 사례 수가 적어 해석에 주의를 요함.

3. 아동 가구의 사교육과 보육기관 이용

가. 사교육과 보육기관 이용 실태

아동 가구를 대상으로 2016년 1년간 사교육과 보육기관 이용 실태를 조사하였다. 전체 아동 가구 중에서 가구의 아동 중 한 명이라도 사교육이나 보육기관을 이용한 가구의 비율은 90.52%로 나타났다. 저소득 가구 중에서는 71.39%, 일반 가구 중에서는 92.40%가 사교육 및 보육기관을 이용한 것으로 응답했다.

〈표 9-3-9〉 사교육보육기관 이용 여부

(단위: %)

구분	전체	저소득	일반
이용함	90.52	71.39	92.40
이용하지 않음	9.48	28.61	7.60
계	100.00	100.00	100.00

사교육이나 보육기관을 이용한 가구를 대상으로 이용 기관의 종류를 아동별로 최대 3개까지 조사하였다. 평균 사교육 및 보육 이용 기관 수는 2.5개이며, 저소득 가구는 평균 2.0개, 일반 가구는 평균 2.6개를 이용하는 것으로 나타났다.

〈표 9-3-10〉 사교육·보육 이용 기관 수

(단위: 개)

구분	중위	평균	표준오차
전체	2.0	2.5	0.04
저소득	2.0	2.0	0.10
일반	2.0	2.6	0.04

사교육이나 보육기관을 이용한 아동을 대상으로 이용 기관의 종류를 분석하였다. 학원 이용률이 40.18%로 가장 높았고, 방과후 교내 보충학습이 17.16%, 학습지가 15.73%로 그 뒤를 잇고 있다. 저소득 가구와 일반 가구에서도 사교육 보육기관의 이용률 순위는 동일하게 나타났으나, '방과후교실'의 경우 그 특성상 저소득 가구의 이용률이 높아 가구 간 이용률의 차이가 크게 나타나고 있다.

〈표 9-3-11〉 사교육·보육기관의 종류

(단위: %)

구분		전체	저소득	일반
보육시설	국공립 어린이집	2.21	0.00	2.34
	사회복지법인 어린이집	1.30	0.18	1.36
	민간 어린이집	6.24	7.07	6.19
	가정 어린이집	1.30	2.98	1.20
	직장 어린이집	0.16	0.00	0.17
	정규시간 이외에 보육도 맡아 주는 유치원	3.29	1.14	3.42
	정규시간만을 담당하는 유치원	2.13	3.05	2.07
민간 학원 및 사교육	학원	40.18	39.61	40.22
	개인·그룹 과외	5.32	1.15	5.57
	학습지	15.73	10.34	16.05
학교 및 사회복지 관련 기관	방과후 교내 보충학습	17.16	26.86	16.59
	방과후교실	1.96	4.63	1.80
기타	친·인척	0.51	0.21	0.53
	이웃	0.05	0.00	0.05
	건강가정지원센터의 아이돌보미	0.00	0.00	0.00
	민간 아이돌보미	0.11	0.00	0.11
	기타	0.45	0.00	0.48
	그 외 보육시설	1.91	2.76	1.86
계		100.00	100.00	100.00

나. 가구의 사교육비와 보육비 지출

사교육이나 보육기관을 이용한 가구를 대상으로 월평균 사교육비와 보육비 지출을 질문하였는데, 사교육비와 보육비에는 정부 지원금을 제외한 본인부담금만 포함된다. 가구 전체의 월평균 사교육비를 가구의 아동 수로 나누어 아동 일인당 월평균 사교육비를 계산하였다. 사교육 및 보육기관을 이용한 가구의 월평균 사교육비는 부표를 참조하기 바란다. 사교육 및 보육기관을 이용한 가구의 아동 일인당 월평균 사교육비는 27만 9,000원으로 나타났으며, 저소득 가구는 14만 3,000원, 일반 가구는 29만 원으로 나타났다.

〈표 9-3-12〉 사교육·보육기관을 이용한 가구의 아동 일인당 월평균 사교육비

(단위: 만 원)

구분	중위	평균	표준오차
전체	21.5	27.9	0.73
저소득	10.0	14.3	1.59
일반	23.0	29.0	0.77

가구 전체의 월평균 보육비를 가구의 아동 수로 나누어 아동 일인당 월평균 보육비를 계산하였다. 사교육 및 보육기관을 이용한 가구의 월평균 보육비는 부표를 참조하기 바란다. 사교육 및 보육기관을 이용한 가구의 아동 일인당 월평균 보육비는 3만 7,000원으로 나타났으며, 저소득 가구는 1만 3,000원, 일반 가구는 3만 9,000원으로 나타났다.

〈표 9-3-13〉 사교육·보육기관을 이용한 가구의 아동 일인당 월평균 보육비

(단위: 만 원)

구분	중위	평균	표준오차
전체	0.0	3.7	0.32
저소득	0.0	1.3	0.28
일반	0.0	3.9	0.35

제 10 장

장애인 부가조사

10 장애인 부가조사

제1절 응답자 특성

12차 연도 장애인 부가조사는 3, 6, 9차 장애인 부가조사에서 한 번이라도 응답된 가구원(502명)과 11차 복지 패널 조사 당시 장애인이었던 가구원(866명)을 대상으로 조사하였다. 장애인 부가조사 대상은 총 1,368명이며 이 중 조사 완료된 장애인 가구원은 1,350명이다. 일반 가구 내 장애인은 542명, 저소득 가구 내 장애인은 808명이다.

응답자 중 남성은 52.64%, 여성은 42.36%이다. 저소득 가구원 중에서는 남성이 51.37%, 여성이 48.63%이고, 일반 가구원 중에서는 남성이 62.91%, 여성이 37.09%이다. 연령대를 살펴보면 20세 미만이 2.39%, 20~30세 미만이 4.52%, 30~40세 미만이 6.59%, 40~50세 미만이 13.82%, 50~60세 미만이 22.29%, 60~65세 미만이 12.10%, 65세 이상이 38.30%로 나타났다. 저소득 가구원 중에서는 65세 이상이 50.21%로 가장 높게 나타났고, 일반 가구원 중에서도 65세 이상이 28.28%로 가장 높게 나타났다.

장애 종류를 살펴보면, 지체 장애가 50.55%, 시각 장애가 10.16%, 뇌병변 장애가 9.73%, 지적 장애가 7.87%, 청각 장애가 10.86%, 정신 장애가 4.03%, 신장 장애가 3.05%로 나타났다. 장애 등급은 3급이 가장 많아 21.27%, 그다음이 6급으로 21.07%, 5급이 16.64%, 4급이 14.61%, 1급이 13.64%, 2급이 12.78%로 나타났다. 교육 수준을 살펴보면 고등학교 학력이 30.94%로 가장 높게 나타났으며 초등학교 학력이 25.32%, 중학교 학력이 14.96%로 뒤를 이었다. 무학도 9.92%로 상당히 높았으며, 전문대학 이상의 학력은 18.50%로 나타났다.

〈표 10-1-1〉 응답자 특성: 성별, 연령대, 장애 종류, 장애 등급, 교육 수준

(단위: %)

구분		전체	저소득	일반
성별	남성	57.64	51.37	62.91
	여성	42.36	48.63	37.09
계		100.00	100.00	100.00
연령대	20세 미만	2.39	1.02	3.54
	20~30세 미만	4.52	3.83	5.10
	30~40세 미만	6.59	4.39	8.45
	40~50세 미만	13.82	11.10	16.10
	50~60세 미만	22.29	17.97	25.91
	60~65세 미만	12.10	11.48	12.62
	65세 이상	38.30	50.21	28.28
계		100.00	100.00	100.00
장애 종류	지체 장애	50.55	49.79	51.18
	뇌병변 장애	9.73	8.11	11.09
	시각 장애	10.16	9.42	10.78
	청각 장애	10.86	9.96	11.61
	언어 장애	0.78	1.28	0.37
	지적 장애	7.87	8.72	7.15
	자폐성 장애	0.92	0.27	1.47
	정신 장애	4.03	7.15	1.41
	신장 장애	3.05	3.20	2.92
	심장 장애	0.22	0.31	0.15
	호흡기 장애	0.48	0.25	0.67
	간 장애	0.44	0.17	0.68
	안면 장애	0.11	0.24	0.00
	장루·요루 장애	0.53	0.54	0.52
	간질 장애	0.28	0.61	0.00
계		100.00	100.00	100.00
장애 등급	1급	13.64	12.53	14.57
	2급	12.78	15.18	10.76
	3급	21.27	23.69	19.23
	4급	14.61	17.73	11.99
	5급	16.64	15.78	17.36
	6급	21.07	15.09	26.09
계		100.00	100.00	100.00

구분		전체	저소득	일반
교육 수준	미취학	0.38	0.00	0.70
	무학	9.92	15.66	5.09
	초등학교	25.32	34.09	17.95
	중학교	14.96	14.83	15.07
	고등학교	30.94	27.49	33.83
	전문대학	5.55	2.43	8.17
	대학교	10.53	4.75	15.38
	대학원(석사)	1.99	0.75	3.03
	대학원(박사)	0.43	0.00	0.78
계		100.00	100.00	100.00

제2절 장애로 인한 사회적 차별

지난 1년간 장애로 인하여 사회적 차별을 받은 적이 있는지, 차별을 받은 적이 있다면 대처 방법은 무엇이었는지를 질문하였다. 10가지 상황별에 대한 차별 경험 있음 비율은 다음과 같다. 보험제도상의 차별 경험 비율이 12.04%로 가장 높았고, 학교생활(유치원 및 보육시설 포함)에서의 차별 경험 있음 비율이 11.97%, 입학·전학 시의 차별 경험 있음 비율이 11.25% 순으로 나타났다. 저소득 가구 장애인 중에서는 학교생활(유치원 및 보육시설 포함)에서의 차별 경험 있음 비율이 30.56%로 가장 높았고, 그다음으로 입학·전학 시의 차별 경험 있음 비율이 26.27%, 보험제도상의 차별 경험 있음 비율이 11.45% 순으로 나타났다. 일반 가구 장애인 중에서는 보험제도상의 차별 경험 있음 비율이 12.21%로 가장 높게 나타났고, 취업 시의 차별 경험 있음 비율이 10.74%, 직장 생활에서 차별 경험 있음 비율이 7.27%로 나타났다. 하지만 입학·전학 시의 차별 경험 있음 비율, 운전면허 제도상(취득 시) 차별 경험 있음 비율은 사례 수가 적어 해석에 주의해야 한다.

〈표 10-2-1〉 각종 상황별(10) 차별 경험 있음 비율

(단위: %)

구분	전체	저소득	일반
입학·전학 시의 차별	11.25	26.27	5.05
학교생활(유치원 및 보육시설 포함)에서의 차별	11.97	30.56	5.73
결혼 전 및 결혼 생활 중의 차별	2.79	4.39	1.89
취업 시의 차별	10.33	9.45	10.74
직장 생활에서의 차별	5.79	0.85	7.27
운전면허 제도상(취득 시) 차별	10.12	22.39	0.00
보험제도상 차별	12.04	11.45	12.21
의료기관 이용 시 차별	1.99	3.74	0.52
정보통신 이용 시(방송 포함) 차별	0.35	0.00	0.63
지역사회 생활(음식점, 극장, 공연장 등)에서의 차별	2.93	3.44	2.49

주: 1) 지난 1년간 해당 영역에서 활동을 한 경우 응답 대상이 됨.
2) 일부 항목은 사례 수가 적어 해석에 주의를 요함(입학·전학 시의 차별 경험률의 사례 수는 27명, 운전면허제도상(취득 시) 차별 경험률의 사례 수는 22명임).

10가지 차별 상황별에 대한 대처 방법은 다음과 같다. 입학·전학 시의 차별, 학교생활(유치원 및 보육시설 포함)에서의 차별, 결혼 전 및 결혼 생활 중의 차별, 의료기관 이용 시의 차별, 보험제도상 차별, 지역사회 생활에서의 차별에 대해서는 무시하거나, 참는 수준을 넘어 항의하는 수준까지 대처하는 것으로 나타났다. 그러나 취업 시의 차별, 직장 생활에서의 차별에 대해서는 무시하거나 참는 수준까지 대처하는 것으로 나타났다. 학교생활(유치원 및 보육시설 포함)에서의 차별에 대해서는 20.87%는 항의하는 수준까지 대처하고, 그다음으로 입학·전학 시의 차별에 대해서는 18.87%가 항의하는 수준까지 대처하였다. 보험제도상 차별에 대해 15.66%가, 지역사회 생활에서의 차별에 대해 12.70%가 항의하는 방법으로 대처하였다. 저소득 가구 장애인은 학교생활(유치원 및 보육시설 포함)에 대해 25.18%가 항의하는 방법으로 대처하였고, 그다음으로 보험제도상의 차별에 대해 15.66%, 지역 사회 이용 시의 차별에 대해 4.27% 순으로 항의하는 수준으로 대처하였다. 일반 가구 장애인은 의료기관 이용 시의 차별에 대해 33.75%가 항의하는 방법으로 대처하였고, 그다음으로 입학·전학 시의 차별에 대해 32.00%, 결혼 생활 전 및 결혼 생활 중의 차별에 대해 27.31% 순으로 항의하는 수준으로 대처하였다. 입학·전학 시의 차별과 보험제도상의 차별에 대한 대처 방법의 사례 수는 10명 이하여서 해석에 특히 주의를 요한다. 학교생활(유치원 및 보육시설 포

함)에서의 차별에 대한 대처 방법, 결혼 생활에서의 차별에 대한 대처 방법, 취업 시의 차별, 직장 생활에서의 차별, 의료기관 이용 시 차별에 대한 대처 방법은 사례 수가 10명 이상 30명 이하여서 해석에 주의를 요한다. 정보통신 이용 시 차별에 대해서는 응답 수가 없어 표에서는 생략하였다.

〈표 10-2-2〉 각종 상황별(10) 차별에 대한 대처 방법(중복응답 가능)

(단위: %)

구분		전체	저소득	일반
입학·전학 시의 차별	무시한다	26.04	30.89	22.67
	참는다	41.73	69.11	22.67
	항의한다	18.87	0.00	32.00
	고발한다	0.00	0.00	0.00
	기타	13.36	0.00	22.67
계		100.00	100.00	100.00
학교생활(유치원 및 보육시설 포함)에서의 차별	무시한다	29.13	24.82	30.44
	참는다	35.00	50.00	30.44
	항의한다	20.87	25.18	19.56
	고발한다	0.00	0.00	0.00
	기타	15.00	0.00	19.56
계		100.00	100.00	100.00
결혼 전 및 결혼 생활 중의 차별	무시한다	42.31	49.14	33.98
	참는다	45.38	50.86	38.70
	항의한다	12.30	0.00	27.31
	고발한다	0.00	0.00	0.00
	기타	0.00	0.00	0.00
계		100.00	100.00	100.00
취업 시의 차별	무시한다	42.13	50.00	39.23
	참는다	56.28	50.00	58.60
	항의한다	0.00	0.00	0.00
	고발한다	0.00	0.00	0.00
	기타	1.59	0.00	2.17
계		100.00	100.00	100.00

구분		전체	저소득	일반
직장 생활에서의 차별	무시한다	41.97	50.00	41.46
	참는다	58.03	50.00	58.54
	항의한다	0.00	0.00	0.00
	고발한다	0.00	0.00	0.00
	기타	0.00	0.00	0.00
계		100.00	100.00	100.00
보험제도상 차별	무시한다	34.34	34.34	0.00
	참는다	34.34	34.34	0.00
	항의한다	15.66	15.66	0.00
	고발한다	0.00	0.00	0.00
	기타	15.66	15.66	0.00
계		100.00	100.00	100.00
의료기관 이용 시 차별	무시한다	40.81	40.96	33.12
	참는다	58.55	59.04	33.12
	항의한다	0.64	0.00	33.75
	고발한다	0.00	0.00	0.00
	기타	0.00	0.00	0.00
계		100.00	100.00	100.00
지역사회생활(음식점, 극장,공연장, 체육시설 등)에서의 차별	무시한다	42.58	49.86	34.93
	참는다	44.71	45.87	43.49
	항의한다	12.70	4.27	21.58
	고발한다	0.00	0.00	0.00
	기타	0.00	0.00	0.00
계		100.00	100.00	100.00

주: 1) 차별에 대한 대처 방법으로 '했다'고 응답한 사례만 분석함.
2) 일부 항목은 사례 수가 10인 이하라 해석에 극히 주의를 요함(입학·전학 시의 차별과 보험제도상의 차별에 대한 대처 방법의 사례 수는 각각 8명, 6명임).
3) 일부 항목은 사례 수가 10인 이상 30인 이하라 해석에 주의를 요함(학교생활(유치원 및 보육시설 포함)에서의 차별에 대한 대처 방법의 응답자는 24명, 결혼 생활에서의 차별에 대한 대처 방법의 응답자는 13명, 취업 시 차별에 대한 대처 방법의 응답자는 20명, 직장 생활에서의 차별에 대한 대처 방법의 응답자는 18명, 의료기관 이용 시 차별에 대한 대처 방법의 응답자는 25명임).
4) 정보통신 이용 시 차별에 대한 대처 방법은 사례 수가 없어 표에서 생략함.

지난 한 달 동안 외출(목발, 전동휠체어 등 보조 기구를 이용한 모든 형태의 외출 포함)을 어느 정도 했는지 묻는 문항에는 '거의 매일 했다'는 응답이 68.75%로 가장 많았다. '주 3~4회 외출했다'는 응답은 12.51%, '주 1~2회 외출했다'는 응답은 8.21%로 나타났다. '거의 외출하지 않는다'는 응답은 7.15%로 나타났다. 일반 가구 장애인의 경우 '거의 매일 외출한다'가 75.45%였으나, 저소득 가구 장애인은 60.78%로 나타났다. 거의 외출하지 않는 장애인은 저소득 가구의 장애인(8.76%)이 일반 가구의 장애인(5.79%)보다 많은 것으로 나타났다.

〈표 10-2-3〉 외출 정도

(단위: %)

구분	전체	저소득	일반
거의 매일	68.75	60.78	75.45
주 3~4회	12.51	15.93	9.64
주 1~2회	8.21	10.67	6.14
월 3회 이내	3.38	3.87	2.98
거의 외출하지 않음	7.15	8.76	5.79
계	100.00	100.00	100.00

지난 한 달 동안 월 3회 이내로 외출하거나 거의 외출하지 않는다고 응답한 장애인에게 외출을 하지 않는 주된 이유가 무엇인지를 물어보았다. '장애 때문에 몸이 불편해서'라는 응답이 69.11%로 가장 높았으며, 특히 일반 가구에서 70.17%로 상당히 높았다. '본인이 하고 싶지 않아서'가 14.64%로 뒤를 이었다. 저소득 가구 장애인은 '교통이 불편해서', '장애인 편의시설이 부족해서', '본인이 하고 싶지가 않아서', '의사소통이 어려워서'라는 응답 비율이 일반 가구 장애인보다 높았다.

〈표 10-2-4〉 외출을 하지 않는 주된 이유

(단위: %)

구분	전체	저소득	일반
교통이 불편해서	0.54	0.98	0.00
장애인 편의시설의 부족	0.02	0.03	0.00
장애 때문에 몸이 불편해서	69.11	68.24	70.17
본인이 시간이 없어서	0.00	0.00	0.00
본인이 하고 싶지 않아서	14.64	16.53	12.36
주위의 시선 때문에	1.80	0.00	3.99
의사소통이 어려워서	6.59	12.03	0.00
기타	5.84	2.18	10.26
도움 제공자가 시간이 없어서	1.46	0.00	3.23
계	100.00	100.00	100.00

제3절 일상생활

일상생활을 하는 데 '일부 남의 도움이 필요하다', '대부분 남의 도움이 필요하다', '거의 모든 일에 남의 도움이 필요하다'로 응답한 장애인들에게 주로 도와주는 사람이 누구인지, 도움 시간이 많은 순으로 3명까지 응답하도록 하였다. 도움을 주는 사람이 가구원일 경우 가구원 번호도 기입하도록 하였다. 본 보고서에서는 도움을 주는 사람이 누구인지만을 분석하였다. 일상생활에서 주로 도와주는 사람 1순위는 부모가 가장 많아 33.79%를 차지했다. 그다음으로 배우자 31.56%, 자녀 11.82%의 순이었다. 일반 가구의 장애인은 1순위로 도움을 주는 사람으로, 자녀, 유료 활동보조인의 비중이 저소득 가구의 장애인보다 상대적으로 높았다. 반면 저소득 가구의 장애인은 1순위로 도움을 주는 사람으로 배우자, 요양보호사, 무료 가정봉사원의 비중이 일반 가구의 장애인보다 상대적으로 높게 나타났다.

일상생활에서 주로 도와주는 사람 2순위는 자녀가 가장 많아 28.76%로 나타났다. 다음으로는 요양보호사(13.56%), 부모(12.72%)의 순이었다. 일반 가구의 장애인은 2순위로 도움을 주는 사람으로 유료 활동보조인, 부모, 조부모의 비중이 저소득 가구의 장애인보다 상대적으로 높았는데, 특히 유료 활동보조인은 10.76%로 나타나 저소득 가구 장애인의 3.07%보다 월등히 높게 나타났다. 반면 저소득 가구의 장애인은 2순위로 도움을 주는 사람으로 요양보호사, 무료 가정봉사원, 이웃의 비중이 일반 가구의 장애인보다 상대적으로 높게 나타났다.

일상생활에서 주로 도와주는 사람 3순위로는 자녀가 가장 많아 29.87%였다. 그다음으로는 형제자매가 16.77%, 요양보호사가 10.51% 순이었다. 일반 가구의 장애인은 3순위로 도움을 주는 사람으로 부모, 친척, 배우자의 비중이 저소득 가구의 장애인보다 상대적으로 높았다. 반면 저소득 가구의 장애인은 3순위로 도움을 주는 사람으로 자녀, 기타, 형제자매의 비중이 일반 가구의 장애인보다 상대적으로 높게 나타났다.

〈표 10-3-1〉 일상생활에서 주로 도와주는 사람(1순위/2순위/3순위)

(단위: %)

구분	1순위			2순위			3순위		
	전체	저소득	일반	전체	저소득	일반	전체	저소득	일반
배우자	31.56	38.13	25.42	4.51	5.14	4.10	6.86	0.63	8.90
부모	33.79	32.03	35.43	12.72	8.21	15.67	8.56	1.94	10.72
자녀 (며느리, 사위 포함)	11.82	8.93	14.52	28.76	27.81	29.38	29.87	37.22	27.47
형제자매	1.48	1.18	1.76	11.10	11.10	11.10	16.77	21.41	15.25
조부모	0.22	0.00	0.42	2.72	0.00	4.50	0.00	0.00	0.00
손자녀	1.06	0.43	1.66	1.38	0.91	1.68	2.34	0.00	3.11
기타 가족	0.76	0.00	1.48	0.11	0.27	0.00	0.00	0.00	0.00
친척	0.00	0.00	0.00	0.31	0.52	0.18	6.55	0.00	8.69
친구	0.19	0.39	0.00	2.33	1.91	2.60	3.32	2.11	3.72
이웃	0.25	0.32	0.18	1.86	3.93	0.50	2.87	4.79	2.24
유료 가정봉사원	0.00	0.00	0.00	0.00	0.00	0.00	0.33	0.00	0.44
유료 간병인	2.39	1.27	3.45	0.00	0.00	0.00	0.00	0.00	0.00
유료 활동보조인	2.74	0.40	4.92	7.72	3.07	10.76	1.45	3.63	0.74
무료 가정봉사원	1.23	2.55	0.00	1.81	4.57	0.00	0.00	0.00	0.00
무료 간병인	0.06	0.11	0.00	0.61	0.00	1.01	0.00	0.00	0.00
무료 활동보조인	5.78	5.55	5.99	6.94	6.89	6.97	0.77	0.00	1.02
기타	1.26	2.45	0.15	3.58	3.26	3.78	9.80	17.42	7.30
없음	0.00	0.00	0.00	0.00	0.00	0.00	0.00	0.00	0.00
요양보호사	5.41	6.24	4.63	13.56	22.41	7.77	10.51	10.85	10.40
장애아동 돌보미	0.00	0.00	0.00	0.00	0.00	0.00	0.00	0.00	0.00
계	100.0	100.0	100.0	100.0	100.0	100.0	100.0	100.0	100.0

일상생활을 하는 데 '일부 남의 도움이 필요하다', '대부분 남의 도움이 필요하다', '거의 모든 일에 남의 도움이 필요하다'로 응답한 장애인들에게 가족이나 주변 사람들로부터 받는 도움이 충분한지 물었다. '매우 충분하다' 혹은 '충분한 편이다'라고 응답한 장애인이 69.78%이며, '부족한 편이다' 혹은 '매우 부족하다'고 응답한 장애인 30.22%보다 높게 나타났다. 일상생활에서의 도움이 전반적으로 부족하다고 응답한 장애인은 저소득 가구의 장애인이 32.34%로 일반 가구의 장애인 28.21%보다 높게 나타났다.

〈표 10-3-2〉 일상생활에서 도움의 충분성

(단위: %)

구분	전체	저소득	일반
매우 충분하다	10.95	11.64	10.29
충분한 편이다	58.83	56.02	61.49
부족한 편이다	25.94	27.4	24.56
매우 부족하다	4.28	4.94	3.65
계	100.00	100.00	100.00

일상생활을 하는 데 '일부 남의 도움이 필요하다', '대부분 남의 도움이 필요하다', '거의 모든 일에 남의 도움이 필요하다'로 응답한 장애인들에게 활동보조서비스를 현재 이용하고 있는지, 장래에도 이용할 의향이 있는지와 이용한다면 본인부담을 어느 정도 수용할 수 있는지를 질문하였다.

현재 활동보조서비스를 이용 중이라고 응답한 장애인은 일상생활에서 도움이 필요한 장애인 중 21.42%를 차지하였다. 활동보조서비스를 이용하는 장애인은 저소득 가구에서 15.67%로 나타나 일반 가구 26.88%보다 11.21%포인트 낮게 나타났다.

〈표 10-3-3〉 활동보조서비스의 이용 여부

(단위: %)

구분	전체	저소득	일반
이용한다	21.42	15.67	26.88
이용하지 않는다	78.58	84.33	73.12
계	100.00	100.00	100.00

앞으로 '활동보조서비스를 이용할 의향이 있는지', 현재 이용 중이라면 '향후 이용할 의향이 있는지'를 질문하였다. 일상생활에서 도움이 필요한 장애인 중 활동보조서비스를 이용할 의사가 있다고 응답한 사람은 46.46%로 나타났다. 활동보조서비스에 대한 장래 이용 의향은 저소득 가구 장애인이 38.54%로 나타나 일반 가구 장애인 53.97%보다 15.43%포인트 낮게 나타났다.

〈표 10-3-4〉 활동보조서비스의 이용 의향 여부

(단위: %)

구분	전체	저소득	일반
이용하겠다	46.46	38.54	53.97
이용하지 않겠다	53.54	61.46	46.03
계	100.00	100.00	100.00

‘향후 활동보조서비스를 이용할 의향이 있다’고 응답한 장애인에게 활동보조서비스가 주당 10시간 이용 시 9만 원의 비용이 든다는 점을 알려 주면서 이 중 일부를 부담해야 한다면 어느 정도까지 부담할 의사가 있는지를 질문하였다. ‘총 이용 금액의 10% 정도까지 부담할 의사가 있다’는 응답이 27.78%로 가장 높았다. 그다음으로 ‘비용과 상관없이 무조건 이용하겠다’는 응답이 27.08%로 나타났다.

저소득 가구 장애인의 경우, ‘자기부담이 있으면 이용하지 않겠다’는 응답이 42.88%로 나타나 가장 높게 나타났는데, 이는 일반 가구 장애인의 11.57%보다 31.31%포인트 높게 나타났다. 일반 가구 장애인의 경우, ‘비용과 상관없이 무조건 이용하겠다’는 응답이 28.94%로 가장 높게 나타났다.

〈표 10-3-5〉 활동보조서비스 이용 시 희망하는 본인부담 정도

(단위: %)

구분	전체	저소득	일반
비용과 상관없이 무조건 이용하겠다	27.08	24.35	28.94
총 이용 금액의 40% 정도까지(즉 주당 3만 4,000원 정도)	2.37	3.72	1.45
총 이용 금액의 30% 정도까지(즉 주당 2만 6,000원 정도)	6.19	3.32	8.14
총 이용 금액의 20% 정도까지(즉 주당 1만 7,000원 정도)	12.36	1.51	19.72
총 이용 금액의 10% 정도까지(즉 주당 9,000원 정도)	27.78	24.22	30.19
자기부담이 있으면 이용하지 않겠다	24.22	42.88	11.57
계	100.00	100.00	100.00

지난 1개월 동안 경제적 또는 일상 생활상의 어려움으로 도움이 필요할 때 주변으로부터 도움을 받은 적이 있는지, 있다면 몇 번이나 물질적 지원 혹은 보살핌을 받았는지 질문하였다. 물질적 지원은 현금 또는 현물 지원을, 보살핌은 현금, 현물 지원을 제외한 전화통화, 가사 지원, 자녀 양육, 보일러 점검 등의 지원을 의미한다.

생계를 달리하는 부모·자녀·형제자매의 도움을 받은 비율이 55.22%로 주변의 도움 중 가장 많은 비중을 차지했으며, 그다음으로 친구 및 동료의 도움을 받는 비율이 18.78%, 이웃 9.01% 순이었다. 저소득 가구의 장애인은 일반 가구 장애인에 비해 생계를 달리하는 부모·자녀·형제자매의 도움 비율, 이웃의 도움 비율, 종교의 도움 비율, 읍·면·동사무소의 사회복지공무원의 도움 비율, 사회단체나 봉사단체의 도움 비율이 상대적으로 더 높게 나타났다. 일반 가구의 장애인은 저소득 가구의 장애인에 비해 친구 및 동료, 활동보조인의 순으로 도움을 받는 비율이 더 높았다.

〈표 10-3-6〉 경제적 또는 일상생활상의 어려움 시 주변의 도움 여부

(단위: %)

구분	전체	저소득	일반
생계를 달리하는 부모·자녀·형제자매	55.22	60.86	50.48
친척(3촌 이상)	8.1	11.99	4.82
친구 및 동료	18.78	15.85	21.24
이웃	9.01	12.88	5.76
종교단체	7.78	12.44	3.86
사회단체나 봉사단체	1.85	3.00	0.88
복지관의 사회복지사나 직원	6.15	8.82	3.90
읍·면·동사무소의 사회복지공무원	5.48	9.96	1.72
학교(담임교사, 상담실 교사 등)	1.10	0.09	1.94
기타	3.2	3.78	2.71
활동보조인	5.92	4.16	7.39
요양보호사	5.94	7	5.05
장애아동 돌보미	0.00	0.00	0.00

주: 주변의 도움을 받는 비율은 도움을 '받았다'고 응답한 비율을 의미함.

지난 1개월간 주변으로부터 받은 물질적 도움 중 사회단체나 봉사단체의 도움 횟수가 가장 많았는데, 평균 3.6회로 나타났다. 그다음은 복지관의 사회복지사의 도움으로 2.9회로 나타났고, 생계를 달리하는 부모·자녀·형제자매의 도움 제공이 평균 2.2회의 순으로 나타났다. 저소득 가구의 장애인은 일반 가구의 장애인보다 대부분의 영역에서 주변으로부터 받는 도움 횟수가 더 많았다. 일반 가구의 장애인은 저소득 가구의 가구

원에 비해 친척(3촌 이상)의 도움(평균 1.2회)의 평균 횟수만 더 많았다. 하지만 학교(담임교사, 상담실 교사 등), 사회단체나 봉사단체의 도움은 사례 수가 적어 해석에 주의를 요한다.

〈표 10-3-7〉 경제적 또는 일상생활상의 어려움 시 주변의 물질적 지원 정도

(단위: 회)

구분		중위	평균	표준오차
생계를 달리하는 부모·자녀·형제자매	전체	1.0	2.2	0.11
	저소득	2.0	2.6	0.17
	일반	1.0	1.7	0.15
친척(3촌 이상)	전체	1.0	1.0	0.25
	저소득	0.0	0.9	0.32
	일반	1.0	1.2	0.40
친구 및 동료	전체	0.0	0.3	0.07
	저소득	0.0	0.3	0.13
	일반	0.0	0.2	0.08
이웃	전체	0.0	0.8	0.16
	저소득	0.0	0.9	0.21
	일반	0.0	0.6	0.24
종교단체	전체	0.0	0.9	0.26
	저소득	0.0	1.1	0.34
	일반	0.0	0.6	0.20
사회단체나 봉사단체	전체	0.0	3.6	1.75
	저소득	1.0	4.8	2.16
	일반	0.0	0.0	0.00
복지관의 사회복지사	전체	0.0	2.9	0.77
	저소득	0.0	4.0	1.00
	일반	0.0	0.9	0.80
읍·면·동사무소의 사회복지공무원	전체	1.0	1.0	0.18
	저소득	1.0	1.1	0.21
	일반	0.0	0.4	0.18
학교(담임교사, 상담실 교사 등)	전체	0.0	0.0	0.06
	저소득	0.0	0.5	0.88
	일반	0.0	0.0	0.00

구분		중위	평균	표준오차
기타	전체	0.0	1.1	0.50
	저소득	0.0	1.4	0.78
	일반	0.0	0.8	0.29
활동보조인	전체	0.0	0.0	0.05
	저소득	0.0	0.1	0.11
	일반	0.0	0.0	0.03
요양보호사	전체	-	-	-
	저소득	-	-	-
	일반	-	-	-
장애아동 돌보미	전체	-	-	-
	저소득	-	-	-
	일반	-	-	-

주: 1) 일부 항목의 경우 사례 수가 적어 해석에 주의를 요함(사회단체나 봉사단체의 도움의 사례 수 16명, 학교(담임교사 등)의 도움의 사례 수 13명임).
2) 요양보호사와 장애아동 돌보미의 물질적 도움을 받은 사례 수가 없어서 공란으로 제시함.

지난 1개월간 주변으로부터 받은 보살핌 중 생계를 달리하는 부모·자녀·형제자매의 보살핌 횟수가 가장 많았는데, 평균 6.0회로 나타났다. 저소득 가구의 장애인은 일반 가구의 장애인보다 대부분의 영역에서 주변으로부터 받는 도움 횟수가 더 많았다. 일반 가구의 장애인은 저소득 가구의 장애인 가구원에 비해 활동보조인, 사회단체나 봉사단체, 복지관의 사회복지사나 직원의 보살핌의 평균 횟수가 더 많았다. 하지만 사회단체나 봉사단체의 보살핌 제공에 응답한 사례 수가 적어 해석에 주의를 요한다.

〈표 10-3-8〉 경제적 또는 일상생활상의 어려움 시 주변의 보살핌 정도

(단위: 회)

구분		중위	평균	표준오차
생계를 달리하는 부모·자녀·형제자매	전체	3.0	6.0	0.31
	저소득	4.0	6.4	0.37
	일반	3.0	5.5	0.53
친척(3촌 이상)	전체	2.0	2.5	0.33
	저소득	2.0	1.8	0.24
	일반	2.0	3.9	0.97

구분		중위	평균	표준오차
친구 및 동료	전체	3.0	4.8	0.37
	저소득	3.0	5.3	0.51
	일반	3.0	4.5	0.57
이웃	전체	2.0	4.0	0.42
	저소득	2.0	4.3	0.56
	일반	2.0	3.5	0.46
종교단체	전체	4.0	3.8	0.35
	저소득	4.0	3.8	0.39
	일반	3.0	3.8	0.83
사회단체나 봉사단체	전체	1.0	2.3	0.63
	저소득	0.0	1.3	0.62
	일반	5.0	4.9	0.45
복지관의 사회복지사나 직원	전체	3.0	7.8	1.02
	저소득	2.0	6.6	1.09
	일반	12.0	10.1	2.34
읍·면·동사무소의 사회복지공무원	전체	0.0	1.0	0.23
	저소득	0.0	1.0	0.26
	일반	1.0	1.0	0.59
학교(담임교사, 상담실 교사 등)	전체	8.0	13.2	1.99
	저소득	22.0	17.6	7.47
	일반	8.0	13.0	2.15
기타	전체	8.0	11.4	1.79
	저소득	8.0	12.9	2.27
	일반	4.0	9.6	3.15
활동보조인	전체	20.0	19.1	0.82
	저소득	20.0	17.9	1.21
	일반	20.0	19.6	1.12
요양보호사	전체	20.0	20.9	0.45
	저소득	20.0	21.3	0.53
	일반	20.0	20.5	0.85

주: 1) 장애아동 돌보미의 보살핌 지원을 받은 응답자는 0명이어서 위의 표에서 생략하였음.
2) 일부 항목의 경우 사례 수가 적어 해석에 주의를 요함(사회단체나 봉사단체의 도움의 사례 수 16명, 학교(담임교사 등)의 도움의 사례 수 13명임).

제 11 장 종단분석

11 종단분석

제1절 빈곤 및 소득이동성

패널이 가진 가장 큰 장점은 패널 자료를 활용해 조사 대상자의 시간에 따른 상태 변화, 즉 동태적 변화를 분석할 수 있다는 점이다. 2017년 연구에서는 패널 활용 동태 분석 중 한국복지패널이 가지고 있는 소득의 특성을 반영하여 빈곤동태(poverty dynamic) 분석을 진행하였다.

분석 방법은 시장소득과 가처분소득을 가구원 수의 제곱근으로 균등화하여 균등화 소득을 기초로, 상대빈곤선(중위소득 30%, 40%, 50%)을 적용하여 우선 빈곤 여부를 판정하였다.[22] 소득을 시장소득과 가처분소득으로 구분한 이유는 통계청의 소득 발표 자료가 시장 및 가처분소득을 기준으로 하고 있으며, 시장소득 이후에 정부의 공적이전, 조세 및 사회보험 분담금 등의 효과를 간접적으로 파악하기 위함이다. 복지패널을 통해 빈곤율이 매년 산출되며, 매년 계산된 빈곤율을 기초로 복지패널 분석 기간인 1~12차까지를 기준으로 5회 이상 빈곤을 경험한 경우는 장기빈곤, 2~4회의 빈곤을 주기적으로 경험한 경우는 반복빈곤, 11차 기간 동안 1회만 빈곤을 경험할 경우는 일시빈곤, 1~11차 기간 동안 빈곤을 전혀 경험하지 않은 경우는 비빈곤으로 구분하였다.

먼저 시장소득과 가처분소득 기준 빈곤동태 분석 결과를 보면, 시장소득 중위 30%, 40%, 50%를 기준으로 빈곤율은 9.0%, 12.7%, 17.4%로 분석되었으며, 가처분소득을 기준으로 할 경우 장기빈곤율은 다소 감소하여 각각 2.4%, 6.5%, 11.7% 수준으로 분석되었다. 지난 12년간 빈곤을 전혀 경험하지 않은 경우는 시장소득을 기준으로 빈곤선별로 74.8%, 66.5%, 58.4%의 순이었다. 빈곤선이 높아질수록 빈곤을 경험하지 않은 규모가 감소하고 있다. 두 번째로 그동안 정부의 복지제도가 빈곤 감소에 많은 영향을 주었다는 점을 확인할 수 있다. 즉 시장소득에서 가처분소득으로 변함에 따라 빈곤

22) 가장 많이 활용되는 빈곤선 기준은 중위를 기준으로 40%, 50% 및 60% 선이다. 하지만 본 연구에서는 동 기준보다는 현재 기초생활보장제도의 수급 기준인 중위소득 30%(생계급여), 40%(의료급여), 50%(교육급여)를 활용하였다.

율이 크게 감소하는 현상을 볼 수 있다. 이는 정부의 공적이전소득과 조세 및 사회보험료 등의 정부 정책이 빈곤층 축소에 일정 부문 긍정적인 영향을 주었다는 것을 확인할 수 있다.

〈표 11-1-1〉 패널을 활용한 빈곤동태 분석(1~12차 기준)

(단위: %)

구분		장기빈곤	반복빈곤	일시빈곤	비빈곤
시장소득	중위 30%	9.0	7.6	8.6	74.8
	중위 40%	12.7	10.4	10.3	66.5
	중위 50%	17.4	12.5	11.8	58.4
가처분소득	중위 30%	2.4	6.0	8.3	83.3
	중위 40%	6.5	9.2	11.3	73.0
	중위 50%	11.7	13.2	12.0	63.0

성별을 기준으로 빈곤의 동태적 변화를 보면, 남녀 간의 빈곤동태 변화에 큰 차이가 있는 것을 확인할 수 있다. 기존 연구와 비슷하게 남성에 비해 여성이 빈곤에 매우 취약하다는 점을 알 수 있다. 시장소득 중위 50%를 기준으로 남성의 만성빈곤율은 14.7%, 여성의 장기빈곤율은 20.1%로 여성의 만성빈곤율이 남성의 만성빈곤율에 비해 5.4%포인트 높았다. 가처분소득을 기준으로 할 경우 장기빈곤에서 남녀 간에 두 배 정도의 빈곤율 격차가 발생하고 있다. 지난 12년간 비빈곤을 경험한 비율에서도 남녀 간에 차이가 있다는 점을 아래 표를 통해 확인할 수 있다.

〈표 11-1-2〉 패널을 활용한 빈곤동태 분석(성별)(1~12차 기준)

(단위: %)

남성		장기빈곤	반복빈곤	일시빈곤	비빈곤
시장소득	중위 30%	7.5	6.8	8.8	77.0
	중위 40%	10.8	9.6	11.0	68.7
	중위 50%	14.7	12.7	12.3	60.3
가처분소득	중위 30%	1.5	5.4	8.3	84.8
	중위 40%	4.7	8.9	11.7	74.7
	중위 50%	9.7	13.0	12.4	64.9
여성		장기빈곤	반복빈곤	일시빈곤	비빈곤
시장소득	중위 30%	10.6	8.5	8.5	72.5
	중위 40%	14.7	11.1	9.7	64.5
	중위 50%	20.1	12.3	11.2	56.4
가처분소득	중위 30%	3.2	6.6	8.4	81.9
	중위 40%	8.3	9.5	11.0	71.3
	중위 50%	13.8	13.5	11.6	61.2

다음은 연령을 기준으로 빈곤동태 분석을 해 보면 연령별로 큰 차이를 보이고 있으며, 특히 50대 이상에서 장기빈곤율이 높은 것으로 분석되었다. 시장 및 가처분 소득을 기준으로 49세 이하에서는 비빈곤을 경험하는 비율이 70% 이상의 양상을 보여 주고 있지만 50세 이상이 고령층에서는 그 비율이 현저하게 줄어들고 있으며 무엇보다 65세 이상 노인의 경우 장기빈곤은 물론 반복빈곤을 경험하는 비율도 매우 높다는 점을 확인할 수 있다. 75세 이상 고령 노인의 빈곤위험도가 높다는 점에서 노인빈곤율을 낮추기 위한 노력이 향후에도 지속될 필요가 있다. 현재 노인의 경우 기초연금제도가 시행됨으로써 시장소득에서 가처분소득으로의 빈곤 감소 효과 크게 발생하고 있다. 65세 이상 노인 전체적으로는 장기빈곤율이 시장소득에서 가처분소득으로 변경 시 중위 30% 미만에서 20%포인트 가까이 감소하고 있으며 중위소득 50% 선에서도 비슷한 수준까지 줄어들고 있었다. 하지만 노인층에서 장기빈곤율이 높다는 점은 한번 빈곤에 처하게 되면 노인층은 빈곤을 벗어날 수 있는 가능성이 낮다는 점에서 사회적 보호의 필요성이 높다.

이외에 주목할 점은 50대인 중고령층의 빈곤율이 높다는 점이다. 동 연령대는 사회적으로 중추에 해당되며, 자녀에 대한 지원(교육, 결혼 등)이 필요한 시기에 장기간 빈곤을 경험함으로써 본인과 그 가족의 삶의 수준이 낮아지는 경험을 한다는 점은 사회적으로 여러 문제를 야기할 수 있다. 자녀 세대가 부모 세대의 빈곤 현상을 바라볼 때, 장기적으로는 빈곤 문제를 본인의 문제로 인식하고 결혼과 자녀 출산을 미루는 현상이 일어난다면 우리나라 출산율이 낮은 속에서 이를 더욱 낮추는 효과를 가져올 수도 있다는 점이다.

〈표 11-1-3〉 패널을 활용한 빈곤동태 분석(연령별)(1~12차 기준)

(단위: %)

0~18세		장기빈곤	반복빈곤	일시빈곤	비빈곤
시장소득	중위 30%	2.7	4.4	6.2	86.7
	중위 40%	4.4	7.6	7.9	80.2
	중위 50%	7.6	9.0	10.0	73.4
가처분소득	중위 30%	0.2	2.5	6.0	91.4
	중위 40%	1.5	5.9	8.6	84.0
	중위 50%	4.9	8.2	10.8	76.1

19~34세(청년)		장기빈곤	반복빈곤	일시빈곤	비빈곤
시장소득	중위 30%	4.4	5.9	8.4	81.3
	중위 40%	7.2	8.5	11.7	72.6
	중위 50%	11.3	11.9	14.5	62.3
가처분소득	중위 30%	0.2	3.5	6.7	89.6
	중위 40%	2.0	7.8	12.3	77.9
	중위 50%	6.2	14.1	13.9	65.8
35~49세(중년)		장기빈곤	반복빈곤	일시빈곤	비빈곤
시장소득	중위 30%	3.9	4.7	7.1	84.3
	중위 40%	5.7	7.3	10.0	77.0
	중위 50%	8.5	10.2	12.2	69.1
가처분소득	중위 30%	0.6	3.9	7.6	87.8
	중위 40%	2.9	6.3	10.6	80.2
	중위 50%	5.9	9.8	12.1	72.2
50~64세(중고령)		장기빈곤	반복빈곤	일시빈곤	비빈곤
시장소득	중위 30%	8.0	7.6	10.5	73.9
	중위 40%	11.2	12.2	11.3	65.2
	중위 50%	16.4	15.4	12.5	55.7
가처분소득	중위 30%	1.5	7.2	9.2	82.3
	중위 40%	5.7	10.7	12.4	71.3
	중위 50%	11.3	16.8	12.0	59.9
65세 이상(노인)		장기빈곤	반복빈곤	일시빈곤	비빈곤
시장소득	중위 30%	36.5	20.3	11.9	31.3
	중위 40%	49.0	20.0	10.3	20.6
	중위 50%	59.3	17.7	7.4	15.6
가처분소득	중위 30%	13.6	17.0	14.1	55.3
	중위 40%	28.8	18.9	13.1	39.2
	중위 50%	41.9	19.3	10.3	28.6
65~74세		장기빈곤	반복빈곤	일시빈곤	비빈곤
시장소득	중위 30%	27.7	20.7	14.8	36.8
	중위 40%	39.9	23.4	11.6	25.1
	중위 50%	50.6	21.4	9.1	18.8
가처분소득	중위 30%	7.5	13.8	15.0	63.8
	중위 40%	18.8	19.4	14.5	47.2
	중위 50%	31.5	21.2	12.6	34.7
75세 이상(노인)		장기빈곤	반복빈곤	일시빈곤	비빈곤
시장소득	중위 30%	47.8	20.0	7.9	23.7
	중위 40%	61.9	15.3	8.5	14.3
	중위 50%	71.6	12.4	5.0	11.1
가처분소득	중위 30%	22.2	21.5	12.9	43.4
	중위 40%	42.7	18.2	11.1	27.9
	중위 50%	56.5	16.5	7.0	20.0

장기간 빈곤을 경험한 경우 어떠한 영향을 미치게 될까. 여기서는 아동기에 빈곤을 장기간 경험한 경우 청년이 되었을 때, 어떠한 사회적 위치에 놓이게 되는지를 분석함

으로써 장기빈곤으로 인한 영향을 파악해 보고자 한다.

먼저 아동기에 빈곤을 경험한 청년층의 연령은 2016년(12차 조사) 기준 18~29세를 기준으로 하였다. 18세는 11차 조사까지는 아동 연령에 해당되었으며, 12차 조사에서 아동 연령 기준을 초과한 경우이다. 18세는 패널이 처음 시작된 연도에는 7세였으며, 29세는 당시 17세에 해당되는 연령이다. 즉 11차 조사까지 빈곤을 경험한 아동이 12차 조사에서 아동에서 벗어나 청년기에 접어들었을 때, 아동기에 경험한 빈곤이 이들 청년층에 어떠한 영향을 미친 것일까. 동 연령대를 기준으로 우선 2016년의 상태를 보면 장기빈곤을 경험한 청년은 시장소득 기준으로 14.3%, 반복빈곤은 12.8%, 일시빈곤은 15.2% 수준이었다. 비빈곤은 57.8%였다. 가처분소득을 기준으로 하면 시장소득에 비해 장기빈곤은 감소하여 7.9% 수준이었지만, 반복 및 일시빈곤은 증가하는 것으로 나타났다.

〈표 11-1-4〉 아동빈곤 경험의 동태적 변화(2016년, 중위 50% 기준)

(단위: %)

구분		장기빈곤	반복빈곤	일시빈곤	비빈곤
18~29세	시장소득	14.3	12.8	15.2	57.8
	가처분소득	7.9	16.2	15.9	60.1

2016년 기준 18~29세 청년층의 학력 수준을 보면 장기빈곤을 경험한 청년은 고졸 이하가 60.0%로 반복, 일시 및 비빈곤을 경험한 청년에 비해 높은 비율을 보여 주고 있다. 반면에 대학 이상(대학원 포함)의 학력은 장기빈곤 경험 청년의 경우 23.6%, 반복 및 일시빈곤은 40.1%, 42.6%였으며 비빈곤 경험 청년층은 58.1%로 장기빈곤 경험 청년층에 비해 2배 이상 높은 수준이었다.

〈표 11-1-5〉 아동빈곤 경험자(18~29세)의 학력 수준(2016년, (가처분소득) 중위 50% 기준)

(단위: %)

구분	장기빈곤	반복빈곤	일시빈곤	비빈곤
중졸 이하	3.3	0.3	1.2	0.1
고졸 이하	56.7	29.5	28.1	19.9
전문대 졸 이하	16.4	30.1	28.2	21.9
대학 이상	22.5	38.6	39.0	55.3
대학원 이상	1.1	1.5	3.6	2.8

주: 1) 소득은 균등화 가처분소득을 기준으로 함.
자료: 한국보건사회연구원, 한국복지패널조사, 원자료

빈곤을 경험한 청년과 경험하지 않은 청년 간에 노동시장 참여 형태는 어떻게 차이를 보일까. 노동시장 참여 형태를 통해 보면 장기빈곤을 경험한 청년층과 그렇지 않은 청년 간에 노동시장 참여 형태에 많은 영향이 미치고 있다는 점을 확인할 수 있다. 상용직 근무 비율에서 장기빈곤 경험 청년은 6.7%에 불과하지만 비빈곤과 일시빈곤을 경험한 청년층은 24.2%와 29.0%로 장기빈곤 경험 청년과 큰 차이를 보이고 있다. 반면에 일용직 종사 및 실업자 비율은 장기빈곤 경험 청년층이 높다는 점에서 아동기 빈곤 경험이 청년의 생활에 일정 부분 영향을 미쳤을 것으로 예상할 수 있다.

비경제활동인구에서도 장기빈곤 경험 청년층은 근로무능력, 구직활동 포기, 근로 의사 없음 등의 비중이 기타 다른 빈곤 경험층과 비빈곤 경험 청년층에 비해 높다는 점을 확인할 수 있다.

〈표 11-1-6〉 아동빈곤 경험자(18~29세)의 노동시장 참여 형태(2016년, (가처분소득) 중위 50% 기준)

(단위: %)

구분	장기빈곤	반복빈곤	일시빈곤	비빈곤
상용직 임금근로자	6.7	17.5	29.0	24.2
임시직 임금근로자	16.5	23.8	19.3	14.0
일용직 임금근로자	8.5	4.1	4.0	2.9
자영업자(고용주, 무급가족 포함)	-	1.3	2.0	1.8
실업자	1.5	4.7	5.7	3.9
비경제활동인구	66.8	48.6	40.0	53.2
근로무능력	5.9	-	6.3	0.3
군 복무	6.0	8.5	10.1	1.8
정규교육 학업	39.3	54.3	54.1	64.6
진학 준비	7.0	4.3	2.7	4.9
취업 준비	11.4	17.4	10.8	17.6
가사·양육·간병	6.1	5.2	6.4	3.5
구직활동 포기	4.1	5.4	4.4	1.3
근로 의사 없음	20.2	4.7	5.3	5.4
기타	-	0.1	-	0.7

두 번째 분석은 소득분위를 기준으로 한 변화를 살펴보았다. 빈곤동태 분석과 동일하게 소득은 시장 및 가처분 소득을 기준으로 하였으며, 분위 변화는 균등화 소득 5분위를 기초로 하였다. 기준 연도는 1차(2005년), 6차(2010년), 12차(2016년)로 분석하였다. 1차는 조사를 처음 한 시점이란 점에서 6차는 전체 12차 조사 중 중간 연도이면

서 직전에 세계적 금융위기 등으로 경제적 영향을 많이 받은 해라는 점에서 분석 연도로 설정하였다. 12차는 분석 기준의 마지막 연도라는 점에서 이를 기초로 하였다.

2005년과 2010년의 경우를 보면, 시장소득 기준으로 소득분위가 상승한 경우는 26.8%, 분위가 유지된 비율은 45.1%, 분위가 하락한 비율은 28.1%로 분석되어 동 기간 소득변동성에서 분위 상승과 하락이 유사한 비율을 보여 주고 있다. 비록 금융위기 등 외부적 영향이 있기는 했지만 패널 조사를 통해서는 그 영향력이 높지는 않았다는 점이다. 시간에 따른 변화를 보면 6차에서 12차 조사로 1차에서 12차 조사 등으로 시간 흐름에 따른 변화를 보면 전반적으로 소득분위가 상승하고, 분위가 하락하거나 분위가 유지되는 비율이 감소하는 모습을 보여 주고 있다. 하지만 변화 폭을 보면 분위가 하락한 경우의 감소 비율보다는 분위가 유지되는 경우의 감소 폭이 크다는 점에서 소득변동성이 아래로 변하기보다는 상향 조정되는 경향을 보여 주고 있는 것으로 평가된다. 가처분소득을 기준으로 한 분석에서도 유사한 변화를 보여 주고 있었다.

〈표 11-1-7〉 소득분위 변동 분석(1~12차 기준)

(단위: %)

시장소득	분위 상승	분위 유지	분위 하락
2005→2010 (1차→6차)	26.8	45.1	28.1
2010→2015 (6차→12차)	31.3	44.6	24.1
2005→2015 (1차→12차)	33.2	38.5	28.3
가처분소득	**분위 상승**	**분위 유지**	**분위 하락**
2005→2010 (1차→6차)	27.5	43.1	29.4
2010→2015 (6차→12차)	33.2	41.3	25.6
2005→2015 (1차→12차)	36.1	40.7	23.2

세부적으로 5분위 간의 변화를 보면, 기준 연도 차수와 비교 연수 차수 간에서 분위가 하락되는 경우는 바로 한 분위 위의 소득에서 아래 분위로의 변화가 가장 많이 발생하고 있으며, 분위가 상승한 경우도 기준 연도 아래 분위에서 한 단계 분위가 높아지는 경우가 가장 높은 비율을 보여 주고 있다. 반면에 2분위 혹은 3분위 이상으로 분위가 높아지거나 하락하는 비율은 높게 나타나고 있지 않았다. 이를 통해 보면 약 5년이라는 시간 간격에서는 2분위 이상 소득이 상승하거나 하락하는 경향이 높지 않고 소득변동성이 쉽게 발생하고 있지 않다는 것으로 해석될 수 있다.

〈표 11-1-8〉 패널을 활용한 소득분위별 변화(1~12차 기준)

(단위: %)

시장소득		2010				
		1분위	2분위	3분위	4분위	5분위
2005	1분위	12.2	3.8	1.5	0.9	0.4
	2분위	4.9	7.5	4.2	2.7	1.0
	3분위	2.0	4.7	7.3	4.7	2.0
	4분위	0.9	2.2	5.1	7.0	5.5
	5분위	0.9	1.2	1.8	4.4	11.1
가처분소득		2010				
		1분위	2분위	3분위	4분위	5분위
2005	1분위	11.0	4.1	1.8	1.3	0.5
	2분위	5.0	7.0	4.4	2.6	1.2
	3분위	2.7	4.7	7.3	4.3	2.1
	4분위	1.1	2.5	5.1	6.9	5.2
	5분위	0.6	1.4	1.6	4.8	10.9
시장소득		2016				
		1분위	2분위	3분위	4분위	5분위
2010	1분위	12.1	4.2	1.5	1.1	0.5
	2분위	4.3	7.0	6.4	2.7	0.8
	3분위	1.1	4.2	6.6	6.2	2.5
	4분위	1.1	2.4	3.5	7.0	5.6
	5분위	0.8	1.1	2.2	3.4	11.8
가처분소득		2016				
		1분위	2분위	3분위	4분위	5분위
2010	1분위	11.1	4.8	2.5	1.2	0.3
	2분위	4.2	6.6	5.6	3.0	1.1
	3분위	1.7	4.5	5.7	6.8	2.2
	4분위	1.3	2.4	3.8	6.1	5.7
	5분위	0.6	1.0	2.8	3.5	11.6
시장소득		2016				
		1분위	2분위	3분위	4분위	5분위
2005	1분위	10.3	4.0	2.3	1.4	0.8
	2분위	4.1	6.2	4.9	3.6	1.5
	3분위	2.6	4.3	6.0	5.4	3.0
	4분위	1.4	2.7	3.8	6.3	6.4
	5분위	1.6	1.5	2.7	3.6	9.7
가처분소득		2016				
		1분위	2분위	3분위	4분위	5분위
2005	1분위	8.9	4.1	2.9	1.7	1.1
	2분위	4.7	6.1	4.5	3.3	1.5
	3분위	2.8	4.9	5.6	5.6	2.6
	4분위	1.7	3.1	4.0	6.1	5.8
	5분위	1.2	1.3	2.7	3.6	10.3

제2절 혼인과 출산 경험의 영향 요인

우리나라의 저출산 속도는 시간이 지날수록 악화되고, 점진적으로 중요한 사회문제로 부각되고 있다. 청년층은 결혼을 늦추고, 결혼을 해도 출산을 하지 않는 경향이 나타나고 있다. 왜 이러한 현상이 발생하는 것일까. 이번 절에서는 패널을 활용하여 혼인과 출산 문제를 분석하였다.

본 절에서는 혼인과 출산 문제를 파악하기 위해 혼인과 출산을 경험한 개인의 특성을 중심으로 1~12차의 한국복지패널을 이용하여 혼인과 출산 경험에 따라 집단을 세 개로 구분하고 혼인과 출산에 영향을 줄 수 있다고 보는 소득수준, 교육 수준, 경제활동상태 등을 비교하였다. 이와 같은 사회경제적 변수들이 혼인과 출산에는 어떠한 영향을 미치고 있는 것일까.

세 개의 비교 집단은 ① 혼인과 출산을 모두 경험한 경우, ② 혼인만 경험하고 출산은 경험하지 않은 경우, ③ 혼인과 출산을 모두 경험하지 않은 경우로 구분하였다. 비교 집단의 추출 방법은 먼저 1~12차 전체 조사 대상자 중 18세 이상 남녀만을 추출하고 1차→2차, 2차→3차, …, 11차→12차로 변하는 속에서 혼인 상태가 미혼에서 혼인으로 변화한 개인을 추출하였다. 미혼에서 혼인으로 상태가 변화한 개인 중 한 번이라도 출산을 경험한 개인을 첫 번째 집단으로 선정하고, 혼인은 하였으나 출산 경험이 없는 개인은 두 번째 집단으로 선정하였다. 마지막으로 1~12차 전체 조사 기간 동안 계속 미혼 상태로 남아 있고 출산 경험 또한 없는 개인을 세 번째 집단으로 선정하여 각각의 특성을 분석하였다. 사회경제적 특성에 대한 분석 시점은 혼인과 출산을 모두 경험한 경우는 출산을 경험한 연도의 전년도, 혼인만 경험한 경우는 혼인을 경험한 연도의 전년도, 혼인과 출산을 모두 경험하지 않은 경우는 가장 최근 조사 연도(12차)로 설정하였다.[23)]

추출 결과 전체 조사 기간 동안 혼인 경험이 있고 출산 경험도 있는 개인은 350명, 혼인 경험은 있지만 출산 경험은 없는 개인이 682명, 혼인 경험도 없고 출산 경험도 없는 개인은 9247명으로 나타났다. 세 집단의 특성을 비교하기 위해 교육 수준과 소득수준, 경제활동상태와 사업장 규모, 주거 점유 형태와 주택 구입비용 마련 방법을 각각

23) 분석 대상은 1~12차까지의 전체 조사 기간 중 혼인 또는 출산을 경험한 개인으로, 1차부터 배우자가 있는 것으로 조사된 개인은 분석 대상에서 제외하였다.

분석하였다.

소득수준은 불평등 분석에 활용되는 소득분위보다는 빈곤층, 중산층 등을 구분하는 데 활용되는 중위소득 50% 이하, 중위소득 50~100%, 중위소득 100~150%, 중위소득 150% 이상의 네 그룹으로 구분하였다. 각 소득수준별로 혼인과 출산 여부를 보면 중위소득 50% 이하의 빈곤층은 혼인과 출산을 모두 경험한 집단에서 1.4%에 그친 반면, 혼인만 경험한 집단은 3.9%, 혼인과 출산을 모두 경험하지 않은 집단은 9.2%로 혼인과 출산을 경험하지 않은 집단에서 빈곤층이 높은 경향을 보이며, 이러한 경향은 중위소득 50~100% 이하 구간에서도 나타났다. 중위소득 100~150% 이하, 중위소득 150% 이상 구간에서는 혼인과 출산을 모두 경험하지 않은 집단이 가장 낮은 비중을 보여 소득수준이 혼인과 출산에 큰 영향을 미치고 있음을 보여 준다.

〈표 11-2-1〉 혼인과 출산 여부에 따른 소득수준(가처분소득 기준)

(단위: %)

구분	결혼 후 출산	결혼 후 미자녀	결혼하지 않은 경우
중위소득 50% 이하	1.4	3.9	9.2
중위소득 50~100% 이하	18.6	20.1	28.1
중위소득 100~150% 이하	41.2	33.1	30.9
중위소득 150% 이상	38.7	42.9	31.8
계	100.0	100.0	100.0

주: 개인가중치 적용.
자료: 한국복지패널 1~12차 원자료.

교육 수준이 혼인과 출산에 영향을 주고 있는가. 교육 수준별로 혼인과 출산 상태를 보면, 혼인과 출산을 경험한 집단은 교육 수준이 높고 혼인과 출산을 경험하지 않은 집단은 교육 수준이 낮은 경향을 보였다. 이러한 특징은 고졸 이하와 대졸 이상의 구간에서 눈에 띄게 나타나는데, 혼인과 출산을 모두 경험한 집단에서는 고졸 이하의 비중이 20.4%, 대졸 이상은 79.6%인 반면 혼인과 출산을 모두 경험하지 않은 집단에서는 고졸 이하가 34.5%, 대졸 이상이 65.5%로 나타났다.

〈표 11-2-2〉 혼인과 출산 여부에 따른 교육 수준

(단위: 명, %)

구분	결혼 후 출산	결혼 후 미자녀	결혼하지 않은 경우
무학	-	0.8	1.1
초등학교 졸	0.1	1.0	1.2
중학교 졸	0.2	1.4	1.6
고등학교 졸	20.1	24.1	30.7
대학교 졸(전문대학 포함)	74.6	67.2	61.9
대학원 졸(석·박사)	5.0	5.5	3.6
계	100.0	100.0	100.0

주: 개인가중치 적용.
자료: 한국복지패널 1~12차 원자료.

노동시장 참여 형태에 따른 차이를 보기 위해 먼저 주된 경제활동상태를 비교해 보면 혼인과 출산을 모두 경험하거나 혼인만 경험한 경우 상용직의 비중이 모두 절반 이상을 차지하지만 혼인과 출산을 모두 경험하지 않은 경우는 24.7%로 결혼 후 출산, 결혼 후 자녀를 갖지 않은 그룹의 4분의 1 수준에 그쳤다. 반면 임시·일용직 등은 혼인과 출산을 모두 경험하지 않은 비중이 18.3%로 가장 높고, 실업자의 비중 또한 상대적으로 높은 것으로 나타났다. 이러한 경향은 임시직과 일용직으로 대표되는 불안정한 형태의 고용이 혼인과 출산에 일정 부분 영향을 미치고 있음을 보여 준다.

〈표 11-2-3〉 혼인과 출산 여부에 따른 주된 경제활동상태

(단위: 명, %)

구분	결혼 후 출산	결혼 후 미자녀	결혼하지 않은 경우
상용직	52.1	54.4	24.7
임시직/일용직/자활근로 등	11.0	14.6	18.3
고용주	4.2	4.9	0.4
자영업자/무급가족 종사자	6.6	9.1	2.2
실업자	0.9	1.8	3.6
계	100.0	100.0	100.0

주: 비경제활동인구 제외, 개인가중치 적용.
자료: 한국복지패널 1~12차 원자료.

고용 상태가 혼인과 출산에 영향을 주고 있음은 사업장 규모에서도 나타난다. 혼인과 출산을 모두 경험하지 않은 경우는 소규모 사업장의 비중이 높고 혼인과 출산을 모

두 경험한 경우는 대규모 사업장의 비중이 높은데, 특히 근로자 보호를 위한 법률이 우선 적용되는 300인 이상 사업장의 비중은 혼인과 출산을 모두 경험한 경우가 33.3%로 혼인과 출산을 모두 경험하지 않은 경우(18.9%)보다 크게 높은 것으로 나타났다. 사업장이 클수록 급여 수준과 복지 수준에서 차이를 보이는 점이 결혼과 출산에 일정 부분 영향을 주고 있는 것으로 보인다.

〈표 11-2-4〉 혼인과 출산 여부에 따른 사업장 규모

(단위: 명, %)

구분	결혼 후 출산	결혼 후 미자녀	결혼하지 않은 경우
5인 미만	20.5	25.1	20.4
5인 이상 10인 미만	11.2	10.4	16.7
10인 이상 50인 미만	22.4	20.3	26.0
50인 이상 100인 미만	4.7	6.5	7.9
100인 이상 300인 미만	8.1	9.3	10.2
300인 이상	33.3	28.7	18.9
계	100.0	100.0	100.0

주: 개인가중치 적용.
자료: 한국복지패널 1~12차 원자료.

혼인과 출산 경험에 따른 주거 점유 형태를 비교해 보면 혼인과 출산을 모두 경험한 경우 전세의 비중이 26.7%로 가장 높은 반면, 보증부 월세의 비중은 혼인과 출산을 모두 경험하지 않은 경우가 17.8%로 가장 높게 나타났다. 또한 주택 구입비용 마련 방법을 보면 혼인과 출산을 모두 경험하지 않은 경우는 금융기관 등으로부터 도움을 받기보다 본인이 부담하는 비중이 상대적으로 높은데, 이것은 고용 형태가 취약한 상태에서는 금융기관을 이용하는 것이 어렵기 때문으로 볼 수 있으며, 이로 인해 주거비(월세)의 부담은 더욱 클 것으로 예상된다. 주택 구입비용 마련 방법 중 사채의 경우 혼인과 출산을 모두 경험한 경우와 혼인만 경험한 경우에서는 관측치가 나오지 않은 반면, 혼인과 출산을 모두 경험하지 않은 경우에서는 비록 작은 비중이기는 하지만 이용 사례가 있는 것이 특징이다.

〈표 11-2-5〉 혼인과 출산 여부에 따른 주거 형태 및 주택 마련 방법

(단위: 명, %)

구분		결혼 후 출산	결혼 후 미자녀	결혼하지 않은 경우
주거 점유 형태	자가	54.5	53.6	59.2
	전세	26.7	24.9	16.2
	보증부 월세	9.6	13.0	17.8
	월세(사글세)	0.7	1.2	1.5
	기타	8.5	7.2	5.3
	계	100.0	100.0	100.0
주택 구입비용 마련 방법	자기 돈	78.6	83.3	87.6
	무상으로 도움 받음	3.9	3.2	3.2
	부모, 형제 등에게 빌림	1.6	1.7	1.1
	금융기관에서 빌림	16.0	11.9	8.1
	사채	-	-	0.0
	계	100.0	100.0	100.0

주: 개인가중치 적용.
자료: 한국복지패널 1~12차 원자료.

지금까지의 패널 분석을 통해 주요 시사점을 살펴보면, 1~12차 복지패널 전체 조사 대상자 중 혼인과 출산을 모두 경험한 경우에서는 빈곤층의 비중이 낮고 교육 수준은 상대적으로 높았으며 고용의 안정을 보장받고 있는 것으로 나타났다. 반면 혼인과 출산을 모두 경험하지 않은 경우에서는 반대의 경향을 보였다. 특히 혼인과 출산을 모두 경험하지 않은 경우에는 월세로 대표되는 주거비의 부담이 클 것으로 예상되었다.

제3절 생계 및 의료 지원 이용 경험의 변화

2005년(1차 기준 연도)에 생계비 혹은 생계 보조 수당 지원을 받은 경험이 있다고 응답한 가구를 대상으로 2~12차까지의 생계비 지원 지속률을 분석한 결과는 다음과 같다. 여기서 생계비 혹은 생계 보조 수당 지원은 기초생활보장제도의 맞춤형 생계급여, 기초연금, 장애수당(경증 장애인 대상), 장애인연금, 장애아동수당, 한부모가족 지원(양육비), 긴급 복지 지원금(생계 지원), 가정 위탁금, 소년·소녀가장 보호비, 근로장려세제 등 생계비 보조를 목적으로 하는 현금 급여를 의미한다.[24] 1차 연도에 생계비 혹은 생계 보조 수당 지원을 받은 경험이 있다고 응답한 가구 중 87.81%가 2차 연도에

도 생계비 혹은 생계 보조 수당 지원을 받은 것으로 나타났다. 2차 연도부터 5차 연도까지 평균 약 87%의 지속률을 보였고, 이후 6차부터 8차까지는 평균 약 85%의 지속률을, 9차부터 12차까지는 평균 약 81%의 지속률을 보이고 있다.

〈표 11-3-1〉 1차 연도 생계비 혹은 생계 보조 수당 지원 경험이 있는 가구의 지속률 추이

구분＼차수	1차(기준)	2차	3차	4차	5차	6차	7차	8차	9차	10차	11차	12차
경험률(%)	100.00	87.81	84.26	89.47	87.56	84.54	85.02	84.84	82.63	80.67	81.56	81.43

주: 1차 연도에 생계비 혹은 생계 보조 수당 지원을 받은 경험이 있다고 응답한 가구를 대상으로 기준 연도 가중치를 적용해 분석함.

이어서 2005년(1차 기준 연도)에 가구 복지서비스 중 생계비 혹은 생계 보조 수당 지원 경험이 없다고 응답한 가구를 대상으로 2~12차까지의 생계비 혹은 생계 보조 수당 지원 경험률을 분석한 결과는 다음과 같다. 1차 연도에 생계비 혹은 생계 보조 수당 지원 경험이 없다고 응답한 가구 중 2차 연도에 생계비 혹은 생계 보조 수당 지원 경험이 있다고 응답한 가구는 1.57%, 3차 연도에는 2.38%로 미미하게 증가하였다. 5차 연도에 큰 폭으로 증가하여 24.91%가 되었고, 6차 연도부터 10차 연도까지는 지속적으로 조금씩 증가하였으며, 11차 연도에는 4%포인트가량 증가하고 그 후 12차 연도에는 1.3%포인트 증가하여 33.74%로 나타났다.

〈표 11-3-2〉 1차 연도 생계비 혹은 생계 보조 수당 지원 비경험 가구의 경험률 추이

구분＼차수	1차(기준)	2차	3차	4차	5차	6차	7차	8차	9차	10차	11차	12차
경험률(%)	0.00	1.57	2.38	18.30	24.91	25.17	25.65	27.37	27.10	28.16	32.46	33.74

주: 1차 연도에 생계비 혹은 생계 보조 수당 지원을 받은 경험이 없다고 응답한 가구를 대상으로 기준 연도 가중치를 적용해 분석함.

2005년(1차 기준 연도)에 가구 복지서비스 중 의료비 지원을 받은 경험이 있다고 응답한 가구를 대상으로 2~12차까지의 의료비 지원 지속률을 분석한 결과는 다음과 같

24) 국민연금, 고용보험 실업급여, 산재보험 등 사회보험 소득과 보육료 지원비, 노인 교통비, 학비 지원, 바우처 지원금 등 용도가 한정된 지원은 포함되지 않는다.

다. 의료비 지원은 기초생활보장제도와 긴급복지지원제도에 의한 의료급여 및 의료 지원, 사회복지 관련 기관 및 종교(시민)단체에서 의료비 지출에 해당하는 비용을 지원하는 경우(현금, 현물, 재활 서비스 모두 포함), 건강보험료와 장기요양보험료 경감 지원[25] 등 각종 의료 서비스를 지원받은 경우를 포함한다.[26]

1차 연도에 의료비 지원을 받은 경험이 있다고 응답한 가구 중 88.79%가 2차 연도에도 의료비 지원을 받은 것으로 나타났다. 1차 연도 의료비 지원 경험 가구의 경험 지속률은 3차 연도부터 6차 연도까지 지속적으로 감소하는 추세를 보이다가 7차 연도부터 12차 연도까지는 소폭의 증감 변동이 있으나 전반적으로는 지속률이 증가하는 양상을 보이고 있다. 1차 연도에 의료비 지원을 받은 가구의 82.50%는 11년 후인 12차 연도에도 의료비 지원을 받고 있는 것으로 나타났다.

〈표 11-3-3〉 1차 연도 의료비 지원 경험이 있는 가구의 지속률 추이

구분 \ 차수	1차 (기준)	2차	3차	4차	5차	6차	7차	8차	9차	10차	11차	12차
경험률 (%)	100.00	88.79	86.60	83.52	83.54	79.10	80.83	83.45	84.03	81.05	82.03	82.50

주: 1차 연도에 의료비 지원을 받은 경험이 있다고 응답한 가구를 대상으로 기준 연도 가중치를 적용해 분석함.

이어서 2005년(1차 기준 연도)에 가구 복지서비스 중 의료비 지원 경험이 없다고 응답한 가구를 대상으로 2~11차까지의 의료비 지원 경험률을 분석한 결과는 다음과 같다. 1차 연도에 의료비 지원 경험이 없다고 응답한 가구 중 2차 연도에 의료비 지원 경험이 있다고 응답한 가구는 2.64%로 4차 연도까지 미미한 증가 추이를 보이다가 5차 연도에 큰 폭으로 증가하여 23.06%가 되었다. 6차 연도에 14.61%로 대폭 감소했다가 7차 연도 이후에는 전반적으로 경험률이 증가하고 있는 양상이다. 1차 연도에 의료비 지원을 받지 않았던 가구 중 40.88%가 11년 후인 12차 연도에 의료비 지원을 경험한 것으로 나타났다.

25) 건강보험의 경우 도서 별지 지역, 농어촌 지역, 노인 세대, 저소득 세대 등에 대한 보험료 경감 제도가 있다. 장기요양보험의 경우 1, 2급 장애인, 희귀 난치성 질환자에 대한 보험료 경감 제도가 있다.

26) 건강보험, 산재보험, 장기요양보험의 혜택은 포함하지 않는다.

〈표 11-3-4〉 1차 연도 의료비 지원 비경험 가구의 경험률 추이

구분 \ 차수	1차 (기준)	2차	3차	4차	5차	6차	7차	8차	9차	10차	11차	12차
경험률 (%)	0.00	2.64	3.34	3.91	23.06	14.61	26.53	30.30	39.62	36.21	37.40	40.88

주: 1차 연도에 의료비 지원을 받은 경험이 없다고 응답한 가구를 대상으로 기준 연도 가중치를 적용해 분석함.

제4절 장애인 부가조사

이 절에서는 한국복지패널 조사가 이루어진 지난 12년 동안 매 3년마다 실시되어 온 장애인 부가조사의 주요 내용을 시계열적으로 분석한 결과를 제시한다. 현재까지 총 4회 실시(2008년, 2011년, 2014, 2017년)된 장애인 부가조사를 통해 장애인들의 신체적, 심리적, 경제적 상태 변화에 대한 추이를 확인할 수 있다.

장애인의 신체적 상태의 변화의 추이를 살펴보기 위해 장애인의 기본적인 일상생활 수행능력(ADL)과 수단적인 일상생활 수행능력(IADL)을 불균형패널 분석으로 9년 동안(관찰 간격 3년) 표본의 상태를 분석하였다. 심리적인 상태의 변화의 추이를 살펴보기 위해서는 균형패널에 최종 차수를 기준 연도로 하여 최종 연도의 종단 가중치를 적용하여 9년 동안(관찰 간격 3년) CESD-11 우울척도 점수를 제시하였다. 장애인의 경제적인 상태 변화와 관련해서는 성인 장애인의 취업 상태 변화를 균형패널로 두 시점(3차와 6차, 6차와 9차, 9차와 12차)의 변화를 관찰하였다. 비교 대상인 양 차수 중에서 이전 차수를 기준 연도로 하고, 기준 연도의 횡단 가중치를 적용하여 분석하였다.

이와 더불어 장애인의 삶의 질 향상을 위해 제공되고 있는 다양한 서비스를 필요율과 이용률, 충족률을 중심으로 살펴보았다. 균형패널에 최종 차수를 기준 연도로 하여 최종 연도의 종단 가중치를 적용하여 9년 동안(관찰 간격 3년) 성인 장애인에게 제공되는 16가지 서비스의 필요율의 평균값, 이용률의 평균값, 충족률의 평균값의 추이와 노인 장애인에게 제공되는 14가지 서비스의 필요율의 평균값, 이용률의 평균값, 충족률의 평균값의 추이를 제시하였다. 마지막으로 장애인이 경험하는 사회적 차별 경험의 변화 추이를 살펴보았다. 균형패널에 최종 차수를 기준 연도로 하여 최종 연도의 종단 가중치를 적용하여 9년 동안(관찰 간격 3년) 해당 영역에서 차별 경험 있음 비율을 제시하고, 이를 비교하였다.

기본적인 일상생활 수행능력(ADL)을 3차, 6차, 9차, 12차 조사에서 횡단 가중치를 적용하여 분석한 결과는 다음과 같다. 분석 표본의 규모는 해당 연도에 응답한 조사 대상자에 따라 다른데, 3차 조사에서는 882명, 6차 조사에서는 712명, 9차 조사에서는 620명, 12차 조사에서는 1,350명이다.

K-ADL(ADL: Activities of Daily Living)은 장애인의 기본적인 일상생활 수행능력이 어떠한지를 알아보는 척도로 기본적 일상생활이란 옷 벗고 입기, 세수하기, 양치질하기, 목욕하기, 식사하기, 체위 변경하기, 일어나 앉기, 옮겨 타기(앉기), 방 밖으로 나오기, 화장실 사용하기, 대변 조절하기, 소변 조절하기 등을 말한다. 기본적 일상생활 수행능력에서 '경증'이라 함은 12개 항목 중 1개 항목부터 4개 항목까지 부분도움을 받거나, 2개 항목까지 완전도움을 받고 있는 경우 경증으로 분류되며, '중증'은 '경증'의 기준을 초과하여 부분도움이나 완전도움을 받고 있는 경우를 의미한다.

기본적인 일상생활 수행능력(ADL)은 '이상이 없다'고 응답한 비율이 가장 높았다. 기본적인 일상생활 수행능력(ADL)이 '이상이 없다'고 응답한 장애인의 비율은 3차 조사에서 83.72%였으나, 6차 조사에서 83.44%, 9차 조사에서 80.23%, 12차 조사에서 75.2%였다. 기본적인 일상생활 수행능력(ADL)이 '경증'이라고 응답한 장애인의 비율은 3차 조사에서 8.67%, 6차 조사에서 6.73%, 9차 조사에서 7.82%, 12차 조사에서 11.03%였다. 기본적인 일상생활 수행능력(ADL)이 '중증'이라고 응답한 장애인의 비율은 3차 조사에서 7.62%, 6차 조사에서 9.83%, 9차 조사에서 11.95%, 12차 조사에서 13.77%였다.

저소득 가구에서 기본적인 일상생활 수행능력(ADL)이 '이상이 없다'고 응답한 장애인의 비율은 3차, 6차 조사에서 각각 82.59%, 79.96%로 2.63%포인트 감소하였고, 9차 조사와 12차 조사에서도 각각 79.10%, 74.84%로 해당 조사의 직전 조사에 비해 각각 0.86%포인트, 4.26%포인트 감소하였다. 저소득 가구에서 기본적인 일상생활 수행능력(ADL)이 '경증'이라고 응답한 장애인의 비율은 3차, 6차 조사에서 각각 8.44%, 6.40%로 2.04%포인트 감소하였다가 9차 조사와 12차 조사에서는 각각 8.95%, 11.52%로 해당 조사의 직전 조사에 비해 각각 2.55%포인트, 2.57%포인트 증가하였다. 저소득 가구에서 기본적인 일상생활 수행능력(ADL)이 '중증'이라고 응답한 장애인의 비율은 3차, 6차 조사에서 각각 8.97%, 13.64%로 4.67%포인트 증가하였다가, 9차 조사에서는 11.96%로 해당 조사의 직전 조사보다 1.68%포인트 감소하였고, 12차 조사에서는 13.64%로 해당 조사의 직전 조사보다 1.68%포인트 증가하였다.

일반 가구에서 기본적인 일상생활 수행능력(ADL)이 '이상이 없다'고 응답한 장애인의 비율은 3차, 6차 조사에서 각각 84.75%, 86.30%로 1.55%포인트 증가하였고, 9차 조사와 12차 조사에서는 각각 81.17%, 75.5%로 해당 조사의 직전 조사와 비교하여 각각 5.13%포인트, 5.67%포인트 감소하였다. 일반 가구에서 기본적인 일상생활 수행능력(ADL)이 '경증'이라고 응답한 장애인의 비율은 3차, 6차 조사에서 각각 8.88%, 7.00%로 1.88%포인트 감소하였고, 9차 조사에서는 6.88%로 해당 조사의 직전 조사에 비해 0.12%포인트 감소하였다. 하지만 12차 조사에서는 10.62%로 해당 조사의 직전 조사에 비해 3.74%포인트 증가하였다. 일반 가구에서 기본적인 일상생활 수행능력(ADL)이 '중증'이라고 응답한 장애인의 비율은 3차, 6차 조사에서 각각 6.38%, 6.71%로 0.33%포인트 증가하였고, 9차 조사와 12차 조사에서는 11.95%와 13.88%로 해당 조사의 직전 조사와 비교하여 각각 5.24%포인트, 1.93%포인트 증가하였다.

〈표 11-4-1〉 기본적인 일상생활 수행능력(ADL)

(단위: %)

구분	구분	3차	6차	9차	12차
전체	이상 없음	83.72	83.44	80.23	75.20
	경증	8.67	6.73	7.82	11.03
	중증	7.62	9.83	11.95	13.77
저소득	이상 없음	82.59	79.96	79.10	74.84
	경증	8.44	6.40	8.95	11.52
	중증	8.97	13.64	11.96	13.64
일반	이상 없음	84.75	86.30	81.17	75.50
	경증	8.88	7.00	6.88	10.62
	중증	6.38	6.71	11.95	13.88
	계	100.00	100.00	100.00	100.00

주: 1) 한국복지패널 장애인 부가조사 3, 6, 9, 12차를 이용하였으며, 분석 샘플은 당해 연도 조사에서 기본적인 일상생활 수행능력(ADL)에 응답한 가구(3차 연도 882명, 6차 연도 712명, 9차 연도 620명, 12차 연도 1,350명)를 대상으로 함.
2) 당해 연도에 응답한 가구원을 대상으로 당해 연도 횡단 가중치를 적용하여 분석함.

수단적 일상생활 수행능력(IADL)을 3차, 6차, 9차, 12차 조사에서 해당 연도 가중치를 적용하여 횡단면 분석한 결과는 다음과 같다. 분석 샘플의 규모는 해당 연도에 응답한 조사 대상자에 따라 다른데, 3차 조사에는 882명, 6차 조사에서는 712명, 9차 조사에서는 620명, 12차 조사 1,350명이다.

K-IADL(IADL: Instrumental Activities of Daily Living)은 장애인의 수단적인 일상생활 수행능력이 어떤지를 알아보는 척도로 수단적 일상생활이란 몸단장하기, 집안일 하기, 식사 준비하기, 빨래하기, 근거리 외출하기, 교통수단 이용하기, 상점이나 가게에서 사고 싶은 물건 사기, 금전 관리하기, 전화 사용하기, 약 챙겨 먹기 등의 영역으로 구성된다. 수단적 일상생활 수행능력의 경우 10개 항목 중 1개 항목부터 2개 항목까지 부분도움을 받거나 혹은 1개의 완전도움을 받아야 일상생활이 가능하면 경증으로 분류하고, 중증은 경증을 초과한 항목 수부터 10개 항목까지 부분도움을 받거나, 5개 항목까지 완전도움을 받아야 일상생활이 가능한 경우이고, 최중증은 중증을 초과한 항목으로 도움을 받아야 일상생활이 가능한 경우를 의미한다.

수단적인 일상생활 수행능력(IADL)은 '이상이 없다'고 응답한 비율이 가장 높았다. 수단적인 일상생활 수행능력(IADL)이 '이상이 없다'고 응답한 장애인의 비율은 3차 조사에서 64.67%, 6차 조사에서 63.81%, 9차 조사에서 65.84%, 12차 조사에서 53.75%였다. 수단적인 일상생활 수행능력(IADL)이 '경증'이라고 응답한 장애인의 비율은 3차 조사에서 11.03%, 6차 조사에서 8.19%, 9차 조사에서 8.80%, 12차 조사에서 12.35%였다. 수단적인 일상생활 수행능력(IADL)이 '중증'이라고 응답한 장애인의 비율은 3차 조사에서 12.30%, 6차 조사에서 15.60%, 9차 조사에서 12.44%, 12차 조사에서 18.40%였다. 수단적인 일상생활 수행능력(IADL)이 '최중증'이라고 응답한 장애인의 비율은 3차 조사에서 12.00%, 6차 조사에서 12.41%, 9차 조사에서 12.93%, 12차 조사에서 15.49%였다.

저소득 가구에서 수단적인 일상생활 수행능력(IADL)이 '이상이 없다'고 응답한 장애인의 비율은 3차, 6차 조사에서 각각 62.93%, 51.27%로 11.66%포인트 감소하였으나, 9차 조사에서는 61.51%로 다시 6차 조사 때보다 10.24%포인트 증가하였으나, 12차 조사에서 46.41%로 해당 조사의 직전 결과보다 15.1%포인트 감소하였다. 저소득 가구에서 수단적인 일상생활 수행능력(IADL)이 '경증'이라고 응답한 장애인의 비율은 3차, 6차 조사에서 각각 11.81%, 12.35%로 0.54%포인트 증가하였다가, 9차 조사에서는 9.36%로 6차 조사 결과보다 2.99%포인트 감소하였으나, 12차 조사에서는 9차 조사보다 7.23%포인트 증가하였다. 저소득 가구에서 수단적인 일상생활 수행능력(IADL)이 '중증'이라고 응답한 장애인의 비율은 3차, 6차 조사에서 각각 12.83%,

20.62%로 7.79%포인트 증가하였다가, 9차 조사에서는 15.69%로 6차 조사보다 4.93%포인트 감소하였으나, 12차 조사에서는 9차 조사보다 7.03%포인트 증가하였다. 저소득 가구에서 수단적인 일상생활 수행능력(IADL)이 '최중증'이라고 응답한 장애인의 비율은 3차, 6차 조사에서 각각 12.43%, 15.75%로 3.32%포인트 증가하였다가, 9차 조사에서는 13.44%로 6차 조사보다 2.31%포인트 감소하였고, 12차 조사에서는 14.28%로 9차 조사보다 0.84%포인트 증가하였다.

일반 가구에서 수단적인 일상생활 수행능력(IADL)이 '이상이 없다'고 응답한 장애인의 비율은 3차, 6차 조사에서 각각 66.26%, 74.07%로 7.81%포인트 증가하였으나, 9차 조사에서는 69.43%로 6차 조사보다 4.64%포인트 감소하였고, 12차 조사에서는 59.92%로 9.51%포인트 감소하였다. 일반 가구의 수단적인 일상생활 수행능력(IADL)이 '경증'이라고 응답한 장애인의 비율은 3차, 6차 조사에서 각각 10.31%, 4.78%로 5.53%포인트 감소하였다가, 9차 조사에서는 8.34%로 6차 조사 보다 3.56%포인트 증가하였고, 12차 조사에서는 8.80%로 0.46%포인트 증가하였다. 일반 가구의 수단적인 일상생활 수행능력(IADL)이 '중증'이라고 응답한 장애인의 비율은 3차, 6차 조사에서 각각 11.82%, 11.49%로 0.33%포인트 감소하였다가, 9차 조사에서는 9.73%로 6차 조사보다 1.76%포인트 감소하였고, 12차 조사에서는 14.77%로 9차 조사보다 5.04%포인트 증가하였다. 일반 가구에서 수단적인 일상생활 수행능력(IADL)이 '최중증'이라고 응답한 장애인의 비율은 3차, 6차 조사에서 각각 11.61%, 9.66%로 1.95%포인트 감소하였고, 9차 조사에서는 12.50%로 6차 조사보다 2.84%포인트 증가하였고, 12차 조사에서는 16.51%로 9차 조사보다 4.01%포인트 증가하였다.

〈표 11-4-2〉 수단적인 일상생활 수행능력(IADL)

(단위: %)

구분		3차	6차	9차	12차
전체	이상 없음	64.67	63.81	65.84	53.75
	경증	11.03	8.19	8.80	12.36
	중증	12.30	15.60	12.44	18.40
	최중증	12.00	12.41	12.93	15.49
저소득	이상 없음	62.93	51.27	61.51	46.41
	경증	11.81	12.35	9.36	16.59
	중증	12.83	20.62	15.69	22.72
	최중증	12.43	15.75	13.44	14.28
일반	이상 없음	66.26	74.07	69.43	59.92
	경증	10.31	4.78	8.34	8.80
	중증	11.82	11.49	9.73	14.77
	최중증	11.61	9.66	12.50	16.51
	계	100.00	100.00	100.00	100.00

주: 1) 한국복지패널 장애인 부가조사 3, 6, 9, 12차를 이용하였으며, 분석 샘플은 당해 연도 조사에서 기본적인 일상생활 수행능력(IADL)에 응답한 가구(3차 연도 882명, 6차 연도 712명, 9차 연도 620명, 12차 연도 1350명)를 대상으로 함.
2) 당해 연도에 응답한 가구원을 대상으로 당해 연도 횡단 가중치를 적용하여 분석함.

CESD-11 우울척도를 균형패널로 최종 차수를 기준 연도로 하여 최종 연도의 종단 가중치를 적용하여 분석한 각 차수별 표본의 CESD-11 우울척도 점수는 다음과 같다. 3차 연도 조사에서 전체 평균은 13.1점이었고, 6차 연도 조사에서는 2.7점 낮아진 10.3점이었으나, 9차 연도 조사에서는 11.1점으로 6차 연도 조사에 비해 0.8점 높아졌고, 12차 조사에서는 9.9점으로 9차 조사에 비해 1.1점 낮아졌다. 저소득 가구의 장애인의 CESD-11 점수는 3차 연도 조사에서 15.6점이었고, 6차 연도 조사에서는 12.3점으로 3.3점 낮아졌으나, 9차 연도 조사에서는 13.4점으로 6차 연도 조사에 비해 1.06점 높아졌고, 12차 연도 조사에서는 11.9점으로 9차 연도에 비해 1.4점 낮아졌다. 일반 가구의 장애인의 CESD-11 점수는 3차 연도 조사에서 11.0점이었고, 6차 연도 조사에서는 8.7점으로 2.3점 낮아졌으나, 9차 연도 조사에서는 9.2점으로 6차 연도 조사에 비해 0.5점 높아졌고, 12차 연도 조사에서는 8.3점으로 9차 연도에 비해 0.9점 낮아졌다.

성인 장애인의 CESD-11 점수는 3차 연도 조사에서 13.0점이었고, 6차 연도 조사에서는 10.8점으로 2.2점 낮아졌으나, 9차 연도 조사에서는 10.9점으로 6차 연도 조사에 비해 0.1점 높아졌고, 12차 연도 조사에서는 9.1점으로 9차 연도에 비해 1.8점 낮아졌다. 65세 이상 노인 장애인의 CESD-11 점수는 3차 연도 조사에서 14.5점이었고, 6차 연도 조사에서는 11.1점으로 3.4점 낮아졌으나, 9차 연도 조사에서는 15.1점으로 6차 연도 조사에 비해 4.0점 높아졌으나, 12차 연도 조사에서는 11.2점으로 3.9점 낮아졌다.

〈표 11-4-3〉 CESD-11 우울척도(초등학생 이상)

구분 \ 차수	3차		6차		9차		12차	
	평균	표준오차	평균	표준오차	평균	표준오차	평균	표준오차
전체	13.1	0.56	10.3	0.45	11.1	0.47	9.9	0.53
저소득	15.6	0.78	12.3	0.60	13.4	0.62	11.9	0.74
일반	11.0	0.79	8.7	0.68	9.2	0.70	8.3	0.76
성인	13.0	11.37	10.8	10.03	10.9	9.83	9.1	11.29
어르신	14.5	13.08	11.1	8.80	15.1	12.24	11.2	10.93

주: 1) '극히 드물다', '가끔 있었다', '종종 있었다', '대부분 그랬다'로 되어 있는 각 하위 문항의 응답을 0, 1, 2, 3으로 재점수화하고, 이때 하위 문항 ㉯, ㉳는 역점수 처리하여 우울 총점을 계산함. 이 우울 총점에 20/11을 곱함. 이렇게 계산한 변수의 평균과 표준오차를 제시하였음. 점수가 높을수록 우울의 수준이 높으며, 계산된 값이 16보다 높으면 우울증을 의심할 수 있음.
2) 한국복지패널 3, 6, 9, 12차의 장애인 부가조사 자료를 이용하였으며, 4번 조사에서 CESD-11 문항에 모두 응답한 456명의 장애인 가구원을 대상으로 분석하였음.
3) 성인 우울 점수는 한국복지패널 3, 6, 9, 12차의 장애인 부가조사 자료를 이용하였으며, 4번 조사에서 성인 설문지의 CESD-11 문항에 모두 응답한 성인 210명의 장애인 가구원을 대상으로 분석하였음.
4) 노인 우울 점수는 한국복지패널 3, 6, 9, 12차의 장애인 부가조사 자료를 이용하였으며, 4번 조사에서 노인 설문지의 CESD-11 문항에 모두 응답한 138명의 노인이면서 장애인인 가구원을 대상으로 분석하였음.

다음으로는 성인 장애인의 취업 여부 및 향후 취업 희망 여부의 변화를 살펴보고자 한다. 장애인 부가조사에서는 성인 장애인을 대상으로 현재 취업한 상태인지 혹은 미취업 상태이지만 취업을 희망하는지, 취업을 희망하지 않는지 여부를 조사하고 있다. 〈표 11-3-4〉는 3차 연도 조사에 응답한 성인 장애인의 취업 상태가 3년 뒤인 6차 연도에는 어떻게 변동하였는지, 6차 연도 조사에 응답한 성인 장애인의 취업 상태가 9차 연도에는 어떻게 변동하였는지, 그리고 9차 연도 조사에 응답한 성인 장애인의 취업 상태가 12차 연도에는 어떻게 변동하였는지를 분석하였다. 균형패널로 이전 차수를 기준 연도로 하여 기준 연도의 횡단 가중치를 적용하여 분석하였다. 분석 샘플은 두 시점 모두 응답한 가구원만을 대상으로 하였다. 따라서 분석 샘플은 두 시점 모두 응답한 가구원의 규모에 따라 다르다. 3차 연도와 6차 연도 간 취업 상태 변동을 살펴본 샘플은 두 조사에 모두 응답한 393명이고, 6차 연도와 9차 연도 간 취업 상태 변동을 살펴본 샘플은 두 조사에 모두 응한 308명, 그리고 9차 연도와 12차 연도 간 취업 상태 변동을 살펴본 표본은 두 조사에 모두 응한 100명이었다.

분석 결과를 구체적으로 살펴보면, 3차 조사에서 취업 상태였던 성인 장애인은 3년 뒤인 6차 조사에서는 78.92%가 취업 상태로 분석되었다. 6차 조사에서 취업 상태였던 장애인 중 83.53%가 9차 연도 조사에서 여전히 취업 상태인 것으로 분석되었다. 그리고 9차 연도 조사에서 취업 상태였던 장애인 중 75.81%가 12차 조사에서 취업 상태로 분석되었다. 성인 장애인의 취업 상태에서 취업 희망 상태로의 전환은 3차에서 6차의 경우에는 6.76%, 6차에서 9차의 경우에는 10.66%, 9차에서 12차의 경우에는 12.13%로 나타났다. 그리고 취업 상태에서 취업 불원 상태의 변화는 3차에서 6차의 경우에는 14.32%, 6차에서 9차의 경우에는 5.81%, 9차에서 12차의 경우에는 12.06%로 나타났다.

한편 취업 희망이었던 성인 장애인의 취업 상태로의 전환은 3차에서 6차의 경우에는 29.11%, 6차에서 9차의 경우에는 33.09%, 9차에서 12차의 경우에는 28.14%로 나타났다. 취업 희망이었던 장애인의 취업 희망 상태의 유지는 3차에서 6차의 경우 34.88%, 6차에서 9차의 경우에는 39.18%, 9차에서 12차의 경우에는 33.60%로 나타났다. 마지막으로 취업 희망이었던 성인 장애인의 취업 불원 상태로의 전환은 3차에서 6차의 경우에는 36.01%, 6차에서 9차의 경우에는 27.73%, 9차에서 12차의 경우에는 38.26%로 나타났다.

마지막으로 취업 불원 상태였던 성인 장애인은 여전히 취업 불원인 상태를 유지하는 경우가 가장 높게 나타났다. 3차에서 6차의 경우에는 79.85%, 6차에서 9차의 경우에는 69.76%, 9차에서 12차의 경우에는 80.49%로 나타났다. 취업 불원 상태였던 성인 장애인의 취업 희망 상태로의 전환은 3차에서 6차의 경우에는 14.25%, 6차에서 9차의 경우에는 16.47%, 9차에서 12차의 경우에는 9.97%로 나타났으며, 취업 불원 상태였던 성인 장애인의 취업 상태로의 전환은 3차에서 6차의 경우에는 5.90%, 6차에서 9차의 경우에는 13.76%, 9차에서 12차의 경우에는 9.54%로 나타났다.

〈표 11-4-4〉 성인 장애인의 취업 여부 및 향후 취업 희망 여부의 변화

(단위: %)

구분		3차→6차	6차→9차	9차→12차
취업	취업	78.92	83.53	75.81
	취업 희망	6.76	10.66	12.13
	취업 불원	14.32	5.81	12.06
취업 희망	취업	29.11	33.09	28.14
	취업 희망	34.88	39.18	33.60
	취업 불원	36.01	27.73	38.26
취업 불원 (희망하지 않음)	취업	5.90	13.76	9.54
	취업 희망	14.25	16.47	9.97
	취업 불원	79.85	69.76	80.49

주: 1) 비교 대상인 양 차수 중에서 이전 차수를 기준 연도로 하고, 기준 연도의 가중치를 적용하였음.
2) 한국복지패널 장애인 부가조사 3, 6, 9, 12차 중 해당 두 시점에 모두 응답한 성인 장애인 가구원을 대상으로 분석함(샘플 규모는 3차에서 6차가 393명, 6차에서 9차가 308명, 9차에서 12차가 100명임).

대상별 각종 서비스의 필요율, 이용률, 충족률의 평균을 3차, 6차, 9차, 12차 조사에서 모두 응답한 장애 가구원을 대상으로 최종 차수를 기준 연도로 하여 최종 연도의 종단 가중치를 적용하여 9년 동안(관찰 간격 3년) 대상별 서비스의 필요율, 이용률, 충족률의 평균을 분석한 결과는 다음과 같다.

성인 대상 16개 서비스에 대한 필요율 평균은 3차 조사에서 9.12%, 6차 조사에서 10.94%로 1.83%포인트 증가하였다가, 9차 조사에서 6.71%로 6차 조사에 비해 4.23%포인트 감소하였고, 12차 조사에서는 10.08%로 9차 조사에 비해 3.37%포인트 증가하였다. 성인 대상 16개 서비스에 대한 이용률 평균은 3차 조사에서 1.48%, 6차 조사에서 2.09%, 9차 조사에서 7.05%로, 12차 조사에서는 2.39%로 6차 조사의 이용률의 평균은 3차 조사에 비해 0.61%포인트 증가하였으나, 9차 조사의 이용률의 평균은 6차 조사에 비해 4.96%포인트 증가하였다. 그리고 12차 조사의 이용률의 평균은 9차 조사에 비해 4.66%포인트 감소하였다. 성인 대상 16개 서비스에 대한 충족률의 평균은 3차 조사에서 12.68%, 6차 조사에서 13.26%, 9차 조사에서 38.15%, 12차 조사에서 14.34% 로 6차 조사의 성인 대상 서비스 충족률 평균은 3차 조사에 비해 0.58%포인트 증가하였고, 9차 조사에서는 6차 조사에 비해 24.89%포인트 증가하였나, 12차 조사에서는 9차 조사에 비해 23.81%포인트 감소하였다.

노인 대상 14개 서비스에 대한 필요율 평균은 3차 조사에서 14.11%, 6차 조사에서

15.89% 1.78%포인트 증가하였다가 9차 조사에서 15.14%로 6차 조사에 비해 0.75%포인트 감소하였고, 12차 조사에서는 15.27%로 9차 조사에 비해 0.13%포인트 증가하였다. 노인 대상 14개 서비스에 대한 이용률 평균은 3차 조사에서 1.58%, 6차 조사에서 5.31%, 9차 조사에서 14.48%로, 12차 조사에서는 5.93%로 6차 조사의 이용률의 평균은 3차 조사에 비해 3.73%포인트 증가하였고, 9차 조사의 이용률의 평균은 6차 조사에 비해 9.17%포인트 증가하였다. 그러나 12차 조사의 이용률의 평균은 9차 조사에 비해 8.55%포인트 감소하였다. 노인 대상 14개 서비스에 대한 충족률의 평균은 3차 조사에서 8.3%, 6차 조사에서 23.57%, 9차 조사에서 27.7%, 12차 조사에서 31.9% 로, 6차 조사의 성인 대상 서비스 충족률 평균은 3차 조사에 비해 15.27%포인트 증가하였고, 9차 조사에서는 6차 조사에 비해 4.13%포인트 증가하였고, 12차 조사에서는 9차 조사에 비해 4.2%포인트 증가하였다.

〈표 11-4-5〉 대상별 각종 서비스 필요도, 이용률, 충족률의 변화

(단위: %)

대상	3차			6차			9차			12차		
	필요율	이용률	충족률	필요율	이용률	충족률	필요율	이용률	충족률	필요율	이용률	충족률
성인 (16개 서비스)	9.12	1.48	12.68	10.94	2.09	13.26	6.71	7.05	38.15	10.08	2.39	14.34
노인 (14개 서비스)	14.11	1.58	8.30	15.89	5.31	23.57	15.14	14.48	27.70	15.27	5.93	31.90

주: 1) 서비스 필요율은 조사 대상 중 각 서비스가 필요하다고 응답한 비율의 평균을 의미하며, 서비스 이용률은 조사 대상 중 각 서비스를 이용한다고 응답한 비율의 평균을 의미함. 서비스 충족률은 각 서비스가 필요하다고 응답한 사람 중 이용한다고 응답한 비율의 평균을 나타냄.
2) 성인 서비스의 분석 대상은 한국복지패널 장애인 부가조사 3, 6, 9, 12차에 모두 성인이었던 216명의 장애인 가구원을 대상으로 분석하였음.
3) 장애인 부가조사에서 성인을 대상으로 필요도, 이용도를 조사하는 서비스는 직업상담, 취업알선, 직업능력평가, 일상생활훈련, 직업준비훈련, 보호작업, 주간보호, 단기보호, 그룹홈. 장기시설보호, 여가활동프로그램, 가사원조, 외출보조, 물리치료, 방문간호, 이동목욕의 총 16개 서비스임.
4) 노인 서비스의 분석 대상은 한국복지패널 장애인 부가조사 3, 6, 9차에 모두 노인이었던 135명의 장애인 가구원을 대상으로 분석하였음.
5) 장애인 부가조사에서 노인을 대상으로 필요도, 이용도를 조사하는 서비스는 직업상담 및 취업준비, 훈련서비스, 정서적 서비스, 일상생활지원, 급식지원, 전문상담, 여가생활, 요양시설보호, 주야간보호, 단기보호, 가사지원서비스, 물리치료 및 재활, 방문 간호(간병), 방문 및 이동목욕의 총 14개 서비스임.

취업 및 직장 생활, 보험제도상, 의료기관 이용 시, 지역사회 생활에서의 차별 경험률은 균형패널에 최종 차수를 기준 연도로 하여 최종 연도의 종단 가중치를 적용하여 9년 동안(관찰 간격 3회) 해당 영역에서 차별 경험 있음 비율을 분석하였다. 분석 샘플

은 네 차례의 조사(3차, 6차, 9차, 12차 한국복지패널 장애인 부가조사)에서 해당 영역의 사회적 차별 경험 문항에 모두 응답한 가구원만을 대상으로 하였다. 조사 연도 직전 1년간 해당 영역에서 차별을 경험했는지 여부가 조사 내용이어서 조사 연도 직전 1년간 해당 영역에서 활동한 장애인은 차별 경험 문항에 응답하였고, 그렇지 않은 장애인 가구원은 해당 문항에 대한 응답 대상에서 제외하였다. 그래서 분석 샘플은 해당 영역의 사회적 차별 경험에 모두 해당한다고 응답한 가구원의 규모에 따라 다르다. 보험제도상 차별 경험의 분석 대상은 2명으로, 이 경우 극히 사례 수가 적어 해석에 주의를 요한다. 취업 및 직장 생활 차별 경험의 분석 대상은 60명이었고, 의료기관 이용 시 차별 경험의 분석 대상은 420명, 지역 사회 생활 차별 경험의 분석 대상은 411명이었다.

취업 및 직장 생활 차별 경험률은 3차, 6차, 9차, 12차 조사가 각각 33.44%, 26.40%, 18.89%, 9.89%로 다른 영역에 비해 차별 경험률이 높았다. 그러나 3차 조사에서는 33.44%, 6차 조사에서는 26.40%로 6차 조사에서는 3차 조사에 비해 7.04%포인트 하락하였고, 9차 조사에서는 18.89%로 6차 조사에 비해 9%포인트 하락하여 점차 하락하는 양상을 보였다. 특히 저소득 가구의 장애인의 취업 및 직장 생활 차별 경험률은 3차, 6차, 9차, 12차 조사가 각각 65.41%, 42.28%, 22.02%, 20.14%로 다른 영역에 비해 높은 차별 경험률을 보였다.

〈표 11-4-6〉 사회적 차별 경험의 변화

(단위: %)

구분	구분	3차	6차	9차	12차
취업 및 직장 생활 차별 경험률	전체	33.44	26.40	18.89	9.89
	저소득	65.41	42.28	22.02	20.14
	일반	25.63	22.52	18.13	7.39
보험제도상 차별 경험률	전체	100.00	52.51	0.00	0.00
	저소득	100.00	0.00	0.00	0.00
	일반	100.00	100.00	0.00	0.00
의료기관 이용 시 차별 경험률	전체	4.74	1.76	3.76	1.49
	저소득	10.09	2.95	3.93	3.20
	일반	0.68	0.86	3.64	0.20
지역 사회 생활 차별 경험률	전체	6.56	7.89	4.82	1.91
	저소득	11.44	9.95	7.11	4.38
	일반	2.99	6.38	3.14	0.11

주: 1) 취업 및 직장 생활 차별 경험의 분석 대상은 한국복지패널 장애인 부가조사 3, 6, 9, 12차 시기 모두 조사 연도 직전 1년 동안 취업 및 직장 생활을 한 경험이 있었던 60명의 장애인 가구원을 대상으로 분석하였음.
2) 보험제도상 차별 경험의 분석 대상은 한국복지패널 장애인 부가조사 3, 6, 9, 12차 시기 모두 조사 연도 직전 1년 동안 보험제도를 이용하였던 2명의 장애인 가구원을 대상으로 분석하였다. 사례 수가 극히 적으므로 해석에 주의를 요함.
3) 의료기관 이용 시 차별 경험의 분석 대상은 한국복지패널 장애인 부가조사 3, 6, 9, 12차 시기 모두 조사 연도 직전 1년 동안 의료기관을 이용했던 420명의 장애인 가구원을 대상으로 분석하였음.
4) 지역 사회 생활 차별 경험의 분석 대상은 한국복지패널 장애인 부가조사 3, 6, 9, 12차 시기 모두 조사 연도 직전 1년간 지역 사회 생활을 했던 411명의 장애인 가구원을 대상으로 분석하였음.

부록 1. 조사 대상의 일반적 특성 및 경제활동 상태

1. 일반적 특성

〈부표 1-1-1〉 국민기초생활보장 맞춤형급여(생계) 수급가구 구분

(단위: %)

구분	전체	저소득	일반
비수급가구	92.00	74.06	98.67
수급가구	8.01	25.93	1.33
일반수급가구	7.42	24.16	1.18
조건부수급가구	0.56	1.67	0.15
특례가구	0.03	0.10	0.00
계	100.00	100.00	100.00

〈부표 1-1-2〉 국민기초생활보장 맞춤형급여(생계) 수급 형태

(단위: %)

구분	전체	저소득	일반
비수급가구	92.00	74.06	98.67
수급가구	8.01	25.94	1.32
가구원 전부 수급	6.17	21.51	0.45
가구원 중 일부 수급	1.84	4.43	0.87
계	100.00	100.00	100.00

〈부표 1-1-3〉 국민기초생활보장 맞춤형급여(주거) 수급가구 구분

(단위: %)

구분	전체	저소득	일반
비수급가구	91.50	72.71	98.49
수급가구	8.50	27.29	1.51
임차급여(특례 포함)	7.80	24.84	1.46
수선유지급여(특례 포함)	0.70	2.45	0.05
계	100.00	100.00	100.00

〈부표 1-1-4〉 국민기초생활보장 맞춤형급여(교육) 수급가구 구분

(단위: %)

구분	전체	저소득	일반
비수급가구	98.57	96.03	99.55
수급가구	1.43	3.97	0.45
계	100.00	100.00	100.00

〈부표 1-1-5〉 국민기초생활보장 맞춤형급여(교육) 평균 수급자 수

(단위: 명)

구분	평균 수급자 수	표준오차
전 체	1.42	0.07
저소득	1.33	0.07
일 반	1.66	0.16

〈부표 1-1-6〉 가구원의 최종 학력

(단위: %)

구분	전체	저소득	일반
중학교 졸 이하	7.40	7.76	7.36
고등학교 졸 이하	28.35	40.27	26.89
전문대 졸 이하	22.29	29.61	21.40
대학교 졸 이하	41.68	21.56	44.15
대학원 졸 이상	0.27	0.80	0.21
계	100.00	100.00	100.00

주: 12차 연도 신규 가구원 309명을 대상으로 분석함.

〈부표 1-1-7〉 가구원의 고등학교 유형

(단위: %)

구분	전체	저소득	일반
일반계(일반)	79.13	73.77	79.78
일반계(특목:과학고)	0.24	-	0.27
일반계(특목:외국어고)	0.21	-	0.24
기타(자립형사립고, 국제고)	1.99	-	2.23
일반계(특목:예술고)	0.54	-	0.61
실업계(농업)	0.72	-	0.81
실업계(공업)	5.01	1.93	5.38
실업계(상업)	6.54	5.58	6.65
실업계(종합)	0.51	-	0.58
특성화고	3.45	13.90	2.17
검정고시	0.53	-	0.60
기타	0.59	4.81	0.08
자율고(자율형고, 기숙형고)	0.53	-	0.60
계	100.00	100.00	100.00

주: 12차 연도 신규 가구원 309명 중 고등학교 졸업 이상의 학력인 284명을 대상으로 분석함.

〈부표 1-1-8〉 가구원의 고등학교 소재지

(단위: %)

구분	전체	저소득	일반
서울특별시	13.47	10.31	13.86
부산광역시	4.72	7.07	4.44
대구광역시	3.37	4.13	3.28
인천광역시	3.85	3.90	3.84
광주광역시	4.80	1.22	5.23
대전광역시	2.13	-	2.39
울산광역시	1.02	3.53	0.72
경기도	24.96	21.40	25.39
강원도	4.97	5.54	4.90
충청북도	2.21	4.67	1.91
충청남도	6.26	6.12	6.28
전라북도	3.07	12.85	1.88
전라남도	7.04	5.08	7.28
경상북도	9.24	3.39	9.95
경상남도	3.67	5.99	3.39
제주도	1.45	-	1.63
외국	3.76	4.81	3.63
계	100.00	100.00	100.00

주: 12차 연도 신규 가구원 309명 중 고등학교 졸업 이상의 학력인 284명을 대상으로 분석함.

〈부표 1-1-9〉 가구원의 대학 전공계열

(단위: %)

구분	전체	저소득	일반
인문계열	20.38	12.25	21.17
사회계열(경상계열)	8.73	-	9.58
사회계열(법학계열)	1.60	-	1.76
사회계열(사회과학계열)	10.27	19.47	9.38
교육계열	5.63	13.97	4.82
공학계열	23.22	16.73	23.85
자연계열	6.18	1.54	6.62
의약계열(의학)	2.96	-	3.25
의약계열(약학)	0.72	-	0.78
의약계열(간호·치료보건)	7.27	12.09	6.81
예체능계열	11.64	23.95	10.44
기타	1.40	-	1.54
계	100.00	100.00	100.00

주: 12차 연도 신규 가구원 309명 중 대학교 졸업 이상의 학력인 192명을 대상으로 분석함.

〈부표 1-1-10〉 가구원의 대학교 소재지

(단위: %)

구분	전체	저소득	일반
서울특별시	16.12	10.26	16.69
부산광역시	5.96	9.02	5.66
대구광역시	4.98	10.50	4.45
인천광역시	2.53	8.04	2.00
광주광역시	6.52	3.32	6.83
대전광역시	5.84	8.29	5.60
울산광역시	0.58	-	0.64
경기도	25.08	26.07	24.99
강원도	1.85	-	2.03
충청북도	3.14	3.30	3.12
충청남도	2.76	0.78	2.95
전라북도	5.18	20.41	3.71
전라남도	2.11	-	2.32
경상북도	6.88	-	7.54
경상남도	2.56	-	2.81
제주도	1.14	-	1.25
외국	5.29	-	5.81
세종특별자치시	1.46	-	1.60
계	100.00	100.00	100.00

주: 12차 연도 신규 가구원 309명 중 대학교 졸업 이상의 학력인 192명을 대상으로 분석함.

〈부표 1-1-11〉 가구주의 최종 학력

(단위: %)

구분	전체	저소득	일반
중학교 졸 이하	4.88	86.46	2.70
고등학교 졸 이하	30.55	13.54	31.00
전문대 졸 이하	17.95	-	18.43
대학교 졸 이하	44.88	-	46.08
대학원 졸 이상	1.75	-	1.80
계	100.00	100.00	100.00

주: 12차 조사 신규 가구원 309명 중 가구주 45명을 대상으로 분석함.

〈부표 1-1-12〉 가구주의 고등학교 유형

(단위: %)

구분	전체	저소득	일반
일반계(일반)	69.04	-	69.30
일반계(특목:과학고)	0.11	-	0.12
실업계(농업)	0.46	-	0.46
실업계(공업)	11.18	-	11.22
실업계(상업)	13.11	100.00	12.79
실업계(종합)	4.68	-	4.70
특성화고	1.41	-	1.42
계	100.00	100.00	100.00

주: 12차 조사 신규 가구원 309명 중 고등학교 졸업 이상의 학력인 가구주 41명을 대상으로 분석함.

〈부표 1-1-13〉 가구주의 고등학교 소재지

(단위: %)

구분	전체	저소득	일반
서울특별시	12.06	-	12.10
부산광역시	4.11	-	4.12
대구광역시	1.55	-	1.55
광주광역시	14.64	-	14.69
울산광역시	1.73	-	1.74
경기도	23.45	-	23.53
강원도	2.21	-	2.22
충청북도	1.41	-	1.42
전라남도	15.06	100.00	14.74
경상북도	17.89	-	17.95
경상남도	4.43	-	4.44
제주도	1.48	-	1.49
계	100.00	100.00	100.00

주: 12차 조사 신규 가구원 309명 중 고등학교 졸업 이상의 학력인 가구주 41명을 대상으로 분석함.

〈부표 1-1-14〉 가구주의 대학 전공계열

(단위: %)

구분	전체	저소득	일반
인문계열	15.90	-	15.90
사회계열(경상계열)	6.05	-	6.05
사회계열(법학계열)	11.08	-	11.08
교육계열	4.28	-	4.28
공학계열	50.67	-	50.67
자연계열	4.47	-	4.47
의약계열(간호·치료보건)	7.56	-	7.56
계	100.00	-	100.00

주: 12차 조사 신규 가구원 309명 중 대학교 졸업 이상의 학력인 가구주 26명을 대상으로 분석함.

〈부표 1-1-15〉 가구주의 대학교 소재지

(단위: %)

구분	전체	저소득	일반
서울특별시	27.94	-	27.94
부산광역시	12.53	-	12.53
대구광역시	2.28	-	2.28
인천광역시	3.09	-	3.09
광주광역시	19.96	-	19.96
경기도	11.01	-	11.01
강원도	0.27	-	0.27
충청남도	2.64	-	2.64
경상북도	5.16	-	5.16
경상남도	6.96	-	6.96
제주도	2.18	-	2.18
외국	5.98	-	5.98
계	100.00	-	100.00

주: 12차 조사 신규 가구원 309명 중 대학교 졸업 이상의 학력인 가구주 26명을 대상으로 분석함.

2. 경제활동 상태

〈부표 1-2-1〉 임금근로자 가구원의 고용 관계, 근로시간 및 근로 계약의 형태

(단위: %)

구분		전체	저소득	일반
고용 형태	직접고용	92.18	84.09	92.71
	간접고용	4.91	11.78	4.45
	특수고용	2.92	4.14	2.84
근로시간 형태	시간제	9.68	36.70	7.89
	전일제	90.32	63.30	92.11
근로 계약 기간 설정 여부	계약 기간 정해짐	31.31	57.92	29.54
	계약 기간 정해지지 않음	68.69	42.08	70.46
근로지속 가능성	계속 근로 가능	63.09	23.01	65.75
	계속 근로 불가능	36.91	76.99	34.25
계		100.00	100.00	100.00

〈부표 1-2-2〉 임금근로자 가구원의 근로지속 불가능 사유

(단위: %)

구분	전체	저소득	일반
정해진 고용 계약 기간의 만료	43.52	49.97	42.56
묵시적 · 관행적인 계약 종료	19.91	15.81	20.52
사업주가 그만두라면 언제든지 그만둔다는 조건(임시직 등)으로 채용되었으므로	35.02	33.47	35.25
현재하는 업무(프로젝트)의 종료	1.43	0.16	1.62
현재의 일자리에서 이전에 일하던 사람 복귀	0.05	0.34	0.01
특정 계절 동안만 일할 수 있기 때문에	0.08	0.25	0.05
계	100.00	100.00	100.00

〈부표 1-2-3〉 임금근로자 가구원의 노동조합 가입 실태

(단위: %)

구분	전체	저소득	일반
노동조합 없음	76.98	82.51	76.61
노동조합이 있으나 가입 대상이 안 됨	7.13	13.04	6.74
노동조합이 있고 가입 대상이나 가입하지 않았음	5.65	3.04	5.82
노동조합에 가입하였음	10.25	1.40	10.83
계	100.00	100.00	100.00

〈부표 1-2-4〉 취업 가구원의 사직 또는 폐업 여부 및 사유

(단위: %)

구분		전체	저소득	일반
사직, 폐업 경험 여부	있다	11.82	18.90	11.19
	없다	88.18	81.10	88.81
사직, 폐업 사유	파산, 폐업, 휴업 등	9.61	5.84	10.17
	정리 해고	0.81	1.10	0.77
	권고사직/명예퇴직	0.70	0.00	0.80
	정년퇴직	0.65	0.00	0.75
	계약기간 만료	14.63	37.21	11.25
	소득/보수 적음	10.33	10.03	10.38
	일거리 부족	10.64	12.52	10.36
	일의 장래성 없음	5.64	6.80	5.47
	적성/지식/기능 안 맞음	3.28	1.02	3.62
	근로시간/근로 환경 열악	12.04	4.30	13.20
	자기(가족) 사업 시작	5.03	3.78	5.21
	가사 문제	1.39	0.60	1.51
	건강/고령 등	2.99	7.41	2.32
	거리가 멀어서	0.99	0.34	1.09
	학업/군 입대 등	0.64	0.17	0.72
	좀 더 좋은 일자리	18.55	6.36	20.37
	출산/육아	0.33	0.00	0.37
	기타	1.77	2.52	1.65
계		100.00	100.00	100.00

〈부표 1-2-5〉 가구원의 지난 4주간 구직활동 여부 및 구직 기간

(단위: %, 개월)

구분		전체	저소득	일반
구직활동 여부	그렇다	5.34	3.66	6.09
	아니다	94.66	96.34	93.91
구직기간	1년 미만	99.62	99.12	99.72
	1년 이상 3년 미만	0.31	0.79	0.22
	3년 이상 5년 이상	0.07	0.09	0.06
계		100.00	100.00	100.00
평균 구직 개월 수		7.75	12.03	6.60

〈부표 1-2-6〉 가구원의 구직상 어려움

(단위: %)

구분	1순위			2순위		
	전체	저소득	일반	전체	저소득	일반
나이 때문에	16.91	31.68	12.95	4.98	3.70	5.33
성차별 때문에	0.00	0.00	0.00	0.00	0.00	0.00
외모 때문에	0.00	0.00	0.00	0.00	0.00	0.00
학력이 낮기 때문에	2.98	0.00	3.78	3.02	8.48	1.52
기술이나 기능이 부족해서	15.59	22.38	13.77	12.04	11.67	12.14
경력이 부족해서	12.46	6.04	14.18	9.22	18.66	6.63
건강 문제로	2.23	1.81	2.34	2.27	7.96	0.71
일자리에 대한 기대 수준이 높아서	13.81	12.67	14.11	11.49	3.47	13.69
신용불량자라서	0.00	0.00	0.00	0.00	0.00	0.00
가사일 때문에	0.11	0.00	0.14	0.00	0.00	0.00
자녀를 돌보는 문제 때문에	1.05	3.49	0.40	0.18	0.00	0.23
가족(배우자, 부모 등)의 반대로	0.00	0.00	0.00	0.00	0.00	0.00
일자리가 없거나 부족해서	16.17	21.93	14.62	16.86	18.46	16.42
일자리에 대한 정보가 부족해서	2.10	0.00	2.66	11.14	17.57	9.37
근로 조건이나 근로 환경이 열악해서	9.50	0.00	12.04	11.95	4.50	14.00
임금 수준이 너무 낮은 일자리여서	6.48	0.00	8.22	10.41	5.52	11.75
고용이 불안정해서(비정규직이라서)	0.60	0.00	0.77	4.42	0.00	5.63
기타	0.00	0.00	0.00	2.02	0.00	2.57
계	100.00	100.00	100.00	100.00	100.00	100.00

〈부표 1-2-7〉 가구원의 취업(사업) 시 한 달간의 희망 소득

(단위: 만 원)

구분	중위값	평균	표준오차
전체	200	200	5.32
저소득	180	167	9.61
일반	200	209	6.11

〈부표 1-2-8〉 비경제활동 가구원의 지난 1년간 구직활동 및 근로가능 여부

(단위: %)

구분		전체	저소득	일반
구직활동 여부	그렇다	12.69	11.15	13.39
	아니다	87.31	88.85	86.61
근로 가능 여부	그렇다	29.26	25.31	30.77
	아니다	70.74	74.69	69.23
계		100.00	100.00	100.00

〈부표 1-2-9〉 가구원이 지난 1년간 구직활동을 하지 않은 이유

(단위: %)

구분	전체	저소득	일반
전공이나 경력에 맞는 일거리가 없을 것 같아서	10.4	1.33	13.25
원하는 임금 수준이나 근로 조건에 맞는 일거리가 없을 것 같아서	40.6	45.71	39.00
근처에 일자리가 없을 것 같아서	19.66	23.9	18.33
교육, 기술, 경험이 부족해서	4.56	0.41	5.87
나이가 너무 어리거나 많다고 고용주가 생각할 것 같아서	1.07	1.32	1.00
이전에 찾아보았지만 일거리가 없었기 때문에	23.7	27.34	22.55
기타	0.00	0.00	0.00
계	100.00	100.00	100.00

〈부표 1-2-10〉 가구원의 새로 습득한 직업기술

(단위:%)

구분	전체	저소득	일반
기술사	0.00	0.00	0.00
기능장	0.61	0.00	0.63
기사	2.14	0.00	2.22
산업 기사	1.78	0.00	1.84
기능사	18.31	60.54	16.8
기타 공인 면허 자격증	75.19	39.46	76.47
자격증 없는 기능자	1.97	0.00	2.04
계	100.00	100.00	100.00

주: 저소득 해당 사례는 4케이스이며, 일반 해당 사례는 73케이스임.

〈부표 1-2-11〉 가구원의 새로 습득한 직업기술에 해당하는 직종

(단위: %)

구분	전체	저소득	일반
기계·금속	6.67	55.41	4.92
화공·세라믹	2.39	0.00	2.47
전기·전자	2.02	0.00	2.10
통신	0.00	0.00	0.00
조선	1.81	0.00	1.87
항공	0.00	0.00	0.00
섬유	0.00	0.00	0.00
토목·건축	0.00	0.00	0.00
광업 자원	0.00	0.00	0.00
정보 처리	3.24	0.00	3.36
국토 개발	0.00	0.00	0.00
농림	0.00	0.00	0.00
해양	0.00	0.00	0.00
산업디자인	1.67	0.00	1.73
에너지	1.67	0.00	1.73
환경	0.00	0.00	0.00
안전 관리	3.06	0.00	3.17
산업 응용	0.00	0.00	0.00
교통	2.77	0.00	2.87
공예	0.00	0.00	0.00
사무 관리	4.24	0.00	4.39
음료품·식료품	2.75	0.00	2.85
위생	6.07	44.59	4.69
보건·의료·사회	31.1	0.00	32.22
금융·무역·유통	7.53	0.00	7.80
교육·공무원 관련 자격	4.75	0.00	4.92
외국어·관광	7.73	0.00	8.00
기타	10.55	0.00	10.93
계	100.00	100.00	100.00

주: 저소득 해당 사례는 4케이스이며, 일반 해당 사례는 73케이스임.

〈부표 1-2-12〉 임금근로자 가구주의 고용 관계, 근로시간 및 근로 계약의 형태

(단위: %)

구분		전체	저소득	일반
고용 형태	직접고용	91.58	82.29	92.36
	간접고용	5.62	13.03	5.00
	특수고용	2.80	4.68	2.65
근로시간 형태	시간제	6.01	36.27	3.48
	전일제	93.99	63.73	96.52
근로 계약 기간 설정 여부	계약 기간 정해짐	27.24	59.89	24.51
	계약 기간 정해지지 않음	72.76	40.11	75.49
근로지속 가능성	계속 근로 가능	69.34	23.75	73.15
	계속 근로 불가능	30.66	76.25	26.85
계		100.00	100.00	100.00

〈부표 1-2-13〉 임금근로자 가구주의 근로지속 불가능 사유

(단위: %)

구분	전체	저소득	일반
정해진 고용 계약 기간의 만료	47.07	52.11	45.87
묵시적 · 관행적인 계약 종료	19.06	15.78	19.84
사업주가 그만두라면 언제든지 그만둔다는 조건(임시직 등)으로 채용되었으므로	30.88	30.91	30.87
현재하는 업무(프로젝트)의 종료	2.69	0.25	3.27
현재의 일자리에서 이전에 일하던 사람 복귀	0.13	0.54	0.03
특정 계절 동안만 일할 수 있기 때문에	0.18	0.40	0.12
계	100.00	100.00	100.00

〈부표 1-2-14〉 임금근로자 가구주의 노동조합 가입 실태

(단위: %)

구분	전체	저소득	일반
노동조합 없음	72.61	80.24	71.97
노동조합이 있으나 가입 대상이 안 됨	7.67	13.58	7.18
노동조합이 있고 가입 대상이나 가입하지 않았음	5.92	4.75	6.02
노동조합에 가입하였음	13.8	1.42	14.84
계	100.00	100.00	100.00

〈부표 1-2-15〉 취업 가구주의 사직 또는 폐업 여부 및 사유

(단위: %)

구분		전체	저소득	일반
사직, 폐업 경험 여부	있다	10.71	21.24	9.61
	없다	89.29	78.76	90.39
사직, 폐업 사유	파산, 폐업, 휴업 등	9.38	4.68	10.47
	정리 해고	0.91	1.58	0.75
	권고사직/명예퇴직	1.17	0.00	1.44
	정년퇴직	1.34	0.00	1.66
	계약 기간 만료	17.17	34.61	13.13
	소득/보수 적음	8.89	12.63	8.03
	일거리 부족	13.14	9.72	13.93
	일의 장래성 없음	3.94	6.6	3.32
	적성/지식/기능 안 맞음	1.20	1.46	1.14
	근로시간/근로 환경 열악	10.36	6.15	11.34
	자기(가족) 사업 시작	5.28	4.55	5.45
	가사 문제	1.25	0.00	1.54
	건강/고령 등	4.70	9.59	3.56
	거리가 멀어서	0.39	0.00	0.48
	학업/군 입대 등	0.00	0.00	0.00
	좀 더 좋은 일자리	18.28	4.84	21.39
	출산/육아	0.00	0.00	0.00
	기타	2.59	3.61	2.35
계		100.00	100.00	100.00

〈부표 1-2-16〉 가구주의 지난 4주간 구직활동 여부 및 구직기간

(단위: %, 개월)

구분		전체	저소득	일반
구직활동 여부	그렇다	4.78	3.08	7.44
	아니다	95.22	96.92	92.56
구직기간	1년 미만	99.81	99.36	99.94
	1년 이상 3년 미만	0.16	0.49	0.06
	3년 이상 5년 이상	0.03	0.15	0.00
계		100.00	100.00	100.00
평균 구직 개월 수		6.68	11.00	3.89

〈부표 1-2-17〉 가구주의 구직상 어려움

(단위: %)

구분	1순위			2순위		
	전체	저소득	일반	전체	저소득	일반
나이 때문에	42.13	47.01	38.99	6.09	6.21	6.00
성차별 때문에	0.00	0.00	0.00	0.00	0.00	0.00
외모 때문에	0.00	0.00	0.00	0.00	0.00	0.00
학력이 낮기 때문에	1.40	0.00	2.30	3.51	8.77	0.00
기술이나 기능이 부족해서	10.67	21.64	3.59	14.59	19.71	11.18
경력이 부족해서	1.15	1.75	0.77	1.93	0.00	3.21
건강 문제로	2.88	2.36	3.22	7.03	16.34	0.83
일자리에 대한 기대 수준이 높아서	10.55	3.34	15.2	8.86	5.47	11.12
신용불량자라서	0.00	0.00	0.00	0.00	0.00	0.00
가사일 때문에	0.00	0.00	0.00	0.00	0.00	0.00
자녀를 돌보는 문제 때문에	1.23	3.14	0.00	0.00	0.00	0.00
가족(배우자, 부모 등)의 반대로	0.00	0.00	0.00	0.00	0.00	0.00
일자리가 없거나 부족해서	26.03	20.76	29.43	24.36	27.89	22.01
일자리에 대한 정보가 부족해서	0.00	0.00	0.00	5.47	2.75	7.28
근로 조건이나 근로 환경이 열악해서	2.30	0.00	3.79	8.48	9.24	7.97
임금 수준이 너무 낮은 일자리여서	1.66	0.00	2.73	7.31	3.62	9.77
고용이 불안정해서(비정규직이라서)	0.00	0.00	0.00	6.53	0.00	10.88
기타	0.00	0.00	0.00	5.85	0.00	9.74
계	100.00	100.00	100.00	100.00	100.00	100.00

〈부표 1-2-18〉 가구주의 취업(사업) 시 한 달간의 희망 소득

(단위: 만 원)

구분	중위값	평균	표준오차
전체	150	194	10.95
저소득	150	174	10.90
일반	170	207	17.51

〈부표 1-2-19〉 비경제활동 가구주의 지난 1년간 구직활동 및 근로 가능 여부

(단위: %)

구분		전체	저소득	일반
구직활동 여부	그렇다	9.74	8.82	11.23
	아니다	90.26	91.18	88.77
근로 가능 여부	그렇다	34.72	28.87	42.21
	아니다	65.28	71.13	57.79
계		100.00	100.00	100.00

〈부표 1-2-20〉 가구주의 지난 1년간 구직활동을 하지 않은 이유

(단위: %)

구분	전체	저소득	일반
전공이나 경력에 맞는 일거리가 없을 것 같아서	1.17	2.50	0.00
원하는 임금 수준이나 근로 조건에 맞는 일거리가 없을 것 같아서	28.73	27.59	29.73
근처에 일자리가 없을 것 같아서	21.81	25.19	18.85
교육, 기술, 경험이 부족해서	0.00	0.00	0.00
나이가 너무 어리거나 많다고 고용주가 생각할 것 같아서	2.60	2.48	2.70
이전에 찾아보았지만 일거리가 없었기 때문에	45.69	42.23	48.72
기타	0.00	0.00	0.00
계	100.00	100.00	100.00

〈부표 1-2-21〉 가구주의 새로 습득한 직업기술

(단위: %)

구분	전체	저소득	일반
기술사	0.00	0.00	0.00
기능장	2.29	0.00	2.42
기사	0.00	0.00	0.00
산업 기사	6.68	0.00	7.05
기능사	17.92	100.0	13.31
기타 공인 면허 자격증	73.11	0.00	77.22
자격증 없는 기능자	0.00	0.00	0.00
계	100.00	100.00	100.00

주: 저소득 해당 사례는 2케이스이며, 일반 해당 사례는 23케이스임.

〈부표 1-2-22〉 가구주의 새로 습득한 직업기술에 해당하는 직종

(단위: %)

구분	전체	저소득	일반
기계·금속	18.61	87.44	14.75
화공·세라믹	8.97	0.00	9.47
전기·전자	6.34	0.00	6.69
통신	0.00	0.00	0.00
조선	0.00	0.00	0.00
항공	0.00	0.00	0.00
섬유	0.00	0.00	0.00
토목·건축	0.00	0.00	0.00
광업 자원	0.00	0.00	0.00
정보 처리	4.05	0.00	4.28
국토 개발	0.00	0.00	0.00
농림	0.00	0.00	0.00
해양	0.00	0.00	0.00
산업디자인	0.00	0.00	0.00
에너지	6.26	0.00	6.62
환경	0.00	0.00	0.00
안전 관리	3.94	0.00	4.16
산업 응용	0.00	0.00	0.00
교통	4.42	0.00	4.67
공예	0.00	0.00	0.00
사무 관리	7.34	0.00	7.75
음료품·식료품	0.00	0.00	0.00
위생	0.67	12.56	0.00
보건·의료·사회	28.49	0.00	30.09
금융·무역·유통	4.59	0.00	4.85
교육·공무원 관련 자격	1.60	0.00	1.69
외국어·관광	0.00	0.00	0.00
기타	4.72	0.00	4.98
계	100.00	100.00	100.00

주: 저소득 해당 사례는 2케이스이며, 일반 해당 사례는 23케이스임.

부록 2. 가구 경제

1. 소득

〈부표 2-1-1〉 가구의 연간 경상소득의 분포

(단위: %)

구분	전체	저소득	일반
1,000만 원 미만	9.48	34.93	-
1,000만~2,000만 원 미만	15.30	47.15	3.44
2,000만~3,000만 원 미만	13.45	15.61	12.65
3,000만~4,000만 원 미만	11.11	2.26	14.40
4,000만~5,000만 원 미만	10.37	0.06	14.21
5,000만 원 이상	40.31	-	55.31
계	100.00	100.00	100.00

주: 저소득에서 3,000만~5,000만 원 구간의 경상소득이 나타난 것은 근로소득은 적으나 규모가 큰 가구들의 공공부조 소득이 높기 때문임.

〈부표 2-1-2〉 가구의 연간 평균 소득 보유 여부

(단위: %)

구분		전체	저소득	일반
상시 근로소득	없다	55.78	41.03	95.38
	있다	44.22	58.97	4.62
임시·일용 근로소득	없다	55.15	51.17	65.86
	있다	44.85	48.83	34.14
사업소득	없다	82.63	78.74	93.08
	있다	17.37	21.26	6.92
농림축산어업소득	없다	93.27	93.73	92.06
	있다	6.73	6.27	7.94
부업소득	없다	95.66	96.56	93.24
	있다	4.34	3.44	6.76
계		100.00	100.00	100.00

주: 부업소득의 비율이 3차 조사의 7.5에 비해 많이 줄어든 이유는 4차 조사부터 한 시점에 직업이 둘 이상인 경우에 해당하는 소득을 각각 조사하였기 때문임.

〈부표 2-1-3〉 가구의 연간 평균 소득 분포

(단위: %)

구분		전체	저소득	일반
상시 근로소득	500만 원 미만	56.76	96.34	42.02
	500만~1,000만 원 미만	0.92	0.65	1.02
	1,000만~1,500만 원 미만	1.33	1.12	1.41
	1,500만~2,000만 원 미만	2.35	1.16	2.79
	2,000만~2,500만 원 미만	3.71	0.39	4.95
	2,500만~3,000만 원 미만	3.57	0.33	4.77
	3,000만 원 이상	31.36	-	43.03
	계	100.00	100.00	100.00
임시·일용 근로소득	500만 원 미만	63.54	78.88	57.83
	500만~1,000만 원 미만	7.13	9.47	6.26
	1,000만~1,500만 원 미만	6.86	7.03	6.79
	1,500만~2,000만 원 미만	6.42	3.46	7.52
	2,000만~2,500만 원 미만	4.32	0.97	5.56
	2,500만~3,000만 원 미만	2.82	0.17	3.81
	3,000만 원 이상	8.91	0.04	12.21
	계	100.00	100.00	100.00
사업소득 (자영업 포함)	500만 원 미만	84.14	96.00	79.72
	500만~1,000만 원 미만	1.02	1.39	0.89
	1,000만~1,500만 원 미만	1.67	0.85	1.98
	1,500만~2,000만 원 미만	1.74	0.91	2.05
	2,000만~2,500만 원 미만	1.59	0.64	1.94
	2,500만~3,000만 원 미만	1.22	0.13	1.62
	3,000만 원 이상	8.62	0.07	11.80
	계	100.00	100.00	100.00
농림축산어업소득	500만 원 미만	96.54	97.66	96.13
	500만~1,000만 원 미만	1.18	1.88	0.91
	1,000만~1,500만 원 미만	0.43	0.44	0.43
	1,500만~2,000만 원 미만	0.26	0.02	0.35
	2,000만~2,500만 원 미만	0.26	-	0.35
	2,500만~3,000만 원 미만	0.25	-	0.34
	3,000만 원 이상	1.08	-	1.48
	계	100.00	100.00	100.00
부업소득	500만 원 미만	99.89	100.00	99.85
	500만~1,000만 원 미만	0.03	-	0.04
	1,000만~1,500만 원 미만	0.01	-	0.02
	1,500만~2,000만 원 미만	0.02	-	0.03
	2,000만~2,500만 원 미만	-	-	-
	2,500만~3,000만 원 미만	-	-	-
	3,000만 원 이상	0.05	-	0.07
	계	100.00	100.00	100.00

〈부표 2-1-4〉 가구의 근로소득 이외 소득 유형별 보유 여부

(단위: %)

구분		전체	저소득	일반
재산소득	없다	65.07	76.86	60.69
	있다	34.93	23.14	39.31
사회보험	없다	70.91	68.72	71.72
	있다	29.09	31.28	28.28
민간보험	없다	97.92	99.33	97.39
	있다	2.08	0.67	2.61
가구원 외 부모나 자녀로부터의 보조금 혹은 민간보조금 (현금 및 현물)	없다	0.49	0.23	0.58
	있다	99.51	99.77	99.42
국민기초생활보장급여	없다	91.22	72.56	98.17
	있다	8.78	27.44	1.83
기타 정부보조금	없다	45.23	15.19	56.41
	있다	54.77	84.81	43.59
기타소득	없다	2.22	1.54	2.47
	있다	97.78	98.46	97.53
계		100.00	100.00	100.00

주: 기타소득의 경우 조사 답례품으로 인하여 보유 비율이 매우 높게 나타남.

〈부표 2-1-5〉 가구의 근로소득 이외 소득 유형별 세부 항목 보유 여부

(단위: %)

구분			전체	저소득	일반
재산소득	이자, 배당금	없다	72.58	82.51	68.89
		있다	27.42	17.49	31.11
	임대료	없다	85.56	90.73	83.64
		있다	14.44	9.27	16.36
	기타	없다	99.80	100.00	99.73
		있다	0.20	-	0.27
사회보험	공적연금	없다	74.28	70.35	75.74
		있다	25.72	29.65	24.26
	고용보험	없다	96.26	98.35	95.47
		있다	3.74	1.65	4.53
	산재보험	없다	99.35	99.71	99.22
		있다	0.65	0.29	0.78

〈부표 2-1-5〉 가구의 근로소득 이외 소득 유형별 세부 항목 보유 여부(계속)

(단위: %)

구분			전체	저소득	일반
민간보험	개인연금	없다	97.95	99.33	97.43
		있다	2.05	0.67	2.57
	퇴직연금	없다	99.94	100.00	99.92
		있다	0.06	-	0.08
가구원 외 부모나 자녀로부터의 보조금 혹은 민간보조금 (현금 및 현물)	가구원 외 부모나 자녀로부터의 보조금	없다	30.43	27.98	31.34
		있다	69.57	72.02	68.66
	민간보조금	없다	2.02	1.54	2.20
		있다	97.98	98.46	97.80
국민기초생활보장급여	맞춤형급여(생계)	없다	91.99	74.33	98.56
		있다	8.01	25.67	1.44
	맞춤형급여(주거)	없다	91.83	74.31	98.35
		있다	8.17	25.69	1.65
	맞춤형급여(교육)	없다	98.73	96.60	99.52
		있다	1.27	3.40	0.48
기타 정부보조금	장애수당 또는 장애아동부양수당	없다	93.66	82.09	97.96
		있다	6.34	17.91	2.04
	기초연금	없다	75.33	40.21	88.41
		있다	24.67	59.79	11.59
	한부모가족 지원	없다	99.82	99.72	99.85
		있다	0.18	0.28	0.15
	가정위탁금 또는 소년·소녀가장 보호비	없다	99.91	99.79	99.95
		있다	0.09	0.21	0.05
	양육수당	없다	96.98	99.46	96.06
		있다	3.02	0.54	3.94
	보육료 지원	없다	92.34	98.67	89.98
		있다	7.66	1.33	10.02
	학비 지원	없다	94.30	94.63	94.18
		있다	5.70	5.37	5.82
	국가유공자에 대한 보조금	없다	98.59	97.11	99.14
		있다	1.41	2.89	0.86
	농어업 정부보조금	없다	95.07	93.72	95.57
		있다	4.93	6.28	4.43
	긴급복지 지원금	없다	99.82	99.65	99.89
		있다	0.18	0.35	0.11

〈부표 2-1-5〉 가구의 근로소득 이외 소득 유형별 세부 항목 보유 여부(계속)

(단위: %)

구분			전체	저소득	일반
기타 정부보조금	바우처 지원금	없다	90.75	79.53	94.92
		있다	9.25	20.47	5.08
	근로장려세제	없다	95.59	94.99	95.82
		있다	4.41	5.01	4.18
	자녀장려세제	없다	96.82	98.06	96.36
		있다	3.18	1.94	3.64
	급식비 지원	없다	97.67	96.13	98.25
		있다	2.33	3.87	1.75
	에너지 감면 또는 보조	없다	83.71	66.16	90.24
		있다	16.29	33.84	9.76
	통신비 감면 또는 보조	없다	81.99	60.95	89.82
		있다	18.01	39.05	10.18
	기타	없다	83.19	63.53	90.51
		있다	16.81	36.47	9.49
기타소득[1)]	증여·상속	없다	98.69	99.54	98.37
		있다	1.31	0.46	1.63
	경조금	없다	95.64	96.92	95.16
		있다	4.36	3.08	4.84
	보상금	없다	97.07	97.25	97.01
		있다	2.93	2.75	2.99
	사고보험금	없다	86.17	94.29	83.14
		있다	13.83	5.71	16.86
	퇴직금, 사회보험 일시금, 보장성 보험 해약금	없다	90.56	96.70	88.28
		있다	9.44	3.30	11.72
	동산, 부동산 매매차익	없다	97.77	98.59	97.47
		있다	2.23	1.41	2.53
	기타(복권·경품 당첨금, 상품권 등)	없다	3.14	1.79	3.64
		있다	96.86	98.21	96.36

주: 1) 기타소득의 경우 조사 답례품으로 인하여 보유 비율이 매우 높게 나타남.

〈부표 2-1-6〉 가구의 근로소득 이외 소득 유형별 세부 항목 평균

(단위: 만 원)

구분			중위값	평균	표준오차
재산소득	이자, 배당금	전체	0	48	2.73
		저소득	0	19	1.51
		일반	0	59	4.08
	임대료	전체	0	146	8.75
		저소득	0	36	3.26
		일반	0	187	113.21

〈부표 2-1-6〉 가구의 근로소득 이외 소득 유형별 세부 항목 평균(계속)

(단위: 만 원)

구분			중위값	평균	표준오차
재산소득	기타	전체	0	1	0.33
		저소득	0	0	0.00
		일반	0	1	0.50
사회보험	공적연금	전체	0	230	8.89
		저소득	0	102	4.28
		일반	0	278	13.32
	고용보험	전체	0	17	1.31
		저소득	0	6	1.04
		일반	0	22	1.92
	산재보험	전체	0	13	2.49
		저소득	0	3	1.24
		일반	0	17	3.75
민간보험	개인연금	전체	0	8	0.88
		저소득	0	3	0.85
		일반	0	9	1.27
	퇴직연금	전체	0	1	0.27
		저소득	0	0	0.00
		일반	0	1	0.42
가구원 외 부모나 자녀로부터의 보조금 혹은 민간보조금 (현금 및 현물)	가구원 외 부모나 자녀로부터의 보조금	전체	72	221	5.63
		저소득	150	286	6.60
		일반	60	197	7.89
	민간보조금	전체	22	96	3.18
		저소득	18	74	3.30
		일반	24	104	4.54
국민기초생활 보장급여	맞춤형급여 (생계)	전체	0	37	1.85
		저소득	0	123	4.93
		일반	0	6	0.84
	맞춤형급여 (주거)	전체	0	10	0.46
		저소득	0	31	1.16
		일반	0	2	0.30
	맞춤형급여 (교육)	전체	0	1	0.17
		저소득	0	3	0.41
		일반	0	1	0.15
기타 정부보조금	장애수당 또는 장애아동부양수당	전체	0	11	0.72
		저소득	0	29	1.72
		일반	0	5	0.64

〈부표 2-1-6〉 가구의 근로소득 이외 소득 유형별 세부 항목 평균(계속)

(단위: 만 원)

구분			중위값	평균	표준오차
기타 정부보조금	기초연금	전체	0	66	1.50
		저소득	242	160	2.78
		일반	0	30	1.43
	한부모가족 지원	전체	0	0	0.06
		저소득	0	0	0.07
		일반	0	0	0.08
	가정위탁금 또는 소년·소녀가장 보호비	전체	0	0	0.05
		저소득	0	0	0.14
		일반	0	0	0.01
	양육수당	전체	0	5	0.40
		저소득	0	1	0.29
		일반	0	7	0.59
	보육료 지원	전체	0	27	1.36
		저소득	0	5	0.95
		일반	0	35	2.01
	학비 지원	전체	0	15	0.98
		저소득	0	11	1.27
		일반	0	16	1.34
	국가유공자에 대한 보조금	전체	0	4	0.43
		저소득	0	8	0.93
		일반	0	3	0.45
	농어업 정부보조금	전체	0	8	0.79
		저소득	0	6	0.64
		일반	0	8	1.16
	긴급 복지 지원금	전체	0	0	0.18
		저소득	0	0	0.17
		일반	0	0	0.26
	바우처 지원금	전체	0	14	1.44
		저소득	0	15	1.80
		일반	0	13	1.99
	근로장려세제	전체	0	3	0.22
		저소득	0	4	0.37
		일반	0	3	0.29
	자녀장려세제	전체	0	2	0.16
		저소득	0	2	0.24
		일반	0	2	0.21
	급식비 지원	전체	0	2	0.21
		저소득	0	4	0.42
		일반	0	2	0.23
	에너지 감면 또는 보조	전체	0	4	0.12
		저소득	0	8	0.27
		일반	0	2	0.10

〈부표 2-1-6〉 가구의 근로소득 이외 소득 유형별 세부 항목 분포(계속)

(단위: 만 원)

구분			중위값	평균	표준오차
기타 정부보조금	통신비 감면 또는 보조	전체	0	4	0.14
		저소득	0	9	0.31
		일반	0	2	0.13
	기타	전체	0	6	0.37
		저소득	0	9	0.58
		일반	0	5	0.48
기타소득	증여·상속	전체	0	51	8.14
		저소득	0	14	4.93
		일반	0	65	12.18
	경조금	전체	0	51	3.92
		저소득	0	42	6.01
		일반	0	54	5.15
	보상금	전체	0	23	8.13
		저소득	0	16	8.18
		일반	0	26	11.70
	사고보험금	전체	0	46	4.21
		저소득	0	24	4.77
		일반	0	54	5.96
	퇴직금, 사회보험 일시금, 보장성 보험 해약금	전체	0	85	8.33
		저소득	0	21	4.18
		일반	0	109	12.52
	동산·부동산 매매차익	전체	0	225	28.77
		저소득	0	166	37.40
		일반	0	247	39.58
	기타	전체	4	6	0.55
		저소득	3	6	1.42
		일반	4	5	0.41

주: 2006년 1차 기초 보고서에서는 해당 소득이 있는 가구만 분석하였으나, 2007년 2차 조사 이후부터의 기초 보고서에서는 전체 가구를 대상으로 분석한 결과를 제시함.

〈부표 2-1-7〉 가구의 근로소득 이외 소득 유형별 세부 항목 분포

(단위: %)

구분		전체	저소득	일반
재산소득	50만 원 미만	74.49	85.57	70.37
	50만~100만 원 미만	5.09	3.45	5.69
	100만~150만 원 미만	2.56	1.94	2.79
	150만~200만 원 미만	2.13	1.36	2.42
	200만~250만 원 미만	2.11	1.34	2.39
	250만~300만 원 미만	0.72	0.45	0.82
	300만 원 이상	12.90	5.88	15.52
	계	100.00	100.00	100.00

〈부표 2-1-7〉 가구의 근로소득 이외 소득 유형별 세부 항목 분포(계속)

(단위: %)

구분		전체	저소득	일반
사회보험	50만 원 미만	71.14	68.94	71.95
	50만~100만 원 미만	0.11	0.20	0.08
	100만~150만 원 미만	1.89	4.71	0.84
	150만~200만 원 미만	2.70	5.76	1.56
	200만~250만 원 미만	2.91	5.15	2.08
	250만~300만 원 미만	2.00	2.71	1.74
	300만 원 이상	19.25	12.53	21.75
	계	100.00	100.00	100.00
민간보험	50만 원 미만	97.92	99.33	97.39
	50만~100만 원 미만	0.13	0.07	0.15
	100만~150만 원 미만	0.36	0.06	0.47
	150만~200만 원 미만	0.41	-	0.57
	200만~250만 원 미만	0.10	0.04	0.13
	250만~300만 원 미만	0.13	0.05	0.16
	300만 원 이상	0.95	0.45	1.14
	계	100.00	100.00	100.00
가구원 외 부모나 자녀로부터의 보조금 혹은 민간보조금 (현금 및 현물)	50만 원 미만	24.51	19.00	26.56
	50만~100만 원 미만	12.50	11.13	13.01
	100만~150만 원 미만	11.72	8.19	13.03
	150만~200만 원 미만	7.80	6.47	8.29
	200만~250만 원 미만	6.92	6.16	7.21
	250만~300만 원 미만	4.77	4.02	5.04
	300만 원 이상	31.78	45.03	26.85
	계	100.00	100.00	100.00
국민기초생활 보장급여	50만 원 미만	91.33	72.77	98.23
	50만~100만 원 미만	0.20	0.58	0.05
	100만~150만 원 미만	0.32	0.85	0.12
	150만~200만 원 미만	0.40	1.28	0.07
	200만~250만 원 미만	0.31	0.46	0.25
	250만~300만 원 미만	0.39	1.22	0.08
	300만 원 이상	7.07	22.85	1.20
	계	100.00	100.00	100.00

〈부표 2-1-7〉 가구의 근로소득 이외 소득 유형별 세부 항목 분포(계속)

(단위: %)

구분		전체	저소득	일반
기타 정부보조금	50만 원 미만	52.10	21.28	63.57
	50만~100만 원 미만	5.19	4.93	5.28
	100만~150만 원 미만	2.65	3.42	2.36
	150만~200만 원 미만	2.25	3.32	1.86
	200만~250만 원 미만	10.14	22.15	5.67
	250만~300만 원 미만	6.24	9.53	5.02
	300만 원 이상	21.43	35.37	16.24
	계	100.00	100.00	100.00
기타소득	50만 원 미만	74.96	87.24	70.39
	50만~100만 원 미만	3.27	2.09	3.70
	100만~150만 원 미만	2.34	1.21	2.77
	150만~200만 원 미만	1.70	0.70	2.07
	200만~250만 원 미만	1.55	0.97	1.76
	250만~300만 원 미만	1.19	0.45	1.47
	300만 원 이상	14.99	7.34	17.83
	계	100.00	100.00	100.00

주: 2006년 1차 기초 보고서에서는 해당 소득이 있는 가구만 분석하였으나, 2차 조사 이후부터의 기초 보고서에서는 전체 가구를 대상으로 분석한 결과를 제시함.

2. 지출

〈부표 2-2-1〉 월간 총 가계지출 규모별 분포

(단위: %)

구분	전체	저소득	일반
50만 원 미만	1.25	4.59	0.00
50만~100만 원 미만	11.01	39.28	0.48
100만~150만 원 미만	9.60	24.38	4.10
150만~200만 원 미만	10.41	14.52	8.88
200만~300만 원 미만	16.94	11.84	18.83
300만 원 이상	50.79	5.38	67.70
계	100.00	100.00	100.00

〈부표 2-2-2〉 지출 항목별 생활비 평균

(단위: 만 원)

구분			중위	평균	표준오차
전체	식료품비	합계	71	76	0.49
		가정식비	40	45	0.30
		외식비	22	26	0.27
		주류·담배비	1	6	0.11
	주거비	합계	8	14	0.33
		월세	0	5	0.16
		주거관리비	5	9	0.30
	광열수도비		11	12	0.06
	가구·가사용품비	합계	5	12	0.38
		가구집기·가사용품비	4	10	0.34
		보육료비	0	3	0.15
	의류·신발비		8	12	0.16
	보건의료비		9	18	0.33
	교육비	합계	0	20	0.51
		공교육비	0	8	0.28
		사교육비	0	13	0.39
	교양오락비		6	15	0.30
	교통·통신비	합계	34	48	0.83
		교통비	20	36	0.79
		통신비	12	13	0.11
	기타 소비 지출		55	69	0.80
	송금보조 (사적 이전)	합계	7	20	0.46
		비동거 가구원	0	4	0.25
		부모	0	8	0.21
		자녀	0	5	0.29
		기타(가구원이 아닌 친지)	0	2	0.09
	세금		5	19	0.72
	사회보장부담금		15	21	0.29
	자가소비액(농축산)		0	1	0.04
	자가소비액(어업)		0	0	0.00
	이자 지출		0	8	0.26

〈부표 2-2-2〉 지출 항목별 생활비 평균(계속)

(단위: 만 원)

구분			중위	평균	표준오차
저소득	식료품비	합계	36	42	0.41
		가정식비	30	31	0.30
		외식비	5	8	0.18
		주류·담배비	0	3	0.10
	주거비	합계	5	9	0.24
		월세	0	4	0.17
		주거관리비	1	4	0.18
	광열수도비		9	9	0.08
	가구·가사용품비	합계	2	5	0.20
		가구집기·가사용품비	2	4	0.18
		보육료비	0	0	0.09
	의류·신발비		2	3	0.07
	보건의료비		5	12	0.39
	교육비	합계	0	4	0.29
		공교육비	0	2	0.20
		사교육비	0	2	0.19
	교양오락비		2	3	0.16
	교통·통신비	합계	9	15	0.43
		교통비	4	9	0.39
		통신비	4	6	0.11
	기타 소비 지출		15	24	0.74
	송금보조 (사적 이전)	합계	0	4	0.27
		비동거 가구원	0	1	0.12
		부모	0	1	0.14
		자녀	0	2	0.18
		기타(가구원이 아닌 친지)	0	1	0.06
	세금		0	2	0.12
	사회보장부담금		0	2	0.10
	자가소비액(농축산)		0	1	0.05
	자가소비액(어업)		0	0	0.00
	이자 지출		0	2	0.19

〈부표 2-2-2〉 지출 항목별 생활비 평균(계속)

(단위: 만 원)

구분			중위값	평균	표준오차
일반	식료품비	합계	85	89	0.61
		가정식비	48	49	0.40
		외식비	30	33	0.34
		주류·담배비	2	7	0.15
	주거비	합계	9	16	0.49
		월세	0	6	0.24
		주거관리비	6	11	0.44
	광열수도비		12	13	0.08
	가구·가사용품비	합계	6	15	0.57
		가구집기·가사용품비	6	12	0.51
		보육료비	0	3	0.22
	의류·신발비		11	15	0.23
	보건의료비		10	19	0.47
	교육비	합계	0	26	0.75
		공교육비	0	10	0.41
		사교육비	0	17	0.58
	교양오락비		10	19	0.42
	교통·통신비	합계	44	61	1.18
		교통비	28	45	1.14
		통신비	14	15	0.14
	기타 소비 지출		72	86	1.04
	송금보조 (사적이전)	합계	10	25	0.67
		비동거 가구원	0	6	0.37
		부모	4	11	0.30
		자녀	0	6	0.42
		기타(가구원이 아닌 친지)	0	2	0.13
	세금		8	25	1.08
	사회보장부담금		24	28	0.39
	자가소비액(농축산)		0	1	0.05
	자가소비액(어업)		0	0	0.01
	이자 지출		0	10	0.37

3. 재산

〈부표 2-3-1〉 소유부동산 유형별 평균

(단위: 만 원)

구분		중위값	평균	표준오차
주택 (아파트, 단독주택 등)	전체	0	3,380	177.14
	저소득	0	673	95.69
	일반	0	4,388	264.41
주택 외 건물	전체	0	2,001	166.42
	저소득	0	295	69.87
	일반	0	2,636	251.02
토지(택지, 논, 밭, 임야 등), 양식장, 기타 부동산	전체	0	4,375	272.07
	저소득	0	3,189	305.22
	일반	0	4,817	385.14

주: 주택 외 건물에는 가족 명의의 사업장(가게), 창고, 상가, 콘도, 별장, 오피스텔 등이 포함됨.

〈부표 2-3-2〉 점유부동산 평균

(단위: 만 원)

구분	중위값	평균	표준오차
전체	0	727	48.38
저소득	0	126	47.00
일반	0	951	69.58

〈부표 2-3-3〉 점유부동산 유형별 평균

(단위: 만 원)

구분		중위값	평균	표준오차
전세 보증금 준 것 (가게, 사업장 등)	전체	0	261	27.50
	저소득	0	37	8.58
	일반	0	345	41.72
기타	전체	0	466	36.28
	저소득	0	89	45.65
	일반	0	606	50.10

주: 기타에는 권리금, 사업 설비, 공장 기계, 가게 물건, 비닐하우스 시설, 양식장 등이 포함됨.

〈부표 2-3-4〉 금융재산 유형별 평균

(단위: 만 원)

구분		중위값	평균	표준오차
예금	전체	628	2,842	84.60
	저소득	230	1,367	77.96
	일반	1,000	3,391	121.81
적금 (정기적금, 연금형 적금, 종신보험, 청약부금 등)	전체	150	1,940	56.28
	저소득	0	185	19.65
	일반	900	2,593	83.00
주식·채권	전체	0	454	34.01
	저소득	0	90	16.35
	일반	0	590	51.12
타기 전 부은 곗돈	전체	0	5	1.06
	저소득	0	0	0.01
	일반	0	7	1.61
기타(남에게 빌려준 돈, 아파트 중도금(계약금) 부은 것 등)	전체	0	460	42.43
	저소득	0	62	14.90
	일반	0	608	64.22

〈부표 2-3-5〉 농기계 평균

(단위: 만 원)

구분	중위값	평균	표준오차
전체	0	44	6.15
저소득	0	15	2.76
일반	0	55	9.28

〈부표 2-3-6〉 농기계 유형별 평균

(단위: 만 원)

구분		중위값	평균	표준오차
동력탈곡기	전체	0	0	0.09
	저소득	0	0	0.13
	일반	0	0	0.12
경운기	전체	0	2	0.17
	저소득	0	2	0.27
	일반	0	2	0.22
콤바인	전체	0	6	2.08
	저소득	0	0	0.22
	일반	0	9	3.17
트랙터	전체	0	22	3.31
	저소득	0	7	1.78
	일반	0	28	4.98
기타 농기계	전체	0	13	1.82
	저소득	0	5	1.17
	일반	0	16	2.72

〈부표 2-3-7〉 농축산물 평균

(단위: 만 원)

구분	중위값	평균	표준오차
전체	0	105	20.25
저소득	0	69	22.16
일반	0	119	28.79

〈부표 2-3-8〉 농축산물 유형별 평균

(단위: 만 원)

구분		중위값	평균	표준오차
소	전체	0	66	14.78
	저소득	0	41	18.26
	일반	0	75	20.57
돼지	전체	0	1	1.70
	저소득	0	0	0.00
	일반	0	1	2.61
닭	전체	0	1	0.55
	저소득	0	0	0.01
	일반	0	1	0.84
재고 농산물	전체	0	1	0.44
	저소득	0	0	0.08
	일반	0	1	0.66
기타 농축산물	전체	0	37	12.48
	저소득	0	28	12.56
	일반	0	40	17.95

〈부표 2-3-9〉 자동차가액 평균

(단위: 만 원)

구분	중위값	평균	표준오차
전체	120	646	13.58
저소득	0	94	6.76
일반	450	852	19.46

〈부표 2-3-10〉 기타 동산·부동산 재산 평균

(단위: 만 원)

구분	중위값	평균	표준오차
전체	0	337	20.07
저소득	0	51	10.21
일반	0	443	30.04

〈부표 2-3-11〉 자동차를 제외한 기타 동산·부동산 유형별 평균

(단위: 만 원)

구분		중위값	평균	표준오차
운동클럽 등의 회원권	전체	0	2	0.89
	저소득	0	2	0.78
	일반	0	2	1.30
영업용 자동차·오토바이·선박, 굴착기, 포클레인, 트럭 등 운송 및 생계 수단	전체	0	246	19.21
	저소득	0	39	10.12
	일반	0	322	28.8
귀금속, 골동품, 상품권 등	전체	0	87	5.64
	저소득	0	9	1.15
	일반	0	116	8.55
기타	전체	0	2	0.44
	저소득	0	0	0.14
	일반	0	2	0.66

4. 부채

〈부표 2-4-1〉 부채 유형별 평균

(단위: 만 원)

구분		중위값	평균	표준오차
금융기관 대출 (회사 대출, 마이너스통장 미상환금 포함)	전체	0	2,766	96.38
	저소득	0	619	50.28
	일반	0	3,566	142.91
일반 사채	전체	0	99	17.69
	저소득	0	34	5.61
	일반	0	123	26.87
카드 빚	전체	0	37	4.27
	저소득	0	38	7.63
	일반	0	37	5.23
전세(임대) 보증금 (받은 돈)	전체	0	1,498	83.11
	저소득	0	496	69.70
	일반	0	1,871	121.36
외상, 미리 탄 곗돈	전체	0	44	3.34
	저소득	0	7	1.80
	일반	0	58	5.00
기타 부채	전체	0	125	12.51
	저소득	0	97	12.18
	일반	0	135	18.07

주: 미리 탄 곗돈의 경우 향후 부어야 하는 금액만 기재하도록 함.

부록 3. 주거 및 건강

1. 주거

〈부표 3-1-1〉 2016년 1년 동안 이사 경험 여부

(단위: %)

구분	전체	저소득	일반
있다	10.89	9.14	11.56
없다	89.11	90.86	88.44
계	100.00	100.00	100.00

주: 신규 가구의 경우는 이사 경험을 질문하지 않기 때문에 신규 가구는 제외하였음.

〈부표 3-1-2〉 주거 위치

(단위: %)

구분	전체	저소득	일반
지하층	0.30	0.70	0.15
반지하층	2.55	4.21	1.94
지상	96.91	94.68	97.74
옥탑	0.23	0.40	0.17
계	100.00	100.00	100.00

〈부표 3-1-3〉 방의 수

(단위: %)

구분	전체	저소득	일반
1개	9.29	12.36	8.14
2개	29.64	45.96	23.56
3개	54.13	39.20	59.69
4개	6.31	2.31	7.80
5개 이상	0.63	0.17	0.81
계	100.00	100.00	100.00

〈부표 3-1-4〉 상하수도 사용 형태

(단위: %)

구분	전체	저소득	일반
단독 사용	99.14	99.01	99.19
공동 사용	0.84	0.94	0.80
없음	0.02	0.05	0.00
계	100.00	100.00	100.00

〈부표 3-1-5〉 부엌 사용 형태

(단위: %)

구분	전체	저소득	일반
단독 사용-입식	98.66	97.24	99.19
단독 사용-재래식	0.39	1.30	0.05
공동 사용-입식	0.87	1.21	0.75
공동 사용-재래식	0.04	0.11	0.02
없음	0.04	0.15	0.00
계	100.00	100.00	100.00

〈부표 3-1-6〉 화장실 사용 형태

(단위: %)

구분	전체	저소득	일반
단독 사용-수세식	97.62	94.04	98.95
단독 사용-재래식	0.96	3.04	0.19
공동 사용-수세식	1.30	2.47	0.86
공동 사용-재래식	0.10	0.37	0.00
없음	0.02	0.08	0.00
계	100.00	100.00	100.00

〈부표 3-1-7〉 목욕시설 사용 형태

(단위: %)

구분	전체	저소득	일반
단독 사용-온수시설 있음	97.33	93.39	98.80
단독 사용-온수시설 없음	0.55	1.46	0.21
공동 사용-온수시설 있음	0.79	1.12	0.66
공동 사용-온수시설 없음	0.00	0.00	0.00
없음	1.33	4.03	0.33
계	100.00	100.00	100.00

〈부표 3-1-8〉 난방시설 사용 형태

(단위: %)

구분	전체	저소득	일반
연탄 또는 재래식(땔감) 아궁이	0.25	0.72	0.08
연탄보일러	0.71	1.85	0.29
나무·석탄 보일러	0.50	0.82	0.38
기름보일러	12.27	22.79	8.36
가스보일러	69.14	58.19	73.21
전기보일러	3.74	4.26	3.54
중앙난방(지역난방)	12.87	10.09	13.90
전기장판	0.36	1.16	0.07
기타	0.16	0.11	0.17
계	100.00	100.00	100.00

〈부표 3-1-9〉 거주하고 있는 자가 주택의 가격 분포

(단위: %)

구분	전체	저소득	일반
1,000만 원 미만	0.79	2.67	0.29
1,000만~5,000만 원 미만	6.87	20.95	3.10
5,000만~1억 원 미만	14.58	25.11	11.75
1억~2억 원 미만	28.41	26.41	28.95
2억~3억 원 미만	21.11	11.60	23.66
3억 원 이상	28.24	13.26	32.26
계	100.00	100.00	100.00

〈부표 3-1-10〉 거주하고 있는 주택의 전세 보증금 분포

(단위: %)

구분	전체	저소득	일반
1,000만 원 미만	3.50	4.94	3.12
1,000만~3,000만 원 미만	27.18	54.75	19.99
3,000만~5,000만 원 미만	24.94	26.75	24.47
5,000만~1억 원 미만	27.25	11.07	31.47
1억 원 이상	8.79	2.49	10.43
계	8.34	0.00	10.51

〈부표 3-1-11〉 주택 보증부 월세의 보증금 분포

(단위: %)

구분	전체	저소득	일반
1,000만 원 미만	50.03	65.64	40.87
1,000만~3,000만 원 미만	27.96	24.44	30.03
3,000만~5,000만 원 미만	10.48	6.83	12.62
5,000만~1억 원 미만	8.24	3.09	11.26
1억 원 이상	3.29	0	5.22
계	100.00	100.00	100.00

〈부표 3-1-12〉 거주하고 있는 주택의 월세액 분포

(단위: %)

구분	전체	저소득	일반
30만 원 미만	67.77	88.20	55.18
30만~50만 원 미만	24.24	11.62	32.02
50만~100만 원 미만	7.36	0.18	11.78
100만 원 이상	0.63	0.00	1.02
계	100.00	100.00	100.00

〈부표 3-1-13〉 거주하고 있는 자가 주택의 평균 가격(지역별)

(단위: 만 원)

구분		중위값	평균	표준오차
대도시	전체	24,000	30,392	588.54
	저소득	19,000	23,314	1,022.05
	일반	25,000	32,006	699.75
중·소도시	전체	17,000	21,627	489.05
	저소득	8,300	11,843	588.02
	일반	20,000	23,988	603.40
농어촌	전체	6,000	9,820	386.48
	저소득	4,000	5,257	264.64
	일반	8,000	12,754	650.37

주: '대도시'는 특별시 또는 광역시, 도농복합군을 포함하며, '중·소도시'는 시 또는 구, '농어촌'은 각 시·도의 군으로 구분함.

〈부표 3-1-14〉 거주하고 있는 주택의 전세 보증금 평균(지역별)

(단위: 만 원)

구분		중위값	평균	표준오차
대도시	전체	9,000	12,517	574.73
	저소득	4,000	5,479	365.44
	일반	11,000	14,459	731.40
중·소도시	전체	8,000	11,357	670.03
	저소득	3,500	5,207	638.24
	일반	9,000	12,922	817.34
농어촌	전체	4,000	6,058	1,075.63
	저소득	2,000	2,279	411.64
	일반	6,000	6,483	1,245.15

주: '대도시'는 특별시 또는 광역시, 도농복합군을 포함하며, '중·소도시'는 시 또는 구, '농어촌'은 각 시·도의 군으로 구분함.

〈부표 3-1-15〉 주택 보증부 월세의 보증금 평균(지역별)

(단위: 만 원)

구분		중위값	평균	표준오차
대도시	전체	1,000	2,172	161.01
	저소득	464	1,096	82.76
	일반	1,180	2,903	292.78
중·소도시	전체	800	2,190	201.33
	저소득	500	1,006	92.87
	일반	1,000	2,774	305.69
농어촌	전체	500	975	149.36
	저소득	720	690	94.93
	일반	500	1,128	236.77

주: '대도시'는 특별시 또는 광역시, 도농복합군을 포함하며, '중·소도시'는 시 또는 구, '농어촌'은 각 시·도의 군으로 구분함.

〈부표 3-1-16〉 거주하고 있는 주택의 월세액 평균(지역별)

(단위: 만 원)

구분		중위값	평균	표준오차
대도시	전체	20	24	0.83
	저소득	10	13	0.51
	일반	28	31	1.39
중·소도시	전체	21	24	0.74
	저소득	13	16	0.73
	일반	27	28	1.01
농어촌	전체	11	15	1.03
	저소득	14	15	1.22
	일반	11	15	1.66

주: '대도시'는 특별시 또는 광역시, 도농복합군을 포함하며, '중·소도시'는 시 또는 구, '농어촌'은 각 시·도의 군으로 구분함.

〈부표 3-1-17〉 주택 구입비용 및 보증금 마련 방법

(단위: %)

구분	1순위	2순위
자기 돈	87.95	18.05
무상으로 도움을 받음	3.61	5.74
부모·형제·친척·친구 등으로부터 빌림	1.02	6.20
금융기관(회사에서 융자받은 경우 포함)으로부터 빌림	7.39	69.93
사채	0.03	0.07
계	100.00	100.00

주: 주택의 구입비용 및 보증금의 전액을 한 가지 비용으로만 지불한 경우는 2순위는 없는 것으로 처리하였음.

〈부표 3-1-18〉 주택 구입비용 및 보증금 마련 방법 1순위

(단위: %)

구분	전체	저소득	일반
자기 돈	87.95	88.65	87.72
무상으로 도움을 받음	3.61	4.97	3.17
부모·형제·친척·친구 등으로부터 빌림	1.02	1.63	0.82
금융기관(회사에서 융자받은 경우 포함)으로부터 빌림	7.39	4.68	8.28
사채	0.03	0.07	0.02
계	100.00	100.00	100.00

〈부표 3-1-19〉 주택 구입비용 및 보증금 마련 방법 2순위

(단위: %)

구분	전체	저소득	일반
자기 돈	18.05	18.70	17.92
무상으로 도움을 받음	5.74	11.12	4.73
부모·형제·친척·친구 등으로부터 빌림	6.20	14.76	4.60
금융기관(회사에서 융자받은 경우 포함)으로부터 빌림	69.93	54.94	72.75
사채	0.07	0.49	0.00
계	100.00	100.00	100.00

〈부표 3-1-20〉 총 원금 상환액 평균

(단위: 만 원)

구분	중위값	평균	표준오차
전체	0	404	48.86
저소득	0	38	12.83
일반	0	471	59.73

주: 부채를 가진 사람은 주택 구입비용 및 보증금 마련을 1순위나 2순위에서 부모 등에게 빌린 경우나 금융기관, 사채로 빌린 2,003가구를 대상으로 조사함.

〈부표 3-1-21〉 상환 후 남은 융자액 또는 부채 평균

(단위: 만 원)

구분	중위값	평균	표준오차
전체	2,000	4,542	152.41
저소득	0	1,576	171.81
일반	2,520	5,082	179.72

주: 부채를 가진 사람은 주택 구입비용 및 보증금 마련을 1순위나 2순위에서 부모 등에게 빌린 경우나 금융기관, 사채로 빌린 2,003가구를 대상으로 조사함.

〈부표 3-1-22〉 주거 관련 부채에 따른 이자 부담 평균

(단위: 만 원)

구분	중위값	평균	표준오차
전체	57	134	4.68
저소득	0	49	5.89
일반	74	150	5.50

주: 부채를 가진 사람은 주택 구입비용 및 보증금 마련을 1순위나 2순위에서 부모 등에게 빌린 경우나 금융기관, 사채로 빌린 2,003가구를 대상으로 조사함.

〈부표 3-1-23〉 대출 상환액 연체 횟수

(단위: %)

구분	전체	저소득	일반
연체한 적이 없다	99.70	99.88	99.66
1회	0.19	0.00	0.23
2~3회	0.01	0.08	0.00
4회 이상	0.10	0.04	0.11
계	100.00	100.00	100.00

주: 부채를 가진 사람은 주택 구입비용 및 보증금 마련을 1순위나 2순위에서 부모 등에게 빌린 경우나 금융기관, 사채로 빌린 2,003가구를 대상으로 조사함.

〈부표 3-1-24〉 (돈이 없어서) 집세 연체 혹은 집세 미납부로 인한 이사 경험 여부

(단위: %)

구분	전체	저소득	일반
예	0.25	1.46	0.03
아니오	21.94	34.77	19.61
비해당	77.81	63.77	80.37
계	100.00	100.00	100.00

주: 2016년 1년 내내 주거 점유 형태가 ‘자가’ 혹은 ‘무상’인 경우는 비해당에 속함.

〈부표 3-1-25〉 영구임대아파트 이용 경험

(단위: %)

구분	전체	저소득	일반
있다	2.55	7.14	0.85
없다	97.45	92.86	99.15
계	100.00	100.00	100.00

〈부표 3-1-26〉 공공(국민)임대아파트 이용 경험

(단위: %)

구분	전체	저소득	일반
있다	3.46	4.52	3.06
없다	96.54	95.48	96.94
계	100.00	100.00	100.00

〈부표 3-1-27〉 전세자금(융자)지원의 이용 경험

(단위: %)

구분	전체	저소득	일반
있다	0.52	0.69	0.46
없다	99.48	99.31	99.54
계	100.00	100.00	100.00

〈부표 3-1-28〉 저소득층 월세 지원의 이용 경험

(단위: %)

구분	전체	저소득	일반
있다	0.01	0.02	0.01
없다	99.99	99.98	99.99
계	100.00	100.00	100.00

〈부표 3-1-29〉 주택구입자금지원의 이용 경험

(단위: %)

구분	전체	저소득	일반
있다	0.10	0.00	0.14
없다	99.90	100.00	99.86
계	100.00	100.00	100.00

〈부표 3-1-30〉 기타 주거복지 관련 사업의 이용 경험

(단위: %)

구분	전체	저소득	일반
있다	1.91	4.70	0.87
없다	98.09	95.30	99.13
계	100.00	100.00	100.00

주: 기타 주거복지 관련 사업에는 다가구 매입 임대, 기존 주택 전세 임대, 소년·소녀가정 등 전세주택지원, 긴급가계 생활자금이 포함됨.

2. 건강

〈부표 3-2-1〉 병원에 입원한 이유

(단위: %)

구분	전체	저소득	일반
비해당	89.75	85.26	90.58
지병·질병	7.34	12.17	6.45
사고	1.90	2.33	1.82
출산	0.72	0.05	0.84
건강검진	0.13	0.08	0.14
요양·휴식	0.01	0.05	0.00
성형·정형·교정	0.09	0.06	0.10
기타	0.06	0.01	0.07
계	100.00	100.00	100.00

〈부표 3-2-2〉 주로 이용하는 의료기관 형태

(단위: %)

구분	전체	저소득	일반
비해당	18.39	13.33	19.32
종합, 대학병원	7.77	12.82	6.84
지역 내 병·의원	70.63	69.83	70.78
한방 병·의원	1.51	2.04	1.41
보건소	0.49	1.51	0.31
치과 병·의원	1.07	0.22	1.23
요양병원	0.08	0.21	0.06
기타	0.05	0.04	0.06
계	100.00	100.00	100.00

〈부표 3-2-3〉 민간의료보험 월평균 보험료(가구 기준)

(단위: 만 원)

구분	중위	평균	표준오차
전체	13	19	0.26
저소득	0	4	0.19
일반	19	24	0.34

주: 2016년 12월 기준 한 가구가 내고 있는 민간의료보험에 대한 월평균 보험료의 합을 조사함.

부록 4. 가족

1. 가족 관계 및 성역할에 대한 인식

〈부표 4-1-1〉 성역할에 대한 인식(저소득 가구)

(단위: %)

구분	전혀 그렇지 않다	그렇지 않다	그저 그렇다	그렇다	매우 그렇다	계
㉮ 여성의 전일근로제가 가족생활을 힘들게 함	0.69	22.28	13.34	60.13	3.57	100.00
㉯ 미취학 아동의 어머니가 일을 할 경우 미취학 아동에게 나쁨	0.55	14.56	8.86	68.44	7.59	100.00
㉰ 전업주부로 일하는 것은 밖에서 돈을 버는 것만큼 중요함	0.44	9.01	13.99	69.53	7.03	100.00
㉱ 남성의 임무는 밖에서 돈을 버는 것, 여성의 임무는 가정과 가족을 돌보는 것임	4.84	50.78	15.18	27.48	1.72	100.00
㉲ 남성과 여성 모두 가구 소득에 기여해야 함	0.35	9.87	19.57	66.75	3.45	100.00
㉳ 가정생활은 나에게 스트레스를 줌	15.38	52.25	16.07	15.03	1.27	100.00
㉴ 가족에 대한 책임을 다하기가 어려움	15.12	43.42	14.20	24.60	2.67	100.00
㉵ 가족에 대한 책임 때문에 직장에서 일을 집중하기가 어려움	28.72	58.10	8.01	4.53	0.64	100.00

〈부표 4-1-2〉 성역할에 대한 인식(일반 가구)

(단위: %)

구분	전혀 그렇지 않다	그렇지 않다	그저 그렇다	그렇다	매우 그렇다	계
㉮ 여성의 전일근로제가 가족생활을 힘들게 함	3.16	24.66	14.76	51.98	5.44	100.00
㉯ 미취학 아동의 어머니가 일을 할 경우 미취학 아동에게 나쁨	1.66	18.99	12.92	57.71	8.72	100.00
㉰ 전업주부로 일하는 것은 밖에서 돈을 버는 것만큼 중요함	0.58	7.86	13.50	68.78	9.28	100.00
㉱ 남성의 임무는 밖에서 돈을 버는 것, 여성의 임무는 가정과 가족을 돌보는 것임	11.54	56.42	13.86	17.45	0.73	100.00
㉲ 남성과 여성 모두 가구 소득에 기여해야 함	0.66	12.77	20.44	61.06	5.08	100.00
㉳ 가정생활은 나에게 스트레스를 줌	17.61	56.21	15.06	10.54	0.57	100.00
㉴ 가족에 대한 책임을 다하기가 어려움	17.49	49.61	13.29	18.47	1.15	100.00
㉵ 가족에 대한 책임 때문에 직장에서 일을 집중하기가 어려움	34.85	55.91	5.42	3.57	0.25	100.00

2. 가족 문제

〈부표 4-2-1〉 생애 동안 피운 담배의 총량

(단위: %)

구분	전체	저소득	일반
5갑(100개비) 미만	2.82	9.20	2.02
5갑(100개비) 이상	13.43	12.22	13.59
피운 적 없음	83.75	78.58	84.40
계	100.00	100.00	100.00

주: 신규 가구원만 응답하였음. 저소득 가구원의 응답 사례 수가 적으니 해석에 주의를 요함.

〈부표 4-2-2〉 흡연 경험 시기

(단위: %)

구분	전체	저소득	일반
10대 이하(~19세)	69.08	73.32	68.35
20~30대(20~39세)	29.23	26.68	29.67
40~50대(40~59세)	1.69	0.00	1.98
60대 이상(60세~)	0.00	0.00	0.00
모름/무응답	0.00	0.00	0.00
계	100.00	100.00	100.00

주: 신규 가구원만 응답하였음. 저소득 가구원의 응답 사례 수가 적으니 해석에 주의를 요함.

〈부표 4-2-3〉 총 흡연 기간

(단위: %)

구분	전체	저소득	일반
1년 미만	9.79	20.94	7.86
1~5년 미만	39.42	39.90	39.33
5~10년 미만	3.13	0.00	3.67
10~15년 미만	9.43	0.00	11.06
15년 이상	38.24	39.16	38.07
모름/무응답	0.00	0.00	0.00
계	100.00	100.00	100.00

주: 신규 가구원만 응답하였음. 저소득 가구원의 응답 사례 수가 적으니 해석에 주의를 요함.

〈부표 4-2-4〉 하루 평균 흡연량

(단위: %)

구분	전체	저소득	일반
반 갑 이내(~10개비)	49.53	53.98	48.85
반 갑~한 갑 이내(11~20개비)	45.84	42.66	46.33
한 갑~두 갑 이내(21~40개비)	4.54	3.36	4.73
두 갑 초과(41개비~)	0.09	0.00	0.10
계	100.00	100.00	100.00

주: 현재 담배를 피운다고 응답한 사람만 응답하였음.

〈부표 4-2-5〉 향후 금연 계획

(단위: %)

구분	전체	저소득	일반
1개월 안에 금연 계획 있음	1.97	0.58	2.19
6개월 안에 금연 계획 있음	6.54	2.79	7.11
6개월 이내는 아니지만 언젠가는 금연 계획 있음	40.87	38.60	41.21
현재로서는 금연 계획 없음	50.62	58.04	49.49
계	100.00	100.00	100.00

주: 현재 담배를 피운다고 응답한 사람만 응답하였음.

〈부표 4-2-6〉 담배 연기 노출 시간

(단위: %)

구분	전체	저소득	일반
1시간	30.72	12.01	31.72
2시간	29.74	26.36	29.92
3시간	28.89	51.51	27.69
4시간	5.78	10.13	5.54
5시간 이상	4.87	0.00	5.13
계	100.00	100.00	100.00

주: 담배 연기를 맡았다고 응답한 사람만 응답하였음.

〈부표 4-2-7〉 음주량

(단위: %)

구분	전체	저소득	일반
1~2잔 정도	22.49	25.31	22.20
3~4잔 정도	23.17	21.48	23.34
5~6잔 정도	15.61	16.05	15.56
7~9잔 정도	23.78	22.74	23.89
10잔 이상	14.96	14.42	15.01
계	100.00	100.00	100.00

주: 술을 마신다고 응답한 사람만 응답하였음.

〈부표 4-2-8〉 해야 할 일을 술 때문에 하지 못한 경험

(단위: %)

구분	전체	저소득	일반
전혀 없다	87.87	86.93	87.96
몇 달에 한 번 정도	6.04	4.43	6.20
한 달에 한두 번 정도	1.35	1.21	1.36
일주일에 한두 번 정도	0.37	1.34	0.27
거의 매일	0.09	0.51	0.05
모름/무응답	4.28	5.57	4.15
계	100.00	100.00	100.00

주: 술을 마신다고 응답한 사람만 응답하였음.

〈부표 4-2-9〉 과음을 한 다음 날 해장술을 마셔야 했던 경험

(단위: %)

구분	전체	저소득	일반
전혀 없다	92.20	90.18	92.40
몇 달에 한 번 정도	2.54	2.53	2.54
한 달에 한두 번 정도	0.55	0.03	0.60
일주일에 한두 번 정도	0.36	1.12	0.29
거의 매일	0.07	0.56	0.02
모름/무응답	4.28	5.57	4.15
계	100.00	100.00	100.00

주: 술을 마신다고 응답한 사람만 응답하였음.

〈부표 4-2-10〉 음주 후 좌절감을 느끼거나 후회한 경험

(단위: %)

구분	전체	저소득	일반
전혀 없다	83.40	84.76	83.26
몇 달에 한번 정도	9.55	5.42	9.97
한 달에 한두 번 정도	2.19	2.44	2.16
일주일에 한두 번 정도	0.51	1.75	0.38
거의 매일	0.07	0.06	0.08
모름/무응답	4.28	5.57	4.15
계	100.00	100.00	100.00

주: 술을 마신다고 응답한 사람만 응답하였음.

〈부표 4-2-11〉 음주 후 필름이 끊겼던 경험

(단위: %)

구분	전체	저소득	일반
전혀 없다	83.06	82.74	83.09
몇 달에 한 번 정도	10.10	8.01	10.31
한 달에 한두 번 정도	2.20	2.20	2.20
일주일에 한두 번 정도	0.29	0.92	0.22
거의 매일	0.07	0.56	0.03
모름/무응답	4.28	5.57	4.15
계	100.00	100.00	100.00

주: 술을 마신다고 응답한 사람만 응답하였음.

〈부표 4-2-12〉 음주로 인해 자신이 다치거나 다른 사람을 다치게 한 경험

(단위: %)

구분	전체	저소득	일반
전혀 없다	92.84	90.10	93.12
과거에는 있었지만 지난 한 해 동안 없었다	1.93	1.95	1.93
지난 한 해 동안 있었다	0.94	2.37	0.80
모름/무응답	4.28	5.57	4.15
계	100.00	100.00	100.00

주: 술을 마신다고 응답한 사람만 응답하였음.

〈부표 4-2-13〉 술로 인해 다른 사람으로부터 비난받는 것을 귀찮아한 적이 있는지 여부

(단위: %)

구분	전체	저소득	일반
있다	6.43	6.69	6.43
없다	89.29	87.73	89.29
모름/무응답	4.28	5.57	4.28
계	100.00	100.00	100.00

주: 술을 마신다고 응답한 사람만 응답하였음.

〈부표 4-2-14〉 술을 계속 마시는 것이 나쁘다고 느끼거나 죄책감을 느낀 적이 있는지 여부

(단위: %)

구분	전체	저소득	일반
있다	6.80	7.11	6.77
없다	88.92	87.32	89.08
모름/무응답	4.28	5.57	4.15
계	100.00	100.00	100.00

주: 술을 마신다고 응답한 사람만 응답하였음.

〈부표 4-2-15〉 숙취를 제거하기 위해 아침에 깨자마자 술을 마신 적이 있는지 여부

(단위: %)

구분	전체	저소득	일반
있다	1.79	3.11	1.66
없다	93.92	91.32	94.18
모름/무응답	4.28	5.57	4.15
계	100.00	100.00	100.00

주: 술을 마신다고 응답한 사람만 응답하였음.

〈부표 4-2-16〉 남성이 배우자로부터 모욕적, 악의적인 이야기를 들은 경험

(단위: %)

구분	전체	저소득	일반
전혀 없다	47.83	39.03	49.25
1~2번	8.22	6.81	8.45
3~5번	2.25	1.94	2.30
6번 이상	1.87	2.25	1.81
비해당(배우자 없음)	36.90	46.76	35.31
모름/무응답	2.93	3.19	2.89
계	100.00	100.00	100.00

〈부표 4-2-17〉 남성이 배우자로부터 신체적 폭력의 위협을 받은 경험

(단위: %)

구분	전체	저소득	일반
전혀 없다	58.69	49.31	60.20
1~2번	1.23	0.44	1.36
3~5번	0.12	0.13	0.12
6번 이상	0.12	0.17	0.12
비해당(배우자 없음)	36.90	46.76	35.31
모름/무응답	2.93	3.19	2.89
계	100.00	100.00	100.00

〈부표 4-2-18〉 여성이 배우자로부터 모욕적, 악의적인 이야기를 들은 경험

(단위: %)

구분	전체	저소득	일반
전혀 없다	48.59	32.14	52.47
1~2번	7.57	5.52	8.05
3~5번	2.82	1.99	3.02
6번 이상	2.54	1.96	2.68
비해당(배우자 없음)	37.54	56.99	32.95
모름/무응답	0.94	1.39	0.83
계	100.00	100.00	100.00

〈부표 4-2-19〉 여성이 배우자로부터 신체적 폭력의 위협을 받은 경험

(단위: %)

구분	전체	저소득	일반
전혀 없다	59.85	40.12	64.50
1~2번	1.18	0.97	1.22
3~5번	0.25	0.12	0.28
6번 이상	0.25	0.39	0.21
비해당(배우자 없음)	37.54	56.99	32.95
모름/무응답	0.94	1.39	0.83
계	100.00	100.00	100.00

〈부표 4-2-20〉 가족생활 만족도

(단위: %)

구분	전체	저소득	일반
매우 만족	8.30	2.86	9.38
만족	52.70	40.88	55.03
약간 만족	14.07	14.77	13.93
보통	15.41	23.33	13.84
약간 불만족	2.02	4.67	1.50
불만족	1.54	3.70	1.11
매우 불만족	0.57	1.09	0.46
비해당(직계혈족 1촌이 없는 경우)	0.78	3.14	0.32
모름/무응답	4.61	5.56	4.43
계	100.00	100.00	100.00

〈부표 4-2-21〉 배우자와의 관계 만족도

(단위: %)

구분	전체	저소득	일반
매우 만족	6.46	2.36	7.27
만족	32.30	18.05	35.11
약간 만족	8.01	6.22	8.36
보통	9.77	12.37	9.26
약간 불만족	1.62	1.17	1.71
불만족	1.48	2.20	1.34
매우 불만족	0.72	1.34	0.60
비해당(배우자가 없는 경우)	35.03	50.72	31.93
모름/무응답	4.61	5.56	4.43
계	100.00	100.00	100.00

〈부표 4-2-22〉 자녀와의 관계 만족도

(단위: %)

구분	전체	저소득	일반
매우 만족	8.33	3.26	9.33
만족	42.46	39.36	43.07
약간 만족	8.67	11.72	8.06
보통	6.49	12.03	5.40
약간 불만족	0.98	1.81	0.82
불만족	0.91	3.28	0.44
매우 불만족	0.29	1.02	0.14
비해당(자녀가 없는 경우)	27.26	21.96	28.31
모름/무응답	4.61	5.56	4.43
계	100.00	100.00	100.00

〈부표 4-2-23〉 자녀들의 형제자매와의 관계 만족도

(단위: %)

구분	전체	저소득	일반
매우 만족	4.43	2.16	4.88
만족	35.69	32.98	36.22
약간 만족	7.82	10.74	7.24
보통	7.25	11.71	6.37
약간 불만족	0.87	1.57	0.74
불만족	0.66	2.47	0.30
매우 불만족	0.15	0.73	0.03
비해당(자녀가 없거나 1명인 경우)	38.51	32.08	39.79
모름/무응답	4.61	5.56	4.43
계	100.00	100.00	100.00

〈부표 4-2-24〉 처음으로 자살을 생각한 시기

(단위: %)

구분	전체	저소득	일반
10대 이하(~19세)	85.56	0.00	85.56
20~30대(20~39세)	9.80	0.00	9.80
40~50대(40~59세)	0.00	0.00	0.00
60대 이상(60세~)	4.64	0.00	4.64
계	100.00	0.00	100.00

주: 신규 가구원 중에서 생애 동안 자살하는 것을 생각한 적이 있는 자만 응답함. 응답 사례 수가 적으니 해석에 주의를 요함.

〈부표 4-2-25〉 마지막으로 자살을 생각한 시기

(단위: %)

구분	전체	저소득	일반
10대 이하(~19세)	79.34	0.00	79.34
20~30대(20~39세)	16.02	0.00	16.02
40~50대(40~59세)	0.00	0.00	0.00
60대 이상(60세~)	4.64	0.00	4.64
계	100.00	0.00	100.00

주: 신규 가구원 중에서 생애 동안 자살하는 것을 생각한 적이 있는 자만 응답함. 응답 사례 수가 적으니 해석에 주의를 요함.

〈부표 4-2-26〉 처음으로 자살을 계획한 시기

(단위: %)

구분	전체	저소득	일반
10대 이하(~19세)	100.00	0.00	100.00
20~30대(20~39세)	0.00	0.00	0.00
40~50대(40~59세)	0.00	0.00	0.00
60대 이상(60세~)	0.00	0.00	0.00
계	100.00	0.00	100.00

주: 신규 가구원 중에서 생애 동안 자살을 계획한 적이 있는 자만 응답함. 응답 사례 수가 매우 적으니 해석에 주의를 요함.

〈부표 4-2-27〉 마지막으로 자살을 계획한 시기

(단위: %)

구분	전체	저소득	일반
10대 이하(~19세)	100.00	0.00	100.00
20~30대(20~39세)	0.00	0.00	0.00
40~50대(40~59세)	0.00	0.00	0.00
60대 이상(60세~)	0.00	0.00	0.00
계	100.00	0.00	100.00

주: 신규 가구원 중에서 생애 동안 자살을 계획한 적이 있는 자만 응답함. 응답 사례 수가 매우 적으니 해석에 주의를 요함.

부록 5. 생활 실태 및 자원 활동

1. 가구 구성원의 생활만족도

〈부표 5-1-1〉 인터넷 사용 여부

(단위: %)

구분	전체	저소득	일반
그렇다	74.81	36.32	82.42
아니다	25.19	63.68	17.58
계	100.00	100.00	100.00

2. 가구의 생활여건

〈부표 5-2-1〉 경제적인 어려움 때문에 먹을 것이 떨어졌는데도 더 살 돈이 없었던 경험

(단위: %)

구분	전체	저소득	일반
자주 그렇다	0.21	0.78	0.00
가끔 그렇다	1.58	5.30	0.20
전혀 그렇지 않다	98.20	93.92	99.80
계	100.00	100.00	100.00

〈부표 5-2-2〉 경제적인 어려움 때문에 균형 잡힌 식사를 할 수가 없었던 경험

(단위: %)

구분	전체	저소득	일반
자주 그렇다	0.46	1.66	0.01
가끔 그렇다	3.92	12.96	0.56
전혀 그렇지 않다	95.62	85.39	99.43
계	100.00	100.00	100.00

〈부표 5-2-3〉 경제적인 어려움 때문에 식사량을 줄이거나 식사를 거른 경험

(단위: %)

구분	전체	저소득	일반
있다	0.17	0.59	0.01
없다	99.79	99.33	99.96
모름/거부	0.04	0.08	0.03
계	100.00	100.00	100.00

〈부표 5-2-4〉 경제적인 어려움 때문에 식사량을 줄이거나 식사를 거른 경험(빈도)

(단위: %)

구분	전체	저소득	일반
거의 매월	93.83	93.56	100.00
몇 개월 동안(매월은 아님)	3.90	4.07	0.00
1~2개월 동안	2.27	2.37	0.00
계	100.00	100.00	100.00

주: 경제적인 어려움 때문에 식사량을 줄이거나 식사를 거른 경험이 있는 경우만 분석함.

〈부표 5-2-5〉 경제적인 어려움 때문에 먹어야 한다고 생각하는 양보다 적게 드신 경험

(단위: %)

구분	전체	저소득	일반
그렇다	0.46	1.58	0.04
아니다	99.54	98.42	99.96
계	100.00	100.00	100.00

〈부표 5-2-6〉 경제적인 어려움 때문에 먹을 것을 살 돈이 없어서 배가 고픈데도 먹지 못한 경험

(단위: %)

구분	전체	저소득	일반
그렇다	0.12	0.41	0.02
아니다	99.87	99.56	99.98
모름/거부	0.01	0.03	0.00
계	100.00	100.00	100.00

〈부표 5-2-7〉 주관적 최저생계비

(단위: 만 원)

구분	중위값	평균	표준오차
전체	200	227	1.98
저소득	80	100	1.18
일반	250	274	2.58

〈부표 5-2-8〉 주관적 적정생계비

(단위: 만 원)

구분	중위값	평균	표준오차
전체	270	315	9.17
저소득	120	155	25.90
일반	350	375	4.20

부록 6. 사회보장

1. 사회보험, 개인연금, 퇴직금

〈부표 6-1-1〉 국민연금 종별 가입 실태

(단위: %)

구분	전체	저소득	일반
사업장 가입	62.40	26.46	65.22
지역 가입	33.83	69.80	31.01
임의 가입	2.63	1.66	2.71
임의계속 가입	1.14	2.07	1.07
계	100.00	100.00	100.00

〈부표 6-1-2〉 국민연금 보험료 납부 여부

(단위: %)

구분	전체	저소득	일반
납부하고 있다	77.73	39.52	80.73
납부하지 않고 있다	22.27	60.48	19.27
계	100.00	100.00	100.00

〈부표 6-1-3〉 국민연금 보험료 미납 유형

(단위: %)

구분	전체	저소득	일반
납부예외	98.83	99.74	98.61
실제 보험료 미납	1.17	0.26	1.39
계	100.00	100.00	100.00

〈부표 6-1-4〉 국민연금 납부예외 사유

(단위: %)

구분	전체	저소득	일반
실직, 휴직, 사업 중단	53.33	58.59	52.02
3개월 이상 입원	0.1	0.26	0.06
생활 곤란	38.63	39.71	38.36
학업(재학)	1.81	0.22	2.21
기타(자연재해, 교도소 수감 등)	6.13	1.21	7.36
계	100.00	100.00	100.00

〈부표 6-1-5〉 국민연금 납부예외 기간

(단위: %)

구분	전체	저소득	일반
1~3개월	3.99	1.37	4.64
4~6개월	4.65	2.91	5.08
7~9개월	4.43	4.49	4.41
10~12개월	86.94	91.23	85.86
계	100.00	100.00	100.00

〈부표 6-1-6〉 국민연금 보험료 실제 미납 사유

(단위: %)

구분	전체	저소득	일반
비해당(미납 경험 없음)	99.49	99.19	99.5
보험료를 납부할 경제적 여유가 없어서	0.32	0.81	0.3
국민연금에 대한 불신 때문에	0.13	0.00	0.13
국민연금을 받지 않아도 생활 걱정이 없어서	0.03	0.00	0.03
기타	0.03	0.00	0.03
계	100.00	100.00	100.00

〈부표 6-1-7〉 국민연금 보험료 미납 기간

(단위: %)

구분	전체	저소득	일반
0개월(미납 경험 없음)	99.49	99.19	99.50
1~3개월	0.06	0.38	0.05
4~6개월	0.04	0.03	0.04
7~9개월	0.09	0.00	0.09
10~12개월	0.31	0.40	0.31
계	100.00	100.00	100.00

〈부표 6-1-8〉 공적연금 미가입 사유

(단위: %)

구분	전체	저소득	일반
국민연금에 대한 불신 때문에	1.06	5.84	0.46
가입의 필요성을 못 느껴서	12.91	0.00	14.53
기타	1.69	0.00	1.90
만 60세 경과	84.34	94.16	83.11
계	100.00	100.00	100.00

〈부표 6-1-9〉 국민연금 급여 종류별 수급자 현황

(단위: %)

구분	전체	저소득	일반
노령연금	86.31	81.90	88.58
장애연금	1.46	1.45	1.46
유족연금	11.34	15.75	9.08
반환일시금	0.89	0.90	0.88
계	100.00	100.00	100.00

〈부표 6-1-10〉 국민연금 연간 연금 수급 개월 수

(단위: %)

구분	전체	저소득	일반
1~3개월	1.42	0.71	1.78
4~6개월	1.10	2.05	0.62
7~9개월	2.09	1.35	2.47
10~12개월	95.39	95.90	95.13
계	100.00	100.00	100.00

〈부표 6-1-11〉 국민연금 연간 연금-일시금 수급액

(단위: 만 원)

구분	전체	저소득	일반
일시금	1,299	2,511[1)]	772[2)]
연금	420	287	490

주: 1) 해당 사례 2케이스, 2) 해당 사례 7케이스.

〈부표 6-1-12〉 특수직역연금 급여 종류별 수급 현황

(단위: %)

구분	전체	저소득	일반
퇴직급여	87.98	59.97	88.87
유족급여	11.89	38.24	11.06
퇴직수당	0.13	1.79	0.08
계	100.00	100.00[1)]	100.00

주: 1) 해당 사례 7케이스.

〈부표 6-1-13〉 특수직역연금 연간 연금 수급 개월 수

(단위: %)

구분	전체	저소득	일반
1~3개월	0.13	4.27	0.00
4~6개월	0.03	0.00	0.03
7~9개월	0.00	0.00	0.00
10~12개월	99.84	95.73	99.97
계	100.00	100.00[1)]	100.01

주: 1) 해당 사례 7케이스.

〈부표 6-1-14〉 특수직역연금 연간 연금-일시금 수급액

(단위: 만 원)

구분	전체	저소득	일반
일시금	800[1)]	-	800
연금	2,844	1,403[2)]	2,890

주: 1) 해당 사례 1케이스, 2) 해당 사례 18케이스.

〈부표 6-1-15〉 보훈연금 연간 연금 수급 개월 수

(단위: %)

구분	전체	저소득	일반
1~3개월	0.00	0.00	0.00
4~6개월	0.00	0.00	0.00
7~9개월	0.00	0.00	0.00
10~12개월	100.00	100.00	100.00
계	100.00	100.00	100.00

〈부표 6-1-16〉 보훈연금 연간 수급액

(단위: 만 원)

구분	전체	저소득	일반
일시금	-	-	-
연금	1,155	937	1,203

〈부표 6-1-17〉 건강보험료 미납 경험 여부

(단위: %)

구분	전체	저소득	일반
미납 경험 있음	0.96	1.36	0.84
미납 경험 없음	99.04	98.64	99.16
계	100.00	100.00	100.00

〈부표 6-1-18〉 건강보험료 미납 사유

(단위: %)

구분	전체	저소득	일반
건강보험료를 납부할 돈이 없어서	69.14	78.50	64.78
제도에 대한 불신 때문에	9.82	0.00	14.39
납부 기한을 잊어버려서	21.04	21.50	20.82
계	100.00	100.00	100.00

〈부표 6-1-19〉 건강보험료 미납 기간

(단위: %)

구분	전체	저소득	일반
1~3개월	24.53	5.68	33.31
4~6개월	22.08	26.50	20.03
7~9개월	5.02	12.27	1.65
10~12개월	48.36	55.55	45.02
계	100.00	100.00	100.00

〈부표 6-1-20〉 건강보험제도에 대한 태도

(단위: %)

구분	전체	저소득	일반
특별한 문제점 없음	81.74	88.52	83.25
월 보험료 부담	15.20	8.07	13.61
보험의 적용 범위가 좁음	2.97	3.41	3.07
기타	0.09	0.00	0.07
계	100.00	100.00	100.00

〈부표 6-1-21〉 의료급여 서비스 이용상의 문제점

(단위: %)

구분	전체	저소득	일반
특별한 문제점이 없다	78.7	77.15	99.05
혜택 범위가 좁다(본인부담이 많다)	11.50	12.30	0.95
적용 기간이 제한적이다	6.77	7.28	0.00
차별 대우를 받는다	3.04	3.27	0.00
기타	0.00	0.00	0.00
계	100.00	100.00	100.00

〈부표 6-1-22〉 고용보험 급여 종류별 수급 현황

(단위: %)

구분	전체	저소득	일반
실업급여	74.20	74.97	74.11
모성보호급여	16.68	0.00	18.54
기타 현금급여	6.65	19.49	5.22
실업급여, 모성보호급여	0.87	0.00	0.97
실업급여, 기타 현금급여	1.60	5.55	1.16
계	100.00	100.00	100.00

〈부표 6-1-23〉 고용보험 연간 연금 수급 개월 수

(단위: %)

구분	전체	저소득	일반
1~3개월	47.91	31.97	49.69
4~6개월	39.58	60.43	37.26
7~9개월	6.40	7.60	6.27
10~12개월	6.10	0.00	6.78
계	100.00	100.00	100.00

〈부표 6-1-24〉 고용보험 연간 수급액

(단위: 만 원)

구분	전체	저소득	일반
연간 현금급여액	434	382	440

〈부표 6-1-25〉 산재보험 급여 종류별 수급 현황[1)]

(단위: %)

구분	전체	저소득	일반
휴업급여	16.86	0.00	19.30
장해급여-연금	51.74	31.82	54.62
장해급여-일시금	2.49	19.74	0.00
유족급여-연금	18.24	0.00	20.88
기타 현금급여	4.82	28.59	1.39
요양급여, 휴업급여	2.50	19.84	0.00
장해급여-연금, 기타 현금급여	3.34	0.00	3.82
계	100.00	100.00	100.00

주: 1) 해당 사례 40케이스.

〈부표 6-1-26〉 산재보험 연간 연금 수급 개월 수[1)]

(단위: %)

구분	전체	저소득	일반
1~3개월	3.87	24.72	1.45
4~6개월	5.53	0.00	6.17
7~9개월	7.38	0.00	8.23
10~12개월	83.23	75.28	84.15
계	100.00	100.00	100.00

주: 1) 해당 사례 39케이스.

〈부표 6-1-27〉 산재보험 연간 연금-일시금 수급액

(단위: 만 원)

구분	전체	저소득	일반
일시금	2,960[1)]	2,960	-
연금	2,100	1,160[2)]	2,209[3)]

주: 1) 해당 사례 1케이스, 2) 해당 사례 8케이스, 3) 해당 사례 31케이스.

〈부표 6-1-28〉 퇴직금(퇴직보험금) 연간 연금-일시금 수급액

(단위: 만 원)

구분	전체	저소득	일반
일시금	789	434	811
연금	846	-	846

〈부표 6-1-29〉 개인연금 연간 연금 수급 개월 수

(단위: %)

구분	전체	저소득	일반
1~3개월	4.53	0.00	4.89
4~6개월	1.76	9.33	1.17
7~9개월	1.29	5.25	0.97
10~12개월	92.42	85.42	92.97
계	100.00	100.00	100.00

〈부표 6-1-30〉 개인연금 급여 연간 수급액

(단위: 만 원)

구분	전체	저소득	일반
일시금	258[1)]	-	258
연금	320	429[2)]	311

주: 1) 해당 사례 4케이스, 2) 해당 사례 20케이스.

2. 공공부조

〈부표 6-2-1〉 기초생활보장급여 수급 개월 수

(단위: %)

급여	구분	비율
생계	3개월 미만	1.12
	3개월 이상 6개월 미만	2.60
	6개월 이상 9개월 미만	1.61
	9개월 이상 12개월 미만	1.62
	12개월	93.05
	계	100.00
주거	3개월 미만	0.34
	3개월 이상 6개월 미만	2.17
	6개월 이상 9개월 미만	1.49
	9개월 이상 12개월 미만	1.68
	12개월	94.33
	계	100.00
교육	3개월 미만	6.43
	3개월 이상 6개월 미만	3.33
	6개월 이상 9개월 미만	0.00
	9개월 이상 12개월 미만	0.00
	12개월	90.24
	계	100.00

주: 본 문항에 대한 분석은 기존 연도의 분석과 일관성을 유지하기 위해 Ⅷ. 소득 부분의 문항 15) 국민기초생활보장 급여의 급여별 연간 수급 개월 수를 활용하였으며, 이는 Ⅻ. 국민기초생활보장 문항 2)의 급여별 수급 비율과 달리 나타날 수 있다. 그 이유는 국민기초생활보장 부분에서 의료, 자활, 교육 등의 특례가구와 가구원 중 일부 수급가구를 포함해 더 포괄적으로 조사되었기 때문이다. 또한 신규 가구의 경우 2016년 동안의 수급 개월 수만을 고려하여 분석하였다.

〈부표 6-2-2〉 의료급여(국가유공자 무료 진료 포함) 수급 여부

(단위: %)

구분	비율
의료급여(1종)	82.15
의료급여(2종)	17.07
국가유공자 무료 진료	0.69
기타	0.08
계	100.00

〈부표 6-2-3〉 의료급여 수급 시 문제점

(단위: %)

구분	비율
특별한 문제점이 없다	78.70
혜택 범위가 좁은 것(본인부담이 많은 것)	11.50
적용 기간의 제한	6.77
차별 대우를 받음	3.04
기타	0.00
계	100.00

〈부표 6-2-4〉 기초생활보장급여 수급 사유

(단위: %)

급여	구분	비율
생계	일은 하고 있었지만 수입이 줄어서	7.96
	소득이 발생하였던 일을 그만두게 되어서	50.99
	도와주던 친·인척의 경제적 형편이 나빠져서(혹은 도움이 끊겨서)	10.34
	이혼, 가구원의 분가 등으로 인해 소득이 있는 가구원이 빠져나가서	11.22
	소득이 있는 가구원이 사망해서	9.87
	소득은 동일하나 가구원이 증가해서	0.06
	의료비 지출이 커져서	9.20
	다른 지역으로 이사해서	0.23
	기타	0.13
	계	100.00
의료	일은 하고 있었지만 수입이 줄어서	7.89
	소득이 발생하였던 일을 그만두게 되어서	43.96
	도와주던 친·인척의 경제적 형편이 나빠져서(혹은 도움이 끊겨서)	9.81
	이혼, 가구원의 분가 등으로 인해 소득이 있는 가구원이 빠져나가서	9.40
	소득이 있는 가구원이 사망해서	8.23
	소득은 동일하나 가구원이 증가해서	0.05
	의료비 지출이 커져서	19.96
	다른 지역으로 이사해서	0.21
	기타	0.49
	계	100.00

급여	구분	비율
주거	일은 하고 있었지만 수입이 줄어서	9.40
	소득이 발생하였던 일을 그만두게 되어서	49.29
	도와주던 친·인척의 경제적 형편이 나빠져서(혹은 도움이 끊겨서)	11.04
	이혼, 가구원의 분가 등으로 인해 소득이 있는 가구원이 빠져나가서	10.40
	소득이 있는 가구원이 사망해서	10.39
	소득은 동일하나 가구원이 증가해서	0.12
	의료비 지출이 커져서	9.03
	다른 지역으로 이사해서	0.22
	기타	0.12
	계	100.00
교육	일은 하고 있었지만 수입이 줄어서	23.51
	소득이 발생하였던 일을 그만두게 되어서	27.64
	도와주던 친·인척의 경제적 형편이 나빠져서(혹은 도움이 끊겨서)	0.80
	이혼, 가구원의 분가 등으로 인해 소득이 있는 가구원이 빠져나가서	37.46
	소득이 있는 가구원이 사망해서	5.46
	소득은 동일하나 가구원이 증가해서	3.13
	의료비 지출이 커져서	1.99
	다른 지역으로 이사해서	0.00
	기타	0.00
	계	100.00

〈부표 6-2-5〉 기초생활보장 급여 수준의 적절성 평가

(단위: %)

급여	구분	비율
생계	매우 적절하다	1.84
	적절하다	13.47
	보통이다	32.68
	부족하다	44.90
	매우 부족하다	7.11
	계	100.00
의료	매우 적절하다	12.62
	적절하다	56.26
	보통이다	23.53
	부족하다	6.94
	매우 부족하다	0.65
	계	100.00

급여	구분	비율
주거	매우 적절하다	2.55
	적절하다	32.37
	보통이다	37.2
	부족하다	25.49
	매우 부족하다	2.39
	계	100.00
교육	매우 적절하다	6.64
	적절하다	38.23
	보통이다	42.07
	부족하다	13.05
	매우 부족하다	0.00
	계	100.00

〈부표 6-2-6〉 기초생활보장 탈수급 예상 소요 기간

(단위: %)

급여	구분	비율
생계	6개월 이내	0.64
	6개월 후~1년 이내	0.55
	1년 후~3년 이내	3.47
	3년 후	5.91
	벗어나기 힘들 것이다	84.20
	잘 모르겠다	5.24
	계	100.00
의료	6개월 이내	0.26
	6개월 후~1년 이내	0.28
	1년 후~3년 이내	3.69
	3년 후	5.37
	벗어나기 힘들 것이다	84.33
	잘 모르겠다	6.07
	계	100.00
주거	6개월 이내	0.49
	6개월 후~1년 이내	0.34
	1년 후~3년 이내	3.50
	3년 후	4.93
	벗어나기 힘들 것이다	84.16
	잘 모르겠다	6.57
	계	100.00

급여	구분	비율
교육	6개월 이내	9.23
	6개월 후~1년 이내	0.00
	1년 후~3년 이내	17.05
	3년 후	29.09
	벗어나기 힘들 것이다	31.70
	잘 모르겠다	12.93
	계	100.00

〈부표 6-2-7〉 탈수급의 주된 사유

(단위: %)

급여	구분	비율
생계	하고 있던 일의 수입이 늘어서	10.45
	가구원이 취업을 하게 되어서	52.91
	상속, 증여, 재개발 등으로 재산이 늘어서	0.51
	자동차를 새로 구입해서	3.84
	친·인척이 좀 더 도와주어서	0.00
	사망, 이혼, 분가 등 가구원 수가 줄어들어서	12.27
	가족의 병이 나아서	0.00
	다른 지역으로 이사하여서	0.00
	소득, 재산, 부양의무자의 변화는 없으나 조사 결과가 달라져서	14.25
	기타	5.76
	계	100.00
의료	하고 있던 일의 수입이 늘어서	15.84
	가구원이 취업을 하게 되어서	55.48
	상속, 증여, 재개발 등으로 재산이 늘어서	1.27
	자동차를 새로 구입해서	2.02
	친·인척이 좀 더 도와주어서	0.00
	사망, 이혼, 분가 등 가구원 수가 줄어들어서	5.42
	가족의 병이 나아서	0.00
	다른 지역으로 이사하여서	0.00
	소득, 재산, 부양의무자의 변화는 없으나 조사 결과가 달라져서	11.15
	기타	8.82
	계	100.00

급여	구분	비율
주거	하고 있던 일의 수입이 늘어서	17.48
	가구원이 취업을 하게 되어서	63.66
	상속, 증여, 재개발 등으로 재산이 늘어서	1.11
	자동차를 새로 구입해서	1.77
	친·인척이 좀 더 도와주어서	0.00
	사망, 이혼, 분가 등 가구원 수가 줄어들어서	1.89
	가족의 병이 나아서	0.00
	다른 지역으로 이사하여서	3.24
	소득, 재산, 부양의무자의 변화는 없으나 조사 결과가 달라져서	9.76
	기타	1.1
	계	100.00
교육	하고 있던 일의 수입이 늘어서	40.3
	가구원이 취업을 하게 되어서	36.89
	상속, 증여, 재개발 등으로 재산이 늘어서	2.33
	자동차를 새로 구입해서	3.7
	친·인척이 좀 더 도와주어서	0.00
	사망, 이혼, 분가 등 가구원 수가 줄어들어서	0.00
	가족의 병이 나아서	0.00
	다른 지역으로 이사하여서	0.00
	소득, 재산, 부양의무자의 변화는 없으나 조사 결과가 달라져서	0.00
	기타	16.78
	계	100.00

〈부표 6-2-8〉 탈수급하게 될 경우 가장 필요한 지원 항목

(단위: %)

구분	비율
의료비 지원	67.45
교육비 지원	5.59
주거비 지원	24.85
자활 관련 지원	2.04
없다	0.07
계	100.00

〈부표 6-2-9〉 근로(자녀)장려금 급여(수준)가 실생활에 도움을 주는 정도

(단위: %)

구분	비율
전혀 도움이 되지 않았다	1.59
도움이 별로 되지 않는 편이었다	4.61
그저 그렇다	10.19
대체로 도움이 되는 편이었다	63.62
매우 도움이 되었다	20.00
계	100.00

〈부표 6-2-10〉 근로(자녀)장려금 수급이 근로의욕 변화에 미친 영향

(단위: %)

구분	비율
일할 의욕이 매우 감소되었다	0.26
일할 의욕이 약간 감소되었다	1.20
일할 의욕에 변화가 없었다	30.12
일할 의욕이 약간 증가되었다	50.19
일할 의욕이 매우 증가되었다	18.23
계	100.00

〈부표 6-2-11〉 근로(자녀)장려금 수급 요건 충족에 대한 인식

(단위: %)

구분	비율
둘 다 수급 요건을 충족하지 못한다고 생각한다	89.33
근로장려금의 수급 요건만 충족한다고 생각한다	3.60
자녀장려금의 수급 요건만 충족한다고 생각한다	1.75
둘 다 충족한다고 생각한다	4.02
잘 모르겠다	1.30
계	100.00

3. 사회복지서비스

〈부표 6-3-1〉 기타 사회복지서비스 이용 경험 있음 비율

(단위: %)

구분	전체	저소득	일반
주택 관련 서비스	0.58	1.89	0.09
상담서비스	0.45	0.38	0.47
각종 대출, 융자	0.23	0.17	0.26
개인발달계좌(자산 형성 프로그램)	0.34	0.56	0.25

〈부표 6-3-2〉 바우처 서비스 이용 경험

(단위: %)

구분	전체	저소득	일반
있다	17.41	27.74	13.57
없다	82.59	72.26	86.43
계	100.00	100.00	100.00

〈부표 6-3-3〉 장기요양보험급여 서비스 이용 금액

(단위: 천 원)

구분	중위	평균	표준오차
전체	118.0	104.8	5.54
저소득	67.0	77.0	6.27
일반	138.0	134.1	8.92

주: 본인부담금, 비급여 항목을 포함한 서비스 이용료(월 단위)를 말함. 장기요양보험료는 해당되지 않음. 2016년 1년간 장기요양보험급여 서비스를 경험한 가구만을 대상으로 분석하였음.

〈부표 6-3-4〉 장기요양보험급여 유형별 이용 경험 있음 비율

(단위: %)

구분	전 체	저소득	일 반
방문요양	87.37	83.55	91.43
방문목욕	11.29	12.99	9.48
방문간호	7.25	8.18	6.26
주야간보호	12.65	15.23	9.91
단기보호	0.00	0.00	0.00
기타 재가급여	22.71	16.28	29.53
시설급여	0.39	0.75	0.00
특별현금급여	0.99	0.07	1.97

주: 2016년 1년간 장기요양보험급여를 이용한 가구만을 대상으로 분석함.

〈부표 6-3-5〉 노인 가구의 기타 노인 복지서비스 이용 경험 있음 비율

(단위: %)

구분	전체	저소득	일반
노인 무료 급식(본인부담금 없음)	13.25	18.43	7.30
물품 지원(식료품, 의료, 가구 등)	17.53	27.70	5.85
가정 봉사 서비스	9.34	11.28	7.11
식사 배달 서비스	2.59	4.63	0.24
방문 가정간호, 간병, 목욕 서비스	8.38	9.66	6.90
주야간보호 서비스	0.93	1.15	0.68

주: 65세 이상 노인이 있는 노인 가구만을 대상으로 분석함.

〈부표 6-3-6〉 장애인 가구의 기타 장애인 복지서비스 이용 경험 있음 비율

(단위: %)

구분	전체	저소득	일반
장애아동수당	0.68	0.7	0.66
가정 봉사 서비스	14.68	16.03	13.43
방문 가정간호, 간병, 목욕 서비스	8.48	9.02	7.98
주택 관련 서비스	0.99	1.7	0.33
가족상담 및 심리재활 서비스	1.28	0.2	2.28
장애아동 및 장애인 자녀 보육비 및 교육비 지원	1.62	0.65	2.52
장애아동 및 장애인 자녀 관련 프로그램	1.99	0.38	3.49
자동차 관련 지원	27.59	12.58	41.47

주: 장애인(등록 장애인, 비등록 장애인 모두 포함)이 있는 가구만을 대상으로 분석함.

〈부표 6-3-7〉 아동 가구의 기타 아동 복지서비스 이용 경험 있음 비율

(단위: %)

구분	전체	저소득	일반
학비 지원	41.33	66.41	38.87
예체능 교실	2.42	9.34	1.74
문화활동	6.39	38.68	3.23
가정봉사, 아이돌봄 서비스	0.70	0.00	0.77
영유아보충식품 지원	0.81	4.28	0.47

주: 만 17세 이하 아동이 있는 아동 가구만을 대상으로 분석함.

〈부표 6-3-8〉 새로 추가된 아동이 있는지 여부

(단위: %)

구분	전체	저소득	일반
있다	6.51	0.29	7.13
없다	93.49	99.71	92.87
계	100.00	100.00	100.00

주: 2015년 4월부터 2016년 3월 사이에 새로 추가된 아동(만 17세 이하)이 있는지에 대해 분석함.

〈부표 6-3-9〉 사교육·보육기관을 이용한 가구의 월평균 사교육비

(단위: 만 원)

구분	중위	평균	표준오차
전체	36.0	44.6	1.14
저소득	15.0	21.6	2.21
일반	38.0	46.4	1.20

주: 2016년 1년간 사교육·보육기관을 이용한 경험이 있는 가구만을 대상으로 분석함.

〈부표 6-3-10〉 사교육·보육기관을 이용한 가구의 월평균 보육비

(단위: 만 원)

구분	중위	평균	표준오차
전체	0.0	5.7	0.40
저소득	0.0	2.5	0.55
일반	0.0	5.9	0.43

주: 2016년 1년간 사교육·보육기관을 이용한 경험이 있는 가구만을 대상으로 분석함.

부록 7. 장애인 부가조사

1. 응답자 특성

〈부표 7-1-1〉 장애 발생 원인

(단위: %)

구분	전체	저소득	일반
선천적 원인	9.28	7.33	10.92
출생 시 원인	1.92	2.45	1.47
질환에 의한 후천적 원인	47.12	49.78	44.88
사고에 의한 후천적 원인	36.93	33.23	40.04
원인 불명	4.75	7.22	2.68
계	100.00	100.00	100.00

〈부표 7-1-2〉 장애 발생 시기

(단위: 세)

구분	중위	평균	표준오차
전체	39.0	36.9	0.62
저소득	43.0	39.5	0.83
일반	36.0	34.7	0.94

〈부표 7-1-3〉 장애 발생 당시 가구 소득 수준

(단위: %)

구분	전체	저소득	일반
매우 부유	0.90	0.25	1.45
부유	12.27	9.71	14.42
보통	52.39	45.07	58.55
가난	28.00	35.48	21.71
매우 가난	6.44	9.49	3.87
계	100.00	100.00	100.00

〈부표 7-1-4〉 장애의 현재 상태

(단위: %)

구분	전체	저소득	일반
호전(개선)되고 있다	9.51	8.97	9.95
고착되어 있다	60.06	53.65	65.45
악화 또는 진행되고 있다	30.43	37.38	24.59
계	100.00	100.00	100.00

〈부표 7-1-5〉 현재 이용 중인 의료서비스

(단위: %)

구분	전체	저소득	일반
의료급여 1종	20.89	39.97	4.85
의료급여 2종	2.40	3.72	1.29
국가유공자 무료 진료	0.32	0.20	0.42
건강보험	76.39	56.11	93.43
계	100.00	100.00	100.00

〈부표 7-1-6〉 장애 치료의 충분 여부

(단위: %)

구분	전체	저소득	일반
예(충분한 치료를 받음)	37.20	43.55	31.87
아니오(충분한 치료를 받지 않음)	62.80	56.45	68.13
계	100.00	100.00	100.00

〈부표 7-1-7〉 장애 치료의 불충분 이유

(단위: %)

구분	전체	저소득	일반
경제적으로 어려워서	4.90	7.13	3.35
그대로 두어도 괜찮거나 곧 나을 것 같아서	7.89	4.18	10.48
치료해도 나을 것 같지 않아서	43.13	40.58	44.91
치료해도 효과가 없다고 해서	39.48	42.31	37.52
치료받기 싫어서	1.94	4.04	0.49
주위의 시선 때문에	0.00	0.00	0.00
근처에 치료 기관이 없어서	0.10	0.15	0.06
시간이 없어서(바빠서)	1.72	0.00	2.91
치료 받으러 다니기가 불편해서(이동의 불편)	0.82	1.60	0.28
기타	0.00	0.00	0.00
계	100.00	100.00	100.00

2. 장애로 인한 사회적 차별

〈부표 7-2-1〉 입학·전학 시 차별 경험 있음 비율

(단위: %)

구분	전체	저소득	일반
유치원(보육시설) 입학·전학 시 차별	19.45	-	19.45
초등학교 입학·전학 시 차별	17.79	24.30	11.00
중학교 입학·전학 시 차별	5.39	81.34	0.00
고등학교 입학·전학 시 차별	18.26	24.66	0.00
대학교 입학·전학 시 차별	0.00	0.00	0.00

주: 1) 지난 1년 동안 해당 학교에 입학·전학을 한 학생만을 분석 대상에 포함함.
2) 유치원(보육시설) 입학·전학 시 차별에 응답한 저소득 가구의 사례가 없어 표에서 공란으로 제시함.
3) 사례 수가 극히 적어 분석에 주의를 요함(유치원 (보육시설) 입학·전학 시 차별의 응답 사례 수는 3명, 초등학교 입학·전학 시 차별의 응답 사례 수는 10명, 중학교 입학·전학 시 차별의 응답 사례 수는 5명, 고등학교 입학·전학 시 차별의 응답 사례 수는 6명, 대학교 입학·전학 시 차별의 응답 사례 수는 3명임).

〈부표 7-2-2〉 입학·전학 시 차별에 대한 대처 방법(중복응답 가능)

(단위: %)

구분		전체	저소득	일반
유치원 입학·전학 시 차별	무시한다	25.00	-	25.00
	참는다	25.00	-	25.00
	항의한다	25.00	-	25.00
	고발한다	0.00	-	0.00
	기타	25.00	-	25.00
계		100.00	-	100.00
초등학교 입학·전학 시 차별	무시한다	41.08	50.00	0.00
	참는다	41.08	50.00	0.00
	항의한다	17.84	0.00	100.00
	고발한다	0.00	0.00	0.00
	기타	0.00	0.00	0.00
계		100.00	100.00	100.00

주: 1) 지난 1년 동안 해당 학교에 입학·전학을 한 학생 중 차별을 받았다고 응답한 사람만 분석 대상에 포함함.
2) 유치원(보육시설) 입학·전학 시 차별에 응답한 저소득 가구의 사례가 없어 표에서 공란으로 제시함.
3) 사례 수가 극히 적어 분석에 주의를 요함(유치원 (보육시설) 입학·전학 시 차별에 대한 대처 방법 응답 사례 수는 4명, 초등학교 입학·전학 시 차별의 응답 사례 수는 3명임. 중학교와 대학교 입학·전학 시 차별의 응답 사례 수는 0명이고, 고등학교 입학·전학 시 차별의 응답 사례 수는 1명이라서 표를 생략함).

〈부표 7-2-3〉 학교생활(유치원 및 보육시설 포함) 시 차별 경험 있음 비율

(단위: %)

구분	전체	저소득	일반
교사로부터의 차별	1.96	0.00	2.54
또래 학생으로부터의 차별	14.07	35.00	6.79
학부모로부터의 차별	3.04	0.00	4.25

주: 지난 1년 동안 학교생활을 한 경우만 분석 대상에 포함함.

〈부표 7-2-4〉 학교생활(유치원 및 보육시설 포함) 시 차별에 대한 대처 방법(중복응답 가능)

(단위: %)

구분		전체	저소득	일반
교사로부터의 차별	무시한다	25.00	0.00	25.00
	참는다	25.00	0.00	25.00
	항의한다	25.00	0.00	25.00
	고발한다	0.00	0.00	0.00
	기타	25.00	0.00	25.00
계		100.00	100.00	0.00
또래 학생으로부터의 차별	무시한다	30.54	24.82	34.64
	참는다	41.05	50.00	34.64
	항의한다	19.46	25.18	15.36
	고발한다	0.00	0.00	0.00
	기타	8.95	0.00	15.36
계		100.00	100.00	0.00
학부모로부터의 차별	무시한다	29.27	-	29.27
	참는다	29.27	-	29.27
	항의한다	20.73	-	20.73
	고발한다	0.00	-	0.00
	기타	20.73	-	20.73
계		100.00	-	100.00

주: 1) 지난 1년 동안 해당 학교생활에서 차별을 당했다고 응답한 학생만을 분석 대상에 포함함.
2) 사례 수가 극히 적어 해석에 주의를 요함(교사로부터의 차별에 대한 대처 방법의 응답 사례 수는 4명, 또래 학생으로부터 차별에 대한 대처 방법의 응답 사례 수는 14명, 학부모로부터의 차별에 대한 대처 방법의 응답 사례 수는 6명임).

〈부표 7-2-5〉 결혼 전 및 생활 중 차별 경험 있음 비율

(단위: %)

구분	전체	저소득	일반
결혼 전 차별	0.00	-	0.00
결혼 생활 중 차별	2.81	4.39	1.90

주: 1) 지난 1년 동안 결혼 전제 교제 혹은 결혼 생활 중인 응답자만 분석 대상에 포함함.
2) 결혼 전 차별 경험에 응답한 저소득 가구의 사례가 없어 공란으로 처리하였음.
3) 결혼 전 차별은 사례 수가 극히 적어 해석에 주의를 요함(결혼 전 차별 경험에 응답한 사례 수는 4명임).

〈부표 7-2-6〉 결혼 전 및 생활 중 차별에 대한 대처 방법(중복응답 가능)

(단위: %)

구분		전체	저소득	일반
결혼 생활 중 차별	무시한다	42.31	49.14	33.98
	참는다	45.38	50.86	38.70
	항의한다	12.30	0.00	27.31
	고발한다	0.00	0.00	0.00
	기타	0.00	0.00	0.00
계		100.00	100.00	100.00

주: 1) 결혼 생활 중 차별 경험이 '있다'고 응답한 사례에 대해 대처 방법을 분석함. 결혼 전 차별 경험이 있는 사례가 없어 제시하지 않았음.
2) 사례 수가 적어 해석에 주의를 요함(결혼 생활 중 차별에 대한 대처 방법의 응답 사례 수는 13명임).

〈부표 7-2-7〉 직장 생활 차별 경험 있음 비율

(단위: %)

구분	전체	저소득	일반
소득(임금) 차별	2.94	0.88	3.54
동료와의 관계에서 차별	2.61	0.86	3.14
승진에서 차별	3.06	0.00	3.95

주: 지난 1년 동안 직장 생활을 한 경우만 분석 대상에 포함함.

〈부표 7-2-8〉 직장 생활 차별에 대한 대처 방법(중복응답 가능)

(단위: %)

구분		전체	저소득	일반
소득(임금) 차별	무시한다	17.70	50.00	13.35
	참는다	82.30	50.00	86.65
	항의한다	0.00	0.00	0.00
	고발한다	0.00	0.00	0.00
	기타	0.00	0.00	0.00
계		100.00	100.00	0.00
동료와의 관계에서 차별	무시한다	50.00	50.00	50.00
	참는다	50.00	50.00	50.00
	항의한다	0.00	0.00	0.00
	고발한다	0.00	0.00	0.00
	기타	0.00	0.00	0.00
계		100.00	100.00	0.00
승진에서 차별	무시한다	50.00	-	50.00
	참는다	50.00	-	50.00
	항의한다	0.00	-	0.00
	고발한다	0.00	-	0.00
	기타	0.00	-	0.00
계		100.00	-	100.00

주: 1) 직장 생활 차별 경험이 '있다'고 응답한 사례에 대해 대처 방법을 분석함.
2) 사례 수가 극히 적어 해석에 주의를 요함(소득 차별에 대한 대처 방법의 응답 사례 수는 6명, 동료와의 관계에서의 차별에 대한 대처 방법의 응답 사례 수는 8명, 승진에서 차별에 대한 대처 방법의 응답 사례 수는 4명임).

3. 일상생활

〈부표 7-3-1〉 일상생활에서 남의 도움이 필요한 정도

(단위: %)

구분	전체	저소득	일반
모든 일상생활을 혼자서 할 수 있다	54.65	49.05	59.36
대부분의 일상생활을 남의 도움 없이 혼자서 할 수 있다	13.46	16.95	10.52
일부 남의 도움이 필요하다	17.55	17.49	17.61
대부분 남의 도움이 필요하다	8.65	10.60	7.01
거의 모든 일에 남의 도움이 필요하다	5.69	5.90	5.51
계	100.00	100.00	100.00

〈부표 7-3-2〉 지각된 사회적 지지

(단위: 점)

구분	중위	평균	표준오차
전체	33.0	32.3	0.21
저소득	30.0	30.1	0.28
일반	35.0	34.1	0.31

4. 대상별 설문[1)]

1) 학생[2)]

〈부표 7-4-1〉 K-CBCL 우울/불안 척도

(단위: 점)

구분	중위	평균	표준오차
전체	5.0	6.0	0.98
저소득	9.0	9.0	2.37
일반	4.0	5.3	1.03

주: 사례 수가 적어 해석에 주의를 요함.

1) 미취학 아동(만 0세~초등학교 입학 이전) 설문의 사례 수는 2케이스로 결과 해석에 한계가 있어 분석 결과를 제시하지 않았음.
2) 12차 장애인 부가조사에서 학생 설문에 응답한 사례 수는 23케이스임.

〈부표 7-4-2〉 각종 서비스 필요 비율

(단위: %)

구분	전체	저소득	일반
특수학교 서비스	47.08	24.75	52.00
특수학급 서비스	12.69	19.91	11.10
학교 방과 후 활동 서비스	43.71	52.68	41.73
복지관 방과 후 활동 서비스	35.10	31.15	35.97
물리치료 서비스	42.42	16.91	48.04
언어치료 서비스	69.97	17.96	81.41
심리치료 서비스	50.31	31.15	54.53
작업치료 서비스	58.13	31.15	64.07
놀이치료 서비스	66.23	34.87	73.13
음악치료 서비스	66.90	34.87	73.95
미술치료 서비스	66.90	34.87	73.95
주간보호 서비스	29.52	0.00	36.01
단기보호 서비스	7.99	0.00	9.75
그룹홈 서비스	11.04	16.91	9.75
장기시설보호 서비스	0.00	0.00	0.00
진로상담 서비스	14.16	27.41	11.24
부모교육 서비스	41.91	41.65	41.96
장애아동돌봄 서비스	28.94	24.75	29.87
계	100.00	100.00	100.00

주: 각종 서비스 필요 비율은 해당 서비스가 필요하다고 응답한 비율을 의미함. 사례 수가 적어 해석에 주의를 요함.

〈부표 7-4-3〉 각종 서비스 이용 비율

(단위: %)

구분	전체	저소득	일반
특수학교 서비스	42.83	10.50	49.95
특수학급 서비스	6.74	14.24	5.09
학교 방과 후 활동 서비스	25.02	52.68	18.93
복지관 방과 후 활동 서비스	17.55	14.24	18.28
물리치료 서비스	40.78	16.91	46.03
언어치료 서비스	66.17	17.96	76.78
심리치료 서비스	33.02	16.91	36.57
작업치료 서비스	49.36	0.00	60.23
놀이치료 서비스	21.09	0.00	25.73
음악치료 서비스	18.65	0.00	22.75
미술치료 서비스	25.04	0.00	30.55
주간보호 서비스	0.00	0.00	0.00
단기보호 서비스	0.00	0.00	0.00
그룹홈 서비스	0.00	0.00	0.00
장기시설보호 서비스	0.00	0.00	0.00
진로상담 서비스	0.00	0.00	0.00
부모교육 서비스	10.03	0.00	12.24
장애아동돌봄 서비스	15.88	14.24	16.24
계	100.00	100.00	100.00

주: 각종 서비스 이용 비율은 해당 서비스에 대한 지난 한 달간 이용 여부 비율을 의미함. 사례 수가 적어 해석에 주의를 요함.

〈부표 7-4-4〉 특수교육보조원서비스의 이용 여부

(단위: %)

구분	전체	저소득	일반
이용한다	25.80	10.50	29.17
이용하지 않는다	74.20	89.50	70.83
계	100.00	100.00	100.00

주: 사례 수가 적어 해석에 주의를 요함.

〈부표 7-4-5〉 특수교육보조원서비스의 이용 희망 여부

(단위: %)

구분	전체	저소득	일반
이용하겠다	43.30	10.50	50.52
이용하지 않겠다	56.70	89.50	49.48
계	100.00	100.00	100.00

주: 사례 수가 적어 해석에 주의를 요함.

〈부표 7-4-6〉 발달재활서비스의 이용 여부

(단위: %)

구분	전체	저소득	일반
이용한다	60.34	0.00	73.62
이용하지 않는다	39.66	100.00	26.38
계	100.00	100.00	100.00

주: 사례 수가 적어 해석에 주의를 요함.

〈부표 7-4-7〉 발달재활서비스의 이용 희망 여부

(단위: %)

구분	전체	저소득	일반
이용하겠다	71.69	34.87	79.80
이용하지 않는다	28.31	65.13	20.20
계	100.00	100.00	100.00

주: 사례 수가 적어 해석에 주의를 요함.

〈부표 7-4-8〉 발달재활서비스 이용 시 희망하는 본인부담 정도

(단위: %)

구분	전체	저소득	일반
비용과 상관없이 무조건 이용하겠다	23.20	0.00	25.43
총 이용 금액의 40% 정도까지 (즉 회당 1만 1000원 정도)	0.00	0.00	0.00
총 이용 금액의 30% 정도까지 (즉 회당 8000원 정도)	11.14	0.00	12.22
총 이용 금액의 20% 정도까지 (즉 회당 5000원 정도)	19.77	40.85	17.74
총 이용 금액의 10% 정도까지 (즉 회당 2700원 정도)	44.96	48.49	44.62
자기부담이 있으면 이용하지 않겠다	0.93	10.66	0.00
계	100.00	100.00	100.00

주: 사례 수가 적어 해석에 주의를 요함.

〈부표 7-4-9〉 학교 출석 여부

(단위: %)

구분	전체	저소득	일반
학교에 다닌다	98.32	100.00	97.95
학교에 다니지 않는다	1.68	0.00	2.05
계	100.00	100.00	100.00

주: 사례 수가 적어 해석에 주의를 요함.

〈부표 7-4-10〉 학교 적응 정도

(단위: %)

구분	전체	저소득	일반
매우 잘 적응하고 있다	53.36	38.44	56.71
잘 적응하고 있는 편이다	44.03	47.32	43.29
잘 적응하지 못하는 편이다	2.61	14.24	0.00
전혀 적응하지 못하고 있다	0.00	0.00	0.00
계	100.00	100.00	100.00

주: 사례 수가 적어 해석에 주의를 요함.

〈부표 7-4-11〉 학교생활 문제

(단위: %)

구분	전체	저소득	일반
문제없다	25.55	48.94	20.30
등·하교 불편(교통수단 이용)	35.10	0.00	42.98
학교 내 편의시설 부족	5.81	0.00	7.12
청소나 학교 행사 참여	0.00	0.00	0.00
수업 내용의 이해(진도 따라가기)	17.86	14.24	18.67
친구들의 이해 부족, 놀림	6.76	36.82	0.00
선생님의 이해 부족, 편견	0.00	0.00	0.00
선생님의 지나친 배려	0.00	0.00	0.00
전문교사 부족	0.00	0.00	0.00
교육도구(기자재) 사용 시 불편	0.00	0.00	0.00
교육 내용의 부적합	0.00	0.00	0.00
특수교육 보조원 미배치	8.93	0.00	10.94
기타	0.00	0.00	0.00
계	100.00	100.00	100.00

주: 사례 수가 적어 해석에 주의를 요함.

〈부표 7-4-12〉 방과 후 생활

(단위: %)

구분	전체	저소득	일반
집에서 혼자 지낸다	34.00	0.00	41.65
가정에서 부모나 가족과 보낸다	23.68	47.32	18.37
장애 부모들이 운영하는 공동육아시설에서 보낸다	0.00	0.00	0.00
장애아 전담 보육시설에서 보낸다	0.00	0.00	0.00
일반 보육시설에서 보낸다	0.00	0.00	0.00
가정에서 방문교사가 지도한다	0.00	0.00	0.00
복지시설(기관)에서 보낸다	2.61	14.24	0.00
학원에서 보낸다	0.00	0.00	0.00
학교에서 방과 후 활동에 참여한다	20.34	38.44	16.28
기타	19.35	0.00	23.70
계	100.00	100.00	100.00

주: 사례 수가 적어 해석에 주의를 요함.

〈부표 7-4-13〉 학교를 다니지 않는 이유

(단위: %)

구분	전체	저소득	일반
경제적으로 어려워서	0.00	-	0.00
장애 때문에	100.00	-	100.00
주위의 편견 때문에	0.00	-	0.00
학교 내 편의시설이 부족해서	0.00	-	0.00
집에서 다니지 못하게 해서	0.00	-	0.00
근처에 학교가 없어서	0.00	-	0.00
다니기 싫어해서	0.00	-	0.00
기타	0.00	-	0.00
계	100.00	-	100.00

주: 1) '학교를 다니지 않는다'고 응답한 저소득 가구의 아동이 없어 공란으로 처리함.
2) 사례 수가 극히 적어 해석에 주의를 요함(학교를 다니지 않는 이유에 응답한 사례 수는 1케이스임).

2) 성인[3)]

〈부표 7-4-14〉 각종 서비스 필요 여부

(단위: %)

구분	전체	저소득	일반
직업상담	13.34	15.56	12.01
취업알선	15.64	15.85	15.52
직업능력평가	7.59	8.03	7.32
일상생활훈련	9.47	13.87	6.83
직업준비훈련	8.02	8.07	7.99
보호작업	4.57	6.24	3.56
주간보호	6.74	8.25	5.83
단기보호	4.31	7.05	2.67
그룹홈	2.14	2.30	2.04
장기시설보호	6.30	9.27	4.52
여가활동프로그램	12.34	18.32	8.74
가사원조	16.43	21.58	13.33
외출보조	18.18	22.51	15.58
물리치료	13.59	17.17	11.44
방문간호	8.12	13.47	4.90
이동목욕	6.63	10.23	4.48
계	100.00	100.00	100.00

〈부표 7-4-15〉 각종 서비스 이용 여부

(단위: %)

구분	전체	저소득	일반
직업상담	2.40	1.30	3.06
취업알선	2.55	0.21	3.96
직업능력평가	0.78	0.00	1.25
일상생활훈련	2.32	2.54	2.19
직업준비훈련	1.00	0.04	1.58
보호작업	0.17	0.07	0.23
주간보호	1.37	0.51	1.89
단기보호	0.00	0.00	0.00
그룹홈	0.00	0.00	0.00
장기시설보호	0.00	0.00	0.00

3) 12차 장애인 부가조사 중 성인 524사례를 분석 대상으로 함.

구분	전체	저소득	일반
여가활동프로그램	1.95	1.32	2.32
가사원조	11.02	13.91	9.29
외출보조	6.60	7.18	6.25
물리치료	3.53	7.06	1.40
방문간호	1.86	3.12	1.11
이동목욕	1.34	1.42	1.29
계	100.00	100.00	100.00

〈부표 7-4-16〉 취업일자리

(단위: %)

구분	전체	저소득	일반
자영업	19.76	21.49	19.44
일반사업체	59.36	39.67	63.04
정부 및 정부 관련 기관	13.70	24.78	11.63
장애인 직업재활시설	0.99	1.29	0.93
장애인 관련 기관	4.97	10.34	3.97
기타	1.22	2.43	1.00
계	100.00	100.00	100.00

주: 취업을 했다는 성인 장애인을 대상으로 어떤 곳에서 일하고 있는지에 대한 분석임.

〈부표 7-4-17〉 취업 희망 일자리

(단위: %)

구분	전체	저소득	일반
자영업	5.05	9.01	1.56
일반사업체	44.13	33.52	53.49
정부 및 정부 관련 기관	23.79	29.75	18.54
장애인 직업재활시설	9.46	4.86	13.51
장애인 관련 기관	17.40	22.51	12.89
기타	0.17	0.36	0.00
계	100.00	100.00	100.00

주: 취업을 희망하는 성인 장애인을 대상으로 어떤 곳에서 일하기를 희망하는지에 대한 분석임.

〈부표 7-4-18〉 취업 불원 이유

(단위: %)

구분	전체	저소득	일반
장애가 심해서 오래전에 포기했음	60.29	58.63	62.59
나이가 너무 어리거나 많다고 생각해서 포기했음	5.07	6.57	3.00
그저 일하고 싶은 생각이 없어서	12.04	11.91	12.22
일할 필요가 없을 정도로 경제적으로 충족해서	3.07	0.00	7.33
학력, 기술, 기능이 부족해서	3.78	1.77	6.57
취업, 창업 정보를 몰라서	0.00	0.00	0.00
일자리가 없어서	1.73	0.82	2.98
일해 본 경험이 없어서	2.67	4.00	0.82
장애인에 대한 차별이나 편견이 심해서	6.01	9.93	0.58
육아 혹은 가사 때문에	3.31	3.21	3.46
출퇴근하는 것이 어려워서	0.13	0.23	0.00
기타	1.90	2.93	0.46
계	100.00	0.00	100.00

주: 취업을 희망하지 않는 장애인을 대상으로 취업 불원의 이유에 대한 분석임.

〈부표 7-4-19〉 근로지원인서비스의 이용 여부

(단위: %)

구분	전체	저소득	일반
이용한다	1.18	1.76	0.84
이용하지 않는다	98.82	98.24	99.16
계	100.00	100.00	100.00

〈부표 7-4-20〉 근로지원인서비스의 이용 희망 여부

(단위: %)

구분	전체	저소득	일반
이용하겠다	9.70	11.87	8.39
이용하지 않겠다	90.30	88.13	91.61
계	100.00	100.00	100.00

〈부표 7-4-21〉 근로지원인서비스 이용 시 희망하는 본인부담 정도

(단위: %)

구분	전체	저소득	일반
비용과 상관없이 무조건 이용하겠다	23.48	10.84	34.23
총 이용 금액의 40% 정도까지 (즉 주당 2만 5000원 정도)	0.00	0.00	0.00
총 이용 금액의 30% 정도까지 (즉 주당 1만 8000원 정도)	0.59	0.00	1.08
총 이용 금액의 20% 정도까지 (즉 주당 1만 2000원 정도)	12.42	7.64	16.48
총 이용 금액의 10% 정도까지 (즉 주당 6000원 정도)	39.24	38.37	39.98
자기부담이 있으면 이용하지 않겠다	24.28	43.15	8.23
계	100.00	100.00	100.00

3) 어르신4)

〈부표 7-4-22〉 각종 서비스 필요 여부

(단위: %)

구분	전체	저소득	일반
직업상담 및 취업 준비, 훈련 서비스	7.67	7.54	7.85
정서적 서비스	11.30	15.17	5.52
일상생활지원 서비스	19.21	24.46	11.38
급식지원	12.62	19.92	1.73
전문 상담 서비스	4.38	4.85	3.69
주거 지원	12.40	18.42	3.42
여가생활	11.18	14.39	6.40
요양시설보호	10.99	10.87	11.16
주야간보호	4.35	4.79	3.70
단기보호	2.27	3.63	0.24
가사지원 서비스	30.42	34.78	23.92
물리치료 및 재활	28.24	29.79	25.92
방문간호(간병)	20.91	22.45	18.60
방문 및 이동 목욕	12.95	11.76	14.72
계	100.00	100.00	100.00

4) 12차 장애인 부가조사 대상 중 노인인 801사례를 분석 대상으로 하였다.

〈부표 7-4-23〉 각종 서비스 이용 여부

(단위: %)

구분	전체	저소득	일반
직업상담 및 취업 준비, 훈련 서비스	2.60	1.94	3.59
정서적 서비스	6.11	7.58	3.92
일상생활지원 서비스	6.85	7.52	5.84
급식지원	4.51	7.41	0.19
전문 상담 서비스	0.00	0.00	0.00
주거지원	2.37	3.89	0.10
여가생활	2.12	2.09	2.18
요양시설보호	1.50	0.58	2.86
주야간보호	0.76	1.28	0.00
단기보호	0.00	0.00	0.00
가사지원 서비스	14.39	13.17	16.21
물리치료 및 재활	13.68	13.24	14.33
방문간호(간병)	4.52	4.38	4.72
방문 및 이동 목욕	3.58	4.18	2.70
계	100.00	100.00	100.00

〈부표 7-4-24〉 취업 여부

(단위: %)

구분	전체	저소득	일반
취업	18.93	11.89	29.44
취업 희망	6.45	8.32	3.67
취업 불원(희망하지 않음)	74.62	79.79	66.89
계	100.00	100.00	100.00

〈부표 7-4-25〉 취업일자리

(단위: %)

구분	전체	저소득	일반
자영업	11.30	9.42	12.43
일반사업체	17.01	8.02	22.42
일용직 또는 파트타임	26.02	32.90	21.88
농어업	34.35	49.02	25.51
친목회, 종교기관, 지역 사회 단체 등	11.33	0.65	17.76
기타	0.00	0.00	0.00
계	100.00	100.00	100.00

주: 취업을 하고 있다는 노인 장애인을 대상으로 어떤 곳에서 일하고 있는지에 대한 분석임.

〈부표 7-4-26〉 구직활동 여부

(단위: %)

구분	전체	저소득	일반
구직활동을 한 적이 있다	62.45	55.46	86.10
구직활동을 한 적이 없다	37.55	44.54	13.90
계	100.00	100.00	100.00

주: 취업을 희망하는 노인 장애인을 대상으로 현재 구직활동 여부에 대한 분석임.

〈부표 7-4-27〉 취업 희망 일자리의 보수 수준

(단위: %)

구분	전체	저소득	일반
돈의 수준과는 상관없이 소일거리로 할 수 있는 일	15.54	13.58	17.32
용돈 정도의 돈을 벌 수 있는 일	29.18	26.95	31.22
생활비 수준의 돈을 벌 수 있는 일	55.28	59.47	51.46
기타	0.00	0.00	0.00
계	100.00	100.00	100.00

주: 취업을 희망하는 노인 장애인을 대상으로 한 분석임.

〈부표 7-4-28〉 취업을 위해 바라는 정부 지원

(단위: %)

구분	전체	저소득	일반
정부 지원 필요 없음	9.66	13.14	6.50
노인에게 적합한 일자리 마련	67.01	62.04	71.53
일자리 연계(취업알선)	14.44	16.35	12.70
새로운 기술이나 정신교육	0.00	0.00	0.00
노인 고용 사업장에 대한 임금 보조	2.41	1.85	2.93
노인 적합 직종에 대한 노인 고용 의무화	6.48	6.62	6.35
기타	0.00	0.00	0.00
계	100.00	100.00	100.00

주: 취업을 희망하는 노인 장애인을 대상으로 한 분석임.

〈부표 7-4-29〉 용돈

(단위: 만 원)

구분	중위	평균	표준오차
전체	5.0	7.5	0.41
저소득	5.0	6.0	0.47
일반	5.0	9.8	0.78

주: 식비, 의료비, 주거비, 난방, 전기, 교통비 등 한 달을 생활하는 데 꼭 필요한 기본 생활비 이외에 용돈으로 얼마 정도를 쓰는지 질문에 대한 분석임.

〈부표 7-4-30〉 노인돌봄종합서비스 및 노인장기요양보험 서비스의 이용 여부

(단위: %)

구분	전체	저소득	일반
노인돌봄종합서비스의 방문서비스를 이용한다	1.34	1.14	1.63
노인돌봄종합서비스의 주간보호서비스를 이용한다	0.78	0.50	1.19
노인장기요양보험 서비스를 이용한다	12.92	12.77	13.13
둘 다 이용하지 않는다	84.97	85.59	84.05
계	100.00	100.00	100.00

〈부표 7-4-31〉 노인돌봄종합서비스의 이용 희망 여부

(단위: %)

구분	전체	저소득	일반
이용하겠다	41.48	46.87	33.40
이용하지 않겠다	58.52	53.13	66.60
계	100.00	100.00	100.00

주: 현재 노인장기요양보험 서비스를 이용하는 경우를 제외하고 현재 노인돌봄종합서비스를 이용 중인 경우와 둘 다 이용하지 않는 노인 장애인을 대상으로 한 분석임.

〈부표 7-4-32〉 노인돌봄종합서비스 이용 시 희망하는 본인부담 정도

(단위: %)

구분	전체	저소득	일반
비용과 상관없이 무조건 이용하겠다	14.02	9.08	24.41
총 이용 금액의 40% 정도까지 (즉 각 주당 2만 6460원 또는 3만 5280원 정도)	2.83	2.83	2.83
총 이용 금액의 30% 정도까지 (즉 각 주당 1만 9845원 또는 2만 6460원 정도)	3.12	2.59	4.24
총 이용 금액의 20% 정도까지 (즉 각 주당 1만 3230원 또는 1만 7640원 정도)	17.58	15.36	22.25
총 이용 금액의 10% 정도까지 (즉 각 주당 6615원 또는 8820원 정도)	35.77	34.81	37.78
자기부담이 있으면 이용하지 않겠다	26.68	35.33	8.50
계	100.00	100.00	100.00

주: 향후 노인돌봄종합서비스를 이용할 의향이 있다고 응답한 노인 장애인을 대상으로 한 분석임.

〈부표 7-4-33〉 노인장기요양보험 서비스 이용 희망 여부

(단위: %)

구분	전체	저소득	일반
이용하겠다	55.58	59.01	50.39
이용하지 않겠다	44.42	40.99	49.61
계	100.00	100.00	100.00

주: 현재 노인돌봄종합서비스를 이용하는 경우를 제외하고 현재 노인장기요양보험 서비스를 이용 중인 경우와 둘 다 이용하지 않는 노인 장애인을 대상으로 한 분석임.

〈부표 7-4-34〉 노인장기요양보험 서비스 이용 시 희망하는 본인부담 정도

(단위: %)

구분	전체	저소득	일반
비용과 상관없이 무조건 이용하겠다	19.93	14.29	29.89
총 이용 금액의 40% 정도까지 (즉 각 주당 7만 8410~11만 9690원 또는 14만 5430~17만 1120원 정도)	4.19	1.72	8.58
총 이용 금액의 30% 정도까지 (즉 각 주당 5만 8807~8만 9767원 또는 10만 9822~12만 8340원 정도)	3.34	2.79	4.32
총 이용 금액의 20% 정도까지 (즉 각 주당 3만 9205~5만 9845원 또는 7만 ,215~8만 5560원 정도)	10.94	10.36	11.98
총 이용 금액의 10% 정도까지 (즉 각 주당 1만 9602~2만 9922원 또는 3만 6607~4만 2780원 정도)	43.31	43.58	42.84
자기부담이 있으면 이용하지 않겠다	18.28	27.26	2.39
계	100.00	100.00	100.00

주: 향후 노인돌봄종합서비스를 이용할 의향이 있다고 응답한 어르신을 대상으로 한 분석임.

부록 8. 2017년 한국복지패널 조사표

승 인 번 호
제 33109 호

이 조사표에 기재된 내용은 통계법 제33조에 의하여 비밀이 보장됩니다
작성기관: 한국보건사회연구원 서울대사회복지연구소

KIHASA

2017년 한국복지패널조사 가구용(유형1)

안녕하십니까?

한국보건사회연구원과 서울대학교 사회복지연구소는 국무총리실과 보건복지부의 의뢰를 받아 한국복지패널조사를 실시하고 있습니다. 본 조사는 급격히 변화하는 사회환경 속에서 계층별, 연령별 인구집단의 생활실태와 사회복지 욕구를 역동적으로 파악하여 각종 복지정책 수립시 활용할 기초자료를 마련하는데 그 목적이 있습니다.

본 조사는 통계법 제25조에 의거하여 실시·관리되고 조사표에 기입되는 모든 응답내용은 **통계법 제33조 및 제34조**에 의거 통계목적에만 사용되고 그 비밀은 반드시 보장됩니다. 귀댁의 응답은 정부의 올바른 정책수립에 귀중한 기초자료로 이용되오니 시간을 내어 협조해 주시면 대단히 감사하겠습니다.

2017년 2월

〈 문의 및 연락처 〉
한국보건사회연구원 (☏ 044-287-8124, 8138, 8294, 8273, 8159, 8185)
서울대학교 사회복지연구소 (☏ 02-880-6320)

가구 패널 ID ※인포시트상의 숫자를 그대로 이기	가구생성차수 - 1차 가구: 01 - 2차 신규가구: 02 - 3차 신규가구: 03 - 4차 신규가구: 04 ⋮ - 9차 신규가구: 09 -10차 신규가구: 10 -11차 신규가구: 11 -12차 신규가구: 12 ※인포시트상의 숫자를 그대로 이기	가구분리일련번호 -1차 가구: 01 -첫 번째 분리가구: 01 -두 번째 분리가구: 02 -세 번째 분리가구: 03 ※인포시트상의 숫자를 그대로 이기

주소지	행정코드		____시·도 ____구·시·군 ____동·읍·면
	상세주소	____통·리 ____번지 ____호 (____아파트 ____동 ____층 ____호) ☎ ( ) ____ - ____	

가구주 성명	응답자 1				응답자 2			
	성명		가구원 번 호		성명		가구원 번 호	
	휴대폰				휴대폰			

조사표완료 소요시간	총 ____분	총방문횟수	총 ____회	
1차방문	____월 ____일 ____시 ____분	방문결과	① 완료 ② 미완	☞ 사유(번호기재):	※미완사유코드
2차방문	____월 ____일 ____시 ____분	방문결과	① 완료 ② 미완	☞ 사유(번호기재):	⓪ 비해당(완료) ① 늦은 귀가 ② 장기출타 ③ 부재중(원인미파악) ④ 일부문항 미완
3차방문	____월 ____일 ____시 ____분	방문결과	① 완료 ② 미완	☞ 사유(번호기재):	
4차방문	____월 ____일 ____시 ____분	방문결과	① 완료 ② 미완	☞ 사유(번호기재):	⑤ 조사거부 ⑥ 이사(주소추적불가) ⑦ 사망으로 인한 가구소실 ⑧ 기타 추적불가사유 ⑨ 기타
최종방문	____월 ____일 ____시 ____분	방문결과	① 완료 ② 미완	☞ 사유(번호기재):	

조사원 이름		지도원 확인	① 완료 ② 미완	☞ 사유(번호기재):	지도원	(인)

I. 가구일반사항

본 조사의 조사시점은 **2016년 12월 31일** 기준입니다. 일반사항은 [인포시트]의 해당 내용을 참고하여 작성합니다. 가구원 변동이 없는 경우 반드시 가구원 번호 순서대로 옮겨 주셔야 합니다. 단, 가구주가 바뀐 경우 바뀐 가구주를 가구원번호 1번에 기입.

문1) 귀댁에 함께 살고 있는 가구원은 모두 몇 명입니까?
(※ 2016년 1년 동안 9개월 이상 생계를 같이한 가구원을 기준으로 말씀하여 주십시오.
단, 직장 때문에 따로 사는 가장, 학생, 기타 이유로 같이 살지 않는 가족은 가구원에 포함하여 주십시오.)　　　　　명

가구원 진입차수	개인 패널ID	가구원 번호	이름	문2) 가구주와의 관계		문3) 성별	문4) 태어난 연도, 월		문5) 교육수준	
									문5-1)	문5-2)
-12차 가구진입 가구원:12 -그 외는 인포시트상의 숫자를 그대로이기	※인포시트와 지침서를 참고하여 부여 ※ 인포시트상의 개인패널ID를 그대로 이기하고, 10차 진입가구원의 경우 새로운 개인패널ID를 부여	※ 순서대로 기입	가구원 이름	※ 가구주와의 관계는 주관식으로 기입후 아래 **[가구주와의 관계표]를 참고**하여 코드번호 기입 ※ **가구주 정의:** 호주 또는 세대주와는 관계없이 그 가구를 실질적으로 대표하고 사실상 생계를 책임지고 있는 사람		① 남 ② 여	※ 주민등록상의 생년, 생월을 기재하여 주십시오 (반드시 [인포시트]와 비교하여 확인)		① 미취학 (만 7세미만) ② 무학 (만 7세이상) ③ 초등학교 ④ 중학교 ⑤ 고등학교 ⑥ 전문대학 ⑦ 대학교 ⑧ 대학원(석사) ⑨ 대학원(박사)	⓪ 비해당 ① 재학 ② 휴학 ③ 중퇴 ④ 수료 ⑤ 졸업
				가구주와의 관계	가구주와의 관계 코드		생년 (生年)	생월 (生月)		
		1			0 1 0					
		2								
		3								
		4								
		5								
		6								
		7								
		8								
		9								

문 2) 가구주와의 관계표

010. 가구주

001. 가구주의 아버지
002. 가구주의 어머니

005. 가구주의 조부
006. 가구주의 조모

011. 가구주의 첫째 자녀
012. 가구주의 둘째 자녀
013. 가구주의 셋째 자녀
(넷째 = 14, 다섯째 = 15, ...)

031. 가구주의 형제/자매
(첫 번째 사람 = 31, 두 번째 사람 = 32, ...)

051. 가구주의 형제/자매의 배우자
(첫 번째 사람 = 51, 두 번째 사람 = 52, ...)

111. 가구주의 첫째 자녀의 첫째 자녀
112. 가구주의 첫째 자녀의 둘째 자녀
(셋째 = 113, 넷째 = 114, ...)

121. 가구주의 둘째 자녀의 첫째 자녀
122. 가구주의 둘째 자녀의 둘째 자녀
(셋째 = 123, 넷째 = 134, ...)

131. 가구주의 셋째 자녀의 첫째 자녀
132. 가구주의 셋째 자녀의 둘째 자녀
(셋째 = 133, 넷째 = 134, ...)

997. 기타 친인척 (숫자에 관계없이 동일번호)
998. 인척관계가 아닌 동거인 (숫자에 관계없이 동일번호)

020. 가구주의 배우자

003. 가구주의 배우자의 아버지
004. 가구주의 배우자의 어머니

007. 가구주의 배우자의 조부
008. 가구주의 배우자의 조모

021. 가구주의 첫째 자녀의 배우자
022. 가구주의 둘째 자녀의 배우자
023. 가구주의 셋째 자녀의 배우자
(넷째 = 24, 다섯째 = 25, ...)

041. 가구주 배우자의 형제/자매
(첫 번째 사람 = 41, 두 번째 사람 = 42, ...)

061. 가구주 배우자의 형제/자매의 배우자
(첫 번째 사람 = 61, 두 번째 사람 = 62, ...)

211. 가구주 첫째 자녀의 첫째 자녀의 배우자
212. 가구주 첫째 자녀의 둘째 자녀의 배우자
(셋째 = 213, 넷째 = 214, ...)

221. 가구주 둘째 자녀의 첫째 자녀의 배우자
222. 가구주 둘째 자녀의 둘째 자녀의 배우자
(셋째 = 223, 넷째 = 224, ...)

231. 가구주 셋째 자녀의 첫째 자녀의 배우자
232. 가구주 셋째 자녀의 둘째 자녀의 배우자
(셋째 = 233, 넷째 = 234, ...)

가구원 번호	문6) 장애종류 및 등급			문7) 혼인상태	문8) 종교	문9) 동거여부	
	문6-1) 장애종류		문6-2) 장애등급				
※순서대로 기입	⓪ 비해당(비장애인) ① 지체장애 ⑧ 정신장애 ② 뇌병변장애 ⑨ 신장장애 ③ 시각장애 ⑩ 심장장애 ④ 청각장애 ⑪ 호흡기장애 ⑤ 언어장애 ⑫ 간장애 ⑥ 정신지체 ⑬ 안면장애 (지적장애) ⑭ 장루·요루장애 ⑦ 발달장애 (자폐성장애) ⑮ 간질장애 ⑯ 비등록장애인(보훈처등록장애인포함) ※ 가장최근에 판정받은 장애유형을 기록 ※ 중복장애의 경우, 주요 장애 한 가지만 표시해 주십시오, 등급이 같은 경우에는 생활에 더 큰 어려움을 주는 장애로 표시하면 됩니다		⓪ 비해당(비장애인) ① 1급 ② 2급 ③ 3급 ④ 4급 ⑤ 5급 ⑥ 6급 ⑦ 비등록 장애인 (보훈처등록 장애인포함) ※ 중복장애의 경우에는 중복장애가 복지카드에 표시되어 합산되어 있는 경우 이를 그대로 기입합니다.	⓪ 비해당 (18세 미만) ① 유배우 ② 사별 ③ 이혼 ④ 별거 ⑤ 미혼 (18세 이상, 미혼모 포함) ⑥ 기타(사망등)	① 있음 ② 없음	① 같이 살고 있다. ② 다른 지방에 근무(국내) ③ 해외 근무 중 ④ 학업(해외 유학 포함) ⑤ 입원, 요양 ⑥ 가정불화로 인한 별거 ⑦ 가출 ⑧ 분가 ⑨ 사망 ⑩ 다른 곳에 맡겨진 미취학 자녀 ⑪ 기타(군복무 등) ※ 주거지를 정하지 않은 여행 등 일시적인 비동거자는 동거자로 구분합니다.	
1							
2							
3							
4							
5							
6							
7							
8							
9							

문10)	가구형태	① 단독 ② 모자 ③ 부자 ④ 조손가구 또는 소년소녀가장 ⑤ 기타	

	급여종류	1)수급여부	2) 수급형태 1			3) 수급형태 2
문11) 맞춤형 급여 수급형태	① 생계급여		⓪해당없음 ①일반수급가구 ②조건부수급가구 ③특례가구			⓪해당없음 ①가구원 전부 수급 ②가구원 중 일부 수급
	② 의료급여		⓪해당없음 ①의료급여 1종 ②의료급여 2종 ③국가유공자 무료진료			⓪해당없음 ①가구원 전체 의료급여 ②가구원 일부 의료급여
	③ 주거급여		⓪해당없음 ①임차급여(특례포함) ③수선유지급여(특례포함)			
	④ 교육급여		교육급여 수급자 수		명	

〈 용어 해설: 가구형태 〉

- 단독: 1인 가구
- 모자: 어머니와 18세 미만의 미혼자녀(1999년 1월 1일 이후 출생자)로만 구성된 가구(단, 취학 중인 경우 만 22세 미만)
- 부자: 아버지와 18세 미만의 미혼자녀(1999년 1월 1일 이후 출생자)로만 구성된 가구(단, 취학 중인 경우 만 22세 미만)
- 조손가구 또는 소년소녀가장: 18세 미만의 자가 가구주로 있는 가구 또는 만 65세 이상인 노인(할머니, 할아버지)과 같이 사는 경우 노인을 가구주로 하는 가구
- 기타: 위에 해당되지 않는 가구

〈 용어 해설: 의료급여 수급형태 〉

- 의료급여 1종: 국민기초생활보장수급권자 중 근로무능력세대, 107개 희귀난치성질환자가 속한 세대, 이재민, 의사상자, 국가유공자, 중요무형문화재 보유자, 북한이탈주민, 5·18민주화운동 관련자 등으로 가구(세대) 모두가 의료급여 수급자인 가구
- 의료급여 2종: 국민기초생활보장수급권자 중 근로능력세대 등으로 가구(세대) 모두가 의료급여 수급자인 가구

〈 유의사항: 맞춤형 급여 수급형태〉

※ 맞춤형 급여(생계, 의료, 주거) 수급형태는 주민센터 사회복지 담당 공무원의 협조를 얻어, 2016년 12월 31일 기준 수급여부 및 수급형태를 확인하고, 교육급여는 응답자의 협조를 얻어 교육청에 문의하여 수급여부 및 수급자 수를 기입합니다.
※ 가구원 중 1명이라도 수급이면 수급가구로 파악합니다.

II. 건강 및 의료 A

※ 가구원 번호와 이름은 2쪽의 순서 및 내용과 일치하도록 기재합니다.

가구원 번호	이름	문1) 2016년 12월 31일 기준 건강상태	문2) 2016년 1년 중 의료기관 이용			문3) 2016년 1년 중 병원에 입원한 이유	문4) 2016년 1년 중 주로 이용하는 의료기관 형태
※ 2쪽의 가구원 번호 순서대로 기재하시오.	가구원 이름	① 아주 건강하다 ② 건강한 편이다 ③ 보통이다 ④ 건강하지 않은 편이다 ⑤ 건강이 아주 안 좋다	문2-1) 외래진료횟수 (예) 3회 →003 없음 →000	문2-2) 입원횟수 (예) 3회 →03 없음→00	문2-3) 입원일수 (예) 20일→020 없음→000	⓪비해당 ① 지병/질병 ② 사고 ③ 출산 ④ 건강검진 ⑤ 요양/휴식 ⑥ 성·정형/교정 ⑦ 기타	⓪ 비해당 ① 종합, 대학병원 ② 병·의원(지역내/지역외) ③ 한방 병·의원 ④ 보건소 ⑤ 기타 ⑥ 치과병·의원 ⑦ 요양병원
1							
2							
3							
4							
5							
6							
7							
8							
9							

〈 **유의사항** 〉

문 2-1) 외래진료횟수

※ 외래진료횟수는 법정의료기관의 횟수만 합산합니다. 순회진료를 받은 경우는 횟수에 포함하지 않습니다.

※ 동일병원에서 각각 다른 진료과목을 2회 이상 진료한 경우는 1회로 표시하고, 2곳 이상의 병원을 이용한 경우에는 2회로 표시합니다. 건강검진은 외래진료횟수에 포함하지 않습니다.

문 2-2) 입원횟수

※ 장기입원환자가 365일 병원에 입원한 경우는 1회로 기록합니다. 종합병원 뿐만 아니라 보건소 등 의료기관에 입원한 경우도 그 횟수를 포함합니다. 응급실에 당일 입·퇴원하는 경우, 교통사고나 재활치료 등의 이유로 여러 병원에 걸쳐 입·퇴원을 반복하는 경우는 모두 1회로 표시합니다.

문 3) 병원에 입원한 이유

※ 병원에 입원한 적이 없으면 '⓪비해당'으로 표시합니다. 병원에 입원한 경험이 있다면 2016년 1년 중 가장 장기간 병원에 입원한 경우를 기준으로 해당하는 이유를 기입합니다. '⑤ 요양/휴식'은 질병 치료를 위해 요양병원에 입원한 경우에만 해당합니다.

문4) 주로 이용하는 의료기관 형태

※ 노인복지관에 의사가 왕진을 오거나 노인복지관 내에 의사가 1인 이상 직원으로 상주할 경우 이곳에서 의료서비스를 주로 이용한다면 '⑤기타'로 표시합니다.

가구원 번호	문5) 2016년 1년 중 건강검진 횟수	문6) 만성질환	문7) 주요 병명		문8) 2016년 12월 31일 기준 민간의료보험 가입건수	
※ 2쪽의 가구원 번호 순서대로 기재하시오.	2016년 1년 중 건강검진 횟수 (예) 1회 →1 없음→0	⓪ 비해당 ① 3개월 미만 투병·투약하고 있다 ② 3개월 이상 6개월 미만 투병·투약 하고 있다 ③ 6개월 이상 투병·투약하고 있다	(예) 위염 → 03 없음 → 00		(예) 3개 → 03 없음 → 00	
1						
2						
3						
4						
5						
6						
7						
8						
9						

〈 **유의사항** 〉

문5) 건강검진 횟수

※ 학교나 유치원에서 지정병원을 정하여 혈액, 소변, 엑스레이, 심전도 등 핵심 검진항목을 건강검진 받거나, 영유아 건강검진, 5대 암검진(위암, 간암, 대장암, 유방암, 자궁경부암)을 받는 경우도 건강검진 횟수로 포함합니다.

문6) 만성질환

※ 투병 때문에 지속적인 투약이 필요하나 경제적인 사정에 의해서 못하고 있는 경우도 포함합니다. 기간은 최초 투병 및 투약시점부터 산정합니다.

문7) 주요 병명

※ 아래 [주요병명코드] 를 참조하여 번호로 기재합니다. 중복질환을 앓고 있는 경우 주된 질환 한 가지만 표기합니다.

※ 감기와 같은 계절성 질환 또는 임신 및 출산 또는 미용을 목적으로 하는 성형의 경우는 주요병명에 포함되지 않으며 '⓪⓪ 없음'으로 표기한다.

※ 급성질환의 경우 주요 병명에 포함되지 않으며 '㉚ 기타 질병'으로 기록(세부질환은 조사업무 매뉴얼 <부록1> ① 급성질환 분류코드 참고)합니다. 또한 정신질환(정신분열 등)의 경우에도 '㉚ 기타 질병'으로 기록합니다.

※ 희귀난치성 질환의 경우 '㉛ 희귀난치성 질환'으로 기록(의료급여제도에서 의료급여특례로 인정하는 세부질환은 지침서 <부록1> ② 희귀난치성 질환 분류코드 참고)합니다.

문8) 민간의료보험 가입건수

※ 민간의료보험 전용상품(암보험, CI(Critical Illness)보험, GI(General Illness), 어린이의료보험, 실손형 의료보험, 실버 및 간병보험, 상해보험, 일반질병보험, 특정질병보험 등)에 가입한 경우 해당건수를 기록합니다. (예) ○○○ 의료, 질병, 암, 건강보험

※ CI(Critical Illness)보험: 중대한 질병, 중대한 수술, 중대한 화상 및 부식이 발생하였을 때 보험금을 지급하는 보험. 보통 종신보험과 묶어서 판매되며, 질병 등 사건이 발생했을 때 사망보험금의 일정부문을 선지급받을 수 있다.

※ 실손형 의료보험: 질병이나 상해로 병·의원에 입원하거나 통원치료를 받는 경우 실제로 본인이 지출한 의료비(입원비, 진료비, 수술비 등)를 보험가입금액 한도에서 보장하는 보험

※ 가족의료보험(주계약자가 가구주, 종계약자가 배우자, 자녀로 되어 있는 경우)에 가입한 경우 가입건수는 1건이 아니라 가구원 각각의 가입건수를 체크합니다.

※ 납입기간이 끝났으나 보장받고 있는 보험이 있으면 포함합니다. 단, 이 경우 월평균 납입보험료는 0으로 간주합니다.

※ 상해보험의 경우 상해보험 전용상품은 제외하고, 상해와 질병보험이 혼합된 형태의 보험(생명보험회사에서 주로 판매하는 상해보험은 여기에 해당됨)은 포함시켜 건수를 계산합니다.

[주요병명코드]

① 암(위, 간, 폐, 기관지등)	⑩ 폐결핵, 결핵	⑲ 고지혈증	㉘ 치아우식증(충치)
② 관절염, 요통, 좌골통, 디스크	⑪ 만성기관지염(심한 가래, 기침)	⑳ 치질(치핵)	㉙ 만성치주질환(풍치, 잇몸병)
③ 위염, 위궤양, 십이장궤양등	⑫ 천식	㉑ 만성부비동염(축농증)	㉚ 기타질병(급성질환 등)
④ 만성간염, 간경변	⑬ 백내장, 녹내장	㉒ 기관지확장증	㉛ 희귀난치성 질환
⑤ 당뇨병	⑭ 만성중이염	㉓ 알레르기성 비염	㉜ 저혈압
⑥ 갑상선 질환	⑮ 만성신부전증(만성신장질환)	㉔ 턱관절질환	⓪⓪ 없음
⑦ 고혈압	⑯ 골절, 탈골 및 사고로 인한 후유증	㉕ 아토피성 피부염	
⑧ 중풍, 뇌혈관질환	⑰ 골다공증	㉖ 요실금	
⑨ 심근경색증, 협심증	⑱ 빈혈	㉗ 우울증	

III. 경제활동상태

※ 아래의 모든 조사 항목은 **2016년 12월 31일** 기준입니다.
※ 당시 만**14**세 이하이었던 경우는 문**1)**의 **'0'**에 체크하고, 다음 **[Ⅳ. 사회보험, 퇴직(연)금, 개인연금 가입]**으로 넘어갑니다.
※ 당시 만**15**세 이상**(2001. 12. 31.** 이전 출생자)이었던 모든 가구원은 응답해야 합니다.

가구원 번호	이름	문1) 근로능력정도 (※ 심신능력상)	문2) 근로무능력사유	문3) 주된 경제활동 참여 상태	문3-1) 경제활동 참여 상태 (12월 31일 기준)
※ 2쪽의 가구원 번호 순서대로 기재하시오.	가구원 이름	⓪ 만14세 이하 →[Ⅳ.사회보험]으로 갈 것 ① 근로가능 → 문3)으로 갈 것 ② 단순근로가능 (집에서 돈벌이를 할 수 있는 정도) → 문3)으로 갈 것 ③ 단순근로미약자 (집안 일만 가능) → 문3)으로 갈 것 ④ 근로능력이 없어 경제활동을 하지 않음 (집안일도 불가능) → 문2)으로 갈 것	① 중증장애 ② 질병 또는 부상 ③ 노령으로 인한 심신 무능력 ④ 기타 ※ 모든 응답자는 문3)에서 '⑨비경제활동인구'로 응답	① 상용직 임금근로자 ┐→ 문4)로 갈 것 ② 임시직 임금근로자 ┘ ③ 일용직 임금근로자 → 문3-1)로 갈 것 ④ 자활근로, 공공근로, 노인일자리 → 문3-1)로 갈 것 ⑤ 고용주 ─┐ ⑥ 자영업자 ─┼→ 문8)로 갈 것 ⑦ 무급가족종사자 ─┘ ⑧ 실업자 (지난 4주간 적극적으로 구직활동을 함) → [Ⅳ.사회보험, 퇴직(연)금, 개인연금 가입]으로 갈 것 ⑨ 비경제활동인구 → 문11)로 갈 것	① 상용직 임금근로자 ② 임시직 임금근로자 ③ 일용직 임금근로자 ④ 자활근로, 공공근로, 노인일자리 ⑤ 고용주 ⑥ 자영업자 ⑦ 무급가족종사자 ⑧ 실업자 (지난 4주간 적극적으로 구직활동을 함) ⑨ 비경제활동인구
1					
2					
3					
4					
5					
6					
7					
8					
9					

〈 **용어해설** 〉

문3) 주된 경제활동 참여상태

경제활동인구	취업자	1. 상용직	근로계약기간이 1년 이상인 근로자이거나 정해진 계약 기간 없이 본인이 원하면 계속 일할 수 있는 자(회사 내규에 의해 채용되어 인사관리 규정의 적용을 받고 상여금, 수당 및 퇴직금 등의 수혜를 받는 사람)
		2. 임시직	근로계약기간이 1개월 이상 1년 미만인 근로자이거나 근로계약기간이 없더라도 1년 이내에 이 일이 끝날 것이라고 생각되는 경우, 또는 일정한 사업완료(프로젝트 등)의 필요성에 의해서 고용된 자(단, 한 직장에서 오래 일하였거나 앞으로도 계속 일할 것으로 예상된다 하더라도 근로계약기간이 1년 미만이면 임시직)
		3. 일용직	근로계약기간이 1개월 미만인 근로자이거나, 매일매일 고용되어 일당제 급여를 받고 일하거나, 일정한 장소 없이 돌아다니면서 일한 대가를 받는 자
		4. 자활 및 공공근로, 노인일자리	국가 또는 공공기관에서 실시하는 자활근로 또는 공공근로사업, 노인일자리에 종사하고 있는 자
		5. 고용주	한 사람 이상 피고용인을 두고 기업을 경영하거나 농장을 경영하는 자
		6. 자영업자	자기 혼자 또는 무급가족 종사자와 함께 자기 책임 하에 독립적인 형태로 전문적인 업을 수행하거나 사업체를 운영하는 자
		7. 무급가족종사자	동일가구내 가족이 경영하는 사업체, 농장에서 무보수로 일하는 사람을 말하며, 주당 18시간 이상 일한 자
	실업자	8. 실업자	만 15세 이상 인구 중 지난 4주 동안 일할 의사와 능력을 가지고 있으면서도 일을 하지 못한 자. 또한 구직활동을 한 경우, 30일 이내에 새로운 직장에 들어갈 것이 확실한 취업대기자는 구직활동여부와 관계없이 실업자로 분류
비경제활동인구		9. 비경제활동인구	만 15세 이상 인구 중 취업도 실업도 아닌 상태에 있는 자. 또한 주된 활동 상태에 따라 가사, 통학, 연로, 심신장애, 기타로 구분되며, 집에서 통근하는 군 복무자(공익근무요원 등)도 비경제활동인구로 분류

※ 상용/임시/일용 구분은 근속기간이 아닌 계약기간을 기준으로 판정한다.
※ 학생, 주부라 하더라도 소득을 목적으로 주당 1시간 이상 일을 한 경우는 취업자로 파악하며, 일시휴직자(병가, 산전후휴가, 육아휴직 등)도 취업자로 파악한다.
※ 불규칙적인 일자리나 계절성이 강한 일자리(농업, 일용직, 자활 및 공공근로 등)의 경우는 조사업무 매뉴얼을 참조하여 응답하도록 한다.

문3-1) 경제활동 참여 상태(12월 31일 기준)

※ 문3)에서 '③ 일용직 임금근로자' 또는 '④ 자활근로, 공공근로, 노인일자리'로 응답한 경우 상황에 따라 12월 31일은 쉬고 있을 수 있음. 이런 경우에는 12월 31일 기준으로 경제활동 참여 상태를 응답합니다.

가구원 번호	문4) 고용관계	문5) 근로시간형태	문6) 근로계약기간 설정 여부	문7) 근로지속가능성	문7-1) 근로지속불가능 사유
※ 2쪽의 가구원 번호 순서대로 기재하시오.	① 직접고용 ② 간접고용 ③ 특수고용 ※ 아래 [문4) 고용관계] 참조	① 시간제 ② 전일제 ※아래 [문5) 근로시간형태] 참조	① 계약기간이 정해져 있음 ② 계약기간이 정해져 있지 않음 ※ 아래 [문6) 근로계약기간설정 여부] 참조	① 특별한 사유(본인의 중대한 과실, 폐업 등 사업체 자체의 소멸 또는 고용조정, 천재지변 등)가 없는 한 계속 근로가 가능함 → 문8)로 갈 것 ② 본인의 의사와 무관하게 회사의 사정에 따라 언제든지 해고될 수 있음 → 문7-1)로 갈 것	① 이미 정해진 고용계약기간이 만료되기 때문에 ② 묵시적・관행적으로 계약이 종료될 것이기 때문에 ③ 사업주가 그만두라면 언제든지 그만둔다는 조건(임시직 등)으로 채용되었으므로 ④ 현재 하는 업무(프로젝트)가 끝나기 때문에 ⑤ 현재의 일자리에서 전에 일하던 사람이 복귀하기 때문에 ⑥ 특정 계절 동안만 일할 수 있기 때문에
1					
2					
3					
4					
5					
6					
7					
8					
9					

문4) 고용관계

① 직접고용: 고용주가 근로자를 직접 고용하여 둘 사이에 일대일 대응관계가 성립하는 경우로 일반적인 고용형태라 할 수 있다. 사용-종속관계가 긴밀하다.

② 간접고용: 근로계약상의 사용자와 사실상의 사용자가 다른 경우. 근로계약상 '본래 소속의 고용주-일하는 곳에 있는 사용자-근로자'간의 삼각관계가 성립한다. 파견, 용역 근로가 이에 해당한다.

- 파견근로: 임금을 지급하고 고용관계가 유지되는 고용주와 업무지시를 하는 사용자가 일치하지 않는 경우로 파견사업주가 근로자를 고용한 후 그 고용관계를 유지하면서 근로자 파견계약의 내용에 따라 사용사업주의 사업장에서 지휘, 명령을 받아 사용사업주를 위하여 근무하는 형태
- 용역근로: 용역회사(용역을 받고자 하는 회사와 계약을 체결하여 자기 회사의 직원을 보내 해당용역을 제공하도록 하는 회사)에 고용되어 이 회사의 지휘하에 이 회사와 용역계약을 맺은 다른 회사에서 근무하는 형태(예: 청소용역, 경비용역 등).

③ 특수고용: 근로자와 자영인의 중간영역에 있는 자로서, 스스로 고객을 찾거나 맞이하여 상품·서비스를 제공하고 일한만큼 소득(수수료, 수당 등)을 얻고 노무제공의 방법이나 노무제공시간 등은 본인이 독자적으로 결정하는 경우를 말한다(예: 학습지교사, 보험설계사, 골프장 캐디, 지입형태의 레미콘(화물, 덤프)기사, 택배원(퀵서비스 포함), 다단계판매원, 화장품외판원, 카드모집인, 본인이 소유한 차량으로 학원차량 기사를 하는 경우(단, 본인의 차량이 아닌, 학원에 속한 차량으로 운전을 하는 경우는 직접고용에 포함) 등

문5) 근로시간 형태

① 시간제: 파트타임으로 일을 하거나, 직장에서 근무하도록 정해진 소정의 근로시간이 동일 사업장에서 동일한 종류의 업무를 수행하는 근로자의 소정 근로시간보다 1시간이라도 짧은 근로자(평소 1주에 36시간 미만 일하기로 정해져 있는 경우가 해당됨). 또한 임금이 시간단위로 지급되는 경우

② 전일제: 시간제 근로자가 아닌 일반적인 경우

문6) 근로계약기간 설정 여부

① 계약기간이 정해져 있음: 근로계약상 계약기간이 구체적으로 설정되어 있는 경우

② 계약기간이 정해져 있지 않음: 근로계약상 명시적으로 설정되어 있지 않은 경우

- 일정한 사업(프로젝트)완료 기간에 한해 고용된 경우: 사업완료기간이 명백하면 계약기간 정해진 것으로 보고, 사업완료 기간이 명백하지 않으면 계약기간 정해지지 않은 것으로 봄
- 일용직의 경우: 인력시장에서 하루하루 고용되어 일을 하는 경우는 계약기간이 정해진 것으로 보고, 고용주(혹은 십장)의 지시에 따라 근로기간이 결정되어 본인은 언제까지 일을 하게 될지 모르는 경우는 계약기간이 정해지지 않은 것으로 봄

문7) 근로지속가능성: 근로계약 기간의 설정여부와 무관하게 지속적으로 근로를 할 수 있는지 여부를 질문한다.

① 특별한 사유가 없는 한 계속 근로가 가능함: 일반적으로 정규적으로 분류되는 경우 ⅰ) 근로계약상 계약기간이 명시되어 있지 않고, 본인의 중대한 과실, 폐업 등 사업체 자체의 소멸 또는 고용조정, 천재지변 등 특별한 사유가 없는 한 지속적으로 근로를 할 수 있는 경우ⅱ) 근로계약상 계약기간이 정해져 있는 경우라 하더라도 특별한 사유가 없는 한 계약의 반복갱신을 통해 지속적으로 근로가 가능할 것이라고 인정되는 경우

② 본인의 의사와 무관하게 회사의 사정에 따라 언제든지 해고될 수 있음. ⅰ) 근로계약상 계약기간이 명시되어 있지 않은 경우라 하더라도 회사의 사정상 언제든지 해고가 가능한 것으로 인식하고 있는 경우(한시적 근로자)ⅱ) 근로계약상 계약기간이 명시되어 있어, 계약기간 만료 이후 계약갱신이 불가능한 경우

가구원 번호	문8) 업종		문9) 직종					문10) 사업장 규모		문11) 비경제활동 사유
※ 2쪽의 가구원 번호 순서대로 기재하시오.	※ [조사업무 매뉴얼] <부록2> 산업분류 코드에서 중분류 코드 2자리를 기입하시오. ※ 자활 및 공공근로, 노인일자리도 해당 업종의 산업코드를 기입함.		※ 좌측 직업명은 주관식으로 기입, 우측 직업코드는 [조사업무 매뉴얼] <부록3> 직업분류코드에서 소분류 코드 4자리를 기입하시오.					① 1~4명 ② 5~9명 ③ 10~29명 ④ 30~49명 ⑤ 50~69명 ⑥ 70~99명 ⑦ 100~299명 ⑧ 300~499명 ⑨ 500~999명 ⑩ 1000명 이상 ⑪ 잘 모르겠다		① 근로무능력 ② 군복무 ③ 정규교육기관 학업 ④ 진학준비 ⑤ 취업준비 ⑥ 가사 ⑦ 양육 ⑧ 간병 ⑨ 구직활동포기 ⑩ 근로의사 없음 ⑪ 기타 ※ 사유가 겹치는 경우에 주된 사유 하나만 응답 ※ 군복무 대기자도 '② 군복무'로 응답
			직업명	직업코드						
1										
2										
3										
4										
5										
6										
7										
8										
9										

〈 유의사항 〉

문8) 업종

※ 한국표준산업분류(9차 개정)를 따른다(조사업무 매뉴얼 참조).

문9) 직종

※ 한국표준직업분류(6차 개정)를 따른다(조사업무 매뉴얼 참조).

문10) 사업장 규모

① 문3)에서 '①~③임금근로자(상용/임시/일용), ④자활근로, 공공근로, 노인일자리'로 응답한 경우

- 종사업체의 상호로 파악되는 전체 사업장 차원의 종사자수를 말하며, 소유, 경영, 인사가 이루어지는 사업장의 종사자수를 의미한다. 예를 들면, OO은행의 OO지점일 경우 종사자수는 지점의 종사자수가 아니라 그 은행의 전체 종사자수다.
- 만약, 지점이 아닌, 체인점으로 운영되는 사업체일 경우 소유와 운영이 모회사와 별도이기 때문에 해당사업장의 종사자수에 해당하는 번호를 찾아 기입한다. 예를 들면, OO햄버거의 OO지역 체인점의 경우는 햄버거 업체 전체의 종사자가 아닌, OO지역 체인점의 종사자수만 기입한다.
- 그룹사의 경우 해당 계열사 차원의 종사자수를 기입한다. 예를 들면, OO그룹의 OO자동차에 다니는 경우는 자동차 계열사의 종사자수를 기입한다.
- 공무원, 공립학교 교사 등은 '⑩1000명 이상'으로 기입한다.
- 하청업체의 경우는 원청업체가 아닌 자신이 소속된 하청업체의 종사자수를 기입한다. 예를 들면, **업체에서 근무를 하지만, OO업체의 소속으로 급여도 OO업체에서 받을 경우는 OO업체의 종사자수를 적는다.
- 또한, 파견근로 및 용역근로의 경우도 고용관계가 유지되는 고용주의 사업장 종사자수를 기입한다. 예를 들어, A업체와 고용계약을 맺어 A업체(고용사업주)로부터 임금을 받는 등 인사관리 대상이 되는 사람이 B업체(사용사업주)의 사업장에서 근무하는 경우, A업체의 종사자수를 기입한다.
- 자활근로 및 자활공동체의 경우에는 사업단 인원수가 되지만, 직업소개소 등과 같은 송출업체를 통해 일을 하고 있는 경우(예를 들어 파출부 등)는 '1명'으로 간주한다. 즉, 남의 집에서 혼자 일하는 육체적 단순노무, 가사서비스 등과 같은 일용임금근로자는 자신만 종사자로 파악, '①1~4명'로 응답한다.

② 문3)에서 '⑤~⑦비임금근로자(고용주/자영업자/무급가족종사자)'로 응답한 경우

- 고용주: 고용주를 포함한 자기 사업체내의 전체 종사자수(무급가족종사자 포함)
- 자영자 및 무급가족종사자: 자영자 및 무급가족종사자를 포함한 종사자수

IV. 사회보험, 퇴직(연)금, 개인연금 가입

※ 아래의 모든 조사항목은 **2016년 12월 31일** 기준으로 응답해 주십시오.
※ 가구원번호와 이름은 앞서와 마찬가지로 **2쪽**의 순서 및 내용과 일치하도록 기재하여 주십시오.

가구원 번호	이름	공적연금 가입		국민연금		
		문1) 공적연금가입형태	문2) 가입하고 있는 연금제도	문3) 가입종별	문4) 국민연금납부여부	문5) 미납유형
※ 2쪽의 가구원 번호 순서대로 기재	가구원 이름	⓪ 비해당 →문9)로 갈 것 ① 연금수급 →문9)로 갈 것 ② 연금가입 →문2)로 갈 것 ③ 연금수급하면서 가입 →문2)로 갈 것 ④ 미가입 →문8)로 갈 것 ※ 공적연금에는 국민,공무원,사학,군인,별정직우체국직원연금이 포함됨. 보훈연금은 제외 ※ 아래 [문1) 공적연금 가입형태] 참조	① 국민연금 →문3)으로 갈 것 ② 공무원연금 ③ 사학연금 ④ 군인연금 ⑤ 별정직우체국연금 ⑥ 모름 (②~⑥ → 문9)로 갈 것) ※ 아래 [문2) 가입하고 있는 연금제도 보충설명] 참조	① 직장가입자 ② 지역가입자 ③ 임의가입자(직장이나 지역가입자는 아니지만 미래 연금을 받기 위해 보험료를 내고 있음) ④ 임의계속가입자(60~65세인데 수급권을 얻기 위해 보험료를 내고 있음) ⑤ 모름→문9)로 갈 것 ※ 실업상태로 납부예외자의 경우는 '② 지역가입자'로 응답.	① 납부하고 있음 →문7)로 갈 것 ② 납부하지 않고 있음 →문5)로 갈 것 ※ 12월 31일 기준으로 납부기한을 깜빡 잊어서 납부를 하지 못한 경우는 '①납부하고 있음'으로 응답.	① 납부예외자 →문6)으로 갈 것 ② 보험료 미납 →문7)로 갈 것 ※ 납부예외자는 국민연금가입자이지만 실직, 사업중단, 휴직(출산, 육아 등), 군입대, 학업 등의 이유로 보험료를 납부하지 않는 사람
1						
2						
3						
4						
5						
6						
7						
8						
9						

문1) 공적연금 가입형태

<질문시 유의사항>

공적연금 가입현황을 먼저 질문합니다. 즉, ①, ②, ③을 먼저 질문해서 해당되는 항목에 먼저 체크하고, 여기에 해당되지 않는 경우는 먼저 아래 지침을 참조하여 '⓪ 비해당' 여부를 확인하고, 여기에도 해당되지 않는 경우는 역시 아래 지침을 참조하여 '④ 미가입'에 해당되는지를 확인하여 파악하도록 합니다.

<용어해설>

① 연금수급: 국민연금, 공무원연금, 사학연금, 군인연금, 별정직우체국연금의 수급자(재직자노령연금 수급자도 포함)
② 연금가입: 국민연금(임의가입, 임의계속가입 포함), 공무원연금, 사학연금, 군인연금, 별정직우체국연금의 가입자
(만18세 미만으로 국민연금 적용제외자라 하더라도 다니고 있는 회사에서 국민연금에 가입을 시켜 준 경우는 연금가입)
③ 연금수급하면서 가입: 장애연금, 유족연금 등을 받으면서 공적연금제도에 가입하고 있는 경우, 공무원연금 등 특수직역연금을 받으면서 국민연금에 가입하고 있는 경우가 해당됨.
④ 미가입: 공적연금 가입대상자인데, 어떤 공적연금제도에도 가입되어 있지 않은 자
(1956년생으로 국민연금에 가입하였던 자인데 2016년 12월 31일 기준 수급 혹은 임의계속가입에도 해당되지 않는 경우, 즉 가입자이었던 자가 만60세에 도달하였는데도 수급과 가입 어느 것에도 해당되지 않는 경우는 미가입으로 응답하고, 문8)미가입 이유에 ⑥만60세 경과로 기입)
⓪ 비해당: 국민연금 적용제외 대상자(만18세 미만, 만60세 이상 등) 중 ①연금수급~④미가입에 해당하지 않는 경우([지침서] 참조)

문2) 가입하고 있는 연금제도

※ 과거 가입했던 제도가 아니라 현재 가입하고 있는 제도 기준임.
※ 국민연금 납부예외자, 그 외 보험료 미납자는 국민연금 가입자에 포함됨.
※ 업종, 직종 분류상 공무원, 사립학교 교원, 군인 등이라고 하더라도 공무원연금 등 해당 직역연금 가입자가 아닐 수도 있으므로 주의를 요함. 예를 들어, 구청직원이라 하더라도 일용직, 용역직원 등은 공무원연금 가입대상이 아닐 수 있음.

가구원 번호	이름	국민연금				
		문6) 납부예외 사유	문6-1) 납부예외 기간	문7) 미납 이유	문7-1) 미납 기간	문8) 미가입 이유
※ 2쪽의 가구원 번호 순서대로 기재	가구원 이름	① 실직, 휴직, 사업중단 ② 3개월 이상 입원 ③ 생활곤란 ④ 학업(재학) ⑤ 기타(자연재해, 교도소 수감 등)	**2016년 1년간** 납부예외자로 보험료를 납부하지 않은 기간은 몇 개월입니까? →**문9)로 갈 것** ※ 2016년 1년 기준임.	⓪ 비해당(미납경험없음) ① 보험료를 납부할 경제적 여유가 없어서 ② 국민연금에 대한 불신 때문에 ③ 국민연금을 받지 않아도 생활걱정이 없을 것 같아서 ④ 모름 ⑤ 기타 ※ 2016년 1년 기준임. ※ 문4)에서 '①납부하고 있음'으로 응답한 사람 중 2016년 1년간 미납경험이 없는 경우 '⓪비해당'으로 기입하고, 미납한 경험이 있는 경우는 ①~⑤ 중 응답.	**2016년 1년간** 보험료를 몇 개월이나 미납하셨습니까? →**문9)로 갈 것** ※ 2016년 1년 기준임. ※ 2016년 1년간 미납경험이 없는 경우는 0으로 기입	① 보험료를 납부할 경제적 여유가 없어서 ② 국민연금에 대한 불신 때문에 ③ 가입의 필요성을 못 느껴서 ④ 모름 ⑤ 기타 ⑥ 만60세 경과
1			개월		개월	
2			개월		개월	
3			개월		개월	
4			개월		개월	
5			개월		개월	
6			개월		개월	
7			개월		개월	
8			개월		개월	
9			개월		개월	

가구원 번호	산재/고용보험		퇴직금/퇴직연금		개인연금	건강보험
	문9) 산재보험 가입여부	문10) 고용보험 가입여부	문11) 퇴직금 적용여부	문12) 퇴직연금 가입여부	문13) 개인연금 가입여부	문14) 건강보험 가입여부
※ 2쪽의 가구원 번호 순서대로 기재	⓪ 비해당 ① 가입 ② 미가입 ③ 모름 ※ 공무원, 사립학교교직원, 군인의 경우 '⓪ 비해당'에 해당. 별정우체국직원의 경우는 별도이므로 가입여부를 응답함. ※ 비경제활동인구는 '⓪ 비해당'임. ※ 다른 종사자 없이 혼자 사업하는 자영업자는 '⓪ 비해당'이며, 고용주는 사업장이 산재보험 가입 사업장인지에 따라 '① 가입' 또는 '②미가입'으로 분류함.	⓪ 비해당 ① 가입 ② 미가입 ③ 모름 ※ 공무원, 사립학교 교직원, 군인, 별정우체국직원의 경우 '⓪ 비해당'에 해당함. ※ 비경제활동인구는 '⓪ 비해당'임. ※ 2012.1.22 이후 <u>자영자 및 고용주 (50인 미만 근로자 사용)</u>도 <u>고용안정·직업능력개발사업과 실업급여 모두 가입 가능</u>	⓪ 비해당 (공무원,군인,사립학교교원, 별정직우체국직원 포함) ① 받을 것이다 ② 받지 못할 것이다 ③ 모름 ※ 직장에서 퇴직금제 시행 여부가 아니라, 응답자 본인이 현재의 직장에서 퇴직할 경우 퇴직금을 받을 수 있는지를 설문함. ※ 퇴직금중간정산 등으로 앞으로 받을 퇴직금이 적립되어 있지 않은 경우도 '①'로 응답 ※ 회사가 보험회사 등의 금융기관에 퇴직금을 사외적립해서 근로자 퇴직시 퇴직금을 받을 수 있도록 하는 퇴직보험의 보험금을 받을 수 있는 경우도 '①'로 응답	⓪ 비해당 (공무원,군인,사립학교 교원,별정직우체국직원 포함) ① 가입 ② 미가입 ③ 모름 ※ 법정퇴직금에 상응하는 금액을 사용자가 단독으로 혹은 근로자와 공동으로 조성하고, 금융기관에 위탁·운용하여 근로자 퇴직시 연금 또는 일시금으로 지급하는 새로운 공적연금제도임. ※ 2005년 12월 1일부터 시행.	① 개인연금만 가입 ② 종신보험만 가입 ③ 개인연금, 종신보험 둘 다 가입 ④ 미가입(수령 중인 경우 포함) ⑤ 모름 ※ 개인연금은 은행, 보험회사, 투신사, 증권사 등의 금융기관에서 취급하는 금융상품으로 강제적용되는 사회보험이 아니라 일종의 사적인 저축 수단임. ※ 종신보험은 연금으로 전환이 가능한 금융상품으로서 개인연금의 하나로 파악할 수 있음.	① 직장가입자 ② 직장가입자의 피부양자 ③ 지역가입자 ④ 지역가입자의 세대원 ⑤ 의료급여 1종 ⑥ 의료급여 2종 ⑦ 국가유공자 무료진료 ⑧ 미가입 ※ 가구원별로 건강보험의 직장가입자 및 지역가입자 혹은 그 각각의 피부양자에 해당하는지 묻고, 건강보험에 가입되어 있지 않다면 ⑤~⑧ 중 해당하는 번호를 기입함.
1						
2						
3						
4						
5						
6						
7						
8						
9						

V. 의료 B

※ **아래의 모든 조사 항목은 2016년 12월 31일을 기준으로 응답하여 주십시오.**

문 1) 귀댁은 (공적)건강보험에 가입되어 있습니까? □

① 그렇다 → **문1-1)로 갈 것** ② 아니다 → **문1-2)로 갈 것**

〈 **유의사항** 〉
· 한 가구 내에서 1인 이상 건강보험에 가입되고, 일부만 의료급여 대상자인 경우에도 건강보험에 가입된 것으로 봅니다. 이 경우 '① 그렇다'로 응답하여 주십시오.

문1-1) **(문1)의 ①번 응답자만)** 건강보험에 가입되어 있다면, 다음 중 어디에 해당되십니까? □

① 직장가입자 ② 지역가입자

〈 **유의사항** 〉
※ 한 가구 내에 직장가입자, 지역가입자가 동시에 존재할 경우, 가구주 가입을 기준으로 합니다.
※ 건강보험 가입자는 보험료의 소득비례 부과 및 원천징수가 가능한 임금소득자(직장가입자: 1인이상 사업장에 고용된 직장 근로자, 공무원 및 사립학교교직원)와 보험료의 원천징수가 곤란한 비임금소득자(지역가입자: 직장가입자와 그 피부양자를 제외한 자)로 구분됩니다.

응답 후 문 2)로 가십시오.

문1-2) **(문1)의 ②번 응답자만)** 건강보험에 가입되어 있지 않다면, 다음 중 어디에 해당되십니까? □

① 의료급여(1종) → **문1-3)으로 갈 것**
② 의료급여(2종) → **문1-3)으로 갈 것**
③ 국가유공자 무료진료 → **문4)로 갈 것**
④ 미가입 → **문4)로 갈 것**

〈 **유의사항** 〉
※ 한 가구 내에서 의료급여, 국가유공자 무료진료가 동시에 이루어질 경우, 가구주 가입을 기준으로 합니다. 단, 가구주가 의료급여, 국가유공자 무료진료를 동시에 받는 경우에는 주로 이용하는 급여를 기록해 주십시오.
※ 의료급여란, 생활을 유지하기 어려운 저소득층을 대상으로 국가가 기본적인 의료혜택(진찰, 수술 등)을 제공하는 제도입니다. 의료급여를 받을 수 있는 대상은 1종과 2종으로 구분됩니다.

	1종	2종
정의	- 입원: 무료 - 외래: 500-2,000원/특수장비총액 5%	- 입원: 급여비용의 10%, - 외래: 500원-1,000원/특수장비총액의 15%
의료급여 수급권자 유형	- 국민기초생활보장수급자: 근로무능력가구, 희귀난치성질환 등록자, 중증질환(암환자, 중증화상환자 만 해당) 등록자, 시설수급자 - 행려환자, 타법적용자(이재민, 의상자 및 의사자의 유족, 입양아동(18세미만), 국가유공자, 주요무형문화재의 보유자, 북한이탈주민, 5.18민주화운동 관련자, 노숙인)	- 국민기초생활보장대상자 중 1종 수급대상이 아닌 가구 (이를테면 근로능력세대)

※ 국가유공자 무료진료란, 의료급여(1종, 2종)와는 달리 의료비를 국가보훈처로부터 전액 국비로 지원받는 국비진료대상자(독립유공자, 국가유공자 등)인 경우를 말합니다(배우자와 유족은 보훈병원 진료비 60% 감면).
※ 차상위 수급권자(희귀난치성질환자 및 만성질환자, 18세 미만 아동)는 건강보험 대상자입니다.

문1-3) **(문1-2)의 ①, ②번 응답자만)** 귀댁에서는 의료급여서비스를 받으면서 경험했던 가장 큰 문제점이 무엇이라고 생각하십니까? □

⓪ 특별한 문제점이 없다
① 혜택범위가 좁은 것(본인부담이 많은 것)
② 적용기간의 제한
③ 차별대우를 받음
④ 기타(적을 것 :________________)

응답 후 문4)로 가십시오.

문 2) 귀댁에서는 2016년 1년 중 건강보험료를 **미납**하신 경험이 있으십니까? □

① 있다 → **문2-1)로 갈 것** ② 없다 → **문3)으로 갈 것**

문2-1) **(문2)의 ①번 응답자만)** 귀댁에서 건강보험료를 **미납**하신 가장 큰 이유는 무엇입니까? □

① 건강보험을 별로 이용할 일이 없어서
② 건강보험료를 납부할 돈이 없어서
③ 내는 돈에 비해 혜택이 적어서
④ 제도에 대한 불신 때문에
⑤ 납기기한을 잊어버려서
⑥ 기타(적을 것 : ____________)

문2-2) **(문2)의 ①번 응답자만)** **2016년 1년 중** 건강보험료를 미납한 기간은 어느 정도 되십니까?

연간 □□ 개월

문 3) **(문1)의 ①번 응답자만)** 귀댁에서 건강보험을 이용하며 경험했던 가장 큰 문제점은 무엇이라고 생각하십니까? □

⓪ 특별한 문제점이 없다
① 월보험료 부담
② 보험의 적용범위가 좁음
③ 기타(적을 것 : ____________)

문 4) **("Ⅱ. 건강 및 의료" 문 8)의 가구원별 민간 의료보험 가입건수를 고려할 때)** **2016년 12월 기준**으로 귀댁이 가입하고 계신 모든 민간의료보험의 **12월 보험료**는 총 얼마나 됩니까?

12월 보험료 합계 □백 □십 □일 만원

VI. 주거

문 1) 귀댁은 2016년 1월 1일부터 2016년 12월 31일 사이에 이사하신 적이 있으십니까? ☐

① 그렇다　　② 아니다

문 2) **2016년 12월 31일 기준**으로 귀댁이 거주한 주택의 유형은 무엇입니까? ☐

① 일반단독주택
② 다가구용 단독주택
③ 다세대주택
④ 연립주택(빌라)
⑤ 일반아파트
⑥ 영구임대아파트
⑦ 점포주택 등 복합용도주택
⑧ 비거주용 건물 내 주택(상가, 공장 등)
⑨ 오피스텔
⑩ 비닐하우스, 움막, 판잣집
⑪ 임시가건물 (컨테이너, 재개발지역 가이주단지 포함)
⑫ 기타(적을 것 :＿＿＿＿＿＿＿＿＿＿)
⑬ 국민임대아파트

〈 **유의사항** 〉
※ 반드시 건물전체의 등기상 점유형태를 기준으로 하여 응답하여 주십시오

문 3) **2016년 12월 31일 기준**으로 귀댁의 주거 위치는 어디였습니까? ☐

① 지하층
② 반지하층
③ 지상
④ 옥탑

〈 **유의사항** 〉
※ 한 가구가 여러 층을 사용할 경우, 가장 좋은 위치로 응답하여 주십시오.

문 4) **2016년 12월 31일 기준**으로 방은 <u>**모두**</u> 몇 개였습니까?(세준 경우 제외)

총 ☐☐ 개

〈 **유의사항** 〉
※ 사용하는 방의 수를 파악할 때 세를 준 경우는 포함하지 않도록 합니다.
※ 거실의 경우, 침실로 사용하고 있거나 침실로 사용이 가능하면 방수에 포함하여 응답하여 주십시오.

문 5) **2016년 12월 31일 기준**으로 건평(APT 등의 경우 분양면적)은 얼마입니까?(1평≒3.3㎡)

☐☐☐ ㎡

〈 **유의사항** 〉
※ 마당, 정원, 창고 등을 제외한 거주하고 있는 주택평수를 기준으로 응답하여 주십시오.
※ 거주하고 있는 주택의 일부를 세준 경우 그 면적을 제외하고 응답하여 주십시오.

문 6) **2016년 12월 31일 기준**으로 귀댁이 거주하였던 집의 (등기상) 점유형태는? ☐

① 자가
② 전세
③ 보증부월세 → **문7)로 갈 것**

④ 월세(사글세)
⑤ 기타 → **문10)으로 갈 것**

〈 **유의사항** 〉
※ 가구가 거주하고 있는 집의 등기상 점유형태를 기준으로 응답하도록 합니다. 가령, 할머니(가구주)가 거주하고 있는 집을 아들(가구원이 아님) 명의로 해놓고 살고 있는 경우, 조사 대상인 할머니 집의 (등기상) 점유형태는 '⑤기타' 가 됩니다.
※ 점유형태 '⑤기타' 에는 무상인 경우도 포함됩니다.

문 7) **2016년 12월 31일 기준**으로 거주하였던 집의 가격(현시가기준)은 얼마나 됩니까?

금액	십억	일억	천	백	십	일	만원

〈 **유의사항** 〉
※ 자가의 경우 주택가격, 전세의 경우 전세금, 보증부월세의 보증금을 응답하여 주십시오.
※ 집의 가격은 반드시 명의기준으로 응답해 주십시오. 가령, 집이 (가구원이 아닌) 자녀의 명의로 된 경우 집의 가격에 대한 응답은 하지 않도록 합니다.

문 8) **2016년 12월 31일 기준**으로 귀댁이 거주하였던 주택의 구입비용, 보증금 혹은 증・개축 비용은 어떻게 마련하셨습니까? 금액이 많은 순서대로 2개만 말씀해 주십시오.

1순위	2순위

① 자기돈(상속인 경우 포함)
② 무상으로 도움을 받음
③ 부모・형제・친척・친구 등으로부터 빌림
④ 금융기관(회사에서 융자받은 경우 혹은 모기지론도 포함)으로부터 빌림
⑤ 사채

문 9) **2016년 12월 31일 기준**으로 살았던 귀댁의 주택관련 부채에 대해 응답하여 주십시오.

구 분							
㉮ **2016년 1년간** 주택관련 부채를 얼마나 갚으셨습니까? (※ 원금만 고려하여 계산합니다.)	십억	일억	천	백	십	일	만원
㉯ **2016년 12월 31일 기준** 주택관련 부채가 얼마나 됩니까? (※ 단, 이자의 경우 2016년 12월 31일까지 갚지 못한 이자만 포함하여 계산합니다.)	십억	일억	천	백	십	일	만원

〈 **유의사항** 〉
※ 주택관련 부채 : 주택구입비, 보증금, 증개축비용만 포함하고, 사업자금 마련을 위해 주택을 담보로 대출받은 것은 제외합니다.
※ 없음= '0' 으로 표시합니다.

문 9-1) **2016년 1년간** 대출상환액(**이자포함**)의 연체 횟수는 얼마나 됩니까? ☐

① 연체한 적이 없다
② 1회
③ 2~3회
④ 4회 이상

〈 **유의사항** 〉
※ 주택관련 부채가 없거나 2016년 이전에 주택관련 부채를 다 갚은 경우 '① 연체한 적이 없다'에 표기해 주십시오.

문 10) **2016년 12월 31일 기준**으로 거주한 주택의 구조·성능 및 환경이 어떠하였습니까?
다음 항목별로 각각 응답해 주십시오.

주택의 구조·성능 및 환경	예	아니오
㉮ 영구건물로서 튼튼하고, 주요 구조부의 재질이 내열·내화·방열 및 방습에 양호한 재질을 갖추고 있다.	①	②
㉯ 적절한 방음·환기·채광 및 난방설비를 갖추고 있다.	①	②
㉰ 소음·진동·악취 및 대기오염 등으로 인하여 생활하기에 적절하지 않다.	①	②
㉱ 해일·홍수·산사태 및 절벽의 붕괴 등과 같은 자연재해로부터 안전하다.	①	②

문 11) **2016년 12월 31일 기준**으로 귀댁의 주거시설 종류와 사용형태를 응답해 주십시오.

시설종류	사용형태
㉮ 상·하수도	① 단독사용 ② 공동사용 ③ 없음
㉯ 부엌	① 단독사용-입식 ② 단독사용-재래식 ③ 공동사용-입식 ④ 공동사용-재래식 ⑤ 없음
㉰ 화장실	① 단독사용-수세식 ② 단독사용-재래식 ③ 공동사용-수세식 ④ 공동사용-재래식 ⑤ 없음
㉱ 목욕시설	① 단독사용-온수시설 있음 ③ 공동사용-온수시설 있음 ② 단독사용-온수시설 없음 ④ 공동사용-온수시설 없음 ⑤ 없음
㉲ 난방시설	① 연탄 또는 재래식(땔감) 아궁이 ④ 기름보일러 ⑦ 중앙난방(지역난방) ② 연탄보일러 ⑤ 가스보일러 ⑧ 전기장판 ③ 나무·석탄보일러 ⑥ 전기보일러 ⑨ 기타(적을 것: ____________)

문 12) **2016년 1년간** 귀댁에서 이용한 적이 있는 주거복지 관련 사업이 있다면 그 서비스에 체크해 주십시오

주거복지 관련 사업	경험이 있다	주거복지 관련 사업	경험이 있다
㉮ 영구임대주택	□	㉱ 저소득층 월세지원 (※ 지자체의 월세지원 포함)	□
㉯ 공공(국민)임대주택	□	㉲ 주택구입자금(융자)지원 (근로자·서민)	□
㉰ 전세자금(융자)지원(저소득·근로자·서민)	□	㉳ 기타(적을 것: ____________________)	□

〈 **유의사항** 〉
※ 이용경험이 없는 경우 다음 항목으로 넘어가면 됩니다.
※ '㉳ 기타'에는 다가구 매입임대, 기존주택 전세임대, 소년소녀가정 등 전세주택지원, 부도임대주택 임차인지원, 고령자 임대주택, 재건축 매입임대, 신혼부부 전세임대, 주거취약계층 주거지원 등이 포함될 수 있습니다.
※ ㉮,㉯,㉳의 경우 2016년 이전부터 입주하여 2016년 동안에 이용한 경험이 있다면 이용경험 여부에 '①있다'로 응답합니다. 그러나 ㉰,㉱,㉲의 경우는 2016년 당해연도에 지원받은 경우만을 이용경험 여부에 '①있다'로 응답합니다.

VII. 생활비

〈 유의사항 〉

※ 생활비 : 가정생활을 위한 비용만 기입합니다, 따라서 사업용도의 비용은 제외합니다.

※ 친인척, 이웃, 공공기관 등으로부터 보조받는 각종 현물(장학금, 의료비, 각종 공과금 대납, 식료품, 의류, 난방용품, 복지 할인 등)도 현금으로 환산하여 해당 비목의 생활비에 포함하여 주십시오.

※ 할부 구매의 경우 구입시점기준(2016년 구입)이며, 그 품목의 가격÷12를 기입합니다. 예) 2016년 10월에 1,200만원짜리 자동차를 24개월 할부(월 50만원)로 구매하였다 하더라도 자동차의 총가격을 12개월로 나눈 금액(100만원)을 기입합니다. 따라서 2015년 중 24개월 할부로 차를 구입하여 2016년에도 월 50만원씩 할부금을 내는 경우라도 2016년의 지출에 포함되지 않아야 합니다.

※ 9개월 미만 생계를 같이한 가족이 있을 경우 이들의 지출은 총생활비에서 제외합니다. 그 이유는 가구원이 아니기 때문입니다.

문항	구분	세부	질문		천 백 십 일	단위
문 1)	식료품비	문 1-1) 가정식비	**2016년 1년(2016.1.1~12.31) 동안 월평균** 가정식비는? ※ 가정에서 먹는 주식, 부식, 간식비용, 제사비용 (음주비용 제외) ※ 자가소비(자기가 농사를 지어 먹는 것, 자기가 운영하는 식당에서 식사하는 것 등) 포함	월평균	천 백 십 일	만원
		문 1-2) 외식비	**2016년 1년(2016.1.1~12.31) 동안 월평균** 외식비는? ※ 직장인의 중식비(무료 중식비 포함), 가족 및 가구원 외식비, 학교 급식비, 밖에서 먹는 술(음주) 비용, 복지관에서의 무료식사 등.	월평균	천 백 십 일	만원
		문 1-3) 주류·담배비	**2016년 1년(2016.1.1~12.31) 동안 월평균** 주류.담배비는?	월평균	천 백 십 일	만원
문 2)	주거비 (주택구입비 제외)	문 2-1) 월세	**2016년 1년(2016.1.1~12.31) 동안 월평균** 월세(사글세 포함)는? ※ 돈이 없어 월세를 내지 못하고 있어도 '계약한 월세액'을 기입 ※ 전세, 자가인 경우 '0' (단, 자가이나 지대를 내는 경우 월평균 지대액을 기입) ※ 보증부 월세의 경우 보증금은 제외하고 월세만 기입	월평균	천 백 십 일	만원
		문 2-2) 주거관리비	**2016년 1년(2016.1.1~12.31) 동안 월평균** 주거 관리비 및 수선비는? ※ 주택설비 및 수선비, 아파트 등 관리비, 이사비, 복비, 정화조비 등	월평균	천 백 십 일	만원
문 3)	광열수도비		**2016년 1년(2016.1.1~12.31) 동안 월평균** 광열수도비는? ※ 수도비, 전기료, 난방비(연탄, 등유, 경유, 도시가스, LPG 등 급탕비, 에너지 바우처 포함))	월평균	천 백 십 일	만원
			└ 난방비(연탄, 등유, 경유, 도시가스, LPG 등 급탕비, 에너지 바우처 포함)는 얼마입니까?	월평균	천 백 십 일	만원
문 4)	가구·가사용품비	문 4-1) 가구집기·가사용품비	**2016년 1년(2016.1.1~12.31) 동안 월평균** 가구집기·가사용품비는? ※ 가구, 가정용기기(냉장고, 세탁기, 가스렌지 등), 식기주방용품, 가사잡화 및 소모품(조명기기, 화장지, 전구, 공구, 세탁청소용구 등), 침구 및 실내장식품, 가사서비스 비용(파출부, 청소비 등), 기저귀 값, 정수기 대여료, 치료목적이 아닌 바우처(노인돌보미, 장애인활동보조)이용료 등	월평균	천 백 십 일	만원
		문 4-2) 보육료비	**2016년 1년(2016.1.1~12.31) 동안 월평균** 보육료는? ※ 보육료는 베이비시터, 놀이방을 포함하는 것이며, 유치원은 제외함.	월평균	천 백 십 일	만원
문 5)	의류 신발비		**2016년 1년(2016.1.1~12.31) 동안 월평균** 의류·신발비는? ※ 외의(스포츠웨어 포함), 내의, 학생복(교복), 구두, 운동화, 모자(스포츠용 포함) 등 구입비 및 수선비, 세탁료 등	월평균	천 백 십 일	만원
문 6)	보건의료비		**2016년 1년(2016.1.1~12.31) 동안 월평균** 보건의료비는? ※ 입원비, 외래진료비, 치과진료비, 수술비(임플란트, 성형수술 등도 포함), 약값, 간병비, 산후조리비, 건강진단비, 건강보조식품, 보건의료용품비(안경, 콘택트렌즈 등), 보장구, 치료용바우처(비만아동바우처)이용료 등. 보건의료비는 본인이 부담하는 금액만 기입	월평균	천 백 십 일	만원
문 7)	교육비	문 7-1) 공교육비	**2016년 1년(2016.1.1~12.31) 동안 월평균** 공교육비는? ※ 등록금(초·중·고·대학·대학원), 납입금, 입학금, 교재비, 문방구비, 보충수업비(모든 학생이 다 하는 경우), 유학비, 야외학습비, 수학여행비 등	월평균	천 백 십 일	만원
		문 7-2) 사교육비	**2016년 1년(2016.1.1~12.31) 동안 월평균** 사교육비는? ※ 학원비, 유치원비, 도서관 및 독서실 비용, 과외수업비, 검정고시비, 학생의 어학연수비, 학습바우처 등	월평균	천 백 십 일	만원
문 8)	교양오락비		**2016년 1년(2016.1.1~12.31) 동안 월평균** 교양·오락비는? ※ 신문, 서적, 잡지, 영화 및 공연관람, 교양오락용품 구입비(TV, 오디오, PC, 유선방송, 피아노, 장난감, 등산용품, 낚싯대, 골프채 등), 교양오락서비스(PC방, 노래방, 운동강습료, 일반인의 어학학습비, 단체관광비 등), 비디오(DVD) 대여료, 애견(강아지) 구입비, 화분 구입비, TV수신료, 아동용자전거 등	월평균	천 백 십 일	만원

문항	항목	세부문항	질문	구분	금액	단위
문 9)	교통 통신비	문 9-1)	**2016년 1년(2016.1.1~12.31) 동안 월평균** 교통비는? ※ 택시·버스·지하철 등 대중교통비, 자동차 구입 및 유지비, 자동차 보험료, 대리운전비, 성인용자전거 등	월평균	천 백 십 일	만원
		문 9-2)	**2016년 1년(2016.1.1~12.31) 동안 월평균** 통신비는? ※ 전화·휴대폰 구입 및 이용요금, 인터넷 이용료 등	월평균	천 백 십 일	만원
문 10)	기타소비지출		**2016년 1년(2016.1.1~12.31) 동안 월평균** 기타소비지출은? ※ 이미용용품 구입 및 서비스(화장품, 비누, 샴푸, 이·미용실, 목욕료 등), 장신구(핸드백, 시계, 귀금속 등), 경조비, 교제비용, 친목회비, 종교관련(십일조 등) 비용, 보장성보험료(저축성보험 제외), 관혼상비, 용돈 등	월평균	천 백 십 일	만원
			└ 경조비는 얼마입니까?	월평균	천 백 십 일	만원
			└ 종교관련비용(십일조 등)은 얼마입니까?	월평균	천 백 십 일	만원
문 11)	사적 이전	문 11-1) 비동거 가구원	**2016년 1년(2016.1.1~12.31) 동안 따로 사는 가구원**(타지에서 공부하는 학생, 직장 때문에 떨어져 사는 배우자 등)**에게 보낸 월평균** 송금보조금은? ※ 현물 포함 ※ 자취비용, 생활잡비, 용돈 등(단, 등록금 등 교육비는 7.교육비에 기입)	월평균	천 백 십 일	만원
		문 11-2) 기타	**2016년 1년(2016.1.1~12.31) 동안 가구원이 아닌 부모, 자녀, 친지 등에게 보낸 월평균** 송금보조금은? ※ 농사지어서 친인척에서 보낸 것(현금으로 환산) 포함 ※ 자녀의 결혼 등으로 집을 사준 경우(전세자금 포함)는 증여로 보아 제외함 ※ 본인 명의가 아닌 부채에 대한 이자(예컨대, 아들 명의의 집에 대한 이자 내는 경우) 포함	부모 월평균	천 백 십 일	만원
				자녀 월평균	천 백 십 일	만원
				기타 월평균	천 백 십 일	만원
문 12)	세금		**2016년 1년(2016.1.1~12.31) 동안 월평균** 세금은? ※ 종합소득세, 종합부동산세, 갑근세, 재산세, 자동차세, 환경개선분담금, 주민세, 취등록세 등의 연간 총납세액을 12로 나눈 값 (단, 법인세 등 사업용도의 세금은 제외함) ※ 본인 명의가 아닌 재산에 대해 내는 세금도 포함	월평균	천 백 십 일	만원
			└ 소득세는 얼마입니까?	월평균	천 백 십 일	만원
			└ 재산세는 얼마입니까?	월평균	천 백 십 일	만원
			└ 자동차세는 얼마입니까?	월평균	천 백 십 일	만원
			└ 종합소득세는 얼마입니까?	월평균	천 백 십 일	만원
			└ 부동산세는 얼마 입니까?	월평균	천 백 십 일	만원
문 13)	사회보장부담금		**2016년 1년(2016.1.1~12.31) 동안 월평균** 사회보장부담금은? ※ 가족 모두의 국민연금(공무원·사립학교교직원·군인연금)보험료, 건강보험료, 고용보험료의 월 합산액 ※ 본인부담의 보험료만 포함(사업장이나 제3자가 부담해주는 보험료는 제외) ※ 사보험료(암보험, 보장성보험 등) 제외	월평균	천 백 십 일	만원
			└국민연금보험료는 얼마입니까?	월평균	천 백 십 일	만원
			└건강보험료는 얼마입니까?	월평균	천 백 십 일	만원
			└고용보험료는 얼마입니까?	월평균	천 백 십 일	만원
문 14)	총생활비		**2016년 1년(2016.1.1~12.31) 동안 지출하신** 총 생활비는? ※ 총생활비 = 1~13의 합계 ※ 저금, 저축성보험료, 계 부은 금액 등 재산 증가를 위한 지출과, 주택부금상환, 월부, 외상 빌린 돈(이자 포함) 같은 금액 등 부채 감소를 위한 지출은 제외	월평균	천 백 십 일	만원

※ 없음은 반드시 '0' 표시. 지출 소득의 경우 이하 동일

※ 천원 단위 이하는 소수점으로 표시(예. 5천원 → 0.5). 단 1만원 이상은 반올림하여 만원단위로 처리. 예) 11만5천원의 경우 12만원으로 기입

※ 귀 가구의 주관적 최저생활비에 대한 질문입니다. (2016년 월평균 기준)

문항	질문	구분	금액		
문 15)	귀 가구가 1달 동안 '근근이' 살아가는데 필요한 최소한의 생활비는 얼마라고 생각하십니까? (2016년 월평균 기준)	최저생활비 총액	월평균	천 백 십 일	만원

※ 귀 가구의 주관적 적정생활비에 대한 질문입니다. (2016년 월평균 기준)

문항	질문	구분	금액		
문 15-1)	귀 가구가 1달 동안 생활하는데 필요한 적정 생활비는 얼마라고 생각하십니까?(2016년 월평균 기준)	적정생활비 총액	월평균	천 백 십 일	만원

VIII. 소득

문 1)	가구원의 경제활동: **2016년 1년(2016.1.1~12.31) 동안** 귀 가구 가구원 중 **만 15세 이상(2001.12.31.이전 출생자)이었던 모든 가구원**의 **경제** 활동을 말씀해 주십시오. (①~⑥의 활동 분류 중 해당하는 경우 1로 표시)

성명	가구원 번호	① 상용근로자		②임시·일용 근로자		③고용주·자영자 (농림축어업제외)		④ 농림축산업 경영주		⑤ 어업 경영주		⑥무급가족종사자·가사 또는 육아·학생·기타	
		해당 여부	일한 개월수	해당 여부	일한 개월수	해당 여부	일한 개월수	해당 여부	일한 개월수	해당 여부	일한 개월수	해당 여부	해당 개월수
	1												
	2												
	3												
	4												
	5												
	6												
	7												
	8												
	9												
합계		명		명		명		명		명		명	
		문항 2로 가시오		문항 3으로 가시오		문항 4로 가시오		문항 5로 가시오		문항 6으로 가시오		문항7로 가시오	

〈 **유의사항** 〉

※ 15세 미만의 경우 이름만 기입. 순서는 반드시 가구일반사항에 기재했던 순서대로 기록함.

※ 한 시점에 직업이 둘 이상인 경우 해당여부에 모두 '1'로 표시(예, 공무원이면서 농사를 짓는 경우 상용근로자와 농림축산업 경영주에 모두 '1'로 표시하고 문항 2와 문항 5에서 소득파악).

※ 개월수는 2016년 동안 일한(해당) 개월수 기입(예, 전년(2015)부터 상용근로자로 근무하다가 2016년 3월에 퇴직하여 3개월 동안 쉰 후 7월에 상용근로자로 취업하여 2개월 일한 경우 '상용근로자 일한 개월수'는 5개월임. 농업의 경우 12개월로 기입.)

※ 자영업, 농림축산업, 어업 등에 종사하는 가구 중 2명 이상의 가구원이 하나의 사업장 혹은 작업장에서 일하는 경우는 그 중 1명만 고용주・자영자, 농림축산업 경영주, 어업 경영주로 표시하고 나머지는 ⑥무급가족종사자로 표시함.

※ 주된활동구분

① 상용근로자 :	고용계약기간이 1년 이상인 사람 또는 특별한 고용계약이 없어 기간이 정해져 있지 않더라도 계속 정규직원으로 일하면서 상여금, 수당 및 퇴직금 등의 수혜를 받는 사람 등. 일반직장인, 공무원, 법인경영자(월급 사장)등을 포함함.
②임시・일용근로자:	임시근로자란 임금근로자중 상용이 아닌 사람으로 고용계약 기간이 1개월 이상 1년 미만인 사람 또는 일정한 사업완료(예컨대, 프로젝트)의 필요성에 의해서 고용된 사람 등을 말함. 일용근로자란 임금 또는 봉급을 받고 고용되어 있으면서 고용계약기간이 1개월 미만인 사람 또는 일정한 사업장 없이 떠돌아 다니면서 일한 댓가를 받는 사람 등을 말함.
③고용주・자영자 :	(농림축어업제외) 1명 이상의 유급종업원을 두고 사업을 경영하는 고용주와 유급종업원 없이 자기 혼자 또는 무급가족과 함께 일을 하거나 전문적인 일을 독립적으로 수행 및 경영하는 경우.
④ 농림축산업 경영주 :	10a(약 300평) 이상의 경지를 직접 경작하고 있거나, 연간 농축산물의 판매액이 **120만원 이상**인 농축산업에 종사하는 사람. 단, 판매금액이 120만원 미만이라도 2016. 12. 31. 시점에 120만원 이상의 가축을 사육하고 있는 사람도 포함.
⑤ 어업경영주 :	어업에 종사하면서 연간 1개월 이상 판매를 목적으로 해면에서 수산 동식물의 포획・채취나 양식업을 경영하는 사람.
⑥ 무급 가족 종사자:	일정한 보수 없이 자기 가족(동일가구 내)의 일원이 경영하는 사업장 혹은 작업장에서 일하는 사람.
가사 또는 육아:	자기의 시간 대부분을 자기집에서 가사업무를 하거나 가구원의 간병을 수행한 경우 또는 미취학자녀를 돌보기 위하여 집에 있는 경우임.
학생:	학교에서 교육을 받고 있는 경우로 재수생도 포함함. (※ 직장인이 야간대학(원) 등에 다니는 경우 주된 활동은 해당 근로활동(위의 ①~⑤)으로 표시함)
기타:	실업자, 장애, 부상, 질병, 노령 등으로 인한 심신무능력을 사유로 경제활동에 참여하지 않는 자, 근로능력은 있으나 근로의사가 없는 자 등

문 2)	상용근로자: **2016년 1년(2016.1.1~12.31) 동안** 상용근로자였던 가구원 각각이 1년 동안 벌어들인 **연간** 급여 **총액**(원천징수전 총급여)은 얼마였습니까?

	성명	가구원 번호	연간 총급여액
※ 총급여는 기본급여, 상여금, 초과근무수당, 경상적으로 매월 지급된 수당, 성과급, 소득공제 환급분, 판공비, 복지카드, 회사에서 내준 자동차 유지비 및 휴대폰 요금, 무료중식 등을 모두 포함한 금액임.			
※ 총급여는 소득세, 기여금(국민연금보험료), 건강보험료, 고용보험료 등 세금 및 각종 사회보장부담금 등을 공제하기 전 금액임.		1	**연간** 십억 일억 천 백 십 일 **만원**
		2	**연간** 십억 일억 천 백 십 일 **만원**
※ 법인 경영자의 경우 상용근로자로 분류함.		3	**연간** 십억 일억 천 백 십 일 **만원**
		4	**연간** 십억 일억 천 백 십 일 **만원**
※ 순서는 반드시 가구일반사항을 기재했던 순서대로 기록함		5	**연간** 십억 일억 천 백 십 일 **만원**
※ 예: 문 1)에서 가구원 번호 1번과 3번이 상용근로인 경우 가구원 번호 1번과 3번에 이름을 기입하고 총급여액을 파악 기입한 후 나머지 가구원은 빈 칸으로 둠(이하 동일함).		6	**연간** 십억 일억 천 백 십 일 **만원**
		7	**연간** 십억 일억 천 백 십 일 **만원**
		8	**연간** 십억 일억 천 백 십 일 **만원**
→ <u>상용근로 외 다른 근로 소득이 있는 경우 해당 문항으로 가시오.</u>		9	**연간** 십억 일억 천 백 십 일 **만원**

문 3)	임시 · 일용근로자

[보조기입란 3-a] **2016년 1년(2016.1.1~12.31) 동안** 월평균 일한 횟수(출근일수)와 1회(1일)당 지급되는 보수는 얼마입니까?	성명	가구원 번호	**월평균 일한횟수**	1회당(일당) 보수
※ 월별로 일한 횟(일)수가 다를 수 있으므로 월별로 일한 횟(일)수를 확인한 뒤, 2016년 1년 동안 전체 일한 횟(일)수를 12개월로 나눈 것을 월평균 일한 횟(일)수로 기재함. 예) 2016년 가구원 A가 1~6월까지는 월 5회, 7~12월까지는 월 15회 일하였다면, 월 10회((30+90회)/12개월) 기재		1		백만 십만 일만 일 **천원**
		2		백만 십만 일만 일 **천원**
		3		백만 십만 일만 일 **천원**
※ 순서는 <u>반드시</u> 가구일반사항을 기재했던 순서대로 기록함.		4		백만 십만 일만 일 **천원**
※ 예: 문 1)에서 가구원 번호 2번과 3번이 임시 · 일용인 경우 가구원 번호 2번과 3번에 이름, 일한 횟수, 1회당 보수를 파악 기입한 후 나머지 가구원은 빈 칸으로 둠.		5		백만 십만 일만 일 **천원**
		6		백만 십만 일만 일 **천원**
		7		백만 십만 일만 일 **천원**
※ 자활근로, 공공근로, 노인일자리 사업 소득 포함		8		백만 십만 일만 일 **천원**
		9		백만 십만 일만 일 **천원**

3-1. 2016년 1년(2016.1.1~12.31) 동안 임시·일용근로자였던 가구원 각각이 1년 동안 벌어들인 연간 **총급여**(원천징수전 총급여)는 얼마였습니까?	성명	가구원 번호	연간 총급여액
※ 총급여는 기본급여, 상여금, 초과근무수당, 경상적으로 매월 지급된 수당, 성과급, 소득공제 환급분, 판공비, 복지카드, 회사에서 내준 자동차 유지비 및 휴대폰 요금, 무료중식 등을 모두 포함한 금액임.		1	**연간** 십억 일억 천 백 십 일 **만원**
		2	**연간** 십억 일억 천 백 십 일 **만원**
		3	**연간** 십억 일억 천 백 십 일 **만원**
※ 총급여는 소득세, 기여금(국민연금보험료), 건강보험료, 고용보험료 등 세금 및 각종 사회보장부담금 등을 공제하기 전 금액임.		4	**연간** 십억 일억 천 백 십 일 **만원**
		5	**연간** 십억 일억 천 백 십 일 **만원**
※ 순서는 반드시 가구일반사항을 기재했던 순서대로 기록함.		6	**연간** 십억 일억 천 백 십 일 **만원**
※ 예: 문 1)에서 가구원 번호 2번과 3번이 임시 · 일용인 경우 가구원 번호 2번과 3번에 이름과 총급여액을 파악 기입한 후 나머지 가구원은 빈 칸으로 둠.		7	**연간** 십억 일억 천 백 십 일 **만원**
		8	**연간** 십억 일억 천 백 십 일 **만원**
→ <u>임시 · 일용 외 다른 근로 소득이 있는 경우 해당 문항으로 가시오.</u>		9	**연간** 십억 일억 천 백 십 일 **만원**

문 4)	고용주 및 자영자

[보조기입란 4-a] 2016년 1년(2016.1.1~12.31) 동안 고용주 혹은 자영자였던 가구원 각각의 1년 동안 연간 총매출액은 얼마였습니까?

※ 가족구성원 중 2명 이상이 동일 매장 및 사업장을 운영할 경우, 대표자 1명만 고용주 및 자영자로 분류하고, 나머지 가구원에 대해서는 월급을 받으면 근로자로, 월급을 받지 않으면 무급가족종사자로 분류함.

※ 일한 개월 수, 월간 매출액 등을 바탕으로 파악

※ 순서는 반드시 가구일반사항을 기재했던 순서대로 기록함.

※ 예: 문 1)에서 가구원 번호 3번이 고용주 및 자영자인 경우 가구원 번호 3번에 이름과 총 매출액을 파악 기입한 후 나머지 가구원은 빈 칸으로 둠.

성명	가구원 번호	연간 총매출액 (A)
	1	연간 십억 일억 천 백 십 일 만원
	2	연간 십억 일억 천 백 십 일 만원
	3	연간 십억 일억 천 백 십 일 만원
	4	연간 십억 일억 천 백 십 일 만원
	5	연간 십억 일억 천 백 십 일 만원
	6	연간 십억 일억 천 백 십 일 만원
	7	연간 십억 일억 천 백 십 일 만원
	8	연간 십억 일억 천 백 십 일 만원
	9	연간 십억 일억 천 백 십 일 만원

[보조기입란 4-b] 2016년 1년(2016.1.1~12.31) 동안 고용주 혹은 자영자였던 가구원 각각이 매장 및 사업장 등을 운영하면서 소요된 연간 총비용은 얼마였습니까?

※ 경비에는 재료비, 직원 인건비 및 직원 사회보험료, 법인세, 복리후생비, 공장 또는 가게 월임대료, 차량유지비, 광고비, 소모품비용 등이 포함됨.

※ 순서는 반드시 가구일반사항을 기재했던 순서대로 기록함.

※ 예: 문 1)에서 가구원 번호 3번이 고용주 및 자영자인 경우 가구원 번호 3번에 이름과 총 비용을 파악 기입한 후 나머지 가구원은 빈 칸으로 둠.

성명	가구원 번호	연간 총비용 (B)
	1	연간 십억 일억 천 백 십 일 만원
	2	연간 십억 일억 천 백 십 일 만원
	3	연간 십억 일억 천 백 십 일 만원
	4	연간 십억 일억 천 백 십 일 만원
	5	연간 십억 일억 천 백 십 일 만원
	6	연간 십억 일억 천 백 십 일 만원
	7	연간 십억 일억 천 백 십 일 만원
	8	연간 십억 일억 천 백 십 일 만원
	9	연간 십억 일억 천 백 십 일 만원

4-1. 2016년 **1년(2016.1.1~12.31) 동안** 고용주 및 자영자였던 가구원 각각의 1년 동안 **연간 순소득**은 얼마였습니까?

※ 순소득은 연간 총매출액에서 연간 총비용을 감하여 구함.

※ 순소득은 소득세, 본인과 가족에 대한 국민연금보험료, 건강보험료 등 사회보장부담금을 공제하기 전 금액임.

※ 순소득에는 자가소비, 고용주와 사업주가 용돈 및 개인경비로 쓰는 비용도 포함됨.

※ 순소득이 마이너스일 경우, 숫자 앞 칸에 "−" 표(마이너스 표시)를 하고 금액을 기입함.

※ 순서는 반드시 가구일반사항을 기재했던 순서대로 기록함.

※ 예: 문 1)에서 가구원 번호 3번이 고용주 및 자영자인 경우 가구원 번호 3번에 이름과 순소득을 파악 기입한 후 나머지 가구원은 빈 칸으로 둠.

→ **고용주 및 자영자 소득 외 다른 소득이 있는 경우 해당 문항으로 가시오.**

성명	가구원 번호	연간 순소득 (A−B)
	1	연간 십억 일억 천 백 십 일 만원
	2	연간 십억 일억 천 백 십 일 만원
	3	연간 십억 일억 천 백 십 일 만원
	4	연간 십억 일억 천 백 십 일 만원
	5	연간 십억 일억 천 백 십 일 만원
	6	연간 십억 일억 천 백 십 일 만원
	7	연간 십억 일억 천 백 십 일 만원
	8	연간 십억 일억 천 백 십 일 만원
	9	연간 십억 일억 천 백 십 일 만원

4-2. 2016년 **1년(2016.1.1~12.31) 동안** 고용주 및 자영자였던 가구원 각각의 1년 동안 **연간 전입소득**은 얼마였습니까?	성명	가구원 번호	연간 전입소득
※ 전입소득은 총수입중에서 가구로 가지고 오는 금액이다. 2016년 2,000만원을 벌어 1,300만원을 재투자하고, 집으로 700만원을 가지고 왔다면 700만원 기입		1	연간 십억 일억 천 백 십 일 만원
※ 그러므로 전입소득은 4-1의 순소득과 다를 수 있다. 전입소득은 음수(-)가 없음.		2	연간 십억 일억 천 백 십 일 만원
※ 순소득이 음수(-)인 경우도 전입소득은 있을 수 있음(즉, 0이 아닐 수 있음).		3	연간 십억 일억 천 백 십 일 만원
※ 순서는 반드시 가구일반사항을 기재했던 순서대로 기록함.		4	연간 십억 일억 천 백 십 일 만원
※ 예: 문 1)에서 가구원 번호 3번이 고용주 및 자영자인 경우 가구원 번호 3번에 이름과 순소득을 파악 기입한 후 나머지 가구원은 빈 칸으로 둠.		5	연간 십억 일억 천 백 십 일 만원
→ 고용주 및 자영자 소득 외 다른 소득이 있는 경우 해당 문항으로 가시오.		6	연간 십억 일억 천 백 십 일 만원
		7	연간 십억 일억 천 백 십 일 만원
		8	연간 십억 일억 천 백 십 일 만원
		9	연간 십억 일억 천 백 십 일 만원

문 5)	농림축산업 경영주

5-1. 2016년 12월 31일 기준으로 귀 가구가 경작하고 있는(소득이 발생하는) 경지규모는 얼마나 됩니까?
(소작하는 것은 포함하고, 소작을 준 것은 제외함.)

(참고) 1평≒3.3 m²

구분		면적
① 논	총	m²
② 밭	총	m²
③ 임야(산)(유실수, 산나물 채취 등)	총	m²
④ 기타(특용농작물, 비닐하우스 등)	총	m²

※ 없음 0

[보조기입란 5-a] 2016년 1년(2016.1.1~12.31) 동안 농림·축산물별 판매수입, 자가소비액, 이전소비액

※ 가구원 1인 이상이 농림축산업경영주에 해당하는 경우, 농림축산업을 통해 벌어들이는 판매수입, 자가소비액, 이전소비액을 기입함.
※ 보조기입란 순서대로 기입한 후 판매수입, 자가소비액, 이전소비액을 계산함.
※ 판매량 = 판매량(재고의 판매량 포함) + 다음 농사를 위한 종자량 + 임차료(소작료) 및 임금으로 지불한 수확량
※ 이전소비액은 농축산물을 가구원이 아닌 자녀, 형제, 부모, 친지 등에게 보낸 경우 이를 현금으로 환산한 금액임.
※ 판매수입 = 판매량 × 판매단가 ÷ 10, 자가소비액 = 자가소비량 × 판매단가 ÷ 10, 이전소비액 = 이전소비량 × 판매단가 ÷ 10 (단위에 주의할 것)
※ 축산업에서 총 수확량은 가축의 총보유량임.

구분		예 시	종류	총 수확량 (a+b+c)	판매량 (종자, 소작료 포함) (a)	자가 소비량 (b)	이전 소비량 (c)	판매단가 (천원) (p)	판매수입 (만원) (A=a*p÷10)	자가 소비액 (만원) (B=b*p÷10)	이전 소비액 (만원) (C=c*p÷10)
곡류		미곡 : 메벼, 멥쌀, 찰벼, 찹쌀 곡류 : 미곡을 제외한 맥류, 잡곡, 콩류, 감자 고구마 등 서류 등									
채소 과일류	봄	채소 : 봄동, 미나리, 냉이, 달래, 오이, 쪽파, 파, 당근, 양파, 호박, 배추, 양배추, 상추, 시금치, 양송이, 아욱, 등 과일 : 사과, 딸기, 토마토, 앵두 등									
	여름	채소 : 샐러리, 양파, 부추, 감자, 풋고추, 마늘, 무, 오이, 가지, 호박, 배추, 양배추, 생강, 깻잎, 열무, 옥수수, 피망 등 과일 : 토마토, 참외, 수박, 포도, 복숭아, 자두 등									
	가을	채소 : 고구마, 붉은고추, 당근, 양파, 파, 무, 콩, 배추, 시금치, 호박 등 과일: 배, 사과, 감, 대추, 유자, 키위, 은행 등									
	겨울	채소: 우엉, 연근, 아욱, 양파, 봄동, 시금치 등 과일: 사과, 귤 등									
기타 작물		특용작물 : 참깨, 들깨, 섬유작물, 인삼, 담배, 버섯, 기타약용작물 등 기타농작물 : 화훼, 뽕잎, 과수묘, 뽕묘, 묘목 등 임산물 : 밤, 잣, 호도, 도토리, 자연산 버섯이나 나물, 장작 등									
총 계											
축산업		소, 젖소, 우유, 돼지, 닭, 달걀, 개, 젖산양, 염소, 사슴, 토끼, 오리, 꿀벌 , 기타 가축(면양 등)									
총 계											

5-2. 2016년 1년(2016.1.1~12.31) 동안 수확한 농림축산물의 **연간** 판매수입, 자가소비액, 이전소비액은 얼마였습니까?

농림축산물 판매수입 (A)	자가소비액 (B)	이전소비액 (C)	합 계 (A + B + C)
연간총 십억 일억 천 백 십 일 만원	연간총 십억 일억 천 백 십 일 만원	연간총 십억 일억 천 백 십 일 만원	연간총 십억 일억 천 백 십 일 만원

※ 재고판매량은 판매수입에 포함하여 계산
※ 보조기입란 5-a의 합계를 기입. 농지를 임대해 준 경우 문항 8의 재산소득에 기입
※ 없음 0

5-3. **2016년 1년(2016.1.1~12.31) 동안** 농업관련 기타잡수입은 **연간 총** 얼마였습니까? ※ 농업잡수입에는 농업소득피해보상금, 폐농자재, 볏짚단 판매대금 등이 포함됨. (※ 없음 0)	연간 잡수입 총액(D)
	연간 [십억 / 일억 / 천 / 백 / 십 / 일] 만원

[보조기입란 5-b]. 2016년 1년(2016.1.1~12.31) 동안 농·임산물 생산, 가축사육에 소요된 지출(농업경영비) 의 세부항목

※ 농림축산업경영주인 가구원이 1명 이상인 경우, 농림축산업에 소요된 가구전체의 비용을 합산하여 기입함.

지출항목	예 시	연간품목별 비용
재료비	종자및종묘비, 비료비, 농약비, 소동물비, 사료비, 기타양축비, 양잠비, 기타재료	연간 [십억 / 일억 / 천 / 백 / 십 / 일] 만원
노무비	지불임금(남자, 여자)	연간 [십억 / 일억 / 천 / 백 / 십 / 일] 만원
경비	영농광열비(유류대 포함), 수선비, 농기구비, 수리비, 임차료, 농작업 위탁수수료, 농업부문 조세부담금, 농업부문 이자비용, 감가상각비, 농기계 할부금, 영농잡지출	연간 [십억 / 일억 / 천 / 백 / 십 / 일] 만원
판매 및 관리비	도정료, 농업보험료, 농산물판매수수료, 농산물판매용 자재비, 생산관리비, 기타지출	연간 [십억 / 일억 / 천 / 백 / 십 / 일] 만원

※ 고가(高價)의 농기계를 일시불로 구입한 경우 사용가능연한(내구연수)을 질문하여 그 연수(年數)만큼 나누어서 기입함.
예) 트랙터를 일시불 1000만원에 구입하여 10년 정도 사용할 수 있다고 한 경우 100만원으로 기재
※ 감가상각비는 농기계를 일시금으로 구입한 것의 감가상각비를 기재함.
※ 영농광열비는 벼·고추 등 농작물 말리기, 비닐하우스 조명 및 난방 등.
※ 수리비는 논밭에 물을 대는 비용임.

5-4. **2016년 1년(2016.1.1~12.31) 동안** 농·임산물 생산과 가축사육에 소요된 **연간** 총비용은 얼마였습니까?	연간 총비용(E)
	연간 [십억 / 일억 / 천 / 백 / 십 / 일] 만원

5-5. 농림축산물의 자가소비액, 판매액, 농업잡수입, 총비용 등을 고려할 때, **2016년 1년(2016.1.1~12.31) 동안** 귀 가구의 **농림축산업 순소득**은 얼마였습니까? → 농림 축산업 외 다른 소득이 있는 경우 해당 문항으로 가시오.	연간 순소득 (A+B+C+D−E)
	연간 [십억 / 일억 / 천 / 백 / 십 / 일] 만원

문 6)	어업 경영주

[보조기입란 6-a] 2016년 1년(2016.1.1~12.31) 동안 연간 판매 수입, 자가소비액, 이전소비액

※ 용어 설명은 5-a와 동일함.

분류	예 시	종류	판매량 (a)	자가 소비량 (b)	이전 소비량 (c)	판매단가 (천원) (p)	판매수입 (만원) (A=a*p÷10)	자가 소비액 (만원) (B=b*p÷10)	이전 소비액 (만원) (C=c*p÷10)
어로 어업	어선, 어구, 어망 등을 사용하여 어류, 갑각류, 패류, 연체동물, 기타수산동물, 해조류 등을 포획·채취하는 것 (※ 해녀의 채취활동 포함)								
양식 어업	어류, 갑각류, 패류, 연체동물, 기타수산동물, 해조류 등을 기르는 것								
수산 가공업	어류, 갑각류, 패류, 연체동물, 기타수산동물, 해조류 등을 가공하는 것								
총계									

6-1. 2016년 1년(2016.1.1~12.31) 동안 출하한 수산물의 연간 판매수입, 자가소비액, 이전소비액은 얼마였습니까?			
수산물 판매수입 (A)	자가소비액 (B)	이전소비액 (C)	합 계 (A + B + C)
연간총 십억 일억 천 백 십 일 만원	연간총 십억 일억 천 백 십 일 만원	연간총 십억 일억 천 백 십 일 만원	연간총 십억 일억 천 백 십 일 만원

※ 재고량은 판매수입에 포함하여 계산
※ 없음 0

6-2. 2016년 1년(2016.1.1~12.31) 동안 어업관련 기타잡수입은 연간 총 얼마였습니까?	연간 잡수입 총액(D)
※ 어업잡수입에는 어업소득피해보상금, 어업용폐자재 판매대금 등이 포함됨.	연간 십억 일억 천 백 십 일 만원

[보조기입란 6-b] 2016년 1년(2016.1.1~12.31) 동안 어업활동에 소요된 지출의 세부항목

※ 가구에서 가구원이 어업경영주에 1명 이상 해당하는 경우 어업에 소요된 가구전체의 비용을 합산하여 계산함.

지출항목	예 시	연간총지출금액
어로지출	미끼구입비, 얼음구입비, 소모품비, 남자 및 여자 임금, 전기료, 연료 및 유류비, 수선유지비, 토지 및 시설임차료, 어선 및 대어구 임차료, 용기대, 단순가공비, 보관비 등	연간 십억 일억 천 백 십 일 만원
양식지출	어미구입 및 종묘구입비, 사료비, 약품비, 소모품비, 남자 및 여자 임금, 전기료, 연료 및 유류비, 수선유지비, 토지 및 시설임차료, 용기대, 단순가공비, 보관비 등	연간 십억 일억 천 백 십 일 만원
수산가공지출	자재및원료비, 지불임금, 광열비, 수선유지비, 수산가공수수료, 기타	연간 십억 일억 천 백 십 일 만원

6-3. 2016년 1년(2016.1.1~12.31) 동안 어업활동에 소요된 총 비용은 얼마였습니까?	연간 총비용(E)
	연간 십억 일억 천 백 십 일 만원

6-4. 수산물의 자가소비액, 판매액, 어업잡수입, 총비용 등을 고려할 때, 2016년 1년 (2016.1.1~12.31) 동안 귀 가구의 어업 순소득은 얼마였습니까? → 어업소득 외 다른 소득이 있는 경우 해당 문항으로 가시오.	연간 순소득(A+B+C+D−E)
	연간 십억 일억 천 백 십 일 만원

문 7)	기타 근로소득: 2016년 1년(2016.1.1~12.31) 동안 위에 응답한 소득 외에 다른 일로부터 발생한 소득은 총 얼마였습니까?

	성명	가구원번호	연간 기타 근로소득
※ 문1) ~ 문6)에서 응답한 근로소득 외에 주 1시간 미만의 근로활동으로 벌어들인 소득 ※ 순서는 반드시 가구일반사항을 기재했던 순서대로 기록함.		1	연간 십억 일억 천 백 십 일 만원
		2	연간 십억 일억 천 백 십 일 만원
		3	연간 십억 일억 천 백 십 일 만원
		4	연간 십억 일억 천 백 십 일 만원
		5	연간 십억 일억 천 백 십 일 만원
		6	연간 십억 일억 천 백 십 일 만원
		7	연간 십억 일억 천 백 십 일 만원
		8	연간 십억 일억 천 백 십 일 만원
		9	연간 십억 일억 천 백 십 일 만원

※ 2016년 1년(2016.1.1~12.31) 동안 다음 소득은 얼마입니까?			세부 항목	금 액
문 8)	재 산 소 득	**2016년 1년 동안** 얻은 재산소득의 유형별 소득액은? ※매월 정기적으로 들어오는 경우 월평균액 ×12를 하고, 일시금으로 들어오는 경우일시금 금액을 그대로 기입 예)매월 이자수입이 10만원이고, 1년에 한번 배당금으로 100만원을 받는 경우: (10×12)+100=220만원으로 기입	① 이자(은행, 사채), 배당금	연간 십억 일억 천 백 십 일 만원
			② 임대료(월세, 토지임대료 등)	연간 십억 일억 천 백 십 일 만원
			③ 기 타(자격증 대여 등)	연간 십억 일억 천 백 십 일 만원
문 9)	사 회 보 험	**2016년 1년 동안** 받은 사회보험의 유형별 소득액은? ※ 일시불은 제외	① 공적연금(국민연금, 공무원 · 군인 · 교원연금, 보훈연금, 별정직우체국연금 등)	연간 십억 일억 천 백 십 일 만원
			② 고용보험(실업급여, 육아휴직 급여, 직업능력개발급여 등)	연간 십억 일억 천 백 십 일 만원
			③ 산재보험(휴업급여, 장해연금, 유족급여 등)	연간 십억 일억 천 백 십 일 만원
문 10)	민 간 보 험	**2016년 1년 동안** 받은 민간보험사에서 받은 총 개인연금액은?	① 개인연금(※ 일시불은 제외)	연간 십억 일억 천 백 십 일 만원
			② 퇴직연금	연간 십억 일억 천 백 십 일 만원
문 11)	기 타 정부보조금	**2016년 1년 동안** 정부로부터 받은 보조금(**국민기초생활보장 급여 제외**)의 유형별 금액은? ※ 국민기초생활보장 급여는 문 14)번 문항에 기입 ※ 현물로 받은 보조금의 경우(학비, 보육료 등) 이를 현금으로 환산하여 기입함. ※ ⑦, ⑧, ⑨의 경우 농림부에서 지원하고 있는 것 포함 ※ 기타 정부보조금으로 보기 외에 수련회비, 노인위생비, 자활장려금, 출산장려수당, 출산축하금(지자체 지원 포함), 육아돌보미 지원, 노인장수수당, 직업훈련수당, 교통안전공단지원금, 영양플러스 사업, 보건소지원 물품, 보건소 의료비 지원(5대암, 치매, 인공수정, 체외수정 등), 자동차세 감면, 교복비 지원, 수학여행 비용, 쓰레기봉투 등이 있음. 이들은 기타에 포함. ※ 주민센터에서 파악하십시오.	① 장애수당(장애인 연금, 경증장애수당) 또는 장애아동수당	연간 십억 일억 천 백 십 일 만원
			② 기초연금	연간 십억 일억 천 백 십 일 만원
			③ 한부모가족지원	연간 십억 일억 천 백 십 일 만원
			④ 가정위탁금 또는 소년소녀가장보호비	연간 십억 일억 천 백 십 일 만원
			⑤ 양육수당(영유아 양육지원)	연간 십억 일억 천 백 십 일 만원
			⑥ 보육료 지원 (i-사랑 카드, 아이즐거운 카드)	연간 십억 일억 천 백 십 일 만원
			└ 지출을 전제로 한 바우처 또는 현금	연간 십억 일억 천 백 십 일 만원
			⑦ 학비지원(농림부 지원 포함)	연간 십억 일억 천 백 십 일 만원
			└ 지출을 전제로 한 바우처 또는 현금	연간 십억 일억 천 백 십 일 만원
			⑧ 국가유공자에 대한 보조금(보훈연금 제외)	연간 십억 일억 천 백 십 일 만원
			⑨ 농어업 정부보조금	연간 십억 일억 천 백 십 일 만원
			⑩ 긴급복지지원금	연간 십억 일억 천 백 십 일 만원
			⑪ 기타 바우처 지원금	연간 십억 일억 천 백 십 일 만원
			⑫ 근로장려세제	연간 십억 일억 천 백 십 일 만원
			⑬ 자녀장려세제	연간 십억 일억 천 백 십 일 만원
			⑭ 급식비 지원	연간 십억 일억 천 백 십 일 만원
			└ 지출을 전제로 한 바우처 또는 현금	연간 십억 일억 천 백 십 일 만원
			⑮ 에너지 감면 또는 보조(전기료, 가스비 등)	연간 십억 일억 천 백 십 일 만원
			└ 지출을 전제로 한 바우처 또는 현금	연간 십억 일억 천 백 십 일 만원
			⑯ 통신비 감면 또는 보조(전화, 인터넷 등)	연간 십억 일억 천 백 십 일 만원
			└ 지출을 전제로 한 바우처 또는 현금	연간 십억 일억 천 백 십 일 만원
			⑰ 기타( )	연간 십억 일억 천 백 십 일 만원
			└ 지출을 전제로 한 현물 및 현금	연간 십억 일억 천 백 십 일 만원

문 12)	기 타 소 득	이 외에 **2016년 1년** 동안 발생한 기타소득의 유형별 금액은? ※ 퇴직금의 경우 목돈으로 받는 경우 여기서 파악.	① 증여 · 상속	**연간** 십억 일억 천 백 십 일	만원
			② 경조금	**연간** 십억 일억 천 백 십 일	만원
			③ 보상금(사고보상금, 이주민주거대책비 등)	**연간** 십억 일억 천 백 십 일	만원
			④ 사고 및 질병 보험금	**연간** 십억 일억 천 백 십 일	만원
			⑤ 퇴직금, 사회보험 일시금, 개인연금 일시금, 보장성 보험 해약금	**연간** 십억 일억 천 백 십 일	만원
			⑥ 동산 · 부동산 매매차익	**연간** 십억 일억 천 백 십 일	만원
			⑦ 기타(복권/경품당첨금, 상품권, 곗돈 등)	**연간** 십억 일억 천 백 십 일	만원
문12-1	환급금	**2016년 1년 동안** 돌려받은 환급금 총액은?	세금환급금	**연간** 십억 일억 천 백 십 일	만원

※ 없음 0

※ 2016년 1년(2016.1.1~12.31) 동안 다음 소득은 얼마입니까?				금 액	
문 13)	부모나 자녀로부터의 보조금 (현금 및 현물)	**2016년 1년 동안** 가구원이 아닌 부모나 자녀로부터 받은 현금과 현물(현금환산액)의 총금액은? ※ 주택구입자금과 결혼자금 제외 ※ 일회성 보육대가 포함. 단, 월급형식으로 받으면 근로소득에 기입 ※ 부모 자녀의 경우 가구주 기준	**부모**	**연간** 일억 천 백 십 일	만원
			자녀	**연간** 일억 천 백 십 일	만원
	9개월 미만 동거 가구원의 소득	**2016년 1년 동안 9개월 미만 생계를 같이 하다가 분가한 가구원**이 함께 살 때 집으로 가지고 들어온 현금과 현물(현금환산액)의 총금액은?		**연간** 일억 천 백 십 일	만원
		2016년 1년 동안 귀댁의 **가구원으로 새로 들어온지 9개월 미만된 가구원**이 집으로 가지고 들어온 현금과 현물(현금환산액)의 총금액은? ※ 혼수용품이나 혼수비 등을 제외한 정규적인 소득만을 기입함.		**연간** 일억 천 백 십 일	만원
	민 간 보 조 금 (현금 및 현물)	**2016년 1년 동안** 친척 · 친지, 친구나 이웃, 복지관, 종교 · 사회단체(학교 장학금 포함), 회사(자녀학자금보조 포함) 등 민간부문으로부터 받은 현금과 현물(현금환산액) 보조금의 총금액은? ※ 가구원이 아닌 부모나 자녀로부터 받은 현금과 현물 제외		**연간** 일억 천 백 십 일	만원
문 14)	국민기초생활 보장급여 (맞춤형 급여)	① 생계급여	**2016년 1년 동안** 정부로부터 받은 **생계급여** 수급가구의 연간 수급개월수와 총 금액(현금급여)은? **연간 수급 개월수** **개월** ※ 주민센터에서 파악하십시오.	**연간** 일억 천 백 십 일	만원
		② 주거급여	**2016년 1년 동안** 정부로부터 받은 **주거급여** 수급가구의 연간 수급개월수와 총 금액(현금급여)은? **연간 수급 개월수** **개월**	**연간** 일억 천 백 십 일	만원
			지출을 전제로 한 현물 및 현금 ※ 주민센터에서 파악하십시오.	**연간** 일억 천 백 십 일	만원
		③ 교육급여	**2016년 1년 동안** 정부로부터 받은 **교육급여** 수급가구의 연간 수급개월수와 총 금액(현금급여)은? **연간 수급 개월수** **개월**	**연간** 일억 천 백 십 일	만원
			지출을 전제로 한 현물 및 현금 ※ 응답자의 협조를 얻어 교육청에서 파악하십시오.	**연간** 일억 천 백 십 일	만원

IX. 부채, 이자

※ 귀하 가구의 부채 및 이자에 대한 질문입니다.
(2016. 12. 31기준, 사업용도의 부채는 제외함.)

<table>
<tr><th></th><th></th><th></th><th>세부항목</th><th>금액</th><th></th></tr>
<tr><td rowspan="6">문 1)</td><td rowspan="6">부 채
형 태</td><td rowspan="6">2016.12.31 기준으로 부채의 형태별 부채액(<u>명의기준</u>)은 얼마입니까?

※ 명의기준
※ 주거부채, 영농부채도 파악함.
※ 카드 할부구매는 '<u>③카드빚</u>'에 포함하고,
현금 할부구매는 '<u>⑤외상, 할부구입, 미리탄 곗돈</u>'에 포함
※ 친인척에게 돈을 빌린 경우,
이자가 있으면 '<u>②일반사채</u>'에 기입하고,
이자가 없으면(무이자) '<u>⑥기타부채</u>'에 기입함.
※ 자동차 할부구매의 경우,
카드할부이면 '<u>③카드빚</u>'으로 기록하고,
금융기관 대출이면 '<u>⑤외상, (자동차 등)할부 구입</u>'으로 기록
※ 밀린 월세, 교통안전공단지원대부금, 사회보험 연체금 등은 '<u>⑥기타부채</u>'에 기입함.
※ 세부항목별로 부채가 없는 경우, '0'</td><td>① 금융기관대출(회사대출,
마이너스통장 미상환금 포함)</td><td>십억 일억 천 백 십 일</td><td>만원</td></tr>
<tr><td>② 일반사채</td><td>십억 일억 천 백 십 일</td><td>만원</td></tr>
<tr><td>③ 카드빚 (현금서비스, 카드론,
대환대출 미상환금, 구입한
자동차 카드 할부)</td><td>십억 일억 천 백 십 일</td><td>만원</td></tr>
<tr><td>④ 전세(임대)보증금(받은 돈)</td><td>십억 일억 천 백 십 일</td><td>만원</td></tr>
<tr><td>⑤ 외상, (자동차 등)할부 구입,
미리탄 곗돈
※ 미리 탄 곗돈의 경우 향후 부어야 하는 금액만 기재</td><td>십억 일억 천 백 십 일</td><td>만원</td></tr>
<tr><td>⑥ 기타부채(______)</td><td>십억 일억 천 백 십 일</td><td>만원</td></tr>
<tr><td rowspan="2">문 2)</td><td rowspan="2">이자</td><td rowspan="2">2016년 1년(2016.1.1~12.31) 동안 부채에 대해 지출한 이자는 연간 얼마였습니까?

※ 명의기준
※ 원금과 이자를 동시에 상환하고 있는 경우,
원금을 제외한 '<u>순수이자</u>'만 기입
※ 연체한 경우, '0'</td><td>① 1년 동안 거주하였던
주거관련 부채의 연간이자 연간</td><td>십억 일억 천 백 십 일</td><td>만원</td></tr>
<tr><td>② (주거이자 제외) 기타
연간이자 연간</td><td>십억 일억 천 백 십 일</td><td>만원</td></tr>
<tr><td rowspan="7">문 3)</td><td rowspan="7">부 채 용 도</td><td rowspan="7">2016.12.31. 기준으로
다음 각각의 항목별 부채 금액이 총 부채에서 차지하는 비율에 대해 말씀해 주십시오.

※ 부채가 없는 경우 '0' 기재
※ 항목별 부채 비율의 합은 '100' 이어야 함.
(단, 부채가 없는 경우, 합은 '0')</td><td>① 생활비(생계비)</td><td></td><td>%</td></tr>
<tr><td>② 주택관련 자금(전세보증금 포함)</td><td></td><td>%</td></tr>
<tr><td>③ 교육(학자금마련 포함)</td><td></td><td>%</td></tr>
<tr><td>④ 의료비</td><td></td><td>%</td></tr>
<tr><td>⑤ 빚 갚음</td><td></td><td>%</td></tr>
<tr><td>⑥ 기타 (   )</td><td></td><td>%</td></tr>
<tr><td>총 부채</td><td>1 0 0</td><td>%</td></tr>
</table>

※ 없음 0

X. 재산

※ 귀 가구의 가구원이 보유한 전체 재산에 대한 질문입니다.

(2016.12.31 기준, 명의기준으로 조사하며, 가구원명의의 사업장(가게)도 포함된다.)

문항	구분	질문	세부항목	금액
문 1)	소유 부동산	**2016.12.31 기준으로 거주하고 있는 집을 제외한** 소유부동산의 유형별 가격(**현시가기준**)은? ※ 거주하고 있는 집은 'Ⅵ 주거'에서 파악하였으므로 여기서는 제외.	① 주택(아파트, 단독주택 등)	십억 일억 천 백 십 일 만원
			② 주택외 건물(가족명의의 사업장(가게)·창고·상가·콘도·별장·오피스텔 등)	십억 일억 천 백 십 일 만원
			③ 토지(택지, 논, 밭, 임야 등), 양식장, 기타부동산	십억 일억 천 백 십 일 만원
문 2)	점유 부동산	**2016.12.31 기준으로 거주하고 있는 집을 제외한** 점유부동산의 유형별 가격은? ※ 거주하고 있는 집은 'Ⅵ 주거'에서 파악하였으므로 여기서는 제외.	① 가게, 사업장 등의 전세보증금 준 것, 비동거가구원의 전세보증금 등	십억 일억 천 백 십 일 만원
			② 기타(권리금, 사업설비, 공장기계, 가계물건, 비닐하우스시설, 양식장 등)	십억 일억 천 백 십 일 만원
문 3)	금융자산	**2016.12.31 기준으로** 소유하고 있는 금융자산의 유형별 가격은? ※ 가구원 전부 파악	① 예금(저축예금, 청약예금, 정기예금 등)	십억 일억 천 백 십 일 만원
			② 적금(정기적금, 연금형 적금, 종신보험, 청약부금, 청약저축 등)	십억 일억 천 백 십 일 만원
			③ 주식·채권·펀드(적립식, 거치식)	십억 일억 천 백 십 일 만원
			④ 불입한(타기 전) 곗돈	십억 일억 천 백 십 일 만원
			⑤ 기타(남에게 빌려준 돈, 아파트 중도금(계약금) 부은 것 등)	십억 일억 천 백 십 일 만원
문 4)	농기계	**2016.12.31 기준으로** 보유하고 계신 농기계의 유형별 가격은? ※ 기타에는 살포기, 이앙기, 미증기(도정기), 보행관리기, 로터리 등이 포함됨.	① 동력탈곡기	십억 일억 천 백 십 일 만원
			② 경운기	십억 일억 천 백 십 일 만원
			③ 콤바인	십억 일억 천 백 십 일 만원
			④ 트랙터	십억 일억 천 백 십 일 만원
			⑤ 기타(　　　　)	십억 일억 천 백 십 일 만원
문 5)	농축산물	**2016.12.31 기준으로** (판매하지 않고) 사육하고 있는 농축산물의 유형별 가격은? ※ 애완용 및 식용 가축 제외	① 소	십억 일억 천 백 십 일 만원
			② 돼지	십억 일억 천 백 십 일 만원
			③ 닭	십억 일억 천 백 십 일 만원
			④ 재고농산물	십억 일억 천 백 십 일 만원
			⑤ 기타(　　　　) ※ 유실수 포함	십억 일억 천 백 십 일 만원
문 6)	자동차	**2016.12.31 기준으로** 소유하고 계신 **비영업용** 자동차의 대수와 가격은?	보유대수 / 단위: 대	십억 일억 천 백 십 일 만원
		※ 자동차 보유대수 기준은 명의기준입니다. 예를 들어, 가구원의 명의가 아닌 자동차를 소유하고 있다면, 이는 그 가구의 자동차가 아니며, 가구원의 명의로 된 자동차를 현재 타고 있지 않아도 그 자동차는 가구소유의 자동차입니다. ※ 자동차 모델, 연식별 가격은 별책을 참조하여 환산해 주십시오.		
문 7)	기타 재산	**2016.12.31 기준으로** 위의 재산 이외의 소유하고 계신 재산의 유형별 가격은?	① 운동클럽 등의 회원권	십억 일억 천 백 십 일 만원
			② **영업용 자동차**·자동차 번호 값, 오토바이·선박, 굴삭기(포크레인), 트럭 등 운송 및 생계수단	십억 일억 천 백 십 일 만원
			③ 귀금속, 골동품, 상품권 등	십억 일억 천 백 십 일 만원
			④ 기타(　　　　)	십억 일억 천 백 십 일 만원

※ 없음 0

XI. 생활여건

문 1) **2016년 1년 동안** 귀댁은 다음과 같은 경험을 하신 적이 있습니까?

	구 분	있다	없다	비해당
㉮	**2016년 1년 동안** 돈이 없어서 2달 이상 집세가 밀렸거나 집세를 낼 수 없어서 집을 옮긴 적이 있다.	①	②	③
㉯	**2016년 1년 동안** 돈이 없어서 공과금(사회보험료와 전기요금, 전화요금, 수도요금 등)을 기한 내 납부하지 못한 적이 있다.	①	②	
㉰	**2016년 1년 동안** 돈이 없어서 전기요금, 전화요금, 수도요금 중 하나 이상을 내지 못해 전기, 전화, 수도 등이 끊긴 적이 있다.	①	②	
㉱	**2016년 1년 동안** 돈이 없어서 자녀(대학생 포함)의 공교육비를 한 달 이상 주지 못한 적이 있다.	①	②	③
㉲	**2016년 1년 동안** 돈이 없어서 추운 겨울에 난방을 하지 못한 적이 있다.	①	②	
㉳	**2016년 1년 동안** 돈이 없어서 본인이나 가족이 병원에 갈 수 없었던 적이 있다.	①	②	
㉴	**2016년 1년 동안** 가구원 중에 신용불량자인 사람이 있었다.	①	②	
㉵	**2016년 1년 동안** 연속 6개월 이상 건강보험 미납으로 인하여 보험 급여자격을 정지당한 경험이 있다.	①	②	③

〈 **유의사항** 〉
※ ㉮ 문항의 경우 2016년 1년 내내 주거 점유형태가 '자가' 혹은 '무상' 인 경우 '③비해당'에 응답합니다.
※ ㉱ 문항의 경우 자녀가 없거나 혹은 자녀가 '미취학', '대학원생(석·박사)'인 경우 '③비해당'에 응답합니다.
※ ㉴ 문항의 경우 2016년 이전에 신용불량자로 되었던 사람이 2016년 동안에도 신용불량자의 상태로 있었다면 '①있다'에 응답합니다.
※ ㉵ 문항의 경우 2016년 1년 내내 의료급여 혹은 국가유공자 무료진료 만을 받는 가구는 '③비해당'에 응답합니다.

문 2) **2016년 1년 동안**에 귀댁은 식생활과 관련하여 다음과 같은 경험을 하신 적이 있습니까?

	구 분	자주 그렇다	가끔 그렇다	전혀 그렇지 않다	모름/거부
㉮	**2016년 1년 동안** 경제적인 어려움 때문에 먹을 것이 **떨어졌는데도 더 살 돈이 없었다.**	①	②	③	④
㉯	**2016년 1년 동안** 경제적인 어려움 때문에 먹을 것을 살 돈이 없어서 **균형 잡힌 식사(다양한 식품을 충분한 양으로)**를 할 수가 없었다.	①	②	③	④

	구 분	그렇다	아니다	모름/거부
㉰	**2016년 1년 동안** 경제적인 어려움 때문에 먹을 것을 충분히 살 수 없어서 귀하 가구 내 성인들이 식사의 양을 줄이거나 식사를 거른 적이 있습니까?	① →㉱로 갈 것	② →㉲로 갈 것	③ →㉲로 갈 것
㉱	(㉰에서 ①번 응답자만) 얼마나 자주 그런 일이 있었습니까? ① 거의 매월 ② 몇 개월 동안(매월은 아님) ③ 1-2개월 동안			
㉲	**2016년 1년 동안** 경제적인 어려움 때문에 먹을 것을 충분히 살 수 없어서 먹어야 한다고 생각하는 양보다 적게 드신 적이 있습니까?	①	②	③
㉳	**2016년 1년 동안** 경제적인 어려움 때문에 먹을 것을 살 돈이 없어서 배가 고픈데도 먹지 못한 적이 있습니까?	①	②	③

XII. 국민기초생활보장

국민기초생활보장제도는 생활이 어려운 저소득층의 생활안정을 위하여 생계, 주거, 교육, 의료 등 기본적인 생활을 지원해 주는 제도를 말한다. 2015년 7월부터 맞춤형 급여로 변경되면서, 선정기준이 최저생계비에서 각 급여별 기준 중위소득 이하의 가구로 변경되었다. 맞춤형 급여는 생계급여, 의료급여, 주거급여, 교육급여로 구분되며, 그 밖에 의료급여 특례, 자활 특례 등 특례도 포함되며, 가구원 중 일부만 수급하는 가구도 수급가구로 간주한다.

문 1) 귀댁은 2016년 1년 동안 국민기초생활보장 급여(맞춤형 급여)를 신청하신 적이 있습니까? ☐

① 있다 → **문1－1)로 갈 것**　　　② 없다 → **문2)로 갈 것**

〈 **유의사항** 〉
※ 공식적인 서류신청을 한 경우만 해당합니다.
※ 이미 급여를 받고 있더라도 2016년에 신청한 적이 없으면 '②없다'로 응답해 주십시오.

문 1-1) **(문1)의 ①번 응답자만)** 귀댁이 국민기초생활보장 급여(맞춤형 급여)를 신청하게 된 가장 큰 이유는 무엇입니까? ☐

① 기본적인 생계문제를 해결하기 위해
② 의료급여를 받기 위해
③ 주거비를 지원받기 위해
④ 자녀 교육비를 지원받기 위해
⑤ 취업알선, 창업 등 자활지원을 받기 위해
⑥ 기타(적을 것 : ______________________)

문 1-2) **(문1)의 ①번 응답자만)** 신청한 결과 귀댁은 수급자로 선정되었습니까? ☐

① 생계, 의료, 주거, 교육 급여를 모두 받게 되었다 → **문2)로 갈 것**
② 생계, 의료, 주거, 교육 급여 중 일부만 받게 되었다 → **문1－3)으로 갈 것**
③ 아무것도 받지 못하게 되었다. → **문1－3)으로 갈 것**

〈 **유의사항** 〉
※ 2016년 1년 기준으로 응답합니다. 단, 급여신청을 2016년 12월에 하였고 선정은 2017년에 되었지만, 선정이 되면서 2016년 12월까지의 급여를 소급하여 한꺼번에 받았다면 2016년에 선정이 된 것으로 간주합니다.
※ 생계, 의료, 주거, 교육 급여 중 중간에 탈피가 되었더라도 한번이라도 받은 적이 있으면 받은 것으로 간주합니다. 예를 들어 생계, 의료, 주거, 교육급여를 모두 받고 있다가 2016년 중 생계급여만 못 받게 되었더라도 ①로 응답합니다.

문 1-3) **(문1-2)의 ②, ③번 응답자만)** 수급자로 선정되지 못한 가장 큰 이유는 무엇입니까? 해당 급여만 응답해 주십시오.

문 1-3-1) 생계급여	☐	문 1-3-2) 의료급여	☐	문 1-3-3) 주거급여	☐	문 1-3-4) 교육급여	☐

① 소득이 기준보다 많아서
② 자동차가 있어서
③ 살고 있는 집의 가격이 높아서
④ 살고 있는 집 이외에 재산이 기준보다 많아서
⑤ 부양의무자의 소득 및 재산이 기준보다 많아서
⑥ 기타(적을 것 : ______________________)
⑨ 잘 모르겠다.

문 1-4) **(문1-2)의 ②, ③번 응답자만)** 수급자로 선정되지 못한 후 귀댁의 생계, 의료, 주거, 교육문제는 주로 어떻게 해결하셨습니까? 해당 급여만 응답해 주십시오.

문 1-4-1) 생계급여		문 1-4-2) 의료급여		문 1-4-3) 주거급여		문 1-4-4) 교육급여	

① 부양의무자(같이 살지 않는 부모나 자녀), 친지 및 이웃의 도움
② 빚을 내어서 생활
③ 민간단체의 도움
④ 이전보다 더 절약하며 생활
⑤ 저축 등 있는 재산을 줄여서
⑥ 공공기관 프로그램(공공근로 사업, 차상위 자활사업 등)에 참여하여 얻은 소득으로
⑦ 본인이 스스로 벌어서(공공기관 프로그램 참여 제외)
⑧ 기존에 받던 '가구원 중 일부수급가구'의 국민기초생활보장 급여로
⑨ 기타(적을 것 :____________________)

문 2) 귀댁은 2016년 1년 동안 국민기초생활보장 급여(맞춤형 급여)를 받은 경험이 있습니까? ☐

① 받은 적이 있다 → **문2-1)로 갈 것**
② 받은 적이 없다 → **XII-2.근로장려세제'로 갈 것**

〈 **유의사항** 〉
※ 2016년 동안 생계급여, 의료급여, 주거급여, 교육급여 중 한 개라도 받은 경험이 있으면 수급하고 있는 것으로 응답해 주십시오.

문 2-1) **(문2)의 ①번 응답자만)** 2016년 1년 동안 급여를 받은 경험이 있다면, 그 기간을 해당 급여만 응답해 주십시오.

문 2-1-1) **생계급여**

첫 번째	2	0	1	6	년			월	~	2	0	1	6	년			월
두 번째	2	0	1	6	년			월	~	2	0	1	6	년			월
세 번째	2	0	1	6	년			월	~	2	0	1	6	년			월

문 2-1-2) **의료급여**

첫 번째	2	0	1	6	년			월	~	2	0	1	6	년			월
두 번째	2	0	1	6	년			월	~	2	0	1	6	년			월
세 번째	2	0	1	6	년			월	~	2	0	1	6	년			월

문 2-1-3) **주거급여**

첫 번째	2	0	1	6	년			월	~	2	0	1	6	년			월
두 번째	2	0	1	6	년			월	~	2	0	1	6	년			월
세 번째	2	0	1	6	년			월	~	2	0	1	6	년			월

문 2-1-4) **교육급여**

첫 번째	2	0	1	6	년			월	~	2	0	1	6	년			월
두 번째	2	0	1	6	년			월	~	2	0	1	6	년			월
세 번째	2	0	1	6	년			월	~	2	0	1	6	년			월

〈 **유의사항** 〉
※ 수급과 탈피를 반복하였다면 그 기간을 모두 응답해 주십시오.

문 2-2) **(문2)의 ①번 응답자만)** 귀댁이 국민기초생활보장 급여(맞춤형 급여) 중 **하나라도 <u>12월 말까지 받은 급여가 있다면</u>**, 수급하게 된 **가장** 큰 이유는 무엇입니까? 해당 급여만 응답해 주십시오.

문 2-2-1) 생계급여	☐	문 2-2-2) 의료급여	☐	문 2-2-3) 주거급여	☐	문 2-2-4) 교육급여	☐

① 일은 하고 있었지만 수입이 줄어서
② 소득이 발생하였던 일을 그만두게 되어서
③ 도와주던 친인척의 경제적 형편이 나빠져서(혹은 도움이 끊겨서)
④ 이혼, 가구원의 분가 등으로 인해 소득이 있는 가구원이 빠져나가서
⑤ 소득이 있는 가구원이 사망해서
⑥ 소득은 동일하나 가구원이 증가해서
⑦ 의료비 지출이 커져서
⑧ 다른 지역으로 이사해서
⑨ 기타(적을 것 : ________________)

문 2-3) **(문2)의 ①번 응답자만)** 국민기초생활보장 급여(맞춤형 급여)수준은 어떻다고 생각하십니까? 해당 급여만 응답해 주십시오.

구분	① 매우 적절하다	② 적절하다	③ 보통이다	④ 부족하다	⑤ 매우 부족하다
문 2-3-1) 생계급여	①	②	③	④	⑤
문 2-3-2) 의료급여	①	②	③	④	⑤
문 2-3-3) 주거급여	①	②	③	④	⑤
문 2-3-4) 교육급여	①	②	③	④	⑤

〈 **유의사항** 〉
※ 수급과 탈피를 반복한 경우 가장 최근에 받은 급여수준을 기준으로 응답해 주십시오.

문 3) **(문2)의 ①번 응답자만)** 귀댁이 국민기초생활보장 급여(맞춤형 급여) 중 **<u>12월 말까지 받은 급여가 있다면</u>**, 앞으로 얼마 후에 각 급여별로 수급대상 가구에서 벗어날 것으로 예상하십니까? 해당 급여만 응답해 주십시오.

문 3-1) 생계급여	☐	문 3-2) 의료급여	☐	문 3-3) 주거급여	☐	문 3-4) 교육급여	☐

① 6개월 이내
② 6개월 후 ~ 1년 이내
③ 1년 후 ~ 3년 이내
④ 3년 후
⑤ 벗어나기 힘들 것이다
⑨ 잘 모르겠다.

문 4) **(문2)의 ①번 응답자만)** 귀댁이 국민기초생활보장 급여(맞춤형 급여) 중 **<u>12월 말까지 받지 못한 급여가 있다면</u>**, 각 급여별로 탈피하게 된 **가장** 큰 이유는 무엇이었습니까? 해당 급여만 응답해 주십시오.

문 4-1) 생계급여	☐	문 4-2) 의료급여	☐	문 4-3) 주거급여	☐	문 4-4) 교육급여	☐

① 하고 있던 일의 수입이 늘어서
② 가구원이 취업을 하게 되서
③ 상속, 증여, 재개발 등으로 재산이 늘어서
④ 자동차를 새로 구입해서
⑤ 친인척이 좀 더 도와주어서
⑥ 사망, 이혼, 분가 등 가구원수가 줄어들어서
⑦ 가족의 병이 나아서
⑧ 다른 지역으로 이사하여서
⑨ 소득, 재산, 부양의무자의 변화는 없으나 조사결과가 달라져서
⑩ 기타(적을 것 : ________________)

문 5) **(문1-2)의 ①번 응답자만)** 국민기초생활보장의 여러 지원 중, 귀댁이 **수급가구에서 벗어나더라도 계속 받고 싶은 급여**는 무엇입니까? (생계비를 제외하고 하나만 응답) □

① 의료비 지원
② 교육비 지원
③ 주거비 지원
④ 자활관련 지원
⑤ 없다
⑥ 기타(적을 것 : ____________________)

XII-1. 근로(자녀)장려세제

※ 근로장려세제는 열심히 일은 하지만 소득이 적어 생활이 어려운 근로자 또는 사업자(전문직 제외)가구에 대하여 가구원 구성과 총급여액 등에 따라 산정된 근로장려금을 지급함으로써 근로를 장려하고 실질소득을 지원하는 근로연계형 소득 지원 제도입니다. 근로장려금은 거주자를 포함한 1세대의 가구원 구성에 따라 정한 부부합산 총급여액 등을 기준으로 지급하며, 연간 최대 지급액은 210만원입니다.

※ 자녀장녀세제는 행복한 임신과 출산을 장려하고 저소득 가구의 자녀양육 부담을 경감하기 위해 2015년부터 총 소득 4천만원 미만이면서 부양자녀(18세 미만)가 있는 경우 자녀장려금을 지급하는 제도입니다. 자녀장려금은 부양자녀(18세 미만) 1명당 최대 50만원을 지급하는 제도로 총소득 기준을 제외한 나머지 수급요건은 근로장려금과 동일합니다.

문 1) 자녀장려세제에 대해 어느 정도 알고 계십니까? ☐

① 들어본 적도 없고, 모른다
② 들어본 적은 있지만, 내용은 잘 모른다
③ 들어본 적이 있고, 내용도 어느 정도 알고 있다
④ 들어본 적이 있고, 내용도 비교적 자세히 알고 있다

문 2) 귀댁은 2016년 5월에 근로(자녀)장려금 급여를 신청하신 적이 있습니까? ☐

① 둘 다 신청했다 → **문2-1)로 갈 것**
② 근로장려금만 신청했다 → **문2-1)로 갈 것**
③ 자녀장려금만 신청했다 → **문2-1)로 갈 것**
④ 둘 다 신청한 적 없다 → **문 3)으로 갈 것**

〈 **유의사항** 〉
※ 5월에 신청을 못한 경우, 6-11월 동안 기간 후 신청을 받습니다. 기간 후 신청한 경우도 신청한 것으로 응답합니다.

문 2-1) 귀댁은 2016년에 근로(자녀)장려금을 받으셨습니까? ☐

① 둘 다 받았다 → **문2-2)로 갈 것**
② 근로장려금만 받았다 → **문2-2)로 갈 것**
③ 자녀장려금만 받았다 → **문2-2)로 갈 것**
④ 둘 다 받지 못했다 → **문 3)으로 갈 것**

〈 **유의사항** 〉
※ **있다고 응답한 경우 기타 정부보조금란의 근로장려세제 또는 자녀장려세제란에 정확한 급여액을 기입함.**
※ 5월에 신청한 경우 9월 말까지 급여가 지급되며, 기간 후 신청을 한 경우는 지급시점이 연기될 수 있습니다. 기간 후 신청의 경우 근로장려금, 자녀장려금의 10%를 감액해서 지급됩니다. 이 경우도 지급받은 것으로 응답합니다.

문 2-2) 수급한 근로(자녀)장려금을 주로 어디에 사용하셨습니까? ☐

① 아이들 교육비 ② 일상생활비 ③ 의료비 ④ 문화오락비 ⑤ 저축 ⑥ 기타

문 2-3) 귀댁의 근로(자녀)장려금 급여(수준)가 실생활에 주는 도움은 어느 정도였습니까? ☐

① 전혀 도움이 되지 않았다 ② 도움이 별로 되지 않는 편이었다 ③ 그저 그렇다
④ 대체로 도움이 되는 편이었다 ⑤ 매우 도움이 되었다

문 2-4) 귀댁의 경우 근로(자녀)장려금 급여는 근로의욕에 어떤 영향을 미쳤습니까? □

① 일할 의욕이 매우 감소되었다 ② 일할 의욕이 약간 감소되었다 ③ 일할 의욕에 변화가 없었다
④ 일할 의욕이 약간 증가되었다 ⑤ 일할 의욕이 매우 증가되었다

문 3) 귀댁은 금년(2017년) 근로(자녀)장려금 급여를 받을 요건을 충족한다고 생각하십니까? □

① 둘 다 수급요건을 충족하지 못한다고 생각한다
② 근로장려세제의 수급요건만 충족한다고 생각한다
③ 자녀장려세제의 수급요건만 충족한다고 생각한다
④ 둘 다 수급요건을 충족한다고 생각한다
⑤ 잘 모르겠다

XIII. 가구의 복지서비스 이용

다음은 가구의 복지서비스 이용 정도를 파악하기 위한 질문입니다. 조사대상 기간은 2016년 1월 1일부터 12월 31일까지를 기준으로 응답하여 주시면 됩니다.

문 1) 2016년 1년간 다음 각각의 서비스를 이용해 보신 적이 있습니까?
(※ 이용경험이 없는 경우 경험여부에 '없다'로 응답한 후 다음 서비스 항목에 대해 질문합니다.)

서비스 유형	있다	없다
㉮ 생계비(혹은 생계보조수당) 지원	①	②
㉯ 의료비 지원	①	②
㉰ 물품지원(식료품, 의류, 가구 등)	①	②
㉱ 가정봉사 서비스(청소, 세탁, 식사준비 등)	①	②
㉲ 식사(혹은 밑반찬) 배달 서비스	①	②
㉳ 주택관련 서비스(집수리, 도배 등)	①	②
㉴ 직업훈련, 취업상담, 취업알선, 자활근로	①	②
㉵ 상담서비스	①	②
㉶ 생계, 생업, 자립, 교육 등을 위한 각종 대출, 융자	①	②
㉷ 개인발달계좌(자산형성프로그램)	①	②

〈 **유의사항** 〉
※ 위 질문에서 묻고 있는 복지서비스는 공공기관에서 제공하거나 민간의 복지서비스를 이용하더라도 비용을 공공부문에서 일부 보조해 주는 것들을 말하며, 응답자가 민간의 복지서비스를 이용하면서 비용도 스스로 전부 부담하고 있는 경우에는 해당하지 않습니다.

〈 **유의사항** 〉
※ ㉮ 생계비 지원: 국민기초생활보장제도의 생계급여, 기초연금, 장애수당(경증장애인 대상), 장애인연금(중증장애인 대상), 장애아동수당, 한부모가족지원(양육비), 긴급복지지원(긴급생계급여), 가정위탁금, 소년소녀가장보호비, 근로장려세제 등 생계비 보조를 목적으로 보조하는 현금을 말한다(국민연금, 고용보험 실업급여, 산재보험 등 사회보험 소득은 포함 안 됨. 보육료 지원비, 노인교통비, 학비지원, 바우처 지원금 등 용도가 한정된 지원은 포함 안 됨). 쌀이나 식료품 등은 생계비 지원에 해당하지 않고 ㉰의 물품지원에 체크하도록 한다.
※ ㉯ 의료비 지원: 국민기초생활보장제도와 긴급복지지원제도에 의한 의료급여, 사회복지관련기관 및 종교(시민)단체에서 의료비 지출에 해당하는 비용을 지원하는 경우를 말한다(현금, 현물, 재활서비스 모두 포함). 각종 의료서비스를 지원받은 경우를 포함하되, 건강보험, 산재보험, 장기요양보험 상의 혜택은 포함하지 않는다. 의료비 지출을 위한 가족이나 친척, 이웃 등 개인적인 관계에 의한 지원은 해당하지 않는다.
※ ㉳ 주택 관련 서비스: 국민기초생활보장제도의 주거급여와 같이 공공기관에서 제공(일부 보조)하거나, 사회복지관련기관, 종교(시민)단체에서 실시하는 집수리, 도배 등의 주거시설 개선 및 주택 개조를 말한다.
※ ㉴ 직업훈련, 취업상담, 취업알선, 자활근로: 노인일자리사업, 희망근로, 자활 공공근로를 포함한다.
※ ㉵ 상담서비스: 고민 및 갈등, 정신건강 문제, 약물 및 알코올 문제, 학대 및 가정폭력 문제, 아동의 문제 등과 관련된 상담 및 심리재활서비스를 말한다.
※ ㉶ 생계, 생업, 자립, 교육 등을 위한 각종 대출, 융자: 생계, 생업, 자립, 교육 등의 목적에 사용할 수 있는 자금을 국가가 대출해주거나 국가의 신용보증을 통해 일반 금융기관에서 대출해주는 서비스를 말한다. 예를 들어 소상공인 지원융자, 자영업자 특례보증 대출, 장애인 자립자금, 저소득층 생업자금, 저소득층 창업자금, 한부모가족 복지자금, 직업훈련생계비 대부, 근로자 생계보증 대출, 취업후 상환 학자금 대출 등이 있다. 단, 전세자금이나 주택구입자금 등 주택 관련 대출은 포함하지 않는다.
※ ㉷ 개인발달계좌: 개인이 저축한 금액에 대하여 정부가 일정 금액을 매칭하여 적립하는 제도를 말하며, 가입 중인 경우만 해당한다. 보건복지부의 희망키움통장, 내일키움통장, 디딤씨앗통장, 서울시의 희망플러스통장, 꿈나래통장 등이 포함된다.

다음은 바우처서비스 이용 정도를 파악하기 위한 질문입니다. 바우처란 어떤 상품을 구매할 수 있는 증서로, 사회서비스 바우처 제도는 사회서비스를 제공할 때 일종의 '이용권'을 발급하여 서비스를 받을 수 있도록 하는 제도입니다. 전자바우처는 현금카드 형태로 지급됩니다.

문 2) 2016년 1년간 바우처서비스를 이용해 보신 적이 있습니까?

① 예 → **문2-1) 응답 후, 문3)으로 갈 것**
② 아니오 → **문3)으로 갈 것**

문 2-1) **(문2)의 ①번 응답자만)** 2016년 1년간 다음 각각의 바우처서비스를 이용해 보신 적이 있습니까?
(※ 이용경험이 없는 경우 경험여부에 '없다'로 응답한 후 다음 서비스 항목에 대해 질문합니다.)

서비스 유형	있다	없다
㉮ 노인돌봄종합서비스	①	②
㉯ 장애인활동지원사업	①	②
㉰ 산모/신생아 건강관리지원사업	①	②
㉱ 가사간병 방문지원사업	①	②
㉲ 문화바우처(문화누리카드)	①	②
㉳ 임신출산 진료비지원제도	①	②
㉴ 발달재활서비스	①	②
㉵ 아이행복카드(보육료·유아학비 지원)	①	②
㉶ 언어발달지원사업	①	②
㉷ 발달장애인부모 심리상담서비스	①	②
㉸ 에너지 바우처	①	②
㉹ 기타 바우처서비스(적을 것: ______________________)	①	②

〈 **유의사항** 〉

※ ㉮ 노인돌봄종합서비스: 65세 이상 노인 중 일상생활이 어려운 분들에게 제공하는 가사 활동지원, 주간보호 등의 서비스를 말한다.

※ ㉯ 장애인활동지원사업: 장애인활동지원제도는 활동이 어려운 중증 장애인에게 제공하는 활동보조 서비스를 말하며 활동보조, 방문목욕, 방문간호 서비스를 포함한다.

※ ㉰ 산모/신생아 건강관리지원사업: 출산가정에 가정방문 서비스를 지원하여 산모와 신생아의 건강관리를 지원하고 경제적 부담을 완화하는 서비스를 말한다.

※ ㉱ 가사간병 방문지원사업: 장애인, 소년소녀가정, 한부모가정, 중증질환자 등 저소득 취약계층에 대하여 재가간병·가사지원 등을 지원하는 서비스를 말한다.

※ ㉲ 문화바우처(문화누리카드): 기초생활수급자와 법정차상위계층을 대상으로 개인당 5만원의 바우처를 발급하는 사업으로, 도서, 음반, 영화 등 문화체험과 숙박, 철도, 고속버스, 항공, 테마파크 등의 여행부문, 4대 프로스포츠 관람 등에 사용할 수 있다.

※ ㉳ 임신출산 진료비지원제도: 임신이 확진된 임산부의 본인부담금을 경감하여 임신과 출산에 관련된 진료비를 고운맘 카드로 일부 지원하는 제도를 말한다.

※ ㉴ 발달재활서비스: 성장기의 정신적·감각적 장애아동의 인지, 의사소통, 적응행동, 감각·운동 등의 기능 향상과 행동 발달을 위한 적절한 발달재활서비스 지원 및 정보를 제공하는 서비스를 말한다.

※ ㉵ 아이행복카드(보육료 및 교육료 지원): 영유아 부모에게 서비스 이용권을 제공하는 보육서비스를 말한다.

※ ㉶ 언어발달지원사업: 시·청각장애 부모의 자녀에게 필요한 언어발달지원서비스를 제공하여 아동의 건강한 성장지원 및 장애가족의 자체 역량을 강화하는 서비스를 말한다.

※ ㉷ 발달장애인부모 심리상담서비스: 발달장애인 부모에게 심리정서적 상담을 제공하여 부정적 심리상태를 완화시켜주는 서비스를 말한다.

※ ㉸ 에너지 바우처: 국민기초생활법상 생계급여 또는 의료급여 수급자 중 가구 내 노인이나 아동, 장애인, 임산부가 있을 경우 난방을 위한 에너지바우처를 지급함. 국가바우처 통합카드인 '국민행복카드' 대상 바우처임.

※ ㉹ 기타 바우처서비스: 영유아발달지원서비스, 아동정서발달서비스, 아동청소년심리지원서비스, 인터넷 과몰입 아동청소년 치유서비스, 노인맞춤형 운동처방 서비스, 장애인노인을 위한 돌봄여행 서비스, 장애인 보조기기 렌탈서비스, 시각장애인 안마서비스, 정실질환자 토탈케어 서비스, 자살고위험군 건강증진서비스, 다문화가정 아동 발달지원서비스, 아동돌봄서비스, 부모학교 서비스 등의 지역개발형 바우처가 있다.

다음은 장기요양보험급여 이용정도를 파악하기 위한 질문입니다. 장기요양보험이란 일상생활이 힘든 65세 이상 노인 및 노인성 질병(치매, 뇌혈관 질환 등)을 가진 65세 미만 대상자에게 요양시설이나 재가 장기요양기관을 통해 신체활동(목욕, 배설 등) 또는 가사지원(세탁, 청소 등) 등의 서비스를 제공하는 사회보험제도입니다.

문 3) 2016년 1년간 가구원 중에 장기요양보험급여를 받은 가구원이 있습니까?
(단, 5등급 이상의 장기요양등급 판정을 받은 경우에 한합니다)

① 예 → 문3-1), 문3-2) 응답 후 'XIV. 노인가구의 복지서비스 이용'으로 갈 것
② 아니오 → 'XIV. 노인가구의 복지서비스 이용'으로 갈 것

문 3-1) **(문3)의 ①번 응답자만)** 장기요양서비스를 이용하시면서, **귀댁이 지불하신 금액**은 월단위 얼마였습니까?

월단위 [백만 | 십만 | 일만 | 천] **천원**

〈 **유의사항** 〉
※ 본인부담금, 비급여 항목을 포함한 서비스 이용료(월단위)를 말함. 장기요양보험료는 해당되지 않음.

문 3-2) **(문3)의 ①번 응답자만)** 2016년 1년 동안 급여(서비스)를 받은 경험이 있다면,
어떤 종류의 급여를 받으셨습니까?
(※ 이용경험이 없는 경우 경험여부에 '없다'로 응답한 후 다음 서비스 항목에 대해 질문합니다.)

급여(서비스) 유형	있다	없다
㉮ 방문요양(목욕, 옷입히기, 취사, 주변정돈 등)	①	②
㉯ 방문목욕(차량 이용 목욕 제공)	①	②
㉰ 방문간호(간호사 방문 간호, 요양상담, 구강위생 등)	①	②
㉱ 주·야간보호(하루 중 일정한 시간 동안 장기요양기관에서 보호)	①	②
㉲ 단기보호(일정기간 동안 단기보호시설 보호)	①	②
㉳ 기타재가급여(휠체어, 침대, 욕창방지 매트리스·방석, 욕조용리프트, 이동욕조, 보행기 등 복지용구)	①	②
㉴ 시설급여(2015년 중 장기요양보호시설 이용)	①	②
㉵ 특별현금급여(특별한 사유로 가족이 보살피는 경우)	①	②

XIV. 노인가구의 복지서비스 이용

다음은 만65세 이상 어르신(노인)이 있는 가구만 응답해 주십시오. 해당하지 않는 가구는 XV. 아동가구의 복지서비스 이용에 대한 질문으로 가십시오. 조사대상 기간은 2016년 1월 1일부터 12월 31일까지를 기준으로 응답하여 주십시오.

문 1) 2016년 1년간 다음 각각의 서비스를 이용해 보신 적이 있습니까?
(※ 이용경험이 없는 경우 경험여부에 '없다'로 응답한 후 다음 서비스 항목에 대해 질문합니다.)

서비스 유형	있다	없다
㉮ 기초연금 지원	①	②
㉯ 의료비 지원	①	②
㉰ 노인 무료 급식(본인부담금 없음)	①	②
㉱ 물품지원(식료품, 의류, 가구 등)	①	②
㉲ 가정봉사 서비스(청소, 세탁, 식사준비 등)	①	②
㉳ 식사(혹은 밑반찬) 배달 서비스	①	②
㉴ 방문 가정간호, 간병, 목욕 서비스	①	②
㉵ 이동편의 서비스(병원 동행 등)	①	②
㉶ 주・야간보호 서비스(일정시간 복지관 등에서 보호해주는 것)	①	②
㉷ 노인일자리사업	①	②
㉸ 사회교육 서비스(한글교실, 생활요가, 노래교실 등)	①	②

〈 유의사항 〉

※ 위 질문에서 묻고 있는 복지서비스는 공공기관에서 제공하거나 민간의 복지서비스를 이용하더라도 비용을 공공부문에서 일부 보조해 주는 것들을 말하며, 응답자가 민간의 복지서비스를 이용하면서 비용도 스스로 전부 부담하고 있는 경우에는 해당하지 않습니다.

〈 유의사항 〉

※ ㉯ 의료비 지원: 국민기초생활보장제도와 긴급복지지원제도에 의한 의료급여 및 의료지원, 사회복지관련기관 및 종교(시민)단체에서 의료비 지출에 해당하는 비용을 지원하는 경우를 말한다(현금, 현물, 재활서비스 모두 포함). 노인 안검진 및 개안 수술, 치매조기검진, 치매치료관리지원 등 의료서비스를 지원받은 경우를 포함한다. 건강보험, 산재보험, 장기요양보험 상의 혜택은 포함하지 않는다. 의료비 지출을 위한 가족이나 친척, 이웃 등 개인적인 관계에 의한 지원은 해당하지 않는다.

※ ㉰ 노인 무료 급식(본인부담금 없음): 지자체 노인결식사업의 일환으로 전액 무료로 급식을 이용하는 경우만 해당한다. 노인이 일부 시비를 부담하는 경우는 해당하지 않는다.

※ ㉵ 이동편의 서비스: 노인 및 장애인을 위해 특별히 고안된 이동수단(장애인 콜택시 등)을 이용하거나, 간병인 등이 이동 동행하는 경우를 말한다. 단, 노인이 혼자 일반 버스나 택시를 이용하는 경우나, 교통수당이나 대중교통 이용 시 요금할인을 받은 것은 제외한다.

※ 독거노인 대상 노인돌봄기본서비스를 통해 노인돌보미나 응급안전돌보미 서비스를 받는 경우 ㉲ 가정봉사 서비스(청소, 세탁, 식사준비 등)에 '예'라고 응답한다.

XV. 아동가구의 복지서비스 이용

다음은 만0~17세 이하 아동(자녀)을 둔 가구만 응답해 주십시오. 없다면 XVI. 장애인가구의 복지서비스 이용에 대한 질문으로 가십시오. 아동(자녀)은 응답자 본인의 친자녀뿐만 아니라 조카, 손자녀 등 만0~17세 이하의 아동, 청소년 가구원은 모두 해당됩니다. 조사대상 기간은 2016년 1월 1일부터 12월 31일까지를 기준으로 응답하여 주십시오.

문 1) 2016년 1년간 다음 각각의 서비스를 이용해 보신 적이 있습니까?
(※ 이용경험이 없는 경우 경험여부에 '없다'로 응답한 후 다음 서비스 항목에 대해 질문합니다.)

서비스 유형	있다	없다
㉮ 공공어린이집(주간보호 및 특별활동)	①	②
㉯ 양육·보육료 및 유치원비 보조(양육수당 포함)	①	②
㉰ 아동상담, 집단 프로그램(성격, 정서문제, 독서지도 등)	①	②
㉱ 방과후돌봄 서비스(지역아동센터 등)	①	②
㉲ 무료급식(급식지원 포함)	①	②
㉳ 학비 지원	①	②
㉴ 예체능 교실(컴퓨터, 미술, 음악, 체육 등)	①	②
㉵ 문화활동(문화유산답사, 연극, 영화, 견학, 방학 중 캠프 등)	①	②
㉶ 가정봉사·아이돌봄 서비스	①	②
㉷ 영유아보충식품지원(영양플러스사업 포함)	①	②

〈 **유의사항** 〉
※ 위 질문에서 묻고 있는 복지서비스는 공공기관에서 제공하거나 민간의 복지서비스를 이용하더라도 비용을 공공부문에서 일부 보조해 주는 것들을 말하며, 응답자가 민간의 복지서비스를 이용하면서 비용도 스스로 전부 부담하고 있는 경우에는 해당하지 않습니다.

〈 **유의사항** 〉
※ ㉮ 공공어린이집: 정부에서 인건비를 지원받는 국공립, 사회복지법인, 법인·단체 등, 영아전담·장애아전담 어린이집과 공공기관 또는 고용보험기금으로부터 운영비를 지원받는 직장어린이집을 말한다. 공공형 어린이집을 비롯하여 서울형/부산형 어린이집은 모두 공공으로부터 운영비를 지원받기 때문에 공공어린이집에 해당한다.
※ ㉳ 학비 지원: 초·중·고등학교의 입학금, 수업료, 검정고시 학습비, 방과후교실 등록비 등이 포함된다.

다음 문2)~문6)은 만0~17세 이하 아동(자녀) 각각에 대한 질문입니다. 반드시 아래 응답지에 개별 아동(자녀)별로 아동의 가구원 번호에 따라 기재해 주시기 바랍니다.

문 2) 귀댁에 가구원으로 2015. 4. 1. ~ 2016. 3. 31. 동안에 새로 가구원으로 진입(출산, 입양 등)한 아동(자녀)이 있습니까? 있다면 그 아동(자녀)은 누구입니까? □
(※ 2쪽의 가구원현황과 11차년도에 추가된 가구원 중 아동이 있는지 확인하여 기재해주십시오.)

① 있다 → **문 2-1)로 갈 것** ② 없다 → **문 3)으로 갈 것**

문 2-1) **(문2)의 ①번 응답자만)** 귀댁의 아동(자녀) □□□은 출생 시 체중이 2.5kg 이상이었습니까? □

① 그렇다 ② 아니다

문 2-2) **(문2)의 ①번 응답자만)** 귀댁의 아동(자녀) □□□은 아기 때부터 앓아온 선천성 기형이나 선천성 질환(심장질환 등)이 있습니까? □

① 그렇다 ② 아니다

아동(자녀)의 가구원 번호 (※ 2쪽의 가구원 번호와 일치하도록 기재하시오)		아동(자녀) 가구원의 이름	문2-1) 체중	문2-2) 선천성 기형 및 질환

문 3) 다음은 공적인 학교교육 이외의 학원, 과외, 학습지, 어린이집, 유치원 등 사교육과 보육기관 이용실태에 관한 질문입니다. 귀댁의 아동(자녀) □□□은 <보기>와 같은 곳을 이용하고 있습니까?
(※ 모든 아동(자녀)을 가구원 번호에 따라 차례대로 기재한 후 질문합니다. 사교육과 보육기관을 이용하지 않는 아동(자녀)은 이용여부에 '② 안한다'로 기재한 후 다른 아동에 대해 질문합니다.)

문 4) 귀댁의 각각의 아동(자녀)이 이용하는 사교육·보육기관을 아래의 <보기>에서 주로 이용하는 순서대로 3개까지 응답해 주십시오.

문 5) 귀댁에서 각각의 아동(자녀)에게 든 사교육비는 한 달 평균 얼마입니까? 교재비, 재료비, 간식비 등 부대비용까지 포함하여 다음의 응답지에 아동별로 기재하여 주십시오.

〈 유의사항 〉
※ 한 아동(자녀)이 위 문4)에서 응답한 사교육기관보다 더 많은 사교육기관(4개 이상 이용자)을 이용하고 있을 경우 이용하고 있는 모든 사교육기관의 이용비용과 교재비, 도구실습비, 간식비 등 부대비용까지를 합산하여 응답해 주십시오.
※ 모든 비용은 가구에서 실제 지출한 실비만 포함시킵니다.
※ 정부지원을 받는 경우 정부지원금을 제외한 본인부담금을 기준으로 응답해 주십시오.
※ 없음 = 0000

문 6) 귀댁에서 각각의 아동(자녀)에게 든 보육비는 한 달 평균 얼마입니까? 교재비, 재료비, 간식비 등 부대비용까지 포함하여 다음의 응답지에 아동별로 기재하여 주십시오.

〈 유의사항 〉
※ 한 아동(자녀)이 위 문4)에서 응답한 보육기관보다 더 많은 보육기관(4개 이상 이용자)을 이용하고 있을 경우 이용하고 있는 모든 보육기관의 이용비용과 교재비, 도구실습비, 간식비 등 부대비용까지를 합산하여 응답해 주십시오.
※ 모든 비용은 가구에서 실제 지출한 실비만 포함시킵니다.
※ 정부지원을 받는 경우 정부지원금을 제외한 본인부담금을 기준으로 응답해 주십시오.
※ 없음 = 0000

구 분	<보 기>
어린이집 및 유치원	① 국공립(국립·시립·구립 등)어린이집 ② 사회복지법인어린이집 ③ 민간어린이집(법인·단체등어린이집, 부모협동어린이집 포함) ④ 가정어린이집(개인가정에서 운영하는 어린이집) ⑤ 직장어린이집(사업주가 설치한 어린이집) ⑥ 정규시간 이외에 보육도 맡아주는 유치원 ⑦ 정규시간만을 담당하는 유치원
민간학원 및 사교육	⑧ 학원 ⑨ 개인·그룹과외 ⑩ 학습지(온라인 학습지 포함)
학교 및 사회복지 관련기관	⑪ 방과후 교내보충학습(만6세 이상이 학교 내에서 자발적으로 별도의 비용을 지불하고 보충학습 및 특기 지도 등을 하는 경우) ⑫ 방과후 교실(만6세 이상이 학교가 아닌 사회복지관, 유치원 등에서 보육이 아닌 특기 지도, 보충학습 등을 하는 것)
기타	⑬ 친·인척(비용을 지불하는 경우만 해당) ⑭ 이웃(비용을 지불하는 경우만 해당) ⑮ 건강가정지원센터의 아이 돌보미 ⑯ 민간 아이 돌보미 ⑰ 기타(적을 것 : ____________________) ⑱ 그 외 보육시설(방과후 학교 초등보육프로그램, 보육을 목적으로 하는 반일제 이상의 학원, 영어유치원, 놀이학교, 선교원, 문화센터 등)

문3)~문6) 응답지

아래 응답지에 모든 아동(자녀)을 가구원 번호에 따라 차례대로 기재하여 주십시오. 가구원번호 및 이름은 2쪽의 내용과 일치하도록 기재해야 합니다.

아동(자녀)의 가구원 번호	아동(자녀) 가구원의 이름	문3) 이용여부		문4) 이용기관		문5) 한 달 평균 사교육비 (부대비용 포함)	문6) 한 달 평균 보육비 (부대비용 포함)
		한다	안한다				
		①	②	A		월평균 만원	월평균 만원
				B			
				C			
		①	②	A		월평균 만원	월평균 만원
				B			
				C			
		①	②	A		월평균 만원	월평균 만원
				B			
				C			
		①	②	A		월평균 만원	월평균 만원
				B			
				C			
		①	②	A		월평균 만원	월평균 만원
				B			
				C			
		①	②	A		월평균 만원	월평균 만원
				B			
				C			

XVI. 장애인가구의 복지서비스 이용

다음은 가구에 장애인(등록 장애인, 비등록 장애인 모두 포함)이 있는 경우에만 응답해 주십시오. 없다면 다음 페이지의 **XVII.** 가족에 대한 질문으로 가십시오. 조사대상 기간은 **2016**년 **1**월 **1**일부터 **12**월 **31**일까지를 기준으로 응답하여 주십시오.

문 1) 2016년 1년간 다음 각각의 서비스를 이용해 보신 적이 있습니까?
(※ 이용경험이 없는 경우 경험여부에 '없다'로 응답한 후 다음 서비스 항목에 대해 질문합니다.)

서비스 유형	있다	없다
㉮ 장애인연금(중증장애인 대상)	①	②
㉯ 장애수당(경증장애인 대상)	①	②
㉰ 장애아동수당	①	②
㉱ 의료재활서비스	①	②
㉲ 가정봉사 서비스(청소, 세탁, 식사준비 등)	①	②
㉳ 방문 가정간호, 간병, 목욕 서비스	①	②
㉴ 이동편의 서비스(병원 동행 등)	①	②
㉵ 주택관련 서비스(집수리, 도배 등)	①	②
㉶ 가족상담 및 심리재활 서비스	①	②
㉷ 사회적응 및 취업관련 서비스	①	②
㉸ 장애아동 및 장애인자녀 보육비 및 교육비 지원	①	②
㉹ 장애아동 및 장애인자녀 관련 프로그램(학습지원 서비스 등)	①	②
㉺ 자동차 관련 지원	①	②

〈 **유의사항** 〉
※ 위 질문에서 묻고 있는 복지서비스는 공공기관에서 제공하거나 민간의 복지서비스를 이용하더라도 비용을 공공부문에서 일부 보조해 주는 것들을 말하며, 응답자가 민간의 복지서비스를 이용하면서 비용도 스스로 전부 부담하고 있는 경우에는 해당하지 않습니다.

〈 **유의사항** 〉
※ ㉱ 의료재활서비스: 장애인 의료비 지원, 건강보험 지역가입자의 보험료 경감, 장애인 등록진단비 및 검사비 지원, 발달재활서비스, 언어발달 지원, 장애인 보조기구 및 보장구 지원 및 할인, 여성장애인 출산비용지원 등이 포함된다.
※ ㉴ 이동편의 서비스: 노인 및 장애인을 위해 특별히 고안된 이동수단(장애인 콜택시 등)을 이용하거나, 활동보조인, 간병인 등이 이동 동행하는 경우를 말한다. 단, 장애인이 혼자 일반 버스나 택시를 이용하는 경우나, 교통수당이나 대중교통 이용 시 요금할인을 받은 것은 제외한다.
※ ㉵ 주택관련 서비스: 공공기관에서 제공(일부 보조)하거나, 사회복지관련기관, 종교(시민)단체에서 실시하는 집수리, 도배 등의 주거시설 개선 및 주택 개조를 말한다.
※ ㉶ 가족상담 및 심리재활 서비스: 장애인과 장애인가족의 심리적 안정을 위해 지원하는 각종 서비스를 의미하며, 발달장애인 부모심리상담서비스(바우처)도 포함된다.
※ ㉷ 사회적응 및 취업관련서비스: 직업재활시설 및 보호작업장 이용, 직업훈련, 취업알선 등 취업지원서비스, 사회복귀훈련, 사회적응훈련, 자립생활훈련, 장애인자립자금 대여, 자판기·매점 등 사업권 제공 등을 말한다.

XVII. 가족

문 1) **2016년 1년간** 귀댁에 근심이나 갈등을 초래한 가장 큰 문제는 다음 중 무엇입니까?
우선 순서대로 2가지만 선택해 주십시오.
(※ 가구원 외의 경우에는 직계혈족 1촌 이내까지만 포함합니다.)

1순위		2순위	

⓪ 특별한 어려움이 없었다
① 경제적 어려움(부채 또는 카드 빚 문제)
② 가구원의 취업 및 실업
③ 자녀교육 혹은 행동
④ 가구원의 건강
⑤ 가구원의 알코올
⑥ 가족 내 폭력
⑦ 가구원간 관계
⑧ 가구원의 가출
⑨ 주거관련 문제
⑩ 기타(적을 것 : ________________)
⑪ 자녀의 결혼문제

문 2) 다음은 가족구성원들이 서로 어떻게 지내고 논쟁을 해결하는지에 대해 알아보기 위한 질문입니다.
2016년 1년간 귀댁은 어떠하였습니까?
(※ 독신가구이면서 직계혈족 1촌이 없는 경우 '비해당'으로 표시하고 '추가적인 질문'으로 넘어가십시오. 비가구원인 직계혈족 1촌이 있는 1인 가구(독신가구)이지만 지난 1년간 상호 교류가 전혀 없었다면, '비해당'으로 표시합니다.)

구분	전혀 그렇지 않다	그렇지 않은 편이다	보통이다	그런 편이다	매우 그렇다	비해당
㉮ 우리 가정에서는 의견충돌이 잦다.	①	②	③	④	⑤	⓪
㉯ 가족원들이 가끔 너무 화가 나서 물건 등을 집어 던진다.	①	②	③	④	⑤	⓪
㉰ 가족원들이 항상 침착하게 문제를 논의한다.	①	②	③	④	⑤	⓪
㉱ 가족원들이 자주 서로를 비난한다.	①	②	③	④	⑤	⓪
㉲ 가족원들이 가끔 서로를 때린다.	①	②	③	④	⑤	⓪

지금까지 질문에 응해 주셔서 대단히 감사합니다.

승 인 번 호
제 33109 호

이 조사표에 기재된 내용은 통계법 제33조에 의하여 비밀이 보장됩니다

작성기관: 한국보건사회연구원
서울대사회복지연구소

KIHASA

2017년 한국복지패널조사
12차 신규가구용(유형2)

안녕하십니까?

한국보건사회연구원과 서울대학교 사회복지연구소는 국무총리실과 보건복지부의 의뢰를 받아 한국복지패널조사를 실시하고 있습니다. 본 조사는 급격히 변화하는 사회환경 속에서 계층별, 연령별 인구집단의 생활실태와 사회복지 욕구를 역동적으로 파악하여 각종 복지정책 수립시 활용할 기초자료를 마련하는데 그 목적이 있습니다.

본 조사는 통계법 제25조에 의거하여 실시·관리되고 조사표에 기입되는 모든 응답내용은 **통계법 제33조 및 제34조**에 의거 통계목적에만 사용되고 그 비밀은 반드시 보장됩니다. 귀댁의 응답은 정부의 올바른 정책수립에 귀중한 기초자료로 이용되오니 시간을 내어 협조해 주시면 대단히 감사하겠습니다.

2017년 2월

〈 문의 및 연락처 〉
한국보건사회연구원 (☎ 044-287-8124, 8138, 8294, 8273, 8159, 8185)
서울대학교 사회복지연구소 (☎ 02-880-6320)

가구 패널 ID ※인포시트상의 숫자를 그대로 이기	가구생성차수 -12차 신규가구: 12	가구분리일련번호 -첫번째 12차 신규가구: 01 -두번째 12차 신규가구: 02 -세번째 12차 신규가구: 03	※분가사유	
	1 2		① 결혼 ② 직장 ③ 학업 ④ 이혼 ⑤ 별거 ⑥ 위탁 ⑦ 기타(*기타내용은 가구정보란에 기록)	

주소지	행정코드		______시·도 ______구·시·군 ______동·읍·면
	상세주소	____통·리 ____번지 ____호 (_____아파트 ____동 ____층 ____호) ☎ ( ) _____ - ________	

가구주 성명	응답자 1				응답자 2			
	성명		가구원 번호		성명		가구원 번호	
	휴대폰				휴대폰			

조사표완료 소요시간	총 ______분	총방문횟수	총 ______회	
1차방문	___월 ___일 ___시 ___분	방문결과	① 완료 ② 미완	☞ 사유(번호기재):
2차방문	___월 ___일 ___시 ___분	방문결과	① 완료 ② 미완	☞ 사유(번호기재):
3차방문	___월 ___일 ___시 ___분	방문결과	① 완료 ② 미완	☞ 사유(번호기재):
4차방문	___월 ___일 ___시 ___분	방문결과	① 완료 ② 미완	☞ 사유(번호기재):
최종방문	___월 ___일 ___시 ___분	방문결과	1. 완료 2. 미완	☞ 사유(번호기재):

※미완사유코드
⓪ 비해당(완료)
① 늦은 귀가
② 장기출타
③ 부재중(원인미파악)
④ 일부문항 미완
⑤ 조사거부
⑥ 이사(주소추적불가)
⑦ 사망으로 인한 가구소실
⑧ 기타 추적불가사유
⑨ 기타

조사원 이름		지도원 확인	① 완료 ② 미완 ☞ 사유(번호기재):	지도원	(인)

I. 가구일반사항

※ 본 조사의 조사시점은 2016년 12월 31일 기준입니다. 신규가구는 2016년 9월 30일 이전에 생성된 가구만 해당됩니다 (10월 1일 이후 생성 가구는 신규가구가 아니라 원가구의 가구원으로 간주하여 조사).

※ 신규가구 생성 시기 ([인포시트] 내용 이기)	년	월

문1) 귀댁에 함께 살고 있는 가구원은 모두 몇 명입니까? (※ 가구 생성 시점~ 2016년 12월 31일까지 3/4 이상 생계를 같이하였던 가구원을 기준으로 말씀하여 주십시오. 단, 직장 때문에 따로 사는 가장, 학생, 기타 이유로 같이 살지 않는 가족은 가구원에 포함하여 주십시오.)	명

가구원 진입 차수	개인 패널ID	가구원 번호	이름	문2) 가구주와의 관계		문3) 성별	문4) 태어난 연도, 월		문5) 교육수준 문5-1)	문5-2)
-12차 가구진입 가구원: 12 -재진입 가구원: 최초 진입차수 - 그 외는 인포시트상의 숫자를 그대로 이기	※인포시트와 지침서를 참고하여 부여 인포시트상의 개인패널ID를 그대로 이기하고, 10차 진입가구원의 경우 새로운 개인패널ID를 부여	※ 순서대로 기입	가구원 이름	※ 가구주와의 관계는 주관식으로 기입후 아래 **[가구주와의 관계표]를 참고**하여 코드번호 기입 ※ 가구주 정의: 호주 또는 세대주와는 관계없이 그 가구를 실질적으로 대표하고 사실상 생계를 책임지고 있는 사람		① 남 ② 여	※ 주민등록상의 생년, 생월을 기재하여 주십시오. (반드시 [인포시트]와 비교하여 확인)		① 미취학 (만 7세미만) ② 무학 (만 7세이상) ③ 초등학교 ④ 중학교 ⑤ 고등학교 ⑥ 전문대학 ⑦ 대학교 ⑧ 대학원(석사) ⑨ 대학원(박사)	⓪ 비해당 ① 재학 ② 휴학 ③ 중퇴 ④ 수료 ⑤ 졸업
				가구주와의 관계	가구주와의 관계 코드		생년(生年)	생월(生月)		
		1			0 1 0					
		2								
		3								
		4								
		5								
		6								
		7								
		8								
		9								

문 2) 가구주와의 관계표

010. 가구주

001. 가구주의 아버지
002. 가구주의 어머니

005. 가구주의 조부
006. 가구주의 조모

011. 가구주의 첫째 자녀
012. 가구주의 둘째 자녀
013. 가구주의 셋째 자녀
(넷째 = 14, 다섯째 = 15, ...)

031. 가구주의 형제/자매
(첫 번째 사람 = 31, 두 번째 사람 = 32, ...)

051. 가구주의 형제/자매의 배우자
(첫 번째 사람 = 51, 두 번째 사람 = 52, ...)

111. 가구주의 첫째 자녀의 첫째 자녀
112. 가구주의 첫째 자녀의 둘째 자녀
(셋째 = 113, 넷째 = 114, ...)

121. 가구주의 둘째 자녀의 첫째 자녀
122. 가구주의 둘째 자녀의 둘째 자녀
(셋째 = 123, 넷째 = 134, ...)

131. 가구주의 셋째 자녀의 첫째 자녀
132. 가구주의 셋째 자녀의 둘째 자녀
(셋째 = 133, 넷째 = 134, ...)
997. 기타 친인척 (숫자에 관계없이 동일번호)
998. 인척관계가 아닌 동거인 (숫자에 관계없이 동일번호)

020. 가구주의 배우자

003. 가구주의 배우자의 아버지
004. 가구주의 배우자의 어머니

007. 가구주의 배우자의 조부
008. 가구주의 배우자의 조모

021. 가구주의 첫째 자녀의 배우자
022. 가구주의 둘째 자녀의 배우자
023. 가구주의 셋째 자녀의 배우자
(넷째 = 24, 다섯째 = 25, ...)

041. 가구주 배우자의 형제/자매
(첫 번째 사람 = 41, 두 번째 사람 = 42, ...)

061. 가구주 배우자의 형제/자매의 배우자
(첫 번째 사람 = 61, 두 번째 사람 = 62, ...)

211. 가구주 첫째 자녀의 첫째 자녀의 배우자
212. 가구주 첫째 자녀의 둘째 자녀의 배우자
(셋째 = 213, 넷째 = 214, ...)

221. 가구주 둘째 자녀의 첫째 자녀의 배우자
222. 가구주 둘째 자녀의 둘째 자녀의 배우자
(셋째 = 223, 넷째 = 224, ...)

231. 가구주 셋째 자녀의 첫째 자녀의 배우자
232. 가구주 셋째 자녀의 둘째 자녀의 배우자
(셋째 = 233, 넷째 = 234, ...)

가구원 번호	문6) 장애종류 및 등급			문7) 혼인상태	문8) 종교	문9) 동거여부	
	문6-1) 장애종류		문6-2) 장애등급				
※순서대로 기입	⓪ 비해당(비장애인) ① 지체장애 ② 뇌병변장애 ③ 시각장애 ④ 청각장애 ⑤ 언어장애 ⑥ 정신지체 (지적장애) ⑦ 발달장애 (자폐성장애) ⑧ 정신장애 ⑨ 신장장애 ⑩ 심장장애 ⑪ 호흡기장애 ⑫ 간장애 ⑬ 안면장애 ⑭ 장루·요루장애 ⑮ 간질장애 ⑯ 비등록장애인(보훈처등록장애인포함) ※ 가장최근에 판정받은 장애유형을 기록 ※ 중복장애의 경우, 주요 장애 한 가지만 표시해 주십시오, 등급이 같은 경우에는 생활에 더 큰 어려움을 주는 장애로 표시하면 됩니다		⓪ 비해당(비장애인) ① 1급 ② 2급 ③ 3급 ④ 4급 ⑤ 5급 ⑥ 6급 ⑦ 비등록 장애인 (보훈처등록 장애인포함) ※ 중복장애의 경우에는 중복장애가 복지카드에 표시되어 합산되어 있는 경우 이를 그대로 기입합니다.	⓪ 비해당 (18세 미만) ① 유배우 ② 사별 ③ 이혼 ④ 별거 ⑤ 미혼 (18세 이상, 미혼모 포함) ⑥ 기타(사망등)	① 있음 ② 없음	① 같이 살고 있다. ② 다른 지방에 근무(국내) ③ 해외 근무 중 ④ 학업(해외 유학 포함) ⑤ 입원, 요양 ⑥ 가정불화로 인한 별거 ⑦ 가출 ⑧ 분가 ⑨ 사망 ⑩ 다른 곳에 맡겨진 미취학 자녀 ⑪ 기타(군복무 등) ※ 주거지를 정하지 않은 여행 등 일시적인 비동거자는 동거자로 구분합니다.	
1							
2							
3							
4							
5							
6							
7							
8							
9							

문10)	가구형태	① 단독 ② 모자 ③ 부자 ④ 조손가구 또는 소년소녀가장 ⑤ 기타	

문11) 맞춤형 급여 수급형태	급여종류	1)수급여부	2) 수급형태 1			3) 수급형태 2
	① 생계급여		⓪해당없음 ①일반수급가구 ②조건부수급가구 ③특례가구			⓪해당없음 ①가구원 전부 수급 ②가구원 중 일부 수급
	② 의료급여		⓪해당없음 ①의료급여 1종 ②의료급여 2종 ③국가유공자 무료진료			⓪해당없음 ①가구원 전체 의료급여 ②가구원 일부 의료급여
	③ 주거급여		⓪해당없음 ①임차급여 ②임차급여특례 ③수선유지급여 ④수선유지급여 특례			
	④ 교육급여		교육급여 수급자 수		명	

〈 **용어 해설: 가구형태** 〉

- 단독: 1인 가구
- 모자: 어머니와 18세 미만의 미혼자녀(1999년 1월 1일 이후 출생자)로만 구성된 가구(단, 취학 중인 경우 만 22세 미만)
- 부자: 아버지와 18세 미만의 미혼자녀(1999년 1월 1일 이후 출생자)로만 구성된 가구(단, 취학 중인 경우 만 22세 미만)
- 조손가구 또는 소년소녀가장: 18세 미만의 자가 가구주로 있는 가구 또는 만 65세 이상인 노인(할머니, 할아버지)과 같이 사는 경우 노인을 가구주로 하는 가구
- 기타: 위에 해당되지 않는 가구

〈 **용어 해설: 의료급여 수급형태** 〉

- 의료급여 1종: 국민기초생활보장수급권자 중 근로무능력세대, 107개 희귀난치성질환자가 속한 세대, 이재민, 의사상자, 국가유공자, 중요무형문화재 보유자, 북한이탈주민, 5·18민주화운동 관련자 등으로 가구(세대) 모두가 의료급여 수급자인 가구
- 의료급여 2종: 국민기초생활보장수급권자 중 근로능력세대 등으로 가구(세대) 모두가 의료급여 수급자인 가구

〈 **유의사항: 기초보장 수급형태 / 의료급여 수급형태 / 맞춤형 급여**〉

※ 맞춤형 급여(생계, 의료, 주거) 수급형태는 주민센터 사회복지 담당 공무원의 협조를 얻어, 2016년 12월 31일 기준 수급여부 및 수급형태를 확인하고, 교육급여는 응답자의 협조를 얻어 교육청에 문의하여 수급여부 및 수급자 수를 기입합니다.

※ 가구원 중 1명이라도 수급이면 수급가구로 파악합니다.

II. 건강 및 의료 A

※ 가구원 번호와 이름은 2쪽의 순서 및 내용과 일치하도록 기재합니다.

가구원 번호	이름	문1) 2016년 12월 31일 기준 건강상태	문2) 2016년 1년 중 의료기관 이용			문3) 2016년 1년 중 병원에 입원한 이유	문4) 2016년 1년 중 주로 이용하는 의료기관 형태
※ 2쪽의 가구원 번호 순서대로 기재하시오.	가구원 이름	① 아주 건강하다 ② 건강한 편이다 ③ 보통이다 ④ 건강하지 않은 편이다 ⑤ 건강이 아주 안 좋다	문2-1) 외래진료횟수 (예) 3회 →003 없음 →000	문2-2) 입원횟수 (예) 3회 →03 없음→00	문2-3) 입원일수 (예) 20일→020 없음→000	⓪비해당 ① 지병/질병 ② 사고 ③ 출산 ④ 건강검진 ⑤ 요양/휴식 ⑥ 성 · 정형/교정 ⑦ 기타	⓪ 비해당 ① 종합, 대학병원 ② 병 · 의원(지역내/지역외) ③ 한방 병 · 의원 ④ 보건소 ⑤ 기타 ⑥ 치과병·의원 ⑦ 요양병원
1							
2							
3							
4							
5							
6							
7							
8							
9							

〈 **유의사항** 〉

문 2-1) 외래진료횟수

※ 외래진료횟수는 법정의료기관의 횟수만 합산합니다. 순회진료를 받은 경우는 횟수에 포함하지 않습니다.

※ 동일병원에서 각각 다른 진료과목을 2회 이상 진료한 경우는 1회로 표시하고, 2곳 이상의 병원을 이용한 경우에는 2회로 표시합니다. 건강검진은 외래진료횟수에 포함하지 않습니다.

문 2-2) 입원횟수

※ 장기입원환자가 365일 병원에 입원한 경우는 1회로 기록합니다. 종합병원 뿐만 아니라 보건소 등 의료기관에 입원한 경우도 그 횟수를 포함합니다. 응급실에 당일 입 · 퇴원하는 경우, 교통사고나 재활치료 등의 이유로 여러 병원에 걸쳐 입 · 퇴원을 반복하는 경우는 모두 1회로 표시합니다.

문 3) 병원에 입원한 이유

※ 병원에 입원한 적이 없으면 '⓪비해당'으로 표시합니다. 병원에 입원한 경험이 있다면 2016년 1년 중 가장 장기간 병원에 입원한 경우를 기준으로 해당하는 이유를 기입합니다. '⑤ 요양/휴식'은 질병 치료를 위해 요양병원에 입원한 경우에만 해당합니다.

문4) 주로 이용하는 의료기관 형태

※ 노인복지관에 의사가 왕진을 오거나 노인복지관 내에 의사가 1인 이상 직원으로 상주할 경우 이곳에서 의료서비스를 주로 이용한다면 '⑤기타'로 표시합니다.

가구원 번호	문5) 2016년 1년 중 건강검진 횟수	문6) 만성질환	문7) 주요 병명		문8) 2016년 12월 31일 기준 민간의료보험 가입건수	
※ 2쪽의 가구원 번호 순서대로 기재하시오.	2016년 1년 중 건강검진 횟수 (예) 1회 →1 없음→0	⓪ 비해당 ① 3개월 미만 투병·투약하고 있다 ② 3개월 이상 6개월 미만 투병·투약 하고 있다 ③ 6개월 이상 투병·투약하고 있다	(예) 위염 → 03 없음 → 00		(예) 3개 → 03 없음 → 00	
1						
2						
3						
4						
5						
6						
7						
8						
9						

〈 유의사항 〉

문5) 건강검진 횟수

※ 학교나 유치원에서 지정병원을 정하여 혈액, 소변, 엑스레이, 심전도 등 핵심 검진항목을 건강검진 받거나, 영유아 건강검진, 5대 암검진(위암, 간암, 대장암, 유방암, 자궁경부암)을 받는 경우도 건강검진 횟수로 포함합니다.

문6) 만성질환

※ 투병 때문에 지속적인 투약이 필요하나 경제적인 사정에 의해서 못하고 있는 경우도 포함합니다. 기간은 최초 투병 및 투약시점부터 산정합니다.

문7) 주요 병명

※ 아래 [주요병명코드] 를 참조하여 번호로 기재합니다. 중복질환을 앓고 있는 경우 주된 질환 한 가지만 표기합니다.

※ 감기와 같은 계절성 질환 또는 임신 및 출산 또는 미용을 목적으로 하는 성형의 경우는 주요병명에 포함되지 않으며 '00 없음'으로 표기한다.

※ 급성질환의 경우 주요 병명에 포함되지 않으며 '㉚ 기타 질병'으로 기록(세부질환은 조사업무 매뉴얼 <부록1> ① 급성질환 분류코드 참고)합니다. 또한 정신질환(정신분열 등)의 경우에도 '㉚ 기타 질병'으로 기록합니다.

※ 희귀난치성 질환의 경우 '㉛ 희귀난치성 질환'으로 기록(의료급여제도에서 의료급여특례로 인정하는 세부질환은 지침서 <부록1> ② 희귀난치성 질환 분류코드 참고)합니다.

문8) 민간의료보험 가입건수

※ 민간의료보험 전용상품(암보험, CI(Critical Illness)보험, GI(General Illness), 어린이의료보험, 실손형 의료보험, 실버 및 간병보험, 상해보험, 일반질병보험, 특정질병보험 등)에 가입한 경우 해당건수를 기록합니다. (예) ○○○ 의료, 질병, 암, 건강보험

※ CI(Critical Illness)보험: 중대한 질병, 중대한 수술, 중대한 화상 및 부식이 발생하였을 때 보험금을 지급하는 보험. 보통 종신보험과 묶어서 판매되며, 질병 등 사건이 발생했을 때 사망보험금의 일정부문을 선지급받을 수 있다.

※ 실손형 의료보험: 질병이나 상해로 병·의원에 입원하거나 통원치료를 받는 경우 실제로 본인이 지출한 의료비(입원비, 진료비, 수술비 등)를 보험가입금액 한도에서 보장하는 보험

※ 가족의료보험(주계약자가 가구주, 종계약자가 배우자, 자녀로 되어 있는 경우)에 가입한 경우 가입건수는 1건이 아니라 가구원 각각의 가입건수를 체크합니다.

※ 납입기간이 끝났으나 보장받고 있는 보험이 있으면 포함합니다. 단, 이 경우 월평균 납입보험료는 0으로 간주합니다.

※ 상해보험의 경우 상해보험 전용상품은 제외하고, 상해와 질병보험이 혼합된 형태의 보험(생명보험회사에서 주로 판매하는 상해보험은 여기에 해당됨)은 포함시켜 건수를 계산합니다.

[주요병명코드]

① 암(위, 간, 폐, 기관지등)	⑩ 폐결핵, 결핵	⑲ 고지혈증	㉘ 치아우식증(충치)
② 관절염, 요통, 좌골통, 디스크	⑪ 만성기관지염(심한 가래, 기침)	⑳ 치질(치핵)	㉙ 만성치주질환(풍치, 잇몸병)
③ 위염, 위궤양, 십이장궤양등	⑫ 천식	㉑ 만성부비동염(축농증)	㉚ 기타질병(급성질환 등)
④ 만성간염, 간경변	⑬ 백내장, 녹내장	㉒ 기관지확장증	㉛ 희귀난치성 질환
⑤ 당뇨병	⑭ 만성중이염	㉓ 알레르기성 비염	㉜ 저혈압
⑥ 갑상선 질환	⑮ 만성신부전증(만성신장질환)	㉔ 턱관절질환	00 없음
⑦ 고혈압	⑯ 골절, 탈골 및 사고로 인한 후유증	㉕ 아토피성 피부염	
⑧ 중풍, 뇌혈관질환	⑰ 골다공증	㉖ 요실금	
⑨ 심근경색증, 협심증	⑱ 빈혈	㉗ 우울증	

III. 경제활동상태

※ 아래의 모든 조사 항목은 **2016년 12월 31일** 기준입니다.
※ 당시 만**14**세 이하이었던 경우는 문**1)**의 **'0'**에 체크하고, 다음 **[Ⅳ. 사회보험, 퇴직(연)금, 개인연금 가입]**으로 넘어갑니다.
※ 당시 만**15**세 이상**(2001. 12. 31.** 이전 출생자)이었던 모든 가구원은 응답해야 합니다.

가구원 번호	이름	문1) 근로능력정도 (※ 심신능력상)	문2) 근로무능력사유	문3) 주된 경제활동 참여 상태	문3-1) 경제활동 참여 상태 (12월 31일 기준)
※ 2쪽의 가구원 번호 순서대로 기재하시오.	가구원 이름	⓪ 만14세 이하 → Ⅳ.사회보험으로 갈 것 ① 근로가능 → 문3)으로 갈 것 ② 단순근로가능 (집에서 돈벌이를 할 수 있는 정도) → 문3)으로 갈 것 ③ 단순근로미약자 (집안 일만 가능) → 문3)으로 갈 것 ④ 근로능력이 없어 경제활동을 하지 않음 (집안일도 불가능) → 문2)으로 갈 것	① 중증장애 ② 질병 또는 부상 ③ 노령으로 인한 심신 무능력 ④ 기타 ※ 모든 응답자는 문3)에서 '⑨비경제활동인구'로 응답	① 상용직 임금근로자 ┐ ② 임시직 임금근로자 ┘ → 문4)로 갈 것 ③ 일용직 임금근로자 → 문3-1)로 갈 것 ④ 자활근로, 공공근로, 노인일자리 → 문3-1)로 갈 것 ⑤ 고용주 ⑥ 자영업자 ⑦ 무급가족종사자 → 문8)로 갈 것 ⑧ 실업자 (지난 4주간 적극적으로 구직활동을 함) → Ⅳ.사회보험, 퇴직(연)금, 개인연금 가입으로 갈 것 ⑨ 비경제활동인구 → 문11)로 갈 것	① 상용직 임금근로자 ② 임시직 임금근로자 ③ 일용직 임금근로자 ④ 자활근로, 공공근로, 노인일자리 ⑤ 고용주 ⑥ 자영업자 ⑦ 무급가족종사자 ⑧ 실업자 (지난 4주간 적극적으로 구직활동을 함) ⑨ 비경제활동인구
1					
2					
3					
4					
5					
6					
7					
8					
9					

〈 **용어해설** 〉

문3) 주된 경제활동 참여상태

경제활동인구	취업자	1. 상용직	근로계약기간이 1년 이상인 근로자이거나 정해진 계약 기간 없이 본인이 원하면 계속 일할 수 있는 자(회사 내규에 의해 채용되어 인사관리 규정의 적용을 받고 상여금, 수당 및 퇴직금 등의 수혜를 받는 사람)
		2. 임시직	근로계약기간이 1개월 이상 1년 미만인 근로자이거나 근로계약기간이 없더라도 1년 이내에 이 일이 끝날 것이라고 생각되는 경우, 또는 일정한 사업완료(프로젝트 등)의 필요성에 의해서 고용된 자(단, 한 직장에서 오래 일하였거나 앞으로도 계속 일할 것으로 예상된다 하더라도 근로계약기간이 1년 미만이면 임시직)
		3. 일용직	근로계약기간이 1개월 미만인 근로자이거나, 매일매일 고용되어 일당제 급여를 받고 일하거나, 일정한 장소 없이 돌아다니면서 일한 대가를 받는 자
		4. 자활 및 공공근로, 노인일자리	국가 또는 공공기관에서 실시하는 자활근로 또는 공공근로사업, 노인일자리에 종사하고 있는 자
		5. 고용주	한 사람 이상 피고용인을 두고 기업을 경영하거나 농장을 경영하는 자
		6. 자영업자	자기 혼자 또는 무급가족 종사자와 함께 자기 책임 하에 독립적인 형태로 전문적인 업을 수행하거나 사업체를 운영하는 자
		7. 무급가족종사자	동일가구내 가족이 경영하는 사업체, 농장에서 무보수로 일하는 사람을 말하며, 주당 18시간 이상 일한 자
	실업자	8. 실업자	만 15세 이상 인구 중 지난 4주 동안 일할 의사와 능력을 가지고 있으면서도 일을 하지 못한 자. 또한 구직활동을 한 경우, 30일 이내에 새로운 직장에 들어갈 것이 확실한 취업대기자는 구직활동여부와 관계없이 실업자로 분류
비경제활동인구		9. 비경제활동인구	만 15세 이상 인구 중 취업도 실업도 아닌 상태에 있는 자. 또한 주된 활동 상태에 따라 가사, 통학, 연로, 심신장애, 기타로 구분되며, 집에서 통근하는 군 복무자(공익근무요원 등)도 비경제활동인구로 분류

※ 상용/임시/일용 구분은 근속기간이 아닌 계약기간을 기준으로 판정한다.
※ 학생, 주부라 하더라도 소득을 목적으로 주당 1시간 이상 일을 한 경우는 취업자로 파악하며, 일시휴직자(병가, 산전후휴가, 육아휴직 등)도 취업자로 파악한다.
※ 불규칙적인 일자리나 계절성이 강한 일자리(농업, 일용직, 자활 및 공공근로 등)의 경우는 조사업무 매뉴얼을 참조하여 응답하도록 한다.

문3-1) 경제활동 참여 상태(12월 31일 기준)

※ 문3)에서 '③ 일용직 임금근로자' 또는 '④ 자활근로, 공공근로, 노인일자리'로 응답한 경우 상황에 따라 12월 31일은 쉬고 있을 수 있음. 이런 경우에는 12월 31일 기준으로 경제활동 참여 상태를 응답합니다.

가구원 번호	문4) 고용관계	문5) 근로시간형태	문6) 근로계약기간 설정 여부	문7) 근로지속가능성	문7-1) 근로지속불가능 사유
※ 2쪽의 가구원 번호 순서대로 기재하시오.	① 직접고용 ② 간접고용 ③ 특수고용 ※ 아래 [문4) 고용관계] 참조	① 시간제 ② 전일제 ※아래 [문5) 근로시간형태] 참조	① 계약기간이 정해져 있음 ② 계약기간이 정해져 있지 않음 ※ 아래 [문6) 근로계약기간설정 여부] 참조	① 특별한 사유(본인의 중대한 과실, 폐업 등 사업체 자체의 소멸 또는 고용조정, 천재지변 등)가 없는 한 계속 근로가 가능함 → 문8)로 갈 것 ② 본인의 의사와 무관하게 회사의 사정에 따라 언제든지 해고될 수 있음 → 문7-1)로 갈 것	① 이미 정해진 고용계약기간이 만료되기 때문에 ② 묵시적 · 관행적으로 계약이 종료될 것이기 때문에 ③ 사업주가 그만두라면 언제든지 그만둔다는 조건(임시직 등)으로 채용되었으므로 ④ 현재 하는 업무(프로젝트)가 끝나기 때문에 ⑤ 현재의 일자리에서 전에 일하던 사람이 복귀하기 때문에 ⑥ 특정 계절 동안만 일할 수 있기 때문에
1					
2					
3					
4					
5					
6					
7					
8					
9					

문4) 고용관계

① 직접고용: 고용주가 근로자를 직접 고용하여 둘 사이에 일대일 대응관계가 성립하는 경우로 일반적인 고용형태라 할 수 있다. 사용-종속관계가 긴밀하다.

② 간접고용: 근로계약상의 사용자와 사실상의 사용자가 다른 경우. 근로계약상 '본래 소속의 고용주-일하는 곳에 있는 사용자-근로자'간의 삼각관계가 성립한다. 파견, 용역 근로가 이에 해당한다.

- 파견근로: 임금을 지급하고 고용관계가 유지되는 고용주와 업무지시를 하는 사용자가 일치하지 않는 경우로 파견사업주가 근로자를 고용한 후 그 고용관계를 유지하면서 근로자 파견계약의 내용에 따라 사용사업주의 사업장에서 지휘, 명령을 받아 사용사업주를 위하여 근무하는 형태
- 용역근로: 용역회사(용역을 받고자 하는 회사와 계약을 체결하여 자기 회사의 직원을 보내 해당용역을 제공하도록 하는 회사)에 고용되어 이 회사의 지휘하에 이 회사와 용역계약을 맺은 다른 회사에서 근무하는 형태(예: 청소용역, 경비용역 등).

③ 특수고용: 근로자와 자영인의 중간영역에 있는 자로서, 스스로 고객을 찾거나 맞이하여 상품·서비스를 제공하고 일한만큼 소득(수수료, 수당 등)을 얻고 노무제공의 방법이나 노무제공시간 등은 본인이 독자적으로 결정하는 경우를 말한다(예: 학습지교사, 보험설계사, 골프장 캐디, 지입형태의 레미콘(화물, 덤프)기사, 택배원(퀵서비스 포함), 다단계판매원, 화장품외판원, 카드모집인, 본인이 소유한 차량으로 학원차량 기사를 하는 경우(단, 본인의 차량이 아닌, 학원에 속한 차량으로 운전을 하는 경우는 직접고용에 포함) 등

문5) 근로시간 형태

① 시간제: 파트타임으로 일을 하거나, 직장에서 근무하도록 정해진 소정의 근로시간이 동일 사업장에서 동일한 종류의 업무를 수행하는 근로자의 소정 근로시간보다 1시간이라도 짧은 근로자(평소 1주에 36시간 미만 일하기로 정해져 있는 경우가 해당됨). 또한 임금이 시간단위로 지급되는 경우

② 전일제: 시간제 근로자가 아닌 일반적인 경우

문6) 근로계약기간 설정 여부

① 계약기간이 정해져 있음: 근로계약상 계약기간이 구체적으로 설정되어 있는 경우

② 계약기간이 정해져 있지 않음: 근로계약상 명시적으로 설정되어 있지 않은 경우

- 일정한 사업(프로젝트)완료 기간에 한해 고용된 경우: 사업완료기간이 명백하면 계약기간 정해진 것으로 보고, 사업완료 기간이 명백하지 않으면 계약기간 정해지지 않은 것으로 봄
- 일용직의 경우: 인력시장에서 하루하루 고용되어 일을 하는 경우는 계약기간이 정해진 것으로 보고, 고용주(혹은 십장)의 지시에 따라 근로기간이 결정되어 본인은 언제까지 일을 하게 될지 모르는 경우는 계약기간이 정해지지 않은 것으로 봄

문7) 근로지속가능성: 근로계약 기간의 설정여부와 무관하게 지속적으로 근로를 할 수 있는지 여부를 질문한다.

① 특별한 사유가 없는 한 계속 근로가 가능함: 일반적으로 정규적으로 분류되는 경우 ⅰ) 근로계약상 계약기간이 명시되어 있지 않고, 본인의 중대한 과실, 폐업 등 사업체 자체의 소멸 또는 고용조정, 천재지변 등 특별한 사유가 없는 한 지속적으로 근로를 할 수 있는 경우ⅱ) 근로계약상 계약기간이 정해져 있는 경우라 하더라도 특별한 사유가 없는 한 계약의 반복갱신을 통해 지속적으로 근로가 가능할 것이라고 인정되는 경우

② 본인의 의사와 무관하게 회사의 사정에 따라 언제든지 해고될 수 있음. ⅰ) 근로계약상 계약기간이 명시되어 있지 않은 경우라 하더라도 회사의 사정상 언제든지 해고가 가능한 것으로 인식하고 있는 경우(한시적 근로자)ⅱ) 근로계약상 계약기간이 명시되어 있어, 계약기간 만료 이후 계약갱신이 불가능한 경우

가구원 번호	문8) 업종		문9) 직종					문10) 사업장 규모		문11) 비경제활동 사유
※ 2쪽의 가구원 번호 순서대로 기재하시오.	※ [조사업무 매뉴얼] <부록2> 산업분류 코드에서 중분류 코드 2자리를 기입하시오. ※ 자활 및 공공근로, 노인일자리도 해당 업종의 산업코드를 기입함.		※ 좌측 직업명은 주관식으로 기입, 우측 직업코드는 [조사업무 매뉴얼] <부록3> 직업분류코드에서 소분류 코드 4자리를 기입하시오.					① 1~4명 ② 5~9명 ③ 10~29명 ④ 30~49명 ⑤ 50~69명 ⑥ 70~99명 ⑦ 100~299명 ⑧ 300~499명 ⑨ 500~999명 ⑩ 1000명 이상 ⑪ 잘 모르겠다		① 근로무능력 ② 군복무 ③ 정규교육기관 학업 ④ 진학준비 ⑤ 취업준비 ⑥ 가사 ⑦ 양육 ⑧ 간병 ⑨ 구직활동포기 ⑩ 근로의사 없음 ⑪ 기타 ※ 사유가 겹치는 경우에 주된 사유 하나만 응답 ※ 군복무 대기자도 '② 군복무'로 응답
			직업명	직업코드						
1										
2										
3										
4										
5										
6										
7										
8										
9										

〈 **유의사항** 〉

문8) 업종

※ 한국표준산업분류(9차 개정)를 따른다(조사업무 매뉴얼 참조).

문9) 직종

※ 한국표준직업분류(6차 개정)를 따른다(조사업무 매뉴얼 참조).

문10) 사업장 규모

① 문3)에서 '①~③임금근로자(상용/임시/일용), ④자활근로, 공공근로, 노인일자리'로 응답한 경우

- 종사업체의 상호로 파악되는 전체 사업장 차원의 종사자수를 말하며, 소유, 경영, 인사가 이루어지는 사업장의 종사자수를 의미한다. 예를 들면, OO은행의 OO지점일 경우 종사자수는 지점의 종사자수가 아니라 그 은행의 전체 종사자수다.
- 만약, 지점이 아닌, 체인점으로 운영되는 사업체일 경우 소유와 운영이 모회사와 별도이기 때문에 해당사업장의 종사자수에 해당하는 번호를 찾아 기입한다. 예를 들면, OO햄버거의 OO지역 체인점의 경우는 햄버거 업체 전체의 종사자가 아닌, OO지역 체인점의 종사자수만 기입한다.
- 그룹사의 경우 해당 계열사 차원의 종사자수를 기입한다. 예를 들면, OO그룹의 OO자동차에 다니는 경우는 자동차 계열사의 종사자수를 기입한다.
- 공무원, 공립학교 교사 등은 '⑩1000명 이상'으로 기입한다.
- 하청업체의 경우는 원청업체가 아닌 자신이 소속된 하청업체의 종사자수를 기입한다. 예를 들면, **업체에서 근무를 하지만, OO업체의 소속으로 급여도 OO업체에서 받을 경우는 OO업체의 종사자수를 적는다.
- 또한, 파견근로 및 용역근로의 경우도 고용관계가 유지되는 고용주의 사업장 종사자수를 기입한다. 예를 들어, A업체와 고용계약을 맺어 A업체(고용사업주)로부터 임금을 받는 등 인사관리 대상이 되는 사람이 B업체(사용사업주)의 사업장에서 근무하는 경우, A업체의 종사자수를 기입한다.
- 자활근로 및 자활공동체의 경우에는 사업단 인원수가 되지만, 직업소개소 등과 같은 송출업체를 통해 일을 하고 있는 경우(예를 들어 파출부 등)는 '1명'으로 간주한다. 즉, 남의 집에서 혼자 일하는 육체적 단순노무, 가사서비스 등과 같은 일용임금근로자는 자신만 종사자로 파악, '①1~4명'로 응답한다.

② 문3)에서 '⑤~⑦비임금근로자(고용주/자영업자/무급가족종사자)'로 응답한 경우

- 고용주: 고용주를 포함한 자기 사업체내의 전체 종사자수(무급가족종사자 포함)
- 자영자 및 무급가족종사자: 자영자 및 무급가족종사자를 포함한 종사자수

IV. 사회보험, 퇴직(연)금, 개인연금 가입

※ 아래의 모든 조사항목은 **2016년 12월 31일** 기준으로 응답해 주십시오.
※ 가구원번호와 이름은 앞서와 마찬가지로 **2쪽**의 순서 및 내용과 일치하도록 기재하여 주십시오.

가구원 번호	이름	공적연금 가입		국민연금		
		문1) 공적연금가입형태	문2) 가입하고 있는 연금제도	문3) 가입종별	문4) 국민연금납부여부	문5) 미납유형
※ 2쪽의 가구원 번호 순서대로 기재	가구원 이름	⓪ 비해당 →문9)로 갈 것 ① 연금수급 →문9)로 갈 것 ② 연금가입 →문2)로 갈 것 ③ 연금수급하면서 가입 →문2)로 갈 것 ④ 미가입 →문8)로 갈 것 ※ 공적연금에는 국민,공무원,사학,군인,별정직우체국직원연금이 포함됨. 보훈연금은 제외 ※ 아래 [문1) 공적연금 가입형태] 참조	① 국민연금 →문3)으로 갈 것 ② 공무원연금 ③ 사학연금 ④ 군인연금 ⑤ 별정직우체국연금 ⑥ 모름 (②~⑥ →문9)로 갈 것) ※ 아래 [문2) 가입하고 있는 연금제도 보충설명] 참조	① 직장가입자 ② 지역가입자 ③ 임의가입자(직장이나 지역가입자는 아니지만 미래 연금을 받기 위해 보험료를 내고 있음) ④ 임의계속가입자(60~65세인데 수급권을 얻기 위해 보험료를 내고 있음) ⑤ 모름 →문9)로 갈 것 ※ 실업상태로 납부예외자의 경우는 '② 지역가입자'로 응답.	① 납부하고 있음 →문7)로 갈 것 ② 납부하지 않고 있음 →문5)로 갈 것 ※ 12월 31일 기준으로 납부기한을 깜빡 잊어서 납부를 하지 못한 경우는 '①납부하고 있음'으로 응답.	① 납부예외자 →문6)으로 갈 것 ② 보험료 미납 →문7)로 갈 것 ※ 납부예외자는 국민연금가입자이지만 실직, 사업중단, 휴직(출산, 육아 등), 군입대, 학업 등의 이유로 보험료를 납부하지 않는 사람
1						
2						
3						
4						
5						
6						
7						
8						
9						

문1) 공적연금 가입형태

<질문시 유의사항>

공적연금 가입현황을 먼저 질문합니다. 즉, ①, ②, ③을 먼저 질문해서 해당되는 항목에 먼저 체크하고, 여기에 해당되지 않는 경우는 먼저 아래 지침을 참조하여 '⓪ 비해당' 여부를 확인하고, 여기에도 해당되지 않는 경우는 역시 아래 지침을 참조하여 '④ 미가입'에 해당되는지를 확인하여 파악하도록 합니다.

<용어해설>

① 연금수급: 국민연금, 공무원연금, 사학연금, 군인연금, 별정직우체국연금의 수급자(재직자노령연금 수급자도 포함).

② 연금가입: 국민연금(임의가입, 임의계속가입 포함), 공무원연금, 사학연금, 군인연금, 별정직우체국연금의 가입자
(만18세 미만으로 국민연금 적용제외자라 하더라도 다니고 있는 회사에서 국민연금에 가입을 시켜 준 경우는 연금가입)

③ 연금수급하면서 가입: 장애연금, 유족연금 등을 받으면서 공적연금제도에 가입하고 있는 경우, 공무원연금 등 특수직역연금을 받으면서 국민연금에 가입하고 있는 경우가 해당됨.

④ 미가입: 공적연금 가입대상자인데, 어떤 공적연금제도에도 가입되어 있지 않은 자
(1956년생으로 국민연금에 가입하였던 자인데 2016년 12월 31일 기준 수급 혹은 임의계속가입에도 해당되지 않는 경우, 즉 가입자이었던 자가 만60세에 도달하였는데도 수급과 가입 어느 것에도 해당되지 않는 경우는 미가입으로 응답하고, 문8)미가입 이유에 ⑥만60세 경과로 기입)

⓪ 비해당: 국민연금 적용제외 대상자(만18세 미만, 만60세 이상 등) 중 ①연금수급~④미가입에 해당하지 않는 경우([지침서] 참조)

문2) 가입하고 있는 연금제도

※ 과거 가입했던 제도가 아니라 현재 가입하고 있는 제도 기준임.
※ 국민연금 납부예외자, 그 외 보험료 미납자는 국민연금 가입자에 포함됨.
※ 업종, 직종 분류상 공무원, 사립학교 교원, 군인 등이라고 하더라도 공무원연금 등 해당 직역연금 가입자가 아닐 수도 있으므로 주의를 요함. 예를 들어, 구청직원이라 하더라도 일용직, 용역직원 등은 공무원연금 가입대상이 아닐 수 있음.

가구원 번호	이름	국민연금				
		문6) 납부예외 사유	문6-1) 납부예외 기간	문7) 미납 이유	문7-1) 미납 기간	문8) 미가입 이유
※ 2쪽의 가구원 번호 순서대로 기재	가구원 이름	① 실직, 휴직, 사업중단 ② 3개월 이상 입원 ③ 생활곤란 ④ 학업(재학) ⑤ 기타(자연재해, 교도소 수감 등)	**2016년 1년간** 납부예외자로 보험료를 납부하지 않은 기간은 몇 개월입니까? →문9)로 갈 것 ※ 2016년 1년 기준임.	⓪ 비해당(미납경험없음) ① 보험료를 납부할 경제적 여유가 없어서 ② 국민연금에 대한 불신 때문에 ③ 국민연금을 받지 않아도 생활걱정이 없을 것 같아서 ④ 모름 ⑤ 기타 ※ 2016년 1년 기준임. ※ 문4)에서 '①납부하고 있음'으로 응답한 사람 중 2016년 1년간 미납경험이 없는 경우 '⓪비해당'으로 기입하고, 미납한 경험이 있는 경우는 ①~⑤ 중 응답.	**2016년 1년간** 보험료를 몇 개월이나 미납하셨습니까? →문9)로 갈 것 ※ 2016년 1년 기준임. ※ 2016년 1년간 미납경험이 없는 경우는 0으로 기입	① 보험료를 납부할 경제적 여유가 없어서 ② 국민연금에 대한 불신 때문에 ③ 가입의 필요성을 못 느껴서 ④ 모름 ⑤ 기타 ⑥ 만60세 경과
1			개월		개월	
2			개월		개월	
3			개월		개월	
4			개월		개월	
5			개월		개월	
6			개월		개월	
7			개월		개월	
8			개월		개월	
9			개월		개월	

가구원 번호	산재/고용보험		퇴직금/퇴직연금		개인연금	건강보험
	문9) 산재보험 가입여부	문10) 고용보험 가입여부	문11) 퇴직금 적용여부	문12) 퇴직연금 가입여부	문13) 개인연금 가입여부	문14) 건강보험 가입여부
※ 2쪽의 가구원 번호 순서대로 기재	⓪ 비해당 ① 가입 ② 미가입 ③ 모름 ※ 공무원, 사립학교교직원, 군인의 경우 '⓪ 비해당'에 해당. 별정우체국직원의 경우는 별도이므로 가입여부를 응답함. ※ 비경제활동인구는 '⓪ 비해당'임. ※ 다른 종사자 없이 혼자 사업하는 자영업자는 '⓪ 비해당'이며, 고용주는 사업장이 산재보험 가입 사업장인지에 따라 '① 가입' 또는 '②미가입'으로 분류함.	⓪ 비해당 ① 가입 ② 미가입 ③ 모름 ※ 공무원, 사립학교 교직원, 군인, 별정우체국직원의 경우 '⓪ 비해당'에 해당함. ※ 비경제활동인구는 '⓪ 비해당'임. ※ 2012.1.22 이후 자영자 및 고용주(50인 미만 근로자 사용)도 고용안정·직업능력개발사업과 실업급여 모두 가입 가능	⓪ 비해당 (공무원,군인,사립학교교원, 별정직우체국직원 포함) ① 받을 것이다 ② 받지 못할 것이다 ③ 모름 ※ 직장에서 퇴직금제 시행여부가 아니라, 응답자 본인이 현재의 직장에서 퇴직할 경우 퇴직금을 받을 수 있는지를 설문함. ※ 퇴직금중간정산 등으로 앞으로 받을 퇴직금이 적립되어 있지 않은 경우도 '①'로 응답 ※ 회사가 보험회사 등의 금융기관에 퇴직금을 사외적립해서 근로자 퇴직시 퇴직금을 받을 수 있도록 하는 퇴직보험의 보험금을 받을 수 있는 경우도 '①'로 응답	⓪ 비해당 (공무원,군인,사립학교교원,별정직우체국직원 포함) ① 가입 ② 미가입 ③ 모름 ※ 법정퇴직금에 상응하는 금액을 사용자가 단독으로 혹은 근로자와 공동으로 조성하고, 금융기관에 위탁·운용하여 근로자 퇴직시 연금 또는 일시금으로 지급하는 새로운 공적연금제도임. ※ 2005년 12월 1일부터 시행.	① 개인연금만 가입 ② 종신보험만 가입 ③ 개인연금, 종신보험 둘 다 가입 ④ 미가입(수령 중인 경우 포함) ⑤ 모름 ※ 개인연금은 은행, 보험회사, 투신사, 증권사 등의 금융기관에서 취급하는 금융상품으로 강제적용되는 사회보험이 아니라 일종의 사적인 저축수단임. ※ 종신보험은 연금으로 전환이 가능한 금융상품으로서 개인연금의 하나로 파악할 수 있음.	① 직장가입자 ② 직장가입자의 피부양자 ③ 지역가입자 ④ 지역가입자의 세대원 ⑤ 의료급여 1종 ⑥ 의료급여 2종 ⑦ 국가유공자 무료진료 ⑧ 미가입 ※ 가구원별로 건강보험의 직장가입자 및 지역가입자 혹은 그 각각의 피부양자에 해당하는지 묻고, 건강보험에 가입되어 있지 않다면 ⑤~⑧ 중 해당하는 번호를 기입함.
1						
2						
3						
4						
5						
6						
7						
8						
9						

V. 의료 B

※ 아래의 모든 조사 항목은 **2016년 12월 31일**을 기준으로 응답하여 주십시오.

문 1) 귀댁은 (공적)건강보험에 가입되어 있습니까? □

① 그렇다 → **문1-1)로 갈 것** ② 아니다 → **문1-2)로 갈 것**

〈 **유의사항** 〉
· 한 가구 내에서 1인 이상 건강보험에 가입되고, 일부만 의료급여 대상자인 경우에도 건강보험에 가입된 것으로 봅니다. 이 경우 '① 그렇다'로 응답하여 주십시오.

문1-1) **(문1)의 ①번 응답자만)** 건강보험에 가입되어 있다면, 다음 중 어디에 해당되십니까? □

① 직장가입자 ② 지역가입자

〈 **유의사항** 〉
※ 한 가구 내에 직장가입자, 지역가입자가 동시에 존재할 경우, 가구주 가입을 기준으로 합니다.
※ 건강보험 가입자는 보험료의 소득비례 부과 및 원천징수가 가능한 임금소득자(직장가입자: 1인이상 사업장에 고용된 직장 근로자, 공무원 및 사립학교교직원)와 보험료의 원천징수가 곤란한 비임금소득자(지역가입자: 직장가입자와 그 피부양자를 제외한 자)로 구분됩니다.

응답 후 문 2)로 가십시오.

문1-2) **(문1)의 ②번 응답자만)** 건강보험에 가입되어 있지 않다면, 다음 중 어디에 해당되십니까? □

① 의료급여(1종) → **문1-3)으로 갈 것**
② 의료급여(2종) → **문1-3)으로 갈 것**
③ 국가유공자 무료진료 → **문5)로 갈 것**
④ 미가입 → **문5)로 갈 것**

〈 **유의사항** 〉
※ 한 가구 내에서 의료급여, 국가유공자 무료진료가 동시에 이루어질 경우, 가구주 가입을 기준으로 합니다. 단, 가구주가 의료급여, 국가유공자 무료진료를 동시에 받는 경우에는 주로 이용하는 급여를 기록해 주십시오.
※ 의료급여란, 생활을 유지하기 어려운 저소득층을 대상으로 국가가 기본적인 의료혜택(진찰, 수술 등)을 제공하는 제도입니다. 의료급여를 받을 수 있는 대상은 1종과 2종으로 구분됩니다.

	1종	2종
정의	- 입원: 무료 - 외래: 500-2,000원/특수장비총액 5%	- 입원: 급여비용의 10%, - 외래: 500원-1,000원/특수장비총액의 15%
의료급여 수급권자 유형	- 국민기초생활보장수급자: 근로무능력가구, 희귀난치성질환 등록자, 중증질환(암환자, 중증화상환자 만 해당) 등록자, 시설수급자 - 행려환자, 타법적용자(이재민, 의상자 및 의사자의 유족, 입양아동(18세미만), 국가유공자, 주요무형문화재의 보유자, 북한이탈주민, 5.18민주화운동 관련자, 노숙인)	- 국민기초생활보장대상자 중 1종 수급대상이 아닌 가구 (이를테면 근로능력세대)

※ 국가유공자 무료진료란, 의료급여(1종, 2종)와는 달리 의료비를 국가보훈처로부터 전액 국비로 지원받는 국비진료대상자(독립유공자, 국가유공자 등)인 경우를 말합니다(배우자와 유족은 보훈병원 진료비 60% 감면).
※ 차상위 수급권자(희귀난치성질환자 및 만성질환자, 18세 미만 아동)는 건강보험 대상자입니다.

문1-3) **(문1-2)의 ①, ②번 응답자만)** 귀댁에서는 의료급여서비스를 받으면서 경험했던 가장 큰 문제점이 무엇이라고 생각하십니까? □

⓪ 특별한 문제점이 없다
① 혜택범위가 좁은 것(본인부담이 많은 것)
② 적용기간의 제한
③ 차별대우를 받음
④ 기타(적을 것 : ____________)

응답 후 문 5)로 가십시오.

문 2) 귀댁에서는 **신규가구 생성이후 2016년 12월 31일까지** 건강보험료를 **미납**하신 경험이 있으십니까? ☐

① 있다 → **문2-1)로 갈 것** ② 없다 → **문3)으로 갈 것**

문2-1) **(문2)의 ①번 응답자만)** 귀댁에서 건강보험료를 **미납**하신 가장 큰 이유는 무엇입니까? ☐

① 건강보험을 별로 이용할 일이 없어서
② 건강보험료를 납부할 돈이 없어서
③ 내는 돈에 비해 혜택이 적어서
④ 제도에 대한 불신 때문에
⑤ 납기기한을 잊어버려서
⑥ 기타(적을 것 : ______________)

문2-2) **(문2)의 ①번 응답자만)** **신규가구 생성이후 2016년 12월 31일까지** 건강보험료를 미납한 기간은 어느 정도 되십니까?

연간 ☐☐ 개월

문 3) **(문1)의 ①번 응답자만)** 귀댁에서 건강보험을 이용하며 경험했던 가장 큰 문제점은 무엇이라고 생각하십니까? ☐

⓪ 특별한 문제점이 없다
① 월보험료 부담
② 보험의 적용범위가 좁음
③ 기타(적을 것 : ______________)

문 4) **(문1)의 ①번 응답자만)** 귀댁에서는 건강보험을 이용하는데 있어서 보험료를 납부하는 만큼 보장받고 있다고 생각하십니까? ☐

전혀 그렇지 않다	별로 그렇지 않다	보통이다	대체로 그렇다	매우 그렇다
①	②	③	④	⑤

문 5) 귀댁에서는 의료기관에서 제공받은 진료 및 치료 등의 서비스에 대해 어느 정도 만족하셨습니까? ☐

전혀 그렇지 않다	별로 그렇지 않다	보통이다	대체로 그렇다	매우 그렇다
①	②	③	④	⑤

문 6) **("Ⅱ. 건강 및 의료" 문 8)의 가구원별 민간 의료보험 가입건수를 고려할 때)** **2016년 12월 기준**으로 귀댁이 가입하고 계신 모든 민간의료보험의 **12월 보험료**는 총 얼마나 됩니까?

12월 보험료 합계 ☐백 ☐십 ☐일 만원

VI. 주거

문 1) **2016년 12월 31일 기준**으로 귀댁이 거주한 주택의 유형은 무엇입니까?

① 일반단독주택
② 다가구용 단독주택
③ 다세대주택
④ 연립주택(빌라)
⑤ 일반아파트
⑥ 영구임대아파트
⑦ 점포주택 등 복합용도주택
⑧ 비거주용 건물 내 주택(상가, 공장 등)
⑨ 오피스텔
⑩ 비닐하우스, 움막, 판잣집
⑪ 임시가건물 (컨테이너, 재개발지역 가이주단지 포함)
⑫ 기타(적을 것 : ____________________)
⑬ 국민임대아파트

〈 **유의사항** 〉
※ 반드시 건물전체의 등기상 점유형태를 기준으로 하여 응답하여 주십시오

문 2) **2016년 12월 31일 기준**으로 귀댁의 주거 위치는 어디였습니까?

① 지하층
② 반지하층
③ 지상
④ 옥탑

〈 **유의사항** 〉
※ 한 가구가 여러 층을 사용할 경우, 가장 좋은 위치로 응답하여 주십시오.

문 3) **2016년 12월 31일 기준**으로 귀댁이 사용하였던 방은 <u>**모두**</u> 몇 개였습니까?(세준 경우 제외)

총 [|] 개

〈 **유의사항** 〉
※ 사용하는 방의 수를 파악할 때 세를 준 경우는 포함하지 않도록 합니다.
※ 거실의 경우, 침실로 사용하고 있거나 침실로 사용이 가능하면 방수에 포함하여 응답하여 주십시오.

문 4) **2016년 12월 31일 기준**으로 사용하는 귀댁의 건평(APT 등의 경우 분양면적)은 얼마나 됩니까?(1평≒3.3㎡)

[| |] m²

〈 **유의사항** 〉
※ 마당, 정원, 창고 등을 제외한 거주하고 있는 주택평수를 기준으로 응답하여 주십시오.
※ 거주하고 있는 주택의 일부를 세준 경우 그 면적을 제외하고 응답하여 주십시오.

문 5) **2016년 12월 31일 기준**으로 귀댁이 거주하였던 집의 (등기상) 점유형태는?

① 자가
② 전세
③ 보증부월세
→ **문6)으로 갈 것**

④ 월세(사글세)
⑤ 기타
→ **문9)로 갈 것**

〈 **유의사항** 〉
※ 가구가 거주하고 있는 집의 등기상 점유형태를 기준으로 응답하도록 합니다. 가령, 할머니(가구주)가 거주하고 있는 집을 아들(가구원이 아님) 명의로 해놓고 살고 있는 경우, 조사 대상인 할머니 집의 (등기상) 점유형태는 '⑤기타' 가 됩니다.
※ 점유형태 '⑤기타' 에는 <u>무상</u>인 경우도 포함됩니다.

문 6) **2016년 12월 31일 기준**으로 거주하였던 집의 가격(현시가기준)은 얼마나 됩니까?

	십억	일억	천	백	십	일	
금액							만원

〈 **유의사항** 〉
※ 자가의 경우 주택가격, 전세의 경우 전세금, 보증부월세의 보증금을 응답하여 주십시오.
※ 집의 가격은 반드시 명의기준으로 응답해 주십시오. 가령, 집이 (가구원이 아닌) 자녀의 명의로 된 경우 집의 가격에 대한 응답은 하지 않도록 합니다.

문 7) **2016년 12월 31일 기준**으로 귀댁이 거주하였던 주택의 구입비용, 보증금 혹은 증·개축 비용은 어떻게 마련하셨습니까? 금액이 많은 순서대로 2개만 말씀해 주십시오.

1순위	2순위

① 자기돈(상속인 경우 포함)
② 무상으로 도움을 받음
③ 부모·형제·친척·친구 등으로부터 빌림
④ 금융기관(회사에서 융자받은 경우 혹은 모기지론도 포함)으로부터 빌림
⑤ 사채

문 8) **2016년 12월 31일 기준**으로 살았던 귀댁의 주택관련 부채에 대해 응답하여 주십시오.

구 분		십억	일억	천	백	십	일	
㉮	**신규가구 생성이후 2016년 12월 31일까지** 주택 관련부채를 얼마나 갚으셨습니까? (※ **원금**만 고려하여 계산합니다.)							만원
㉯	**2016년 12월 31일** 기준 주택관련 부채가 얼마나 됩니까? (※ 단, 이자의 경우 2016년 12월 31일까지 갚지 못한 이자만 포함하여 계산합니다.)							만원

〈 **유의사항** 〉
※ 주택관련 부채 : 주택구입비, 보증금, 증개축비용만 포함하고, 사업자금 마련을 위해 주택을 담보로 대출받은 것은 제외합니다.
※ 없음= '0' 으로 표시합니다.

문 8-1) **신규가구 생성이후 2016년 12월 31일까지** 대출상환액(**이자포함**)의 연체 횟수는 얼마나 됩니까? ☐

① 연체한 적이 없다
② 1회
③ 2~3회
④ 4회 이상

〈 **유의사항** 〉
※ 주택관련 부채가 없는 경우 또는 2016년 이전에 주택관련 부채를 다 갚은 경우 '① 연체한 적이 없다'에 표기해 주십시오.

문 9) **2016년 12월 31일 기준**으로 거주한 주택의 구조·성능 및 환경이 어떠하였습니까? 다음 항목별로 각각 응답해 주십시오.

	주택의 구조·성능 및 환경	예	아니오
㉮	영구건물로서 튼튼하고, 주요 구조부의 재질이 내열·내화·방열 및 방습에 양호한 재질을 갖추고 있다.	①	②
㉯	적절한 방음·환기·채광 및 난방설비를 갖추고 있다.	①	②
㉰	소음·진동·악취 및 대기오염 등으로 인하여 생활하기에 적절하지 않다.	①	②
㉱	해일·홍수·산사태 및 절벽의 붕괴 등과 같은 자연재해로부터 안전하다.	①	②

문 10) **2016년 12월 31일 기준**으로 귀댁의 주거시설 종류와 사용형태를 응답해 주십시오.

시설종류	사용형태
㉮ 상·하수도	① 단독사용 ② 공동사용 ③ 없음
㉯ 부엌	① 단독사용-입식 ② 단독사용-재래식 ③ 공동사용-입식 ④ 공동사용-재래식 ⑤ 없음
㉰ 화장실	① 단독사용-수세식 ② 단독사용-재래식 ③ 공동사용-수세식 ④ 공동사용-재래식 ⑤ 없음
㉱ 목욕시설	① 단독사용-온수시설 있음 ③ 공동사용-온수시설 있음 ② 단독사용-온수시설 없음 ④ 공동사용-온수시설 없음 ⑤ 없음
㉲ 난방시설	① 연탄 또는 재래식(땔감) 아궁이 ④ 기름보일러 ⑦ 중앙난방(지역난방) ② 연탄보일러 ⑤ 가스보일러 ⑧ 전기장판 ③ 나무·석탄보일러 ⑥ 전기보일러 ⑨ 기타(적을 것: ______)

문 11) **신규가구 생성이후 2016년 12월 31일까지** 귀댁에서 이용한 적이 있는 주거복지 관련 사업이 있다면 그 서비스에 체크해 주십시오

주거복지 관련 사업	경험이 있다	주거복지 관련 사업	경험이 있다
㉮ 영구임대주택	□	㉱ 저소득층 월세지원 (※ 지자체의 월세지원 포함)	□
㉯ 공공(국민)임대주택	□	㉲ 주택구입자금(융자)지원 (근로자·서민)	□
㉰ 전세자금(융자)지원(저소득·근로자·서민)	□	㉳ 기타(적을 것: ______)	□

〈 **유의사항** 〉

※ 이용경험이 없는 경우 다음 항목으로 넘어가면 됩니다.

※ '㉳ 기타'에는 다가구 매입임대, 기존주택 전세임대, 소년소녀가정 등 전세주택지원, 부도임대주택 임차인지원, 고령자 임대주택, 재건축 매입임대, 신혼부부 전세임대, 주거취약계층 주거지원 등이 포함될 수 있습니다.

※ ㉮,㉯,㉳의 경우 신규가구 생성이전부터 2016년 12월 31일 까지 이용한 경험이 있다면 이용경험 여부에 '①있다'로 응답합니다. 그러나 ㉰,㉱,㉲의 경우는 신규가구 생성이후부터 2016년 12월 31일 동안에 지원받은 경우만을 이용경험 여부에 '①있다'로 응답합니다.

VII. 생활비

〈 **유의사항** 〉

※ 생활비 : 신규가구 생성이후 가정생활을 위한 비용만 기입합니다, 따라서 사업용도의 비용은 제외합니다.

※ 친인척, 이웃, 공공기관 등으로부터 보조받는 각종 현물(장학금, 의료비, 각종 공과금 대납, 식료품, 의류, 난방용품, 복지 할인 등)도 현금으로 환산하여 해당 비목의 생활비에 포함하여 주십시오.

※ 할부 구매의 경우 구입시점기준(2015년 구입)이며, 그 품목의 가격÷12를 기입합니다. 예) 20116 10월에 1,200만원짜리 자동차를 24개월 할부(월 50만원)로 구매하였다 하더라도 자동차의 총가격을 12개월로 나눈 금액(100만원)을 기입합니다. 따라서 2016년 중 24개월 할부로 차를 구입하여 2016년에도 월 50만원씩 할부금을 내는 경우라도 2015년의 지출에 포함되지 않아야 합니다.

※ 9개월 미만 생계를 같이한 가족이 있을 경우 이들의 지출은 총생활비에서 제외합니다. 그 이유는 가구원이 아니기 때문입니다.

문 1)	식료품비	문 1-1) 가정식비	**신규가구 생성이후 2016년 12월까지 지출한 월평균** 가정식비는? ※ 가정에서 먹는 주식, 부식, 간식비용, 제사비용 (음주비용 제외) ※ 자가소비(자기가 농사를 지어 먹는 것, 자기가 운영하는 식당에서 식사하는 것 등) 포함	**월평균**	천	백	십	일	**만원**
		문 1-2) 외식비	**신규가구 생성이후 2016년 12월까지 지출한 월평균** 외식비는? ※ 직장인의 중식비(무료 중식비 포함), 가족 및 가구원 외식비, 학교 급식비, 밖에서 먹는 술(음주) 비용, 복지관에서의 무료식사 등.	**월평균**	천	백	십	일	**만원**
		문 1-3) 주류·담배비	**신규가구 생성이후 2016년 12월까지 지출한 월평균** 주류.담배비는?	**월평균**	천	백	십	일	**만원**
문 2)	주거비 (주택 구입비 제외)	문 2-1) 월세	**신규가구 생성이후 2016년 12월까지 지출한 월평균** 월세(사글세 포함)는? ※ 돈이 없어 월세를 내지 못하고 있어도 '계약한 월세액'을 기입 ※ 전세, 자가인 경우 '0' (단, 자가이나 지대를 내는 경우 월평균 지대액을 기입) ※ 보증부 월세의 경우 보증금은 제외하고 월세만 기입	**월평균**	천	백	십	일	**만원**
		문 2-2) 주거관리비	**신규가구 생성이후 2016년 12월까지 지출한 월평균** 주거 관리비 및 수선비는? ※ 주택설비 및 수선비, 아파트 등 관리비, 이사비, 복비, 정화조비 등	**월평균**	천	백	십	일	**만원**
문 3)	광열수도비		**신규가구 생성이후 2016년 12월까지 지출한 월평균** 광열수도비는? ※ 수도비, 전기료, 난방비(연탄, 등유, 경유, 도시가스, LPG 등 급탕비, 에너지 바우처 포함))	**월평균**	천	백	십	일	**만원**
			└ 난방비(연탄, 등유, 경유, 도시가스, LPG 등 급탕비, 에너지 바우처 포함)는 얼마입니까?	**월평균**	천	백	십	일	**만원**
문 4)	가구·가사용품비	문 4-1) 가구집기·가사용품비	**신규가구 생성이후 2016년 12월까지 지출한 월평균** 가구집기·가사용품비는? ※ 가구, 가정용기기(냉장고, 세탁기, 가스렌지 등), 식기주방용품, 가사잡화 및 소모품(조명기기, 화장지, 전구, 공구, 세탁청소용구 등), 침구 및 실내장식품, 가사서비스 비용(파출부, 청소비 등), 기저귀 값, 정수기 대여료, 치료목적이 아닌 바우처(노인돌보미, 장애인활동보조)이용료 등	**월평균**	천	백	십	일	**만원**
		문 4-2) 보육료비	**신규가구 생성이후 2016년 12월까지 지출한 월평균** 보육료는? ※ 보육료는 베이비시터, 놀이방을 포함하는 것이며, 유치원은 제외함.	**월평균**	천	백	십	일	**만원**
문 5)	의류·신발비		**신규가구 생성이후 2016년 12월까지 지출한 월평균** 의류·신발비는? ※ 외의(스포츠웨어 포함), 내의, 학생복(교복), 구두, 운동화, 모자(스포츠용 포함) 등 구입비 및 수선비, 세탁료 등	**월평균**	천	백	십	일	**만원**
문 6)	보건의료비		**신규가구 생성이후 2016년 12월까지 지출한 월평균** 보건의료비는? ※ 입원비, 외래진료비, 치과진료비, 수술비(임플란트, 성형수술 등도 포함), 약값, 간병비, 산후조리비, 건강진단비, 건강보조식품, 보건의료용품비(안경, 콘택트렌즈 등), 보장구, 치료용바우처(비만아동바우처)이용료 등. 보건의료비는 본인이 부담하는 금액만 기입	**월평균**	천	백	십	일	**만원**
문 7)	교육비	문 7-1) 공교육비	**신규가구 생성이후 2016년 12월까지 지출한 월평균** 공교육비는? ※ 등록금(초·중·고·대학·대학원), 납입금, 입학금, 교재비, 문방구비, 보충수업비(모든 학생이 다 하는 경우), 유학비, 야외학습비, 수학여행비 등	**월평균**	천	백	십	일	**만원**
		문 7-2) 사교육비	**신규가구 생성이후 2016년 12월까지 지출한 월평균** 사교육비는? ※ 학원비, 유치원비, 도서관 및 독서실 비용, 과외수업비, 검정고시비, 학생의 어학연수비, 학습바우처 등	**월평균**	천	백	십	일	**만원**
문 8)	교양오락비		**신규가구 생성이후 2016년 12월까지 지출한 월평균** 교양·오락비는? ※ 신문, 서적, 잡지, 영화 및 공연관람, 교양오락용품 구입비(TV, 오디오, PC, 유선방송, 피아노, 장난감, 등산용품, 낚싯대, 골프채 등), 교양오락서비스(PC방, 노래방, 운동강습료, 일반인의 어학학습비, 단체관광비 등), 비디오(DVD) 대여료, 애견(강아지) 구입비, 화분 구입비, TV수신료 , 아동용자전거 등	**월평균**	천	백	십	일	**만원**

문항	항목	세부	질문	구분	단위	금액(천·백·십·일)	단위
문 9)	교통 통신비	문 9-1)	**신규가구 생성이후 2016년 12월까지 지출한 월평균** 교통비는? ※ 택시·버스·지하철 등 대중교통비, 자동차 구입 및 유지비, 자동차 보험료, 대리운전비, 성인용자전거 등		월평균	천 백 십 일	만원
		문 9-2)	**신규가구 생성이후 2016년 12월까지 지출한 월평균** 통신비는? ※ 전화·휴대폰 구입 및 이용요금, 인터넷 이용료 등		월평균	천 백 십 일	만원
문 10)	기타소비지출		**신규가구 생성이후 2016년 12월까지 지출한 월평균** 기타소비지출은? ※ 이미용용품 구입 및 서비스(화장품, 비누, 샴푸, 이·미용실, 목욕료 등), 장신구(핸드백, 시계, 귀금속 등), 경조비, 교제비용, 친목회비, 종교관련(십일조 등) 비용, 보장성보험료(저축성보험 제외), 관혼상비, 용돈 등		월평균	천 백 십 일	만원
			└ 경조비는 얼마입니까?		월평균	천 백 십 일	만원
			└ 종교관련비용(십일조 등)은 얼마입니까?		월평균	천 백 십 일	만원
문 11)	사적 이전	문 11-1) 비동거 가구원	**신규가구 생성이후 2016년 12월까지 따로 사는 가구원**(타지에서 공부하는 학생, 직장 때문에 떨어져 사는 배우자 등)**에게 보낸 월평균** 송금보조금은? ※ 현물 포함 ※ 자취비용, 생활잡비, 용돈 등(단, 등록금 등 교육비는 7.교육비에 기입)		월평균	천 백 십 일	만원
		문 11-2) 기타	**신규가구 생성이후 2016년 12월까지 가구원이 아닌 부모, 자녀, 친지 등에게 보낸 월평균** 송금보조금은? ※ 농사지어서 친인척에서 보낸 것(현금으로 환산) 포함 ※ 자녀의 결혼 등으로 집을 사준 경우(전세자금 포함)는 증여로 보아 제외함 ※ 본인 명의가 아닌 부채에 대한 이자(예컨대, 아들 명의의 집에 대한 이자 내는 경우) 포함	부모	월평균	천 백 십 일	만원
				자녀	월평균	천 백 십 일	만원
				기타	월평균	천 백 십 일	만원
문 12)	세금		**신규가구 생성이후 2016년 12월까지 지출한 월평균** 세금은? ※ (종합)소득세, 종합부동산세, 갑근세, 재산세, 자동차세, 환경개선분담금, 주민세, 취등록세 등의 연간 총납세액을 12로 나눈 값 (단, 법인세 등 사업용도의 세금은 제외함) ※ 본인 명의가 아닌 재산에 대해 내는 세금도 포함		월평균	천 백 십 일	만원
			└ 소득세는 얼마입니까?		월평균	천 백 십 일	만원
			└ 재산세는 얼마입니까?		월평균	천 백 십 일	만원
			└ 자동차세는 얼마입니까?		월평균	천 백 십 일	만원
			└ 종합소득세는 얼마입니까?		월평균	천 백 십 일	만원
			└ 부동산세는 얼마 입니까?		월평균	천 백 십 일	만원
문 13)	사회보장부담금		**신규가구 생성이후 2016년 12월까지 지출한 월평균** 사회보장부담금은? ※ 가족 모두의 국민연금(공무원·사립학교교직원·군인연금)보험료, 건강보험료, 고용보험료의 월 합산액 ※ 본인부담의 보험료만 포함(사업장이나 제3자가 부담해주는 보험료는 제외) ※ 사보험료(암보험, 보장성보험 등) 제외		월평균	천 백 십 일	만원
			└ 국민연금보험료는 얼마입니까?		월평균	천 백 십 일	만원
			└ 건강보험료는 얼마입니까?		월평균	천 백 십 일	만원
			└ 고용보험료는 얼마입니까?		월평균	천 백 십 일	만원
문 14)	총생활비		**신규가구 생성이후 2016년 12월까지 지출한** 총 생활비는? ※ 총생활비 = 1~13의 합계 ※ 저금, 저축성보험료, 계 부은 금액 등 재산 증가를 위한 지출과, 주택부금상환, 월부, 외상 빌린 돈(이자 포함) 같은 금액 등 부채 감소를 위한 지출은 제외		월평균	천 백 십 일	만원

※ 없음은 반드시 '0' 표시. 지출 소득의 경우 이하 동일

※ 천원 단위 이하는 소수점으로 표시(예. 5천원 → 0.5). 단 1만원 이상은 반올림하여 만원단위로 처리. 예) 11만5천원의 경우 12만원으로 기입

※ 귀 가구의 주관적 최저생활비에 대한 질문입니다.
(신규가구 생성이후 2016년 월평균 기준)

문항	질문	구분	금액		
문 15)	귀 가구가 1달 동안 **'근근이'** 살아가는데 필요한 최소한의 생활비는 얼마라고 생각하십니까? (2016년 월평균 기준)	최저생활비 총액	월평균	천 백 십 일	만원

※ 귀 가구의 주관적 적정생활비에 대한 질문입니다.
(신규가구 생성이후 2016년 월평균 기준)

문항	질문	구분	금액		
문 15-1)	귀 가구가 1달 동안 생활하는데 필요한 적정 생활비는 얼마라고 생각하십니까?(2016년 월평균 기준)	적정생활비 총액	월평균	천 백 십 일	만원

VIII. 소득

문 1)	가구원의 경제활동: **신규가구 생성이후 2016년 12월까지** 귀 가구 가구원 중 **만 15세 이상(2001.12.31.이전 출생자)이었던 모든 가구원**의 **경제** 활동을 말씀해 주십시오. (①~⑥의 활동 분류 중 해당하는 경우 1로 표시) ※ 단, 2015. 10. 1 ~ 2016. 12. 31 사이에 분가한 신규가구의 경우 2016년의 경제활동을 파악하면 됩니다.

성명	가구원 번호	① 상용근로자		②임시·일용 근로자		③고용주·자영자 (농림축어업제외)		④ 농림축산업 경영주		⑤ 어업 경영주		⑥무급가족종사자·가사 또는 육아·학생·기타	
		해당 여부	일한 개월수	해당 여부	일한 개월수	해당 여부	일한 개월수	해당 여부	일한 개월수	해당 여부	일한 개월수	해당 여부	해당 개월수
	1												
	2												
	3												
	4												
	5												
	6												
	7												
	8												
	9												
합계		명		명		명		명		명		명	
		문항 2로 가시오		문항 3으로 가시오		문항 4로 가시오		문항 5로 가시오		문항 6으로 가시오		문항7로 가시오	

〈 **유의사항** 〉

※ 15세 미만의 경우 이름만 기입. 순서는 반드시 가구일반사항에 기재했던 순서대로 기록함.

※ 한 시점에 직업이 둘 이상인 경우 해당여부에 모두 '1'로 표시(예, 공무원이면서 농사를 짓는 경우 상용근로자와 농림축산업 경영주에 모두 '1'로 표시하고 문항 2와 문항 5에서 소득파악).

※ 개월수는 신규가구 생성이후 2016년 12월까지 일한(해당) 개월수 기입(예, 전년(2014)부터 상용근로자로 근무하다가 2016년 3월에 퇴직하여 3개월 동안 쉰 후 7월에 상용근로자로 취업하여 2개월 일한 경우 '상용근로자 일한 개월수'는 5개월임. 농업의 경우 12개월로 기입.)

※ 자영업, 농림축산업, 어업 등에 종사하는 가구 중 2명 이상의 가구원이 하나의 사업장 혹은 작업장에서 일하는 경우는 그 중 1명만 고용주·자영자, 농림축산업 경영주, 어업 경영주로 표시하고 나머지는 ⑥무급가족종사자로 표시함.

※ 주된활동구분

① 상용근로자 :		고용계약기간이 1년 이상인 사람 또는 특별한 고용계약이 없어 기간이 정해져 있지 않더라도 계속 정규직원으로 일하면서 상여금, 수당 및 퇴직금 등의 수혜를 받는 사람 등. 일반직장인, 공무원, 법인경영자(월급 사장)등을 포함함.
②임시·일용근로자:		임시근로자란 임금근로자중 상용이 아닌 사람으로 고용계약 기간이 1개월 이상 1년 미만인 사람 또는 일정한 사업완료(예컨대, 프로젝트)의 필요성에 의해서 고용된 사람 등을 말함. 일용근로자란 임금 또는 봉급을 받고 고용되어 있으면서 고용계약기간이 1개월 미만인 사람 또는 일정한 사업장 없이 떠돌아 다니면서 일한 댓가를 받는 사람 등을 말함.
③고용주·자영자 :		(농림축어업제외) 1명 이상의 유급종업원을 두고 사업을 경영하는 고용주와 유급종업원 없이 자기 혼자 또는 무급가족과 함께 일을 하거나 전문적인 일을 독립적으로 수행 및 경영하는 경우.
④ 농림축산업 경영주 :		10a(약 300평) 이상의 경지를 직접 경작하고 있거나, 연간 농축산물의 판매액이 120만원 이상인 농축산업에 종사하는 사람. 단, 판매금액이 120만원 미만이라도 2016. 12. 31. 시점에 120만원 이상의 가축을 사육하고 있는 사람도 포함.
⑤ 어업경영주 :		어업에 종사하면서 연간 1개월 이상 판매를 목적으로 해면에서 수산 동식물의 포획·채취나 양식업을 경영하는 사람.
⑥	무급 가족 종사자:	일정한 보수 없이 자기 가족(동일가구 내)의 일원이 경영하는 사업장 혹은 작업장에서 일하는 사람.
	가사 또는 육아:	자기의 시간 대부분을 자기집에서 가사업무를 하거나 가구원의 간병을 수행한 경우 또는 미취학자녀를 돌보기 위하여 집에 있는 경우임.
	학생:	학교에서 교육을 받고 있는 경우로 재수생도 포함함. (※ 직장인이 야간대학(원) 등에 다니는 경우 주된 활동은 해당 근로활동(위의 ①~⑤)으로 표시함)
	기타:	실업자, 장애, 부상, 질병, 노령 등으로 인한 심신무능력을 사유로 경제활동에 참여하지 않는 자, 근로능력은 있으나 근로의사가 없는 자 등

문 2)	상용근로자: **신규가구 생성이후 2016년 12월까지** 상용근로자였던 가구원 각각이 벌어들인 **월평균 급여**(원천징수전 총급여의 월평균)는 얼마였습니까? ※ 신규가구는 원가구와 달리 월평균 소득을 산출하는 것에 유의. ※ 신규가구의 월평균 소득 계산방법: [(생성시점~2016년 12월까지 소득) ÷ 신규생성기간(개월)] (단, 2016년 1월 1일 이전(2015.10.1~12.31)에 분가한 신규가구의 경우 2016년 한해의 월평균 소득을 파악함)

※ 총급여는 기본급여, 상여금, 초과근무수당, 경상적으로 매월 지급된 수당, 성과급, 소득공제 환급분, 판공비, 복지카드, 회사에서 내준 자동차 유지비 및 휴대폰 요금, 무료중식 등을 모두 포함한 금액임.

※ 총급여는 소득세, 기여금(국민연금보험료), 건강보험료, 고용보험료 등 세금 및 각종 사회보장부담금 등을 공제하기 전 금액임.

※ 법인 경영자의 경우 상용근로자로 분류함.

※ 순서는 반드시 가구일반사항을 기재했던 순서대로 기록함

※ 예: 문 1)에서 가구원 번호 1번과 3번이 상용근로인 경우 가구원 번호 1번과 3번에 이름을 기입하고 총급여액을 파악 기입한 후 나머지 가구원은 빈 칸으로 둠(이하 동일함).

→ **상용근로소득 외 다른 근로 소득이 있는 경우 해당 문항으로 가시오.**

성명	가구원 번호	월평균 급여액
	1	**월평균** 십억 일억 천 백 십 일 **만원**
	2	**월평균** 십억 일억 천 백 십 일 **만원**
	3	**월평균** 십억 일억 천 백 십 일 **만원**
	4	**월평균** 십억 일억 천 백 십 일 **만원**
	5	**월평균** 십억 일억 천 백 십 일 **만원**
	6	**월평균** 십억 일억 천 백 십 일 **만원**
	7	**월평균** 십억 일억 천 백 십 일 **만원**
	8	**월평균** 십억 일억 천 백 십 일 **만원**
	9	**월평균** 십억 일억 천 백 십 일 **만원**

문 3)	임시·일용근로자 ※ 신규가구의 월평균 소득 계산방법: [(생성시점~2016년 12월까지 소득) ÷ 신규생성기간(개월)] (단, 2016년 1월 1일 이전(2015.10.1~12.31)에 분가한 신규가구의 경우 2016년 한해의 월평균 소득을 파악함)

[보조기입란 3-a] 신규가구 생성이후 2016년 12월까지 월평균 일한 횟수(출근일수)와 1회(1일)당 지급되는 보수는 얼마입니까?

※ 월별로 일한 횟(일)수가 다를 수 있으므로 월별로 일한 횟(일)수를 확인한 뒤, 신규가구 생성이후 2016년 12월까지 전체 일한 횟(일)수를 생성 개월수로 나눈 것을 월평균 일한 횟(일)수로 기재함.

예) 2016년 5월 생성가구의 가구원 A가 5~10월까지는 월 20회, 11~12월까지는 월 10회 일하였다면, 17.5회(140회/8개월)가 되어 반올림하여 18회로 기재

※ 순서는 반드시 가구일반사항을 기재했던 순서대로 기록함.

※ 예: 문 1)에서 가구원 번호 2번과 3번이 임시·일용인 경우 가구원 번호 2번과 3번에 이름, 일한 횟수, 1회당 보수를 파악 기입한 후 나머지 가구원은 빈 칸으로 둠.

※ 자활근로, 공공근로, 노인일자리 사업 소득 포함

성명	가구원 번호	월평균 일한횟수 (A)	1회당(일당) 보수 (B)
	1		백만 십만 일만 일 **천원**
	2		백만 십만 일만 일 **천원**
	3		백만 십만 일만 일 **천원**
	4		백만 십만 일만 일 **천원**
	5		백만 십만 일만 일 **천원**
	6		백만 십만 일만 일 **천원**
	7		백만 십만 일만 일 **천원**
	8		백만 십만 일만 일 **천원**
	9		백만 십만 일만 일 **천원**

3-1. **신규가구 생성이후 2016년 12월까지** 임시·일용근로자였던 가구원 각각이 벌어들인 월평균 급여는 얼마였습니까?

※ 총급여는 기본급여, 상여금, 초과근무수당, 경상적으로 매월 지급된 수당, 성과급, 소득공제 환급분, 판공비, 복지카드, 회사에서 내준 자동차 유지비 및 휴대폰 요금, 무료중식 등을 모두 포함한 금액임.

※ 총급여는 소득세, 기여금(국민연금보험료), 건강보험료, 고용보험료 등 세금 및 각종 사회보장부담금 등을 공제하기 전 금액임.

※ 신규가구는 원가구와 달리 총급여의 월평균 소득을 산출하는 것에 유의함.

※ 순서는 반드시 가구일반사항을 기재했던 순서대로 기록함.

※ 예: 문 1)에서 가구원 번호 2번과 3번이 임시·일용인 경우 가구원 번호 2번과 3번에 이름, 일한 횟수, 1회당 보수를 파악 기입한 후 나머지 가구원은 빈 칸으로 둠.

→ **임시·일용 외 다른 근로 소득이 있는 경우 해당 문항으로 가시오.**

성명	가구원 번호	월평균 급여액 (A×B)
	1	**월평균** 일억 천 백 십 일 **만원**
	2	**월평균** 일억 천 백 십 일 **만원**
	3	**월평균** 일억 천 백 십 일 **만원**
	4	**월평균** 일억 천 백 십 일 **만원**
	5	**월평균** 일억 천 백 십 일 **만원**
	6	**월평균** 일억 천 백 십 일 **만원**
	7	**월평균** 일억 천 백 십 일 **만원**
	8	**월평균** 일억 천 백 십 일 **만원**
	9	**월평균** 일억 천 백 십 일 **만원**

문 4)	고용주 및 자영자 ※ 신규가구는 월평균 소득을 산출하는 것에 유의함. ※ 신규가구의 월평균 소득 계산방법: [(생성시점~2016년 12월까지 소득) ÷ 신규생성기간(개월)] (단, 2016년 1월 1일 이전(2015.10.1~12.31)에 분가한 신규가구의 경우 2016년 한해의 월평균 소득을 파악함)

[보조기입란 4-a] **신규가구 생성이후 2016년 12월까지** 고용주 혹은 자영자였던 가구원 각각의 생성시점 이후 **월평균 매출액**은 얼마였습니까?

※ 가족구성원 중 2명 이상이 동일 매장 및 사업장을 운영할 경우, 대표자 1명만 고용주 및 자영자로 분류하고, 나머지 가구원에 대해서는 월급을 받으면 근로자로, 월급을 받지 않으면 무급가족종사자로 분류함.

※ 일한 개월 수, 월간 매출액 등을 바탕으로 파악

※ 순서는 반드시 가구일반사항을 기재했던 순서대로 기록함.

※ 예: 문 1)에서 가구원 번호 3번이 고용주 및 자영자인 경우 가구원 번호 3번에 이름과 총 매출액을 파악 기입한 후 나머지 가구원은 빈 칸으로 둠.

성명	가구원 번호	월평균 매출액 (A)
	1	월평균 십억 일억 천 백 십 일 만원
	2	월평균 십억 일억 천 백 십 일 만원
	3	월평균 십억 일억 천 백 십 일 만원
	4	월평균 십억 일억 천 백 십 일 만원
	5	월평균 십억 일억 천 백 십 일 만원
	6	월평균 십억 일억 천 백 십 일 만원
	7	월평균 십억 일억 천 백 십 일 만원
	8	월평균 십억 일억 천 백 십 일 만원
	9	월평균 십억 일억 천 백 십 일 만원

[보조기입란 4-b] **신규가구 생성이후 2016년 12월까지** 고용주 혹은 자영자였던 가구원 각각이 매장 및 사업장 등을 운영하면서 소요된 생성시점 이후 **월평균 비용**은 얼마였습니까?

※ 경비에는 재료비, 직원 인건비 및 직원 사회보험료, 법인세, 복리후생비, 공장 또는 가게 월임대료, 차량유지비, 광고비, 소모품비용 등이 포함됨.

※ 순서는 반드시 가구일반사항을 기재했던 순서대로 기록함.

※ 예: 문 1)에서 가구원 번호 3번이 고용주 및 자영자인 경우 가구원 번호 3번에 이름과 총 비용을 파악 기입한 후 나머지 가구원은 빈 칸으로 둠.

성명	가구원 번호	월평균 총비용 (B)
	1	월평균 십억 일억 천 백 십 일 만원
	2	월평균 십억 일억 천 백 십 일 만원
	3	월평균 십억 일억 천 백 십 일 만원
	4	월평균 십억 일억 천 백 십 일 만원
	5	월평균 십억 일억 천 백 십 일 만원
	6	월평균 십억 일억 천 백 십 일 만원
	7	월평균 십억 일억 천 백 십 일 만원
	8	월평균 십억 일억 천 백 십 일 만원
	9	월평균 십억 일억 천 백 십 일 만원

4-1. 신규가구 생성이후 2016년 12월까지 고용주 및 자영자였던 가구원 각각의 생성시점 이후 **월평균 순소득**은 얼마였습니까?

※ 순소득은 월평균 총매출액에서 월평균 총비용을 감하여 구함.
※ 순소득은 소득세, 본인과 가족에 대한 국민연금보험료, 건강보험료 등 사회보장부담금을 공제하기 전 금액임.
※ 순소득에는 자가소비, 고용주와 사업주가 용돈 및 개인경비로 쓰는 비용도 포함됨.
※ 순소득이 마이너스일 경우, 숫자 앞 칸에 "－" 표(마이너스 표시)를 하고 금액을 기입함.
※ 순서는 반드시 가구일반사항을 기재했던 순서대로 기록함.
※ 예: 문 1)에서 가구원 번호 3번이 고용주 및 자영자인 경우 가구원 번호 3번에 이름과 순소득을 파악 기입한 후 나머지 가구원은 빈 칸으로 둠.

→ 고용주 및 자영자 소득 외 다른 소득이 있는 경우 해당 문항으로 가시오.

성명	가구원 번호	월평균 순소득 (A－B)
	1	월평균 십억 일억 천 백 십 일 만원
	2	월평균 십억 일억 천 백 십 일 만원
	3	월평균 십억 일억 천 백 십 일 만원
	4	월평균 십억 일억 천 백 십 일 만원
	5	월평균 십억 일억 천 백 십 일 만원
	6	월평균 십억 일억 천 백 십 일 만원
	7	월평균 십억 일억 천 백 십 일 만원
	8	월평균 십억 일억 천 백 십 일 만원
	9	월평균 십억 일억 천 백 십 일 만원

4-2. **신규가구 생성이후 2016년 12월까지** 고용주 및 자영자였던 가구원 각각의 생성시점 이후 **월평균 전입소득은** 얼마였습니까?	성명	가구원 번호	월평균 전입소득
※ 전입소득은 총수입중에서 가구로 가지고 오는 금액이다. 신규가구 생성이후 1,500만원을 벌어 1,000만원을 재투자하고, 집으로 500만원을 가지고 왔다면 500만원을 신규가구 생성개월 수로 나눈 월평균 값을 기입		1	월평균 십억 일억 천 백 십 일 만원
※ 그러므로 전입소득은 4-1의 순소득과 다를 수 있다. 전입소득은 음수(-)가 없음.		2	월평균 십억 일억 천 백 십 일 만원
※ 순소득이 음수(-)인 경우도 전입소득은 있을 수 있음(즉, 0이 아닐 수 있음).		3	월평균 십억 일억 천 백 십 일 만원
※ 순서는 반드시 가구일반사항을 기재했던 순서대로 기록함.		4	월평균 십억 일억 천 백 십 일 만원
※ 예: 문 1)에서 가구원 번호 3번이 고용주 및 자영자인 경우 가구원 번호 3번에 이름과 순소득을 파악 기입한 후 나머지 가구원은 빈 칸으로 둠.		5	월평균 십억 일억 천 백 십 일 만원
→ 고용주 및 자영자 소득 외 다른 소득이 있는 경우 해당 문항으로 가시오.		6	월평균 십억 일억 천 백 십 일 만원
		7	월평균 십억 일억 천 백 십 일 만원
		8	월평균 십억 일억 천 백 십 일 만원
		9	월평균 십억 일억 천 백 십 일 만원

문 5)	농림축산업 경영주
	※ 신규가구는 월평균 소득을 산출하는 것에 유의함. ※ 신규가구의 월평균 소득 계산방법: [(생성시점~2016년 12월까지 소득) ÷ 신규생성기간(개월)] (단, 2016년 1월 1일 이전(2015.10.1~12.31)에 분가한 신규가구의 경우 2016년 한해의 월평균 소득을 파악함)

5-1. **2016년 12월 31일 기준으로** 귀 가구가 경작하고 있는(소득이 발생하는) 경지규모는 얼마나 됩니까?
(소작하는 것은 포함하고, 소작을 준 것은 제외함.)

(참고) 1평≒3.3 m^2

	① 논	총	m^2
	② 밭	총	m^2
	③ 임야(산)(유실수, 산나물 채취 등)	총	m^2
※ 없음 0	④ 기타(특용농작물, 비닐하우스 등)	총	m^2

[보조기입란 5-a] 신규가구 생성이후 2016년 12월까지 월평균 농림·축산물별 판매수입, 자가소비액, 이전소비액

※ 가구원 1인 이상이 농림축산업경영주에 해당하는 경우, 농림축산업을 통해 벌어들이는 월평균 판매수입, 월평균 자가소비액, 월평균 이전소비액을 기입함.
※ 보조기입란 순서대로 기입한 후 판매수입, 자가소비액, 이전소비액을 계산함.
※ 판매량 = 판매량(재고의 판매량 포함) + 다음 농사를 위한 종자 량 + 임차료(소작료) 및 임금으로 지불한 수확량
※ 이전소비액은 농축산물을 가구원이 아닌 자녀, 형제, 부모, 친지 등에게 보낸 경우 이를 현금으로 환산한 금액임.
※ 판매수입 = 판매량 × 판매단가 ÷ 10, 자가소비액 = 자가소비량 × 판매단가 ÷ 10, 이전소비액 = 이전소비량 × 판매단가 ÷ 10 (단위에 주의할 것)
※ 축산업에서 총 수확량은 가축의 총보유량임.

구분		예 시	종류	총 수확량 (a+b+c)	판매량 (종자, 소작료 포함) (a)	자가 소비량 (b)	이전 소비량 (c)	판매단가 (천원) (p)	판매수입 (만원) (A=a*p÷10)	자가 소비액 (만원) (B=b*p÷10)	이전 소비액 (만원) (C=c*p÷10)
곡류		미곡 : 메벼, 멥쌀, 찰벼, 찹쌀 곡류 : 미곡을 제외한 맥류, 잡곡, 콩류, 감자고구마등 서류 등									
채소 과일 류	봄	채소 : 봄동, 미나리, 냉이, 달래, 오이, 쪽파, 파, 당근, 양파, 호박, 배추, 양배추, 상추, 시금치, 양송이, 아욱, 등 과일 : 사과, 딸기, 토마토, 앵두 등									
	여름	채소 : 샐러리, 양파, 부추, 감자, 풋고추, 마늘, 무, 오이, 가지, 호박, 배추, 양배추, 생강, 깻잎, 열무, 옥수수, 피망 등 과일 : 토마토, 참외, 수박, 포도, 복숭아, 자두 등									
	가을	채소 : 고구마, 붉은고추, 당근, 양파, 파, 무, 콩, 배추, 시금치, 호박 등 과일: 배, 사과, 감, 대추, 유자, 키위, 은행 등									
	겨울	채소: 우엉, 연근, 아욱, 양파, 봄동, 시금치 등 과일: 사과, 귤 등									
기타 작물		특용작물 : 참깨, 들깨, 섬유작물, 인삼, 담배, 버섯, 기타약용작물 등 기타농작물 : 화훼, 뽕잎, 과수묘, 뽕묘, 묘목 등 임산물 : 밤, 잣, 호도, 도토리, 자연산 버섯이나 나물, 장작 등									
총 계											
축산업		소, 젖소, 우유, 돼지, 닭, 달걀, 개, 젖산양, 염소, 사슴, 토끼, 오리, 꿀벌 , 기타 가축(면양 등)									
총 계											

5-2. 신규가구 생성이후 2016년 12월까지 월평균 판매수입, 월평균 자가소비액, 월평균 이전소비액은 얼마였습니까?

생성시점부터 2016년 12월까지 월평균 판매수입 (A)	생성시점부터 2016년 12월까지 월평균 자가소비액 (B)	생성시점부터 2016년 12월까지 월평균 이전소비액 (C)	합 계 (A + B + C)
월평균 [ ] 십억 일억 천 백 십 일 만원	월평균 [ ] 십억 일억 천 백 십 일 만원	월평균 [ ] 십억 일억 천 백 십 일 만원	월평균 [ ] 십억 일억 천 백 십 일 만원

※ 재고판매량은 판매수입에 포함하여 계산
※ 보조기입란 5-a의 합계를 기입. 농지를 임대해 준 경우 문항 8의 재산소득에 기입
※ 없음 0

5-3. **신규가구 생성이후 2016년 12월까지** 농업관련 **월평균 기타잡수입은** 얼마였습니까? ※ 농업잡수입에는 농업소득피해보상금, 폐농자재, 볏짚단 판매대금 등이 포함됨. (※ 없음 0)	생성시점부터 2016년 12월까지 월평균 잡수입 (D) 월평균 십억 일억 천 백 십 일 만원

[보조기입란 5-b]. **신규가구 생성이후 2016년 12월까지** 농·임산물 생산, 가축사육에 소요된(농업경영비) 세부항목의 월평균 지출

※ 농림축산업경영주인 가구원이 1명 이상인 경우, 농림축산업에 소요된 가구전체의 비용을 합산하여 기입함.

지출항목	예 시	생성시점부터 2016년 12월까지 월평균 품목별 비용
재료비	종자및종묘비, 비료비, 농약비, 소동물비, 사료비, 기타양축비, 양잠비, 기타재료	월평균 십억 일억 천 백 십 일 만원
노무비	지불임금(남자, 여자)	월평균 십억 일억 천 백 십 일 만원
경비	영농광열비(유류대 포함), 수선비, 농기구비, 수리비, 임차료, 농작업 위탁수수료, 농업부문 조세부담금, 농업부문 이자비용, 감가상각비, 농기계 할부금, 영농잡지출	월평균 십억 일억 천 백 십 일 만원
판매 및 관리비	도정료, 농업보험료, 농산물판매수수료, 농산물판매용 자재비, 생산관리비, 기타지출	월평균 십억 일억 천 백 십 일 만원

※ 고가(高價)의 농기계를 일시불로 구입한 경우 사용가능 개월수(내구 개월수)을 질문하여 그 사용가능 개월수로 나누어서 기입함.
  예) 트랙터를 일시불 1200만원에 구입하여 10년 정도 사용할 수 있다고 한 경우 10만원(=1200만원÷120개월)으로 기재

※ 감가상각비는 농기계를 일시금으로 구입한 것의 감가상각비를 기재함.

※ 영농광열비는 벼·고추 등 농작물 말리기, 비닐하우스 조명 및 난방 등.

※ 수리비는 논밭에 물을 대는 비용임.

5-4. **신규가구 생성이후 2016년 12월까지** 농·임산물 생산과 가축사육에 소요된 **월평균비용은** 얼마였습니까?	생성시점부터 2016년 12월까지 월평균 비용 (E) 월평균 십억 일억 천 백 십 일 만원

5-5. 농림축산물의 자가소비액, 판매액, 농업잡수입, 총비용 등을 고려할 때, **가구생성이후 2016년 12월까지** 귀 가구의 **월평균 농림축산업 순소득은** 얼마였습니까? → 농림 축산업 외 다른 소득이 있는 경우 해당 문항으로 가시오.	생성시점부터 2016년 12월까지 월평균 순소득 (A+B+C+D−E) 월평균 십억 일억 천 백 십 일 만원

문 6)	어업 경영주 ※ 신규가구는 월평균 소득을 산출하는 것에 유의함. ※ 신규가구의 월평균 소득 계산방법: [(생성시점~2016년 12월까지 소득) ÷ 신규생성기간(개월)] (단, 2016년 1월 1일 이전(2015.10.1~12.31)에 분가한 신규가구의 경우 2016년 한해의 월평균 소득을 파악함)

[보조기입란 6-a] **신규가구 생성이후 2016년 12월까지 월평균** 판매 수입, 자가소비액, 이전소비액

※ 용어 설명은 5-a와 동일함.

분류	예 시	종류	월평균 판매량 (a)	월평균 자가소비량 (b)	월평균 이전소비량 (c)	판매단가 (천원) (p)	월평균 판매수입 (만원) (A=a*p÷10)	월평균 자가소비액 (만원) (B=b*p÷10)	월평균 이전소비액 (만원) (C=c*p÷10)
어로 어업	어선, 어구, 어망 등을 사용하여 어류, 갑각류, 패류, 연체동물, 기타수산동물, 해조류 등을 포획·채취하는 것 (※ 해녀의 채취활동 포함)								
양식 어업	어류, 갑각류, 패류, 연체동물, 기타수산동물, 해조류 등을 기르는 것								
수산 가공업	어류, 갑각류, 패류, 연체동물, 기타수산동물, 해조류 등을 가공하는 것								
총계									

6-1. **신규가구 생성이후 2016년 12월까지** 출하한 수산물의 판매수입, 자가소비액, 이전소비액의 월평균은 얼마였습니까?			
생성시점부터 2016년 12월까지 월평균 판매수입 (A)	생성시점부터 2016년 12월까지 월평균 자가소비액 (B)	생성시점부터 2016년 12월까지 월평균 이전소비액 (C)	합계 (A+B+C)
월평균 십억 일억 천 백 십 일 만원	월평균 십억 일억 천 백 십 일 만원	월평균 십억 일억 천 백 십 일 만원	월평균 십억 일억 천 백 십 일 만원

※ 없음 0

6-2. **신규가구 생성이후 2016년 12월까지** 어업관련 **월평균 잡수입은** 얼마였습니까? ※ 어업잡수입에는 어업소득피해보상금, 어업용폐자재 판매대금 등이 포함됨.	생성시점부터 2016년 12월까지 월평균 잡수입 (D)
	월평균 십억 일억 천 백 십 일 만원

[보조기입란 6-b] **신규가구 생성이후 2016년 12월까지** 어업활동에 소요된 세부항목의 월평균 지출

※ 가구에서 가구원이 어업경영주에 1명 이상 해당하는 경우 어업에 소요된 가구전체의 비용을 합산하여 계산함.

지출항목	예 시	생성시점부터 2016년 12월까지 월평균 지출액
어로지출	미끼구입비, 얼음구입비, 소모품비, 남자 및 여자 임금, 전기료, 연료 및 유류비, 수선유지비, 토지 및 시설임차료, 어선 및 대어구 임차료, 용기대, 단순가공비, 보관비 등	월평균 십억 일억 천 백 십 일 만원
양식지출	어미구입 및 종묘구입비, 사료비, 약품비, 소모품비, 남자 및 여자 임금, 전기료, 연료 및 유류비, 수선유지비, 토지 및 시설임차료, 용기대, 단순가공비, 보관비 등	월평균 십억 일억 천 백 십 일 만원
수산가공지출	자재및원료비, 지불임금, 광열비, 수선유지비, 수산가공수수료, 기타	월평균 십억 일억 천 백 십 일 만원

6-3. 신규가구 생성이후 **2016년 12월까지** 어업활동에 소요된 **월평균 비용은** 얼마였습니까?	생성시점부터 2016년 12월까지 월평균 비용 (E)
	월평균 십억 일억 천 백 십 일 만원

6-4. 수산물의 자가소비액, 판매액, 어업잡수입, 총비용 등을 고려할 때, **신규가구 생성이후 2016년 12월까지** 귀 가구의 **월평균 어업 순소득은** 얼마였습니까? → 어업소득 외 다른 소득이 있는 경우 해당 문항으로 가시오.	생성시점부터 2016년 12월까지 월평균 순소득 (A+B+C+D−E)
	월평균 십억 일억 천 백 십 일 만원

문 7)	기타 근로소득: **신규가구 생성이후 2016년 12월까지** 위에 응답한 **소득 외에 다른 일로부터 발생한 소득**은 총 얼마였습니까? ※ 신규가구는 월평균 소득을 산출하는 것에 유의함. ※ 신규가구의 월평균 소득 계산방법: [(생성시점~2016년 12월까지 소득) ÷ 신규생성기간(개월)] (단, 2016년 1월 1일 이전(2015.10.1~12.31)에 분가한 신규가구의 경우 2016년 한해의 월평균 소득을 파악함)

		성명	가구원 번호	월평균 기타 근로 소득
	※ 문1) ~ 문6)에서 응답한 근로소득 외에 주 1시간 미만의 근로활동으로 벌어들인 소득 ※ 순서는 반드시 가구일반사항을 기재했던 순서대로 기록함.		1	월평균 십억 일억 천 백 십 일 만원
			2	월평균 십억 일억 천 백 십 일 만원
			3	월평균 십억 일억 천 백 십 일 만원
			4	월평균 십억 일억 천 백 십 일 만원
			5	월평균 십억 일억 천 백 십 일 만원
			6	월평균 십억 일억 천 백 십 일 만원
			7	월평균 십억 일억 천 백 십 일 만원
			8	월평균 십억 일억 천 백 십 일 만원
			9	월평균 십억 일억 천 백 십 일 만원

※ 신규가구 생성이후 2016년 12월까지 다음 월평균 소득은 얼마입니까?

※ 신규가구는 월평균 소득을 산출하는 것에 유의함.

※ 신규가구의 월평균 소득 계산방법: [(생성시점~2016년 12월까지 소득) ÷ 신규생성기간(개월)]
(단, 2016년 1월 1일 이전(2015.10.1~12.31)에 분가한 신규가구의 경우 2016년 한해의 월평균 소득을 파악함)

문항	구분	질문	세부 항목	금액
문 8)	재 산 소 득	**신규가구 생성이후 2016년 12월까지** 얻은 재산소득의 형태와 월평균 소득액은? ※매월 정기적으로 들어오는 경우 월평균액을 기입하고, 일시금으로 들어오는 경우일시금 금액을 신규생성기간으로 나눔	① 이자(은행, 사채), 배당금	월평균 일억 천 백 십 일 만원
			② 임대료(월세, 토지임대료 등)	월평균 일억 천 백 십 일 만원
			③ 기 타(자격증 대여 등)	월평균 일억 천 백 십 일 만원
문 9)	사 회 보 험	**신규가구 생성이후 2016년 12월까지** 받은 사회보험의 형태와 월평균 소득액은? ※ 일시불은 제외	① 공적연금(국민연금, 공무원·군인·교원연금, 보훈연금, 별정직우체국연금 등)	월평균 일억 천 백 십 일 만원
			② 고용보험(실업급여, 육아휴직 급여, 직업능력개발급여 등)	월평균 일억 천 백 십 일 만원
			③ 산재보험(휴업급여, 장해연금, 유족급여 등)	월평균 일억 천 백 십 일 만원
문 10)	민 간 보 험	**신규가구 생성이후 2016년 12월까지** 받은 민간보험사에서 받은 월평균 개인연금액은?	① 개인연금(※ 일시불은 제외)	월평균 일억 천 백 십 일 만원
			② 퇴직연금	월평균 일억 천 백 십 일 만원
문 11)	기 타 정부보조금	**신규가구 생성이후 2016년 12월까지** 정부(동 사무소)로부터 받은 보조금 **(국민기초생활보장 급여 제외)**의 형태와 월평균 금액은? ※ 국민기초생활보장 급여는 문14), 문15)번 문항에 기입 ※ 현물로 받은 보조금의 경우 (학비, 보육료 등) 이를 현금으로 환산하여 기입함. ※ ⑦, ⑧, ⑨의 경우 농림부에서 지원하고 있는 것 포함. ※ 기타 정부보조금으로 보기 외에 수련회비, 노인위생비, 자활장려금, 출산장려수당, 출산축하금(지자체 지원 포함), 육아돌보미 지원, 노인장수수당, 직업훈련수당, 교통안전공단지원금, 영양플러스 사업, 보건소지원 물품, 보건소 의료비 지원(5대 암, 치매, 인공수정, 체외수정 등), 자동차세 감면, 교복비 지원, 수학여행 비용, 쓰레기봉투 등이 있음. 이들은 기타에 포함. ※ 주민센터에서 파악하십시오.	① 장애수당(장애인 연금, 경증장애수당) 또는 장애아동수당	월평균 일억 천 백 십 일 만원
			② 기초연금	월평균 십억 일억 천 백 십 일
			③ 한부모가족지원	월평균 일억 천 백 십 일 만원
			④ 가정위탁금 또는 소년소녀가장보호비	월평균 일억 천 백 십 일 만원
			⑤ 양육수당(영유아 양육지원)	월평균 일억 천 백 십 일 만원
			⑥ 보육료 지원 (i-사랑 카드, 아이즐거운 카드)	월평균 일억 천 백 십 일 만원
			└ 지출을 전제로 한 바우처 또는 현금	월평균 일억 천 백 십 일 만원
			⑦ 학비지원(농림부 지원 포함)	월평균 일억 천 백 십 일 만원
			└ 지출을 전제로 한 바우처 또는 현금	월평균 일억 천 백 십 일 만원
			⑧ 국가유공자에 대한 보조금(보훈연금 제외)	월평균 일억 천 백 십 일 만원
			⑨ 농어업 정부보조금	월평균 일억 천 백 십 일 만원
			⑩ 긴급복지지원금	월평균 일억 천 백 십 일 만원
			⑪ 기타 바우처 지원금	월평균 일억 천 백 십 일 만원
			⑫ 근로장려세제	월평균 일억 천 백 십 일 만원
			⑬ 자녀장려세제	월평균 일억 천 백 십 일 만원
			⑭ 급식비 지원	월평균 일억 천 백 십 일 만원
			└ 지출을 전제로 한 바우처 또는 현금	월평균 일억 천 백 십 일 만원
			⑮ 에너지 감면 또는 보조(전기료, 가스비 등)	월평균 일억 천 백 십 일 만원
			└ 지출을 전제로 한 바우처 또는 현금	월평균 일억 천 백 십 일 만원
			⑯ 통신비 감면 또는 보조(전화, 인터넷 등)	월평균 일억 천 백 십 일 만원
			└ 지출을 전제로 한 바우처 또는 현금	월평균 일억 천 백 십 일 만원
			⑰ 기타( )	월평균 일억 천 백 십 일 만원
			└ 지출을 전제로 한 현물 및 현금	월평균 일억 천 백 십 일 만원

문항	구분	질문	유형		금액
문 12)	기 타 소 득	이 외에 **신규가구생성 이후 2016년 12월까지** 발생한 기타소득의 유형별 금액은? ※ 퇴직금의 경우 목돈으로 받는 경우 여기서 파악.	① 증여·상속	**월평균**	십억 일억 천 백 십 일 만원
			② 경조금	**월평균**	십억 일억 천 백 십 일 만원
			③ 보상금(사고보상금, 이주민주거대책비 등)	**월평균**	십억 일억 천 백 십 일 만원
			④ 사고 및 질병 보험금	**월평균**	십억 일억 천 백 십 일 만원
			⑤ 퇴직금, 사회보험 일시금, 개인연금 일시금, 보장성 보험 해약금	**월평균**	십억 일억 천 백 십 일 만원
			⑥ 동산·부동산 매매차익	**월평균**	십억 일억 천 백 십 일 만원
			⑦ 기타(복권/경품당첨금, 상품권, 곗돈 등)	**월평균**	십억 일억 천 백 십 일 만원
문12-1	환급금	**2016년 1년 동안** 돌려받은 **환급금** 총액은?	세금환급금	**월평균**	십억 일억 천 백 십 일 만원

※ 없음 0

※ 신규가구 생성이후 2016년 12월까지 다음 월평균 소득은 얼마입니까?

※ 신규가구는 월평균 소득을 산출하는 것에 유의함.

※ 신규가구의 월평균 소득 계산방법: [(생성시점~2016년 12월까지 소득) ÷ 신규생성기간(개월)]

(단, 2016년 1월 1일 이전(2015.10.1~12.31)에 분가한 신규가구의 경우 2016년 한해의 월평균 소득을 파악함)

문항	구분	질문			금 액
문 13)	부모나 자녀로부터의 보조금 (현금 및 현물)	**신규가구 생성이후 2016년 12월까지** 가구원이 아닌 부모나 자녀로부터 **받은** 현금과 현물(현금환산액)의 월평균액은? ※ 분가이후 주택구입용과 결혼자금 제외 ※ 일회성 보육대가 포함. 단, 월급형식으로 받으면 근로소득에 기입 ※ 부모 자녀의 경우 가구주 기준 ※ 신규가구에서 분리되었거나 새로 들어온 가구원 중, 신규가구 '생성시점~2016.12.31 기간 중 3/4 미만 동안 생계를 같이한 사람의 소득은 기타에 기입	부모	**월평균**	일억 천 백 십 일 만원
			자녀	**월평균**	일억 천 백 십 일 만원
			기타	**월평균**	일억 천 백 십 일 만원
	민 간 보 조 금 (현금 및 현물)	**신규가구 생성이후 2016년 12월까지** 친척·친지, 친구나 이웃, 복지관, 종교·사회단체(학교 장학금 포함), 회사(자녀학자금보조 포함) 등 민간부문으로부터 **받은** 현금과 현물(현금환산액) 보조금의 월평균 금액은? ※ 가구원이 아닌 부모나 자녀로부터 받은 현금과 현물 제외		**월평균**	일억 천 백 십 일 만원

문항	구분	유형	질문	연간 수급 개월수		금 액
문 14)	국민기초생활 보장급여 (맞춤형 급여)	① 생계급여	**신규가구 생성이후 2016년 1년** 동안 정부로부터 받은 **생계급여** 수급가구의 연간 수급개월수와 총 금액(현금급여)은? ※ 주민센터에서 파악하십시오.	**연간 수급 개월수**	**개월**	**월평균** 일억 천 백 십 일 만원
		② 주거급여	**신규가구 생성이후 2016년 1년** 동안 정부로부터 받은 **주거급여** 수급가구의 연간 수급개월수와 총 금액(현금급여)은? ※ 주민센터에서 파악하십시오.	**연간 수급 개월수**	**개월**	**월평균** 일억 천 백 십 일 만원
				지출을 전제로 한 현물 및 현금		**월평균** 일억 천 백 십 일 만원
		③ 교육급여	**신규가구 생성이후 2016년 1년** 동안 정부로부터 받은 **교육급여** 수급가구의 연간 수급개월수와 총 금액(현금급여)은? ※ 응답자의 협조를 얻어 교육청에서 파악하십시오.	**연간 수급 개월수**	**개월**	**월평균** 일억 천 백 십 일 만원
				지출을 전제로 한 현물 및 현금		**월평균** 일억 천 백 십 일 만원

※ 없음 0

IX. 부채, 이자

※ 귀하 가구의 부채 및 이자에 대한 질문입니다.
(2016. 12. 31기준, 사업용도의 부채는 제외함.)

문항	구분	질문	세부항목		금액	단위
문 1)	부채 형태	**2016.12.31 기준**으로 부채의 형태별 부채액(**명의기준**)은 얼마입니까? ※ 명의기준 ※ 주거부채, 영농부채도 파악함. ※ 카드 할부구매는 '③카드빚'에 포함하고, 현금 할부구매는 '⑤외상 할부구입, 미리탄 곗돈'에 포함 ※ 친인척에게 돈을 빌린 경우, 이자가 있으면 '②일반사채'에 기입하고, 이자가 없으면(무이자) '⑥기타부채'에 기입함. ※ 자동차 할부구매의 경우, 카드할부이면 '③카드빚'으로 기록하고, 금융기관 대출이면 '⑤외상, (자동차 등)할부 구입'으로 기록 ※ 밀린 월세, 교통안전공단지원대부금, 사회보험 연체금 등은 '⑥기타부채'에 기입함. ※ 세부항목별로 부채가 없는 경우, '0'	① 금융기관대출(회사대출, 마이너스통장 미상환금 포함)		십억 일억 천 백 십 일	만원
			② 일반사채		십억 일억 천 백 십 일	만원
			③ 카드빚 (현금서비스, 카드론, 대환대출 미상환금, 구입한 자동차 카드 할부)		십억 일억 천 백 십 일	만원
			④ 전세(임대)보증금(받은 돈)		십억 일억 천 백 십 일	만원
			⑤ 외상, (자동차 등)할부 구입, 미리탄 곗돈 ※ 미리 탄 곗돈의 경우 향후 부어야 하는 금액만 기재		십억 일억 천 백 십 일	만원
			⑥ 기타부채(______)		십억 일억 천 백 십 일	만원
문 2)	이자	**신규가구 생성이후 2016년 12월까지** 부채에 대해 지출한 이자는 월평균 총 얼마였습니까? ※ 명의기준 ※ 원금과 이자를 동시에 상환하고 있는 경우, 원금을 제외한 '순수이자'만 기입 ※ 연체한 경우, '0' ※ 신규가구의 월평균 이자 계산방법: [(생성시점~2016년 12월까지의 월평균 이자)	① 신규가구 생성이후 거주하였던 주거관련 부채의 연간이자	**월평균**	십억 일억 천 백 십 일	만원
			② (주거이자 제외) 기타 연간이자	**월평균**	십억 일억 천 백 십 일	만원
문 3)	부채용도	**2016.12.31. 기준**으로 다음 각각의 항목별 부채 금액이 총 부채에서 차지하는 비율에 대해 말씀해 주십시오. ※ 부채가 없는 경우 '0' 기재 ※ 항목별 부채 비율의 합은 '100' 이어야 함. (단, 부채가 없는 경우, 합은 '0')	① 생활비(생계비)			%
			② 주택관련 자금(전세보증금 포함)			%
			③ 교육(학자금마련 포함)			%
			④ 의료비			%
			⑤ 빚 갚음			%
			⑥ 기타 ( )			%
			총 부채		1 0 0	%

※ 없음 0

X. 재산

※ 귀 가구의 가구원이 보유한 전체 재산에 대한 질문입니다.
(2016.12.31 기준, 명의기준으로 조사하며,
가구원명의의 사업장(가게)도 포함된다.)

문항	항목	질문	세부항목	금액
문 1)	소유 부동산	**2016.12.31 기준으로 거주하고 있는 집을 제외한** 소유부동산의 유형별 가격(**현시가기준**)은? ※ 거주하고 있는 집은 'Ⅵ 주거'에서 파악하였으므로 여기서는 제외.	① 주택(아파트, 단독주택 등)	십억 일억 천 백 십 일 만원
			② 주택외 건물(가족명의의 사업장(가게)·창고·상가·콘도·별장·오피스텔 등)	십억 일억 천 백 십 일 만원
			③ 토지(택지, 논, 밭, 임야 등), 양식장, 기타부동산	십억 일억 천 백 십 일 만원
문 2)	점유 부동산	**2016.12.31 기준으로 거주하고 있는 집을 제외한** 점유부동산의 유형별 가격은? ※ 거주하고 있는 집은 'Ⅵ 주거'에서 파악하였으므로 여기서는 제외.	① 가게, 사업장 등의 전세보증금 준 것, 비동거가구원의 전세보증금 등	십억 일억 천 백 십 일 만원
			② 기타(권리금, 사업설비, 공장기계, 가게물건, 비닐하우스시설, 양식장 등)	십억 일억 천 백 십 일 만원
문 3)	금융자산	**2016.12.31 기준으로** 소유하고 있는 금융자산의 유형별 가격은? ※ 가구원 전부 파악	① 예금(저축예금, 청약예금, 정기예금 등)	십억 일억 천 백 십 일 만원
			② 적금(정기적금, 연금형 적금, 종신보험, 청약부금, 청약저축 등)	십억 일억 천 백 십 일 만원
			③ 주식·채권·펀드(적립식, 거치식)	십억 일억 천 백 십 일 만원
			④ 불입한(타기 전) 계돈	십억 일억 천 백 십 일 만원
			⑤ 기타(남에게 빌려준 돈, 아파트 중도금(계약금) 부은 것 등)	십억 일억 천 백 십 일 만원
문 4)	농기계	**2016.12.31 기준으로** 보유하고 계신 농기계의 유형별 가격은? ※ 기타에는 살포기, 이앙기, 미증기(도정기), 보행관리기, 로터리 등이 포함됨.	① 동력탈곡기	십억 일억 천 백 십 일 만원
			② 경운기	십억 일억 천 백 십 일 만원
			③ 콤바인	십억 일억 천 백 십 일 만원
			④ 트랙터	십억 일억 천 백 십 일 만원
			⑤ 기타(　　　　)	십억 일억 천 백 십 일 만원
문 5)	농축산물	**2016.12.31 기준으로** (판매하지 않고) 사육하고 있는 농축산물의 유형별 가격은? ※ 애완용 및 식용 가축 제외	① 소	십억 일억 천 백 십 일 만원
			② 돼지	십억 일억 천 백 십 일 만원
			③ 닭	십억 일억 천 백 십 일 만원
			④ 재고농산물	십억 일억 천 백 십 일 만원
			⑤ 기타(　　　　) ※ 유실수 포함	십억 일억 천 백 십 일 만원
문 6)	자동차	**2016.12.31 기준으로** 소유하고 계신 **비영업용** 자동차의 대수와 가격은?	보유대수 (단위: 대)	십억 일억 천 백 십 일 만원
		※ 자동차 보유대수 기준은 명의기준입니다. 예를 들어, 가구원의 명의가 아닌 자동차를 소유하고 있다면, 이는 그 가구의 자동차가 아니며, 가구원의 명의로 된 자동차를 현재 타고 있지 않아도 그 자동차는 가구소유의 자동차입니다. ※ 자동차 모델, 연식별 가격은 별책을 참조하여 환산해 주십시오.		
문 7)	기타 재산	**2016.12.31 기준으로** 위의 재산 이외의 소유하고 계신 재산의 유형별 가격은?	① 운동클럽 등의 회원권	십억 일억 천 백 십 일 만원
			② **영업용 자동차**·자동차 번호 값, 오토바이·선박, 굴삭기(포크레인), 트럭 등 운송 및 생계수단	십억 일억 천 백 십 일 만원
			③ 귀금속, 골동품, 상품권 등	십억 일억 천 백 십 일 만원
			④ 기타(　　　　)	십억 일억 천 백 십 일 만원

※ 없음 0

XI. 생활여건

문 1) **신규가구 생성이후 2016년 12월 31일까지** 귀댁은 다음과 같은 경험을 하신 적이 있습니까?
(단, 2016년 1월 1일 이전(2014.10.1~12.31)에 분가한 신규가구의 경우 2016년 경험을 파악하면 됩니다.)

	구 분	있다	없다	비해당
㉮	**신규가구 생성이후 2016년 12월 31일까지** 돈이 없어서 2달 이상 집세가 밀렸거나 집세를 낼 수 없어서 집을 옮긴 적이 있다.	①	②	③
㉯	**신규가구 생성이후 2016년 12월 31일까지** 돈이 없어서 공과금(사회보험료와 전기요금, 전화요금, 수도요금 등)을 기한 내 납부하지 못한 적이 있다.	①	②	
㉰	**신규가구 생성이후 2016년 12월 31일까지** 돈이 없어서 전기요금, 전화요금, 수도요금 중 하나 이상을 내지 못해 전기, 전화, 수도 등이 끊긴 적이 있다.	①	②	
㉱	**신규가구 생성이후 2016년 12월 31일까지** 돈이 없어서 자녀(대학생 포함)의 공교육비를 한 달 이상 주지 못한 적이 있다.	①	②	③
㉲	**신규가구 생성이후 2016년 12월 31일까지** 돈이 없어서 추운 겨울에 난방을 하지 못한 적이 있다.	①	②	
㉳	**신규가구 생성이후 2016년 12월 31일까지** 돈이 없어서 본인이나 가족이 병원에 갈 수 없었던 적이 있다.	①	②	
㉴	**신규가구 생성이후 2016년 12월 31일까지** 가구원 중에 신용불량자인 사람이 있었다.	①	②	
㉵	**신규가구 생성이후 2016년 12월 31일까지** 연속 6개월 이상 건강보험 미납으로 인하여 보험 급여자격을 정지당한 경험이 있다.	①	②	③

〈 **유의사항** 〉
※ ㉮ 문항의 경우 신규가구 생성이후부터 2016년 12월 31일까지 내내 주거 점유형태가 '자가' 혹은 '무상'인 경우 '③비해당'에 응답합니다.
※ ㉱ 문항의 경우 자녀가 없거나 혹은 자녀가 '미취학', '대학원생(석·박사)'인 경우 '③비해당'에 응답합니다.
※ ㉴ 문항의 경우 신규가구 생성이전에 신용불량자로 되었던 사람이 신규가구 생성이후부터 2016년 12월 31일 동안에도 신용불량자의 상태로 있었다면 '①있다' 에 응답합니다.
※ ㉵ 문항의 경우 신규가구 생성이후부터 2016년 12월 31일까지 내내 의료급여 혹은 국가유공자 무료진료 만을 받는 가구는 '③비해당'에 응답합니다.

문 2) **신규가구 생성이후 2016년 12월 31일까지** 귀댁은 식생활과 관련하여 다음과 같은 경험을 하신 적이 있습니까?
(단, 2016년 1월 1일 이전(2014.10.1~12.31)에 분가한 신규가구의 경우 2016년 경험을 파악하면 됩니다.)

	구 분	자주 그렇다	가끔 그렇다	전혀 그렇지 않다	모름/거부
㉮	**신규가구 생성이후 2016년 12월 31일까지** 경제적인 어려움 때문에 먹을 것이 떨어졌는데도 더 살 돈이 없었다.	①	②	③	④
㉯	**신규가구 생성이후 2016년 12월 31일까지** 경제적인 어려움 때문에 먹을 것을 살 돈이 없어서 균형 잡힌 식사(다양한 식품을 충분한 양으로)를 할 수가 없었다.	①	②	③	④

	구 분	그렇다	아니다	모름/거부
㉰	**신규가구 생성이후 2016년 12월 31일까지** 경제적인 어려움 때문에 먹을 것을 충분히 살 수 없어서 귀하 가구 내 성인들이 식사의 양을 줄이거나 식사를 거른 적이 있습니까?	① →㉱로 갈 것	② →㉲로 갈 것	③ →㉲로 갈 것
㉱	**(㉰에서 ①번 응답자만)** 얼마나 자주 그런 일이 있었습니까? ① 거의 매월 ② 몇 개월 동안(매월은 아님) ③ 1-2개월 동안			
㉲	**신규가구 생성이후 2016년 12월 31일까지** 경제적인 어려움 때문에 먹을 것을 충분히 살 수 없어서 먹어야 한다고 생각하는 양보다 적게 드신 적이 있습니까?	①	②	③
㉳	**신규가구 생성이후 2016년 12월 31일까지** 경제적인 어려움 때문에 먹을 것을 살 돈이 없어서 배가 고픈데도 먹지 못한 적이 있습니까?	①	②	③

XII. 국민기초생활보장

국민기초생활보장제도는 생활이 어려운 저소득층의 생활안정을 위하여 생계, 주거, 교육, 의료 등 기본적인 생활을 지원해 주는 제도를 말한다. 2015년 7월부터 맞춤형 급여로 변경되면서, 선정기준이 최저생계비에서 각 급여별 기준 중위소득 이하의 가구로 변경되었다. 맞춤형 급여는 생계급여, 의료급여, 주거급여, 교육급여로 구분되며, 그 밖에 의료급여 특례, 자활특례 등 특례도 포함되며, 가구원 중 일부만 수급하는 가구도 수급가구로 간주한다.

문 1) 귀댁은 신규가구 생성 이후 2016년 12월 31일까지 국민기초생활보장 급여(맞춤형 급여)를 신청하신 적이 있습니까? ☐

① 있다 → **문1-1)로 갈 것**　　② 없다 → **문2)로 갈 것**

〈 **유의사항** 〉
※ 공식적인 서류신청을 한 경우만 해당합니다.
※ 이미 급여를 받고 있더라도 신규가구 생성 이후부터 2016년까지 신청한 적이 없으면 '②없다'로 응답해 주십시오.

문 1-1) **(문1)의 ①번 응답자만)** 귀댁이 국민기초생활보장 급여(맞춤형 급여)를 신청하게 된 가장 큰 이유는 무엇입니까? ☐

① 기본적인 생계문제를 해결하기 위해
② 의료급여를 받기 위해
③ 주거비를 지원받기 위해
④ 자녀 교육비를 지원받기 위해
⑤ 취업알선, 창업 등 자활지원을 받기 위해
⑥ 기타(적을 것 : ____________________)

문 1-2) **(문1)의 ①번 응답자만)** 신청한 결과 귀댁은 수급자로 선정되었습니까? ☐

① 생계, 의료, 주거, 교육 급여를 모두 받게 되었다 → **문2)로 갈 것**
② 생계, 의료, 주거, 교육 급여 중 일부만 받게 되었다 → **문1-3)으로 갈 것**
③ 아무것도 받지 못하게 되었다. → **문1-3)으로 갈 것**

〈 **유의사항** 〉
※ 신규가구 생성 이후부터 2016년 12월까지를 기준으로 응답합니다. 단, 급여신청을 2016년 12월에 하였고 선정은 2017년에 되었지만, 선정이 되면서 2016년 12월까지의 급여를 소급하여 한꺼번에 받았다면 2016년에 선정이 된 것으로 간주합니다.
※ 생계, 의료, 주거, 교육 급여 중 중간에 탈피가 되었더라도 한번이라도 받은 적이 있으면 받은 것으로 간주합니다. 예를 들어 생계, 의료, 주거, 교육급여를 모두 받고 있다가 신규가구 생성-2016년 중 생계급여만 못 받게 되었더라도 ①로 응답합니다.

문 1-3) **(문1-2)의 ②, ③번 응답자만)** 수급자로 선정되지 못한 가장 큰 이유는 무엇입니까? 해당 급여만 응답해 주십시오.

문 1-3-1) 생계급여	☐	문 1-3-2) 의료급여	☐	문 1-3-3) 주거급여	☐	문 1-3-4) 교육급여	☐

① 소득이 기준보다 많아서
② 자동차가 있어서
③ 살고 있는 집의 가격이 높아서
④ 살고 있는 집 이외에 재산이 기준보다 많아서
⑤ 부양의무자의 소득 및 재산이 기준보다 많아서
⑥ 기타(적을 것 : ____________________)
⑨ 잘 모르겠다.

문 1-4) **(문1-2)의 ②, ③번 응답자만)** 수급자로 선정되지 못한 후 귀댁의 생계, 의료, 주거, 교육문제는 주로 어떻게 해결하셨습니까? 해당 급여만 응답해 주십시오.

문 1-4-1) 생계급여	□	문 1-4-2) 의료급여	□	문 1-4-3) 주거급여	□	문 1-4-4) 교육급여	□

① 부양의무자(같이 살지 않는 부모나 자녀), 친지 및 이웃의 도움
② 빚을 내어서 생활
③ 민간단체의 도움
④ 이전보다 더 절약하며 생활
⑤ 저축 등 있는 재산을 줄여서
⑥ 공공기관 프로그램(공공근로 사업, 차상위 자활사업 등)에 참여하여 얻은 소득으로
⑦ 본인이 스스로 벌어서(공공기관 프로그램 참여 제외)
⑧ 기존에 받던 '가구원 중 일부수급가구'의 국민기초생활보장 급여로
⑨ 기타(적을 것 :____________________)

문 2) 귀댁은 신규가구 생성이후~2016년 12월 동안 국민기초생활보장 급여(맞춤형 급여)를 받은 경험이 있습니까? □

① 받은 적이 있다 → **문2-1)로 갈 것**
② 받은 적이 없다 → **XII-2.근로장려세제'로 갈 것**

〈 **유의사항** 〉
※ 신규가구 생성 이후 2016년 12월 동안 생계급여, 의료급여, 주거급여, 교육급여 중 한 개라도 받은 경험이 있으면 수급하고 있는 것으로 응답해 주십시오.

문 2-1) **(문2)의 ①번 응답자만)** 신규가구 생성 이후~2016년 12월 동안 급여를 받은 경험이 있다면, 그 기간을 해당 급여만 응답해 주십시오.

문 2-1-1) **생계급여**

첫 번째		년		월	~		년		월
두 번째		년		월	~		년		월
세 번째		년		월	~		년		월

문 2-1-2) **의료급여**

첫 번째		년		월	~		년		월
두 번째		년		월	~		년		월
세 번째		년		월	~		년		월

문 2-1-3) **주거급여**

첫 번째		년		월	~		년		월
두 번째		년		월	~		년		월
세 번째		년		월	~		년		월

문 2-1-4) **교육급여**

첫 번째		년		월	~		년		월
두 번째		년		월	~		년		월
세 번째		년		월	~		년		월

〈 **유의사항** 〉
※ 수급과 탈피를 반복하였다면 그 기간을 모두 응답해 주십시오.

문 2-2) **(문2)의 ①번 응답자만)** 귀댁이 국민기초생활보장 급여(맞춤형 급여) 중 **하나라도 2016년 12월 말까지 받은 급여가 있다면**, 수급하게 된 **가장** 큰 이유는 무엇입니까? 해당 급여만 응답해 주십시오.

문 2-2-1) 생계급여	□	문 2-2-2) 의료급여	□	문 2-2-3) 주거급여	□	문 2-2-4) 교육급여	□

① 일은 하고 있었지만 수입이 줄어서
② 소득이 발생하였던 일을 그만두게 되어서
③ 도와주던 친인척의 경제적 형편이 나빠져서(혹은 도움이 끊겨서)
④ 이혼, 가구원의 분가 등으로 인해 소득이 있는 가구원이 빠져나가서
⑤ 소득이 있는 가구원이 사망해서
⑥ 소득은 동일하나 가구원이 증가해서
⑦ 의료비 지출이 커져서
⑧ 다른 지역으로 이사해서
⑨ 기타(적을 것 : ________________________)

문 2-3) **(문2)의 ①번 응답자만)** 국민기초생활보장 급여(맞춤형 급여)수준은 어떻다고 생각하십니까? 해당 급여만 응답해 주십시오.

구분	① 매우 적절하다	② 적절하다	③ 보통이다	④ 부족하다	⑤ 매우 부족하다
문 2-3-1) 생계급여	①	②	③	④	⑤
문 2-3-2) 의료급여	①	②	③	④	⑤
문 2-3-3) 주거급여	①	②	③	④	⑤
문 2-3-4) 교육급여	①	②	③	④	⑤

〈 **유의사항** 〉
※ 수급과 탈피를 반복한 경우 가장 최근에 받은 급여수준을 기준으로 응답해 주십시오.

문 3) **(문2)의 ①번 응답자만)** 귀댁이 국민기초생활보장 급여(맞춤형 급여) 중 **2016년 12월 말까지 받은 급여가 있다면**, 앞으로 얼마 후에 각 급여별로 수급대상 가구에서 벗어날 것으로 예상하십니까? 해당 급여만 응답해 주십시오.

문 3-1) 생계급여	□	문 3-2) 의료급여	□	문 3-3) 주거급여	□	문 3-4) 교육급여	□

① 6개월 이내
② 6개월 후 ~ 1년 이내
③ 1년 후 ~ 3년 이내
④ 3년 후
⑤ 벗어나기 힘들 것이다
⑨ 잘 모르겠다.

문 4) **(문2)의 ①번 응답자만)** 귀댁이 국민기초생활보장 급여(맞춤형 급여) 중 **하나라도 2016년 12월 말까지 받지 못한 급여가 있다면**, 각 급여별로 탈피하게 된 **가장** 큰 이유는 무엇이었습니까? 해당 급여만 응답해 주십시오.

문 4-1) 생계급여	□	문 4-2) 의료급여	□	문 4-3) 주거급여	□	문 4-4) 교육급여	□

① 하고 있던 일의 수입이 늘어서
② 가구원이 취업을 하게 되서
③ 상속, 증여, 재개발 등으로 재산이 늘어서
④ 자동차를 새로 구입해서
⑤ 친인척이 좀 더 도와주어서
⑥ 사망, 이혼, 분가 등 가구원수가 줄어들어서
⑦ 가족의 병이 나아서
⑧ 다른 지역으로 이사하여서

⑨ 소득, 재산, 부양의무자의 변화는 없으나 조사결과가 달라져서
⑩ 기타(적을 것 : ________________________)

문 5) **(문1-2)의 ①번 응답자만)** 국민기초생활보장의 여러 지원 중, 귀댁이 <u>수급가구에서 벗어나더라도 계속 받고 싶은 급여</u>는 무엇입니까? (생계비를 제외하고 하나만 응답) □

① 의료비 지원	④ 자활관련 지원
② 교육비 지원	⑤ 없다
③ 주거비 지원	⑥ 기타(적을 것 : ________________________)

XII-1. 근로(자녀)장려세제

※ **근로장려세제는 열심히 일은 하지만 소득이 적어 생활이 어려운 근로자 또는 사업자(전문직 제외)가구에 대하여 가구원 구성과 총급여액 등에 따라 산정된 근로장려금을 지급함으로써 근로를 장려하고 실질소득을 지원하는 근로연계형 소득 지원 제도입니다. 근로장려금은 거주자를 포함한 1세대의 가구원 구성에 따라 정한 부부합산 총급여액 등을 기준으로 지급하며, 연간 최대 지급액은 210만원입니다.**

※ **자녀장녀세제는 행복한 임신과 출산을 장려하고 저소득 가구의 자녀양육 부담을 경감하기 위해 2015년부터 총 소득 4천만원 미만이면서 부양자녀(18세 미만)가 있는 경우 자녀장려금을 지급하는 제도입니다. 자녀장려금은 부양자녀(18세 미만) 1명당 최대 50만원을 지급하는 제도로 총소득 기준을 제외한 나머지 수급요건은 근로장려금과 동일합니다.**

문 1) 근로장려세제 또는 자녀장려세제에 대해 어느 정도 알고 계십니까?

문 1-1) 근로장려세제 □ 문 1-2) 자녀장려세제 □

① 들어본 적도 없고, 모른다
② 들어본 적은 있지만, 내용은 잘 모른다
③ 들어본 적이 있고, 내용도 어느 정도 알고 있다
④ 들어본 적이 있고, 내용도 비교적 자세히 알고 있다

문 2) 귀댁은 신규가구 생성이후 2016년 5월에 근로(자녀)장려금 급여를 신청하신 적이 있습니까? □

① 둘 다 신청했다 → **문2-1)로 갈 것**
② 근로장려금만 신청했다 → **문2-1)로 갈 것**
③ 자녀장려금만 신청했다 → **문2-1)로 갈 것**
④ 둘 다 신청한 적 없다 → **문 3)으로 갈 것**

〈 **유의사항** 〉
※ 5월에 신청을 못한 경우, 6-11월 동안 기간 후 신청을 받습니다. 기간 후에 신청한 경우도 신청한 것으로 응답합니다.

문 2-1) 귀댁은 신규가구 생성이후 2016년에 근로(자녀)장려금을 받으셨습니까? □

① 둘 다 받았다 → **문2-2)로 갈 것**
② 근로장려금만 받았다 → **문2-2)로 갈 것**
③ 자녀장려금만 받았다 → **문2-2)로 갈 것**
④ 둘 다 받지 못했다 → **문 3)으로 갈 것**

〈 **유의사항** 〉
※ **있다고 응답한 경우 기타 정부보조금란의 근로장려세제 또는 자녀장려세제란에 정확한 급여액을 기입함.**
※ 5월에 신청한 경우 9월 말까지 급여가 지급되며, 기간 후 신청을 한 경우는 지급시점이 연기될 수 있습니다. 기간 후 신청의 경우 근로장려금, 자녀장려금의 10%를 감액해서 지급됩니다. 이 경우도 지급받은 것으로 응답합니다.

문 2-2) 수급한 근로(자녀)장려금을 주로 어디에 사용하셨습니까? □

① 아이들 교육비 ② 일상생활비 ③ 의료비 ④ 문화오락비 ⑤ 저축 ⑥ 기타

문 2-3) 귀댁의 근로(자녀)장려금 급여(수준)가 실생활에 주는 도움은 어느 정도였습니까? □

① 전혀 도움이 되지 않았다 ② 도움이 별로 되지 않는 편이었다 ③ 그저 그렇다
④ 대체로 도움이 되는 편이었다 ⑤ 매우 도움이 되었다

문 2-4) 귀댁의 경우 근로(자녀)장려금 급여는 근로의욕에 어떤 영향을 미쳤습니까? □

① 일할 의욕이 매우 감소되었다 ② 일할 의욕이 약간 감소되었다 ③ 일할 의욕에 변화가 없었다
④ 일할 의욕이 약간 증가되었다 ⑤ 일할 의욕이 매우 증가되었다

문 3) 귀댁은 금년(2017년) 근로(자녀)장려금 급여를 받을 요건을 충족한다고 생각하십니까? □

① 둘 다 수급요건을 충족하지 못한다고 생각한다
② 근로장려세제의 수급요건만 충족한다고 생각한다
③ 자녀장려세제의 수급요건만 충족한다고 생각한다
④ 둘 다 수급요건을 충족한다고 생각한다
⑤ 잘 모르겠다

XIII. 가구의 복지서비스 이용

다음은 가구의 복지서비스 이용 정도를 파악하기 위한 질문입니다. 조사대상 기간은 신규가구 생성시점부터 2016년 12월 31일까지를 기준으로 응답하여 주시면 됩니다.

문 1) 가구생성 이후부터 2016년 1년간 다음 각각의 서비스를 이용해 보신 적이 있습니까?
(※ 이용경험이 없는 경우 경험여부에 '없다'로 응답한 후 다음 서비스 항목에 대해 질문합니다.)

서비스 유형	있다	없다
㉮ 생계비(혹은 생계보조수당) 지원	①	②
㉯ 의료비 지원	①	②
㉰ 물품지원(식료품, 의류, 가구 등)	①	②
㉱ 가정봉사 서비스(청소, 세탁, 식사준비 등)	①	②
㉲ 식사(혹은 밑반찬) 배달 서비스	①	②
㉳ 주택관련 서비스(집수리, 도배 등)	①	②
㉴ 직업훈련, 취업상담, 취업알선, 자활근로	①	②
㉵ 상담서비스	①	②
㉶ 생계, 생업, 자립, 교육 등을 위한 각종 대출, 융자	①	②
㉷ 개인발달계좌(자산형성프로그램)	①	②

〈 **유의사항** 〉
※ 위 질문에서 묻고 있는 복지서비스는 공공기관에서 제공하거나 민간의 복지서비스를 이용하더라도 비용을 공공부문에서 일부 보조해 주는 것들을 말하며, 응답자가 민간의 복지서비스를 이용하면서 비용도 스스로 전부 부담하고 있는 경우에는 해당하지 않습니다.

〈 **유의사항** 〉
※ ㉮ 생계비 지원: 국민기초생활보장제도의 생계급여, 기초연금, 장애수당(경증장애인 대상), 장애인연금(중증장애인 대상), 장애아동수당, 한부모가족지원(양육비), 긴급복지지원(긴급생계급여), 가정위탁금, 소년소녀가장보호비, 근로장려세제 등 생계비 보조를 목적으로 보조하는 현금을 말한다(국민연금, 고용보험 실업급여, 산재보험 등 사회보험 소득은 포함 안 됨. 보육료 지원비, 노인교통비, 학비지원, 바우처 지원금 등 용도가 한정된 지원은 포함 안 됨). 쌀이나 식료품 등은 생계비 지원에 해당하지 않고 ㉰의 물품지원에 체크하도록 한다.
※ ㉯ 의료비 지원: 국민기초생활보장제도와 긴급복지지원제도에 의한 의료급여, 사회복지관련기관 및 종교(시민)단체에서 의료비 지출에 해당하는 비용을 지원하는 경우를 말한다(현금, 현물, 재활서비스 모두 포함). 각종 의료서비스를 지원받은 경우를 포함하되, 건강보험, 산재보험, 장기요양보험 상의 혜택은 포함하지 않는다. 의료비 지출을 위한 가족이나 친척, 이웃 등 개인적인 관계에 의한 지원은 해당하지 않는다.
※ ㉳ 주택 관련 서비스: 국민기초생활보장제도의 주거급여와 같이 공공기관에서 제공(일부 보조)하거나, 사회복지관련기관, 종교(시민)단체에서 실시하는 집수리, 도배 등의 주거시설 개선 및 주택 개조를 말한다.
※ ㉴ 직업훈련, 취업상담, 취업알선, 자활근로: 노인일자리사업, 희망근로, 자활 공공근로를 포함한다.
※ ㉵ 상담서비스: 고민 및 갈등, 정신건강 문제, 약물 및 알코올 문제, 학대 및 가정폭력 문제, 아동의 문제 등과 관련된 상담 및 심리재활서비스를 말한다.
※ ㉶ 생계, 생업, 자립, 교육 등을 위한 각종 대출, 융자: 생계, 생업, 자립, 교육 등의 목적에 사용할 수 있는 자금을 국가가 대출해주거나 국가의 신용보증을 통해 일반 금융기관에서 대출해주는 서비스를 말한다. 예를 들어 소상공인 지원융자, 자영업자 특례보증 대출, 장애인 자립자금, 저소득층 생업자금, 저소득층 창업자금, 한부모가족 복지자금, 직업훈련생계비 대부, 근로자 생계보증 대출, 취업후 상환 학자금 대출 등이 있다. 단, 전세자금이나 주택구입자금 등 주택 관련 대출은 포함하지 않는다.
※ ㉷ 개인발달계좌: 개인이 저축한 금액에 대하여 정부가 일정 금액을 매칭하여 적립하는 제도를 말하며, 가입 중인 경우만 해당한다. 보건복지부의 희망키움통장, 내일키움통장, 디딤씨앗통장, 서울시의 희망플러스통장, 꿈나래통장 등이 포함된다.

다음은 바우처서비스 이용 정도를 파악하기 위한 질문입니다. 바우처란 어떤 상품을 구매할 수 있는 증서로, 사회서비스 바우처 제도는 사회서비스를 제공할 때 일종의 '이용권'을 발급하여 서비스를 받을 수 있도록 하는 제도입니다. 전자바우처는 현금카드 형태로 지급됩니다.

문 2) 가구생성 이후부터 2016년 1년간 바우처서비스를 이용해 보신 적이 있습니까? ☐

① 예 → **문2-1) 응답 후, 문3)으로 갈 것**
② 아니오 → **문3)으로 갈 것**

문 2-1) **(문2)의 ①번 응답자만)** 가구생성 이후부터 2016년 1년간 다음 각각의 바우처서비스를 이용해 보신 적이 있습니까?
(※ 이용경험이 없는 경우 경험여부에 '없다'로 응답한 후 다음 서비스 항목에 대해 질문합니다.)

서비스 유형	있다	없다
㉮ 노인돌봄종합서비스	①	②
㉯ 장애인활동지원사업	①	②
㉰ 산모/신생아 건강관리지원사업	①	②
㉱ 가사간병 방문지원사업	①	②
㉲ 문화바우처(문화누리카드)	①	②
㉳ 임신출산 진료비지원제도	①	②
㉴ 발달재활서비스	①	②
㉵ 아이행복카드(보육료·유아학비 지원)	①	②
㉶ 언어발달지원사업	①	②
㉷ 발달장애인부모 심리상담서비스	①	②
㉸ 에너지 바우처	①	②
㉹ 기타 바우처서비스(적을 것: ____________________)	①	②

〈 **유의사항** 〉

※ ㉮ 노인돌봄종합서비스: 65세 이상 노인 중 일상생활이 어려운 분들에게 제공하는 가사 활동지원, 주간보호 등의 서비스를 말한다.

※ ㉯ 장애인활동지원사업: 장애인활동지원제도는 활동이 어려운 중증 장애인에게 제공하는 활동보조 서비스를 말하며 활동보조, 방문목욕, 방문간호 서비스를 포함한다.

※ ㉰ 산모/신생아 건강관리지원사업: 출산가정에 가정방문 서비스를 지원하여 산모와 신생아의 건강관리를 지원하고 경제적 부담을 완화하는 서비스를 말한다.

※ ㉱ 가사간병 방문지원사업: 장애인, 소년소녀가정, 한부모가정, 중증질환자 등 저소득 취약계층에 대하여 재가간병·가사지원 등을 지원하는 서비스를 말한다.

※ ㉲ 문화바우처(문화누리카드): 기초생활수급자와 법정차상위계층을 대상으로 개인당 5만원의 바우처를 발급하는 사업으로, 도서, 음반, 영화 등 문화체험과 숙박, 철도, 고속버스, 항공, 테마파크 등의 여행부문, 4대 프로스포츠 관람 등에 사용할 수 있다.

※ ㉳ 임신출산 진료비지원제도: 임신이 확진된 임산부의 본인부담금을 경감하여 임신과 출산에 관련된 진료비를 고운맘 카드로 일부 지원하는 제도를 말한다.

※ ㉴ 발달재활서비스: 성장기의 정신적·감각적 장애아동의 인지, 의사소통, 적응행동, 감각·운동 등의 기능 향상과 행동 발달을 위한 적절한 발달재활서비스 지원 및 정보를 제공하는 서비스를 말한다.

※ ㉵ 아이행복카드(보육료 및 교육료 지원): 영유아 부모에게 서비스 이용권을 제공하는 보육서비스를 말한다.

※ ㉶ 언어발달지원사업: 시·청각장애 부모의 자녀에게 필요한 언어발달지원서비스를 제공하여 아동의 건강한 성장지원 및 장애가족의 자체 역량을 강화하는 서비스를 말한다.

※ ㉷ 발달장애인부모 심리상담서비스: 발달장애인 부모에게 심리정서적 상담을 제공하여 부정적 심리상태를 완화시켜주는 서비스를 말한다.

※ ㉸ 에너지 바우처: 국민기초생활법상 생계급여 또는 의료급여 수급자 중 가구 내 노인이나 아동, 장애인, 임산부가 있을 경우 난방을 위한 에너지바우처를 지급함. 국가바우처 통합카드인 '국민행복카드' 대상 바우처임.

※ ㉹ 기타 바우처서비스: 영유아발달지원서비스, 아동정서발달서비스, 아동청소년심리지원서비스, 인터넷 과몰입 아동청소년 치유서비스, 노인맞춤형 운동처방 서비스, 장애인노인을 위한 돌봄여행 서비스, 장애인 보조기기 렌탈서비스, 시각장애인 안마서비스, 정실질환자 토탈케어 서비스, 자살고위험군 건강증진서비스, 다문화가정 아동 발달지원서비스, 아동돌봄서비스, 부모학교 서비스 등의 지역개발형 바우처가 있다.

다음은 장기요양보험급여 이용정도를 파악하기 위한 질문입니다. 장기요양보험이란 일상생활이 힘든 65세 이상 노인 및 노인성 질병(치매, 뇌혈관 질환 등)을 가진 65세 미만 대상자에게 요양시설이나 재가 장기요양기관을 통해 신체활동(목욕, 배설 등) 또는 가사지원(세탁, 청소 등) 등의 서비스를 제공하는 사회보험제도입니다.

문 3) 가구생성 이후부터 2016년 1년간 가구원 중에 장기요양보험급여를 받은 가구원이 있습니까?
(단, 5등급 이상의 장기요양등급 판정을 받은 경우에 한합니다)

① 예 → **문3-1), 문3-2) 응답 후 'XIV. 노인가구의 복지서비스 이용'으로 갈 것**
② 아니오 → **'XIV. 노인가구의 복지서비스 이용'으로 갈 것**

문 3-1) **(문3)의 ①번 응답자만)** 장기요양서비스를 이용하시면서, **귀댁이 지불하신 금액**은 월단위 얼마였습니까?

월단위 [백만 | 십만 | 일만 | 천] **천원**

〈 **유의사항** 〉
※ 본인부담금, 비급여 항목을 포함한 서비스 이용료(월단위)를 말함. 장기요양보험료는 해당되지 않음.

문 3-2) **(문3)의 ①번 응답자만)** 가구생성 이후부터 2016년 1년 동안 급여(서비스)를 받은 경험이 있다면, 어떤 종류의 급여를 받으셨습니까?
(※ 이용경험이 없는 경우 경험여부에 '없다'로 응답한 후 다음 서비스 항목에 대해 질문합니다.)

급여(서비스) 유형	있다	없다
㉮ 방문요양(목욕, 옷입히기, 취사, 주변정돈 등)	①	②
㉯ 방문목욕(차량 이용 목욕 제공)	①	②
㉰ 방문간호(간호사 방문 간호, 요양상담, 구강위생 등)	①	②
㉱ 주·야간보호(하루 중 일정한 시간 동안 장기요양기관에서 보호)	①	②
㉲ 단기보호(일정기간 동안 단기보호시설 보호)	①	②
㉳ 기타재가급여(휠체어, 침대, 욕창방지 매트리스·방석, 욕조용리프트, 이동욕조, 보행기 등 복지용구)	①	②
㉴ 시설급여(2015년 중 장기요양보호시설 이용)	①	②
㉵ 특별현금급여(특별한 사유로 가족이 보살피는 경우)	①	②

XIV. 노인가구의 복지서비스 이용

다음은 만65세 이상 어르신(노인)이 있는 가구만 응답해 주십시오. 해당하지 않는 가구는 XV. 아동가구의 복지서비스 이용에 대한 질문으로 가십시오. 조사대상 기간은 신규가구 생성시점부터 2016년 12월 31일까지를 기준으로 응답하여 주십시오.

문 1) 가구생성 이후부터 2016년 1년간 다음 각각의 서비스를 이용해 보신 적이 있습니까?
(※ 이용경험이 없는 경우 경험여부에 '없다'로 응답한 후 다음 서비스 항목에 대해 질문합니다.)

서비스 유형	있다	없다
㉮ 기초연금 지원	①	②
㉯ 의료비 지원	①	②
㉰ 노인 무료 급식(본인부담금 없음)	①	②
㉱ 물품지원(식료품, 의류, 가구 등)	①	②
㉲ 가정봉사 서비스(청소, 세탁, 식사준비 등)	①	②
㉳ 식사(혹은 밑반찬) 배달 서비스	①	②
㉴ 방문 가정간호, 간병, 목욕 서비스	①	②
㉵ 이동편의 서비스(병원 동행 등)	①	②
㉶ 주·야간보호 서비스(일정시간 복지관 등에서 보호해주는 것)	①	②
㉷ 노인일자리사업	①	②
㉸ 사회교육 서비스(한글교실, 생활요가, 노래교실 등)	①	②

〈 유의사항 〉

※ <u>위 질문에서 묻고 있는 복지서비스는 공공기관에서 제공하거나 민간의 복지서비스를 이용하더라도 비용을 공공부문에서 일부 보조해 주는 것들을 말하며, 응답자가 민간의 복지서비스를 이용하면서 비용도 스스로 전부 부담하고 있는 경우에는 해당하지 않습니다.</u>

〈 유의사항 〉

※ ㉯ 의료비 지원: 국민기초생활보장제도와 긴급복지지원제도에 의한 의료급여 및 의료지원, 사회복지관련기관 및 종교(시민)단체에서 의료비 지출에 해당하는 비용을 지원하는 경우를 말한다(현금, 현물, 재활서비스 모두 포함). 노인 안검진 및 개안 수술, 치매조기검진, 치매치료관리지원 등 의료서비스를 지원받은 경우를 포함한다. 건강보험, 산재보험, 장기요양보험 상의 혜택은 포함하지 않는다. 의료비 지출을 위한 가족이나 친척, 이웃 등 개인적인 관계에 의한 지원은 해당하지 않는다.

※ ㉰ 노인 무료 급식(본인부담금 없음): 지자체 노인결식사업의 일환으로 전액 무료로 급식을 이용하는 경우만 해당한다. 노인이 일부 시비를 부담하는 경우는 해당하지 않는다.

※ ㉵ 이동편의 서비스: 노인 및 장애인을 위해 특별히 고안된 이동수단(장애인 콜택시 등)을 이용하거나, 간병인 등이 이동 동행하는 경우를 말한다. 단, 노인이 혼자 일반 버스나 택시를 이용하는 경우나, 교통수당이나 대중교통 이용 시 요금할인을 받은 것은 제외한다.

※ 독거노인 대상 노인돌봄기본서비스를 통해 노인돌보미나 응급안전돌보미 서비스를 받는 경우 ㉲ 가정봉사 서비스(청소, 세탁, 식사준비 등)에 '예'라고 응답한다.

XV. 아동가구의 복지서비스 이용

다음은 만0~17세 이하 아동(자녀)을 둔 가구만 응답해 주십시오. 없다면 XVI. 장애인가구의 복지서비스 이용에 대한 질문으로 가십시오. 아동(자녀)은 응답자 본인의 친자녀뿐만 아니라 조카, 손자녀 등 만0~17세 이하의 아동, 청소년 가구원은 모두 해당됩니다. 조사대상 기간은 신규가구 생성시점부터 2016년 12월 31일까지를 기준으로 응답하여 주십시오.

문 1) 가구생성 이후부터 2016년 1년간 다음 각각의 서비스를 이용해 보신 적이 있습니까?
(※ 이용경험이 없는 경우 경험여부에 '없다'로 응답한 후 다음 서비스 항목에 대해 질문합니다.)

서비스 유형	있다	없다
㉮ 공공어린이집(주간보호 및 특별활동)	①	②
㉯ 양육·보육료 및 유치원비 보조(양육수당 포함)	①	②
㉰ 아동상담, 집단 프로그램(성격, 정서문제, 독서지도 등)	①	②
㉱ 방과후돌봄 서비스(지역아동센터 등)	①	②
㉲ 무료급식(급식지원 포함)	①	②
㉳ 학비 지원	①	②
㉴ 예체능 교실(컴퓨터, 미술, 음악, 체육 등)	①	②
㉵ 문화활동(문화유산답사, 연극, 영화, 견학, 방학 중 캠프 등)	①	②
㉶ 가정봉사·아이돌봄 서비스	①	②
㉷ 영유아보충식품지원(영양플러스사업 포함)	①	②

〈 **유의사항** 〉
※ 위 질문에서 묻고 있는 복지서비스는 공공기관에서 제공하거나 민간의 복지서비스를 이용하더라도 비용을 공공부문에서 일부 보조해 주는 것들을 말하며, 응답자가 민간의 복지서비스를 이용하면서 비용도 스스로 전부 부담하고 있는 경우에는 해당하지 않습니다.

〈 **유의사항** 〉
※ ㉮ 공공어린이집: 정부에서 인건비를 지원받는 국공립, 사회복지법인, 법인·단체 등, 영아전담·장애아전담 어린이집과 공공기관 또는 고용보험기금으로부터 운영비를 지원받는 직장어린이집을 말한다. 공공형 어린이집을 비롯하여 서울형/부산형 어린이집은 모두 공공으로부터 운영비를 지원받기 때문에 공공어린이집에 해당한다.
※ ㉳ 학비 지원: 초·중·고등학교의 입학금, 수업료, 검정고시 학습비, 방과후교실 등록비 등이 포함된다.

다음 **문2)~문6)**은 만**0~17**세 이하 아동(자녀) 각각에 대한 질문입니다. 반드시 아래 응답지에 개별 아동(자녀)별로 아동의 가구원 번호에 따라 기재해 주시기 바랍니다.

문 2-1) 귀댁의 아동(자녀) □□□은 출생 시 체중이 2.5kg 이상이었습니까? □

① 그렇다 ② 아니다

문 2-2) 귀댁의 아동(자녀) □□□은 아기 때부터 앓아온 선천성 기형이나 선천성 질환(심장질환 등)이 있습니까? □

① 그렇다 ② 아니다

아동(자녀)의 가구원 번호 (※ 2쪽의 가구원 번호와 일치하도록 기재하시오)		아동(자녀) 가구원의 이름	**문2-1) 체중**	**문2-2) 선천성 기형 및 질환**

문 3) 다음은 공적인 학교교육 이외의 학원, 과외, 학습지, 어린이집, 유치원 등 사교육과 보육기관 이용실태에 관한 질문입니다. 귀댁의 아동(자녀) □□□은 <보기>와 같은 곳을 이용하고 있습니까?
(※ 모든 아동(자녀)을 가구원 번호에 따라 차례대로 기재한 후 질문합니다. 사교육과 보육기관을 이용하지 않는 아동(자녀)은 이용여부에 '② 안한다'로 기재한 후 다른 아동에 대해 질문합니다.)

문 4) 귀댁의 각각의 아동(자녀)이 이용하는 사교육·보육기관을 아래의 <보기>에서 주로 이용하는 순서대로 3개까지 응답해 주십시오.

문 5) 귀댁에서 각각의 아동(자녀)에게 든 사교육비는 한 달 평균 얼마입니까? 교재비, 재료비, 간식비 등 부대비용까지 포함하여 다음의 응답지에 아동별로 기재하여 주십시오.

〈 **유의사항** 〉
※ 한 아동(자녀)이 위 문4)에서 응답한 사교육기관보다 더 많은 사교육기관(4개 이상 이용자)을 이용하고 있을 경우 이용하고 있는 모든 사교육기관의 이용비용과 교재비, 도구실습비, 간식비 등 부대비용까지를 합산하여 응답해 주십시오.
※ 모든 비용은 가구에서 실제 지출한 실비만 포함시킵니다.
※ 정부지원을 받는 경우 정부지원금을 제외한 본인부담금을 기준으로 응답해 주십시오.
※ 없음 = 0000

문 6) 귀댁에서 각각의 아동(자녀)에게 든 보육비는 한 달 평균 얼마입니까? 교재비, 재료비, 간식비 등 부대비용까지 포함하여 다음의 응답지에 아동별로 기재하여 주십시오.

〈 **유의사항** 〉
※ 한 아동(자녀)이 위 문4)에서 응답한 보육기관보다 더 많은 보육기관(4개 이상 이용자)을 이용하고 있을 경우 이용하고 있는 모든 보육기관의 이용비용과 교재비, 도구실습비, 간식비 등 부대비용까지를 합산하여 응답해 주십시오.
※ 모든 비용은 가구에서 실제 지출한 실비만 포함시킵니다.
※ 정부지원을 받는 경우 정부지원금을 제외한 본인부담금을 기준으로 응답해 주십시오.
※ 없음 = 0000

구 분	<보 기>
어린이집 및 유치원	① 국공립(국립·시립·구립 등)어린이집 ⑤ 직장어린이집(사업주가 설치한 어린이집) ② 사회복지법인어린이집 ⑥ 정규시간 이외에 보육도 맡아주는 유치원 ③ 민간어린이집(법인·단체등어린이집, 부모협동어린이집 포함) ⑦ 정규시간만을 담당하는 유치원 ④ 가정어린이집(개인가정에서 운영하는 어린이집)
민간학원 및 사교육	⑧ 학원 ⑨ 개인·그룹과외 ⑩ 학습지(온라인 학습지 포함)
학교 및 사회복지 관련기관	⑪ 방과후 교내보충학습(만6세 이상이 학교 내에서 자발적으로 별도의 비용을 지불하고 보충학습 및 특기 지도 등을 하는 경우) ⑫ 방과후 교실(만6세 이상이 학교가 아닌 사회복지관, 유치원 등에서 보육이 아닌 특기 지도, 보충학습 등을 하는 것)
기타	⑬ 친·인척(비용을 지불하는 경우만 해당) ⑭ 이웃(비용을 지불하는 경우만 해당) ⑮ 건강가정지원센터의 아이 돌보미 ⑯ 민간 아이 돌보미 ⑰ 기타(적을 것 : ______________) ⑱ 그 외 보육시설(방과후 학교 초등보육프로그램, 보육을 목적으로 하는 반일제 이상의 학원, 영어유치원, 놀이학교, 선교원, 문화센터 등)

문3)~문6) 응답지

아래 응답지에 모든 아동(자녀)을 가구원 번호에 따라 차례대로 기재하여 주십시오. 가구원번호 및 이름은 **2**쪽의 내용과 일치하도록 기재해야 합니다.

아동(자녀)의 가구원 번호		아동(자녀) 가구원의 이름	문3) 이용여부		문4) 이용기관			문5) 한 달 평균 사교육비 (부대비용 포함)	문6) 한 달 평균 보육비 (부대비용 포함)
			한다	안한다					
					A			월평균	월평균
			①	②	B			만원	만원
					C				
					A			월평균	월평균
			①	②	B			만원	만원
					C				
					A			월평균	월평균
			①	②	B			만원	만원
					C				
					A			월평균	월평균
			①	②	B			만원	만원
					C				
					A			월평균	월평균
			①	②	B			만원	만원
					C				
					A			월평균	월평균
			①	②	B			만원	만원
					C				

XVI. 장애인가구의 복지서비스 이용

다음은 가구에 장애인(등록 장애인, 비등록 장애인 모두 포함)이 있는 경우에만 응답해 주십시오. 없다면 다음 페이지의 XVII. 가족에 대한 질문으로 가십시오. 조사대상 기간은 신규가구 생성시점부터 2016년 12월 31일까지를 기준으로 응답하여 주십시오.

문 1) 가구생성 이후부터 2016년 1년간 다음 각각의 서비스를 이용해 보신 적이 있습니까?
(※ 이용경험이 없는 경우 경험여부에 '없다'로 응답한 후 다음 서비스 항목에 대해 질문합니다.)

서비스 유형	있다	없다
㉮ 장애인연금(중증장애인 대상)	①	②
㉯ 장애수당(경증장애인 대상)	①	②
㉰ 장애아동수당	①	②
㉱ 의료재활서비스	①	②
㉲ 가정봉사 서비스(청소, 세탁, 식사준비 등)	①	②
㉳ 방문 가정간호, 간병, 목욕 서비스	①	②
㉴ 이동편의 서비스(병원 동행 등)	①	②
㉵ 주택관련 서비스(집수리, 도배 등)	①	②
㉶ 가족상담 및 심리재활 서비스	①	②
㉷ 사회적응 및 취업관련 서비스	①	②
㉸ 장애아동 및 장애인자녀 보육비 및 교육비 지원	①	②
㉹ 장애아동 및 장애인자녀 관련 프로그램(학습지원 서비스 등)	①	②
㉺ 자동차 관련 지원	①	②

〈 **유의사항** 〉
※ 위 질문에서 묻고 있는 복지서비스는 공공기관에서 제공하거나 민간의 복지서비스를 이용하더라도 비용을 공공부문에서 일부 보조해 주는 것들을 말하며, 응답자가 민간의 복지서비스를 이용하면서 비용도 스스로 전부 부담하고 있는 경우에는 해당하지 않습니다.

〈 **유의사항** 〉
※ ㉱ 의료재활서비스: 장애인 의료비 지원, 건강보험 지역가입자의 보험료 경감, 장애인 등록진단비 및 검사비 지원, 발달재활서비스, 언어발달 지원, 장애인 보조기구 및 보장구 지원 및 할인, 여성장애인 출산비용지원 등이 포함된다.
※ ㉴ 이동편의 서비스: 노인 및 장애인을 위해 특별히 고안된 이동수단(장애인 콜택시 등)을 이용하거나, 활동보조인, 간병인 등이 이동 동행하는 경우를 말한다. 단, 장애인이 혼자 일반 버스나 택시를 이용하는 경우나, 교통수당이나 대중교통 이용 시 요금할인을 받은 것은 제외한다.
※ ㉵ 주택관련 서비스: 공공기관에서 제공(일부 보조)하거나, 사회복지관련기관, 종교(시민)단체에서 실시하는 집수리, 도배 등의 주거시설 개선 및 주택 개조를 말한다.
※ ㉶ 가족상담 및 심리재활 서비스: 장애인과 장애인가족의 심리적 안정을 위해 지원하는 각종 서비스를 의미하며, 발달장애인 부모심리상담서비스(바우처)도 포함된다.
※ ㉷ 사회적응 및 취업관련서비스: 직업재활시설 및 보호작업장 이용, 직업훈련, 취업알선 등 취업지원서비스, 사회복귀훈련, 사회적응훈련, 자립생활훈련, 장애인자립자금 대여, 자판기·매점 등 사업권 제공 등을 말한다.

XVII. 가족

문 1) 가구생성 이후부터 2016년 12월 31일까지 귀댁에 근심이나 갈등을 초래한 가장 큰 문제는 다음 중 무엇입니까? 우선 순서대로 2가지만 선택해 주십시오.
(※ 가구원 외의 경우에는 직계혈족 1촌 이내까지만 포함합니다.)

1순위		2순위	

⓪ 특별한 어려움이 없었다
① 경제적 어려움(부채 또는 카드 빚 문제)
② 가구원의 취업 및 실업
③ 자녀교육 혹은 행동
④ 가구원의 건강
⑤ 가구원의 알코올
⑥ 가족 내 폭력
⑦ 가구원간 관계
⑧ 가구원의 가출
⑨ 주거관련 문제
⑩ 기타(적을 것 : ____________________)
⑪ 자녀의 결혼문제

문 2) 다음은 가족구성원들이 서로 어떻게 지내고 논쟁을 해결하는지에 대해 알아보기 위한 질문입니다. 가구생성 이후부터 2016년 12월 31일까지 귀댁은 어떠하였습니까?
(※ 독신가구이면서 직계혈족 1촌이 없는 경우 '비해당'으로 표시하고 '추가적인 질문'으로 넘어가십시오. 비가구원인 직계혈족 1촌이 있는 1인 가구(독신가구)이지만 지난 1년간 상호 교류가 전혀 없었다면, '비해당'으로 표시합니다.)

구분	전혀 그렇지 않다	그렇지 않은 편이다	보통이다	그런 편이다	매우 그렇다	비해당
㉮ 우리 가정에서는 의견충돌이 잦다.	①	②	③	④	⑤	⓪
㉯ 가족원들이 가끔 너무 화가 나서 물건 등을 집어 던진다.	①	②	③	④	⑤	⓪
㉰ 가족원들이 항상 침착하게 문제를 논의한다.	①	②	③	④	⑤	⓪
㉱ 가족원들이 자주 서로를 비난한다.	①	②	③	④	⑤	⓪
㉲ 가족원들이 가끔 서로를 때린다.	①	②	③	④	⑤	⓪

지금까지 질문에 응해 주셔서 대단히 감사합니다.

승 인 번 호
제 33109 호

이 조사표에 기재된 내용은 통계법 제33조에 의하여 비밀이 보장됩니다

작성기관: 한국보건사회연구원
서울대사회복지연구소

KIHASA

2017년 한국복지패널조사 가구원용(유형3)

안녕하십니까?

한국보건사회연구원과 서울대학교 사회복지연구소는 국무총리실과 보건복지부의 의뢰를 받아 한국복지패널조사를 실시하고 있습니다. 본 조사는 급격히 변화하는 사회환경 속에서 계층별, 연령별 인구집단의 생활실태와 사회복지 욕구를 역동적으로 파악하여 각종 복지정책 수립시 활용할 기초자료를 마련하는데 그 목적이 있습니다.

본 조사는 통계법 제25조에 의거하여 실시·관리되고 조사표에 기입되는 모든 응답내용은 **통계법 제33조 및 제34조**에 의거 통계목적에만 사용되고 그 비밀은 반드시 보장됩니다. 귀댁의 응답은 정부의 올바른 정책수립에 귀중한 기초자료로 이용되오니 시간을 내어 협조해 주시면 대단히 감사하겠습니다.

2017년 2월

〈 문의 및 연락처 〉
한국보건사회연구원 (☏ 044-287-8124, 8138, 8294, 8273, 8159, 8185)
서울대학교 사회복지연구소 (☏ 02-880-6320)

※가구용의 숫자를 그대로 이기					해 당 가 구 원			
가구 패널 ID	가구 생성차수	가구분리 일련번호	가구원 진입차수	개인패널ID (인포시트상의 개인패널ID)	성명	가구원 번호	전화 번호	
							휴대폰	

대리응답여부	① 예 ② 아니오	☞ 사유 (번호기재)		※ 대리응답 사유코드	⓪ 비해당(직접응답) ① 해외거주(기러기부모) ② 여행 및 출장 ⑨ 지적장애, 자폐성장애 3급	③ 병원입소 ④ 가출 ⑤ 별거(가정불화)	⑥ 감옥수감 ⑦ 군대 혹은 전투경찰 ⑧ 사회복지시설 장기요양 ⑩ 기타	가구주성명	
								대리응답자	
								성명	가구원번호

주소지	행정코드		______시·도 ______구·시·군 ______동·읍·면
※비동거가구원은 거주하는 현주소를 기재함	상세주소	___통·리 ___번지 ___호 (___아파트 ___동 ___층 ___호) ☎ ( ) _____ - _____	

조사표완료 소요시간	총 ______분	총방문횟수	총 ______회	
1차방문	___월 ___일 ___시 ___분	방문결과	① 완료 ② 미완	☞ 사유(번호기재):
2차방문	___월 ___일 ___시 ___분	방문결과	① 완료 ② 미완	☞ 사유(번호기재):
3차방문	___월 ___일 ___시 ___분	방문결과	① 완료 ② 미완	☞ 사유(번호기재):
4차방문	___월 ___일 ___시 ___분	방문결과	① 완료 ② 미완	☞ 사유(번호기재):
최종방문	___월 ___일 ___시 ___분	방문결과	① 완료 ② 미완	☞ 사유(번호기재):

※미완사유코드
⓪ 비해당(완료)
① 늦은 귀가
② 장기출타
③ 부재중(원인미파악)
④ 일부문항 미완
⑤ 조사거부
⑥ 뇌병변장애
⑦ 지적장애, 자폐성장애 1,2급
⑧ 사망
⑨ 기타

조사원 이름		지도원 확인	① 완료 ② 미완 ☞ 사유(번호기재):	지도원	(인)

A. 사회보험, 퇴직금, 개인연금 수급

국민연금 및 특수직역연금

문 1) 귀하는 2016년 1년간 공적연금(국민연금, 공무원연금, 사립학교교원연금, 군인연금, 별정직우체국 연금, 보훈연금)을 받으셨습니까?

① 그렇다 → **문1-1)로 갈 것**
② 아니다 → **문2)로 갈 것**

문 1-1) **(문1)의 ①번 응답자만)** 귀하가 받은 공적연금 종류는 무엇입니까(중복응답 가능)?

① 국민연금 → **문1-2)로 갈 것**
② 공무원연금
③ 사립학교교원연금
④ 군인연금
⑤ 별정직우체국연금
(②~⑤) → **문1-4)로 갈 것**
⑥ 보훈연금
⑦ 기타(적을 것 : ______________)
(⑥~⑦) → **문1-6)로 갈 것**

〈 **유의사항** 〉
※ 중복응답일 경우, 아래 문1-2)~문1-6)에서 해당하는 모든 공적연금의 급여종류와 급여액을 기입해 주십시오.

문 1-2) **(문1-1)의 ①번 응답자만)** 귀하가 받은 국민연금의 급여 종류는 무엇입니까?

① 노령연금
② 장애연금
③ 유족연금
④ 분할연금
⑤ 사망일시금
⑥ 반환일시금
⑦ 기타(적을 것 :______________)

문 1-3) 귀하가 2016년 1년간 받은 국민연금의 **총 현금 급여액**은 얼마입니까?
(※ 응답자가 가구주인 경우, 유족연금을 수급하는 14세 이하 혹은 중고등학생 가구원이 있으면 그 금액도 포함해서 응답해 주십시오.)

일시금 총액 [일억|천|백|십|일] 만원

연금 연간 [십|일] 개월 연간 총액 [천|백|십|일] 만원

문 1-4) **(문1-1)의 ②~⑤번 응답자만)** 귀하가 받은 특수직역연금(공무원, 사립학교교원, 군인, 별정직 우체국 연금 등)의 급여 종류는 무엇입니까? **주요한 순서대로 2개까지 응답해 주십시오.**

1순위		2순위	

① 퇴직급여(퇴직연금, 퇴직연금일시금, 퇴직일시금 등)
② 유족급여(유족연금, 유족연금일시금, 유족일시금 등)
③ 재해보상급여(장해연금, 상이연금, 장해보상금, 유족보상금, 사망보상금, 순직유족연금, 직무상유족연금, 공무상요양비 등)
④ 퇴직수당
⑤ 부조급여(재해부조금, 사망조위금)
⑥ 기타(적을 것 :______________)

문 1-5) 그렇다면 귀하가 2016년 1년간 받은 특수직역연금(공무원, 사립학교교원, 군인, 별정직우체국 연금 등)의 **총 현금 급여액**은 얼마입니까?

(※ 문1-4)에서 응답한 특수직역연금의 총액을 기재해야 합니다.)

(※ 응답자가 가구주인 경우, 유족연금을 수급하는 14세 이하 혹은 중고등학생 가구원이 있으면 그 금액도 포함해서 응답해 주십시오.)

일시금 총액 [일억][천][백][십][일] 만원

연금 연간 [십][일] 개월 연간 총액 [천][백][십][일] 만원

문 1-6) **(문1-1)의 ⑥,⑦번 응답자만)** 귀하가 2016년 1년간 받은 보훈연금 및 기타 연금의 **총 현금 급여액**은 얼마입니까?

(※ 응답자가 가구주인 경우, 유족연금을 수급하는 14세 이하 혹은 중고등학생 가구원이 있으면 그 금액도 포함해서 응답해 주십시오.)

일시금 총액 [일억][천][백][십][일] 만원

연금 연간 [십][일] 개월 연간 총액 [천][백][십][일] 만원

고 용 보 험

문 2) **(모든 응답자)** 귀하는 2016년 1년간 고용보험 급여를 받은 적이 있습니까? □

① 있다 → **문2-1)로 갈 것** ② 없다 → **문3)으로 갈 것**

문 2-1) **(문2)의 ①번 응답자만)** 귀하가 받은 고용보험의 급여 종류는 무엇입니까? **주요한 순서대로 2개까지 응답해 주십시오.**

1순위		2순위	

① 실업급여 (구직급여, 연장급여, 조기재취업수당, 직업능력개발수당, 광역구직활동비, 이주비 등)
② 모성보호급여 (육아휴직급여, 산전후휴가급여)
③ 기타 현금급여 (훈련장려금 등 직업능력개발 현금지원)
④ 현물급여 (근로자학자금대부 등 비현금지원)

문 2-2) 그렇다면 귀하가 2016년 1년간 받은 고용보험의 **총 현금 급여액**은 얼마입니까?

(※ 현금급여액은 본인이 직접 받은 현금을 말합니다.)

연간 [십][일] 개월 연간 총액 [천][백][십][일] 만원

산 재 보 험

문 3) **(모든 응답자)** 귀하는 2016년 1년간 산재보험 급여를 받은 적이 있습니까? □

① 있다 → **문3-1)로 갈 것** ② 없다 → **문4)로 갈 것**

문 3-1) **(문3)의 ①번 응답자만)** 귀하가 받은 산재보험의 급여 종류는 무엇입니까?

1순위		2순위	

① 요양급여
② 휴업급여
③ 장해급여-연금
④ 장해급여-일시금
⑤ 유족급여-연금
⑥ 유족급여-일시금
⑦ 기타 현금급여(장의비, 상병보상연금, 간병급여, 장해·유족특별급여 등)
⑨ 잘 모르겠다

문 3-2) 귀하가 2016년 1년간 본인이 직접 받은 산재보험의 **총 현금 급여액**은 얼마입니까?

(※ 응답자가 가구주인 경우, 유족연금을 수급하는 14세 이하 혹은 중고등학생 가구원이 있으면 그 금액도 포함해서 응답해 주십시오.)

일시금 총액 [일억 | 천 | 백 | 십 | 일] 만원

연금 연간 [십 | 일] 개월 연간 총액 [천 | 백 | 십 | 일] 만원

개 인 연 금

문 4) **(모든 응답자)** 귀하는 2016년 1년 동안 은행, 보험회사, 투신사, 증권회사 등의 금융기관에 가입했던 개인연금 급여를 받으신 적이 있습니까? ☐

① 그렇다 → **문4-1)로 갈 것** ② 아니다 → **문5)로 갈 것**

문 4-1) **(문4)의 ①번 응답자만)** 귀하가 2016년 1년 동안 받은 개인연금 급여액은 총 얼마입니까?

일시금 총액 [일억 | 천 | 백 | 십 | 일] 만원

연금 연간 [십 | 일] 개월 연간 총액 [천 | 백 | 십 | 일] 만원

퇴직금 및 퇴직보험

문 5) **(모든 응답자)** 귀하는 2016년 1년 동안 퇴직금 또는 퇴직보험금을 받으셨습니까? ☐

(※ 퇴직금 중간정산금, 퇴직보험일시금을 포함하여 말씀해 주십시오.)

① 그렇다→ **문5-1)로 갈 것** ② 아니다 → **B. 근로로 갈 것**

문 5-1) **(문5)의 ①번 응답자만)** 귀하가 2016년 1년 동안 받은 퇴직금 또는 퇴직보험금은 얼마입니까?

(※ 퇴직금과 퇴직보험금을 동시에 받으셨을 경우는 합계액을 말씀해 주십시오.)

일시금 총액 [일억 | 천 | 백 | 십 | 일] 만원

연금 연간 [십 | 일] 개월 연간 총액 [천 | 백 | 십 | 일] 만원

B. 근로

문 1) 귀하는 2016년 12월 31일 기준으로 다음 근로 유형 중 어디에 해당합니까?

① 임금근로자 → **문2)~문6) 응답한 후 문9)로 갈 것**
② 자영업, 고용주 ─┐ → **문2)~문5) 응답한 후 문9)로 갈 것**
③ 무급가족종사자 ─┘
④ 미취업자(근로능력있음) → **문7)으로 갈 것**
⑤ 미취업자(근로능력없음) → **C.생활실태 만족 및 의식 문항으로 갈 것**

〈 **유의사항** 〉
※ 가구용 Ⅲ.경제활동상태의 '문1)근로능력정도' 및 '문3)주된 경제활동 참여상태'와 일치해야 합니다.
단, 자활근로, 공공근로 및 노인일자리에 해당하는 경우에는 '①임금근로자'로 응답해 주시기 바랍니다.

1. 임금근로자: 자신의 근로에 대해 임금, 봉급, 일당 등 어떠한 형태로든 일한 대가를 지급받는 근로자(상용, 임시, 일용근로자 포함) 자활, 공공근로 및 노인일자리도 임금근로자로 응답
2. 자영업, 고용주: 혼자 혹은 유급종업원을 고용하거나 무급가족과 함께 기업이나 농장을 경영하거나 전문적인 일을 독립적으로 수행하는 자
3. 무급가족종사자: 동일가구내 가족이 경영하는 사업체, 농장에서 무보수로 일하는 사람을 말하며, 주당 18시간 이상 일한 자
4. 미취업자(근로능력있음): 실업자(2016.12.31 기준으로 지난 4주 동안 구직활동한 자), 근로무능력의 사유가 아닌 가사, 학업 등의 이유로 경제활동에 참여하지 않는 자로 근로능력은 있으나 근로를 하지 않는 비경제활동인구
5. 미취업자(근로능력없음): 근로의사와 무관하게 장애, 부상, 질병, 노령 등으로 인한 심신무능력을 사유로 경제활동에 참여하지 않는 비경제활동인구

※ 다음 문2) ~ 문6)까지는 취업자용(임금근로자, 자영업 및 고용주, 무급가족종사자) 질문입니다.

문 2) **(문1)의 ①~③번 응답자만)** 2016년 1년간 귀하께서는 다니던 직장(사업)을 그만 둔 적이 있었습니까?

① 있다 → **문2-1)로 갈 것**　　　② 없다 → **문3)으로 갈 것**

〈 **유의사항** 〉
※ 질병, 출산 등으로 일시 휴직한 경우는 일자리(직장)나 사업을 그만 둔 경우에 해당하지 않습니다.
※ 일용직 등 불규칙한 일자리 구분방식
① 일하는 장소(00건설현장, 00식당 등)에서 1주일 이상 안정적으로 일하였다면 하나의 일자리로 파악함
② 일하는 장소가 수시로 바뀌더라도 중간에 1달 이상의 공백기간 없이 같은 일(건설현장인부, 식당일, 파출부 등)을 계속 했다면, 하나의 일자리로 파악함
③ 같은 일을 했더라도 1달 이상의 공백기간이 있을 경우, 예를 들어 1월에 일하고 5월에 일할 경우, 1월에 했던 일과 5월에 했던 일을 다른 일자리로 취급함

문 2-1) **(문2)의 ①번 응답자만)** 직장(사업)을 그만두게 된 구체적인 이유는 무엇입니까?
가장 마지막 사례를 기준으로 다음 중 **하나만** 골라 주십시오.

① 일자리(직장)나 사업의 파산, 폐업, 휴업 등으로
② 정리해고로
③ 권고사직이나 명예퇴직
④ 정년퇴직
⑤ 계약기간이 끝나서
⑥ 소득 또는 보수가 적어서
⑦ 일거리가 없거나 적어서(장사가 잘 되지 않아서)
⑧ 일이 임시적이거나 장래성이 없어서
⑨ 적성, 지식, 기능 등이 맞지 않아서
⑩ 근로시간 또는 근로 환경이 나빠서
⑪ 자기(가족)사업을 새로 하려고
⑫ 결혼, 가족 간병 등의 가사 문제로
⑬ 건강, 고령 등의 이유로
⑭ 회사나 우리 집의 이사로 거리가 멀어져서
⑮ 학업, 군입대 등의 이유로
⑯ 좀 더 좋은 일자리가 있어서
⑰ 출산, 육아 때문에
⑱ 기타(적을 것 : ____________)

문 3) **(모든 취업 응답자)** 2016년 12월 31일 당시에 재직 중인 직장에서 근무를 시작한(사업을 시작한) 시기는 언제입니까?

[| | |]년 [|]월

문 4) **(모든 취업 응답자)** 2016년 1년간 일을 한 기간은 몇 개월입니까? 그리고, 일한 달의 평균 근로일수는 며칠입니까?

연간 총 [|]개월 **일한 달 평균 근로일수** [|]일

〈 **유의사항** 〉
※ 불규칙적으로 일을 한 경우, 하루라도 일한 달은 1개월로 간주합니다.
예를 들어, 1년 중 3월에 2일, 4월에 15일, 7월에 20일, 8월에 20일 일 한 경우 '4개월'로,
일한 달의 평균 근로일수는 57일(2일+15일+20일+20일)÷4개월=14.25일이므로 반올림 적용하여 '14일'로 기입합니다.
※ 직장에 계속 있기는 하였지만 몇 개월간 휴직을 한 경우(무급휴직이든, 유급휴직이든), 실제 일한 시간을 기준으로 응답합니다.
예를 들어, 1년 중 7개월 휴직을 하였다면 연간 총 근로 개월은 5개월로 적어주고, 평균근로일수도 실제 일한 달의 평균을 적어주면 됩니다.
※ 1년간 농사를 지은 경우는 12개월로 간주합니다.

문 5) **(모든 취업 응답자)** 2016년 1년간, 주당 평균 근로시간은 몇 시간입니까?

규칙적으로 일한 경우 : 주당 평균 [| |]시간

일한달의 월 평균 임금 : 월 평균 [| | |]만원

불규칙적으로 일한 경우: 일한 날의 하루 평균 [|]시간

일한날의 시간당 임금 : 시간당 [| | |]만원

〈 **유의사항** 〉
※ 1년 동안 직장(사업)의 변동이 있었다면 가장 최근의 직장(사업)을 기준으로 응답해 주십시오.
※ 불규칙적으로 일하는 직업, 예를 들어 농사나 일용 건설 노무자의 경우라면 1년 중 일한 날의 하루 평균 시간으로 응답해 주십시오.
※ 점심시간 등을 제외한 순수 근로시간을 기준으로 응답해 주십시오.

문 6) **(문1)의 ①번 응답자만)** 직장에서 노동조합에 가입되어 있습니까? [ ]

① 노동조합이 없음
② 노동조합이 있으나 가입대상이 안됨
③ 노동조합이 있고 가입대상이나 가입하지 않았음
④ 노동조합에 가입하였음

응답 후 문9) 고용지원 프로그램 문항으로 가십시오.

※ 다음 문7) ~ 문8)까지는 미취업자용 (근로능력있음) 질문입니다.

문 7) **(문1)의 ④번 응답자만)** 귀하는 2016년 12월 31일 기준으로 지난 4주 동안 돈을 벌 목적으로 일자리(사업)를 구해보셨습니까? □

① 그렇다 → **문7-1)로 갈 것** ② 아니다 → **문8)로 갈 것**

〈 **유의사항** 〉
※ 구직활동이란 원서접수, 취직시험 응시부터 친구, 친지에게 소개부탁, 직업알선기관에 등록하는 행위를 모두 포괄합니다.
※ 일이 주어졌더라도 가사나 학업 등의 이유로 취업할 수 없는 사람이나, 근로의사가 없는 사람은 '②아니다'로 응답합니다.

문 7-1) **(문7)의 ①번 응답자만)** 마지막으로 직장(사업)을 그만둔 후 총 구직 기간은 어느 정도였습니까?

총 구직 기간 [|]년 [|]개월

문 7-2) 일자리를 구하는 과정에서 어떠한 점에서 어려움을 느끼셨습니까?
주요한 순서대로 2가지만 말씀해 주십시오

1순위		2순위	

① 나이 때문에
② 성차별 때문에
③ 외모 때문에
④ 학력이 낮기 때문에
⑤ 기술이나 기능이 부족해서
⑥ 경력이 부족해서
⑦ 건강문제로
⑧ 일자리에 대한 기대수준이 높아서
⑨ 신용불량자라서
⑩ 가사일 때문에
⑪ 자녀를 돌보는 문제 때문에
⑫ 가족(배우자, 부모 등)의 반대로
⑬ 일자리가 없거나 부족해서
⑭ 일자리에 대한 정보가 부족해서
⑮ 근로조건이나 근로환경이 열악해서
⑯ 임금수준이 너무 낮은 일자리여서
⑰ 고용이 불안정해서(비정규직이라서)
⑱ 기타(적을 것 : ____________________)

문 7-3) **(문7)의 ①번 응답자만)** 귀하가 취업 혹은 사업을 한다면, 한 달 벌이가 적어도 얼마나 되어야 한다고 보십니까?

월 [천 | 백 | 십 | 일] 만원 정도

〈 **유의사항** 〉
※ 자영업을 생각하는 경우에는 순수익이 얼마나 되어야 하는 지로 응답해 주십시오.

응답 후 문9) 고용지원 프로그램 문항으로 가십시오.

문 8) **(문7)의 ②번 응답자만)** 2016년 12월 31일 기준으로 지난 1년간 구직활동을 한 경험이 있었습니까? □

① 그렇다 → **문8－1)로 갈 것**　　② 아니다 → **문9)로 갈 것**

문 8-1) **(문8)의 ①번 응답자만)** 2016년 12월 31일 기준으로 지난주에 알맞은 일거리나 직장이 있었다면 일할 수 있었습니까? □

① 그렇다 → **문8－2)로 갈 것**　　② 아니다 → **문9)로 갈 것**

〈 **유의사항** 〉
※ 일이 주어졌더라도 가사나 학업 등의 이유로 취업할 수 없는 사람이나, 근로의사가 없는 사람은 "② 아니다"에 해당합니다.

문 8-2) **(문8-1)의 ①번 응답자만)** 취업을 원하면서도 2016년 12월 31일 기준으로 지난 4주간 구직활동을 하지 않는 이유는 무엇입니까? □

① 전공이나 경력에 맞는 일거리가 없을 것 같아서
② 원하는 임금수준이나 근로조건에 맞는 일거리가 없을 것 같아서
③ 근처에 일자리가 없을 것 같아서
④ 교육, 기술, 경험이 부족해서
⑤ 나이가 너무 어리거나 많다고 고용주가 생각할 것 같아서
⑥ 이전에 찾아보았지만 일거리가 없었기 때문에
⑦ 기타(　　　　　　　　　　　　)

※ 다음 문9)~문10)은 모든 취업 및 미취업 응답자용 질문입니다.

문 9) **(문1)의 ①~④번 응답자)** 귀하는 2016년 1년간 정부가 제공하는 아래의 고용지원 프로그램에 참여한 경험이 있는 프로그램을 체크해 주세요.

고용지원 프로그램	경험이 있다
① 공공근로	□
② 노인일자리	□
③ 자활공동체 및 자활근로	□
④ 사회적 기업(사회적 일자리)	□
⑤ 직장체험연수(중소기업 취업연수 지원 등)	□
⑥ 실업자 직업훈련(국가기간·전략산업직종 훈련, 실업자 내일배움카드 등)	□
⑦ 창업지원	□
⑧ 지역공동체 일자리사업(희망근로)	□
⑨ 청년 인턴쉽제도(중소기업 청년취업인턴제 등)	□
⑩ 근로자 능력 개발 훈련(근로자 내일배움카드, 근로자직무능력향상지원금 등)	□
⑪ 취업성공패키지	□
⑫ 기타 (　　　　　　)	□

문 10) 귀하는 2016년 1년 동안에 어떤 새로운 직업기술을 습득하셨습니까?
주요한 순서대로 2개까지 응답하여 주십시오.

1순위		2순위	

① 기술사
② 기능장
③ 기사
④ 산업기사
⑤ 기능사
⑥ 기타 공인면허자격증
⑦ 자격증 없는 기능자
⓪ 없다 → **C.생활실태 만족 및 의식 문항으로 갈 것**

문 10-1) **(문 10)의 ① ~⑦번 응답자만) 새로운** 직업기술을 습득하셨다면, 다음 중 어떤 직종에 해당합니까?

1순위		2순위	

① 기계・금속
② 화공・세라믹
③ 전기・전자
④ 통신
⑤ 조선
⑥ 항공
⑦ 섬유
⑧ 토목・건축
⑨ 광업자원
⑩ 정보처리
⑪ 국토개발
⑫ 농림
⑬ 해양
⑭ 산업디자인
⑮ 에너지
⑯ 환경
⑰ 안전관리
⑱ 산업응용
⑲ 교통
⑳ 공예
㉑ 사무관리
㉒ 음료품・식료품
㉓ 위생
㉔ 보건・의료・사회
㉕ 금융・무역・유통
㉖ 교육・공무원 관련 자격
㉗ 외국어・관광
㉘ 기타

〈 **유의사항** 〉
※ 문10)에서 응답한 순위대로 응답해 주십시오.

C. 생활실태·만족 및 의식

※ 다음은 귀하의 생활여건에 대한 질문입니다. **2016년 1년 동안**에 대한 경험을 기준으로 응답해 주십시오.

문 1) 귀하는 인터넷을 사용하셨습니까? ☐

① 그렇다 ② 아니다

〈 유의사항 〉
※ 집이 아닌 곳에서도 인터넷을 사용했다면 '그렇다'에 응답합니다.

문 2) 귀하는 안전설비가 잘 갖추어지지 않거나, 작업장 오염 등으로 유해한 환경에서 일하셨습니까? ☐

① 그렇다 ② 아니다 ⓪ 비해당

〈 유의사항 〉
※ 2016년 1년 동안 경제활동을 하지 않은 경우에는 '⓪비해당'에 응답합니다.
※ 부업의 경우도 포함하여 응답합니다.

문 3) 다음 각 항목에 대하여 귀하의 만족도는 어느 정도입니까?

구 분	매우 불만족	대체로 불만족	그저 그렇다	대체로 만족	매우 만족
㉮ 건강	①	②	③	④	⑤
㉯ 가족의 수입	①	②	③	④	⑤
㉰ 주거 환경	①	②	③	④	⑤
㉱ 가족 관계	①	②	③	④	⑤
㉲ 직업	①	②	③	④	⑤
㉳ 사회적 친분관계	①	②	③	④	⑤
㉴ 여가생활	①	②	③	④	⑤
㉵ 그럼, 위의 사항을 모두 고려할 때, 귀하는 전반적으로 생활에 얼마나 만족하고 계십니까?	①	②	③	④	⑤

〈 유의사항 〉
- ㉰ 주거환경의 경우 가구원 개인이 거주하고 있는 환경을 기준으로 응답하도록 합니다.
- ㉱ 가족 관계에서 가구원 외의 경우 직계혈족 1촌 이내까지만을 포함하여 만족 정도를 표기하도록 합니다.
- ㉲ 직업에서 무직, 전업주부 등도 현재 상황에 대한 만족 정도를 표기하도록 합니다.

D. 사회적 환경에 대한 의식

※ 아래의 모든 조사 항목은 **2016년 1년 동안**에 대한 경험을 기준으로 응답해 주십시오.

문 1) 귀하는 정기적으로 기부를 하거나, 자원봉사활동을 하고 있습니까? ☐

① 그렇다 → **문1-1)로 갈 것** ② 아니다 → **문2)로 갈 것**

〈 **유의사항** 〉
※ 정기적인 기부의 경우 교회나 절에 내는 십일조, 시주 등은 포함하지 않습니다.

문 1-1) **(문4)의 ①번 응답자만)** 귀하는 **2016년 1년간** 얼마 정도 기부하셨습니까?

연간 총액 ☐ 일억 ☐ 천 ☐ 백 ☐ 십 ☐ 일 **만원**

문 1-2) **(문4)의 ①번 응답자만)** 귀하는 자원봉사활동을 **2016년 1년간** 몇 회 정도 하셨습니까?

연간 ☐☐☐ **회**

문 2) 귀하는 따로 살고 있는 **부모님**이 계십니까? ☐

① 있다 → **문2-1)로 갈 것** ② 없다 → **문3)으로 갈 것**

〈 **유의사항** 〉
※ 계부, 계모도 포함하며, 응답자 본인의 부모님에 대해서만 응답합니다.
※ 이 문항에서 따로 살고 있는 부모님이란 주거와 생계를 달리하는 부모님을 말합니다.

문 2-1) **(문5)의 ①번 응답자만) 2016년 1년간** 귀하는 따로 살고 있는 부모님과 얼마나 자주 **왕래**를 하셨습니까?

· 주 ________ 회 또는 · 월 ________ 회 또는 · 년 ________ 회

〈 **유의사항** 〉
※ 주나 월, 년 중에서 한 가지로만 응답해 주십시오.
※ 거의 매일 왕래하는 경우는 주7회로 적어주시기 바랍니다.
※ 하루 1회 이상 왕래하더라도 1회로 계산합니다.

문 2-2) **2016년 1년간** 귀하는 따로 살고 있는 부모님과 얼마나 자주 **전화통화**를 하셨습니까?

· 주 ________ 회 또는 · 월 ________ 회 또는 · 년 ________ 회

〈 **유의사항** 〉
※ 주나 월, 년 중에서 한 가지로만 응답해 주십시오.
※ 거의 매일 전화통화 하는 경우는 주7회로 적어주시기 바랍니다.
※ 하루 1회 이상 전화통화 하더라도 1회로 계산합니다.

※ 다음은 성역할에 관한 문항입니다. 조사 시점(2017년 조사일 현재)을 기준으로 응답해 주십시오.

문 3) 귀하는 다음의 각 항목에 대해 어떻게 생각하십니까?

구 분	전혀 그렇지 않다	그렇지 않다	그저 그렇다	그렇다	매우 그렇다
㉮ 여성이 전일제로 일할 경우 가족의 일상생활은 힘들어진다.	①	②	③	④	⑤
㉯ 미취학 아동의 어머니가 일을 할 경우 미취학 아동에게 나쁘다.	①	②	③	④	⑤
㉰ 전업주부로 일하는 것은 밖에서 돈을 버는 것만큼 중요하다.	①	②	③	④	⑤
㉱ 남성의 임무는 밖에서 돈을 버는 것이고, 여성의 임무는 가정과 가족을 돌보는 것이다.	①	②	③	④	⑤
㉲ 남성과 여성 모두 가구소득에 기여해야 한다.	①	②	③	④	⑤
㉳ 가정에서의 생활은 나에게 스트레스를 준다.	①	②	③	④	⑤
㉴ 가족에 대한 책임을 다하기가 어렵다.	①	②	③	④	⑤
㉵ 가족에 대한 책임 때문에 직장에서 일에 집중하기가 어렵다.	①	②	③	④	⑤

E. 생활습관, 가족관계 및 정신건강

〈 유의사항 〉
※ 문1), 문2), 문3)은 신규가구원만 응답하는 문항으로, 신규가구원용 조사표에 포함되어 있습니다.

문 4) **(모든 응답자)** 귀하께서는 현재 담배를 피우십니까? □
(※ 조사 시점(2017년 조사일 현재)을 기준으로 작성하여 주십시오)

① 피움 → **문 4-1), 문4-2), 문4-3) 응답 후 문 5)로 갈 것**
② 피우지 않음 → **문 5)로 갈 것**

문 4-1) **(문 4)의 ①번 응답자만)** 귀하의 하루 평균 흡연량은 몇 개비입니까?
(※ 조사 시점(2017년 조사일 현재)을 기준으로 작성하여 주십시오)

□□□ 개비

문 4-2) **(문 4)의 ①번 응답자만)** 최근 1년 동안 담배를 끊고자 하루(24시간) 이상 금연한 적이 있습니까? □

① 예 ② 아니오

문 4-3) **(문 4)의 ①번 응답자만)** 앞으로 담배를 끊을 계획이 있습니까? □

① 1개월 안에 금연할 계획이 있다.
② 6개월 안에 금연할 계획이 있다.
③ 6개월 이내는 아니지만 언젠가는 금연할 계획이 있다.
④ 현재로서는 전혀 금연할 계획이 없다.

문 5) **(모든 응답자)** 귀하께서 밀폐된 공간에서 다른 사람이 피우는 담배 연기를 맡는 시간은 하루 몇 시간 정도입니까? **(※ 조사 시점(2017년 조사일 현재)을 기준으로 작성하여 주십시오.)** □

① 0시간(없음) ② 1시간 미만 ③ 1시간 이상 → **문5-1)로 갈것**

문 5-1) **(문 5)의 ③번 응답자만)** 귀하는 하루 평균 몇 시간 정도 밀폐된 공간에서 다른 사람이 피우는 담배 연기를 맡으셨습니까? **(※ 조사 시점(2017년 조사일 현재)을 기준으로 작성하여 주십시오)**

□□ 시간

문 6) **(모든 응답자)** 귀하는 술을 얼마나 자주 마십니까?
(※ 조사 시점(2017년 조사일 현재)을 기준으로 작성하여 주십시오)

① 월 1회 이하
② 월 2~4회 → **문6-1)로 갈 것**
③ 주 2~3회
④ 주 4회 이상
⑤ 전혀 마시지 않는다 → **문 7)로 갈 것**

문 6-1) **(문 6)의 ①~④번 응답자만)** 보통 술을 마실 때 몇 잔 정도 마십니까?

① 1~2잔 정도
② 3~4잔 정도
③ 5~6잔 정도
④ 7~9잔 정도
⑤ 10잔 이상

문 6-2) **(문 6)의 ①~④번 응답자만)** 한 번에 술좌석에서 6잔 이상 마시는 경우가 얼마나 자주 됩니까?

① 전혀 없다 ② 몇 달에 한번정도 ③ 한 달에 한두 번 정도 ④ 일주일에 한두 번 정도 ⑤거의 매일

문 6-3) **(문 6)의 ①~④번 응답자만)** **2017년 조사일 현재를 기준으로 지난 한 해 동안** 귀하는 다음과 같은 경험을 한 적은 몇 번입니까?

항목	전혀 없음	몇달에 한번	한달에 1~2번	주에 1~2번	거의 매일
㉮ 술을 마시기 시작하면 중간에 그만둘 수 없었던 적이 얼마나 자주입니까?	①	②	③	④	⑤
㉯ 해야 할 일을 술 때문에 하지 못한 적이 얼마나 됩니까?	①	②	③	④	⑤
㉰ 과음을 한 다음날 해장술을 마셔야 했던 적이 얼마나 됩니까?	①	②	③	④	⑤
㉱ 술을 마신 후에 좌절감을 느끼거나 후회한 적이 얼마나 됩니까?	①	②	③	④	⑤
㉲ 술 마시고 필름이 끊긴 적이 얼마나 됩니까?	①	②	③	④	⑤
항목	전혀 없음	과거에는 있었지만 지난 한 해 동안 없음		지난 1년 동안 있었음	
㉳ 술로 인해 자신이 다치거나 다른 사람을 다치게 한 적이 얼마나 됩니까?	①	②		③	
㉴ 친척, 친구나 의사와 같은 주변사람들이 귀하의 음주를 걱정하거나 술을 줄이도록 권한 적이 얼마나 됩니까?	①	②		③	

문 6-4) **(문 6)의 ①~④번 응답자만)** **2016년 1년간(2016. 1. 1 ~ 2016. 12. 31)** 귀하는 다음과 같이 느끼신 적이 있습니까?

항목	예	아니오
㉮ 술을 줄여야 한다고 느낀 적이 있다.	①	②
㉯ 술로 인해 다른 사람으로부터 비난 받는 것을 귀찮아하고 있다.	①	②
㉰ 술을 계속 마시는 것이 나쁘다고 느끼거나 죄책감을 느낀 적이 있다.	①	②
㉱ 숙취를 제거하기 위해서 아침에 깨자마자 술을 마신 적이 있다.	①	②

문 7) **(모든 응답자)** 귀하는 **2016년 1년간(2016. 1. 1 ~ 2016. 12. 31)** 출산 경험이 있습니까? □

① 있다　　② 없다　　⓪ 비해당(남성의 경우)

문 8) **(모든 응답자)** 귀하는 **지난 1주일간** 얼마나 자주 다음과 같이 느끼셨습니까?
(※ 조사시점(2017년 조사일 현재)을 기준으로 지난 1주일간에 대해 응답해 주십시오.)

항목	극히 드물다 (일주일에 1일 미만)	가끔 있었다 (일주일에 1~2일간)	종종 있었다 (일주일에 3~4일간)	대부분 그랬다 (일주일에 5일 이상)
㉮ 먹고 싶지 않고 식욕이 없다.	①	②	③	④
㉯ 비교적 잘 지냈다.	①	②	③	④
㉰ 상당히 우울했다.	①	②	③	④
㉱ 모든 일들이 힘들게 느껴졌다.	①	②	③	④
㉲ 잠을 설쳤다.(잠을 잘 이루지 못했다.)	①	②	③	④
㉳ 세상에 홀로 있는 듯한 외로움을 느꼈다.	①	②	③	④
㉴ 큰 불만 없이 생활했다.	①	②	③	④
㉵ 사람들이 나에게 차갑게 대하는 것 같았다.	①	②	③	④
㉶ 마음이 슬펐다.	①	②	③	④
㉷ 사람들이 나를 싫어하는 것 같았다.	①	②	③	④
㉸ 도무지 뭘 해 나갈 엄두가 나지 않았다.	①	②	③	④

문 9) 다음은 자기 자신에 대한 귀하의 생각을 묻는 질문들입니다. 각 문항에 대하여 귀하가 가장 가깝다고 느끼시는 곳에 표시하여 주십시오. **(※ 조사 시점(2017년 조사일 현재)을 기준으로 작성하여 주십시오.)**

항목	대체로 그렇지 않다	보통 이다	대체로 그렇다	항상 그렇다
㉮ 나는 내가 다른 사람들처럼 가치 있는 사람이라고 생각한다.	①	②	③	④
㉯ 나는 좋은 성품을 가졌다고 생각한다.	①	②	③	④
㉰ 나는 대체적으로 실패한 사람이라는 느낌이 든다.	①	②	③	④
㉱ 나는 대부분의 다른 사람들과 같이 일을 잘 할 수가 있다.	①	②	③	④
㉲ 나는 자랑할 것이 별로 없다.	①	②	③	④
㉳ 나는 내 자신에 대하여 긍정적인 태도를 가지고 있다.	①	②	③	④
㉴ 나는 내 자신에 대하여 대체로 만족한다.	①	②	③	④
㉵ 나는 내 자신을 좀 더 존경할 수 있으면 좋겠다.	①	②	③	④
㉶ 나는 가끔 내 자신이 쓸모없는 사람이라는 느낌이 든다.	①	②	③	④
㉷ 나는 때때로 내가 좋지 않은 사람이라고 생각한다.	①	②	③	④

문 10) 살다보면 부부 사이에 서로 의견이 다르거나 다툼이 생기는 경우가 종종 있습니다.
2016년 1년간(2016. 1. 1 ~ 2016. 12. 31) 당신의 배우자가 귀하에게 다음과 같은 행동을 얼마나 자주 했습니까? **(※배우자가 없는 경우(사별, 이혼, 미혼)에만 '비해당'으로 체크하여 주시기 바랍니다.)**

항목	전혀없음	1~2번	3~5번	6번이상	비해당
㉮ 모욕적, 악의적인 이야기를 하였다.	①	②	③	④	⓪
㉯ 때리려고 위협하거나, 물건을 던지는 등의 신체적 폭력의 위협을 가하였다.	①	②	③	④	⓪
㉰ 직접적인 신체적 폭력을 행사하였다.	①	②	③	④	⓪

문 11) 귀하는 귀하의 가족생활에 대해 얼마나 만족하십니까?
(※ 조사 시점(2017년 조사일 현재)을 기준으로 작성하여 주십시오.)

① 매우 불만족 ② 불만족 ③ 약간 불만족 ④ 보통 ⑤ 약간 만족 ⑥ 만족 ⑦ 매우 만족 ⓪ 비해당

〈 유의사항 〉
※ 직계혈족 1촌이 없는 경우에만 '비해당'으로 체크하여 주시기 바랍니다.

문 12) 귀하는 귀하의 배우자와의 관계에 대해 얼마나 만족하십니까?
(※ 조사 시점(2017년 조사일 현재)을 기준으로 작성하여 주십시오)

① 매우 불만족 ② 불만족 ③ 약간 불만족 ④ 보통 ⑤ 약간 만족 ⑥ 만족 ⑦ 매우 만족 ⓪ 비해당

〈 유의사항 〉
※ 배우자가 없는 경우(사별, 이혼, 미혼)에만 '비해당'으로 체크하여 주시기 바랍니다.

문 13) 귀하는 귀하의 자녀와의 관계에 대해 얼마나 만족하십니까?
(※ 조사 시점(2017년 조사일 현재)을 기준으로 작성하여 주십시오.)

① 매우 불만족 ② 불만족 ③ 약간 불만족 ④ 보통 ⑤ 약간 만족 ⑥ 만족 ⑦ 매우 만족 ⓪ 비해당

〈 유의사항 〉
※ 자녀가 없는 경우(비가구원 포함)에만 '비해당'으로 체크하여 주시기 바랍니다.

문 14) 귀하는 귀하의 자녀들의 형제자매 관계에 대해 얼마나 만족하십니까?
(※ 조사 시점(2017년 조사일 현재)을 기준으로 작성하여 주십시오.)

① 매우 불만족 ② 불만족 ③ 약간 불만족 ④ 보통 ⑤ 약간 만족 ⑥ 만족 ⑦ 매우 만족 ⓪ 비해당

〈 유의사항 〉
※ 자녀가 없거나, 1명인 경우에만(비가구원 포함) '비해당'으로 체크하여 주시기 바랍니다.

〈 **유의사항** 〉
※ 문15), 문15-1), 문16), 문16-1), 문17), 문17-1))은 신규가구원만 응답하는 문항으로, 신규가구원용 조사표에 포함되어 있습니다.

문 18) **(모든 응답자)** 귀하께서는 **2017년 조사일 현재를 기준으로 지난 한 해 동안** 자살하는 것에 대해 진지하게 생각한 적이 한 번이라도 있습니까? ☐

① 예 ② 아니오

문 19) **(모든 응답자)** 귀하께서는 **2017년 조사일 현재를 기준으로 지난 한 해 동안** 자살하려고 구체적으로 계획을 세운 적이 있습니까? ☐

① 예 ② 아니오

문 20) **(모든 응답자)** 귀하께서는 **2017년 조사일 현재를 기준으로 지난 한 해 동안** 자살을 시도한 적이 있습니까? ☐

① 예 ② 아니오

문 21) 밑(0)에서 꼭대기(10)까지 숫자가 매겨진 사다리를 생각하세요. 맨 꼭대기(10)는 귀하의 삶에서 가능한 최선의 상태를, 맨 아래(0)는 귀하의 삶에서 가능한 최악의 상태를 나타냅니다. 귀하는 지금 현재 사다리의 몇 번째 칸에 있다고 느끼십니까? ☐

최선의 상태	⑩
	⑨
	⑧
	⑦
	⑥
	⑤
	④
	③
	②
	①
최악의 상태	⓪

〈 **유의사항** 〉
※ 문21)은 2017년 추가된 문항이며, 0-10 사이 숫자 중 하나로 응답하여 주시기 바랍니다.

승 인 번 호
제 33109 호

이 조사표에 기재된 내용은 통계법 제33조에 의하여 비밀이 보장됩니다

작성기관: 한국보건사회연구원 서울대사회복지연구소

KIHASA

2017년 한국복지패널조사
12차 신규가구원용(유형4)

안녕하십니까?

한국보건사회연구원과 서울대학교 사회복지연구소는 국무총리실과 보건복지부의 의뢰를 받아 한국복지패널조사를 실시하고 있습니다. 본 조사는 급격히 변화하는 사회환경 속에서 계층별, 연령별 인구집단의 생활실태와 사회복지 욕구를 역동적으로 파악하여 각종 복지정책 수립시 활용할 기초자료를 마련하는데 그 목적이 있습니다.

본 조사는 통계법 제25조에 의거하여 실시·관리되고 조사표에 기입되는 모든 응답내용은 **통계법 제33조 및 제34조**에 의거 통계목적에만 사용되고 그 비밀은 반드시 보장됩니다. 귀댁의 응답은 정부의 올바른 정책수립에 귀중한 기초자료로 이용되오니 시간을 내어 협조해 주시면 대단히 감사하겠습니다.

2017년 2월

〈 문의 및 연락처 〉
한국보건사회연구원 (☎ 044-287-8124, 8138, 8294, 8273, 8159, 8185)
서울대학교 사회복지연구소 (☎ 02-880-6320)

※가구용의 숫자를 그대로 이기					해당가구원			
가구 패널 ID	가구 생성차수	가구분리 일련번호	가구원 진입차수	개인패널ID (인포시트상의 개인패널ID)	성명	가구원 번호	전화 번호	
							휴대폰	

대리응답여부	① 예 ② 아니오	☞ 사유 (번호기재)		※ 대리응답 사유코드	⓪ 비해당(직접응답) ③ 병원입소 ⑥ 감옥수감 ① 해외거주(기러기부모) ④ 가출 ⑦ 군대 혹은 전투경찰 ② 여행 및 출장 ⑤ 별거(가정불화) ⑧ 사회복지시설 장기요양 ⑨ 지적장애, 자폐성장애 3급 ⑩ 기타	가구주성명	
						대리응답자	
						성명	가구원번호

주소지	행정코드	______시·도 ______구·시·군 ______동·읍·면
※비동거가구원은 거주하는 현주소를 기재함	상세주소	____통·리 ____번지 ____호 (____아파트 ____동 ____층 ____호) ☎ ( ) ____ - ____

조사표완료 소요시간	총 ______분	총방문횟수	총 ______회		
1차방문	___월 ___일 ___시 ___분	방문결과	① 완료 ② 미완	☞ 사유(번호기재):	※미완사유코드
2차방문	___월 ___일 ___시 ___분	방문결과	① 완료 ② 미완	☞ 사유(번호기재):	⓪ 비해당(완료) ① 늦은 귀가 ② 장기출타
3차방문	___월 ___일 ___시 ___분	방문결과	① 완료 ② 미완	☞ 사유(번호기재):	③ 부재중(원인미파악) ④ 일부문항 미완 ⑤ 조사거부
4차방문	___월 ___일 ___시 ___분	방문결과	① 완료 ② 미완	☞ 사유(번호기재):	⑥ 뇌병변장애 ⑦ 지적장애, 자폐성장애 1,2급
최종방문	___월 ___일 ___시 ___분	방문결과	① 완료 ② 미완	☞ 사유(번호기재):	⑧ 사망 ⑨ 기타

조사원 이름		지도원 확인	① 완료 ② 미완	☞ 사유(번호기재):	지도원	(인)

A. 사회보험, 퇴직금, 개인연금 수급

국민연금 및 특수직역연금

문 1) 귀하는 2016년 1년간 공적연금(국민연금, 공무원연금, 사립학교교원연금, 군인연금, 별정직우체국 연금, 보훈연금)을 받으셨습니까? □

① 그렇다 → **문1-1)로 갈 것**
② 아니다 → **문2)로 갈 것**

문 1-1) **(문1)의 ①번 응답자만)** 귀하가 받은 공적연금 종류는 무엇입니까(중복응답 가능)? □□

① 국민연금 → **문1-2)로 갈 것**
② 공무원연금
③ 사립학교교원연금
④ 군인연금
⑤ 별정직우체국연금
(②~⑤) → **문1-4)로 갈 것**
⑥ 보훈연금
⑦ 기타(적을 것 : ____________________)
(⑥~⑦) → **문1-6)로 갈 것**

〈 **유의사항** 〉
※ 중복응답일 경우, 아래 문1-2)~문1-6)에서 해당하는 모든 공적연금의 급여종류와 급여액을 기입해 주십시오.

문 1-2) **(문1-1)의 ①번 응답자만)** 귀하가 받은 국민연금의 급여 종류는 무엇입니까? □

① 노령연금
② 장애연금
③ 유족연금
④ 분할연금
⑤ 사망일시금
⑥ 반환일시금
⑦ 기타(적을 것 :____________________)

문 1-3) 귀하가 2016년 1년간 받은 국민연금의 **총 현금 급여액**은 얼마입니까?
(※ 응답자가 가구주인 경우, 유족연금을 수급하는 14세 이하 혹은 중고등학생 가구원이 있으면 그 금액도 포함해서 응답해 주십시오.)

일시금 총액 [일억][천][백][십][일] 만원

연금 연간 [십][일] 개월 연간 총액 [천][백][십][일] 만원

문 1-4) **(문1-1)의 ②~⑤번 응답자만)** 귀하가 받은 특수직역연금(공무원, 사립학교교원, 군인, 별정직 우체국 연금 등)의 급여 종류는 무엇입니까? **주요한 순서대로 2개까지 응답해 주십시오.**

1순위		2순위	

① 퇴직급여(퇴직연금, 퇴직연금일시금, 퇴직일시금 등)
② 유족급여(유족연금, 유족연금일시금, 유족일시금 등)
③ 재해보상급여(장해연금, 상이연금, 장해보상금, 유족보상금, 사망보상금, 순직유족연금, 직무상유족연금, 공무상요양비 등)
④ 퇴직수당
⑤ 부조급여(재해부조금, 사망조위금)
⑥ 기타(적을 것 :____________)

문 1-5) 그렇다면 귀하가 2016년 1년간 받은 특수직역연금(공무원, 사립학교교원, 군인, 별정직우체국 연금 등)의 **총 현금 급여액**은 얼마입니까?

(※ 문1-4)에서 응답한 특수직역연금의 총액을 기재해야 합니다.)

(※ 응답자가 가구주인 경우, 유족연금을 수급하는 14세 이하 혹은 중고등학생 가구원이 있으면 그 금액도 포함해서 응답해 주십시오.)

일시금 총액 [일억 | 천 | 백 | 십 | 일] 만원

연금 연간 [십 | 일] 개월 연간 총액 [천 | 백 | 십 | 일] 만원

문 1-6) **(문1-1)의 ⑥,⑦번 응답자만)** 귀하가 2016년 1년간 받은 보훈연금 및 기타 연금의 **총 현금 급여액**은 얼마입니까?

(※ 응답자가 가구주인 경우, 유족연금을 수급하는 14세 이하 혹은 중고등학생 가구원이 있으면 그 금액도 포함해서 응답해 주십시오.)

일시금 총액 [일억 | 천 | 백 | 십 | 일] 만원

연금 연간 [십 | 일] 개월 연간 총액 [천 | 백 | 십 | 일] 만원

고 용 보 험

문 2) **(모든 응답자)** 귀하는 2016년 1년간 고용보험 급여를 받은 적이 있습니까? [ ]

① 있다 → **문2-1)로 갈 것** ② 없다 → **문3)으로 갈 것**

문 2-1) **(문2)의 ①번 응답자만)** 귀하가 받은 고용보험의 급여 종류는 무엇입니까? **주요한 순서대로 2개까지 응답해 주십시오.**

1순위		2순위	

① 실업급여 (구직급여, 연장급여, 조기재취업수당, 직업능력개발수당, 광역구직활동비, 이주비 등)
② 모성보호급여 (육아휴직급여, 산전후휴가급여)
③ 기타 현금급여 (훈련장려금 등 직업능력개발 현금지원)
④ 현물급여 (근로자학자금대부 등 비현금지원)

문 2-2) 그렇다면 귀하가 2016년 1년간 받은 고용보험의 **총 현금 급여액**은 얼마입니까?

(※ 현금급여액은 본인이 직접 받은 현금을 말합니다.)

연간 [십 | 일] 개월 연간 총액 [천 | 백 | 십 | 일] 만원

산 재 보 험

문 3) **(모든 응답자)** 귀하는 2016년 1년간 산재보험 급여를 받은 적이 있습니까? [ ]

① 있다 → **문3-1)로 갈 것** ② 없다 → **문4)로 갈 것**

문 3-1) **(문3)의 ①번 응답자만)** 귀하가 받은 산재보험의 급여 종류는 무엇입니까?

1순위		2순위	

① 요양급여
② 휴업급여
③ 장해급여-연금
④ 장해급여-일시금
⑤ 유족급여-연금
⑥ 유족급여-일시금
⑦ 기타 현금급여(장의비, 상병보상연금, 간병급여, 장해·유족특별급여 등)
⑨ 잘 모르겠다

문 3-2) 귀하가 2016년 1년간 본인이 직접 받은 산재보험의 **총 현금 급여액**은 얼마입니까?

(※ 응답자가 가구주인 경우, 유족연금을 수급하는 14세 이하 혹은 중고등학생 가구원이 있으면 그 금액도 포함해서 응답해 주십시오.)

일시금 총액 [일억 | 천 | 백 | 십 | 일] 만원

연금 연간 [십 | 일] 개월 연간 총액 [천 | 백 | 십 | 일] 만원

개 인 연 금

문 4) **(모든 응답자)** 귀하는 2016년 1년 동안 은행, 보험회사, 투신사, 증권회사 등의 금융기관에 가입했던 개인연금 급여를 받으신 적이 있습니까? □

① 그렇다 → **문4-1)로 갈 것** ② 아니다 → **문5)로 갈 것**

문 4-1) **(문4)의 ①번 응답자만)** 귀하가 2016년 1년 동안 받은 개인연금 급여액은 총 얼마입니까?

일시금 총액 [일억 | 천 | 백 | 십 | 일] 만원

연금 연간 [십 | 일] 개월 연간 총액 [천 | 백 | 십 | 일] 만원

퇴직금 및 퇴직보험

문 5) **(모든 응답자)** 귀하는 2016년 1년 동안 퇴직금 또는 퇴직보험금을 받으셨습니까? □

(※ 퇴직금 중간정산금, 퇴직보험일시금을 포함하여 말씀해 주십시오.)

① 그렇다→ **문5-1)로 갈 것** ② 아니다 → **B. 근로로 갈 것**

문 5-1) **(문5)의 ①번 응답자만)** 귀하가 2016년 1년 동안 받은 퇴직금 또는 퇴직보험금은 얼마입니까?

(※ 퇴직금과 퇴직보험금을 동시에 받으셨을 경우는 합계액을 말씀해 주십시오.)

일시금 총액 [일억 | 천 | 백 | 십 | 일] 만원

연금 연간 [십 | 일] 개월 연간 총액 [천 | 백 | 십 | 일] 만원

B. 근로

문 1) 귀하는 2016년 12월 31일 기준으로 다음 근로 유형 중 어디에 해당합니까? □

① 임금근로자 → **문2)~문6) 응답한 후 문9)로 갈 것**
② 자영업, 고용주 ┐ → **문2)~문5) 응답한 후 문9)로 갈 것**
③ 무급가족종사자 ┘
④ 미취업자(근로능력있음) → **문7)으로 갈 것**
⑤ 미취업자(근로능력없음) → **C.생활실태 만족 및 의식 문항으로 갈 것**

〈 **유의사항** 〉
※ 가구용 III.경제활동상태의 '문1)근로능력정도' 및 '문3)주된 경제활동 참여상태'와 일치해야 합니다.
단, 자활근로, 공공근로 및 노인일자리에 해당하는 경우에는 '①임금근로자'로 응답해 주시기 바랍니다.

1. 임금근로자: 자신의 근로에 대해 임금, 봉급, 일당 등 어떠한 형태로든 일한 대가를 지급받는 근로자(상용, 임시, 일용근로자 포함)
자활, 공공근로 및 노인일자리도 임금근로자로 응답
2. 자영업, 고용주: 혼자 혹은 유급종업원을 고용하거나 무급가족과 함께 기업이나 농장을 경영하거나 전문적인 일을 독립적으로 수행하는 자
3. 무급가족종사자: 동일가구내 가족이 경영하는 사업체, 농장에서 무보수로 일하는 사람을 말하며, 주당 18시간 이상 일한 자
4. 미취업자(근로능력있음): 실업자(2016.12.31 기준으로 지난 4주 동안 구직활동한 자), 근로무능력의 사유가 아닌 가사, 학업 등의 이유로 경제활동에 참여하지 않는 자로 근로능력은 있으나 근로를 하지 않는 비경제활동인구
5. 미취업자(근로능력없음): 근로의사와 무관하게 장애, 부상, 질병, 노령 등으로 인한 심신무능력을 사유로 경제활동에 참여하지 않는 비경제활동인구

※ 다음 문2) ~ 문6)까지는 취업자용(임금근로자, 자영업 및 고용주, 무급가족종사자) 질문입니다.

문 2) **(문1)의 ①~③번 응답자만)** 2016년 1년간 귀하께서는 다니던 직장(사업)을 그만 둔 적이 있었습니까? □

① 있다 → **문2-1)로 갈 것**　　② 없다 → **문3)으로 갈 것**

〈 **유의사항** 〉
※ 질병, 출산 등으로 일시 휴직한 경우는 일자리(직장)나 사업을 그만 둔 경우에 해당하지 않습니다.
※ 일용직 등 불규칙한 일자리 구분방식
① 일하는 장소(00건설현장, 00식당 등)에서 1주일 이상 안정적으로 일하였다면 하나의 일자리로 파악함
② 일하는 장소가 수시로 바뀌더라도 중간에 1달 이상의 공백기간 없이 같은 일(건설현장인부, 식당일, 파출부 등)을 계속 했다면, 하나의 일자리로 파악함
③ 같은 일을 했더라도 1달 이상의 공백기간이 있을 경우, 예를 들어 1월에 일하고 5월에 일할 경우, 1월에 했던 일과 5월에 했던 일을 다른 일자리로 취급함

문 2-1) **(문2)의 ①번 응답자만)** 직장(사업)을 그만두게 된 구체적인 이유는 무엇입니까? □
가장 마지막 사례를 기준으로 다음 중 **하나만** 골라 주십시오.

① 일자리(직장)나 사업의 파산, 폐업, 휴업 등으로
② 정리해고로
③ 권고사직이나 명예퇴직
④ 정년퇴직
⑤ 계약기간이 끝나서
⑥ 소득 또는 보수가 적어서
⑦ 일거리가 없거나 적어서(장사가 잘 되지 않아서)
⑧ 일이 임시적이거나 장래성이 없어서
⑨ 적성, 지식, 기능 등이 맞지 않아서
⑩ 근로시간 또는 근로 환경이 나빠서
⑪ 자기(가족)사업을 새로 하려고
⑫ 결혼, 가족 간병 등의 가사 문제로
⑬ 건강, 고령 등의 이유로
⑭ 회사나 우리 집의 이사로 거리가 멀어져서
⑮ 학업, 군입대 등의 이유로
⑯ 좀 더 좋은 일자리가 있어서
⑰ 출산, 육아 때문에
⑱ 기타(적을 것 : ________________)

문 3) **(모든 취업 응답자)** 2016년 12월 31일 당시에 재직 중인 직장에서 근무를 시작한(사업을 시작한) 시기는 언제입니까?

[| | |]년 [|]월

문 4) **(모든 취업 응답자)** 2016년 1년간 일을 한 기간은 몇 개월입니까? 그리고, 일한 달의 평균 근로일수는 며칠입니까?

연간 총 [|]개월 **일한 달 평균 근로일수** [|]일

〈 **유의사항** 〉
※ 불규칙적으로 일을 한 경우, 하루라도 일한 달은 1개월로 간주합니다.
예를 들어, 1년 중 3월에 2일, 4월에 15일, 7월에 20일, 8월에 20일 일 한 경우 '4개월'로,
일한 달의 평균 근로일수는 57일(2일+15일+20일+20일)÷4개월=14.25일이므로 반올림 적용하여 '14일'로 기입합니다.
※ 직장에 계속 있기는 하였지만 몇 개월간 휴직을 한 경우(무급휴직이든, 유급휴직이든), 실제 일한 시간을 기준으로 응답합니다.
예를 들어, 1년 중 7개월 휴직을 하였다면 연간 총 근로 개월은 5개월로 적어주고, 평균근로일수도 실제 일한 달의 평균을 적어주면 됩니다.
※ 1년간 농사를 지은 경우는 12개월로 간주합니다.

문 5) **(모든 취업 응답자)** 2016년 1년간, 주당 평균 근로시간은 몇 시간입니까?

규칙적으로 일한 경우 : 주당 평균 [| |]시간

일한달의 월 평균 임금 : 월 평균 [| | |]만원

불규칙적으로 일한 경우: 일한 날의 하루 평균 [|]시간

일한날의 시간당 임금 : 시간당 [| | |]만원

〈 **유의사항** 〉
※ 1년 동안 직장(사업)의 변동이 있었다면 가장 최근의 직장(사업)을 기준으로 응답해 주십시오.
※ 불규칙적으로 일하는 직업, 예를 들어 농사나 일용 건설 노무자의 경우라면 1년 중 일한 날의 하루 평균 시간으로 응답해 주십시오.
※ 점심시간 등을 제외한 순수 근로시간을 기준으로 응답해 주십시오.

문 6) **(문1)의 ①번 응답자만)** 직장에서 노동조합에 가입되어 있습니까? [ ]

① 노동조합이 없음
② 노동조합이 있으나 가입대상이 안됨
③ 노동조합이 있고 가입대상이나 가입하지 않았음
④ 노동조합에 가입하였음

응답 후 문9) 고용지원 프로그램 문항으로 가십시오.

※ 다음 문7) ~ 문8)까지는 미취업자용 (근로능력있음) 질문입니다.

문 7) **(문1)의 ④번 응답자만)** 귀하는 2016년 12월 31일 기준으로 지난 4주 동안 돈을 벌 목적으로 일자리(사업)를 구해보셨습니까? ☐

① 그렇다 → **문7-1)로 갈 것** ② 아니다 → **문8)로 갈 것**

〈 **유의사항** 〉
※ 구직활동이란 원서접수, 취직시험 응시부터 친구, 친지에게 소개부탁, 직업알선기관에 등록하는 행위를 모두 포괄합니다.
※ 일이 주어졌더라도 가사나 학업 등의 이유로 취업할 수 없는 사람이나, 근로의사가 없는 사람은 '②아니다'로 응답합니다.

문 7-1) **(문7)의 ①번 응답자만)** 마지막으로 직장(사업)을 그만둔 후 총 구직 기간은 어느 정도였습니까?

총 구직 기간 ☐☐ 년 ☐☐ 개월

문 7-2) 일자리를 구하는 과정에서 어떠한 점에서 어려움을 느끼셨습니까?
주요한 순서대로 2가지만 말씀해 주십시오

1순위		2순위	

① 나이 때문에
② 성차별 때문에
③ 외모 때문에
④ 학력이 낮기 때문에
⑤ 기술이나 기능이 부족해서
⑥ 경력이 부족해서
⑦ 건강문제로
⑧ 일자리에 대한 기대수준이 높아서
⑨ 신용불량자라서
⑩ 가사일 때문에
⑪ 자녀를 돌보는 문제 때문에
⑫ 가족(배우자, 부모 등)의 반대로
⑬ 일자리가 없거나 부족해서
⑭ 일자리에 대한 정보가 부족해서
⑮ 근로조건이나 근로환경이 열악해서
⑯ 임금수준이 너무 낮은 일자리여서
⑰ 고용이 불안정해서(비정규직이라서)
⑱ 기타(적을 것 : ____________________)

문 7-3) **(문7)의 ①번 응답자만)** 귀하가 취업 혹은 사업을 한다면, 한 달 벌이가 적어도 얼마나 되어야 한다고 보십니까?

월 ☐천 ☐백 ☐십 ☐일 만원 정도

〈 **유의사항** 〉
※ 자영업을 생각하는 경우에는 순수익이 얼마나 되어야 하는 지로 응답해 주십시오.

응답 후 문9) 고용지원 프로그램 문항으로 가십시오.

문 8) **(문7)의 ②번 응답자만)** 2016년 12월 31일 기준으로 지난 1년간 구직활동을 한 경험이 있었습니까? □

① 그렇다 → **문8－1)로 갈 것**　　② 아니다 → **문9)로 갈 것**

문 8-1) **(문8)의 ①번 응답자만)** 2016년 12월 31일 기준으로 지난주에 알맞은 일거리나 직장이 있었다면 일할 수 있었습니까? □

① 그렇다 → **문8－2)로 갈 것**　　② 아니다 → **문9)로 갈 것**

〈 **유의사항** 〉
※ 일이 주어졌더라도 가사나 학업 등의 이유로 취업할 수 없는 사람이나, 근로의사가 없는 사람은 "② 아니다"에 해당합니다.

문 8-2) **(문8-1)의 ①번 응답자만)** 취업을 원하면서도 2016년 12월 31일 기준으로 지난 4주간 구직활동을 하지 않는 이유는 무엇입니까? □

① 전공이나 경력에 맞는 일거리가 없을 것 같아서
② 원하는 임금수준이나 근로조건에 맞는 일거리가 없을 것 같아서
③ 근처에 일자리가 없을 것 같아서
④ 교육, 기술, 경험이 부족해서
⑤ 나이가 너무 어리거나 많다고 고용주가 생각할 것 같아서
⑥ 이전에 찾아보았지만 일거리가 없었기 때문에
⑦ 기타(　　　　　　　　　　　　　　)

※ 다음 문9)는 모든 취업 및 미취업 응답자용 질문입니다.

문 9) **(문1)의 ①~④번 응답자)** 귀하는 2016년 1년간 정부가 제공하는 아래의 고용지원 프로그램에 참여한 경험이 있는 프로그램을 체크해 주세요.

고용지원 프로그램	경험이 있다
① 공공근로	□
② 노인일자리	□
③ 자활공동체 및 자활근로	□
④ 사회적 기업(사회적 일자리)	□
⑤ 직장체험연수(중소기업 취업연수 지원 등)	□
⑥ 실업자 직업훈련(국가기간·전략산업직종 훈련, 실업자 내일배움카드 등)	□
⑦ 창업지원	□
⑧ 지역공동체 일자리사업(희망근로)	□
⑨ 청년 인턴쉽제도(중소기업 청년취업인턴제 등)	□
⑩ 근로자 능력 개발 훈련(근로자 내일배움카드, 근로자직무능력향상지원금 등)	□
⑪ 취업성공패키지	□
⑫ 기타 (　　　　　　)	□

C. 생활실태·만족 및 의식

※ 다음은 귀하의 생활여건에 대한 질문입니다. **2016년 1년 동안**에 대한 경험을 기준으로 응답해 주십시오.

문 1) 귀하는 인터넷을 사용하셨습니까? □

① 그렇다 ② 아니다

〈 **유의사항** 〉
※ 집이 아닌 곳에서도 인터넷을 사용했다면 '그렇다'에 응답합니다.

문 2) 귀하는 안전설비가 잘 갖추어지지 않거나, 작업장 오염 등으로 유해한 환경에서 일하셨습니까? □

① 그렇다 ② 아니다 ⓪ 비해당

〈 **유의사항** 〉
※ 2016년 1년 동안 경제활동을 하지 않은 경우에는 '⓪비해당'에 응답합니다.
※ 부업의 경우도 포함하여 응답합니다.

문 3) 다음 각 항목에 대하여 귀하의 만족도는 어느 정도입니까?

구 분	매우 불만족	대체로 불만족	그저 그렇다	대체로 만족	매우 만족
㉮ 건강	①	②	③	④	⑤
㉯ 가족의 수입	①	②	③	④	⑤
㉰ 주거 환경	①	②	③	④	⑤
㉱ 가족 관계	①	②	③	④	⑤
㉲ 직업	①	②	③	④	⑤
㉳ 사회적 친분관계	①	②	③	④	⑤
㉴ 여가생활	①	②	③	④	⑤
㉵ 그럼, 위의 사항을 모두 고려할 때, 귀하는 전반적으로 생활에 얼마나 만족하고 계십니까?	①	②	③	④	⑤

〈 **유의사항** 〉
· ㉰ 주거환경의 경우 가구원 개인이 거주하고 있는 환경을 기준으로 응답하도록 합니다.
· ㉱ 가족 관계에서 가구원 외의 경우 직계혈족 1촌 이내까지만을 포함하여 만족 정도를 표기하도록 합니다.
· ㉲ 직업에서 무직, 전업주부 등도 현재 상황에 대한 만족 정도를 표기하도록 합니다.

D. 사회적 환경에 대한 의식

※ 아래의 모든 조사 항목은 **2016년 1년 동안**에 대한 경험을 기준으로 응답해 주십시오.

문 1) 귀하는 정기적으로 기부를 하거나, 자원봉사활동을 하고 있습니까? ☐

① 그렇다 → **문1-1)로 갈 것** ② 아니다 → **문2)로 갈 것**

〈 유의사항 〉
※ 정기적인 기부의 경우 교회나 절에 내는 십일조, 시주 등은 포함하지 않습니다.

문 1-1) **(문4)의 ①번 응답자만)** 귀하는 **2016년 1년간** 얼마 정도 기부하셨습니까?

연간 총액 [일억 | 천 | 백 | 십 | 일] 만원

문 1-2) **(문4)의 ①번 응답자만)** 귀하는 자원봉사활동을 **2016년 1년간** 몇 회 정도 하셨습니까?

연간 [| |] 회

문 2) 귀하는 따로 살고 있는 **부모님**이 계십니까? ☐

① 있다 → **문2-1)로 갈 것** ② 없다 → **문3)으로 갈 것**

〈 유의사항 〉
※ 계부, 계모도 포함하며, 응답자 본인의 부모님에 대해서만 응답합니다.
※ 이 문항에서 따로 살고 있는 부모님이란 주거와 생계를 달리하는 부모님을 말합니다.

문 2-1) **(문5)의 ①번 응답자만)** **2016년 1년간** 귀하는 따로 살고 있는 부모님과 얼마나 자주 **왕래**를 하셨습니까?

· 주 ____________회 또는 · 월 ____________ 회 또는 · 년 ____________ 회

〈 유의사항 〉
※ 주나 월, 년 중에서 한 가지로만 응답해 주십시오.
※ 거의 매일 왕래하는 경우는 주7회로 적어주시기 바랍니다.
※ 하루 1회 이상 왕래하더라도 1회로 계산합니다.

문 2-2) **2016년 1년간** 귀하는 따로 살고 있는 부모님과 얼마나 자주 **전화통화**를 하셨습니까?

· 주 ____________회 또는 · 월 ____________ 회 또는 · 년 ____________회

〈 유의사항 〉
※ 주나 월, 년 중에서 한 가지로만 응답해 주십시오.
※ 거의 매일 전화통화 하는 경우는 주7회로 적어주시기 바랍니다.
※ 하루 1회 이상 전화통화 하더라도 1회로 계산합니다.

※ 다음은 성역할에 관한 문항입니다. 조사 시점(**2017**년 조사일 현재)을 기준으로 응답해 주십시오.

문 3) 귀하는 다음의 각 항목에 대해 어떻게 생각하십니까?

구 분	전혀 그렇지 않다	그렇지 않다	그저 그렇다	그렇다	매우 그렇다
㉮ 여성이 전일제로 일할 경우 가족의 일상생활은 힘들어진다.	①	②	③	④	⑤
㉯ 미취학 아동의 어머니가 일을 할 경우 미취학 아동에게 나쁘다.	①	②	③	④	⑤
㉰ 전업주부로 일하는 것은 밖에서 돈을 버는 것만큼 중요하다.	①	②	③	④	⑤
㉱ 남성의 임무는 밖에서 돈을 버는 것이고, 여성의 임무는 가정과 가족을 돌보는 것이다.	①	②	③	④	⑤
㉲ 남성과 여성 모두 가구소득에 기여해야 한다.	①	②	③	④	⑤
㉳ 가정에서의 생활은 나에게 스트레스를 준다.	①	②	③	④	⑤
㉴ 가족에 대한 책임을 다하기가 어렵다.	①	②	③	④	⑤
㉵ 가족에 대한 책임 때문에 직장에서 일에 집중하기가 어렵다.	①	②	③	④	⑤

E. 생활습관, 가족관계 및 정신건강

문 1) **(모든 응답자)** 귀하가 지금까지 살아오시는 동안 피운 담배의 양은 총 얼마입니까?
(※ 조사 시점(2017년 조사일 현재)을 기준으로 작성하여 주십시오)

① 5갑(100개비) 미만 → **문 2)로 갈 것**
② 5갑(100개비) 이상
③ 피운 적 없음 → **문 4)로 갈 것**

문 2) **(문 1)의 ①~②번 응답자만)** 귀하께서 처음으로 담배 한 대를 다 피운 시기는 언제입니까?

만 [ ] 세

문 3) **(문 1)의 ①~②번 응답자만)** 귀하의 총 흡연기간은 얼마나 됩니까?
(※ 담배를 주기적으로 피우던 시기를 기준으로 표시합니다. 금연하였던 기간은 제외합니다.)
(※ 조사 시점(2017년 조사일 현재)을 기준으로 작성하여 주십시오)

총 흡연기간 [ ] 년 [ ] 개월

문 4) **(모든 응답자)** 귀하께서는 현재 담배를 피우십니까?
(※ 조사 시점(2017년 조사일 현재)을 기준으로 작성하여 주십시오)

① 피움 → **문 4-1), 문4-2), 문4-3) 응답 후 문 5)로 갈 것**
② 피우지 않음 → **문 5)로 갈 것**

문 4-1) **(문 4)의 ①번 응답자만)** 귀하의 하루 평균 흡연량은 몇 개비입니까?
(※ 조사 시점(2017년 조사일 현재)을 기준으로 작성하여 주십시오)

[ ] 개비

문 4-2) **(문 4)의 ①번 응답자만)** 최근 1년 동안 담배를 끊고자 하루(24시간) 이상 금연한 적이 있습니까?

① 예 ② 아니오

문 4-3) **(문 4)의 ①번 응답자만)** 앞으로 담배를 끊을 계획이 있습니까?

① 1개월 안에 금연할 계획이 있다.
② 6개월 안에 금연할 계획이 있다.
③ 6개월 이내는 아니지만 언젠가는 금연할 계획이 있다.
④ 현재로서는 전혀 금연할 계획이 없다.

문 5) **(모든 응답자)** 귀하께서 밀폐된 공간에서 다른 사람이 피우는 담배 연기를 맡는 시간은 하루 몇 시간 정도입니까? **(※ 조사 시점(2017년 조사일 현재)을 기준으로 작성하여 주십시오.)**

① 0시간(없음) ② 1시간 미만 ③ 1시간 이상 → **문5-1)로 갈것**

문 5-1) **(문 5)의 ③번 응답자만)** 귀하는 하루 평균 몇 시간 정도 밀폐된 공간에서 다른 사람이 피우는 담배 연기를 맡으셨습니까? **(※ 조사 시점(2017년 조사일 현재)을 기준으로 작성하여 주십시오)**

[ ][ ] 시간

문 6) **(모든 응답자)** 귀하는 술을 얼마나 자주 마십니까?
(※ 조사 시점(2017년 조사일 현재)을 기준으로 작성하여 주십시오)

① 월 1회 이하
② 월 2~4회 → **문6-1)로 갈 것**
③ 주 2~3회
④ 주 4회 이상
⑤ 전혀 마시지 않는다 → **문 7)로 갈 것**

문 6-1) **(문 6)의 ①~④번 응답자만)** 보통 술을 마실 때 몇 잔 정도 마십니까?

① 1~2잔 정도
② 3~4잔 정도
③ 5~6잔 정도
④ 7~9잔 정도
⑤ 10잔 이상

문 6-2) **(문 6)의 ①~④번 응답자만)** 한 번에 술좌석에서 6잔 이상 마시는 경우가 얼마나 자주 됩니까?

① 전혀 없다 ② 몇 달에 한번정도 ③ 한 달에 한두 번 정도 ④ 일주일에 한두 번 정도 ⑤거의 매일

문 6-3) **(문 6)의 ①~④번 응답자만)** **<u>2017년 조사일 현재를 기준으로 지난 한 해 동안</u>** 귀하는 다음과 같은 경험을 한 적은 몇 번입니까?

항목	전혀 없음	몇달에 한번	한달에 1~2번	주에 1~2번	거의 매일
㉮ 술을 마시기 시작하면 중간에 그만둘 수 없었던 적이 얼마나 자주입니까?	①	②	③	④	⑤
㉯ 해야 할 일을 술 때문에 하지 못한 적이 얼마나 됩니까?	①	②	③	④	⑤
㉰ 과음을 한 다음날 해장술을 마셔야 했던 적이 얼마나 됩니까?	①	②	③	④	⑤
㉱ 술을 마신 후에 좌절감을 느끼거나 후회한 적이 얼마나 됩니까?	①	②	③	④	⑤
㉲ 술 마시고 필름이 끊긴 적이 얼마나 됩니까?	①	②	③	④	⑤

항목	전혀 없음	과거에는 있었지만 지난 한 해 동안 없음	지난 1년 동안 있었음
㉳ 술로 인해 자신이 다치거나 다른 사람을 다치게 한 적이 얼마나 됩니까?	①	②	③
㉴ 친척, 친구나 의사와 같은 주변사람들이 귀하의 음주를 걱정하거나 술을 줄이도록 권한 적이 얼마나 됩니까?	①	②	③

문 6-4) **(문 6)의 ①~④번 응답자만)** **2016년 1년간(2016. 1. 1 ~ 2016. 12. 31)** 귀하는 다음과 같이 느끼신 적이 있습니까?

항목	예	아니오
㉮ 술을 줄여야 한다고 느낀 적이 있다.	①	②
㉯ 술로 인해 다른 사람으로부터 비난 받는 것을 귀찮아하고 있다.	①	②
㉰ 술을 계속 마시는 것이 나쁘다고 느끼거나 죄책감을 느낀 적이 있다.	①	②
㉱ 숙취를 제거하기 위해서 아침에 깨자마자 술을 마신 적이 있다.	①	②

문 7) **(모든 응답자)** 귀하는 **2016년 1년간(2016. 1. 1 ~ 2016. 12. 31)** 출산 경험이 있습니까? ☐

① 있다 ② 없다 ⓪ 비해당(남성의 경우)

문 8) **(모든 응답자)** 귀하는 **지난 1주일간** 얼마나 자주 다음과 같이 느끼셨습니까?
(※ 조사시점(2017년 조사일 현재)을 기준으로 지난 1주일간에 대해 응답해 주십시오.)

항목	극히 드물다 (일주일에 1일 미만)	가끔 있었다 (일주일에 1~2일간)	종종 있었다 (일주일에 3~4일간)	대부분 그랬다 (일주일에 5일 이상)
㉮ 먹고 싶지 않고 식욕이 없다.	①	②	③	④
㉯ 비교적 잘 지냈다.	①	②	③	④
㉰ 상당히 우울했다.	①	②	③	④
㉱ 모든 일들이 힘들게 느껴졌다.	①	②	③	④
㉲ 잠을 설쳤다.(잠을 잘 이루지 못했다.)	①	②	③	④
㉳ 세상에 홀로 있는 듯한 외로움을 느꼈다.	①	②	③	④
㉴ 큰 불만 없이 생활했다.	①	②	③	④
㉵ 사람들이 나에게 차갑게 대하는 것 같았다.	①	②	③	④
㉶ 마음이 슬펐다.	①	②	③	④
㉷ 사람들이 나를 싫어하는 것 같았다.	①	②	③	④
㉸ 도무지 뭘 해 나갈 엄두가 나지 않았다.	①	②	③	④

문 9) 다음은 자기 자신에 대한 귀하의 생각을 묻는 질문들입니다. 각 문항에 대하여 귀하가 가장 가깝다고 느끼시는 곳에 표시하여 주십시오.
(※ 조사 시점(2017년 조사일 현재)을 기준으로 작성하여 주십시오.)

항목	대체로 그렇지 않다	보통 이다	대체로 그렇다	항상 그렇다
㉮ 나는 내가 다른 사람들처럼 가치 있는 사람이라고 생각한다.	①	②	③	④
㉯ 나는 좋은 성품을 가졌다고 생각한다.	①	②	③	④
㉰ 나는 대체적으로 실패한 사람이라는 느낌이 든다.	①	②	③	④
㉱ 나는 대부분의 다른 사람들과 같이 일을 잘 할 수가 있다.	①	②	③	④
㉲ 나는 자랑할 것이 별로 없다.	①	②	③	④
㉳ 나는 내 자신에 대하여 긍정적인 태도를 가지고 있다.	①	②	③	④
㉴ 나는 내 자신에 대하여 대체로 만족한다.	①	②	③	④
㉵ 나는 내 자신을 좀 더 존경할 수 있으면 좋겠다.	①	②	③	④
㉶ 나는 가끔 내 자신이 쓸모없는 사람이라는 느낌이 든다.	①	②	③	④
㉷ 나는 때때로 내가 좋지 않은 사람이라고 생각한다.	①	②	③	④

문 10) 살다보면 부부 사이에 서로 의견이 다르거나 다툼이 생기는 경우가 종종 있습니다.
2016년 1년간(2016. 1. 1 ~ 2016. 12. 31) 당신의 배우자가 귀하에게 다음과 같은 행동을 얼마나 자주 했습니까? **(※배우자가 없는 경우(사별, 이혼, 미혼)에만 '비해당'으로 체크하여 주시기 바랍니다.)**

항목	전혀없음	1~2번	3~5번	6번이상	비해당
㉮ 모욕적, 악의적인 이야기를 하였다.	①	②	③	④	⓪
㉯ 때리려고 위협하거나, 물건을 던지는 등의 신체적 폭력의 위협을 가하였다.	①	②	③	④	⓪
㉰ 직접적인 신체적 폭력을 행사하였다.	①	②	③	④	⓪

문 11) 귀하는 귀하의 가족생활에 대해 얼마나 만족하십니까? □
(※ 조사 시점(2017년 조사일 현재)을 기준으로 작성하여 주십시오.)

① 매우 불만족 ② 불만족 ③ 약간 불만족 ④ 보통 ⑤ 약간 만족 ⑥ 만족 ⑦ 매우 만족 ⓪ 비해당

〈 **유의사항** 〉
※ 직계혈족 1촌이 없는 경우에만 '비해당'으로 체크하여 주시기 바랍니다.

문 12) 귀하는 귀하의 배우자와의 관계에 대해 얼마나 만족하십니까? □
(※ 조사 시점(2017년 조사일 현재)을 기준으로 작성하여 주십시오)

① 매우 불만족 ② 불만족 ③ 약간 불만족 ④ 보통 ⑤ 약간 만족 ⑥ 만족 ⑦ 매우 만족 ⓪ 비해당

〈 **유의사항** 〉
※ 배우자가 없는 경우(사별, 이혼, 미혼)에만 '비해당'으로 체크하여 주시기 바랍니다.

문 13) 귀하는 귀하의 자녀와의 관계에 대해 얼마나 만족하십니까?
(※ 조사 시점(2017년 조사일 현재)을 기준으로 작성하여 주십시오.)

① 매우 불만족 ② 불만족 ③ 약간 불만족 ④ 보통 ⑤ 약간 만족 ⑥ 만족 ⑦ 매우 만족 ⓪ 비해당

〈 **유의사항** 〉
※ 자녀가 없는 경우(비가구원 포함)에만 '비해당'으로 체크하여 주시기 바랍니다.

문 14) 귀하는 귀하의 자녀들의 형제자매 관계에 대해 얼마나 만족하십니까?
(※ 조사 시점(2017년 조사일 현재)을 기준으로 작성하여 주십시오.)

① 매우 불만족 ② 불만족 ③ 약간 불만족 ④ 보통 ⑤ 약간 만족 ⑥ 만족 ⑦ 매우 만족 ⓪ 비해당

〈 **유의사항** 〉
※ 자녀가 없거나, 1명인 경우에만(비가구원 포함) '비해당'으로 체크하여 주시기 바랍니다.

문 15) **(모든 응답자)** 귀하께서는 지금까지 자살하는 것에 대해 진지하게 생각한 적이 한 번이라도 있습니까?
(※ 조사시점(2017년 조사일 현재)을 기준으로 현재까지 기간에 대해 응답해 주십시오.)

① 예 → **문 15-1)로 갈 것** ② 아니오 → **문 16)으로 갈 것**

문 15-1) **(문 15)의 ①번 응답자만)** 귀하께서 자살하는 것에 대해서 처음/마지막으로 생각한 때는 언제입니까?

처음 나이 만 [ ] 세 마지막 나이 만 [ ] 세

문 16) **(모든 응답자)** 귀하께서는 지금까지 자살하려고 구체적으로 계획을 세운 적이 있습니까?
(※ 조사시점(2017년 조사일 현재)을 기준으로 현재까지 기간에 대해 응답해 주십시오.)

① 예 → **문 16-1)로 갈 것** ② 아니오 → **문 17)로 갈 것**

문 16-1) **(문 16)의 ①번 응답자만)** 귀하께서 자살하는 것에 대해서 처음/마지막으로 계획을 세운 때는 언제입니까?

처음 나이 만 [ ] 세 마지막 나이 만 [ ] 세

문 17) **(모든 응답자)** 귀하께서는 지금까지 자살을 시도한 적이 있습니까?
(※ 조사시점(2017년 조사일 현재)을 기준으로 현재까지 기간에 대해 응답해 주십시오.)

① 예 → **문 17-1)로 갈 것** ② 아니오 → **종결**

문 17-1) **(문 17)의 ①번 응답자만)** 귀하께서 자살을 처음/마지막으로 시도한 때는 언제입니까?

처음 나이 만 [ ] 세 마지막 나이 만 [ ] 세

〈 **유의사항** 〉
※ 문18), 문19), 문20)은 원가구원만 응답하는 문항으로, 원가구원용 조사표에 포함되어 있습니다.

문 21) 밑(0)에서 꼭대기(10)까지 숫자가 매겨진 사다리를 생각하세요. 맨 꼭대기(10)는 귀하의 삶에서 가능한 최선의 상태를, 맨 아래(0)는 귀하의 삶에서 가능한 최악의 상태를 나타냅니다. 귀하는 지금 현재 사다리의 몇 번째 칸에 있다고 느끼십니까? □

최선의 상태	⑩
	⑨
	⑧
	⑦
	⑥
	⑤
	④
	③
	②
	①
최악의 상태	⓪

〈 **유의사항** 〉
※ 문21)은 2017년 추가된 문항이며, 0-10 사이 숫자 중 하나로 응답하여 주시기 바랍니다.

F. 교육

문 1) 귀하의 최종학력은 다음 중 어디에 해당하십니까? [ ]

① 중학교 졸업 이하→ **G.개인사로 갈 것**
② 고등학교 중퇴, 졸업
③ 전문대학 재학, 중퇴, 졸업 ---> **문 2)로 갈 것**
④ 대학교(4년제) 재학, 중퇴, 졸업
⑤ 대학원 이상

문 2) **(②~⑤ 응답자만)** 귀하가 다니신 고등학교에 대해 여쭙겠습니다.

2-1) 고등학교 유형			2-2) 소재지
①일반계(일반) ②일반계(특목: 과학고) ③일반계(특목: 외국어고) ④일반계(자립형사립고, 국제고) ⑤일반계(특목: 예술고) ⑥일반계(특목: 체육고)	⑦실업계(농업) ⑧실업계(공업) ⑨실업계(상업) ⑩실업계(수산 및 해양) ⑪실업계(가사 및 실업) ⑫실업계(종합)	⑬특성화고 ⑭대안학교 ⑮검정고시 ⑯기타 ⑰자율고(자율형고, 기숙형고)	고등학교의 소재지 * 시·군·구 단위까지 기재 예) 서울시 강남구

〈 유의사항 〉
※ 2007년부터는 "실업계"의 명칭이 "전문계"로 변화되었습니다. 응답자가 "전문계"라고 할 경우 해당 "실업계"에 표시하여 주시기 바랍니다.
④ 일반계(자립형사립고, 국제고)
- 자립형사립고: 하나고, 현대청운고, 민족사관학교, 전주상산고, 포항제철고, 광양제철고, 해운대고(2010년 자립형에서 자율형으로 변경됨)
- 국제고: 서울국제고, 부산국제고, 인천국제고, 청심국제고

⑧ 실업계(공고) 중에서 일반 공업고등학교 이외에 마이스터고등학교(산업수요맞춤형 고등학교)도 포함시킴(2010년부터 추가됨).
2010년 첫 개교를 하였으며, 전문적인 직업교육을 위한 맞춤형 교육 과정 학교임.
- 수도전기공고, 미림여자정보과학고, 부산자동차고, 부산기계공고, 경북기계공고, 인천전자공고, 광주정보고, 대전동아공고, 울산정보통신고, 수원하이텍고, 평택기계공고, 원주정보공고, 충북반도체고, 합덕제철고, 군산기계공고, 전북기계공고, 한국항만문류고, 구미전자공고, 금오공고, 거제공고, 삼천포공고

⑨ 실업계(상업)에는 "정보고등학교"가 포함됩니다.
⑬ 특성화고등학교
- 디자인고등학교: 서울디자인고등학교, 예일디자인고등학교, 부산디자인고등학교, 인천디자인고등학교, 서울동일여자 전산디자인고등학교, 대전전자디자인고등학교, 경주디자인고등학교 등
- 국악고등학교: 국립국악중고등학교, 국립전통예술고등학교, 남원국악예술고등학교
- 에니메이션고등학교: 한국에니메이션고등학교, 연기성남고등학교, 경남에니메이션고등학교, 충남에니메이션고등학교 등
- 골프고등학교: 부산골프고등학교, 청도한양국제골프고등학교, 함평골프고등학교
- 관광고등학교: 서울관광고등학교, 부산정보관광고등학교, 대구관광고등학교, 선정관광고등학교, 한국관광고등학교 등
- 미용고등학교: 서울연희미용고등학교, 부산미용고등학교, 경북미용예술고등학교, 경남미용고등학교, 전남미용고등학교 등
- 자동차고등학교: 서울자동차고등학교, 인천인평자동차정보고등학교, 경남자동차고등학교, 경북자동차고등학교, 부산자동차고등학교 등

⑭ 대안학교
- 지구촌고, 달구벌고, 산마을고, 동명고, 두레자연고, 경기대명고, 아우고, 한겨레고, 전인고, 팔렬고, 양업고, 한마음고, 공동체비전고, 세인고, 푸름꿈고, 영산성지고, 한빛고, 경주화랑고, 간디학교, 원경고, 지리산고

⑰ 자율고(자율형 사립고, 자율형 공립고, 기숙형고)
- 자율형 사립고: 경희고, 동성고, 배재고, 세화고, 숭문고, 신일고, 우신고, 이대부고, 이화여고, 중동고, 중앙고, 한가람고, 한양부고, 동래여고, 계성고, 송원고, 안산 동산고, 북일고, 김천고, 해운대고(2010년 자립형에서 자율형으로 변경함),
- 자율형 공립고: 당곡고, 수락고, 등촌고, 성동고, 도봉고, 원묵고, 구현고, 경동고, 경일고, 고척고, 금천고, 면목고, 상암고, 청량고, 대영고, 미양고, 중경고, 부산남고, 경남여고, 낙동고, 사상고, 금정고, 부산중앙고, 부산진고, 영도여고, 주례여고, 강동고, 경북여고, 구암고, 상인고, 대구고, 호산고, 달성고, 학남고, 안천신현고, 상일여고, 광주고, 광주제일고, 대전고, 대전송촌고, 동신고, 문현고, 와부고, 세마고, 충현고, 함현고, 삼숭고, 청원고, 대산고, 용남고, 군산고, 정읍고, 목포고, 순천고, 상주여고, 인동고, 영주제일고, 북삼고

문 3) **(③~⑤ 응답자만)** 귀하가 다니신 대학에 대해 여쭙겠습니다.

3-1) 대학 전공 계열			3-2) 소재지
①인문계열 ②사회계열(경상계열) ③사회계열(법학계열) ④사회계열(사회과학계열)	⑤교육계열 ⑥공학계열 ⑦자연계열 ⑧의약계열(의학)	⑨의약계열(약학) ⑩의약계열(간호, 치료보건) ⑪예체능계열 ⑫기타	대학교의 소재지 * 시·군·구 단위까지 기재 예) 서울시 강남구

〈 **유의사항** 〉
※ 응답자가 다닌(혹은 다니고 있는) 대학에서 경제학과, 경영학과 등이 사회과학계열로 분류되어 있다고 하더라도 "②사회계열(경상계열)"로 표시하여 주시기 바랍니다.

G. 개인사

문 1) 아동기(만 0~17세)에 귀하가 가장 오랜 기간 성장한 곳은 다음 중 어느 지역입니까? □

① 대도시(특별시, 광역시) ② 중소도시(기타 시도) ③ 농어촌(읍면지역) ④ 외국

문 2) 귀하가 아동기(만 0~17세)에 가구의 경제적 생활 상태는 어떠하였습니까? □

① 매우 가난 ② 가난 ③ 보통 ④ 부유 ⑤ 매우 부유

문 3) 귀하는 만 15세 이후 한 번이라도 직장(사업)을 가진 경험이 있습니까? □

① 있다 → **문3-1)로 갈 것** ② 없다 → **문4)로 갈 것**

〈 **유의사항** 〉
※ 일주일에 평균 18시간 이상씩 연속 3개월 이상 근무한 직장 혹은 사업만 응답하십시오.

문 3-1) **(문3)의 ①번 응답자만)** 귀하의 만 15세 이후 첫 직장은 언제부터 언제까지, 어떤 고용형태였습니까?

구 분	기 간			고용형태
첫 직장	년	~	년	

문 3-2) **(문3)의 ①번 응답자만)** 귀하의 첫 직장 이후의 취업 기간과 고용형태를 최근 것부터 연차적으로 주요한 직업 경력을 6개까지 말씀해 주십시오.

구 분	기 간			고용형태
가장 최근 (*2016년 12월 31일로 부터*)	년	~	년	
주된 일자리 A	년	~	년	
주된 일자리 B	년	~	년	
주된 일자리 C	년	~	년	
주된 일자리 D	년	~	년	
주된 일자리 E	년	~	년	

〈 보기 〉 고 용 형 태

1. 비정규직 임금근로자: 한시적 근로자, 시간제 근로자, 비전형 근로자
   - 한시적 근로자: 일정기간의 근로계약기간을 정하지는 않았으나, 회사사정에 따라 언제든지 근로계약을 종료한다는 조건으로 근무하게 하는 근로자
   - 시간제 근로자: 파트타임, 아르바이트로 일하거나 같은 업무에 종사하는 사람들보다 적은 시간동안 일하거나 임금이 시간 단위로 지급받는 근로자
   - 비전형 근로자: 파견근로자, 용역근로자, 특수형태근로종사자, 가정내(재택, 가내)근로자, 일일(단기)근로자
2. 정규직 임금근로자: 비정규직 임근근로자가 아닌자로, 근로계약기간을 정하지 않거나 특별한 사정이 없는 한 계속 고용이 보장되는 근로자
3. 고용주: 한 사람 이상 피고용인을 두고 기업을 경영하거나 농장을 경영하는 자
4. 자영업자: 자기 혼자 또는 무급가족 종사자와 함께 자기 책임 하에 독립적인 형태로 전문적인 업을 수행하거나 사업체를 운영하는 자 (농업의 경우 자영업에 포함)
5. 무급가족종사자: 동일가구내 가족이 경영하는 사업체, 농장에서 무보수로 일하는 사람을 말하며, 주당 18시간 이상 일한 자

〈 유의사항 〉
※ 일주일에 평균 18시간 이상씩 연속 3개월 이상 근무한 직장 혹은 사업만 응답하십시오.
※ 동일직종에 근무하면서 고용형태만 바뀐 경우는 근무기간은 구분하지 말고 고용형태는 마지막 형태를 기입합니다. 고용형태는 바뀌지 않았지만 직장을 바꾼 경우에는 바뀐 직장을 기입하셔야 합니다.
※ 현재 다니고 있는 직장이 첫 직장이자 마지막 직장인 경우는 3-1)과 3-2) 최근일자리에 동시에 기입합니다.
※ 첫 직장 이후 다른 직장을 다닌 경험이 있는 경우에는 3-1)에만 기입하고, 3-2)에는 최근 일자리부터 순차적으로 적되, 마지막에 첫 직장은 적지 않습니다.

문 4) **(모든 응답자)** 귀하는 어떤 직업기술을 갖고 계십니까? 주요한 순서대로 3개까지 응답하여 주십시오.

1순위		2순위		3순위	

① 기술사
② 기능장
③ 기사
④ 산업기사
⑤ 기능사
⑥ 기타 공인면허자격증
⑦ 자격증 없는 기능자
⑧ 잘 모르겠다 → **문5)로 갈 것**
⓪ 없다

문 4-1) **(문 4)의 ①~⑦번 응답자만)** 직업기술을 보유하고 있다면, 다음 중 어떤 직종에 해당합니까?

1순위		2순위		3순위	

① 기계・금속
② 화공・세라믹
③ 전기・전자
④ 통신
⑤ 조선
⑥ 항공
⑦ 섬유
⑧ 토목・건축
⑨ 광업자원
⑩ 정보처리
⑪ 국토개발
⑫ 농림
⑬ 해양
⑭ 산업디자인
⑮ 에너지
⑯ 환경
⑰ 안전관리
⑱ 산업응용
⑲ 교통
⑳ 공예
㉑ 사무관리
㉒ 음료품・식료품
㉓ 위생
㉔ 보건・의료・사회
㉕ 금융・무역・유통
㉖ 교육・공무원 관련 자격
㉗ 외국어・관광
㉘ 기타

〈 유의사항 〉
※ 문4)에서 응답한 순위대로 응답해 주십시오.

문 5) **(모든 응답자)** 귀하께서는 아동기(만 0~17세)에 다음과 같은 경험이 있으십니까? 있다면, 몇 살이었습니까?

항 목	경 험 여 부				당시 나이
	그렇지 않다	그렇다	모름		
㉮ 부모님 중 한분 이상이 일찍 돌아가셨다.	①	②	③	☞	만____세
㉯ 부모님이 이혼하셨다.	①	②	③	☞	만____세
㉰ 생계가 곤란하여 학업을 중단(진학포기)한 적이 있다.	①	②	③	☞	만____세
㉱ 경제적 이유로 친척집에서 자란 적이 있다.	①	②	③	☞	만____세

〈 유의사항 〉
※ '무응답'의 경우에도 '모름'으로 표기하십시오.
※ 생계곤란으로 처음부터 학교를 다닌 적이 없는 경우에는 '그렇다'로 응답한 후 당시 나이는 취학연령인 만 7세로 기재합니다.

문 6) 귀하 부모님의 교육수준은 각각 어느 정도입니까?

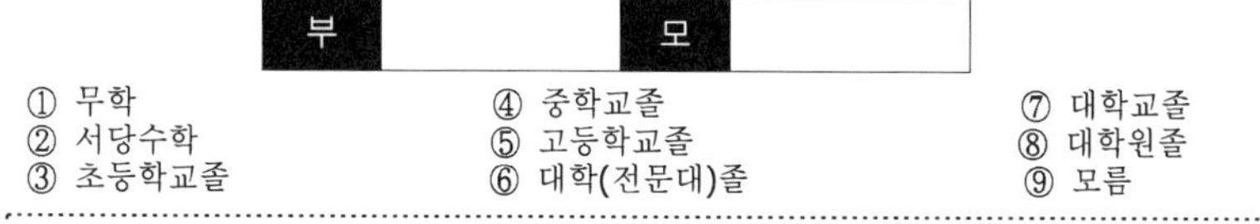

부		모	

① 무학
② 서당수학
③ 초등학교졸
④ 중학교졸
⑤ 고등학교졸
⑥ 대학(전문대)졸
⑦ 대학교졸
⑧ 대학원졸
⑨ 모름

〈 유의사항 〉
※ 중퇴 수료는 이전 학교 졸업으로 표기하여 주십시오. 예를 들어, 중학교 중퇴(수료)인 경우는 '초등학교 졸'로 표기하시면 됩니다.
※ '무응답'의 경우에도 '모름'으로 표기하십시오.

문 7) 귀하 부모님의 주된 직업은 무엇입니까(이었습니까)?

부		모	

① 비해당
② 의회의원, 고위임직원 및 관리자
③ 전문가
④ 기술공 및 준전문가
⑤ 사무종사자
⑥ 서비스 종사자
⑦ 판매 종사자
⑧ 농업, 임업 및 어업 숙련 종사자
⑨ 기능원 및 관련 기능 종사자
⑩ 장치, 기계조작 및 조립 종사자
⑪ 단순 노무 종사자
⑫ 직업군인
⑬ 주부
⑭ 무직
⑮ 기타(적을 것 : ____________________)
⑯ 모름

〈 유의사항 〉
※ 가장 오래 종사한 직업을 기준으로 말씀해 주십시오.
※ '무응답'의 경우에도 '모름'으로 표기하십시오.

문 8) 귀하는 부모로부터 상속이나 증여(결혼 시 받은 물질적 도움 등)를 받으신 적이 있습니까?

① 있다 → **문8-1)로 갈 것**
② 없다 → **문9)로 갈 것**

〈 유의사항 〉
※ 부모로부터의 증여에는 결혼할 때 받은 부동산(주택마련자금 또는 전세자금), 자동차, 사업자금 등이 포함됩니다.
※ 본인의 재산증식에 도움이 될 정도의 비정기적 증여를 말하며, 정기적으로 받는 사적이전소득(예를 들어, 부모님이 보내주시는 쌀, 대학등록금 등)은 포함되지 않습니다.

문 8-1) **(문8)의 ①번 응답자만)** 귀하가 부모로부터 받은 상속이나 증여 (결혼 시 받은 물질적 도움 등)가 현재 경제상황에 어느 정도 도움을 주었다고 생각하십니까?

① 전혀 도움 안 됨
② 별로 도움 안 됨
③ 보통
④ 약간 도움이 됨
⑤ 매우 큰 도움이 됨

문 9) 귀하는 결혼 혹은 근로 등의 사유로 다른 나라에서 한국으로 오셨습니까?

① 예
② 아니오

〈 유의사항 〉
※ 본 질문은 국제결혼가정, 외국인근로자가정, 새터민(북한이탈주민)가정 등 다문화가정 여부를 파악하기 위한 것으로, 우리나라 국적을 취득한 이후에 해외에 거주하였다가 귀국한 경우는 해당되지 않습니다.

♠ 장시간 조사에 응해주셔서 매우 감사합니다 ♠

조사원의 평가
문) 조사 설문지에 대한 응답자의 응답내용은 다음 중 어디에 해당합니까? ① 전체적으로 매우 신뢰할 만하다 ② 대체적으로 신뢰할 만하다 ③ 보통이다 ④ 부분적으로 신뢰하기 어려운 점이 있다 ⑤ 전체적으로 신뢰하기 어렵다

승 인 번 호
제 33109 호

이 조사표에 기재된 내용은 통계법 제33조에 의하여 비밀이 보장됩니다
작성기관: 한국보건사회연구원 서울대사회복지연구소

KIHASA

2017년 한국복지패널조사
부가조사(유형5)

안녕하십니까?

한국보건사회연구원과 서울대학교 사회복지연구소는 국무총리실과 보건복지부의 의뢰를 받아 한국복지패널조사를 실시하고 있습니다. 본 조사는 급격히 변화하는 사회환경 속에서 계층별, 연령별 인구집단의 생활실태와 사회복지 욕구를 역동적으로 파악하여 각종 복지정책 수립시 활용할 기초자료를 마련하는데 그 목적이 있습니다.

본 조사는 통계법 제25조에 의거하여 실시·관리되고 조사표에 기입되는 모든 응답내용은 **통계법 제33조 및 제34조**에 의거 통계목적에만 사용되고 그 비밀은 반드시 보장됩니다. 귀댁의 응답은 정부의 올바른 정책수립에 귀중한 기초자료로 이용되오니 시간을 내어 협조해 주시면 대단히 감사하겠습니다.

2017년 2월

〈 문의 및 연락처 〉
한국보건사회연구원 (☎ 044-287-8124, 8138, 8294, 8273, 8159, 8185)
서울대학교 사회복지연구소 (☎ 02-880-6320)

※가구용의 숫자를 그대로 이기					해 당 가 구 원			
가구 패널 ID	가구 생성차수	가구분리 일련번호	가구원 진입차수	개인패널ID (인포시트상의 개인패널ID)	성명	가구원 번호	전화 번호	
							휴대폰	

대리응답 여부	① 예 ② 아니오	☞ 사유 (번호기재)		※ 대리응답 사유코드	⓪ 비해당(직접응답) ③ 병원입소 ⑥ 감옥수감 ① 해외거주(기러기부모) ④ 가출 ⑦ 군대 혹은 전투경찰 ② 여행 및 출장 ⑤ 별거(가정불화) ⑧ 사회복지시설 장기요양 ⑨ 장애(만18세 이상) ⑩ 연령(만17세 이하) ⑪ 기타	가구주성명	
						대리응답자	
						성명	가구원번호

주소지	행정코드		______시·도 ______구·시·군 ______동·읍·면
	상세주소	____통·리 ____번지 ____호 (____아파트 ____동 ____층 ____호) ☎ ( ) ____ - ____	

조사표완료 소요시간	총 ____ 분	총방문횟수	총 ____ 회	
1차방문	____월 ____일 ____시 ____분	방문결과	① 완료 ② 미완	☞ 사유(번호기재):
2차방문	____월 ____일 ____시 ____분	방문결과	① 완료 ② 미완	☞ 사유(번호기재):
3차방문	____월 ____일 ____시 ____분	방문결과	① 완료 ② 미완	☞ 사유(번호기재):
4차방문	____월 ____일 ____시 ____분	방문결과	① 완료 ② 미완	☞ 사유(번호기재):
최종방문	____월 ____일 ____시 ____분	방문결과	① 완료 ② 미완	☞ 사유(번호기재):

※미완사유코드
⓪ 비해당(완료)
① 늦은 귀가
② 장기출타
③ 부재중(원인미파악)
④ 일부문항 미완
⑤ 조사거부
⑥ 사망
⑦ 기타

조사원 이름		지도원 확인	① 완료 ② 미완	☞ 사유(번호기재):	지도원	(인)

장애인이 고등학생 이하인 경우는 보호자가 대리응답하고, 그 외는 본인이 응답하는 것을 원칙으로 합니다. 장애로 인해 대답이 불가능하다고 판단되면 보호자가 대리 응답할 수 있습니다. 조사대상 기간은 조사일을 기준으로 각 문항에 명시된 기간 동안을 의미합니다.

(공통 I) 장애 원인 및 상황

문 1) **(모든 응답자)** 귀하(응답자의 보호를 받고 있는 장애인)의 장애가 발생한 주된 원인은 무엇입니까? ☐

(※중복 원인의 경우 주원인 하나만 기재해 주십시오.)

① 선천적 원인
② 출생시 원인
③ 질환에 의한 후천적 원인
④ 사고에 의한 후천적 원인
⑤ 원인불명

※ 장애원인구분

① 선천적 원인		1) 유전성 2) 기타 염색체이상 3) 선천성·발육기형	4) 모체의 만성질환(당뇨,빈혈,고혈압,알콜중독,약물남용) 5) 모체의 감염(풍진,매독,독소플라스마증,후천성면역결핍증) 6) 미상
② 출생시 원인		1) 조산 2) 난산	3) 출산시 외상 4) 미상
③ 후천적 원인	질환	1) 신경계질환 2) 정신질환 3) 감각기(눈, 귀, 조음기관) 질환 4) 심혈관 질환 5) 호흡기질환 6) 소화기계 질환 7) 대사, 면역 및 내분비계 질환 8) 신장·비뇨·생식기계 질환	9) 근골격계 질환 10) 신생물(종양)질환 11) 중독성 질환 12) 감염성 질환 13) 미상
	사고	1) 폭력에 의한 사고 2) 가정내 사고 3) 교통사고(탑승자) 4) 교통사고(보행자) 5) 스포츠 및 놀이 중 사고	6) 화상 7) 약물 사고 8) 기타 사고 및 외상 9) 전상 10) 미상
④ 원인불명		원인을 모름	

문 2) **(모든 응답자)** 귀하(응답자의 보호를 받고 있는 장애인)께서 처음으로 장애를 가지게 된 것은 언제부터입니까?

문 2-1) 당시연령: 만____________________세 **(※ 출생 시 생긴 장애는 0세로 표시합니다.)**

문 2-2) 당시의 가구 소득수준: ①매우 부유 ②부유 ③보통 ④가난 ⑤매우 가난 ☐

문 3) **(모든 응답자)** 귀하(응답자의 보호를 받고 있는 장애인)의 장애는 지난 3년간 어떤 상태입니까? ☐

① 호전(개선)되고 있다
② 고착되어 있다
③ 악화 또는 진행되고 있다

문 4) **(모든 응답자)** 귀하(응답자의 보호를 받고 있는 장애인)는 다음 중 어떤 의료서비스를 이용하고 계십니까? ☐

(※ 건강보험, 의료급여, 국가유공자 무료진료를 동시에 받는 경우에는 주로 이용하는 의료서비스로 기재해 주십시오.)

① 의료급여 1종
② 의료급여 2종
③ 국가유공자 무료진료
④ 건강보험
⑤ 기타(적을 것:)

문 5) **(모든 응답자)** 귀하(응답자의 보호를 받고 있는 장애인)께서는 지난 한 달 동안 장애와 관련하여 충분한 치료를 받고 계십니까? □

① 예 → **문6)으로 갈 것**
② 아니오 → **문5-1)로 갈 것**

문 5-1) **(문 5)의 ②에 응답한 사람만)** 귀하(응답자의 보호를 받고 있는 장애인)께서 충분한 치료를 받지 않는 이유는 무엇입니까? □

① 경제적으로 어려워서
② 그대로 두어도 괜찮거나 곧 나을 것 같아서
③ 치료해도 나을 것 같지 않아서
④ 치료해도 효과가 없다고 해서
⑤ 치료받기 싫어서
⑥ 주위의 시선 때문에
⑦ 근처에 치료기관이 없어서
⑧ 시간이 없어서(바빠서)
⑨ 치료 받으러 다니기 불편해서(이동의 불편)
⑩ 기타

문 6) **(모든 응답자)** 귀하(응답자의 보호를 받고 있는 장애인)는 지난 1년간 장애로 인하여 다음과 같은 사회적인 차별을 받은 적이 있습니까? 있으시다면 대처방법은 무엇이었습니까?
(※차별을 받았다고 하는 응답의 대처방법은 중복 응답이 가능합니다.)

구 분		차별 정도			대처방법				
		① 받았다	② 안 받았다	③ 비해당	① 무시한다	② 참는다	③ 항의한다	④ 고발한다	⑤ 기타
1) 입학·전학	01) 유치원(보육시설)	①	②	③	①	②	③	④	⑤
	02) 초등학교	①	②	③	①	②	③	④	⑤
	03) 중학교	①	②	③	①	②	③	④	⑤
	04) 고등학교	①	②	③	①	②	③	④	⑤
	05) 대학교	①	②	③	①	②	③	④	⑤
2) 학교생활(유치원 및 보육시설 포함)	01) 교사로부터	①	②	③	①	②	③	④	⑤
	02) 또래학생으로부터	①	②	③	①	②	③	④	⑤
	03) 학부모로부터	①	②	③	①	②	③	④	⑤
3) 결혼	01) 결혼 전	①	②	③	①	②	③	④	⑤
	02) 결혼 생활 중	①	②	③	①	②	③	④	⑤
4) 취업 시		①	②	③	①	②	③	④	⑤
5) 직장생활	01) 소득(임금)	①	②	③	①	②	③	④	⑤
	02) 동료와의 관계	①	②	③	①	②	③	④	⑤
	03) 승진	①	②	③	①	②	③	④	⑤

구 분	차별 정도			대처방법				
	① 받았다	② 안 받았다	③ 비해당	① 무시한다	② 참는다	③ 항의한다	④ 고발한다	⑤ 기타
6) 운전면허 제도상 (취득 시)	①	②	③	①	②	③	④	⑤
7) 보험제도상	①	②	③	①	②	③	④	⑤
8) 의료기관 이용 시	①	②	③	①	②	③	④	⑤
9) 정보통신 이용 시 (방송 포함)	①	②	③	①	②	③	④	⑤
10) 지역사회 생활(음식점,극장,공연장,체육시설 등)	①	②	③	①	②	③	④	⑤

문 7) **(모든 응답자)** 귀하(응답자의 보호를 받고 있는 장애인)께서는 지난 한 달 동안 어느 정도 외출(목발, 전동휠체등 보조기구를 이용한 모든 형태의 외출 포함)을 하셨습니까? □

① 거의 매일
② 주 3~4회
③ 주 1~2회
→ **문 8)로 갈 것**

④ 월 3회 이내
⑤ 거의 외출하지 않음
→ **문 7-1)로 갈 것**

문 7-1) **(문 7)에서 ④~⑤에 응답한 사람만)** 그럼, 귀하(응답자의 보호를 받고 있는 장애인)께서 외출을 거의 하지 않는 주된 이유는 무엇입니까?

① 교통이 불편해서
② 장애인 편의시설의 부족
③ 장애 때문에 몸이 불편해서
④ 본인이 시간이 없어서
⑤ 본인이 하고 싶지 않아서
⑥ 주위의 시선 때문에
⑦ 의사소통이 어려워서
⑧ 도움제공자가 시간이 없어서
⑨ 기타

(공통 II) 일상생활

문 8) **(모든 응답자)** 귀하(응답자의 보호를 받고 있는 장애인)는 일상생활을 하는데 남의 도움을 어느 정도 받아야 합니까?

① 모든 일상생활을 혼자서 할 수 있다
② 대부분의 일상생활을 남의 도움 없이 혼자서 할 수 있다
→ 문 10), 5쪽으로 갈 것

③ 일부 남의 도움이 필요하다
④ 대부분 남의 도움이 필요하다
⑤ 거의 모든 일에 남의 도움이 필요하다
→ 문 8-1)로 갈 것

문 8-1) **(문 8)에서 ③~⑤에 응답한 사람만)** 그럼, 귀하(또는 응답자의 보호를 받고 있는 장애인)를 주로 도와주는 사람은 누구입니까? 도와주는 사람이 여러 명인 경우 도움시간이 많은 순으로 3명까지 응답해 주십시오.
(※도움을 주는 사람이 가구원일 경우는 가구용 조사표의 가구원 번호와 일치하도록 기재해야 하며, 가구원이 아니면 공란으로 합니다.)

1순위			2순위			3순위		
	가구원 번호			가구원 번호			가구원 번호	

① 배우자
② 부모
③ 자녀(며느리, 사위포함)
④ 형제자매
⑤ 조부모
⑥ 손자녀
⑦ 기타가족
⑧ 친척
⑨ 친구
⑩ 이웃
⑪ 유료 가정봉사원
⑫ 유료 간병인
⑬ 유료 활동보조인
⑭ 무료 가정봉사원
⑮ 무료 간병인
⑯ 무료 활동보조인
⑰ 요양보호사
⑱ 장애아동 돌보미
⑲ 기타(적을 것:)
⑳ 없음

문 8-2) **(문 8)의 ③~⑤에 응답한 사람만)** 귀하(응답자의 보호를 받고 있는 장애인)는 현재 일상생활에서 가족이나 주변 사람들로부터 충분한 도움을 받고 있습니까?

① 매우 충분하다
② 충분한 편이다
③ 부족한 편이다
④ 매우 부족하다

※ 다음은 장애인활동지원서비스에 대한 설명입니다. 설명을 잘 들으시고 **문 9) 문 9-1) 문 9-2)**에 답해 주시기 바랍니다.

현재 보건복지부에서는 일상생활과 이동 및 사회활동이 어려운 장애인에게 장애인활동지원서비스를 제공하고 있습니다. 장애인활동지원서비스는 한 달에 등급별로 최저 43만원에서 최고 106만 3천원이 제공되며(독거여부, 출산여부, 취업 및 취학여부 등의 생활환경에 따라 월 9천 100원에서 246만 4천원의 추가급여 제공), 소득수준에 따라 일정한 본인부담금이 있습니다.

문 9) **(문 8)에서 ③~⑤에 응답한 사람만)** 귀하(응답자의 보호를 받고 있는 장애인)는 현재 장애인활동지원서비스를 이용하고 계십니까? □

① 이용한다 ② 이용하지 않는다

문 9-1) **(문 8)에서 ③~⑤에 응답한 사람만)** 귀하(응답자의 보호를 받고 있는 장애인)는 장애인활동지원서비스를 이용할 의향이 있으십니까? 현재 이용 중이라면, 향후 이용 의향을 말씀해 주십시오. □

① 이용하겠다 → **문9-2)로 갈 것** ② 이용하지 않겠다 → **문 10)으로 갈 것**

문 9-2) **(문 9-1)의 ①에 응답한 사람만)** 장애인활동지원서비스는 주당 10시간 이용 시 9만원(휴일이나 심야가 아닌 경우)의 비용이 듭니다. 이 중 일부를 귀하(응답자의 보호를 받고 있는 장애인)가 부담해야 한다면 어느 정도까지 부담하실 의사가 있으십니까? □

(아래 보기를 ①부터 차례대로 읽어주고 각각에 대해 부담 의사를 확인합니다.)

① 비용에 상관없이 무조건 이용하겠다.
② 총 이용금액의 40% 정도까지, (즉 주당 3만 6천원 정도까지 부담할 용의가 있다)
③ 총 이용금액의 30% 정도까지, (즉 주당 2만 7천원 정도까지 부담할 용의가 있다)
④ 총 이용금액의 20% 정도까지, (즉 주당 1만 8천원 정도까지 부담할 용의가 있다)
⑤ 총 이용금액의 10% 정도까지, (즉 주당 9천원 정도까지 부담할 용의가 있다)
⑥ 자기부담이 있으면 이용하지 않겠다.

문 10) **[기본적 일상생활 수행능력]**

(모든 응답자) 귀하(응답자의 보호를 받고 있는 장애인)는 일상생활에서 다음과 같은 동작을 행하는 데 다른 사람의 도움이 필요합니까?

(※항목별 자립정도 판단에 대한 지침은 면접원 지침서를 참고하여 주십시오)

항 목	자 립 정 도		
㉮ 옷 벗고 입기	① 완전 자립	② 부분 도움	③ 완전 도움
㉯ 세수하기	① 완전 자립	② 부분 도움	③ 완전 도움
㉰ 양치질하기	① 완전 자립	② 부분 도움	③ 완전 도움
㉱ 목욕하기	① 완전 자립	② 부분 도움	③ 완전 도움
㉲ 식사하기	① 완전 자립	② 부분 도움	③ 완전 도움
㉳ 체위변경하기	① 완전 자립	② 부분 도움	③ 완전 도움
㉴ 일어나 앉기	① 완전 자립	② 부분 도움	③ 완전 도움
㉵ 옮겨 타기(앉기)	① 완전 자립	② 부분 도움	③ 완전 도움
㉶ 방밖으로 나오기	① 완전 자립	② 부분 도움	③ 완전 도움
㉷ 화장실 사용하기	① 완전 자립	② 부분 도움	③ 완전 도움
㉸ 대변 조절하기	① 완전 자립	② 부분 도움	③ 완전 도움
㉹ 소변 조절하기	① 완전 자립	② 부분 도움	③ 완전 도움

문 11) **[수단적 일상생활 수행능력]**
(모든 응답자) 귀하(응답자의 보호를 받고 있는 장애인)는 일상생활에서 다음과 같은 동작을 행하는 데 다른 사람의 도움이 필요합니까? **(※항목별 자립정도 판단에 대한 지침은 면접원 지침서를 참고하여 주십시오)**

항 목	자 립 정 도		
㉮ 몸단장하기	① 완전 자립	② 부분 도움	③ 완전 도움
㉯ 집안일 하기(일상적인 청소나 정리정돈, 침구정리, 설거지)	① 완전 자립	② 부분 도움	③ 완전 도움
㉰ 식사준비 하기(음식재료를 준비하고, 요리하고, 밥상을 차리는 일)	① 완전 자립	② 부분 도움	③ 완전 도움
㉱ 빨래하기(손으로 빨든, 세탁기를 이용하든 상관없이)	① 완전 자립	② 부분 도움	③ 완전 도움
㉲ 근거리 외출하기(교통수단 없이)	① 완전 자립	② 부분 도움	③ 완전 도움
㉳ 교통수단 이용하기	① 완전 자립	② 부분 도움	③ 완전 도움
㉴ 상점이나 가게에서 사고 싶은 물건사기	① 완전 자립	② 부분 도움	③ 완전 도움
㉵ 금전관리하기	① 완전 자립	② 부분 도움	③ 완전 도움
㉶ 전화사용하기	① 완전 자립	② 부분 도움	③ 완전 도움
㉷ 약 챙겨 먹기	① 완전 자립	② 부분 도움	③ 완전 도움

문 12) **(모든 응답자)** 귀하(응답자의 보호를 받고 있는 장애인)께서 가족, 친구, 가까운 주변 사람들로부터 받고 있는 사회적 지지에 대해서 느끼시는 정도와 가장 일치하는 곳에 표시하여 주십시오. **(※ 자신의 느낌과 정확히 일치하는 것이 없다면 가장 비슷한 곳에 표시하여 주십시오.**

항 목	전혀 그렇지 않다	대체로 그렇지 않다	보통이다	대체로 그렇다	매우 그렇다
㉮ 나의 가족은 진정으로 나를 도우려고 애쓴다	①	②	③	④	⑤
㉯ 나는 나의 가족으로부터 내가 필요로 하는 정서적 도움과 지지를 받는다	①	②	③	④	⑤
㉰ 나는 내 문제에 대하여 나의 가족과 이야기 할 수 있다	①	②	③	④	⑤
㉱ 나의 가족은 내가 어떤 결정을 하도록 기꺼이 도와줄 것이다	①	②	③	④	⑤
㉲ 내가 위급할 때 도움을 줄 수 있는 특별한 사람(친구, 주변사람)이 내 주위에 있다	①	②	③	④	⑤
㉳ 나에게는 나를 편안하게 해 주는 특별한 사람(친구, 주변사람)이 있다	①	②	③	④	⑤
㉴ 나의 친구나 주변사람들은 나를 진정 도우려고 한다	①	②	③	④	⑤
㉵ 나는 일이 잘 안될 때 친구나 주변사람에게 의지할 수 있다	①	②	③	④	⑤
㉶ 나는 기쁨과 슬픔을 나눌 친구나 주변사람이 있다	①	②	③	④	⑤
㉷ 나는 내 문제에 대하여 친구나 주변사람에게 이야기 할 수 있다.	①	②	③	④	⑤

문 13) **(모든 응답자)** 귀하(응답자의 보호를 받고 있는 장애인)는 지난 한 달간 경제적 또는 일상 생활상의 어려움으로 도움이 필요할 때 주변으로부터 도움을 받으신 적이 있습니까? 있다면, 몇 번이나 도움을 받으셨습니까? '물질적 지원'과 '보살핌'을 구별하여 응답해 주십시오.
(※'물질적 지원'은 현금 또는 현물지원을, '보살핌'은 현금/현물지원을 제외한 전화통화, 가사지원, 자녀양육, 보일러 점검 등의 지원을 의미합니다.)

도움 제공자	도움 여부		도움 받은 횟수	
	있다	없다	물질적 지원	보살핌
㉮ 생계를 달리하는 부모·자녀·형제자매(같이 사는 가구원 제외)	①	②	회	회
㉯ 친척(3촌 이상)	①	②	회	회
㉰ 친구 및 동료(동창·선후배·교우·동향사람 등)	①	②	회	회
㉱ 이웃(동네사람 등)	①	②	회	회
㉲ 종교단체(성당, 교회, 절 등)	①	②	회	회
㉳ 사회단체나 봉사단체	①	②	회	회
㉴ 복지관의 사회복지사나 직원	①	②	회	회
㉵ 읍·면·동사무소의 사회복지공무원	①	②	회	회
㉶ 학교(담임교사, 상담실교사, 교육복지사, 영양사 등)	①	②	회	회
㉷ 활동보조인	①	②	회	회
㉸ 요양보호사	①	②	회	회
㉹ 장애아동 돌보미	①	②	회	회
㉺ 기타(적을 것: ________________)	①	②	회	회

※ 응답완료 후 조사대상 장애인이
미취학 아동인 경우 (만 0세 ~ 초등학교 입학 전) → 미취학 아동 설문으로 갈 것
학생인 경우 (초등학생 ~ 고등학생) → 학생설문으로 갈 것
성인인 경우 (만18세 이상 ~ 만 65세 미만) → 성인설문으로 갈 것
만 65세 이상인 경우 → 어르신 설문으로 갈 것

(개별 I)미취학 아동 설문(만 0세-초등학교 입학 이전)

문 1) **(모든 응답자)** 다음의 각 항목을 하나씩 읽어가면서 현재나 지난 6개월 내에 귀댁 자녀가 그 항목에 꼭 들어맞거나 그러한 경향이 있는 곳에 표시하여 주십시오.
(※만 4세 이상 미취학 아동의 보호자만 응답합니다. 아동이 만 3세 이하인 경우 응답하지 않습니다)

항 목	전혀 그렇지 않다	자주 그런다	가끔 그런다
㉮ 외롭다고 불평한다	①	②	③
㉯ 잘 운다	①	②	③
㉰ 나쁜 생각이나 나쁜 행동을 할까 두려워한다	①	②	③
㉱ 스스로 완벽해야 된다고 생각한다	①	②	③
㉲ 아무도 자기를 사랑하지 않는다고 불평하거나 그렇게 생각하는 듯하다	①	②	③
㉳ 남들이 자기를 해치려 한다고 생각한다	①	②	③
㉴ 자기가 가치가 없거나 남보다 못하다고 생각한다	①	②	③
㉵ 신경이 날카롭고 신경질적이거나 긴장되어 있다	①	②	③
㉶ 지나치게 겁이 많거나 불안해한다	①	②	③
㉷ 지나치게 죄책감을 느낀다	①	②	③
㉸ 자의식이 지나치고 쉽게 무안해 한다	①	②	③
㉹ 의심이 많다	①	②	③
㉺ 불행하다고 생각하거나 슬퍼하고 우울해 한다	①	②	③
㉻ 걱정이 많다	①	②	③

문 2) **(모든 응답자)** 귀댁 자녀는 다음 ①~⑮의 서비스들이 필요합니까? 또는 불필요합니까? **(현재 이용하고 있는 경우, 앞으로 그 서비스가 계속 필요할 것 같습니까?)** 귀댁 자녀는 지난 한 달간 이와 같은 서비스들을 이용하신 적이 있습니까?
(※①~⑮ 항목의 필요여부에 대해 먼저 순서대로 물어본 후, ①~⑮ 항목의 현재 이용여부를 차례대로 다시 묻습니다)

서비스	필요 여부		현재 이용여부	
	필요	불필요	예	아니오
① 조기특수교육	①	②	①	②
② 장애전담 어린이집	①	②	①	②
③ 물리치료(초음파 치료 등)	①	②	①	②
④ 언어치료(발음교정 등)	①	②	①	②
⑤ 심리치료(심리사회 상담 등)	①	②	①	②
⑥ 작업치료(일상생활에 필요한 기본 동작중심 치료)	①	②	①	②
⑦ 놀이치료(모래놀이치료 등)	①	②	①	②
⑧ 음악치료(노래부르기 등)	①	②	①	②
⑨ 미술치료(그림그리기 등)	①	②	①	②
⑩ 주간보호	①	②	①	②
⑪ 단기보호	①	②	①	②
⑫ 장기시설보호	①	②	①	②
⑬ 진로상담	①	②	①	②
⑭ 부모교육	①	②	①	②
⑮ 장애아동 돌봄 서비스	①	②	①	②

※ 다음은 발달재활서비스 사업에 대한 설명입니다. 설명을 잘 들으시고 **문 3) 문 3-1) 문 3-2)**에 답해 주시기 바랍니다.

현재 보건복지부에서 실시하는 발달재활서비스 사업은 만18세 미만의 장애아동을 대상으로 언어·청능, 미술·음악치료, 행동·놀이·심리, 감각·운동 등의 발달재활서비스를 제공하고 있습니다. 이들 서비스는 회당 가격은 약 27,500원으로 하는 것을 기준으로 하되, 시·군·구마다 지역특성을 고려하여 적정 단가를 달리 설정할 수 있습니다. 소득수준에 따라 일정한 본인부담금이 있습니다.

문 3) **(모든 응답자)** 귀댁의 자녀는 현재 발달재활서비스를 이용하고 계십니까? □

① 이용 한다　　② 이용하지 않는다

문 3-1) **(미취학아동 모든 응답자)** 귀댁의 자녀는 발달재활서비스를 이용할 의향이 있으십니까? **(현재 이용하고 계실 경우, 앞으로도 그 서비스를 계속 이용하시겠습니까?)** □

① 이용 하겠다 → **문 3-2)로 갈 것**　　② 이용하지 않겠다 → **문 4)로 갈 것**

문3-2) **(문 3-1)의 ①에 응답한 사람만)** 발달재활서비스는 지역에 따라 서비스 단가가 다르게 책정되며, 서비스 가격은 1회 이용기준으로 평균 27,500원의 비용이 듭니다. 이 중 일부를 귀댁이 부담해야 한다면 어느 정도까지 부담하실 의사가 있으십니까? □
(※아래 보기를 ①부터 차례대로 읽어주고 각각에 대해 부담 의사를 확인합니다.)

① 비용에 상관없이 무조건 이용하겠다
② 총 이용금액의 40% 정도까지, (즉 회당 11,000원 정도까지 부담할 용의가 있다)
③ 총 이용금액의 30% 정도까지, (즉 회당 8,250원 정도까지 부담할 용의가 있다)
④ 총 이용금액의 20% 정도까지, (즉 회당 5,500원 정도까지 부담할 용의가 있다)
⑤ 총 이용금액의 10% 정도까지, (즉 회당 2,750원 정도까지 부담할 용의가 있다)
⑥ 자기부담이 있으면 이용하지 않겠다

문 4) **(모든 응답자)** 귀댁의 자녀는 지난 한 달 동안 보육시설(어린이집, 유치원)을 다니고 있습니까? □

① 예 → **문 4-1)로 갈 것**　　② 아니오 → **문 5)로 갈 것**

문 4-1) **(문 4)의 ①에 응답한 사람만)** 귀댁의 자녀가 지난 한 달 동안 다니고 있는 보육시설(어린이집, 유치원)은 어떤 형태입니까? □

① 일반 보육시설(어린이집, 유치원)
② 일반 보육시설(장애아 통합 어린이집, 유치원)내 특수반
③ 장애인전담 보육시설(장애아 전문 어린이집) 혹은 유치원과정 특수학교(특수학교 유치부)
④ 기타

문 4-2) **(문 4)의 ①에 응답한 사람만)** 귀댁의 자녀가 이용 중인 보육시설(어린이집, 유치원)에 어느 정도 만족하십니까? □

① 매우 만족　　③ 약간 불만족
② 대체로 만족　　④ 매우 불만족

문 4-3) **(문 4)의 ①에 응답한 사람만)** 귀댁의 자녀는 보육시설(어린이집, 유치원) 생활에 어느 정도 적응하고 계십니까? □

① 매우 잘 적응하고 있다
② 잘 적응하고 있는 편이다
③ 잘 적응하지 못하는 편이다
④ 전혀 적응하지 못하고 있다

문 4-4) **(문 4)의 ①에 응답한 사람만)** 귀댁의 자녀가 보육시설(어린이집, 유치원) 생활을 하는데 가장 큰 문제는 무엇이라고 생각하십니까? □

① 문제없다
② 등하교 불편(교통수단 이용)
③ 보육시설 내 편의시설 부족
④ 청소나 학교행사 참여
⑤ 수업내용의 이해(진도 따라가기)
⑥ 친구들의 이해부족, 놀림
⑦ 선생님의 이해부족, 편견
⑧ 선생님의 지나친 배려
⑨ 전문교사 부족
⑩ 교육도구(기자재) 사용 시 불편
⑪ 교육내용의 부적합
⑫ 특수교육 보조원 미배치
⑬ 기타

문 5) **(문 4)의 ②에 응답한 사람만)** 귀댁의 자녀가 보육시설(어린이집, 유치원)을 다니지 않는 경우 그 주된 이유는 무엇입니까? □

① 경제적으로 어려워서
② 장애 때문에
③ 주위의 편견 때문에
④ 보육시설(어린이집, 유치원) 내 편의시설이 부족해서
⑤ 집에서 다니지 못하게 해서
⑥ 근처에 학교가 없어서
⑦ 다니기 싫어해서
⑧ 기타

시간 내어주셔서 감사합니다.

(개별 II) 학생 (초등학생-고등학생) 설문

문 1) **(모든 응답자)** 다음의 각 항목을 하나씩 읽어가면서 현재나 지난 6개월 내에 귀댁 자녀가 그 항목에 꼭 들어맞거나 그러한 경향이 있는 곳에 표시하여 주십시오.

항 목	전혀 그렇지 않다	자주 그런다	가끔 그런다
㉮ 외롭다고 불평한다	①	②	③
㉯ 잘 운다	①	②	③
㉰ 나쁜 생각이나 나쁜 행동을 할까 두려워한다	①	②	③
㉱ 스스로 완벽해야 된다고 생각한다	①	②	③
㉲ 아무도 자기를 사랑하지 않는다고 불평하거나 그렇게 생각하는 듯하다	①	②	③
㉳ 남들이 자기를 해치려 한다고 생각한다	①	②	③
㉴ 자기가 가치가 없거나 남보다 못하다고 생각한다	①	②	③
㉵ 신경이 날카롭고 신경질적이거나 긴장되어 있다	①	②	③
㉶ 지나치게 겁이 많거나 불안해한다	①	②	③
㉷ 지나치게 죄책감을 느낀다	①	②	③
㉸ 자의식이 지나치고 쉽게 무안해 한다	①	②	③
㉹ 의심이 많다	①	②	③
㉺ 불행하다고 생각하거나 슬퍼하고 우울해 한다	①	②	③
㉻ 걱정이 많다	①	②	③

문 2) **(모든 응답자)** 귀댁 자녀는 다음 ①~⑱의 서비스들이 필요합니까? 또는 불필요합니까? **(현재 이용하고 있는 경우, 앞으로 그 서비스가 계속 필요할 것 같습니까?)** 귀댁 자녀는 지난 한 달간 이와 같은 서비스들을 이용하신 적이 있습니까?
(※①~⑱ 항목의 필요여부에 대해 먼저 순서대로 물어본 후, ①~⑱ 항목의 현재 이용여부를 차례대로 다시 묻습니다)

서비스	필요 여부		현재 이용여부	
	필요	불필요	예	아니오
① 특수학교	①	②	①	②
② 특수학급(일반학교)	①	②	①	②
③ 학교 방과 후 활동	①	②	①	②
④ 복지관 방과 후 활동	①	②	①	②
⑤ 물리치료(초음파 치료 등)	①	②	①	②
⑥ 언어치료(발음교정 등)	①	②	①	②
⑦ 심리치료(상담 등)	①	②	①	②
⑧ 작업치료(일상생활에 필요한 기본 동작중심 치료)	①	②	①	②
⑨ 놀이치료(모래놀이치료 등)	①	②	①	②
⑩ 음악치료(노래부르기 등)	①	②	①	②
⑪ 미술치료(그림그리기 등)	①	②	①	②
⑫ 주간보호	①	②	①	②
⑬ 단기보호	①	②	①	②
⑭ 그룹홈	①	②	①	②
⑮ 장기시설보호	①	②	①	②
⑯ 진로상담	①	②	①	②
⑰ 부모교육	①	②	①	②
⑱ 장애아동 돌봄 서비스	①	②	①	②

문 3) **(모든 응답자)** 귀댁의 자녀는 지난 1주일간 얼마나 자주 다음과 같이 느끼셨습니까?
(※조사시점(2017년 조사일 현재)을 기준으로 지난 1주일간에 대해 응답해 주십시오.)

항 목	극히 드물다 (일주일에 1일 미만)	가끔 있었다 (일주일에 1~2일간)	종종 있었다 (일주일에 3~4일간)	대부분 그랬다 (일주일에 5일 이상)
㉮ 먹고 싶지 않고 식욕이 없다	①	②	③	④
㉯ 비교적 잘 지냈다	①	②	③	④
㉰ 상당히 우울했다	①	②	③	④
㉱ 모든 일들이 힘들게 느껴졌다	①	②	③	④
㉲ 잠을 설쳤다(잠을 잘 이루지 못했다)	①	②	③	④
㉳ 세상에 홀로 있는 듯한 외로움을 느꼈다	①	②	③	④
㉴ 큰 불만 없이 생활했다	①	②	③	④
㉵ 사람들이 나에게 차갑게 대하는 것 같았다	①	②	③	④
㉶ 마음이 슬펐다	①	②	③	④
㉷ 사람들이 나를 싫어하는 것 같았다	①	②	③	④
㉸ 도무지 뭘 해 나갈 엄두가 나지 않았다	①	②	③	④

※ 다음은 특수교육보조원 서비스에 대한 설명입니다. 설명을 잘 들으시고 문 4) 문 4-1) 에 답해 주시기 바랍니다.

현재 교육부에서는 일반학급, 특수학급, 특수학교 등에 재학 중인 중도, 중복 장애를 가지고 있는 장애학생들 가운데 담임교사 외에 별도의 요원에 의하여 학생지도 보조, 개인욕구 지원, 교육활동 지원, 문제행동 관리 지원 등이 필요한 경우에 특수교육보조원을 각 학교에서 선발하여 배치할 수 있도록 하는 제도를 시행하고 있습니다.

문 4) **(모든 응답자)** 귀댁의 자녀는 현재 특수교육보조원 제도를 이용하고 계십니까? □

① 이용 한다 ② 이용하지 않는다

문 4-1) **(모든 응답자)** 귀댁의 자녀는 특수교육보조원 서비스를 이용할 의향이 있으십니까? □
(현재 이용하고 계실 경우, 앞으로도 그 서비스를 계속 이용하시겠습니까?)

① 이용 하겠다 ② 이용하지 않겠다

※ 다음은 발달재활서비스 사업에 대한 설명입니다. 설명을 잘 들으시고 문 5) 문 5-1) 문 5-2) 에 답해 주시기 바랍니다.

현재 보건복지부에서 실시하는 발달재활서비스 사업은 만18세 미만의 장애아동을 대상으로 언어・청능, 미술・음악치료, 행동・놀이・심리, 감각・운동 등의 발달재활서비스를 제공하고 있습니다. 이들 서비스는 회당 가격은 약 27,500원으로 하는 것을 기준으로 하되, 시·군·구마다 지역특성을 고려하여 적정 단가를 달리 설정할 수 있습니다. 소득수준에 따라 일정한 본인부담금이 있습니다.

문 5) **(모든 응답자)** 귀댁의 자녀는 현재 발달재활서비스를 이용하고 계십니까? □

① 이용 한다 ② 이용하지 않는다

문 5-1) **(모든 응답자)** 귀댁의 자녀는 발달재활서비스를 이용할 의향이 있으십니까?
(현재 이용하고 계실 경우, 앞으로도 그 서비스를 계속 이용하시겠습니까?)
① 이용 하겠다 → **문 5-2)로 갈 것** ② 이용하지 않겠다 → **문 6)으로 갈 것**

문 5-2) **(문 5-1)의 ①에 응답한 사람만)** 발달재활서비스는 지역에 따라 서비스 단가가 다르게 책정되며, 서비스 가격은 1회 이용기준으로 평균 27,500원의 비용이 듭니다. 이 중 일부를 귀댁이 부담해야 한다면 어느 정도까지 부담하실 의사가 있으십니까?
(※ 아래 보기를 ①부터 차례대로 읽어주고 각각에 대해 부담 의사를 확인합니다.)
① 비용에 상관없이 무조건 이용하겠다
② 총 이용금액의 40% 정도까지, (즉 회당 11,000원 정도까지 부담할 용의가 있다)
③ 총 이용금액의 30% 정도까지, (즉 회당 8,250원 정도까지 부담할 용의가 있다)
④ 총 이용금액의 20% 정도까지, (즉 회당 5,500원 정도까지 부담할 용의가 있다)
⑤ 총 이용금액의 10% 정도까지, (즉 회당 2,750원 정도까지 부담할 용의가 있다)
⑥ 자기부담이 있으면 이용하지 않겠다

문 6) **(모든 응답자)** 귀댁의 자녀는 지난 한 달 동안 학교를 다니고 있습니까?
① 예 → **문6-1)로 갈 것** ② 아니오 → **문 7)로 갈 것**

문 6-1) **(문 6)의 ①에 응답한 사람만)** 귀댁의 자녀는 학교생활에 어느 정도 적응하고 계십니까?
① 매우 잘 적응하고 있다
② 잘 적응하고 있는 편이다
③ 잘 적응하지 못하는 편이다
④ 전혀 적응하지 못하고 있다

문 6-2) **(문 6)의 ①에 응답한 사람만)** 귀댁의 자녀가 현재 학교생활을 하는데 가장 큰 문제는 무엇이라고 생각하십니까?
① 문제없다
② 등하교 불편(교통수단 이용)
③ 학교 내 편의시설 부족
④ 청소나 학교행사 참여
⑤ 수업내용의 이해(진도 따라가기)
⑥ 친구들의 이해부족, 놀림
⑦ 선생님의 이해부족, 편견
⑧ 선생님의 지나친 배려
⑨ 전문교사 부족
⑩ 교육도구(기자재) 사용 시 불편
⑪ 교육내용의 부적합
⑫ 특수교육 보조원 미배치
⑬ 기타

문 6-3) **(문 6)의 ①에 응답한 사람만)** 귀댁의 자녀는 방과 후에 주로 어떻게 보내고 있습니까?
① 집에서 혼자 지낸다
② 가정에서 부모나 가족과 보낸다
③ 장애부모들이 운영하는 공동육아시설에서 보낸다
④ 장애아 전담 보육시설에서 보낸다
⑤ 일반 보육시설에서 보낸다
⑥ 가정에서 방문교사가 지도한다
⑦ 복지시설(기관)에서 보낸다
⑧ 학원에서 보낸다
⑨ 학교에서 방과 후 활동에 참여한다
⑩ 기타

문 7) **(문 6)의 ②에 응답한 사람만)** 귀댁의 자녀가 지난 한 달 동안 학교를 다니지 않은 이유는 무엇입니까?
① 경제적으로 어려워서
② 장애 때문에
③ 주위의 편견 때문에
④ 학교 내 편의시설이 부족해서
⑤ 집에서 다니지 못하게 해서
⑥ 근처에 학교가 없어서
⑦ 다니기 싫어서
⑧ 기타

시간 내어주셔서 감사합니다.

(개별 III) 성인 (만 18-65세 미만)설문

문 1) **(모든 응답자)** 귀하(응답자의 보호를 받고 있는 장애인)는 다음 ①~⑯의 서비스들이 필요합니까? 또는 불필요합니까? **(현재 이용하고 있는 경우, 앞으로 그 서비스가 계속 필요할 것 같습니까?)** 귀하(응답자의 보호를 받고 있는 장애인)는 지난 한 달간 이와 같은 서비스들을 이용하신 적이 있습니까?
(※①~⑯ 항목의 필요여부에 대해 먼저 순서대로 물어본 후, ①~⑯ 항목의 현재 이용여부를 차례대로 다시 묻습니다)

서비스	필요 여부		현재 이용여부	
	필요	불필요	예	아니오
① 직업상담	①	②	①	②
② 취업알선	①	②	①	②
③ 직업능력평가	①	②	①	②
④ 일상생활훈련	①	②	①	②
⑤ 직업준비훈련	①	②	①	②
⑥ 보호작업	①	②	①	②
⑦ 주간보호	①	②	①	②
⑧ 단기보호	①	②	①	②
⑨ 그룹홈	①	②	①	②
⑩ 장기시설보호	①	②	①	②
⑪ 여가활동프로그램	①	②	①	②
⑫ 가사원조	①	②	①	②
⑬ 외출보조	①	②	①	②
⑭ 물리치료(적외선치료 등)	①	②	①	②
⑮ 방문간호	①	②	①	②
⑯ 이동목욕	①	②	①	②

문 2) **(모든 응답자)** 귀하(응답자의 보호를 받고 있는 장애인)는 지난 1주일간 얼마나 자주 다음과 같이 느끼셨습니까?
(※조사시점(2017년 조사일 현재)을 기준으로 지난 1주일간에 대해 응답해 주십시오.)

항 목	극히 드물다 (일주일에 1일 미만)	가끔 있었다 (일주일에 1~2일간)	종종 있었다 (일주일에 3~4일간)	대부분 그랬다 (일주일에 5일 이상)
㉮ 먹고 싶지 않고 식욕이 없다	①	②	③	④
㉯ 비교적 잘 지냈다	①	②	③	④
㉰ 상당히 우울했다	①	②	③	④
㉱ 모든 일들이 힘들게 느껴졌다	①	②	③	④
㉲ 잠을 설쳤다(잠을 잘 이루지 못했다)	①	②	③	④
㉳ 세상에 홀로 있는 듯한 외로움을 느꼈다	①	②	③	④
㉴ 큰 불만 없이 생활했다	①	②	③	④
㉵ 사람들이 나에게 차갑게 대하는 것 같았다	①	②	③	④
㉶ 마음이 슬펐다	①	②	③	④
㉷ 사람들이 나를 싫어하는 것 같았다	①	②	③	④
㉸ 도무지 뭘 해 나갈 엄두가 나지 않았다	①	②	③	④

문 3) **(모든 응답자)** 귀하(응답자의 보호를 받고 있는 장애인)는 현재 소득을 목적으로 일(취업)을 하고 계십니까? (그렇지 않다면) 그럼 향후에는 일하기를 희망하고 계십니까?

① 취업 → **문3-1)로 갈 것**
② 취업희망 → **문3-2)로 갈 것**
③ 취업불원(희망하지 않음) → **문3-3)으로 갈 것**

문 3-1) **(문 3)의 ①번 응답자(취업자))** 그럼, 현재 어떤 곳에서 일하고 계십니까?

① 자영업
② 일반사업체
③ 정부 및 정부관련 기관
④ 장애인 직업재활시설
⑤ 장애인 관련기관
⑥ 기타(적을 것:______________)

응답 후 문 4)로 이동할 것

문 3-2) **(문 3)의 ②번 응답자(취업희망자))** 그럼, 향후에 어떤 곳에서 일하기를 희망하십니까?

① 자영업
② 일반사업체
③ 정부 및 정부관련 기관
④ 장애인 직업재활시설
⑤ 장애인 관련기관
⑥ 기타(적을 것:______________)

응답 후 문 4)로 이동할 것

문 3-3) **(문 3)의 ③번 응답자(취업불원))** 귀하(응답자의 보호를 받고 있는 장애인)가 취업을 희망하지 않는 주된 이유는 무엇입니까?

① 장애가 심해서 오래전에 포기했음
② 나이가 너무 어리거나 많다고 생각해서 포기했음
③ 그저 일하고 싶은 생각이 없어서
④ 일할 필요가 없을 정도로 경제적으로 충족해서
⑤ 학력, 기술, 기능이 부족해서
⑥ 취업, 창업정보를 몰라서
⑦ 일자리가 없어서
⑧ 일해 본 경험이 없어서
⑨ 장애인에 대한 차별이나 편견이 심해서
⑩ 육아 혹은 가사 때문에
⑪ 출퇴근하는 것이 어려워서
⑫ 기타

※ 다음은 근로지원인서비스에 대한 설명입니다. 설명을 잘 들으시고 문 4) 문 4-1) 문 4-2) 질문에 답해 주시기 바랍니다.

현재 고용노동부에서는 특정 업무를 수행하는 능력은 있으나 장애로 인하여 업무 수행에 어려움이 있는 중증장애인에게 업무수행을 보조해주는 근로지원인을 배치하여 중증장애인이 안정적·지속적으로 일할 수 있는 근로지원인 서비스제도를 실시하고 있습니다. 이 제도는 근로지원 사업수행기관에 의해서 수행되며, 서비스 대상자는 지원 시간당 300원(일 최대 8시간이내)의 본인부담금이 있습니다. 이 제도를 염두에 두시고 다음의 질문에 대답해 주시기 바랍니다.

문 4) **(모든 응답자)** 귀하(응답자의 보호를 받고 있는 장애인)는 현재 근로지원인서비스를 이용하고 계십니까?

① 이용한다
② 이용하지 않는다

문 4-1) **(모든 응답자)** 그럼, 귀하(응답자의 보호를 받고 있는 장애인)는 근로지원인서비스를 이용할 의사가 있으십니까?
(현재 이용하고 계실 경우, 앞으로도 그 서비스를 계속 이용하시겠습니까?)

① 이용 하겠다 → **문 4-2)로 갈 것**
② 이용하지 않겠다 → **종결**

문 4-2) **(문 4-1)의 ①번 응답자)** 근로지원인서비스는 주당 10시간 이용 시 6만 3천원의 비용이 듭니다. 이 중 일부를 귀하(응답자의 보호를 받고 있는 장애인)가 부담하셔야 한다면 어느 정도까지 부담하실 의사가 있으십니까?
(※아래 보기를 ①부터 차례대로 읽어주고 각각에 대해 부담 의사를 확인합니다.)

① 비용에 상관없이 무조건 이용하겠다
② 총 이용금액의 40% 정도까지, (즉 주당 25,200원 정도까지 부담할 용의가 있다)
③ 총 이용금액의 30% 정도까지, (즉 주당 18,900원 정도까지 부담할 용의가 있다)
④ 총 이용금액의 20% 정도까지, (즉 주당 12,600원 정도까지 부담할 용의가 있다)
⑤ 총 이용금액의 10% 정도까지, (즉 주당 6,300원 정도까지 부담할 용의가 있다)
⑥ 자기부담이 있으면 이용하지 않겠다

시간 내어주셔서 감사합니다.

(개별 IV) 어르신(만 65세 이상) 설문

문 1) **(모든 응답자)** 어르신(응답자의 보호를 받고 있는 장애인)은 다음 ①~⑭의 서비스들이 필요합니까? 또는 불필요합니까? **(현재 이용하고 있는 경우, 앞으로 그 서비스가 계속 필요할 것 같습니까?)** 어르신(응답자의 보호를 받고 있는 장애인)은 지난 한 달간 이와 같은 서비스들을 이용하신 적이 있으십니까?

(※①~⑭ 항목의 필요여부에 대해 먼저 순서대로 물어본 후, ①~⑭ 항목의 현재 이용여부를 차례대로 다시 묻습니다)

서비스 유형	필요 여부		현재 이용여부	
	필요	불필요	예	아니오
① 직업상담 및 취업준비, 훈련 서비스 (일자리 상담 및 알선, 취업준비, 교육 등)	①	②	①	②
② 정서적 서비스 (말벗, 전화안부, 책읽어주기 등)	①	②	①	②
③ 일상생활지원 서비스 (행정업무대행, 차량지원, 외출동행, 장보기, 심부름 등)	①	②	①	②
④ 급식지원 (식사배달, 급식지원, 밑반찬배달, 영양식지원 등)	①	②	①	②
⑤ 전문 상담 서비스 (개별/집단/가족상담, 심리사회적 상담, 정신건강 관련 상담)	①	②	①	②
⑥ 주거지원 (주거제공 및 주거개조, 도배, 상하수도, 해충박멸, 주방개조 등)	①	②	①	②
⑦ 여가생활 (여가시간 활용, 문화 및 레저관련 활동)	①	②	①	②
⑧ 요양시설보호 (치매·중풍 등으로 인한 시설 케어)	①	②	①	②
⑨ 주·야간보호 (낮이나 밤 시간의 일시적 케어)	①	②	①	②
⑩ 단기보호 (단기적 소규모 시설 보호)	①	②	①	②
⑪ 가사지원 서비스 (청소, 취사, 세탁 등의 가사지원)	①	②	①	②
⑫ 물리치료 및 재활 (물리치료, 작업치료, 언어치료 및 재활훈련 서비스)	①	②	①	②
⑬ 방문간호(간병) (방문 진료, 투약, 체온/혈압/혈당 측정, 신체간병 등)	①	②	①	②
⑭ 방문 및 이동 목욕 (재가노인을 위한 목욕지원 서비스)	①	②	①	②

문 2) **(모든 응답자)** 어르신(응답자의 보호를 받고 있는 장애인)은 지난 1주일간 얼마나 자주 다음과 같이 느끼셨습니까?

(※조사시점(2017년 조사일 현재)을 기준으로 지난 1주일간에 대해 응답해 주십시오.)

항 목	극히 드물다 (일주일에 1일 미만)	가끔 있었다 (일주일에 1~2일간)	종종 있었다 (일주일에 3~4일간)	대부분 그랬다 (일주일에 5일 이상)
㉮ 먹고 싶지 않고 식욕이 없다	①	②	③	④
㉯ 비교적 잘 지냈다	①	②	③	④
㉰ 상당히 우울했다	①	②	③	④
㉱ 모든 일들이 힘들게 느껴졌다	①	②	③	④
㉲ 잠을 설쳤다(잠을 잘 이루지 못했다)	①	②	③	④
㉳ 세상에 홀로 있는 듯한 외로움을 느꼈다	①	②	③	④
㉴ 큰 불만 없이 생활했다	①	②	③	④
㉵ 사람들이 나에게 차갑게 대하는 것 같았다	①	②	③	④
㉶ 마음이 슬펐다	①	②	③	④
㉷ 사람들이 나를 싫어하는 것 같았다	①	②	③	④
㉸ 도무지 뭘 해 나갈 엄두가 나지 않았다	①	②	③	④

문 3) **(모든 응답자)** 어르신(응답자의 보호를 받고 있는 장애인)은 현재 소득을 목적으로 일을 하고 계십니까? (그렇지 않다면) 향후 일하길 원하십니까? □

① 취업 → **문 3-1)로 갈 것**
② 취업희망 → **문 3-2)로 갈 것**
③ 취업불원(희망하지 않음) → **문 6), 17쪽으로 갈 것**

문 3-1) **(문 3)의 ①번 응답자(취업자))** 그럼, 현재 어떤 곳에서 일하고 계십니까? □

① 자영업
② 일반사업체
③ 일용직 또는 파트타임
④ 농어업
⑤ 친목회, 종교기관, 지역사회단체 등(자원봉사가 아닌 유급직)
⑥ 기타(　　　　　)

응답 후, 문 4)로 갈 것

문 3-2) **(문 3)의 ②번 응답자(취업희망자))** 어르신(응답자의 보호를 받고 있는 장애인)은 지난 1년 간 구직활동을 해보셨습니까?

① 그렇다 ② 아니다

문 4) **(문 3)의 ①,②번 응답자(취업자, 취업희망자))** 어르신(응답자의 보호를 받고 있는 장애인)은 어느 정도 수준의 보수를 받는 일자리를 원하십니까?

① 돈의 수준과는 상관없이 소일거리로 할 수 있는 일
② 용돈 정도의 돈을 벌 수 있는 일
③ 생활비 수준의 돈을 벌 수 있는 일
④ 기타(적을 것 : ____________________)

문 5) **(문 3)의 ①,②번 응답자(취업자, 취업희망자))** 어르신(응답자의 보호를 받고 있는 장애인)의 취업을 위해서 다음 중 무엇을 정부가 우선적으로 지원해주길 바라십니까?

① 정부 지원 필요 없음
② 노인에게 적합한 일자리 마련
③ 일자리 연계(취업알선)
④ 새로운 기술이나 정신교육
⑤ 노인고용사업장에 대한 임금보조
⑥ 노인적합 직종에 대한 노인고용 의무화
⑦ 기타(적을 것 : ____________________)

문 6) **(모든 응답자)** 어르신(응답자의 보호를 받고 있는 장애인)은 식비, 의료비, 주거비, 난방, 전기, 교통비 등 한 달을 생활하는 데 꼭 필요한 기본생활비 이외에 용돈으로 얼마 정도를 쓰십니까?

월평균 용돈: 약 [천 | 백 | 십 | 일] 만원

※ 다음은 <u>노인돌봄종합서비스</u>와 <u>노인장기요양보험 서비스</u>에 대한 설명입니다. 설명을 잘 들으시고 **문 7) 문 7-1) 문 7-2) 문 7-3) 문 7-4)** 질문에 답해 주시기 바랍니다.

현재 보건복지부에서는 혼자 힘으로 일상생활을 영위하기 어려운 어르신이 가사·일상생활지원, 신변·활동지원서비스, 주간보호서비스를 받을 수 있도록 지원하는 노인돌봄종합서비스를 시행하고 있습니다. 노인돌봄종합서비스에는 한 달에 총 27시간 또는 36시간의 서비스를 제공하는 방문서비스와 한 달에 9일 또는 12일의 주간보호서비스를 이용할 수 있습니다. 위 서비스는 소득수준에 따라 서비스별로 본인부담금의 차이가 있습니다.

2008년 7월부터 시행된 노인장기요양보험제도는 고령이나 노인성 질병 등으로 인하여 일상생활을 혼자서 수행하기 어려운 노인 등에게 신체활동 또는 가사활동 지원 등의 장기요양급여(서비스)를 제공하는 사회보험 제도로서, 재가급여(방문요양, 방문목욕, 방문간호, 주·야간보호, 단기보호 등), 시설급여, 복지용구급여, 특별현급급여(가족요양비) 등의 네 가지 유형으로 제공되고 있습니다. 소득수준에 따라 일정한 본인부담금이 있습니다.

문 7) **(모든 응답자)** 어르신(응답자의 보호를 받고 있는 장애인)은 <u>현재</u> 노인돌봄종합서비스 또는 노인장기요양보험 서비스를 이용하고 계십니까?

① 노인돌봄종합서비스의 방문서비스를 이용한다 → **문 7-1)로 갈 것**
② 노인돌봄종합서비스의 주간보호서비스를 이용한다 → **문 7-1)로 갈 것**
③ 노인장기요양보험 서비스를 이용한다 → **문 7-3)으로 갈 것**
④ 둘 다 이용하지 않는다 → **문 7-1)로 간 후 문 7-3)으로 갈 것**

문 7-1) **(문 7)의 ①번, ②번, ④번 응답자)** 어르신(응답자의 보호를 받고 있는 장애인)은 앞으로 노인돌봄종합서비스를 이용할 의향이 있으십니까?
(현재 이용하고 계실 경우, 앞으로도 그 서비스를 계속 이용하시겠습니까?)

① 이용 하겠다 → **문 7-2)로 갈 것** ② 이용하지 않겠다

문 7-2) **(문 7-1)의 ①번 응답자)** 현재 노인돌봄종합서비스 중 방문는 한 달에 27시간 이용 시 주당 66,150원의 비용이 들고, 한 달에 36시간 이용 시 주당 88,200원의 비용이듭니다. 이 중 일부를 어르신(응답자의 보호를 받고 있는 장애인)이 부담하셔야 한다면 어느 정도까지 부담하실 의사가 있으십니까?
(아래 보기를 ①부터 차례대로 읽어주고 각각에 대해 부담 의사를 확인합니다.)
① 비용에 상관없이 무조건 이용하겠다
② 총 이용금액의 40% 정도까지, (즉 각각 주당 26,460원 또는 35,280원 정도까지 부담할 용의가 있다)
③ 총 이용금액의 30% 정도까지, (즉 각각 주당 19,845원 또는 26,460원 정도까지 부담할 용의가 있다)
④ 총 이용금액의 20% 정도까지, (즉 각각 주당 13,230원 또는 17,640원 정도까지 부담할 용의가 있다)
⑤ 총 이용금액의 10% 정도까지, (즉 각각 주당 6,615원 또는 8,820원 정도까지 부담할 용의가 있다)
⑥ 자기부담이 있으면 이용하지 않겠다

문 7-3) **(문 7)의 ③, ④번 응답자)** 어르신(응답자의 보호를 받고 있는 장애인)은 앞으로 노인장기요양보험 서비스를 이용할 의향이 있으십니까?
(현재 이용하고 계실 경우, 앞으로도 그 서비스를 계속 이용하시겠습니까?)
① 이용 하겠다 → **문 7-4)로 갈 것** ② 이용하지 않겠다 → **종결**

문 7-4) **(문 7-3)의 ①번 응답자)** 현재 노인장기요양보험 서비스는 재가급여 서비스 이용 시 등급에 따라 주당 최대 196,025(5급)~299,225(1급)원의 비용이 들고, 시설급여 서비스 이용 시 등급과 시설종류에 따라 주당 최대 366,075(3급/노인요양시설)~427,800(1급/노인요양시설)원의 비용이 듭니다. 이 중 일부를 어르신(응답자의 보호를 받고 있는 장애인)이 부담하셔야 한다면 어느 정도까지 부담하실 의사가 있으십니까?
(아래 보기를 ①부터 차례대로 읽어주고 각각에 대해 부담 의사를 확인합니다.)
① 비용에 상관없이 무조건 이용하겠다
② 총 이용금액의 40% 정도까지, (즉 각각 주당 78,410~119,690원 또는 145,430~171,120원 정도까지 부담할 용의가 있다)
③ 총 이용금액의 30% 정도까지, (즉 각각 주당 58,807~89,767원 또는 109,822~128,340원 정도까지 부담할 용의가 있다)
④ 총 이용금액의 20% 정도까지, (즉 각각 주당 39,205~59,845원 또는 73,215~85,560원 정도까지 부담할 용의가 있다)
⑤ 총 이용금액의 10% 정도까지, (즉 각각 주당 19,602~29,922원 또는 36,607~42,780원 정도까지 부담할 용의가 있다)
⑥ 자기부담이 있으면 이용하지 않겠다

시간 내어주셔서 감사합니다.

간행물회원제 안내

▶ 회원에 대한 특전

- 본 연구원이 발행하는 판매용 보고서는 물론 「보건복지포럼」, 「보건사회연구」도 무료로 받아보실 수 있으며 일반 서점에서 구입할 수 없는 비매용 간행물은 실비로 제공합니다.
- 가입기간 중 회비가 인상되는 경우라도 추가 부담이 없습니다.

▶ 회원종류

- 전체간행물회원 : 120,000원
- 보건분야 간행물회원 : 75,000원
- 사회분야 간행물회원 : 75,000원
- 정기간행물회원 : 35,000원

▶ 가입방법

- 홈페이지(www.kihasa.re.kr) - 발간자료 - 간행물구독안내

▶ 문의처

- (30147) 세종특별자치시 시청대로 370 세종국책연구단지 사회정책동 1~5F
  간행물 담당자 (Tel: 044-287-8157)

KIHASA 도서 판매처

- 한국경제서적(총판) 737-7498
- 영풍문고(종로점) 399-5600
- Yes24 http://www.yes24.com
- 교보문고(광화문점) 1544-1900
- 서울문고(종로점) 2198-2307
- 알라딘 http://www.aladdin.co.kr